Léon-Louis GRATELOUP
Agrégé de philosophie
Inspecteur honoraire de l'Académie de Paris

ANTHOLOGIE PHILOSOPHIQUE

NOUVEAUX ÉLÉMENTS POUR LA RÉFLEXION

TEXTES ET DOCUMENTS

ANCIENS, MODERNES ET CONTEMPORAINS
PRÉSENTÉS, ANNOTÉS ET ORDONNÉS
AUTOUR DES CINQUANTE NOTIONS
DU PROGRAMME DE PHILOSOPHIE
DES CLASSES TERMINALES

HACHETTE
Éducation

Photo de couverture :
Cornelis Norbertus GYSBRECHTS (seconde moitié du XVIIe s.), *Trompe l'œil : sablier.*

79, boulevard Saint-Germain
F 75006 PARIS
ISBN 2-01-018715-6

Avertissement au lecteur

Ose te servir de ton entendement.
KANT

La philosophie n'est pas un temple mais un chantier.
Georges CANGUILHEM

Destinée à susciter et à favoriser le travail de la réflexion, l'***Anthologie philosophique*** est composée de deux sortes de matériaux : des ***textes*** philosophiques et des ***documents*** divers, ordonnés en chapitres autour d'une notion et rehaussés d'***exergues***.

Chaque chapitre, après une brève préface présentant la problématique de la notion, est inauguré par un ***texte capital***, sans numéro d'ordre et sur fond tramé.

Les ***textes*** sont tirés, en premier lieu, des œuvres des philosophes échelonnés sur 2 500 ans :

1. Antiquité et Moyen Âge : Platon (427-347 av. J.-C.), Aristote (384-322 av. J.-C.), Épicure (341-270 av. J.-C.), Lucrèce (99-55 av. J.-C.), Épictète (50-130), Marc-Aurèle (121-180), saint Augustin (354-430), saint Thomas (1225-1274).

2. Période moderne : Machiavel (1469-1527), Montaigne (1533-1592), Hobbes (1588-1679), Descartes (1596-1650), Pascal (1623-1662), Spinoza (1632-1677), Malebranche (1638-1715), Leibniz (1646-1716), Montesquieu (1689-1755), Hume (1711-1776), Rousseau (1712-1778), Kant (1724-1804).

3. Période contemporaine : Hegel (1770-1831), Comte (1798-1857), Cournot (1801-1877), Kierkegaard (1813-1855), Marx (1818-1883), Nietzsche (1844-1900), Freud (1856-1939), Husserl (1859-1938), Bergson (1859-1941), Alain (1868-1951), Bachelard (1884-1962), Merleau-Ponty (1908-1961), Heidegger (1889-1976), Sartre (1905-1980). L'effigie de ces trente-quatre philosophes est reproduite dans le corps du livre, au voisinage des notions qu'ils ont particulièrement illustrées.

Divers autres auteurs, notamment des philosophes professeurs, dont certains sont en activité, complètent cette liste, attestant que le travail se poursuit sur le chantier.

Les ***documents***, auxquels les textes se confrontent et s'affrontent, proviennent d'écrits, souvent mal connus, de spécialistes des différents domaines de la connaissance : histoire (Marc Bloch, Braudel, Febvre, Marrou, Poliakov, Duby), préhistoire (Leroi-Gourhan), anthropologie (Topinard, Frazer, Quatrefages, Malinowski, Lévi-Strauss, Meillassoux), sociologie (Durkheim, Halbwachs, Max Weber, Mauss), anthropobiologie (Jean Hiernaux), psychologie (Guillaume, Hacker), psychanalyse (Lou Andréas-Salomé, Jung, Lacan, Laing), théologie (Ignace de Loyola, Jean Calvin, Dom Augustin Calmet, Bossuet), éthologie (von Uexküll), paléontologie (Cuvier), philologie et archéologie (Salomon Reinach), linguistique (Saussure, Benveniste, Chomsky, Hagège), biologie et médecine (Winslow, Claude Bernard, Bichat), économie politique (Smith, Ricardo), droit (Beccaria), physique mathématique (Max Planck), ainsi que d'artistes (Cheval) et de poètes (Mallarmé, Breton, Valéry), d'illusionnistes (Robert-Houdin), de théoriciens et praticiens de l'action politique (Robespierre, Napoléon Ier, Jaurès, Lénine, Hitler), de techniciens de l'éducation des sourds-muets (Abbé de l'Épée) ou de la traction animale (Cdt Richard Lefebvre des Noëttes), d'essayistes (Benda, Chesterton, Jünger, Michel de Certeau, Marthe Robert), de chroniqueurs (Mercier), d'utopistes et de pamphlétaires (Thomas More, Campanella, Mandeville, le curé Meslier, Paul Lafargue), d'auteurs de témoignages plaisants (Bougainville) ou bouleversants (Violette Maurice) qui tous, d'une manière ou d'une autre, « donnent à penser ».

Les ***exergues*** (du grec : *ex-ergon,* littéralement « hors-d'œuvre ») sont chargés de remplir un office actif envers le texte ou le document en tête duquel ils sont placés et qu'ils ont pour fonction, selon les cas, d'annoncer, d'illustrer, d'interroger, voire de contester.

N.B. : Les notes appelées par des chiffres **(1)** et placées dans la marge précisent, quand il y a lieu, les termes d'un texte (ou d'un document). Les notes placées en post-scriptum et appelées par des lettres **(a)** fournissent des compléments d'information sur la substance du texte (ou du document) ou sur son auteur. Seules les notes appelées par des astérisques (*) sont de l'auteur du texte (ou du document).
À la fin de l'ouvrage, les références de l'*Index des auteurs et des noms cités* distinguent les ***textes*** (en chiffres gras) des ***documents*** (en chiffres maigres) et des ***exergues*** (en italique).

ANTHROPOLOGIE

Chaque homme porte la forme entière de l'humaine condition.
MONTAIGNE, *Essais,* III, II.

La philosophie et l'anthropologie sont deux disciplines très proches et, en un certain sens, concurrentes, puisqu'elles s'emploient toutes deux à répondre à la même question : qu'est-ce que l'homme ?

Mais, en un autre sens, philosophes et anthropologues, même s'ils explorent un même domaine, travaillent dans des directions diamétralement opposées, et les méthodes respectives des uns et des autres sont fondamentalement différentes. Dès l'Antiquité, avec les Sophistes, le plus important et le plus étrange objet de science était déjà « l'homme, mesure de toutes choses » (Protagoras). À son tour, Socrate adresse à tout homme l'impératif gravé au fronton du temple de Delphes : « Connais-toi toi-même », tandis que le poète latin Térence, énoncera plus tard la célèbre formule qui peut valoir aussi bien pour le philosophe ancien que pour l'anthropologue moderne : « Je suis homme : rien de ce qui est humain ne m'est étranger ».

Le mot *philosophie,* dont la création est attribuée à Pythagore (VIe s. av. J.-C.) signifie, étymologiquement, « amour de la sagesse », ce qui ne veut pas dire qu'il y ait jamais eu, dans toute l'histoire de l'humanité, un seul homme vraiment sage. Le mot *anthropologie,* de création récente (XVIIIe s.), signifie « science de l'homme », ce qui ne veut pas dire pour autant qu'une telle science existe au même titre qu'existent, par exemple, la mathématique, l'astronomie, la physique, la chimie et la biologie, ou même la sociologie. En revanche, il existe de nombreuses « sciences humaines », c'est-à-dire des études dont l'homme est le principal objet et qui peuvent ainsi se prétendre « humaines », sinon « scientifiques » : par exemple, l'ethnologie, l'ethnographie, l'histoire, la psychologie, la psychiatrie, la psychanalyse... Mais, tandis que, dans ces différentes sciences « humaines », l'étude de l'homme est limitée, dans le temps ou dans l'espace, à certains événements, à certains peuples ou à certains individus, l'anthropologie est, en principe, une science qui embrasse l'homme dans la totalité de ses manifestations : « Elle vise, dit Lévi-Strauss, à une connaissance globale de l'homme embrassant son sujet dans toute son extension historique et géographique ; aspirant à une connaissance applicable à l'ensemble du développement humain ; et tendant à des conclusions, positives ou négatives, mais valables pour toutes les sociétés humaines, depuis la grande ville moderne jusqu'à la plus petite tribu mélanésienne. »

On pourrait donc être porté à croire que l'*objet* de l'anthropologie est exactement le même que celui de la philosophie, à savoir l'homme dans son universalité. La différence serait alors dans le mode d'investigation scientifique, objectif et pratique qui caractériserait l'anthropologie au regard des conceptions métaphysiques, subjectives et purement théoriques de la philosophie. En réalité, la différence est plus radicale encore : car, si l'homme est en effet un *objet* d'étude pour l'anthropologie (c'est-à-dire un *donné* empirique, objectivement offert à toutes les investigations et à toutes les manipulations expérimentales), il est en revanche pour la philosophie *le contraire d'un objet ou d'un donné,* à savoir une *idée* (dont aucune investigation objective, aucune enquête empirique, si rigoureuse soit-elle, ne peut rendre totalement compte).

L'*idée d'homme* qui préside à la réflexion philosophique est antérieure aux investigations de l'anthropologie et elle reste même indépendante de toute enquête ethnographique.

En revanche, l'*objet d'étude* que la science anthropologique cherche à déterminer objectivement sous le nom d'« homme », en dehors de tout préjugé métaphysique, ne pourrait apparaître qu'au terme d'une investigation pratiquement infinie.

QU'EST-CE QUE L'HOMME ?

Le domaine de la philosophie, au sens cosmopolitique,
se ramène aux questions suivantes :
1/Que puis-je savoir?
2/Que dois-je faire?
3/Que m'est-il permis d'espérer?
4/Qu'est-ce que l'homme?
À la première question répond la *métaphysique*, à la seconde la *morale*,
à la troisième la *religion*, à la quatrième l'*anthropologie*.
Mais au fond, on pourrait tout ramener à l'anthropologie,
puisque les trois premières questions se rapportent à la dernière.
KANT, *Logique*, 1800, Introd., chap. III.

Pour le commun des mortels, le concept *Homme* désigne les « gens comme nous »,
et souvent le champ d'application d'une telle catégorie est étroitement borné.
Edmund LEACH, *L'Unité de l'homme*, Gallimard, 1980, p. 385

Notre époque est celle où pour la première fois dans les temps historiques, c'est-à-dire depuis environ dix mille ans, l'homme est devenu complètement un véritable « problème » pour lui-même ; où il ne sait plus ce qu'il est, mais en même temps sait qu'il ne le sait pas. La ferme décision de faire table rase de toutes les traditions relatives à cette question et l'effort pour considérer l'être appelé « homme » avec le plus grand détachement méthodique et le plus vif étonnement, permettront seuls encore de parvenir à des conceptions solides. Mais on sait combien il est difficile de faire ainsi table rase. D'autant qu'on ne trouve guère de question où nous soyons régis avec plus d'inconscience et donc plus de force par les catégories traditionnelles. La seule chose qu'on puisse faire pour se débarrasser peu à peu de ce joug est d'apprendre à connaître exactement l'origine de ces catégories dans l'histoire de l'esprit, et de triompher de leur influence par cette prise de conscience.

Une *histoire de la conscience de soi,* ou de *l'idée que l'homme s'est faite de lui-même,* une histoire des formes essentielles selon lesquelles il s'est imaginé, s'est vu, s'est senti lui-même, et a conçu son insertion dans les différents ordres de l'être, devrait d'ailleurs précéder une histoire des théories mythiques, religieuses, théologiques, philosophiques de l'homme. Sans entrer pour le moment dans des détails à ce sujet – cette histoire doit constituer l'introduction de notre « anthropologie » –, contentons-nous de faire observer que le sens fondamental de cette complexe évolution n'est pas douteux : c'est le sens d'un *accroissement* de la conscience de soi chez l'homme, ce progrès s'effectuant par bonds toujours nouveaux en des points remarquables de l'histoire.

Max SCHELER, *L'homme et l'histoire* (1926), trad. M. Dupuy, 1955, Aubier, p. 14.

ANTHROPOLOGIE ET CLASSIFICATION [a]

1. LES VARIÉTÉS D'*HOMO SAPIENS*, SELON LINNÉ[b] (1735)

> La première et la plus remarquable de ces variétés
> (qui se trouvent entre les hommes des différents climats)
> est celle de la couleur, la seconde est celle de la forme et de la grandeur,
> et la troisième est celle du naturel des différents peuples.
> BUFFON, *De l'Homme.*

Linné admet, nomme et caractérise brièvement quatre groupes, savoir: l'*Homme américain*, l'*Homme européen*, l'*Homme asiatique* et l'*Homme africain*. Il n'indique aucune des raisons qui lui ont fait adopter cet ordre[c], assez singulier à quelque point de vue qu'on se place. Il ajoute de plus, évidemment à titre de variétés accidentelles, l'*Homme sauvage*, auquel il rapporte tous ces individus qu'on a trouvés en Europe errants dans les bois, et qui paraissent avoir été, pour la plupart des espèces d'idiots abandonnés, et l'*Homme monstrueux*. Ce dernier groupe renferme les variétés causées, dit Linné, *par le sol* ou *par l'art*. Dans la première catégorie, il place les populations montagnardes de petite taille et les Patagons. La seconde renferme, entre autres, les jeunes Européennes qui se serrent outre mesure et se donnent ainsi une taille trop fine.

Armand de QUATREFAGES, *Rapports sur les progrès de l'Anthropologie,* 1867, I, chap. 1.

a. *L'histoire naturelle des êtres vivants (plantes, animaux, hommes) d'Aristote à Linné et jusqu'à nos jours, s'appuie sur deux idées distinctes, complémentaires mais souvent antagonistes: l'idée d'une* ***classification*** *«systématique» ou «méthodique» qui distribue un ensemble d'êtres donnés en groupes de plus en plus petits, nettement caractérisés, – et l'idée d'une* ***série*** *«naturelle» reliant tous ces êtres les uns aux autres par une suite continue de rapports indissolubles, assurant ainsi l'unité de l'ensemble.*
L'anthropologie prend son départ dans la caractérisation et la classification des différentes ***variétés*** *de l'espèce humaine, tandis que la philosophie, ayant en vue l'idée de l'homme, privilégie l'****unité*** *du genre humain* («de tout temps mise en doute, *écrit Léon Poliakov,* dans le secret des cœurs»).

b. *Carl von Linné, auteur du* Systema Naturæ *(1735), est le créateur du genre zoologique* Homo *et le fondateur de l'histoire naturelle moderne, qui classe tous les êtres vivants selon une nomenclature binaire (par exemple,* Homo sapiens *désigne l'espèce* sapiens *du genre* Homo*).*
«Le dicton *"Dieu créa, et Linné classa"* tire peut-être son origine de la prodigieuse suffisance de ce célèbre Suédois: n'écrivit-il pas à son propre propos – et à la troisième personne: *"Dieu lui a permis de jeter un coup d'œil dans son cabinet de conseil secret. (...) Le Seigneur a été avec lui partout où il a passé. Il a exterminé ses ennemis et fait de son nom un grand nom, comme aux grands de la terre."*» *Léon Poliakov,* Le Mythe aryen, *Éd. Complexe, 1987, p. 183.*

c. *Selon Linné, l'ordre des* Anthropomorpha, *qui devint plus tard celui des* Primates *et qui contenait les singes, comprenait quatre variétés colorées d'*hommes *ou «animaux à mamelles»: l'Européen blanc* (albus), *«sanguin, ingénieux et inventif»; l'Américain basané* (rubescens), *«irascible, content de son sort et aimant la liberté»; l'Asiatique jaunâtre* (luridus), *«mélancolique, orgueilleux et avare»; l'Africain noir* (niger), *«flegmatique, paresseux et négligent». Linné mêlait ainsi des traits de caractère à sa description physique des types humains. De leur côté, les trois plus grands naturalistes du XIXe siècle (Georges Cuvier, Charles Lyell et Charles Darwin), classaient spontanément les peuples en fonction de leur* couleur *plus ou moins dégradée, à partir de l'*unité biblique *de leur «création» suivie de leur «chute»: Adam, leur père commun, étant réputé blanc; et les Noirs, descendants de Cham, voués à être les esclaves de leurs frères, en vertu d'une mystérieuse malédiction* (Genèse, *9, 25).*

ANTHROPOLOGIE PHYSIQUE

2. LA CRANIOMÉTRIE : UNE « OPÉRATION MATHÉMATIQUE » ?

Il me print envie de mesurer la teste d'un homme pour scavoir directement ses mesures et me sembla que la sauterelle[1], la reigle et le compas me seroient fort propres pour ceste affaire ; mais, quoy qu'il en soit, je n'y sceu jamais trouver une mesure asseurée.
Bernard PALISSY.

Figurée dans son ensemble, l'espèce humaine correspondrait sans doute à un continuum de points. L'anthropologie moderne a pulvérisé, au propre comme au figuré, la notion de race.
Jacques RUFFIÉ, *De la Biologie à la culture*, Flammarion, 1983, 2e volume., p. 130.

Mensuration de la capacité crânienne. – L'importance de la cavité cérébrale chez l'homme et son influence sur la configuration extérieure du crâne engagèrent de bonne heure les anthropologistes[2] à en déterminer la capacité. Mais la substance employée laissait à désirer, les procédés n'avaient rien de régulier et la méthode tomba en discrédit. Relevée par Morton[3], elle est devenue, entre les mains de M. Broca, une opération mathématique sur laquelle on peut à présent compter.

L'opération se compose de deux parties : le jaugeage, dans laquelle on remplit le crâne d'une substance quelconque, et le cubage, dans laquelle on en détermine le volume. Le jaugeage a été pratiqué avec de l'eau par Saumarez, Virey, Treadwell ; avec du mercure par M. Broca, sur un crâne étalon destiné à contrôler l'exactitude de chaque procédé; avec du sable, par Hamilton et M.B. Davis ; avec du millet par Tiedemann et M. Mantegazza ; avec des graines de moutarde blanche, par Philipps ; avec de l'orge perlée, par M. Welker ; et enfin avec du plomb de chasse, par Morton et M. Broca. On a essayé bien d'autres choses, l'eau dans un ballon en caoutchouc, le système des moules intracrâniens par la quantité d'eau qu'ils déplacent ; les grains de verre, de porcelaine ont été proposés, etc. Il ne saurait être question des liquides. Parmi les autres substances, les unes pénètrent très mal dans les vides ou adhèrent aux parois, toutes se tassent inégalement, au gré, en quelque sorte, de l'observateur, de sa patience, de sa façon d'agir. Parmi les opérateurs, les uns tapent sur les parois, les autres bourrent. Dans le remplissage de la cavité, il y a des causes d'erreur ; dans la mensuration ensuite, il y en a d'autres. Wyman, ayant cubé huit fois de suite la cavité crânienne avec des matières diverses, soit 56 fois le même crâne, a obtenu les différences suivantes : pois : 1 193,0 ; plomb : 1 201,8 ; haricots : 1 206,2 ; riz : 1 220,2 ; graine de lin : 1 247,5 ; sable gros : 1 257,5 ; sable fin : 1 313,0.

Ce qui importe donc, c'est de réglementer exactement chaque détail de l'opération, du jaugeage aussi bien que du cubage. Or certaines substances s'y prêtent mieux, comme le plomb, que M. Broca préfère et a adopté d'une manière générale, le millet et la graine de moutarde, qu'il réserve pour les cas où les crânes sont fragiles.

Dr Paul TOPINARD, *L'Anthropologie*, Paris, 1922, 2e partie, chap. II, pp. 229-230.

1. Sauterelle : fausse équerre à branches mobiles pour la mesure des angles.

2. « Anthropologiste » (terme employé notamment par Cabanis, 1808 ; Durkheim, 1893 ; Teilhard de Chardin, 1955) et « anthropologue » (terme qui prévaut aujourd'hui) sont synonymes. Du grec *anthrôpologos*, «qui parle sur l'homme» (dans Aristote).

3. « Tout le monde se mit à cuber. (...) Mais la palme de cet art du remplissage revient sans conteste possible au distingué George Samuel Morton, que sa citoyenneté américaine incitait très certainement, en ces temps difficiles où des contestataires commençaient de critiquer l'esclavage, à prouver par crânes interposés l'évidente infériorité des Nègres ». Nadine FRESCO, « Aux beaux temps de la craniologie », in *La Science face au racisme*, Éd. Complexe, 1986, p. 110.

ANTHROPOLOGIE NATURALISTE

3. SUPÉRIORITÉ DE LA NATURE HUMAINE, SELON BUFFON

Ce n'est pas pour des raisons théologiques que Buffon se fait le défenseur de la monogenèse[1] mais justement parce que, assumant la position d'un naturaliste qui s'appuie sur des faits, il sait que Blancs et Noirs peuvent procréer ensemble : cela prouve déjà leur appartenance à une seule et même espèce. L'unité du genre humain a comme corollaire la différence radicale entre l'homme et les animaux. Buffon, dont toute l'histoire naturelle est un éloge de l'homme, ne se lasse jamais d'insister sur cette différence, qui est aussi une supériorité.

Tzvetan TODOROV, *Nous et les Autres,* Éd. du Seuil, 1989, p. 120.

En les comparant, on s'aperçoit que le cerveau de Gambetta ressemble plus à celui du gorille qu'à celui de Gauss.

F.P. MALL, *American Journal of Anatomy,* 1909.

1. Monogenèse : unité d'origine des différentes variétés d'hommes. (Antonyme : polygenèse).

En comparant l'homme avec l'animal, on trouvera dans l'un et dans l'autre un corps, une matière organisée, des sens, de la chair et du sang, du mouvement, et une infinité de choses semblables ; mais toutes ces ressemblances sont extérieures, et ne suffisent pas pour nous faire prononcer que la nature de l'homme est semblable à celle de l'animal. (...)

On conviendra que le plus stupide des hommes suffit pour conduire le plus spirituel des animaux ; il le commande et le fait servir à ses usages, et c'est moins par force et par adresse que par supériorité de nature, et parce qu'il a un projet raisonné, un ordre d'actions, et une suite de moyens par lesquels il contraint l'animal à lui obéir ; car nous ne voyons pas que les animaux qui sont plus forts et plus adroits commandent aux autres et les fassent servir à leur usage : les plus forts mangent les plus faibles ; mais cette action ne suppose qu'un besoin, un appétit ; qualités fort différentes de celle qui peut produire une suite d'actions dirigées vers le même but. Si les animaux étaient doués de cette faculté, n'en verrions-nous pas quelques-uns prendre l'empire sur les autres, et les obliger à leur chercher la nourriture, à les veiller, à les garder, à les soulager lorsqu'ils sont malades ou blessés ? Or, il n'y a parmi tous les animaux aucune marque de cette subordination, aucune apparence que quelqu'un d'entre eux connaisse ou sente la supériorité de sa nature sur celle des autres ; par conséquent on doit penser qu'ils sont en effet tous de même nature, et en même temps on doit conclure que celle de l'homme est non-seulement fort au-dessus de celle de l'animal, mais qu'elle est aussi tout à fait différente.

BUFFON, *De la nature de l'homme* (1749), Librairie François Maspero, 1971, pp. 43-44.

ANTHROPOLOGIE POSITIVISTE

4. CONCOURS NÉCESSAIRE DES TROIS RACES (SPÉCULATIVE, ACTIVE ET AFFECTIVE) AU SEIN DE L'HUMANITÉ, SELON COMTE

Les grandes pensées viennent du cœur.
VAUVENARGUES.

Comte postule l'existence de trois grandes facultés humaines, l'intelligence, l'action et le sentiment, et déclare que les trois grandes «races», blanche, jaune et noire, détiennent chacune une supériorité incontestée pour l'une ou l'autre de ces facultés. Les Blancs sont les plus intelligents, les Jaunes travaillent le mieux, les Noirs sont les champions du sentiment. (...) On peut imaginer le futur État universel avec ses usines à Hong Kong et à Tokyo, ses universités à Paris et à Londres, et ses fêtes dans les campagnes africaines.
Tzvetan TODOROV, *Nous et les Autres,* Seuil, 1989, p. 49.

Quand on compare profondément nos trois principales races, les seules dont la distinction soit vraiment positive, elles présentent des attributs respectifs qui tendront à les rendre équivalentes, lorsque notre complète systématisation utilisera toutes les forces humaines. Dans le contraste des deux extrêmes, on peut déjà reconnaître que les noirs sont aussi supérieurs aux blancs par le sentiment qu'au-dessous par l'intelligence. Tant qu'il fallut surtout développer nos moyens quelconques, cette dernière différence dut prévaloir, de manière à dissimuler l'autre, et par conséquent à beaucoup exagérer la diversité. Il n'en sera plus ainsi désormais, quand le noyau d'élite s'efforcera principalement de discipliner toutes les forces réelles, pour les faire toujours concourir au bien commun. Alors le cœur, prenant irrévocablement sa prépondérance normale[1], disposera davantage l'esprit à la saine appréciation des qualités propres aux populations dédaignées, qui peuvent tant participer au service continu du Grand-Être[2]. Le cas intermédiaire comporte une conclusion analogue, quoique le contraste soit moins sensible. Car, la race jaune me semble aussi supérieure aux deux autres pour l'activité, que celles-ci le sont respectivement envers l'intelligence et le sentiment. Dans notre commune exploitation du domaine terrestre, toutes ces différences se trouveront de plus en plus utilisées par la vraie providence, qui transformera d'odieuses animosités en nouvelles sources de l'harmonie universelle. Une sagesse systématique qui s'associera dignement tous les animaux assez disciplinables doit d'abord faire profondément concourir les diverses variétés de l'espèce dirigeante. Ces modifications finales de l'unité humaine par l'influence graduelle du milieu n'ont pu devenir assez prononcées qu'en développant respectivement chacune des trois régions cérébrales davantage que les deux autres. D'après cette théorie subjective, l'harmonie totale du Grand-Être exige donc l'ultime concours de ses trois races, spéculative, active, et affective.

Auguste COMTE, *Système de politique positive,* tome 2, mai 1852, pp. 461-462.

1. Dans la religion de l'Humanité, que Comte rêve d'instituer, l'*activité*, éclairée par l'intelligence, est subordonnée au *sentiment*, de sorte que « le cœur prévaut sur l'esprit et le caractère, d'une manière à la fois plus spontanée et plus systématique que sous tout autre régime » (*Système de politique positive*, t. 2, p. 66).

2. Grand-Être : Comte désigne ainsi l'Humanité au sens positif du terme, c'est-à-dire « l'ensemble des êtres passés, futurs et présents qui concourent librement à perfectionner l'ordre universel ».

ANTHROPOLOGIE
ET CLASSIFICATION (SUITE)

5. Arbitraire des classifications raciales

Il n'est permis qu'à un aveugle de douter que les Blancs, les Nègres, les Albinos, les Hottentots, les Lapons, les Chinois, les Américains soient des races entièrement différentes.

VOLTAIRE, *Essai sur les mœurs*, 1756.

La distance biologique entre deux personnes d'un même groupe, d'un même village, est si grande qu'elle rend insignifiante la distance entre les moyennes de deux groupes, ce qui enlève tout contenu au concept de race[a].

François JACOB, *Le Racisme. Mythes et Sciences*, Éd. Complexe, 1981.

La préoccupation de classer les êtres humains n'est devenue une entreprise à prétention scientifique qu'au XVIIIe siècle. Elle s'est développée dans l'esprit de la classification linnéenne des êtres vivants : chaque variété de ceux-ci était groupée autour d'un type, spécimen unique. Chaque nouveau spécimen porté à la connaissance du naturaliste était classé avec un des types connus s'il s'en rapprochait suffisamment (avec tout l'arbitraire qu'implique cet adverbe) ou constituait un type nouveau s'il s'écartait suffisamment de tous. Ainsi s'est élaborée une classification raciale de l'humanité basée sur les différences évidentes que présentaient une série d'individus observés par les naturalistes ou décrits par les explorateurs et les membres des expéditions de conquête coloniale. On attachait un grand intérêt à l'étude du squelette, à celle du crâne en particulier dont les spécimens s'amassèrent par milliers dans les sections d'anthropologie des musées. Les spécialistes se faisaient forts de diagnostiquer le type de tout individu dont on leur présentait le crâne. Cependant, l'échelon le plus élevé de la classification raciale s'est dès le début restreint à trois taxons[1] majeurs dénommés selon la couleur de la peau : Blancs, Noirs et Jaunes ou plus tard, en termes de jargon scientifique : Leucodermes, Mélanodermes et Xanthodermes ou enfin, sous leur avatar largement utilisé aujourd'hui dans la plupart des périodiques et ouvrages d'anthropobiologie, de génétique humaine et d'hématologie : Caucasoïdes, Négroïdes et Mongoloïdes. Certains y ajoutèrent des taxons mineurs au statut controversé, comme une race brune englobant les Polynésiens.

Jean HIERNAUX, « De l'individu à la population : l'anthropobiologie », in *La science face au racisme*, Éd. Complexe, 1986, pp. 120-121.

1. Taxon: sous-ensemble d'une population humaine, caractérisé par des moyennes ou fréquences d'une série d'attributs biologiques (morphologiques, hématologiques, etc.) et de mensurations anthropométriques. La recherche des éventuels taxons fait l'objet d'une discipline appelée « taxonomie numérique ».

a. *Race : « Le mot* race *étant marqué, pour avoir servi à désigner des différences nationales, linguistiques ou religieuses et pour avoir été utilisé dans un sens délibérément abusif par les partisans des doctrines racistes, nous nous sommes efforcés de trouver un* mot nouveau *pour exprimer la notion de groupe biologiquement caractérisé. Nous n'y avons pas réussi, mais nous considérons que le mot race doit servir exclusivement à la classification anthropologique des groupes présentant un ensemble bien défini de traits physiques (y compris les traits physiologiques) combinés dans des proportions caractéristiques… Les groupes nationaux, religieux, géographiques, linguistiques et culturels ne coïncident pas nécessairement avec les groupes raciaux, et les aspects culturels de ces groupes n'ont avec les caractères propres à la race aucun rapport démontrable. Les Américains ne constituent pas une race, pas plus d'ailleurs que les Français ou les Allemands. Aucun groupe national ne constitue une race* ipso facto. *Les musulmans et les juifs ne forment pas de race, pas plus que les catholiques ou les protestants, les habitants de l'Islande, de la Grande-Bretagne ou de l'Inde, les peuples qui parlent anglais ou toute autre langue, les individus qui appartiennent à la culture turque ou chinoise, etc. L'emploi du mot* race *pour désigner un de ces groupes peut constituer une grave erreur, celle-ci est cependant souvent commise. »* Déclaration sur la race et les différences raciales, *UNESCO, 1951.*

ANTHROPOLOGIE
PRÉHISTORIQUE

6. NOTRE ANCÊTRE : ANTHROPOPITHÈQUE OU PITHÉCANTHROPE ?

Dans quelle obscurité se perd la raison humaine quand elle veut entreprendre de scruter jusqu'au fond ou même simplement deviner ce qui a été la source originaire !
KANT, *Anthropologie*, 1798, § 31, n. 11.

L'homme est l'être sans origine, celui « qui n'a ni patrie ni date », celui dont la naissance n'est jamais accessible, parce que jamais elle n'a eu « lieu ».
Michel FOUCAULT, *Les Mots et les choses*, Gallimard, 1966, p. 343.

L'image de l'ancêtre est une image artificielle, née au XVIIe siècle dans une ambiance de lutte idéologique, hors de tout fonds paléontologique. Cette image n'a pas cessé, au XIXe et dans la première moitié du XXe d'être projetée sur les fossiles, à mesure de leur découverte, dans une recherche systématique du contraste entre l'homme-singe et l'homme-sage *(Pithecanthropus* et *Homo sapiens)*. Cette attitude est la même d'ailleurs chez les rationalistes et chez les croyants : elle reste au fond étrangère à une solution humaine du problème de l'homme. Son objet est de placer, en un point de la file de créatures de moins en moins bestiales, la « frontière de l'humanité », le « Rubicon cérébral », la « recherche d'Adam ». Or il s'agit de tout autre chose : au lieu d'une surbestialité qui finirait on ne sait trop comment par acquérir le « minimum pensant » humain, l'Australanthrope[1] met en présence d'une humanité réalisée, mais pour ainsi dire méconnaissable et vraisemblablement en dessous de ce qu'on accorderait de « minimum pensant » à un singe pour qu'il puisse être considéré comme un ancêtre de l'homme. (...)

Par leur communauté d'origine culturelle, et par leurs multiples essais de conciliation entre les contraires apparents, cléricaux et rationalistes du XVIIIe et du XIXe siècle superposent de façon inextricable l'homme à l'image de Dieu, Dieu et l'homo sapiens ; la première partie du XXe siècle n'a pas ajouté grand-chose à ce point de vue qui s'accommode de la pénombre discrète que ménagent les matériaux. Il n'est en définitive gênant ni pour les uns ni pour les autres qu'un singe très flou soit au départ d'une marche ascensionnelle se terminant sur l'homme-sage, placé (par Dieu, par lui-même ou par le déterminisme) en pleine lumière de son intelligence.

Mais ne peut-on poser le problème de telle manière qu'il mette en cause, non pas un très lointain personnage imprécis qui a cessé d'être un singe pour devenir un ancêtre, mais directement l'homme actuel ?

(...) Les faits montrent que l'homme n'est pas, comme on s'était accoutumé à le penser, une sorte de singe qui s'améliore, couronnement majestueux de l'édifice paléontologique, mais, dès qu'on le saisit, autre chose qu'un singe.

André LEROI-GOURHAN, *Le Geste et la parole*, t. 1, « Technique et langage », chap. III, Albin Michel, 1964, pp. 134-135, 151, 166.

1. Australanthrope : l'auteur désigne ainsi des êtres bipèdes, vivant en Afrique à la fin du tertiaire et au début du quaternaire, marchant debout, partiellement carnivores et taillant des outils stéréotypés. Longtemps considérés seulement comme des *singes* perfectionnés (ou Australo*pithèques*), en raison de la taille de leur cerveau « incroyablement petit », ils sont, en revanche, rangés par Leroi-Gourhan parmi les *Anthropiens*, bipèdes à sustentation prolongée, « puisque le trou occipital se trouve placé au-dessous » du crâne.

ANTHROPOLOGIE RELIGIEUSE

7. La mythologie comparative à l'assaut de la superstition

Tout bien considéré, les ressemblances entre le sauvage et nous sont encore plus nombreuses que les différences qui nous séparent de lui.
J.-G. FRAZER, *Le Rameau d'Or,* 1890.

Ma source principale pour mes travaux dans ce domaine (le totémisme) furent les ouvrages si connus de J.-G. Frazer, un trésor de faits et d'aperçus précieux.
FREUD, *Ma Vie et la psychanalyse.*

L'anthropologue d'aujourd'hui se trouve placé dans une situation qui ressemble en quelque sorte à celle des humanistes au moment de la Renaissance des lettres. La découverte des littératures anciennes fut pour ces derniers comme une révélation : elle déroulait devant leurs yeux émerveillés une vision splendide du monde antique, telle que n'en avait jamais imaginé, dans ses rêves, le clerc du Moyen Âge, à l'ombre morne du cloître, au tintement solennel des cloches du monastère. C'est une perspective beaucoup plus large encore, un panorama beaucoup plus vaste que déploie devant nos regards l'étude qui tend à nous familiariser avec la foi et les pratiques, les espérances et les idéaux non pas seulement de deux races particulièrement douées, mais de l'humanité entière, et qui nous permet ainsi de suivre l'homme dans sa longue marche, sa lente et pénible ascension, de la sauvagerie à la civilisation. Et de même que l'érudit de la Renaissance trouvait dans les manuscrits poudreux et passés de la Grèce et de Rome, outre un aliment nouveau pour sa pensée, un champ de travail inexploré, de même, dans la masse des matériaux qui nous parviennent à chaque instant de tous côtés – des cités ensevelies de la plus haute antiquité autant que des sauvages les plus grossiers du désert et de la jungle, – il nous faut reconnaître une nouvelle province du savoir, dont la conquête exigera les efforts de nombreuses générations de savants. (...)

Mais l'étude comparative des croyances et des institutions humaines peut être bien autre chose qu'un moyen de satisfaire une curiosité éclairée et de fournir des matériaux aux recherches des savants. En des mains expertes, elle deviendra un puissant instrument de progrès, si elle met à nu les points faibles des fondations sur lesquelles est bâtie la société moderne, si elle révèle qu'une bonne part de ce que nous avons l'habitude de considérer comme solide repose sur le sable de la superstition, plutôt que sur le roc de la nature. C'est en vérité une tâche mélancolique et à certains égards bien ingrate, que celle de saper dans leurs fondements des croyances dans lesquelles, comme dans une forteresse, les espérances et les aspirations de l'humanité ont cherché refuge au cours de longs siècles, contre les tempêtes et les vicissitudes de la vie.

James George FRAZER, *Le Rameau d'Or* (The Golden Bough),
Préface de la seconde édition, Cambridge, 18 septembre 1900.

ANTHROPOLOGIE STRUCTURALE

8. L'ANTHROPOLOGIE À LA RECHERCHE DE LA *STRUCTURE* DE L'ESPRIT HUMAIN

Il faut secouer le joug des préjugés nationaux, apprendre à connaître les hommes par leurs conformités et leurs différences, et acquérir ces connaissances universelles qui ne sont point celles d'un siècle ou d'un pays exclusivement, mais qui, étant de tous les temps et de tous les lieux, sont pour ainsi dire la science commune des sages.

ROUSSEAU, *Discours sur l'origine de l'inégalité*, 1754.

Si le but dernier de l'anthropologie est de contribuer à une meilleure connaissance de la pensée objectivée et de ses mécanismes, cela revient finalement au même que, dans ce livre[1], la pensée des indigènes sud-américains prenne forme sous l'opération de la mienne, ou la mienne sous l'opération de la leur. Ce qui importe, c'est que l'esprit humain, sans égard pour l'identité de ses messagers occasionnels, y manifeste une structure[a] de mieux en mieux intelligible à mesure que progresse la démarche doublement réflexive de deux pensées agissant l'une sur l'autre et dont, ici l'une, là l'autre, peut être la mèche ou l'étincelle du rapprochement desquelles jaillira leur commune illumination.

Claude LÉVI-STRAUSS, *Le Cru et le cuit*, Plon, 1964, p. 21.

1. « Le Cru et le cuit », qui constitue le premier des quatre volumes de la série des *Mythologiques*, illustrant la méthode de l'*Anthropologie structurale* et habités par « l'idée du parallélisme de la musique et de la mythologie » (Cl. Lévi-Strauss).

a. *Structure : Cl. Lévi-Strauss écrit : « Si, comme nous le croyons, l'activité inconsciente de l'esprit consiste à imposer des formes à un contenu, et si ces formes sont fondamentalement les mêmes pour tous les esprits, anciens et modernes, primitifs et civilisés – comme l'étude de la fonction symbolique, telle qu'elle s'exprime dans le langage, le montre d'une façon si éclatante – il faut et il suffit d'atteindre la structure inconsciente, sous-jacente à chaque institution ou chaque coutume, pour obtenir un principe d'interprétation valide pour d'autres institutions et d'autres coutumes, à condition, naturellement, de pousser assez loin l'analyse. »* Anthropologie structurale, *Plon, 1963, pp. 28, 306.*
En revanche, E. Lévinas questionne : « Peut-on comparer l'intellect scientifique d'Einstein avec la Pensée sauvage ?... quelles que soient les complications, quelles que soient les complexités que la Pensée sauvage accueille ou accomplit. » in Emmanuel Lévinas, Qui êtes-vous?, *La Manufacture, 1987, p. 131.*

ANTHROPOLOGIE ET HUMANISME

9. L'ANTHROPOLOGIE SANS ETHNOCENTRISME

S'il y a bien une ethnographie faite par les Occidentaux étudiant les cultures d'autres peuples, l'inverse n'existe pas ; nul, en effet, de ces autres peuples n'a jusqu'à présent produit de chercheurs en mesure – ou pratiquement en état – de faire l'étude ethnographique de nos propres sociétés. Du point de vue de la connaissance il y a là, si l'on y réfléchit, une sorte de déséquilibre qui fausse la perspective et contribue à nous assurer dans notre orgueil, notre civilisation se trouvant ainsi hors de portée de l'examen des sociétés qu'elle a, elle, à sa portée pour les examiner.

Michel LEIRIS, *Cinq études d'ethnologie*, Denoël, 1969, p. 107.

Aux acquisitions de la psychanalyse ou de la psychologie, l'anthropologie donne une nouvelle profondeur en les installant dans sa dimension propre : Freud ou le psychologue d'aujourd'hui ne sont pas des observateurs absolus, ils appartiennent à l'histoire de la pensée occidentale. Il ne faut donc pas croire que les complexes, les rêves ou les névroses des Occidentaux nous donnent en clair la vérité du mythe, de la magie ou de la sorcellerie. Selon la règle de double critique qui est celle de la méthode ethnologique, il s'agit aussi bien de voir la psychanalyse comme mythe et le psycha-

1. Shamann (shaman, chaman ou chamane) : terme de la langue toungouse qui, au sens strict, désigne le *prêtre-sorcier* des peuplades de Sibérie et de Mongolie occidentale.

nalyste comme sorcier ou shamann[1]. Nos recherches psychosomatiques font comprendre comment le shamann guérit, comment par exemple il aide à un accouchement difficile. Mais le shamann aussi nous fait comprendre que la psychanalyse est notre sorcellerie (...). Par-delà le vrai et le faux, elle est un mythe, et le freudisme ainsi dégradé n'est plus une interprétation du mythe d'Œdipe, il en est une variante.

Plus profondément : il ne s'agit pas pour une anthropologie d'avoir raison du primitif ou de lui donner raison contre nous, il s'agit de s'installer sur un terrain où nous soyons l'un et l'autre intelligibles, sans réduction ni transposition téméraire. C'est ce qu'on fait en voyant dans la fonction symbolique la source de toute raison et de toute déraison, parce que le nombre et la richesse des significations dont dispose l'homme excèdent toujours le cercle des objets définis qui méritent le nom de signifiés, parce que la fonction symbolique doit toujours être en avance sur son objet et ne trouve le réel qu'en le devançant dans l'imaginaire. La tâche est donc d'élargir notre raison pour la rendre capable de comprendre[a] ce qui en nous et dans les autres précède et excède la raison.

Maurice Merleau-Ponty, *Signes*, Gallimard, 1960, p. 153.

a. *Les difficultés d'une telle « tâche » sont illustrées, dans* Tristes Tropiques, *par la rencontre des Tupi-Kawahib, chez qui Cl. Lévi-Strauss parvient au prix de multiples fatigues : « J'avais voulu aller jusqu'à l'extrême pointe de la sauvagerie ; n'étais-je pas comblé, chez ces gracieux indigènes que nul n'avait vus avant moi, que personne, peut-être, ne verrait plus après ? Au terme d'un exaltant parcours, je tenais mes sauvages (...) Ils étaient là, tout prêts à m'enseigner leurs coutumes et leurs croyances et je ne savais pas leur langue. Aussi proches de moi qu'une image dans le miroir,* ***je pouvais les toucher, non les comprendre.*** *» (Souligné par nous.)*

Anthropologie et science

10. Difficultés de l'anthropologie

Si l'on doit venir en aide à une science, toutes les difficultés doivent en être dévoilées et il faut même rechercher celles qui se trouvent secrètement sur sa route.

Kant, *Critique de la raison pratique,* 1re partie, Livre I, chap. III.

À tout effort pour parvenir jusqu'aux fondements de cette science (l'Anthropologie), s'opposent d'importantes difficultés qui tiennent à la nature humaine elle-même.

1. L'homme, s'il remarque qu'on l'observe et qu'on cherche à l'examiner, se montrera embarrassé (gêné), et il ne *peut* pas se montrer tel qu'il est ; ou bien il se *dissimule,* et il ne *veut* pas être connu tel qu'il est.

2. Veut-il s'examiner lui-même ? Sa situation devient critique, surtout pour ses émotions, qui, d'ordinaire, ne permettent pas la *dissimulation* : si les mobiles sont en jeu, il ne s'observe pas ; s'il s'observe, les mobiles sont hors d'action.

3. Les circonstances de temps et de lieu, si elles sont durables, produisent des *habitudes* dont on dit qu'elles sont une seconde nature ; elles rendent difficile un jugement sur soi-même, sur l'opinion qu'on doit avoir de soi, mais plus encore sur l'idée qu'on doit

se faire d'un homme avec qui on est en rapport; car le changement de situation que son destin impose à l'homme, ou que l'homme, dans ses aventures, s'impose à lui-même, rend fort difficile à l'Anthropologie de s'élever au rang de science formelle.

KANT, *Anthropologie du point de vue pragmatique,* 1798,
«Anthropologie in pragmatischer Hinsicht», trad. M. Foucault, Éd. J. Vrin, 1964, p. 12.

11. L'ETHNOGRAPHE ET SES SEMBLABLES

Selon une idée peut-être vague mais assez courante, l'anthropologie, si elle n'est pas de nos jours une science au sens strict, doit en progressant se rapprocher de cet idéal, et peut-être le réaliser à la limite. Or, à la lumière de ce qui a été dit ici, on est conduit, non sans hésitation, à mettre en doute cette idée… L'influence des sciences exactes est positive, leur imitation négative.

Louis DUMONT, *Essais sur l'individualisme,* Seuil, 1983, p. 206.

S'il est indiscutable que l'ethnographie – sous peine de n'être plus une science – doit tendre au maximum d'impartialité, il est non moins indiscutable que, étant une science humaine, elle ne saurait prétendre qu'à un détachement moindre encore qu'il n'en est pour une science physique ou une science naturelle[a]. En dépit des différences de couleur et de culture, quand nous faisons une enquête ethnographique ce sont toujours nos semblables que nous observons et nous ne pouvons adopter à leur égard l'indifférence, par exemple, de l'entomologiste qui regarde d'un œil curieux des insectes en train de se battre ou de s'entre-dévorer. De plus, l'impossibilité de soustraire complètement une observation à l'influence de l'observateur est, pour l'ethnographie, encore moins négligeable que pour les autres sciences, car elle va beaucoup plus loin. Même si nous considérons – au nom de la science pure – que nous devons nous borner à mener nos enquêtes et ne pas intervenir, nous ne pouvons rien contre ce fait, à savoir que la seule présence de l'enquêteur au sein de la société sur laquelle il travaille est déjà une intervention : ses questions, ses propos, voire son simple contact suscitent pour celui qu'il interviewe des problèmes qu'il ne s'était jamais posés; cela lui fait voir ses coutumes sous un autre jour, lui dévoile des horizons.

Michel LEIRIS, *Cinq études d'ethnologie,* Denoël, 1969, p. 85.

a. *De son côté, Cl. Lévi-Strauss confiait au cours d'un entretien : «Je ne crois pas que nos sciences humaines et sociales puissent jamais prétendre au statut de sciences véritables. J'ai tout au plus essayé de faire un petit pas dans cette direction. Chez nous, les variables sont trop nombreuses.»* De près et de loin, *Éd. Odile Jacob, 1988, p. 146.*

ART

Quant à moi, je refuse le nom d'«art» à une activité irrationnelle.
PLATON, *Gorgias*, 465a

Comme la religion, la philosophie ou le jeu, l'art est une activité dont le sens ne fait pas question pour celui qui est tout engagé dans sa pratique, tandis que, vue de l'extérieur – par un profane ou un béotien – comme fruit du désœuvrement ou libre création du génie, une telle pratique reste en tout cas une énigme. Dans la mesure où il se distingue à la fois de la science, de la technique et de l'artisanat, l'art est une activité spécifique qui s'accomplit en particulier dans des œuvres capitales (ou *chefs-d'œuvre*), propres à décourager les commentaires explicatifs et à manifester tacitement la bâtardise de tout discours. Car il n'y a aucune commune mesure entre ce que le chef-d'œuvre nous dit et ce que nous pouvons dire du chef-d'œuvre. D'ailleurs, qui donc est habilité à *parler* de l'art? L'artiste lui-même ou l'amateur éclairé? Le critique d'art, l'historien, le sociologue, le moraliste, le métaphysicien ou le psychanalyste? Qui dira ce que nous *signifie*, depuis Lascaux, cette étrange beauté venue de la nuit des temps? Même si la Beauté n'est plus guère le souci majeur des représentants de l'«art contemporain» et même si le Beau n'est plus le terme adéquat pour désigner la visée ou l'inquiétude de l'artiste d'aujourd'hui, l'*Analytique du Beau*, élaborée par Kant (*Critique de la Faculté de juger*, 1re Partie, L. I, sect. 1), est encore la meilleure introduction à l'*esthétique*. Il y a toujours lieu d'interroger ce fait, mis en lumière par l'analyse kantienne, à savoir que l'œuvre d'art nous atteint dans notre sensibilité de la façon la plus paradoxale : *universellement sans concept*.

De son côté, Hegel ouvre la voie aux commentaires idéalistes selon lesquels l'art nous permettrait d'accéder, par-delà l'apparence, à la réalité véritable. Aurions-nous donc, comme Alice, traversé le miroir – ou bien l'art témoigne-t-il simplement des déchirements et des antagonismes de toute société qui, faute de répondre aux besoins réels des hommes, flatte leur imagination? Dans ce cas, il disparaîtra d'une cité où le réel et l'imaginaire se seront rejoints : ainsi Platon, après les avoir couronnés de fleurs, chasse les poètes de sa *République* (Livre III, 3948 a) où ils n'ont plus de fonction, tandis que Marx met l'art à la portée de chacun dans une société «sans classes» où la *division du travail* sera abolie et où il n'y aura plus, séparément, des «artistes» et des consommateurs d'art, mais uniquement des hommes complets pratiquant eux-mêmes l'art de leur choix. Mais l'art n'est-il pas plutôt, comme l'indique Freud, la réconciliation dans l'imaginaire du *principe de plaisir* et du *principe de réalité*? Dès lors, aucune réalité sociale, si attentive soit-elle à la satisfaction des *besoins* vitaux, ne peut combler l'infinité du *Désir*, ni soustraire l'homme à un clivage irrémédiable. L'art est sans doute le témoignage de ce déchirement, mais «l'essence de la fonction artistique, écrit Freud, nous reste psychanalytiquement inaccessible.»

En un tout autre sens, l'art est célébré par Nietzsche comme stimulant la *volonté de puissance* et sanctifiant les illusions dont *la vie* se nourrit : «L'art et rien que l'art! C'est lui qui nous permet de vivre, qui nous persuade de vivre, qui nous stimule à vivre.» Pourtant la signification – sociale ou asociale, illusoire ou réelle, anodine ou vitale – de l'*Art* reste indéterminée tant que nous ignorons ce que ce terme recouvre exactement. En effet, nous n'avons affaire qu'à des *œuvres*, individuelles ou collectives, à des *productions* uniques ou à des *reproductions* innombrables, dont la consécration reste doublement ambiguë : d'une part, celui qui juge telle œuvre belle et à qui cette œuvre s'impose, ne se contente pas de solliciter l'assentiment d'autrui, mais – comme le dit Kant – il l'*exige*. D'autre part, la présence tranquille du chef-d'œuvre n'exclut pas le *vandalisme* : la destruction rageuse d'une œuvre d'art exprime elle aussi, à sa manière, la reconnaissance de son caractère provocant.

Quelle est donc l'origine du chef-d'œuvre et quelle est sa destination? «Les temples érigés en l'honneur de la religion, écrit Feuerbach, le sont, en réalité, en l'honneur de l'architecture.» Est-ce à dire que les œuvres d'art sont à elles-mêmes leur propre fin? Mais alors «comment être certains que ce sont bien des œuvres d'art, questionne Heidegger, si nous ne savons pas auparavant ce qu'est l'art lui-même?»

DÉFINITION DE L'ART

Si les atomes ont, par sort, formé tant de sortes de figures, pour quoy ne se sont-ils jamais rencontrez à faire une maison, un soulier?
MONTAIGNE, *Essais*, II, XII

L'*art* se distingue de la nature comme faire *(facere)* d'agir ou d'effectuer en général *(agere)* et le produit ou la conséquence du premier *(opus)* se distingue de même des effets *(effectus)* de la seconde.

À vrai dire, on ne devrait nommer art que le produit de la liberté, c'est-à-dire d'un vouloir qui fonde ses actes sur la raison. On se plaît à nommer œuvre d'art le travail des abeilles (les rayons de cire régulièrement construits), mais ce n'est que par analogie; car dès que l'on songe qu'aucune réflexion particulière de la raison ne préside à leur travail, on dit aussitôt : c'est une production de leur nature (de leur instinct) et, comme œuvre d'art, on ne l'attribue qu'à leur Créateur.

Quand en fouillant un marécage on trouve, comme il est arrivé parfois, un morceau de bois taillé, on dit que c'est un produit de l'art et non de la nature : sa cause efficiente a pensé une fin à laquelle il doit sa forme. On voit un produit de l'art dans tout ce qui est ainsi constitué que la représentation en a dû dans la cause précéder la réalisation (même chez les abeilles) sans que cependant cette cause ait pu à vrai dire *concevoir* cet effet. Mais quand on nomme simplement une chose œuvre d'art pour la distinguer d'un effet de la nature, on entend toujours par là un ouvrage des hommes.

L'*art*, habileté de l'homme, se distingue aussi de la science (comme *pouvoir* de *savoir*) comme la faculté pratique de la faculté théorique, la technique de la théorie (l'arpentage, par exemple, de la géométrie). Ce que l'on *peut* faire, dès que l'on *sait* seulement ce qui doit être fait et que l'on connaît suffisamment l'effet recherché, ne s'appelle pas de l'art. Ce que l'on n'a pas l'habileté d'exécuter de suite, alors même qu'on en possède complètement la science, voilà seulement ce qui dans cette mesure est de l'art*.

KANT, *Critique du Jugement* (1790), 1re partie, Livre II, § 43,
trad. Gibelin, Vrin, pp. 124-125.

* *Note de Kant : Dans mon pays, l'homme du peuple à qui l'on propose un problème tel que celui de l'œuf de Christophe Colomb a coutume de dire : « Ce n'est pas de* l'art, *ce n'est que* de la science *», autrement dit : quand on le* sait, *on le* peut ; *et il en dit autant de l'art prétendu du magicien ; par contre, il ne se refusera pas à appeler art l'habileté du danseur de corde.*

ACTION ET CRÉATION

1. DÉFINITION DE LA *TECHNÈ*[1]

La véritable condition d'un véritable poète
est ce qu'il y a de plus distinct de l'état de rêve.
Paul VALÉRY

1. Le mot grec *technè*, qui a donné en français « technique », est généralement traduit par le mot « art ». Au Ve siècle av. J.-C., *technè* signifiait en effet : crt manuel, métier, habileté (à faire quelque chose). Platon et Aristote parlent ainsi d'un « art de la parole » *(technè tôn logôn)* et, dans le même sens, les auteurs de la Logique de Port-Royal (Arnauld et Nicole) donneront pour titre à leur ouvrage *L'Art de penser* (1962).

Tous sans exception nous croyons que ce que nous savons n'admet pas d'être autrement [...] Ainsi ce qui est objet de science existe de toute nécessité et a, par suite, un caractère éternel [...]

Pour ce qui est des choses susceptibles d'être autrement, il en est qui relèvent de la création *(poïèsis)*, d'autres de l'action *(praxis)*, création et action étant distinctes [...] Aussi la disposition, accompagnée de raison *(logos)* et tournée vers l'action, est-elle différente de la disposition, également accompagnée de raison, tournée vers la création ; aucune de ces notions ne contient l'autre ; l'action ne se confond pas avec la création, ni la création avec l'action. Puisque l'architecture est un art *(technè)*; que cet art se définit par une disposition, accompagnée de raison, tournée vers la création ; puisque tout art est une disposition accompagnée de raison et tournée vers la création, et que toute disposition de cette sorte est un art *(technè)*; l'art et la disposition accompagnée de la raison conforme à la vérité se confondent. D'autre part, tout art a pour caractère de faire naître une œuvre et recherche les moyens techniques et théoriques de créer une chose appartenant à la catégorie des possibles et dont le principe réside dans la personne qui exécute et non dans l'œuvre exécutée. Car l'art ne concerne pas ce qui est ou se produit nécessairement, non plus que ce qui existe par un effet de la seule nature – toutes choses ayant en elles-mêmes leur principe. Du moment que création et action sont distinctes, force est que l'art se rapporte à la création, non à l'action proprement dite. Et, en une certaine mesure, art et hasard s'exercent dans le même domaine, selon le mot d'Agathôn : *L'art aime le hasard, comme le hasard aime l'art*.

Donc, ainsi que nous l'avons dit, l'art est une disposition, susceptible de création, accompagnée de raison vraie, par contre le défaut d'art est cette disposition servie par un raisonnement erroné dans le domaine du possible.

ARISTOTE (384-322 av. J.-C.), *Éthique de Nicomaque*[2], Livre VI, chapitres III-IV, trad. Voilquin, Garnier, 1965, pp. 259-261

2. Traité de morale adressé par Aristote à son fils Nicomaque.

LES ARTS
ET LEUR HISTOIRE

2. HIÉRARCHIE MÉDIÉVALE : ARTS « LIBÉRAUX » ET ARTS « MÉCANIQUES »

1. Grammaire, dialectique, rhétorique, géométrie, arithmétique, astronomie et musique.

Le système des sept arts libéraux[1] tel que Martianus Capella l'avait codifié, repris par Charlemagne lorsqu'il entreprit de sauver la culture impériale, devint le cadre d'un enseignement dont le but était de mieux interpréter la parole divine, de discerner les armatures de l'ordre universel, mais aussi d'aider à mieux tenir sa place dans la cité terrestre, puisque l'on considérait celle-ci comme homologue à la cité de Dieu. Il continua de former des « orateurs », des experts de l'oraison et de la pratique oratoire. À ces arts initiait précisément la faculté propédeutique de l'université. Au XIIe siècle dant, Hugues de Saint Victor, entreprenant le classement des connaissances humaines, jugea nécessaire de faire une place auprès des arts libéraux aux arts «mécaniques», c'est-à-dire à ceux qui font intervenir le corps, les muscles, la main. Hugues toutefois situa ceux-ci très en contrebas, dans une position subordonnée, domestique, analogue à celle assignée, dans les maisons nobles, aux gens de métier *(ministerium, ministériaux)*, logés à part dans les communs, soumis aux ordres des maîtres, isolés d'eux par une frontière de classe infranchissable. La délimitation entre les arts libéraux et les arts mécaniques prend assise en effet sur de très vieilles attitudes mentales, alliant la noblesse à l'oisiveté, réputant le travail manuel «servile», indigne de l'homme de qualité, sur d'autres aussi, manichéennes, qui, voyant dans le charnel la part maudite de l'univers, tournaient le dos à la matière, la redoutaient, la condamnaient, s'évertuant à dégager à toute force le spirituel du corporel. Ces tendances de la pensée incitaient à répartir les divers «arts» au sein d'un édifice à deux niveaux: à l'étage maître, les pratiques conférant la maîtrise du verbe, du chant, des idées, de toutes les activités qui relient l'être humain au domaine des anges; au ras du sol, au plan des cuisines, les façons de travailler le bois, la laine, le métal, la chair même, et qui rabaissent vers le bestial. Entre les deux, ce fossé qui, par exemple, sépara très longtemps les médecins, gens de réflexion, interprétant des symptômes, habiles à remettre en ordre l'organisme sans y porter la main, des chirurgiens, confondus avec les barbiers et les bourreaux, parce que, munis d'outils, ils touchaient au corps, et qui durent pendant des siècles lutter pour faire admettre leur «art» parmi les libéraux.

Pendant des siècles, un semblable désir de forcer la cloison anima ceux que nous appellerions des artistes. Ils étaient en effet, pour des raisons identiques, exclus. Principalement parce que, dans la conscience médiévale, ce qu'est pour nous l'art demeurait enfoui au profond d'une mystique et d'une morale. La beauté n'était pas recherchée pour elle-même. Elle était offerte à la gloire de Dieu. Dans l'œuvre d'art, la meilleure part des richesses du monde était, au sens plein du terme, «consacrée» – et par cette vocation sacrificielle, l'intention, la signification symbolique, la valeur du matériau, le temps passé à l'élaborer se trouvait privilégié par rapport au travail des mains. L'œuvre d'art, d'autre part, collaborait à l'élucidation des mystères; elle entendait livrer aux regards des équivalences de l'invisible. Par conséquent, l'acte créateur incombait aux prêtres, aux savants, aux hommes du livre et de la parole. Orfèvres, brodeurs, verriers, imagiers, n'avaient mission que d'exécuter.

Georges Duby, *Artiste/artisan ?*, Union centrale des Arts décoratifs, 1977, pp. 9-11.

L'ART ET LE TRAVAIL

3. Arts difficiles et arts utiles

Que ferions-nous des arts, sans le luxe qui les nourrit?
Rousseau, *Discours sur les sciences et les arts*, 1750, Seconde partie.

Chez les Grecs et les Romains, les travaux manuels étaient abandonnés aux esclaves; de là le mépris qui frappa l'industrie; de là cette distinction usitée jusqu'à nos jours entre les arts mécaniques, exercés par les hommes asservis, et les arts libéraux, qui étaient le partage exclusif des hommes libres.

Dans tout pays où il y a une cour, les arts mécaniques sont avilis ; il y existe une classe dont l'immoralité privilégiée croirait se déshonorer en les cultivant : lors même que le despote les favorise, sa protection flétrissante établit une démarcation politique entre l'utile artisan qui enrichit son pays ; et le satrape insolent qui le dévore.

Chez nous, quelques individus croyaient abréger un peu cette distance par ces qualifications serviles : *un tel ..., chapelier du roi, bonnetier, carrossier du roi, de monseigneur le dauphin, de monseigneur le comte d'Artois*, etc. (...)

Les encouragements dus à tous les arts doivent être déterminés, non seulement d'après leur utilité, mais encore d'après la difficulté d'en obtenir les produits. De bons vers sont infiniment moins utiles que de bons souliers ; mais comme il est aussi rare de trouver un grand poète, qu'il est commun de trouver un cordonnier habile, vous ne les assimileriez, pour les récompenses, qu'autant que ce dernier aurait fait une découverte importante. Néanmoins le degré d'utilité doit être partout la mesure de notre estime ; et certes, celui qui le premier réunit les douves d'un tonneau, ou qui forma la première voûte ; celui qui trouva le van, ou qui rendit le pain plus digestif par le moyen du levain (si toutefois cette dernière découverte n'est pas due au hasard, comme le prétend Goguet[1]), ceux-là, dis-je, méritèrent mieux de l'humanité, que celui qui, soixante siècles après, écrivit La Henriade.

Tous les arts sont frères, aucun ne doit échapper à la sollicitude des législateurs.

Abbé Henri Grégoire [a], *Rapport sur l'établissement d'un Conservatoire des arts et métiers*, Séance du 8 vendémiaire an III.

1. Dans son traité *De l'origine des lois, des arts et des sciences, et de leurs progrès chez les peuples anciens*, 1758.

a. *L'abbé Henri Grégoire (1750-1831), dont les cendres ont été transférées au Panthéon en 1989, à l'occasion du Bicentenaire de la Révolution Française, a servi de modèle à Victor Hugo pour le personnage de Mgr Myriel. Président de la Société des Amis des Noirs, ayant obtenu en 1791 pour tous les hommes de couleur les droits de citoyen, il fut brûlé en effigie par les planteurs de Saint-Domingue. « Il serait plus aisé, disait-il, de blanchir des nègres que de convertir l'orgueil et la cupidité des blancs. » Pendant quarante ans, il parla en faveur de toutes les communautés opprimées : Juifs, Irlandais catholiques, protestants, anabaptistes. Il s'éleva contre la destruction aveugle des œuvres d'art ou* ***vandalisme*** *: « Je crée le mot, dit-il, pour empêcher la chose. » Il créa également le Conservatoire des Arts et Métiers. À sa mort, sa dépouille fut accompagnée au cimetière du Montparnasse par 20 000 ouvriers et étudiants : la foule détela les chevaux et conduisit à bras d'homme le corbillard. Par testament, l'abbé Grégoire allouait 4 000 francs à la « fondation d'une messe annuelle pour ses détracteurs et ses ennemis morts ou vivants ».*

ART
ET CONNAISSANCE

4. L'ART, COMME MODE ESSENTIEL DE CONNAISSANCE

L'art n'est sûrement qu'une vision plus directe de la réalité. Mais cette pureté de perception implique une rupture avec la convention utile, un désintéressement inné et spécialement localisé du sens ou de la conscience, enfin une certaine immatérialité de vie, qui est ce qu'on a toujours appelé de l'idéalisme.

BERGSON

Y a-t-il une connaissance spéciale qui s'applique à ce qui dans le monde subsiste en dehors et indépendamment de toute relation, à ce qui fait à proprement parler l'essence du monde et le *substratum* véritable des phénomènes, à ce qui est affranchi de tout changement et par suite connu avec une égale vérité pour tous les temps, en un mot aux Idées, lesquelles constituent l'objectité[a] immédiate et adéquate de la chose en soi, de la volonté ? – Ce mode de connaissance, c'est l'art, c'est l'œuvre du génie. L'art reproduit les idées éternelles qu'il a conçues par le moyen de la contemplation pure, c'est-à-dire l'essentiel et le permanent de tous les phénomènes du monde ; d'ailleurs, selon la matière qu'il emploie pour cette reproduction, il prend le nom d'art plastique, de poésie ou de musique. Son origine unique est la connaissance des Idées ; son but unique, la communication de cette connaissance. – Suivant le courant interminable des causes et des effets, (...) la science se trouve, à chaque découverte, renvoyée toujours et toujours plus loin ; il n'existe pour elle ni terme ni entière satisfaction (autant vaudrait chercher à atteindre à la course le point où les nuages touchent l'horizon) ; l'art, au contraire, a partout son terme. En effet, il arrache l'objet de sa contemplation au courant fugitif des phénomènes ; il le possède isolé devant lui ; et cet objet particulier, qui n'était dans le courant des phénomènes qu'une partie insignifiante et fugitive, devient pour l'art le représentant du tout, l'équivalent de cette pluralité infinie qui remplit le temps et l'espace. L'art s'en tient par suite à cet objet particulier ; il arrête la roue du temps, les relations disparaissent pour lui ; ce n'est que l'essentiel, ce n'est que l'Idée qui constitue son objet.

Nous pouvons en conséquence définir l'art : la contemplation des choses, indépendante du principe de raison ; il s'oppose ainsi au mode de connaissance qui conduit à l'expérience et à la science. On peut comparer ce dernier mode de connaissance à une ligne horizontale qui court indéfiniment ; quant à l'art, c'est une ligne perpendiculaire qui coupe facultativement la première en un point ou en un autre. La connaissance soumise au principe de raison constitue la connaissance rationnelle ; elle n'a de valeur et d'utilité que dans la vie pratique et dans la science ; la contemplation, qui s'abstrait du principe de raison, est le propre du génie ; elle n'a de valeur et d'utilité que dans l'art. La première correspond à la connaissance selon Aristote ; la seconde est en somme la contemplation platonicienne[b]. La première ressemble à une violente tempête qui passe, sans qu'on en connaisse l'origine ni le but, et qui courbe, bouleverse, arrache tout sur sa route ; la seconde, c'est le paisible rayon de soleil qui coupe la route de cette tempête et défie sa violence. La première est comme la chute des gouttes innombrables et impuissantes qui dans

a. *objectité : ici, caractère de ce qui,* **en soi**, *est « objet » de pensée, par opposition à l'« objectivité », ou caractère objectif d'une chose* **pour un sujet**. *Seule, la* volonté, *selon Schopenhauer, possède « l'objectité » immédiate de la* chose en soi *(cf. Volonté, texte n° 9, p. 95).*
On trouve une autre forme de l'opposition entre « objectité » et « objectivité » dans l'analyse que propose Sartre des relations concrètes avec autrui : « Je puis me retourner sur autrui pour lui conférer à mon tour l'objectivité, puisque l'objectité d'autrui est destructrice de mon objectivité pour autrui », L'Être et le néant, *3e partie, chap. III, I).*
b. *Schopenhauer, tout en empruntant à Platon la* contemplation des Idées *(cf. texte n° 1C, p. 418), lui reproche d'avoir méconnu le rôle de l'art comme mode privilégié de cette contemplation et dénonce « l'une des plus grandes erreurs de ce grand homme, je veux dire la sentence de dédain et de bannissement qu'il a prononcée contre l'art et particulièrement contre la poésie ».*

une cascade changent sans cesse et n'ont pas un instant de repos ; la seconde est l'arc-en-ciel qui plane paisible au-dessus de ce tumulte déchaîné.

Arthur Schopenhauer, *Le Monde comme volonté et comme représentation,* (1819-1844-1859), trad. Burdeau, revue et corrigée par R. Roos, P.U.F., 1966, pp. 239-240.

5. L'ART : APPARENCE DE LA RÉALITÉ VRAIE

Quel but se propose la peinture relativement à chaque objet ? Est-ce de représenter ce qui est tel qu'il est ou ce qui paraît tel qu'il paraît ? Est-ce l'imitation de l'apparence ou de la réalité ? – De l'apparence, dit-il.

Platon, *La République,* X, 598 b

Ce qu'il y a de plus réel pour moi, ce sont les illusions que je crée avec ma peinture. Le reste est un sable mouvant.

Eugène Delacroix

L'art, dit-on, est le règne de l'apparence, de l'illusion, et ce que nous appelons beau pourrait tout aussi bien être qualifié d'apparent et d'illusoire.

[...] Rien de plus exact : l'art crée des apparences et vit d'apparences et, si l'on considère l'apparence comme quelque chose qui ne doit pas être, on peut dire que l'art n'a qu'une existence illusoire, et ses créations ne sont que de pures illusions.

Mais, au fond, qu'est-ce que l'apparence ? Quels sont ses rapports avec l'essence ? N'oublions pas que toute essence, toute vérité, pour ne pas rester abstraction pure, doit *apparaître*. Le divin doit être *un,* avoir une existence qui diffère de ce que nous appelons apparence. Mais l'apparence elle-même est loin d'être quelque chose d'inessentiel, elle constitue, au contraire, un moment essentiel de l'essence. Le vrai existe pour lui-même dans l'esprit, apparaît en lui-même et est là pour les autres. Il peut donc y avoir plusieurs sortes d'apparence; la différence porte sur le contenu de ce qui apparaît. Si donc l'art est une apparence, il a une apparence qui lui est propre, mais non une apparence tout court.

Cette apparence, propre à l'art, peut, avons-nous dit, être considérée comme trompeuse, en comparaison du monde extérieur, tel que nous le voyons de notre point de vue utilitaire, ou en comparaison de notre monde sensible et interne. Nous n'appelons pas illusoires les objets du monde extérieur, ni ce qui réside dans notre monde interne, dans notre conscience. Rien ne nous empêche de dire que, comparée à cette réalité, l'apparence de l'art est illusoire ; mais l'on peut dire avec autant de raison que ce que nous appelons réalité est une illusion plus forte, une apparence plus trompeuse que l'apparence de l'art. Nous appelons réalité et considérons comme telle, dans la vie empirique et dans celle de nos sensations, l'ensemble des objets extérieurs et les sensations qu'ils nous procurent. Et, cependant, tout cet ensemble d'objets et de sensations n'est pas un monde de vérité, mais un monde d'illusions. Nous savons que la réalité vraie existe au-delà de la sensation immédiate et des objets que nous percevons directement. C'est donc bien plutôt au monde extérieur qu'à l'apparence de l'art que s'applique le qualificatif d'illusoire.

Hegel, *Esthétique* (1835), trad. J.-G., Éd. Aubier Montaigne, 1944, pp. 26-27.

L'ART
ET LA MÉTAPHYSIQUE

6. CE QUE NOUS DIT UN TABLEAU DE VAN GOGH

Ce n'est pas seulement la philosophie, ce sont encore les beaux-arts qui travaillent au fond à résoudre le problème de l'existence.
SCHOPENHAUER, *Le Monde comme volonté et comme représentation,* chap. XXXIV.

Prenons un produit connu : une paire de souliers de paysan. Pour les décrire, point n'est besoin de les avoir sous les yeux. Tout le monde en connaît. Mais comme il y va d'une description directe, il peut sembler bon de faciliter la vision sensible. Il suffit pour cela d'une illustration. Nous choisissons à cet effet un célèbre tableau de Van Gogh, qui a souvent peint de telles chaussures. Mais qu'y a-t-il à voir ? (...) D'après la toile de Van Gogh, nous ne pouvons même pas établir où se trouvent ces souliers. Autour de cette paire de souliers de paysan, il n'y a rigoureusement rien où ils puissent prendre place : rien qu'un espace vague. Même pas une motte de terre provenant du champ ou du sentier, ce qui pourrait au moins indiquer leur usage. Une paire de souliers de paysan, et rien de plus. Et pourtant...

Dans l'obscure intimité du creux de la chaussure est inscrite la fatigue des pas du labeur. Dans la rude et solide pesanteur du soulier est affermie la lente et opiniâtre foulée à travers champs, le long des sillons toujours semblables, s'étendant au loin sous la bise. Le cuir est marqué par la terre grasse et humide. Par-dessous les semelles s'étend la solitude du chemin de campagne qui se perd dans le soir. À travers ces chaussures passe l'appel silencieux de la terre, son don tacite du grain mûrissant, son secret refus d'elle-même dans l'aride jachère du champ hivernal. À travers ce produit repasse la muette inquiétude pour la sûreté du pain, la joie silencieuse de survivre à nouveau au besoin, l'angoisse de la naissance imminente, le frémissement sous la mort qui menace. Ce produit appartient à la *terre,* et il est à l'abri dans le *monde* de la paysanne. Au sein de cette appartenance protégée, le produit repose en lui-même.

Tout cela, peut-être que nous ne le lisons que sur les souliers du tableau. La paysanne, par contre, porte tout simplement les souliers. Mais ce « tout simplement » est-il simple ? Quand, tard au soir, la paysanne bien fatiguée met de côté ses chaussures, quand chaque matin à l'aube elle les cherche, ou quand, au jour de repos, elle passe à côté d'elles, elle sait tout cela, sans qu'elle ait besoin d'observer ou de considérer quoi que ce soit. L'être-produit du produit réside bien en son utilité. Mais celle-ci à son tour repose dans la plénitude d'un être essentiel du produit. (...) Nous n'avons rien fait que nous mettre en présence du tableau de Van Gogh. C'est lui qui a parlé. Dans la proximité de l'œuvre, nous avons soudainement été ailleurs que là où nous avons coutume d'être.

L'œuvre d'art nous a fait savoir ce qu'est en vérité la paire de souliers.

HEIDEGGER, *Chemins qui ne mènent nulle part,* « Holzwege » (1950), trad. W. Brokmeier, édit. par F. Fédier, Gallimard, 1962, pp. 24-26.

ART
ET ILLUSION

7. La poésie : inspiration divine ou émotion feinte ?

Ce n'est pas eux (les poètes) qui disent ces choses dont la valeur est si grande, eux de qui l'esprit est absent, mais c'est la Divinité elle-même qui parle, qui par leur entremise nous fait entendre sa voix !

Platon, *Ion*, 534 d.

Mon âme aux mille voix que le Dieu que j'adore
Mit au centre de tout comme un écho sonore

Victor Hugo, *Les Contemplations*, 1856.

Il convient de noter qu'en développant ces idées (fièvre divine du poète ou du musicien)[a] Platon, loin d'être sérieux, est carrément ironique. Il fait une petite plaisanterie, surtout, qui en dit long et qui est assez amusante. Socrate dit que le rhapsode[1], quand il est possédé du dieu, est complètement perturbé (par ex. : il tremble de peur alors qu'il n'y a aucun danger) et qu'il provoque les mêmes émotions absurdes chez le public. Le rhapsode Ion lui répond alors : « Exactement : lorsque depuis ma scène j'observe les spectateurs, je les vois pleurer et me regarder avec des yeux remplis de crainte... Et il est vrai que je suis obligé de bien les observer. Car s'ils pleurent, je me réjouis de l'argent que je vais gagner, et s'ils rient, je pleurerai l'argent que je vais perdre. » Il est clair que Platon veut nous faire comprendre ceci : si le rhapsode est possédé de ces anxiétés terrestres (sans être en rien « perturbé » !) quand il observe son public pour adapter son comportement à leurs réactions, alors il ne peut être sérieux quand il suggère (comme le fait Ion dans ce passage) que son grand impact sur eux dépend entièrement de sa sincérité, – c'est-à-dire qu'il doit être totalement et réellement possédé du dieu et de sa folie passagère. Cette plaisanterie de Platon est une référence typique à lui-même, une référence à soi presque paradoxale. En fait, Platon laisse entendre nettement que cette connaissance ou ce savoir-faire (par ex. : la fascination que le rhapsode exerce sur son public) ne serait que tromperie malhonnête, car elle interférerait forcément avec le message divin. Et il suggère que le rhapsode (ou le poète, le musicien) est plutôt, au moins de temps en temps, un trompeur adroit qu'un être véritablement inspiré par les dieux.

Des thèses platoniciennes découle la théorie moderne de l'art en tant qu'expression. La thèse de l'inspiration (en écartant sa source divine) est devenue la théorie moderne de l'art en tant qu'expression personnelle ou, plus précisément, en tant qu'auto-inspiration, expression et communication des émotions. La théorie moderne est une espèce de théologie sans Dieu. La nature ou l'essence cachée de l'artiste prenant la place des dieux, l'artiste s'inspire lui-même.

Karl R. Popper, *La Quête inachevée* (Unended Quest, 1974), trad. Renée Bouveresse, Calmann-Lévy, 1981, p. 96.

1. Rhapsode : dans la Grèce antique, chanteur qui allait de ville en ville pour interpréter des poèmes épiques, en particulier ceux d'Homère, à savoir l'*Iliade* et l'*Odyssée*.

a. *Dans le dialogue* Ion *(ou* Sur l'Iliade*), Platon, par la bouche de Socrate, développe l'idée que le poète, « interprète d'une pensée qui vient des dieux », n'est créateur que sous l'effet d'une inspiration divine, qu'il est habité par un Dieu, qu'il a perdu la tête et que son propre esprit n'est plus en lui. Les rhapsodes, à leur tour, sont « des interprètes d'interprètes », chargés de communiquer le frisson divin à la majorité des spectateurs.*

ART ET TECHNIQUE

8. LE GÉNIE AU TRAVAIL

L'auteur, dans son œuvre, doit être comme Dieu dans l'univers, présent partout, et visible nulle part.
FLAUBERT, *Corres.*, 354, 9 déc. 1852.

L'œuvre d'art est déterminée par un ensemble qui est l'état général de l'esprit et des mœurs environnantes.
Hippolyte TAINE, *Philosophie de l'art* (1865), 1re partie, chap. II.

L'activité du génie ne paraît pas le moins du monde quelque chose de foncièrement différent de l'activité de l'inventeur en mécanique, du savant astronome ou historien, du maître en tactique. Toutes ces activités s'expliquent si l'on représente des hommes dont la pensée est active dans une direction unique, qui utilisent tout comme matière première, qui ne cessent d'observer diligemment leur vie intérieure et celle d'autrui, qui ne se lassent pas de combiner leurs moyens. Le génie ne fait rien que d'apprendre d'abord à poser des pierres, ensuite à bâtir, que de chercher toujours des matériaux et de travailler toujours à y mettre la forme. Toute activité de l'homme est compliquée à miracle, non pas seulement celle du génie : mais aucune n'est un « miracle ». – D'où vient donc cette croyance qu'il n'y a de génie que chez l'artiste, l'orateur et le philosophe ? qu'eux seuls ont une « intuition » ? (mot par lequel on leur attribue une sorte de lorgnette merveilleuse avec laquelle ils voient directement dans l'« être » !) Les hommes ne parlent intentionnellement de génie que là où les effets de la grande intelligence leur sont le plus agréables et où ils ne veulent pas d'autre part éprouver d'envie. Nommer quelqu'un « divin » c'est dire : « ici nous n'avons pas à rivaliser ». En outre : tout ce qui est fini, parfait, excite l'étonnement, tout ce qui est en train de se faire est déprécié. Or personne ne peut voir dans l'œuvre de l'artiste comment elle *s'est faite* ; c'est son avantage, car partout où l'on peut assister à la formation, on est un peu refroidi. L'art achevé de l'expression écarte toute idée de devenir ; il s'impose tyranniquement comme une perfection actuelle[1]. Voilà pourquoi ce sont surtout les artistes de l'expression qui passent pour géniaux, et non les hommes de science. En réalité cette appréciation et cette dépréciation ne sont qu'un enfantillage de la raison.

NIETZSCHE, *Humain, trop humain* (1878), tome I, n° 162, trad. Desrousseaux, Mercure de France, pp. 160-161.

1. « Le parfait est censé ne s'être pas fait. » Nietzsche, *Humain, trop humain*, I, 145.

L'ART ET LA SOCIÉTÉ

9. QUAND TOUT INDIVIDU SERA UN ARTISTE

De même que tous les hommes sont semblables par leur forme extérieure – et avec la même variété infinie – ils sont semblables par le Génie poétique.
William BLAKE

Tout homme est frère de Prométhée.
Paul ÉLUARD

D'après Sancho[1] : « Personne ne peut, à Ta place, écrire Tes compositions musicales, exécuter les tableaux que Tu as imaginés. Les travaux d'un Raphaël, personne ne peut les remplacer ». Sancho pourrait tout de même bien savoir que ce n'est pas Mozart lui-même, mais un autre musicien, qui a écrit la plus grande partie du

1. Surnom que Marx et Engels donnaient par dérision au théoricien de l'anarchisme individualiste : Max Stirner.

Requiem de Mozart[2] et lui a donné sa forme définitive, que Raphaël n'a pas « exécuté » lui-même la majeure partie de ses fresques [...] En ce qui concerne les travaux de ce genre, il n'est pas question que n'importe qui puisse prendre la place de Raphaël, mais que tout homme en qui un Raphaël sommeille puisse se développer sans entraves. Sancho s'imagine que Raphaël a peint ses tableaux indépendamment de la division du travail qui existait à Rome de son temps [...] Raphaël, aussi bien que n'importe quel autre artiste, a été conditionné par les progrès techniques que l'art avait réalisés avant lui, par l'organisation de la société et la division du travail qui existaient là où il habitait, et enfin par la division du travail dans tous les pays avec lesquels la ville qu'il habitait entretenait des relations. Qu'un individu comme Raphaël développe ou non son talent, cela dépend entièrement de la commande, qui dépend elle-même de la division du travail et du degré de culture atteint par les individus, dans ces conditions [...]

La concentration exclusive du talent artistique chez quelques individualités, et corrélativement son étouffement dans la grande masse des gens, est une conséquence de la division du travail. À supposer même que dans certaines conditions sociales chaque individu soit un excellent peintre, cela n'exclurait en aucune façon que chacun fût un peintre original, si bien que, là aussi, la distinction entre travail « humain » et travail « unique » aboutisse à un pur non-sens. Dans une organisation communiste de la société ce qui sera supprimé en tout état de cause, ce sont les barrières locales et nationales, produits de la division du travail, dans lesquelles l'artiste est enfermé, tandis que l'individu ne sera plus enfermé dans les limites d'un art déterminé, limites qui font qu'il y a des peintres, des sculpteurs, etc. qui ne sont que cela, et le nom à lui seul exprime suffisamment la limitation des possibilités d'activité de cet individu et sa dépendance par rapport à la division du travail. Dans une société communiste, il n'y aura plus de peintres, mais tout au plus des gens qui, entre autres choses, feront de la peinture.

MARX et ENGELS, *L'Idéologie allemande* (1846), tome premier, Éd. Sociales, 1968, pp. 432-434

2. Le *Requiem*, commencé par Mozart, a été achevé par son élève Franz Süssmayer.

PSYCHANALYSE DE L'ARTISTE

10. L'ART : RÉCONCILIATION ORIGINALE DU PRINCIPE DE PLAISIR ET DU PRINCIPE DE RÉALITÉ

Il n'est aucune échappatoire à la psychanalyse.
Karl KRAUS[a]

Les œuvres d'art sont les rêves diurnes de la psychanalyse.
Theodor Wiesengrund ADORNO[b]

L'art aboutit par une voie spécifique à une réconciliation des deux principes. L'artiste est originellement un être, qui s'écarte de la réalité, parce qu'il ne peut se familiariser avec le renoncement à la satisfaction des pulsions que la réalité exige avant tout, un être qui dans le domaine de l'imagination laisse libre cours à ses désirs érotiques et ambitieux. Mais il trouve le chemin du retour de ce monde imaginaire vers la réalité: grâce à des dons particuliers, il façonne ses fantasmes en réalités d'une nouvelle sorte que les hommes apprécient comme de précieuses copies de la réalité. D'une certaine façon, il devient ainsi réellement le héros, le roi, le créateur, l'enfant chéri qu'il voulait être, sans effectuer l'immense détour par la transformation réelle du monde extérieur. Mais s'il peut y parvenir, c'est seulement parce que les autres hommes ressentent comme lui la même insatisfaction due au renoncement exigé par la réalité, et parce que cette insatisfaction produite par la substitution du principe de réalité au principe de plaisir est elle-même une part de la réalité.

Sigmund Freud, *Gesammelte Werke*, (1940-1952), t. VIII, p. 236, art. 6, © Gallimard-Payot-P.V.F., trad. L.-L. Grateloup.

a. *Karl Kraus (1874-1936) est l'auteur du fameux aphorisme : « La psychanalyse est cette maladie de l'esprit dont elle prétend être la thérapie » (30 mai 1913). Dans le creuset de l'Europe centrale qui, en l'espace des trente premières années du XXe siècle, a vu naître pêle-mêle et concurremment : la théorie de la relativité avec Einstein, le positivisme logique avec Schlick, la philosophie du langage avec Wittgenstein, le sionisme avec Herzl, le communisme avec Lénine, le souci de l'être avec Heidegger, la psychanalyse avec Freud et le nazisme avec Hitler, une place à part doit être faite à Karl Kraus, polémiste, satiriste et poète. Pionnier de la critique de la psychiatrie et de la psychanalyse dans la Vienne intellectuelle au seuil de la Première Guerre mondiale : « Krauss, écrit Thomas Szasz, s'était montré prescient : à l'heure où d'autres saluaient l'art moderne des docteurs de l'âme comme de grands progrès scientifiques au service de la liberté, il avait déjà percé à jour ses méthodes et dénoncé en elles autant de menaces pour la dignité humaine » (Thomas Szasz,* Karl Kraus et les docteurs de l'âme, *Hachette, 1985, p. 17).*

b. *Theodor Wiesengrund Adorno (1903-1969) : philosophe et musicologue allemand, émigra en Angleterre puis aux États-Unis à l'avènement du nazisme. De retour en Allemagne en 1949, il fut, avec Mark Hockeimer, l'un des principaux membres de l'*École de Francfort, *qui s'est appliquée à conjuguer la réflexion philosophique avec le marxisme et la psychanalyse.*

L'ART, L'EXPÉRIENCE ET LA MÉMOIRE

11. Le parterre, le violon et le fouet

Pour votre question, savoir si on peut établir la raison du *beau* c'est tout de même que ce que vous demandiez auparavant, pourquoi un son est plus agréable que l'autre, sinon que le mot de *beau* semble plus particulièrement se rapporter au sens de la vue. Mais généralement ni le beau, ni l'agréable, ne signifient rien qu'un rapport de notre jugement à l'objet ; et parce que les jugements des hommes sont si différents, on ne peut dire que le beau, ni l'agréable, aient aucune mesure déterminée. Et je ne les saurais mieux expliquer, que j'ai fait autrefois en ma musique[1] ; je mettrai ici les mêmes mots, parce que j'ai le livre entre mes mains : « Parmi les objets des sens, le plus agréable à l'esprit n'est pas celui qui est perçu le plus facilement, ni celui qui est perçu le plus difficilement, mais celui qui n'est pas perçu avec une facilité telle qu'il contente pleinement l'appétit naturel qui porte les sens vers leurs objets et qui n'est pas cependant perçu avec une difficulté telle qu'il fatigue les sens. » J'expliquais « ce qui est facilement ou difficilement perçu par les sens », comme, par exemple, les compartiments d'un parterre, qui ne consisteront qu'en une ou deux sortes de figures, arrangées toujours de même façon, se comprendront bien plus aisément que s'il y en

1. Dans le *Compendium musicae* (ou *Abrégé de la Musique*), petit traité composé en latin par Descartes en 1618, imprimé à sa mort en 1650, et traduit ensuite en anglais (en 1653), puis en français (en 1658).

avait dix ou douze, et arrangées diversement ; mais ce n'est pas à dire qu'on puisse nommer absolument l'un plus beau que l'autre, mais selon la fantaisie des uns, celui de trois sortes de figures sera le plus beau, selon celle des autres celui de quatre, ou de cinq, etc. Mais ce qui plaira à plus de gens, pourra être nommé simplement le plus *beau*, ce qui ne saurait être déterminé[a].

Secondement, la même chose qui fait envie de danser à quelques-uns, peut donner envie de pleurer aux autres. Car cela ne vient que de ce que les idées qui sont en notre mémoire sont excitées : comme ceux qui ont pris autrefois plaisir à danser lorsqu'on jouait un certain air, sitôt qu'ils en entendent de semblable, l'envie de danser leur revient ; au contraire, si quelqu'un n'avait jamais ouï jouer des gaillardes, qu'au même temps il ne lui fût arrivé quelque affliction, il s'attristerait infailliblement lorsqu'il en ouïrait une autre fois. Ce qui est si certain, que je juge que si on avait bien fouetté un chien cinq ou six fois au son du violon, sitôt qu'il ouïrait une autre fois cette musique, il commencerait à crier et à s'enfuir[b].

DESCARTES, *Lettre au P. Mersenne* (18 mars 1630).

a. *Cette conception toute relative et purement statistique du « beau » préfigure les enquêtes sociologiques de P. Bourdieu* (L'Amour de l'art, *Édit. de Minuit, 1969;* La Distinction, *Éd. de Minuit, 1979).*

b. *La thèse cartésienne du conditionnement des réactions par association des* stimuli *fournira le principe des fameuses expériences de Pavlov (1849-1936) sur les « réflexes conditionnés » chez le chien.*

Michel de MONTAIGNE (1533-1592),
Bibl. Nat., Paris.

AUTRUI

Se trouve autant de différence de nous à nous-mêmes que de nous à autrui.
MONTAIGNE, *Essais*, II, I.

Nous ne serons jamais une seule momie
Sous l'antique désert et les palmiers heureux.
MALLARMÉ

Nous ne sommes pas seuls au monde. Une telle formule peut passer pour un truisme, qui ne mérite pas de retenir l'analyse ; mais elle peut aussi introduire à une problématique qui s'étend jusqu'aux limites de la réflexion.

L'apparition d'autrui comme problème est caractéristique de la philosophie moderne: avec Hegel, l'originalité de l'*autre* que moi est à la fois reconnue et interrogée, tandis que jusque-là, la présence des autres semblait aller de soi ou, du moins, ne soulevait pas d'autres difficultés pour la « pensée objective », que celle des objets.

On trouvera dans Buber, et d'abord sous la plume de Bachelard, les éléments d'une philosophie de la Rencontre et du Dialogue... Mais s'il est vrai que, comme dit Sartre : « On rencontre autrui, on ne le constitue pas », en revanche notre relation avec autrui peut s'instituer de bien des manières qui mériteraient autant d'investigations : de père à fils, de confesseur à pénitent, d'ami à ami, de rival à concurrent, etc., on conviendra que la *confirmation* mutuelle des uns par les autres peut revêtir les formes les plus variées, sinon les plus contradictoires.

Mais, avec Hegel, nous abordons le problème d'*autrui* sous un jour plus abrupt, et sans doute plus difficile pour une initiation philosophique. Il nous a semblé, cependant, que les trois fragments présentés méritaient un effort de lecture, et pouvaient supporter une réflexion renouvelée à partir d'autres thèmes.

Quant au texte de Husserl, qui continue les Méditations de Descartes, il nous montre qu'*autrui* est déjà impliqué directement dans le *Je pense* cartésien, parce que l'objet même de la pensée n'est conçu comme tel que dans la mesure où il n'est pas objet « pour moi », mais « objet pour *nous* ». Sous le Cogito (qui s'annonce, en un sens, comme *ego cogito*), Husserl découvre à la fois le *cogitatum* et le *sumus* (cogitantes). C'est cette coprésence, dans le nous, de ma conscience et de celle d'autrui, – en un mot c'est cette *intersubjectivité* qui constitue l'objectivité de notre expérience du monde.

L'ambiguïté de la présence d'autrui est de nous confronter à un dilemme : soit d'être objet pour l'autre, soit de traiter l'autre comme objet... Ni la première, ni la deuxième personne du singulier, dans la naïve fragilité de leur énoncé, ne sont aussi énigmatiques que la *première personne du pluriel*: quelles sont les limites de cette pluralité, qui peut aller d'un romantique pas de deux, avec : « Toi et Moi », jusqu'à « la forme entière de l'humaine condition », *fondamentale* ou *illusoire* première personne de l'universel ?

Le plus paradoxal des pronoms personnels n'est pas Je, ni Tu, – mais *Nous*, premier pronom décisif de l'Humanité.

PAS DE PLACE POUR AUTRUI DANS LA PENSÉE OBJECTIVE

Que vois-je de cette fenêtre, sinon des chapeaux et des manteaux,
qui peuvent couvrir des spectres ou des hommes feints
qui ne se remuent que par ressorts?
DESCARTES, *Méditation seconde*

L'existence d'autrui fait difficulté et scandale pour la pensée objective. Si les événements du monde sont, selon le mot de Lachelier, un entrelacement de propriétés générales et se trouvent à l'intersection de relations fonctionnelles qui permettent, en principe, d'en achever l'analyse, et si le corps est en vérité une province du monde, s'il est cet objet dont me parle le biologiste, cette conjonction de processus dont je trouve l'analyse dans les ouvrages de physiologie, cet amas d'organes dont je trouve la description dans les planches d'anatomie, alors mon expérience ne saurait être rien d'autre que le tête à tête d'une conscience nue et du système de corrélations objectives qu'elle pense. Le corps d'autrui, comme mon propre corps, n'est pas habité, il est objet devant la conscience qui le pense ou le constitue ; les hommes et moi-même comme être empirique, nous ne sommes que des mécaniques qui se remuent par ressorts, le vrai sujet est sans second, cette conscience qui se cacherait dans un morceau de chair saignante est la plus absurde des qualités occultes, et ma conscience, étant coextensive à ce qui peut être pour moi corrélatif du système entier de l'expérience, ne peut y rencontrer une autre conscience qui ferait aussitôt apparaître dans le monde l'arrière-fond, inconnu de moi, de ses propres phénomènes. Il y a deux modes d'être et deux seulement : l'être en soi, qui est celui des objets étalés dans l'espace, et l'être pour soi qui est celui de la conscience. Or, autrui serait devant moi un en-soi et cependant il existerait pour soi, il exigerait de moi pour être perçu une opération contradictoire, puisque je devrais à la fois le distinguer de moi-même, donc le situer dans le monde des objets ; et le penser comme conscience, c'est-à-dire comme cette sorte d'être sans dehors et sans parties auquel je n'ai accès que parce qu'il est moi et parce que celui qui pense et celui qui est pensé se confondent en lui. Il n'y a donc pas de place pour autrui et pour une pluralité des consciences dans la pensée objective. (...) Mais, justement, nous avons appris à révoquer en doute la pensée objective[a].

Maurice MERLEAU-PONTY, *Phénoménologie de la perception*, Gallimard, 1945, pp. 401-402.

a. *En effet, au-delà et à l'encontre de la «pensée objective», l'approche* morale *d'autrui implique une philosophie de la* politesse, *dans laquelle se rencontrent, par exemple, Kant et Nietzsche. Cette philosophie de la politesse «sait laisser exister l'autre comme un Soi pour soi» et, en revanche, «exige que le* prochain *sache toujours aussi se comporter comme un* lointain *et se garde de toute intrusion dans la vie personnelle d'un individu». Cf. Philonenko, Introd. à Kant,* Métaphysique des Mœurs, *1re partie, Vrin, p. 54.*

Conscience de soi et de l'autre

1. L'*autre* que *soi*, comme *autre soi*

Nous ne vivons que par relation à aultruy.
Pierre Charron, *De la Sagesse,* 1601, I, XXXVI.

Le concept de conscience de soi, comme d'un sujet qui soit en même temps objectif, entraîne le rapport suivant : il y a pour la conscience de soi une autre conscience de soi.

Une conscience de soi qui est pour une autre conscience de soi n'est pas seulement pour elle comme pur objet, mais comme *son autre soi*. Le Je n'est pas une universalité abstraite, qui ne comporte, comme telle, aucune distinction ou détermination. Le Je étant ainsi objet pour le Je, il est pour lui, à cet égard, comme le même Je qu'il est lui-même. En l'autre, c'est de lui-même qu'il a l'intuition.

1° Cette intuition que l'un des Je a de lui-même dans l'autre Je est le moment abstrait de la *mêmeté*. 2° Mais la destination de chacun est aussi de se manifester phénoménalement pour l'autre à titre d'objet extérieur et, dans cette mesure, à titre de *présence concrète* sensible. 3° En face de l'autre, chacun est absolument pour lui-même et singulier, et il exige, en outre, d'être tel pour l'autre et d'être tenu pour tel par l'autre, d'avoir dans l'autre intuition de sa propre liberté comme liberté d'un étant-en-soi, – c'est-à-dire à être *reconnu* par l'autre.

Pour se faire valoir et être reconnue comme *libre,* il faut que la conscience de soi se *représente* pour une autre comme *libérée de la réalité naturelle présente*. Ce moment n'est pas moins nécessaire que celui qui correspond à la liberté de la conscience de soi en elle-même. L'égalité absolue du Je par rapport à lui-même n'est pas une égalité essentiellement immédiate, mais une égalité qui se constitue en supprimant l'immédiateté sensible et qui, de la sorte, s'impose aussi à un autre Je comme libre et indépendante du sensible. Ainsi la conscience de soi se révèle conforme à son concept et, puisqu'elle donne réalité au Je, il est impossible qu'elle ne soit pas reconnue.

Hegel, *Propédeutique philosophique* (1808), 2e cours, « Phénoménologie de l'esprit », I, 2e degré B, § 29 à 32, trad. M. de Gandillac, Aubier.

Obéissance et servilité

2. Maîtrise et servitude : la liberté ou la vie

Quelle différence entre un soldat et un chartreux, quant à l'obéissance? car ils sont également obéissants et dépendants, et dans des exercices également pénibles. Mais le soldat espère toujours devenir maître, et ne le devient jamais, car les capitaines et princes même sont toujours esclaves et dépendants ; mais il l'espère toujours, et travaille toujours à y venir ; au lieu que le chartreux fait vœu de n'être que dépendant. Ainsi ils ne diffèrent pas dans la servitude perpétuelle, que tous deux ont toujours, mais dans l'espérance, que l'un a toujours, et l'autre jamais.
Pascal, *Pensées,* VII, 539.

Mais l'*autonomie* est moins la liberté qui *sort* de la présence sensible immédiate et qui *se détache* d'elle que, bien plutôt, la liberté au sein de cette présence. Ce moment est aussi nécessaire que l'autre, mais ils ne sont pas d'égale valeur. Par suite de l'*inégalité* qui tient à ce que, pour l'une des deux consciences de soi, la liberté a plus de valeur que la réalité sensible présente, tandis que, pour l'autre, cette présence assume, au regard de la liberté, valeur de réalité essentielle, c'est alors que s'établit entre elles, avec l'obligation réciproque d'être reconnues dans la réalité effective et déterminée, la relation maîtrise-servitude[a], ou, absolument parlant, *servitude-obéissance* dans la mesure où cette différence d'autonomie est donnée par le rapport naturel immédiat.

Puisqu'il est nécessaire que chacune des deux consciences de soi, qui s'opposent l'une à l'autre, s'efforce de se manifester et de s'affirmer, devant l'autre et pour l'autre, comme un être-pour-soi absolu, par là même celle qui a *préféré la vie à la liberté,* et qui se révèle impuissante à faire, par elle-même et pour assurer son indépendance, abstraction de sa réalité sensible présente, entre ainsi dans le rapport de *servitude.*

Hegel, *ibid.*, § 33-34.

a. *De son côté, Sartre conclut – contre Heidegger et sa théorie du* Mitsein, *(c'est-à-dire de « l'être-avec ») – sa célèbre analyse phénoménologique de nos « relations concrètes avec autrui » en ces termes hégéliens : « C'est donc en vain que la réalité-humaine chercherait à sortir de ce dilemme : transcender l'autre ou se laisser transcender par lui. L'essence des rapports entre consciences n'est pas le* Mitsein, *mais le conflit »,* L'Être et le Néant, *Gallimard, 1943, p. 502.*

Obéissance et liberté

3. Maîtrise et servitude : de la liberté négative à la liberté positive

La liberté morale seule rend l'homme vraiment maître de lui ;
car l'impulsion du seul appétit est esclavage,
et l'obéissance à la loi qu'on s'est prescrite est liberté.
Rousseau, *Du Contrat social,* Livre I, chap. VIII.

Cependant, cette liberté purement négative, qui consiste à faire abstraction de la réalité naturelle présente, ne correspond pas au concept de la liberté, car cette dernière est l'égalité à soi-même dans l'altérité, celle, d'une part, de l'intuition de son soi en un autre soi, celle, d'autre part, de la liberté, non par rapport à la réalité présente mais dans cette réalité même, absolument parlant, – une liberté qui ait elle-même une réalité présente. Le *serviteur* est dépourvu de soi ; son soi est un autre soi, en sorte que, dans le maître, il s'aliène et se supprime comme Je singulier et qu'il a lui l'intuition de son soi essentiel comme d'un autre soi. Au contraire, dans le serviteur, le maître a l'intuition de l'autre Je comme d'un Je supprimé, et celle de *son propre vouloir singulier comme d'un vouloir conservé.* (Histoire de Robinson et de Vendredi.)

Mais, à considérer la chose de façon plus précise, le vouloir propre et singulier du serviteur se défait, absolument parlant, dans la *crainte* qu'il éprouve à l'égard du *maître,* dans son sentiment intérieur de sa propre négativité. Son *travail* au service d'un autre est, d'un côté, en lui-même une *aliénation de son vouloir,* mais en même temps, d'un autre côté, avec la négation de son désir propre, le *façonnage* positif des choses extérieures par le travail, en ceci que, par lui, le soi fait de ses déterminations la forme des choses et que, dans son ouvrage, il a l'intuition de lui-même comme réalité objectale. L'aliénation de l'*arbitraire inessentiel* constitue le moment de la véritable obéissance. (Pisistrate enseigna l'obéissance aux Athéniens. De la sorte il fit passer les lois de Solon sur le plan de l'effective réalité, et, une fois reçu cet enseignement, les Athéniens n'eurent plus besoin de maître.)

Cette aliénation de la singularité en tant que soi est le moment par lequel la conscience de soi opère le passage qui fait d'elle un vouloir universel, le passage à la liberté positive.

Hegel, *ibid.*, § 35-37.

Objets et sujets

4. L'intersubjectivité, fondement de l'objectivité

Lorsque je *dis* moi, ce moi-*ci* singulier, je dis en général *tous les moi*; chacun d'eux est juste ce que je dis: moi, ce moi-ci singulier.
Hegel, *La Phénoménologie de l'esprit,* 1807, A, I, § II.

Il est certain que la signification «autrui» ne peut venir de l'expérience, ni d'un raisonnement par analogie opéré à l'occasion de l'expérience: mais, bien au contraire, c'est à la lueur du concept d'*autrui* que l'expérience s'interprète.
Sartre, *L'Être et le Néant,* Gallimard, p. 289.

Je perçois les autres – et je les perçois comme existant réellement – dans des séries d'expériences à la fois variables et concordantes; et, d'une part, je les perçois comme objets du monde. Non pas comme de simples «choses» de la nature, bien qu'ils le soient d'une certaine façon «aussi». Les «autres» se donnent également dans l'expérience comme régissant psychiquement les corps physiologiques qui leur appartiennent.

Liés ainsi aux corps de façon singulière, «objets psychophysiques», ils sont «dans» le monde. Par ailleurs, je les perçois en même temps comme sujets pour ce même monde: sujets qui perçoivent le monde, – ce même monde que je perçois – et qui ont par là l'expérience de moi, comme moi j'ai l'expérience du monde et en lui des «autres».

[...] J'ai en moi, dans le cadre de ma vie de conscience pure transcendantalement réduite[a], l'expérience du «monde» et des «autres» – et ceci conformément au sens même de cette expérience, – non pas comme d'une œuvre de mon activité synthétique en quelque sorte privée, mais comme d'un monde étranger à moi, «intersubjectif», existant pour chacun, accessible à chacun dans ses «objets».

Et pourtant, chacun a ses expériences à soi, ses unités d'expériences et de phénomènes à soi, son «phénomène du monde» à soi, alors que le monde de l'expérience existe «en soi» par opposition à

a. *«ma vie de conscience pure transcendantalement réduite»: cette formule contient deux termes essentiels dans la* Phénoménologie *de Husserl, qui se présente en effet comme une «réduction transcendantale».*
Transcendantal: signifie ce qui, loin d'être un produit de l'expérience, en est une condition de possibilité. *La «réduction transcendantale» de la conscience (ou «réduction phénoménologique») est une «mise entre parenthèses» de toutes les données empiriques du moi naturel et de la vie psychique, qui réduit la conscience à un pur «moi transcendantal», car: «Le* moi *et le* nous *que nous appréhendons (empiriques) impliquent un* je *et un* nous *cachés (transcendantaux) auxquels ils sont* présents *» (Husserl).*

tous les sujets qui le perçoivent et à tous leurs mondes-phénomènes. Comment cela peut-il se comprendre?

[...] Le problème se présente [...] d'abord, comme un problème spécial, posé au sujet « de l'existence d'*autrui* pour moi », par conséquent comme problème d'une théorie *transcendantale de l'expérience de l'autre,* comme celui de l'« *Einfühlung*[b] ». Mais la portée d'une pareille théorie se révèle bientôt comme étant beaucoup plus grande qu'il ne paraît à première vue : *elle donne en même temps les assises d'une théorie transcendantale du monde objectif.* Comme nous l'avons déjà montré plus haut, il appartient au *sens* de l'existence du monde, et en particulier, au sens du terme « nature », *en tant que nature objective, d'exister pour chacun de nous,* caractère toujours co-entendu chaque fois que nous parlons de réalité objective.

HUSSERL, *Méditations cartésiennes, introduction à la phénoménologie,* (conférences à la Sorbonne, février 1929) cinquième méditation.
Traduit de l'allemand par G. Peiffer et E. Lévinas, Vrin, 1953.

b. *Einfühlung = identification intuitive. Le « problème » de l'*Einfühlung *est celui de la possibilité, – pour* chacun de nous –, *de* s'identifier intuitivement *à autrui, de se mettre à sa place et dans sa peau, pour percevoir « objectivement » le monde.*

SOI ET LES AUTRES

5. NOTRE PLACE DANS LE MONDE D'AUTRUI

Là où tu es, apparaît un lieu.
Rainer Maria RILKE

Il arrive qu'on se mette dans une situation fausse et, finalement, intenable. Il arrive également qu'on *soit mis* dans une situation fausse, et, finalement, dans une situation intenable, par les agissements des autres.

Une fois de plus, le langage familier nous fournit de nombreuses expressions. Mettre quelqu'un au pied du mur ; lui laisser le champ libre; ne pas avoir les coudées franches ; être entre deux chaises ; faire en sorte que quelqu'un ne sache plus où se mettre; savoir à quoi s'en tenir avec quelqu'un ; tirailler quelqu'un ou être tiraillé en sens contraires; serrer la vis ; savoir où l'on en est ; sentir le sol se dérober sous ses pieds ; être coincé, ligoté, pincé, enfoncé, acculé, emberlificoté, piégé, étouffé. (...)

L'« espace » où quelqu'un a le sentiment de pouvoir bouger librement est à la mesure de *l'espace qu'il s'accorde et de celui que lui accordent les autres.* (...)

L'espace géométrique et métaphorique, de l'adulte comme de l'enfant, est fortement structuré par l'influence des autres, qui s'exerce constamment dans un sens ou dans l'autre. (...) Pour comprendre la « situation » en fonction de laquelle une personne vit, il faut connaître la signification initiale de sa place dans le monde où il a grandi. Le sentiment qu'il a de sa place se sera développé partiellement en fonction de la place qui lui aura été *assignée* par le nexus[1] originel d'autres personnes.

1. nexus (participe passé de *necto, nectere,* « lier, attacher ») = réseau complexe de liens.

Tout être humain, qu'il soit enfant ou adulte, a sans doute besoin d'avoir de l'*importance,* c'est-à-dire d'occuper *une place dans le monde de quelqu'un d'autre.* Les adultes comme les enfants veulent occuper une « position » aux yeux d'autrui, une position qui leur ménage un espace libre. On imagine difficilement que la plupart des gens choisiraient une liberté sans limite à l'intérieur d'un nexus de relations personnelles, si rien de ce qu'ils faisaient n'avait d'importance pour qui que ce soit. Sans doute est-ce un désir universellement répandu parmi les hommes que de vouloir occuper une place dans le monde d'au moins une autre personne. Le plus grand réconfort qu'apporte la religion est peut-être le sentiment qu'on a de vivre dans la Présence d'un Autre. La plupart des gens, à un moment quelconque de leur vie, et qu'ils aient ou non connu cette expérience dans leurs jeunes années, cherchent à occuper la *première,* sinon la seule place qui compte dans le monde d'au moins une autre personne.

(...) Ce qui préoccupe et tourmente constamment le paranoïde[2], c'est généralement tout le contraire de ce qui apparaît au premier abord. Il est persécuté parce qu'il est le centre du monde de n'importe qui, et la pensée ne le quitte pas qu'il n'occupe jamais la première place dans l'affection de quiconque. (...) Incapable d'éprouver son importance aux yeux d'un autre, il se crée une place *délusionnelle*[3] importante *dans le monde d'autrui.* Aux yeux des autres, il vit dans un monde à lui. L'ironie de la chose, c'est qu'elle est à la fois vraie et fausse. En effet, dans un certain sens, il vit beaucoup moins dans son monde à lui qu'à cette place vide dont il suppose qu'il *ne* l'occupe *pas* dans le monde *des autres.* Il a l'air profondément centré sur lui-même mais plus il paraît égocentrique et plus il essaie de se persuader qu'il est le centre de *leur* monde. (...)

L'individu ressent non pas l'absence de la présence de l'autre, mais l'absence de sa propre présence en tant qu'autre pour l'autre. Il est obsédé par l'autre qui n'agit d'aucune manière à son égard, qui n'a envie ni de le séduire, ni de le violer, ni de lui voler quelque chose, ni de l'étouffer, ni de l'avaler ou de le détruire de quelque façon que ce soit. L'autre est là, mais *lui* n'est pas là pour l'autre.

Ronald D. Laing[a], *Soi et les autres,* Gallimard, 1971,
traduit de l'anglais par Gilberte Lambrichs, pp. 168-174.

2. paranoïde : individu atteint d'une affection évoquant la paranoïa, et caractérisée par un *égocentrisme* morbide.

3. Le mot anglais *delusion,* qui « implique qu'on se trompe complètement soi-même », n'a pas d'équivalent français qui le distingue suffisamment du mot *illusion,* lequel n'implique pas une aussi totale *autoduperie.* La traductrice a donc choisi de transcrire ce mot en français : *délusion.*

a. *R.D. Laing (né à Glasgow en 1927) est un des chefs de file du courant appelé « anti-psychiatrie », qui remet en cause la pratique du psychiatre, son savoir, son rôle institutionnel et sa relation au malade.*

Je et tu

6. La « rencontre »

L'Éternel Dieu dit : « Il n'est pas bon que l'homme soit seul ».
Ancien Testament, *Genèse,* 2, 18.

Un être existe par le Monde, qui vous est inconnu et, soudain, en une seule rencontre, avant de le connaître, vous le reconnaissez. Dans la nuit, un dialogue s'engage qui, par un certain ton, engage à fond les personnes : « C'est toi, Michel ? » et la voix répond : « C'est toi, Jeanne ? » Aucun n'a besoin de répondre : « Oui, c'est moi. » Car le moi interrogé, s'il transcendait l'interrogation, s'il dérogeait à la grâce infinie de la rencontre, tomberait dans le monologue ou dans la confession, dans ce qui *vante* ou dans ce qui *regrette,* dans le plat récit des désirs et des peines. Il dirait ce qu'il était avant de dire ce qu'il est ; il dirait ce qu'il est, avant de dire ce que, par la rencontre, il est devenu. L'Instant de la Personne humaine en serait tout alangui, tout amolli, tout amorti, privé entièrement de ce vecteur d'avenir que la sympathie vient de lancer. Toute la philosophie de la *personne,* d'après Martin Buber, doit tenir dans cette interrogation mutuelle.

[...] Le temps des personnes est infiniment rare et vide au regard du temps des choses. Nous vivons endormis dans un Monde en sommeil. Mais qu'un *tu* murmure à notre oreille, et c'est la saccade qui lance les personnes : le moi s'éveille par la grâce du toi. L'efficacité spirituelle de deux consciences simultanées, réunies dans la conscience de leur rencontre, échappe soudain à la causalité visqueuse et continue des choses. La rencontre nous crée : nous n'étions rien – ou rien que des choses – avant d'être réunis.

[...] Au niveau même du langage, Martin Buber nous montre les deux sources de la parole qui sont, bien entendu, les deux sources de la pensée: les choses d'une part, les personnes d'autre part, le *cela* et le *tu.* Mais les milliers de sources murmurantes, qui nous viennent des choses, ne sont que des affluents de la source centrale qui nous vient du *tu* [...] Que m'importent les fleurs et les arbres, et le feu et la pierre, si je suis sans amour et sans foyer ! Il faut être deux – ou, du moins, hélas ! il faut avoir été deux – pour comprendre un ciel bleu, pour nommer une aurore! Les choses infinies comme le ciel, la forêt et la lumière ne trouvent leur nom que dans un cœur aimant. Et le souffle des plaines, dans sa douceur et dans sa palpitation, est d'abord l'écho d'un soupir attendri. Ainsi l'âme humaine, riche d'un amour élu, anime les grandes choses avant les petites. Elle tutoie l'univers dès qu'elle a senti l'ivresse humaine du *tu* [...] Et c'est ici qu'intervient la catégorie bubérienne la plus précieuse : la *réciprocité.* Cette réciprocité, on ne la trouve jamais clairement sur l'axe du *je-cela.* Elle n'apparaît vraiment que sur l'axe où oscille, où vibre, le *je-tu.*

Gaston BACHELARD, Préface à *Je et Tu* de Martin Buber[a], Aubier, 1969, pp. 7-13.

a. *« On rapproche souvent, remarque Lévinas, mon intérêt pour la relation intersubjective, mon thème principal, de la philosophie de Buber qui a distingué le Je-Tu, relation entre personnes, du Je-Cela, rapport de l'homme avec les choses. Le rapport à l'autre homme est irréductible à la connaissance d'un objet. C'est certainement un terrain de réflexions où Buber a été avant moi. » Mais, ajoute-t-il, « la chose principale qui nous sépare, c'est ce que j'appelle l'asymétrie de la relation Je-Tu. Pour Buber, la relation entre le Je et le Tu est d'emblée vécue comme réciprocité. Mon point de départ est en Dostoïevski et en sa phrase : "Nous sommes tous coupables de tout et de tous devant tous, et moi plus que les autres." Le sentiment que le Je doit tout au Tu et que sa responsabilité pour autrui est gratitude, que l'autre a toujours et* de droit, *un droit sur Moi (...) : tout cela représente peut-être un thème foncièrement différent de celui qu'aborde Buber », in Emmanuel Lévinas,* Qui êtes-vous?, *La Manufacture, 1987, pp. 123-124.*

POLITIQUE DU DÉSIR

7. LA MAUVAISE FOI

La première union nécessaire est celle de deux êtres incapables d'exister l'un sans l'autre.
ARISTOTE, *La Politique,* I, 2, 1252a.

Voici, par exemple, une femme qui s'est rendue à un premier rendez-vous. Elle sait fort bien les intentions que l'homme qui lui parle nourrit à son égard. Elle sait aussi qu'il lui faudra prendre tôt ou tard une décision. Mais elle n'en veut pas sentir l'urgence : elle s'attache seulement à ce qu'offre de respectueux et de discret l'attitude de son partenaire... L'homme qui lui parle lui semble sincère et respectueux comme la table est ronde ou carrée, comme la tenture murale est bleue ou grise. Et les qualités ainsi attachées à la personne qu'elle écoute se sont ainsi figées dans une permanence chosiste qui n'est autre que la projection dans l'écoulement temporel de leur strict présent. C'est qu'elle n'est pas au fait de ce qu'elle souhaite : elle est profondément sensible au désir qu'elle inspire, mais le désir cru et nu l'humilierait et lui ferait horreur. Pourtant, elle ne trouverait aucun charme à un respect qui serait uniquement du respect. Il faut, pour la satisfaire, un sentiment qui s'adresse tout entier à sa *personne,* c'est-à-dire à sa liberté plénière et qui soit une reconnaissance de sa liberté. Mais il faut en même temps que ce sentiment soit tout entier désir, c'est-à-dire qu'il s'adresse à son corps en tant qu'objet. Cette fois donc, elle refuse de saisir le désir pour ce qu'il est, elle ne lui donne même pas de nom, elle ne le reconnaît que dans la mesure où il se transcende vers l'admiration, l'estime, le respect et où il s'absorbe tout entier dans les formes plus élevées qu'il produit, au point de n'y figurer plus que comme une sorte de chaleur et de densité. Mais voici qu'on lui prend la main. Cet acte de son interlocuteur risque de changer la situation en appelant une décision immédiate: abandonner cette main, c'est consentir de soi-même au flirt, c'est s'engager. La retirer, c'est rompre cette harmonie trouble et instable qui fait le charme de l'heure. Il s'agit de reculer le plus loin possible l'instant de la décision. On sait ce qui se produit alors : la jeune femme abandonne sa main, mais ne *s'aperçoit pas* qu'elle l'abandonne. Elle ne s'en aperçoit pas parce qu'il se trouve par hasard qu'elle est, à ce moment, tout esprit. Elle entraîne son interlocuteur jusqu'aux régions les plus élevées de la spéculation sentimentale, elle parle de la vie, de sa vie, elle se montre sous son aspect essentiel : une personne, une conscience. Et pendant ce temps, le divorce du corps et de l'âme est accompli ; la main repose inerte entre les mains chaudes de son partenaire : ni consentante ni résistante – une chose.

Jean-Paul Sartre, *L'Être et le Néant*, Gallimard 1943, pp. 94-95.

L'HUMANITÉ ET NOUS

8. VIVRE *PAR* AUTRUI, D'OÙ : « VIVRE *POUR* AUTRUI »

L'éducation doit surtout disposer à vivre pour autrui, afin de revivre en autrui par autrui, un être spontanément enclin à vivre pour soi et en soi.
Auguste Comte, *Catéchisme positiviste,* Huitième entretien.

Tout en nous[a] appartient à l'Humanité ; car tout nous vient d'elle, vie, fortune, talent, instruction, tendresse, énergie, etc. (...) Ainsi, le positivisme, en réduisant toute la morale humaine à *vivre pour autrui,* se borne réellement à systématiser l'instinct universel, après avoir élevé l'esprit théorique jusqu'au point de vue social, inaccessible aux synthèses théologiques ou métaphysiques. (...)

L'homme le plus habile et le mieux actif ne peut jamais rendre qu'une minime portion de ce qu'il reçoit. Il continue, comme dans son enfance, à être nourri, protégé, développé, etc. par l'Humanité. Seulement, ses ministres ont changé, de manière à ne plus être distinctement appréciables. Au lieu de tout recevoir d'elle par l'entremise de ses parents, elle lui transmet alors ses bienfaits d'après une multitude d'agents indirects, dont il ne connaîtra jamais la plupart. Vivre pour autrui devient donc, chez chacun de nous, le devoir continu qui résulte rigoureusement de ce fait irrécusable : vivre par autrui. Tel est, sans aucune exaltation sympathique, le résultat nécessaire d'une exacte appréciation de la réalité, philosophiquement saisie dans son ensemble. (...)

Outre que notre harmonie morale repose exclusivement sur l'altruisme[1], il peut seul nous procurer aussi la plus grande intensité de vie. Ces êtres dégradés, qui n'aspirent aujourd'hui qu'à *vivre*, seraient tentés de renoncer à leur brutal égoïsme s'ils avaient une fois goûté suffisamment ce que vous[2] appelez si bien les plaisirs du dévouement. Ils comprendraient alors que vivre pour autrui fournit le seul moyen de développer librement toute l'existence humaine ; en l'étendant simultanément au présent le plus vaste, au plus antique passé, et même au plus lointain avenir. Les instincts sympathiques comportent seuls un essor inaltérable, parce que chaque individu s'y trouve secondé par tous les autres, qui compriment, au contraire, ses tendances personnelles.

Auguste Comte, *Catéchisme positiviste,* Neuvième entretien, 1852.

1. Le mot « altruisme », créé par Comte, en opposition symétrique et complémentaire du mot « égoïsme », désigne les « instincts sympathiques » à l'égard d'autrui : attachement, vénération, bonté.

2. Vous = « La Femme », à qui s'adresse, dans ce *catéchisme*, le « Prêtre » de la religion de l'Humanité.

a. *Nous, notre, nos : tels sont les maîtres-mots de la philosophie d'Auguste Comte, qui substitue partout à la pensée théologico-métaphysique de l'Être absolu, la prise en charge de l'Humanité, ce Grand-Être « que* nous *composons » et qui est « le plus relatif, le plus réel et le plus éminent de tous les êtres concrets ».* Nous *appartenons, si nous nous en montrons dignes, au seul être capable à la fois d'universalité et d'unité. L'Humanité existe, en effet, dans la* solidarité *objective du « vivre* ***par*** *autrui » et dans la* continuité *subjective du « vivre* ***pour*** *autrui » ; et, si la solidarité objective* nous *est imposée, que* nous *la souhaitions ou non, la continuité subjective, en revanche, exige* notre *adhésion. Or, rien, selon Comte, ne peut* nous *être imposé* du dehors, *pas plus la fraternité que la bonté. Mais, tout comme il existe* en nous *des « penchants personnels », il existe aussi* en nous *des « penchants sociaux », que l'éducation doit sagement renforcer, de sorte qu'ils se subordonnent les « penchants personnels », sans les détruire, mais en les réduisant aux indispensables satisfactions de l'individu et de l'espèce.*

BONHEUR

Robinson dans son île, privé de tout, et forcé aux plus pénibles travaux
pour assurer sa subsistance journalière, supporte la vie, et même goûte,
de son propre aveu, plusieurs moments de bonheur.
Supposez qu'il soit dans une île enchantée, pourvu de tout ce qui est agréable à la vie,
peut-être le désœuvrement lui eût-il rendu l'existence insupportable.

CHAMFORT

Nul philosophe peut-être n'a aussi bien que Spinoza indiqué la voie qui conduit au bonheur souverain, à ce « vrai contentement » qu'il nomme Béatitude. Certes, la voie est ardue – Spinoza en convient, – mais encore « y peut-on entrer ». Le lecteur s'efforcera à son tour d'entrer dans les vues de Spinoza, à partir de l'extrait qui clôt son *Éthique* – l'un des plus beaux ouvrages de l'histoire de la philosophie – et sur lequel s'ouvre ici l'anthologie du Bonheur.

Hors de ce champ sévère et rigoureux, la notion de *bonheur* est plutôt une source inépuisable d'aphorismes variés qu'un concept précisément déterminé. Est-ce à dire que le vrai bonheur est ineffable ou que nos petits bonheurs, plus ou moins imaginaires, se perdent dans le tumulte insensé de nos existences laborieuses ?

On s'interrogera donc sur les possibilités d'investigation et d'analyse de cette notion, aussi bien de l'extérieur que de l'intérieur.

Si le bonheur n'est pas dans le manque et la frustration, il ne saurait être davantage dans la satiété d'une réplétion éternelle. Nous n'*imaginons* guère, sinon par précipitation et par prévention, un bonheur statique et figé ; et quand on dit que l'homme rêve d'être Dieu, on veut dire qu'il rêve de puissance plutôt que de farniente et de *plus-être* plutôt que de *bien-être*. Quant à avoir « tout, tout de suite », c'est un fantasme ou un cauchemar que la mort finit toujours par exaucer.

Comme l'enseignait déjà Aristote, les bonheurs humains ne s'inscrivent pas sous la rubrique de l'*avoir*, ni même de l'*être*, mais sous la rubrique du *faire* et dans la *liberté de créer* : « Un homme est heureux, écrit Alain, dès qu'il reprend des yeux les traces de son travail et les continue, *sans autre maître que la chose*, dont les leçons sont toujours bien sues. » C'est dire que le bonheur d'un *sujet* raisonnable ne peut faire l'*objet* d'une *morale* ou d'une *politique* qui prétendraient le distribuer à chacun et à tous, en cette vie ou dans une autre.

En revanche, ici-bas, le bonheur tel que le rêvent en général des êtres « humains, – trop humains » est plutôt, comme le précise Kant, « la satisfaction de tous nos penchants, aussi bien *extensive*, quant à leur variété, qu'*intensive*, quant au degré, et que *protensive*[1], quant à la durée : il ne peut donc être, en d'autres termes, qu'un idéal de l'imagination ».

1. protensif = qui subsiste, qui dure, qui s'étend dans la durée.

DE LA BÉATITUDE

La Béatitude n'est pas le prix de la vertu, mais la vertu elle-même ; et cet épanouissement n'est pas obtenu par la réduction de nos appétits sensuels, mais c'est au contraire cet épanouissement qui rend possible la réduction de nos appétits sensuels.

Démonstration

La Béatitude consiste dans l'amour envers Dieu[a], et cet Amour naît lui-même du troisième genre de connaissance[b] ; ainsi cet Amour doit être rapporté à l'Âme en tant qu'elle est active, et par suite il est la vertu[c] même. En outre, plus l'Âme s'épanouit en cet Amour divin ou cette Béatitude, plus elle est connaissante, c'est-à-dire plus grand est son pouvoir sur les affections et moins elle pâtit des affections qui sont mauvaises ; par suite donc de ce que l'Âme s'épanouit en Amour divin ou Béatitude, elle a le pouvoir de réduire les appétits sensuels. Et, puisque la puissance de l'homme pour réduire les affections consiste dans l'entendement seul, nul n'obtient cet épanouissement de la Béatitude par la réduction des appétits sensuels, mais au contraire le pouvoir de les réduire naît de la Béatitude elle-même.

SCOLIE[1]

(...) Si la voie que j'ai montré[2] qui conduit à la Béatitude paraît extrêmement ardue, encore y peut-on entrer. Et cela certes doit être ardu qui est trouvé si rarement. Comment serait-il possible, si le salut était sous la main et si l'on y pouvait parvenir sans grand-peine, qu'il fût négligé par presque tous ?

Mais tout ce qui est beau est difficile autant que rare.

Spinoza, *Éthique* (posth. 1677), 5e partie, Proposition XLII.

1. Scolie ou scholie (mot masculin chez les mathématiciens ; féminin chez les philologues) : remarque ou note explicative.

2. = dont j'ai montré qu'elle conduit...

a. *« L'amour intellectuel de l'Âme envers Dieu, écrit Spinoza, est l'amour même duquel Dieu s'aime lui-même, non en tant qu'il est infini, mais en tant qu'il peut s'expliquer par l'essence de l'Âme humaine considérée comme ayant une sorte d'éternité; c'est-à-dire l'Amour intellectuel de l'Âme envers Dieu est une partie de l'Amour infini duquel Dieu s'aime lui-même »,* Éthique, *5e partie, Proposition XXXVI.*

b. *Le troisième – et le plus haut – genre de connaissance (ou Science intuitive) est celui par lequel l'Âme connaît Dieu et se conçoit « elle-même et toutes choses comme ayant une sorte d'éternité ». « De ce genre de connaissance naît le contentement de l'Âme le plus élevé qu'il puisse y avoir ».*

c. *« Par* vertu *et* puissance, *écrit Spinoza, j'entends la même chose ; c'est-à-dire la vertu, en tant qu'elle se rapporte à l'homme, est l'essence même ou la nature de l'homme en tant qu'il a le pouvoir de faire certaines choses se pouvant connaître par les seules lois de sa nature »,* Éthique, *4e partie, Définition VIII.*

LES DÉSIRS ET LE BONHEUR

1. LE BONHEUR DURABLE EST DÉLIVRÉ DE TOUT DÉSIR

Une hirondelle ne fait pas le printemps, non plus qu'une seule journée de soleil ; de même ce n'est ni un seul jour ni un court intervalle de temps qui font la félicité et le bonheur.
ARISTOTE, *Éthique à Nicomaque*, Liv. I, chap. VII, 16.

Souviens-toi que non seulement le désir d'une charge et des richesses abaisse les hommes et les assujettit à d'autres, mais encore le désir de la tranquillité, du loisir, des voyages, de l'érudition. En un mot, quel que soit l'objet extérieur, l'estimer nous assujettit à autrui. Quelle différence y a-t-il donc entre désirer être sénateur ou désirer ne pas l'être ? Quelle différence entre désirer une charge ou désirer n'en pas avoir ? Quelle différence entre dire : « cela va mal pour moi, je n'ai rien à faire, je suis rivé à mes livres comme un cadavre », ou dire : « cela va mal pour moi, je n'ai pas le loisir de lire » ? Tout comme salutations et charges se rangent parmi les objets extérieurs et indépendants de nous, également les livres. Ou pourquoi veux-tu lire ? Dis-le-moi. Car, si tu as comme fin de te distraire ou d'acquérir quelque connaissance, tu es vain et misérable. Mais, si tu rapportes ta lecture au but qu'elle doit avoir, quel autre peut-il être sinon le bonheur ? Et, si la lecture ne te procure pas ce bonheur, quelle est son utilité ? « Mais elle me le procure, dit l'interlocuteur, et voilà pourquoi je suis mécontent d'en être privé. »

Et quel est ce bonheur que le premier venu peut empêcher, je ne dis pas César ou un ami de César, mais un corbeau, un flûtiste, une fièvre, mille autres choses ? Rien, au contraire, ne caractérise mieux le bonheur que de n'avoir ni interruption ni entraves.

ÉPICTÈTE (50-130), *Entretiens*, Livre IV, chap. IV, Les Belles Lettres, p. 350.

BONHEUR ET ACTIVITÉ

2. LE BONHEUR : COURONNEMENT D'UN CERTAIN GENRE DE VIE

L'homme le plus heureux est celui qui peut relier la fin de sa vie avec son commencement.
GOETHE.

Pour le joueur de flûte, le statuaire, pour toute espèce d'artisan et en un mot pour tous ceux qui pratiquent un travail et exercent une activité, le bien et la perfection résident, semble-t-il, dans le travail même. De toute évidence, il en est de même pour l'homme, s'il existe quelque acte qui lui soit propre. Faut-il donc admettre que l'artisan et le cordonnier ont quelque travail et quelque activité particuliers, alors qu'il n'y en aurait pas pour l'homme et que la nature aurait fait de celui-ci un oisif ? Ou bien, de même que l'œil, la main, le pied et en un mot toutes les parties du corps ont, de toute évidence, quelque fonction à remplir, faut-il admettre pour l'homme également quelque activité, en outre de celle que nous venons d'indiquer ? Quelle pourrait-elle être ? Car, évidemment, la vie est commune à l'homme ainsi qu'aux plantes ; et nous cherchons ce qui le caractérise spécialement. Il faut donc mettre à part la nutrition et la croissance. Viendrait ensuite la vie de sensations, mais, bien sûr, celle-ci appartient également au cheval, au bœuf et à tout être animé. Reste une vie active propre à l'être doué de raison. Encore y faut-il distinguer deux parties : l'une obéissant, pour ainsi dire à la raison, l'autre possédant la raison, et s'employant à penser. Comme elle s'exerce de cette double manière, il faut la considérer dans son activité épanouie, car c'est alors qu'elle se présente avec plus de supériorité. Si le propre de l'homme est l'activité de l'âme, en accord complet ou partiel avec la raison ; si nous affirmons que cette fonction est propre à la nature de l'homme vertueux, comme lorsqu'on parle du bon citharède et du citharède accompli et qu'il en est de même en un mot en toutes circonstances, en tenant compte de la supériorité qui, d'après le mérite, vient couronner l'acte, le citharède jouant de la cithare, le citharède accompli en jouant bien ; s'il en est ainsi, nous supposons que le propre de l'homme est un certain genre de vie, que ce genre de vie est l'activité de l'âme, accompagnée d'actions raisonnables et que chez l'homme accompli tout se fait selon le Bien et le Beau, chacun de ces actes s'exécutant à la perfection selon la vertu qui lui est propre. À ces conditions, le bien propre à l'homme est l'activité de l'âme, en conformité avec la vertu ; et si les vertus sont nombreuses, selon celle qui est la meilleure et la plus accomplie. Il en va de même dans une vie complète. Car une hirondelle ne fait pas le printemps, non plus qu'une seule journée de soleil ; de même ce n'est ni un seul jour ni un court intervalle de temps qui font la félicité et le bonheur.

Aristote (384-322 av. J.-C.), *Éthique à Nicomaque*, Livre I, chap. VII, Garnier, pp. 23-25.

Le bonheur et les bonheurs

3. La qualité du bonheur

Il est bon d'apprendre quelquefois aux heureux de ce monde,
ne fût-ce que pour humilier un instant leur sot orgueil,
qu'il est des bonheurs supérieurs au leur, plus vastes et plus raffinés.
Baudelaire

Incontestablement, l'être dont les facultés de jouissance sont d'ordre inférieur, a les plus grandes chances de les voir pleinement satisfaites ; tandis qu'un être d'aspirations élevées sentira toujours que le bonheur qu'il peut viser, quel qu'il soit – le monde étant fait comme il l'est – est un bonheur imparfait. Mais il peut apprendre à supporter ce qu'il y a d'imperfections dans ce bonheur, pour peu que celles-ci soient supportables ; et elles ne le rendront pas jaloux d'un être qui, à la vérité, ignore ces imperfections, mais ne les ignore que parce qu'il ne soupçonne aucunement le bien auquel ces imperfections sont attachées. Il vaut mieux être un homme insatisfait (*dissatisfied*) qu'un porc satisfait ; il vaut mieux être Socrate insatisfait qu'un imbécile satisfait. Et si l'imbécile ou le porc sont d'un avis différent, c'est qu'ils ne connaissent qu'un côté de la question : le leur.

John Stuart Mill, *L'Utilitarisme* (1861), trad. Tanesse, 1968, Garnier-Flammarion, p. 54.

BONHEUR
ET SOCIÉTÉ

4. NOTRE BONHEUR N'EST PAS DANS L'OPINION D'AUTRUI

Nous ne nous contentons pas de la vie que nous avons en nous et en notre propre être : nous voulons vivre dans l'idée des autres d'une vie imaginaire, et nous nous efforçons pour cela de paraître.
PASCAL, *Pensées*, posth., 1669, II, 147.

En thèse générale, c'est notre nature animale qui est la base de notre être, et par conséquent aussi de notre bonheur. L'essentiel pour le bien-être, c'est donc la santé et ensuite les moyens nécessaires à notre entretien, et par conséquent une existence libre de soucis. L'honneur, l'éclat, la grandeur, la gloire, quelque valeur qu'on leur attribue, ne peuvent entrer en concurrence avec ces biens essentiels ni les remplacer ; bien au contraire, le cas échéant, on n'hésiterait pas un instant à les échanger contre les autres. Il sera donc très utile pour notre bonheur, de connaître à temps ce fait si simple que chacun vit d'abord et effectivement dans sa propre peau et non dans l'opinion des autres, et qu'alors naturellement notre condition réelle et personnelle, telle qu'elle est déterminée par la santé, le tempérament, les facultés intellectuelles, le revenu, la femme, les enfants, la résidence, etc., est cent fois plus importante pour notre bonheur que pour ce qu'il plaît aux autres de faire de nous. L'illusion contraire rend malheureux. S'écrier avec emphase : « L'honneur passe avant la vie », c'est dire en réalité : « La vie et la santé ne sont rien ; ce que les autres pensent de nous, voilà l'affaire. » Tout au plus cette maxime peut-elle être considérée comme une hyperbole au fond de laquelle se trouve cette prosaïque vérité que, pour avancer et se maintenir parmi les hommes, l'*honneur*, c'est-à-dire leur opinion à notre égard, est souvent d'une utilité indispensable : je reviendrai plus loin sur ce sujet. Lorsqu'on voit, au contraire, comment presque tout ce que les hommes poursuivent pendant leur vie entière, au prix d'efforts incessants, de mille dangers et de mille difficultés, a pour dernier objet de les élever dans l'opinion, car non seulement les emplois, les titres et les cordons, mais encore la richesse et même la science* et les arts sont, au fond, recherchés principalement dans ce seul but, lorsqu'on voit le résultat définitif auquel on travaille à arriver est d'obtenir plus de respect de la part des autres, tout cela ne prouve, hélas ! que la grandeur de la folie humaine.

Attacher beaucoup trop de valeur à l'opinion est une superstition universellement répandue ; qu'elle ait ses racines dans notre nature même, ou qu'elle ait suivi la naissance des sociétés et de la civilisation, il est certain qu'elle exerce en tout cas sur toute notre conduite une influence démesurée et hostile à notre bonheur.

SCHOPENHAUER, *Aphorismes sur la sagesse dans la vie* (1851), trad. Roos, P.U.F., 1964, p. 41.

* Scire tuum nihil est, nisi te scire hoc sciat alter *(Ton savoir n'est rien, si tu ne sais pas que les autres le savent).*

BONHEUR ET MALHEUR

5. LE BONHEUR : UN PROGRAMME IRRÉALISABLE ?

Si l'on bâtissait la maison du bonheur,
la plus grande pièce en serait la salle d'attente.
Jules RENARD

Quels sont les desseins et les objectifs vitaux trahis par la conduite des hommes, que demandent-ils à la vie, et à quoi tendent-ils? On n'a guère de chance de se tromper en répondant : ils tendent au bonheur ; les hommes veulent être heureux et le rester. Cette aspiration a deux faces, un but négatif et un but positif : d'un côté éviter douleur et privation de joie, de l'autre rechercher de fortes jouissances. En un sens plus étroit, le terme « bonheur » signifie seulement que ce second but a été atteint. En corrélation avec cette dualité de buts, l'activité des hommes peut prendre deux directions, selon qu'ils cherchent – de manière prépondérante ou même exclusive – à réaliser l'un ou l'autre.

On le voit, c'est simplement le principe du plaisir qui détermine le but de la vie, qui gouverne dès l'origine des opérations de l'appareil psychique : aucun doute ne peut subsister quant à son utilité, et pourtant l'univers entier – le macrocosme aussi bien que le microcosme – cherche querelle à son programme. Celui-ci est absolument irréalisable ; tout l'ordre de l'univers s'y oppose ; on serait tenté de dire qu'il n'est point entré dans le plan de la « Création » que l'homme soit « heureux ». Ce qu'on nomme bonheur, au sens le plus strict, résulte d'une satisfaction plutôt soudaine de besoins ayant atteint une haute tension, et n'est possible de par sa nature que sous forme de phénomène épisodique. Toute persistance d'une situation qu'a fait désirer le principe du plaisir n'engendre qu'un bien-être assez tiède ; nous sommes ainsi faits que seul le contraste est capable de nous dispenser une jouissance intense, alors que l'état lui-même ne nous en procure que très peu*. Ainsi nos facultés de bonheur sont déjà limitées par notre constitution. Or, il nous est beaucoup moins difficile de faire l'expérience du malheur. La souffrance nous menace de trois côtés : dans notre propre corps qui, destiné à la déchéance et à la dissolution, ne peut même se passer de ces signaux d'alarme que constituent la douleur et l'angoisse ; du côté du monde extérieur, lequel dispose de forces invincibles et inexorables pour s'acharner contre nous et nous anéantir ; la troisième menace enfin provient de nos rapports avec les autres êtres humains. La souffrance issue de cette source nous est plus dure peut-être que toute autre ; nous sommes enclins à la considérer comme un accessoire en quelque sorte superflu, bien qu'elle n'appartienne pas moins à notre sort et soit aussi inévitable que celles dont l'origine est autre.

Sigmund FREUD, *Malaise dans la civilisation*, 1929,
trad. Ch.-J. Odier, 1971, P.U.F.

* *Goethe va jusqu'à prétendre : « Rien n'est plus difficile à supporter qu'une série de beaux jours. » Cela doit quand même être une exagération.*

BONHEUR
ET IMAGINATION

6. LE BONHEUR EST UN IDÉAL DE L'IMAGINATION

Nous sommes dans le vrai monde actuel, dit la déesse,
et vous y êtes à la source du bonheur.
LEIBNIZ, *Théodicée*, 3e partie.

Il est vrai qu'à cause de la misère de sa vie l'être humain apparaît comme une fantastique machine à compenser, mais une chose est de paraître ainsi fait et autre chose d'activer son fonctionnement et de se complaire à toutes les chimères.
Jean SVAGELSKI, *L'Idée de compensation en France (1750-1850)*, Éd. L'Hermès, 1981, p. 295.

Le concept du bonheur est un concept si indéterminé, que, malgré le désir qu'a tout homme d'arriver à être heureux, personne ne peut jamais dire en termes précis et cohérents ce que véritablement il désire et il veut. La raison en est que tous les éléments qui font partie du concept du bonheur sont dans leur ensemble empiriques, c'est-à-dire qu'ils doivent être empruntés à l'expérience; et que cependant pour l'idée du bonheur un tout absolu, un maximum de bien-être dans mon état présent et dans toute ma condition future, est nécessaire. Or il est impossible qu'un être fini, si perspicace et en même temps si puissant qu'on le suppose, se fasse un concept déterminé de ce qu'il veut ici véritablement. Veut-il la richesse? Que de soucis, que d'envie, que de pièges ne peut-il pas par là attirer sur sa tête! Veut-il beaucoup de connaissance et de lumière? Peut-être cela ne fera-t-il que lui donner un regard plus pénétrant pour lui représenter d'une manière d'autant plus terrible les maux qui jusqu'à présent se dérobent encore à sa vue et qui sont pourtant inévitables, ou bien que charger de plus de besoins encore ses désirs qu'il a déjà bien assez de peine à satisfaire. Veut-il une longue vie? Qui lui répond que ce ne serait pas une longue souffrance? Veut-il du moins la santé? Que de fois l'indisposition du corps a détourné d'excès où aurait fait tomber une santé parfaite, etc.! Bref, il est incapable de déterminer avec une entière certitude d'après quelque principe ce qui le rendrait véritablement heureux: pour cela il lui faudrait l'omniscience. [...] Il suit de là que les impératifs de la prudence, à parler exactement, ne peuvent commander en rien, c'est-à-dire représenter des actions d'une manière objective comme pratiquement *nécessaires*, qu'il faut les tenir plutôt pour des conseils (*consilia*) que pour des commandements (*prœcepta*) de la raison; le problème qui consiste à déterminer d'une façon sûre et générale quelle action peut favoriser le bonheur d'un être raisonnable est un problème tout à fait insoluble; il n'y a donc pas à cet égard d'impératif qui puisse commander, au sens strict du mot, de faire ce qui rend heureux, parce que le bonheur est un idéal, non de la raison, mais de l'imagination, fondé uniquement sur des principes empiriques, dont on attendrait vainement qu'ils puissent déterminer une action par laquelle serait atteinte la totalité d'une série de conséquences en réalité infinie...

KANT, *Fondements de la métaphysique des mœurs*, 1785, 2e section, trad. Delbos, Delagrave, pp. 131-132.

BONHEUR
ET RAISON

7. LE BONHEUR DE VAINCRE LES DIFFICULTÉS

Un travail réglé et des victoires après des victoires,
voilà sans doute la formule du bonheur.
ALAIN

Nous ne pouvons répondre absolument de nous-mêmes que pendant que nous sommes à nous, et c'est moins de perdre la vie que de perdre l'usage de la raison; car, même sans les enseignements de la foi, la seule philosophie naturelle fait espérer à notre âme un état plus heureux, après la mort, que celui où elle est à présent; et elle ne lui fait rien craindre de plus fâcheux, que d'être attachée à un corps qui lui ôte entièrement sa liberté.

Pour les autres indispositions, qui ne troublent pas tout à fait le sens, mais altèrent seulement les humeurs, et font qu'on se trouve extraordinairement enclin à la tristesse, ou à la colère, ou à quelque autre passion, elles donnent sans doute de la peine, mais elles peuvent être surmontées, et même donnent matière à l'âme d'une satisfaction d'autant plus grande, qu'elles ont été plus difficiles à vaincre. Et je crois aussi le semblable de tous les empêchements de dehors, comme de l'éclat d'une grande naissance, des cajoleries de la cour, des adversités de la fortune, et aussi de ses grandes prospérités, lesquelles ordinairement empêchent plus qu'on ne puisse jouer le rôle de philosophe, que ne font ses disgrâces. Car lorsqu'on a toutes choses à souhait, on s'oublie de penser à soi, et quand, par après, la fortune change, on se trouve d'autant plus surpris, qu'on s'était plus fié en elle. Enfin, on peut dire généralement qu'il n'y a aucune chose qui nous puisse entièrement ôter le moyen de nous rendre heureux, pourvu qu'elle ne trouble point notre raison; et que ce ne sont pas toujours celles qui paraissent les plus fâcheuses, qui nuisent le plus.

DESCARTES, *Lettre à la Princesse Elisabeth*, 1er septembre 1645.

BONHEUR. IMAGINATION.
MÉMOIRE. TEMPS

8. LE SOUVENIR DU BONHEUR

Un cœur tendre, qui hait le néant vaste et noir,
Du passé lumineux recueille tout vestige!
BAUDELAIRE, *Harmonie du soir.*

Ici commence le court bonheur de ma vie; ici viennent les paisibles mais rapides moments qui m'ont donné le droit de dire que j'ai vécu. Moments précieux et si regrettés, ah! recommencez pour moi votre aimable cours; coulez plus lentement dans mon souvenir s'il est possible, que vous ne fîtes réellement dans votre fugitive succession. Comment ferai-je pour prolonger à mon gré ce récit si touchant et si simple; pour redire toujours les mêmes choses, et n'ennuyer pas plus mes lecteurs en les répétant que je ne m'ennuyais moi-même en les recommençant sans cesse? Encore si tout cela consistait en faits, en actions, en paroles, je pourrais le décrire et le rendre, en quelque façon: mais comment dire ce qui n'était ni dit, ni fait, ni pensé même, mais goûté, mais senti, sans que je puisse énoncer d'autre objet de mon bonheur que ce sentiment même. Je me levais avec le soleil et j'étais heureux ; je me promenais et j'étais heureux, je voyais Maman[a] et j'étais heureux, je la quittais et j'étais heureux, je parcourais les bois, les coteaux, j'errais dans les vallons, je lisais, j'étais oisif, je travaillais au jardin, je cueillais les fruits, j'aidais au ménage, et le bonheur me suivait partout ; il n'était dans aucune chose assignable, il était tout en moi-même, il ne pouvait me quitter un seul instant.

Rien de tout ce qui m'est arrivé durant cette époque chérie, rien de ce que j'ai fait et pensé tout le temps qu'elle a duré n'est échappé de ma mémoire. Les temps qui précèdent et qui suivent me reviennent par intervalles. Je me les rappelle inégalement et confusément ; mais je me rappelle celui-là tout entier comme s'il durait encore. Mon imagination, qui dans ma jeunesse allait toujours en avant et maintenant rétrograde, compense par ces doux souvenirs l'espoir que j'ai pour jamais perdu. Je ne vois plus rien dans l'avenir qui me tente ; les seuls retours du passé peuvent me flatter, et ces retours si vifs et si vrais dans l'époque dont je parle me font souvent vivre heureux malgré mes malheurs.

Jean-Jacques Rousseau, *Confessions,* 1781-88, Livre VI.

a. *Maman : Madame de Warens. « Dès le premier jour la familiarité la plus douce s'établit entre nous au même degré où elle a continué tout le reste de la vie.* Petit *fut mon nom,* Maman *fut le sien, et toujours nous demeurâmes* Petit *et* Maman, *même quand le nombre des années en eut presque effacé la différence entre nous »* (ibid., *Livre III).*

Henri BERGSON (1859-1941) Bibl. Nat., Paris.
Documentation Tallandier.

CONSCIENCE

Qui dit esprit dit, avant tout, conscience. Mais qu'est-ce que la conscience ?
Vous pensez bien que je ne vais pas définir une chose aussi concrète,
aussi constamment présente à l'expérience de chacun de nous.
BERGSON, *L'Énergie spirituelle*, chap. I, 1911.

Toutes les tentatives de description d'« une chose aussi concrète » que la conscience se dissipent en métaphores diverses, tandis que l'analyse découvre, sous ce mot du langage usuel, et apparemment anodin, une ouverture ambiguë sur la totalité des problèmes qui concernent la condition de l'homme dans le monde.

Je ne sais pas ce que c'est que la vie, mais j'ai conscience de vivre, et je ne sais pas exactement ce que c'est que la pensée, mais j'ai conscience de penser, et il n'y a sans doute rien dont je sois mieux assuré. Je sais que je suis une « chose qui pense ». Est-ce là une bien pauvre vérité ou le modèle incomparable de toute certitude ?

Il faut refaire soi-même, pour soi-même, l'expérience cartésienne du *cogito* et parcourir attentivement le chemin des *Méditations métaphysiques*, sans omettre les 5es Objections de Gassendi et les Réponses de Descartes, pour être, philosophiquement parlant, de la partie – et connaître l'enjeu. Je suis conscient : n'est-ce pas là un fait aussi *contingent* qu'*irréfutable* ?

Chaque fois que la conscience est en question, c'est qu'il y a doute que le *cogito* soit réellement un fait privilégié et que l'accès à un absolu tel que « la pensée » puisse être ménagé par une expérience enracinée dans un sujet tout relatif. En d'autres termes, toute conscience n'est-elle pas conscience de quelque chose, produite par quelque autre chose ? Et le verbe *penser* peut-il être pris absolument ? Plutôt que de parler de « la conscience », comme d'une entité sans cause et sans contenu, ne vaudrait-il pas mieux dire qu'il n'existe, en fait, que des « êtres conscients » ou plutôt des organismes, ou mieux des mécanismes neuronaux, qui fonctionnent accessoirement d'une manière consciente ?

Cependant, une chose est de disqualifier « la conscience » comme le lieu de toutes les illusions, comme un produit de machinations inconscientes, comme un assemblage plus ou moins cohérent d'horizons disparates, enfin comme un obstacle à « la science du psychisme des organismes », au nom de laquelle « il est possible, autant que nécessaire, écrit Piéron, non point de nier, mais d'ignorer la conscience », autre chose est de fournir une analyse qui dépasse réellement le « dualisme » cartésien. C'est d'ailleurs Descartes qui, dans la 6e Méditation, nous prévient contre tout idéalisme intempérant, en nous rappelant que la conscience n'est pas seulement logée dans le corps « ainsi qu'un pilote en son navire », mais qu'elle « compose comme un seul tout avec lui ». Et si, comme dit Leibniz, « notre identité individuelle est assurée par la parfaite liaison de notre avenir avec la totalité de notre passé », grâce aux perceptions insensibles, en revanche, solidaires de notre corps, nous n'avons conscience, à chaque instant, que d'un *champ* bien étroit, où la sélection, l'oubli, l'attention et la distraction opèrent sans cesse. Qui pourrait se flatter de fournir les déterminations permettant de rendre compte, en chaque sujet, d'un tel travail ? Pour pénétrer le sens qu'une conscience donne au monde, aucune formule générale n'est suffisante : il manque aux sciences humaines l'omniscience que les théologiens attribuent à Dieu. Faute d'un tel savoir, le *thème* de la conscience, quel que soit le traitement qu'on en propose, atteste que le vieux problème de « l'union de l'âme et du corps » reste inscrit à l'ordre du jour de la philosophie. Et si les biologistes, les sociologues, et même, curieusement, certains psychologues peuvent feindre d'ignorer le fait que je sois conscient, en revanche aucun philosophe ne peut ignorer les problèmes que ce fait soulève : « La subjectivité, écrit Merleau-Ponty, est une de ces pensées en deçà desquelles on ne revient pas, même et surtout si on les dépasse. »

Si la conscience est le lieu de toutes les problématiques, la question de la conscience est sous-jacente à toutes les autres. Et peut-être le problème de la subjectivité est-il l'un de ceux par lesquels toute philosophie doit nécessairement commencer – ou finir.

LA CONSCIENCE RÉFLÉCHIE FOURNIT LA CERTITUDE FONDAMENTALE : « JE SUIS, J'EXISTE »

Archimède, pour tirer le globe terrestre de sa place et le transporter en un autre lieu, ne demandait rien qu'un point qui fût fixe et assuré. Ainsi j'aurai droit de concevoir de hautes espérances, si je suis assez heureux pour trouver seulement une chose qui soit certaine et indubitable.

Je suppose donc que toutes les choses que je vois sont fausses ; je me persuade que rien n'a jamais été de tout ce que ma mémoire remplie de mensonges me représente ; je pense n'avoir aucun sens ; je crois que le corps, la figure, l'étendue, le mouvement et le lieu ne sont que des fictions de mon esprit. Qu'est-ce donc qui pourra être estimé véritable ? Peut-être rien autre chose, sinon qu'il n'y a rien au monde de certain.

Mais que sais-je s'il n'y a point quelque autre chose différente de celles que je viens de juger incertaines, de laquelle on ne puisse avoir le moindre doute ? N'y a-t-il point quelque Dieu ou quelque autre puissance qui me met en l'esprit ces pensées ? Cela n'est pas nécessaire ; car peut-être que je suis capable de les produire de moi-même. Moi donc à tout le moins ne suis-je point quelque chose ? Mais j'ai déjà nié que j'eusse aucun sens ni aucun corps. J'hésite néanmoins, car que s'ensuit-il de là ? suis-je tellement dépendant du corps et des sens que je ne puisse être sans eux ? Mais je me suis persuadé qu'il n'y avait rien du tout dans le monde, qu'il n'y avait aucun ciel, aucune terre, aucuns esprits ni aucuns corps ; ne me suis-je donc pas aussi persuadé que je n'étais point ? Non certes ; j'étais sans doute, si je me suis persuadé, ou seulement si j'ai pensé quelque chose. Mais il y a un je ne sais quel trompeur très puissant et très rusé, qui emploie toute son industrie à me tromper toujours. Il n'y a donc point de doute que je suis, s'il me trompe ; et qu'il me trompe tant qu'il voudra, il ne saurait jamais faire que je ne sois rien tant que je penserai être quelque chose. De sorte qu'après y avoir bien pensé et avoir soigneusement examiné toutes choses, enfin il faut conclure, et tenir pour constant que cette proposition : j*e suis, j'existe* est nécessairement vraie, toutes les fois que je la prononce ou que je la conçois en mon esprit.

Descartes, *Méditations métaphysiques* (1641), Méditation seconde.

TENTATIVES DE DESCRIPTION

1. LE FAIT *PREMIER* : « IL PENSE »

Le nœud de la difficulté n'est pas de savoir si l'on existe, mais ce que l'on est.
GASSENDI, *Cinquièmes Objections*, 1647.

De tous les faits que nous présente la vie intérieure, le premier et le plus concret est sans contredit celui-ci : *des états de conscience vont s'avançant, s'écoulant et se succédant sans trêve en nous.* Pour exprimer ce fait dynamique dans toute sa simplicité et avec le minimum de postulats, il faudrait pouvoir dire en français « il pense », comme on dit « il pleut » ou « il vente ». Faute de cet excellent barbarisme, il faut nous contenter de dire que « *la conscience va et ne cesse pas d'avancer* ».

William JAMES, *Text-book of Psychology*, Briefer Course, by William James, Professor of Psychology in Harvard University, London (1892). Traduit par E. Baudin et G. Berthier, sous le titre *Précis de Psychologie*, chap. XI-XII, Marcel Rivière, 1946.

2. LE « CAUCHEMAR DES PHILOSOPHES » : LE POUR SOI

Chaque « état » tend à s'intégrer à une conscience personnelle.

Quand je dis que tout « état », toute « pensée » fait partie d'une conscience personnelle, « conscience personnelle » est un de ces termes vagues dont nous savons ce qu'il veut dire tant qu'on ne nous demande pas sa définition ; mais son analyse exacte et précise est le cauchemar des philosophes.

Chacune des consciences garde pour soi ses propres états : il n'y a entre elles ni dons ni échanges. Pas même la *vision directe* d'une pensée d'un moi par la pensée d'un autre moi. Isolement absolu, irréductible pluralité : la loi est inexorable. Il semble que le fait psychique élémentaire n'est ni *la pensée*, ni *cette pensée-ci*, ni *cette pensée-là*, mais bien *ma pensée*, chaque pensée étant une *propriété* personnelle inaliénable... La vraie formule du fait de conscience universel n'est pas « il y a des sensations et des pensées », mais « je pense » et « je sens ».

Ibidem

3. L'INSAISISSABLE « COURANT » DE LA CONSCIENCE

La conscience est sensiblement continue : par « continu » j'entends simplement ce qui ne présente ni brisure, ni fissure, ni division. Les seules « solutions de continuité » qui puissent avoir un sens dans la vie d'un esprit individuel sont : ou des solutions de continuité dans le courant même de la conscience, c'est-à-dire des *interruptions*, des *temps vides* où la conscience serait momentanément abolie –, ou des solutions de continuité dans son contenu, c'est-à-dire des cassures si nettes et si brusques que les deux états disjoints seraient absolument sans rapports.

D'où affirmer la continuité de la conscience revient à affirmer deux choses :

1° que la conscience qui suit un « temps vide » se sent solidaire de la conscience qui le précède, en qui elle reconnaît une autre partie de son moi ;

2° que les changements qualitatifs qui se produisent d'un moment à l'autre dans le contenu de la conscience ne sont jamais absolument brusques, et ne constituent jamais des cassures absolues.

La conscience ne s'apparaît donc pas à elle-même comme hachée en menus morceaux. Les mots de « chaîne » et de « suite » expriment encore fort mal sa réalité perçue à même ; on n'y saurait marquer de jointure : elle coule. Si l'on veut l'exprimer en métaphores naturelles, il faut parler de « rivière » et de « courant ».

Ibidem

4. « UN PETIT RUISSEAU »

Voici bien l'un des caractères les plus surprenants de la vie mentale : nous ne percevons que la minime partie des impressions dont nous assiège constamment toute notre périphérie sensorielle. Jamais leur somme ne pénètre intégralement dans notre *expérience*, j'entends dans notre expérience consciente, qui se creuse un lit à travers cette multitude comme ferait un petit ruisseau à travers une large prairie émaillée de fleurs. Cependant les impressions physiques qui ne comptent pas nous sont aussi *présentes* que celles qui comptent ; elles affectent nos sens avec une égale énergie. Pourquoi ne percent-elles pas jusqu'à la conscience ? C'est là le mystère, que l'on nomme mais que l'on n'explique pas en invoquant l'« étroitesse de la conscience »[1] *(die Enge des Bewusstseins)* comme son fondement.

Ibidem

1. L'expression « narrowness of consciousness » se trouve déjà chez Locke, dans son *Essai sur l'entendement humain* (1690), II, chap. XX, § 2.

LA CONSCIENCE EN QUESTION

5. LA QUESTION DE LA CONSCIENCE

Ils ne nous disent pas ce qu'est la conscience, mais ils commencent tout simplement par introduire sans façon des tas de choses en elle, et quand ils en viennent à analyser la conscience, ils trouvent naturellement en elle exactement ce qu'ils y ont mis.

John B. WATSON, *Behaviorism*, London, 1925, p. 5.

Nous disons que nous sommes « conscients », mais que les bâtons et les pierres ne le sont pas ; nous disons que nous sommes « conscients » quand nous sommes éveillés, mais non quand nous dormons. Nous voulons certainement dire *quelque chose* par là, et quelque chose de vrai. Mais c'est une affaire difficile d'exprimer ce qu'est cette chose vraie : il y faut un changement de langage.

Quand nous disons que nous sommes « conscients », nous voulons dire deux choses : d'une part, que nous réagissons d'une certaine manière envers notre milieu ; d'autre part, qu'il nous semble trouver, en regardant en nous-mêmes, une certaine qualité dans nos pensées et nos sentiments, qualité que nous ne trouvons pas dans les objets inanimés.

En ce qui concerne notre réaction envers le milieu, elle consiste à être conscient *de* quelque chose. Si vous criez : « Hé ! », les gens se retournent, mais pas les pierres. Vous savez que si vous vous retournez vous-même dans un tel cas, c'est parce que vous avez entendu du bruit. Tant qu'on pouvait supposer qu'on « percevait » les objets du monde extérieur, on pouvait dire qu'en les percevant, on en était « conscient ». Maintenant, nous pouvons seulement dire que nous réagissons à des excitations ; les pierres en font autant, bien que les excitations auxquelles elles réagissent soient moins nombreuses. Ainsi, en ce qui concerne la « perception » extérieure, la différence entre une pierre et nous n'est qu'une différence de degré.

La partie la plus importante de la notion de « conscience » concerne ce que nous découvrons par introspection. Non seulement nous réagissons envers les faits extérieurs, mais nous savons que nous réagissons. La pierre, croyons-nous, ne sait pas qu'elle réagit ; mais, si elle le fait, elle est « consciente ». Ici aussi, l'analyse montre qu'il ne s'agit que d'une différence de degré... Je ne prétends pas que ce qui précède soit une analyse complète de ce que nous appelons d'une façon vague « la conscience » : la question est vaste, et exigerait un volume entier. Je veux seulement indiquer que ce qui paraît à première vue une notion précise est en réalité tout le contraire, et que la psychologie scientifique a besoin d'un vocabulaire différent.

Bertrand Russell, *Science et religion* (1935), chap. V, Gallimard, 1957, pp. 128-130.

Le « cogito » et les « cogitata »

6. Le « je pense » et « la variété des pensées »

Et remarquant que cette vérité : *Je pense, donc je suis*, était si ferme et si assurée que toutes les plus extravagantes suppositions des sceptiques n'étaient pas capables de l'ébranler, je jugeais que je pouvais la recevoir sans scrupule pour le premier principe de la philosophie que je cherchais.

Descartes, *Discours de la Méthode*, Quatrième partie.

Il y a deux vérités générales absolues, c'est-à-dire qui parlent de l'existence actuelle des choses : l'une que nous pensons ; l'autre qu'il y a une grande variété dans nos pensées. De la première il s'ensuit que nous sommes, de l'autre il s'ensuit qu'il y a quelque autre chose que nous, c'est-à-dire autre chose que ce qui pense, qui est la cause de la variété de nos apparences. Or l'une de ces deux vérités est aussi incontestable, est aussi indépendante que l'autre ; et M. Descartes ne s'étant attaché qu'à la première dans l'ordre de ses méditations a manqué de venir à la perfection qu'il s'était proposée. [...]

Je reviens aux vérités premières à notre égard, entre celles qui assurent qu'il y a quelque chose hors de nous. Savoir : que nous pensons, et qu'il y a une grande variété dans nos pensées ; or cette variété des pensées ne saurait venir de ce qui pense, puisqu'une même chose seule ne saurait être cause des changements qui sont en elle. Car toute chose demeure dans l'état où elle est, s'il n'y a rien qui la change. Et ayant été d'elle-même indéterminée à avoir eu tels changements plutôt que d'autres, on ne saurait commencer de lui attribuer aucune variété sans dire quelque chose dont on avoue qu'il n'y a point de raison, ce qui est absurde. Et si on voulait dire même qu'il n'y a point eu de commencement dans nos pensées, outre qu'on serait obligé d'assurer que chacun entre nous ait été de toute éternité, on n'échapperait point encore ; car on serait toujours obligé d'avouer qu'il n'y a point de raison de cette variété qui ait été de toute éternité en nos pensées, puisqu'il n'y a rien en nous qui nous détermine à celle-ci plutôt qu'à une autre. Donc il y a quelque cause hors de nous de la variété de nos pensées.

Leibniz, *Lettre à Simon Foucher*, 1675.

7. Toute conscience est conscience de quelque chose

Le mot *intentionnalité* ne signifie rien d'autre que cette particularité foncière et générale qu'a la conscience d'être conscience de quelque chose, de porter, en sa qualité de *cogito*, son *cogitatum* en elle-même.
Husserl, *Méditations cartésiennes*, 1929, 2e Médit., § 14.

La conscience et le monde sont donnés d'un même coup : extérieur par essence à la conscience, le monde est, par essence, relatif à elle. C'est que Husserl voit dans la conscience un fait irréductible qu'aucune image physique ne peut rendre. Sauf, peut-être, l'image rapide et obscure de l'éclatement. Connaître, c'est « s'éclater vers », s'arracher à la moite intimité gastrique pour filer, là-bas, par delà soi, vers ce qui n'est pas soi, là-bas, près de l'arbre et cependant hors de lui, car il m'échappe et me repousse et je ne peux pas plus me perdre en lui qu'il ne se peut diluer en moi : hors de lui, hors de moi. Est-ce que vous ne reconnaissez pas dans cette description vos exigences et vos pressentiments ? Vous saviez bien que l'arbre n'était pas vous, que vous ne pouviez pas le faire entrer dans vos estomacs sombres et que la connaissance ne pouvait pas, sans malhonnêteté, se comparer à la possession. Du même coup, la conscience s'est purifiée, elle est claire comme un grand vent, il n'y a plus rien en elle, sauf un mouvement pour se fuir, un glissement hors de soi ; si, par impossible, vous entriez « dans » une conscience, vous seriez saisi par un tourbillon et rejeté au dehors, près de l'arbre, en pleine poussière, car la conscience n'a pas de « dedans » ; elle n'est rien que le dehors d'elle-même et c'est cette fuite absolue, ce refus d'être substance qui la constituent comme une conscience. Imaginez à présent une suite liée d'éclatements qui nous arrachent à nous-mêmes, qui ne laissent même pas à un « nous-mêmes » le loisir de se former derrière eux, mais qui nous jettent au contraire au-delà d'eux, dans la poussière sèche du monde, sur la terre rude, parmi les choses ; imaginez que nous sommes ainsi rejetés, délaissés par notre nature même dans un monde indifférent, hostile et rétif ; vous aurez saisi le sens profond de la découverte que Husserl exprime dans cette fameuse phrase : « Toute conscience est conscience *de* quelque chose »... Que la conscience essaye de se reprendre, de coïncider enfin avec elle-même, tout au chaud, volets clos, elle s'anéantit. Cette nécessité pour la conscience d'exister comme conscience d'autre chose que soi, Husserl la nomme « intentionnalité ».

[...] Nous voilà délivrés de Proust. Délivrés en même temps de la « vie intérieure » : en vain chercherions-nous, comme Amiel, comme une enfant qui s'embrasse l'épaule, les caresses, les dorlotements de notre intimité, puisque finalement tout est dehors, tout, jusqu'à nous-mêmes : dehors, dans le monde, parmi les autres. Ce n'est pas dans je ne sais quelle retraite que nous nous découvrirons : c'est sur la route, dans la ville, au milieu de la foule, chose parmi les choses, homme parmi les hommes.

Jean-Paul Sartre, *Situations* (1947), Gallimard, p. 32.

8. Conscience signifie *hésitation* ou *choix*

A. La conscience, originellement immanente à tout ce qui vit, s'endort là où il n'y a plus de mouvement spontané, et s'exalte quand la vie appuie vers l'activité libre. Chacun de nous a d'ailleurs pu vérifier cette loi sur lui-même. Qu'arrive-t-il quand une de nos actions cesse d'être spontanée pour devenir automatique ? La conscience s'en retire. Dans l'apprentissage d'un exercice, par exemple, nous commençons par être conscients de chacun des mouvements que nous exécutons, parce qu'il vient de nous, parce qu'il résulte d'une décision et implique un choix ; puis, à mesure que ces mouvements s'enchaînent davantage entre eux et se déterminent plus mécaniquement les uns les autres, nous dispensant ainsi de nous décider et de choisir, la conscience que nous en avons diminue et disparaît. Quels sont, d'autre part, les moments où notre conscience atteint le plus de vivacité ? Ne sont-ce pas les moments de crise intérieure, où nous hésitons entre deux ou plusieurs partis à prendre, où nous sentons que notre avenir sera ce que nous l'aurons fait. Les variations d'intensité de notre conscience semblent donc bien correspondre à la somme plus ou moins considérable de choix ou, si vous voulez, de création, que nous distribuons sur notre conduite. Tout porte à croire qu'il en est ainsi de la conscience en général. Si conscience signifie mémoire et anticipation, c'est que conscience est synonyme de choix.

B. La conscience est la lumière immanente à la zone d'actions possibles ou d'activité virtuelle qui entoure l'action effectivement accomplie par l'être vivant. Elle signifie hésitation ou choix. Là où beaucoup d'actions également possibles se dessinent sans aucune action réelle (comme dans une délibération qui n'aboutit pas), la conscience est intense. Là où l'action réelle est la seule action possible (comme dans l'activité du genre somnambulique ou plus généralement automatique), la conscience devient nulle. [...] Car, là où l'instrument à manier est organisé par la nature, le point d'application fourni par la nature, le résultat à obtenir voulu par la nature, une faible part est laissée au choix : la conscience inhérente à la représentation sera donc contre-balancée, au fur et à mesure qu'elle tendrait à se dégager, par l'accomplissement de l'acte, identique à la représentation, qui lui fait contrepoids. Là où elle apparaît, elle éclaire moins l'instinct lui-même que les contrariétés auxquelles l'instinct est sujet : c'est le *déficit* de l'instinct, la distance de l'acte à l'idée qui deviendra conscience ; et la conscience ne sera alors qu'un accident.

Bergson, A) « La conscience et la vie » (1911), in *L'Énergie spirituelle*, P.U.F.
B) *L'Évolution créatrice* (1907), P.U.F., p. 156.

9. Contingence de la conscience : «La *facticité* du pour-soi»

Moi qui pense n'aurais point été, si ma mère eût été tuée avant que j'eusse été animé ; donc je ne suis pas un être nécessaire.
PASCAL, *Pensées*, posth., 1669, VII, 469.

La conscience est son propre fondement mais il reste contingent *qu'il y ait* une conscience plutôt que du pur et simple en-soi à l'infini. L'événement absolu ou pour-soi est contingent en son être même. [...] Cette contingence perpétuellement évanescente de l'en-soi qui hante le pour-soi et le rattache à l'être-en-soi sans jamais se laisser saisir, c'est ce que nous nommerons la *facticité* du pour-soi. C'est cette facticité qui permet de dire qu'il *est*, qu'il *existe*, bien que nous ne puissions jamais la *réaliser* et que nous la saisissions toujours à travers le pour-soi. [...] C'est ce qui ressort bien du fait que, si je dois *jouer à être* garçon de café pour l'être[1], du moins aurai-je beau jouer au diplomate ou au marin : je ne le serai pas. Ce *fait* insaisissable de ma condition, cette impalpable différence qui sépare la comédie réalisante de la pure et simple comédie, c'est ce qui fait que le pour-soi, tout en choisissant le *sens* de sa situation et en se constituant lui-même comme fondement de lui-même en situation, ne *choisit pas* sa position. C'est ce qui fait que je me saisis à la fois comme totalement responsable de mon être, en tant que j'en suis le fondement et, à la fois, comme totalement injustifiable.

Jean-Paul SARTRE, *L'Être et le Néant*, Gallimard, 1943, p. 125.

1. Cf. texte n° 1, p. 135 (Sartre).

10. « Un cogito *sur parole* » ?...

Toutes les questions raffinées et subtiles sur l'identité personnelle ne peuvent sans doute être tranchées et nous devons les regarder comme des difficultés grammaticales plutôt que comme des difficultés philosophiques.
HUME, *Traité de la nature humaine*, 1739, I, 4e partie, section VI.

Il y a une conscience de moi-même qui use du langage et qui est toute bourdonnante de mots. Je lis la Deuxième Méditation[1]. C'est bien de moi qu'il est question, mais d'un moi en idée qui n'est proprement ni le mien, ni d'ailleurs celui de Descartes, mais celui de tout homme réfléchissant. En suivant le sens des mots et le lien des idées, j'arrive à cette conclusion qu'en effet, puisque je pense, je suis, mais c'est là un Cogito sur parole, je n'ai saisi ma pensée et mon existence qu'à travers le medium du langage et la vraie formule de ce Cogito serait : « On pense, on est. » La merveille du langage est qu'il se fait oublier : je suis des yeux les lignes sur le papier ; à partir du moment où je suis pris par ce qu'elles signifient, je ne les vois plus. Le papier, les lettres sur le papier, mes yeux et mon corps ne sont là que comme le minimum de mise en scène nécessaire à quelque opération invisible. L'expression s'efface devant l'exprimé, et c'est pourquoi son rôle peut passer inaperçu, c'est pourquoi Descartes ne le mentionne nulle part. Descartes, et à plus forte raison son lecteur, commencent de méditer dans un univers déjà parlant. Cette certitude que nous avons d'atteindre, par-delà l'expression, une vérité séparable d'elle et dont elle ne soit que le vêtement et la manifestation contingente, c'est justement le langage qui l'a installée en nous.

Maurice MERLEAU-PONTY, *Phénoménologie de la perception*, Gallimard, 1945, pp. 459.

1. Cf. texte p. 52.

11. ... Ou un « cogito tacite » ?

Allons-nous conclure de là que le langage nous enveloppe, que nous sommes menés par lui comme le réaliste croit être déterminé par le monde extérieur ou le théologien conduit par la Providence? Ce serait oublier la moitié de la vérité. Car enfin les mots, et par exemple le mot «Cogito», le mot «sum» peuvent bien avoir un sens empirique et statistique, il est vrai qu'ils ne visent pas directement mon expérience et fondent une pensée anonyme et générale, mais je ne leur trouverais aucun sens, pas même dérivé et inauthentique, et je ne pourrais pas même lire le texte de Descartes, si je n'étais, avant toute parole, en contact avec ma propre vie et ma propre pensée et si le Cogito parlé ne rencontrait en moi un Cogito tacite. C'est ce Cogito silencieux que Descartes visait en écrivant les *Méditations*, il animait et dirigeait toutes opérations d'expression qui, par définition, manquent toujours leur but puisqu'elles interposent, entre l'existence de Descartes et la connaissance qu'il en prend, toute l'épaisseur des acquisitions culturelles, mais qui ne seraient pas même tentées si Descartes n'avait d'abord une vue de son existence. Toute la question est de bien comprendre le Cogito tacite, ~~de~~ ne mettre en lui que ce qui s'y trouve véritablement et de ne pas faire du langage un produit de la conscience sous prétexte que la conscience n'est pas un produit du langage.

Ibidem

12. La *conscience* de soi n'est pas *connaissance* de soi

J'ai conscience de moi-même, – dans la synthèse transcendantale du divers des représentations en général, par conséquent dans l'unité synthétique originaire de l'aperception[1], – non pas tel que je m'apparais, ni tel que je suis en moi-même, mais seulement conscience que je suis. Cette *représentation* est une *pensée*, et non une *intuition* [...]. Je n'ai donc aucune *connaissance* de moi *tel que je suis*, mais je me connais seulement tel que je *m'apparais* à moi-même. La conscience de soi-même n'est donc pas encore, il s'en faut, une connaissance de soi-même.

1. Cf. texte n° 19, p. 63 (Kant).

Kant, *Critique de la Raison pure*, 1781,
trad. Tremesaygues et Pacaud, I, 1re division, Livre I, chap. II, 2e section, § 26.

Conscience de soi et du monde

13. Un savoir intérieur irréfutable

Puis-je dire que je suis cette vie que je sens au fond de moi, mais qui m'enveloppe à la fois par le temps formidable qu'elle pousse avec soi et qui me juche un instant sur sa crête, mais aussi par le temps imminent qui me prescrit ma mort?

Michel Foucault, *Les Mots et les Choses*, 1966, p. 335.

Une fois écarté ce qui nous vient à l'esprit par les sens, combien reste-t-il de choses que nous sachions aussi bien que le fait que nous vivons? Sur ce point, nous n'avons pas à craindre d'être trompés par quelque vraisemblance, car il est certain que celui qui est trompé vit. Il en va différemment pour les objets qui se présentent à notre vue dans le monde extérieur: l'œil y est trompé, par exemple, quand la rame, dans l'eau, semble brisée, ou quand les tours semblent bouger à ceux qui naviguent, et dans mille autres cas où les choses sont autres qu'elles ne paraissent. Dans celui qui nous occupe, au contraire, ce n'est pas l'œil de chair qui voit. C'est par une science intérieure que nous savons que nous vivons et pas même un académicien[1] ne pourrait dire: «Peut-être que tu dors, sans le savoir, et que c'est un songe que tu vois.» Qui ignore, en effet, que les visions du sommeil sont tout à fait semblables à celles de la veille? Mais celui qui est certain de savoir qu'il vit ne dit pas: «Je sais que je veille», mais: «Je sais que je vis.» Qu'il dorme ou qu'il veille, il vit. Il ne peut, dans ce savoir, être victime de songes; car même dormir, et voir en songe, c'est le propre d'un homme qui vit. Un académicien ne peut même pas dire non plus: «Peut-être que tu es fou et que tu l'ignores.» Les visions des fous sont en effet tout à fait semblables à celles des gens sensés. Il demeure que celui qui est fou vit. Et, contre les académiciens, il ne dit pas: «Je sais que je ne suis pas fou», mais: «Je sais que je vis.» Il ne peut donc jamais être trompé ni mentir celui qui dit qu'il sait qu'il vit. Que l'on objecte mille exemples de visions trompeuses à celui qui dit: «Je sais que je vis»; il n'en redoutera aucune puisque même celui qui est trompé vit.

1. Un philosophe de l'Académie (école de Platon).

Saint Augustin, *De Trinitate* (400-416), XV, XII, 21, trad. J.-C. Fraisse.

14. De la conscience de soi-même

Ce n'est pas la conscience des hommes qui détermine leur être,
c'est inversement leur être social qui détermine leur conscience.
Karl Marx, *Contribution à la critique de l'économie politique* (1859), Préface.

Le fait que l'homme puisse avoir le Je dans sa représentation, l'élève infiniment au-dessus de tous les autres êtres vivant sur la terre. Par là, il est une personne et, grâce à l'unité de la conscience dans tous les changements qui peuvent lui arriver, il est une seule et même personne, c'est-à-dire un être entièrement différent, par le rang et la dignité, de choses telles que les animaux sans raison, dont on peut disposer à sa guise; et ceci, même lorsqu'il ne peut pas encore dire le Je, car il l'a cependant dans sa pensée; ainsi toutes les langues, lorsqu'elles parlent à la première personne, doivent penser le Je, même si elles n'expriment pas cette relation au Moi par un mot particulier. Car cette faculté (de penser) est l'entendement.

Mais il est remarquable que l'enfant, qui sait déjà parler assez correctement, ne commence pourtant qu'assez tard (peut-être bien un an après) à dire Je; jusque là, il parlait de lui à la troisième personne (Karl veut manger, marcher, etc.); et il semble que pour lui ce soit comme une lumière qui vient de se lever, quand il commence à dire Je; à partir de ce jour, il ne revient jamais à l'autre manière de parler. – Auparavant il ne faisait que se sentir, maintenant il se pense. – L'explication de ce phénomène serait assez difficile pour l'anthropologue.

Kant, *Anthropologie du point de vue pragmatique* (1798), «Anthropologie in pragmatischer Hinsicht», Kant's Werke, Berlin, 1907, Teil I, Erstes Buch, § 1, trad. L.-L. Grateloup.

15. UN « EXAMEN DE CONSCIENCE »

Toute conscience est d'ordre moral,
puisqu'elle oppose toujours ce qui devrait être à ce qui est.
ALAIN, *Histoire de mes pensées*, 1936, chap. Abstractions.

Je me considérerai moi-même. Qui suis-je? Que suis-je?... Je m'aiderai de quelques comparaisons, pour prendre de moi l'idée juste que je dois en avoir, et apprendre à me mépriser autant que je le mérite.

Par exemple, 1°, Que suis-je en comparaison de la multitude de tous les hommes?... 2°, Qu'est-ce que la multitude même de tous les hommes en comparaison des Anges et de tous les Bienheureux?... 3°, Que sont toutes les créatures réunies ensemble en comparaison de Dieu leur Créateur?... Eh bien! maintenant quelle idée puis-je avoir de moi-même? Moi, en particulier, moi seul, que suis-je dans l'univers?... Enfin, je considérerai l'affreuse corruption qui est en moi, qui m'infecte, en quelque sorte, tout entier, et mon âme et mon corps. Ne puis-je pas bien justement me regarder comme un ulcère, un abcès qui fait horreur, d'où est sortie l'affreuse infection de tant de vices et de tant de péchés?

Saint IGNACE DE LOYOLA, *Exercices spirituels*, « Ejercicios espirituales » (1548), trad. de M. l'Abbé Clément, Paris, 1782, p. 73.

LE « MOI »

16. « QU'EST-CE QUE LE *MOI*? »

PASCAL, *Pensées*, 1669, V, 323.

A. Il est certain que ce moi, c'est-à-dire mon âme, par laquelle je suis ce que je suis, est entièrement et véritablement distincte de mon corps, et qu'elle peut être et exister sans lui.

DESCARTES, *Méditation sixième* (1641).

B. Il y a certains philosophes qui imaginent que nous avons à tout moment la conscience intime de ce que nous appelons notre *moi*; que nous sentons son existence et sa continuité d'existence; et que nous sommes certains, plus que par l'évidence d'une démonstration, de son identité et de sa simplicité parfaites [...]

Pour ma part, quand je pénètre le plus intimement dans ce que j'appelle *moi*, je bute toujours sur une perception particulière ou sur une autre, de chaud ou de froid, de lumière et d'ombre, d'amour ou de haine, de douleur ou de plaisir. Je ne peux me saisir, *moi*, en aucun moment sans une perception et je ne peux rien observer que la perception. Quand mes perceptions sont écartées pour un temps, comme par un sommeil tranquille, aussi longtemps je n'ai plus conscience de *moi* et on peut dire vraiment que je n'existe pas. Si toutes mes perceptions étaient supprimées par la mort et que je ne puisse ni penser, ni sentir, ni voir, ni aimer, ni haïr après la dissolution de mon corps, je serais entièrement annihilé et je ne conçois pas ce qu'il faudrait de plus pour faire de moi un parfait néant.

HUME, *Traité de la nature humaine*, 1739, trad. A. Leroy, Liv. I, 4e partie, section VI, 1946, Aubier Montaigne.

C. Le moi, voilà le point noir de la conscience, tout ainsi que dans le tissu de la rétine c'est précisément le point d'insertion du nerf optique qui est aveugle, que la substance même du cerveau est d'une complète insensibilité, que le corps du soleil est sombre, et que l'œil enfin, qui voit tout, est incapable de se voir lui-même.

SCHOPENHAUER, *Le Monde comme volonté et représentation* (1819-1844-1859), trad. Burdeau, P.U.F., 1966, p. 1237.

D. Il y a aperception immédiate interne du *moi*, du sujet qui dit *je* en se distinguant de tout ce qu'il lui est permis de se représenter ou de concevoir, au titre quelconque de sensation et de notion, etc.

MAINE DE BIRAN, *Note sur l'idée d'existence* (1824), P.U.F., 1949, p. 56.

E. Le désir d'appropriation du sentiment du moi est sans limites : les grands hommes parlent comme si tous les âges se tenaient derrière eux et s'ils étaient la tête de ce long corps, et ces chères femmes se font un mérite de la beauté de leurs enfants, de leurs vêtements, de leur chien, de leur médecin, de leur ville, à ceci près qu'elles n'osent pas dire : « tout cela, c'est moi ».

NIETZSCHE, *Aurore*, Morgenröthe (1880), IV, § 285, trad. J. Hervier, 1970, Gallimard.

17. LA CONSCIENCE ET LE CORPS

Tout l'univers chancelle, et tremble sur ma tige.
VALÉRY, *La Jeune Parque*, v. 214.

Et premièrement, il n'y a point de doute que tout ce que la nature m'enseigne contient quelque vérité. Car par la nature, considérée en général, je n'entends maintenant autre chose que Dieu même, ou bien l'ordre et la disposition que Dieu a établie dans les choses créées. Et par ma nature en particulier, je n'entends autre chose que la complexion ou l'assemblage de toutes les choses que Dieu m'a données.

Or il n'y a rien que cette nature m'enseigne plus expressément, ni plus sensiblement, sinon que j'ai un corps, qui est mal disposé quand je sens de la douleur, qui a besoin de manger ou de boire quand j'ai les sentiments de la faim ou de la soif, etc. Et partant, je ne dois aucunement douter qu'il n'y ait en cela quelque vérité.

La nature m'enseigne aussi, par ces sentiments de douleur, de faim, de soif, etc., que je ne suis pas seulement logé dans mon corps, ainsi qu'un pilote en son navire, mais, outre cela, que je lui suis conjoint très étroitement, et tellement confondu et mêlé que je compose comme un seul tout avec lui. Car, si cela n'était, lorsque mon corps est blessé, je ne sentirais pas pour cela de la douleur, moi qui ne suis qu'une chose qui pense, mais j'apercevrais cette blessure par le seul entendement, comme un pilote aperçoit par la vue si quelque chose se rompt dans son vaisseau ; et lorsque mon corps a besoin de boire ou de manger, je connaîtrais simplement cela même, sans en être averti par des sentiments confus de faim et de soif. Car en effet tous ces sentiments de faim, de soif, de douleur, etc., ne sont autre chose que de certaines façons confuses de penser, qui proviennent et dépendent de l'union et comme du mélange de l'esprit avec le corps.

DESCARTES, *Méditations métaphysiques* (1641), Méditation sixième.

18. La conscience de notre corps et de l'univers

La conscience du monde n'est pas fondée sur la conscience de soi, mais elles sont rigoureusement contemporaines.
Merleau-Ponty, *Phénoménologie de la perception*, 1945, p. 344.

Notre corps doit être affecté en quelque sorte par les changements de tous les autres. Or, à tous les mouvements de notre corps répondent certaines perceptions ou pensées plus ou moins confuses de notre âme, donc l'âme aussi aura quelque pensée de tous les mouvements de l'univers, et selon moi toute autre âme ou substance en aura quelque perception ou expression. Il est vrai que nous ne nous apercevons pas distinctement de tous les mouvements de notre corps, comme par exemple de celui de la lymphe, mais (pour me servir d'un exemple que j'ai déjà employé) c'est comme il faut bien que j'aie quelque perception du mouvement de chaque vague du rivage afin de me pouvoir apercevoir de ce qui résulte de leur assemblage, savoir, de ce grand bruit qu'on entend proche de la mer ; ainsi nous sentons aussi quelque résultat confus de tous les mouvements qui se passent en nous ; mais, étant accoutumés à ce mouvement interne, nous ne nous en apercevons distinctement et avec réflexion que lorsqu'il y a une altération considérable comme dans les commencements des maladies. Et il serait à souhaiter que les médecins s'attachassent à distinguer plus exactement ces sortes de sentiments confus que nous avons dans notre corps. Or, puisque nous ne nous apercevons des autres corps que par le rapport qu'ils ont au nôtre, j'ai eu raison de dire que l'âme exprime mieux ce qui appartient à notre corps ; aussi ne connaît-on les satellites de Saturne ou de Jupiter que suivant un mouvement qui se fait dans nos yeux.

Leibniz, *Lettre à Arnauld*, 1687.

Conscience et unité subjective

19. « L'unité transcendantale de la conscience de soi »

Tout l'humain est dehors, disent les sciences humaines. Tout est dehors ou tout en moi est ouvert. Est-il certain que dans cette exposition à tous les vents, la subjectivité se perde parmi les choses ou dans la matière ?
Emmanuel Levinas, *Humanisme de l'autre homme*, 1972, III.

Le *je pense* doit *pouvoir* accompagner toutes mes représentations, car autrement serait représenté en moi quelque chose qui ne pourrait pas du tout être pensé, ce qui revient à dire ou que la représentation serait impossible, ou que, du moins, elle ne serait rien pour moi. La représentation qui peut être donnée avant toute pensée s'appelle *intuition*. Par conséquent tout le divers de l'intuition a un rapport nécessaire au *je pense* dans le même sujet où se rencontre ce divers. Mais cette représentation est un acte de la *spontanéité*, c'est-à-dire qu'on ne saurait la considérer comme appartenant à la sensibilité. Je la nomme *aperception pure* pour la distinguer de l'aperception *empirique*, ou encore *aperception originaire* parce qu'elle est cette conscience de soi qui, en produisant la représentation *je pense* doit pouvoir accompagner toutes les autres, et qui, une et identique en toute conscience, ne peut être accompagnée d'aucune autre. J'appelle encore l'unité de cette représentation l'unité *transcendantale* de la conscience de soi, pour désigner la possibilité de la connaissance *a priori* qui en dérive. En effet, les diverses intuitions qui sont données dans une certaine intuition ne seraient pas toutes ensemble *mes* représentations si elles n'appartenaient pas toutes ensemble à une conscience de soi, c'est-à-dire qu'en tant qu'elles sont mes représentations (quoique je n'en aie pas conscience à ce titre), elles doivent pourtant être nécessairement conformes à la condition qui seule leur permet d'être groupées dans une conscience générale de soi, puisque autrement elles ne m'appartiendraient pas entièrement. De cette liaison originaire dérivent plusieurs conséquences.

Cette identité totale de l'aperception d'un divers donné dans l'intuition renferme une synthèse des représentations et n'est possible que par la conscience de cette synthèse. Car la conscience empirique, qui accompagne différentes représentations, est, en soi, dispersée et sans relation avec l'identité du sujet. Cette relation ne s'opère donc pas encore par le fait que j'accompagne de conscience toute représentation, mais par le fait que *j'ajoute* une représentation à une autre et que j'ai conscience de leur synthèse. Ce n'est donc qu'à la condition de pouvoir lier *dans une conscience* un divers de représentations données qu'il m'est possible de me représenter l'*identité de la conscience dans ces représentations* mêmes, c'est-à-dire que l'unité *analytique* de l'aperception n'est possible que sous la supposition de quelque unité *synthétique*.

KANT, *Critique de la Raison pure* (1781), I, 1re division, Livre I, chap. II, 1re section, § 16.

CONSCIENCE ET SCIENCE

20. LA « DIFFÉRENCE ESSENTIELLE »

La conscience n'est en somme qu'un réseau de liens entre les hommes, et elle n'aurait pu prendre un autre développement. À vivre isolé, telle une bête féroce, l'homme aurait pu fort bien s'en passer.

NIETZSCHE, *Le Gai Savoir*, « La Gaya Scienza » (1882) trad. P. Klossowski, C.F.L. 1957, § 354.

Quelle est donc la différence essentielle entre l'homme et l'animal ? La plus simple et la plus générale des réponses à cette question est aussi la plus populaire : *c'est la conscience.* Mais la conscience au sens strict, car la conscience entendue comme sentiment de soi, capacité de distinguer les objets sensibles, de percevoir et même de juger des choses extérieures d'après des caractères sensibles déterminés, une telle conscience ne peut être refusée à l'animal. Mais la conscience au sens le plus strict n'existe que pour un être qui a pour objet sa propre *espèce* (Gattung), sa propre *essence.* L'animal est sans doute objet pour lui-même en tant qu'individu (et c'est pourquoi il possède le sentiment de soi) – mais non en tant qu'espèce (et c'est pourquoi il lui manque la conscience, dont le nom vient de *science*). Là où il y a conscience, il y a capacité de science. La science est la conscience des espèces. Dans la vie, nous avons affaire à des individus, dans la science à des espèces. Or seul un être qui a pour objet sa propre espèce, sa propre essence, est susceptible de constituer en objets, selon leur signification essentielle, des choses et des êtres autres que lui. C'est pourquoi l'animal n'a qu'une vie simple, tandis que l'homme a une vie double : chez l'animal la vie intérieure ne fait qu'un avec la vie extérieure ; l'homme au contraire a une vie intérieure et une vie extérieure. La vie intérieure de l'homme, c'est celle qu'il entretient avec son espèce, avec son essence. L'homme pense, c'est-à-dire il converse, il parle *avec lui-même*. L'animal ne peut accomplir aucune fonction générique sans un autre individu extérieur à lui ; l'homme au contraire peut accomplir, sans personne d'autre, la fonction générique de la pensée, de la parole – car penser et parler sont de véritables fonctions génériques. L'homme est pour lui-même simultanément Je et Tu. S'il peut se mettre à la place de l'autre, c'est précisément parce qu'il a pour objet, non pas son individualité, mais son espèce, son essence.

Ludwig FEUERBACH (Das Wesen des Christentums), *L'Essence du Christianisme*, 1841, Introduction, chap. 1, trad. Louis Althusser, 1960, Gallimard.

CONSCIENCE. SENS

21. LA CONSCIENCE DU MOI EST DÉJÀ THÉORIE

Glisse ! Barque funèbre... Et moi, vive, debout,
Dure, et de mon néant secrètement armée...
Paul VALÉRY, *La Jeune Parque*

La conscience du moi implique, entre autres choses, que l'on fasse une distinction, aussi vague soit-elle, entre les corps animés et les corps inanimés, et que l'on produise par là même une théorie rudimentaire des caractères essentiels de la vie. De même, elle implique que l'on fasse, d'une manière ou d'une autre, une distinction entre les corps doués de conscience et les autres. Elle implique également la projection du moi dans le futur (cette attente plus ou moins consciente qu'a l'enfant de grandir et de devenir un jour adulte) et la conscience d'avoir existé un certain laps de temps dans le passé. Ainsi, elle implique des problèmes qui supposent que l'individu possède une théorie de la naissance et, peut-être même, de la mort.

Karl POPPER, (Unended Quest) *La Quête inachevée*, 1974, trad. Renée Bouveresse, Calmann-Lévy, 1981, p. 272.

22. LA CONSCIENCE, ANTÉRIEURE À TOUT SENS

Tout ce que l'homme peut dire de lui dans l'attitude de la conscience est : *je suis*, expression qui n'a pas de sens pour la science, car celle-ci ne connaît pas l'être autrement que sous la forme de possibilité élucidée, comme ce qui pourrait et peut être autre et autrement et n'être pas du tout, expression qui n'a pas de sens pour lui non plus ; car avoir un sens, de quelque manière qu'on le prenne, c'est se rapporter à autre chose. « Je suis » est antérieur à tout sens ; mais sans ce « je suis », il n'y a pas de sens du tout.

Éric WEIL, *Logique de la philosophie* (1967), 2e éd., Vrin, 1967, p. 234.

ÉPICURE (341-270 av. J.-C.), Musée du Louvre, Paris.
Photo Alinari-Giraudon.

DÉSIR

Je vous certifie qu'au mandement de messere Gaster
tout le ciel tremble, toute la terre bransle.

RABELAIS.

Le système génital ne fait qu'un avec le plus violent de tous les désirs :
aussi l'ai-je nommé le foyer du vouloir.

SCHOPENHAUER.

L'inventaire systématique des désirs humains débute volontiers par ces deux penchants conservateurs, de l'individu et de l'espèce, que sont l'instinct nutritif, « le seul, dit Comte, qui soit pleinement universel » (*Système de Politique positive*, I, III) – et l'instinct sexuel. Mais la question philosophique du désir fait naturellement corps avec celle de l'inconscient, dont elle renouvelle en partie la problématique : *que* désirons-nous ? *Qui* ou *quoi* désire en nous ? Que signifie « désirer » ?

Deux séries de textes peuvent stimuler ici la réflexion : la première, consacrée à la visée du désir, approfondit la relation entre le désir, son objet et sa fin. Si je désire tel « objet » (entendu ici au sens le plus large et le plus indéterminé), qu'est-ce qui qualifie cet objet comme désirable ? Est-il en lui-même « objet de désir » ou bien est-ce mon désir qui le désigne comme tel, pour moi ? Mais comment pourrais-je désirer cet objet sans le constituer, du même coup, en « objet de désir » ?

D'autre part, ce que la conscience vise objectivement comme terme de son désir, lui apparaît subjectivement comme ce qui lui « manque », comme ce qui manque à sa satisfaction, à son bien-être. En sorte que, comme l'indique Hegel, dont on pourra aborder l'analyse par le fidèle commentaire qu'en a donné Hyppolite, – le terme implicite du désir, c'est l'unité du Moi avec lui-même. On pourra suivre le développement de ce thème (défiguré ou transfiguré ?) chez Sartre et jusque chez Freud, où nous retrouvons Platon et, derrière Éros, Thanatos. L'hypothèse freudienne inscrit en effet au plus profond du vivant le Désir de se réunir à nouveau avec les particules d'où est sortie la vie, et de retourner ainsi, sous le couvert de l'impulsion sexuelle, à l'inertie primordiale. Le désir, par delà toutes ses visées particulières, ne serait-il donc qu'un voyage au bout de la Nuit ?

Mais le génie humain, quelles que soient son archéologie et sa téléologie, son origine et sa fin, s'affirme au cours de son histoire non seulement par des fantasmes, mais par des œuvres : « Celui qui désire mais n'agit pas, écrit William Blake, engendre la pestilence. » Quels sont donc les rapports entre le désir et sa réalisation ? Peut-on prendre indifféremment, l'un pour l'autre, le désir et la réalité ? En quel sens peut-on dire, à la manière de Spinoza, que le désir et son objet ne font qu'un ? Ce qui est vrai pour l'analyse rétrospective ou, mieux, au regard de l'éternité, n'est-il pas *utopique* ou *illusoire* quant à la production effective, où les fantasmes et les vains désirs ne suffisent pas à « changer l'ordre du monde » ?

LE DÉSIR ET SON COMPLÉMENT NATUREL

« Chaque fois qu'un homme désire, ne diras-tu pas que son âme tend à ce qu'elle désire, ou qu'elle attire à elle ce qu'elle voudrait avoir, ou qu'en tant qu'elle veut qu'une chose lui soit procurée, elle se fait à elle-même un signe d'acquiescement, comme si elle répondait à quelqu'un qui l'interrogerait, impatiente qu'elle est de voir son désir réalisé ?

– Si fait.

– Et ne pas vouloir, ne pas souhaiter, ne pas désirer, n'est-ce pas la même chose qu'écarter et repousser loin de soi et ne faut-il pas ranger cela dans le genre contraire au précédent ?

– Sans contredit.

– Ceci posé, n'admettrons-nous pas qu'il y a une espèce particulière de désirs et que les plus manifestes de cette espèce sont ce que nous appelons la faim et la soif ?

– Nous l'admettrons, dit-il.

– L'une n'est-elle pas le désir de boire, l'autre de manger ?

– Si.

– Or la soif, en tant que soif, est-elle dans l'âme un désir d'autre chose encore que ce que je viens de dire ? Par exemple, la soif est-elle soif d'une boisson chaude ou froide, abondante ou modique, en un mot d'une boisson déterminée ? ou plutôt si l'échauffement se joint à la soif, n'y ajoutera-t-il pas le désir de la fraîcheur, et si c'est le froid, le désir de la chaleur ? et si, en raison de sa violence, la soif est grande, elle fera naître le désir de boire beaucoup ; si elle est petite, de boire peu. Mais pour la soif prise en soi, elle ne saurait être le désir d'autre chose que de son objet naturel, la boisson en soi, comme la faim n'est autre chose que le besoin de manger.

– C'est vrai, dit-il ; chaque désir pris en lui-même ne convoite que son objet naturel pris en lui-même ; le désir de telle chose déterminée révèle des accidents qui s'y ajoutent.

– Ne nous laissons pas surprendre, repris-je, ni déconcerter par l'objection qu'on ne désire pas la boisson, mais une bonne boisson, ni le manger, mais un bon manger, attendu qu'on désire naturellement les bonnes choses, que par conséquent, si la soif est un désir, c'est le désir de quelque chose de bon, quel que soit son objet, soit la boisson, soit autre chose ; et il en est ainsi des autres désirs. »

PLATON (env. 428-347 av. J.-C.), *La République*, Livre IV, 437 c.,
trad. Chambry, Les Belles Lettres.

LES DÉSIRS ET LA NATURE HUMAINE

1. L'ILLUSION DES VAINS DÉSIRS

Il n'en vaudrait pas mieux pour les hommes qu'arrivât ce qu'ils désirent.
HÉRACLITE

L'on m'a reproché [...] la définition de la faculté de désirer à savoir : *la faculté d'être par ses représentations cause de la réalité des objets de ces représentations*, car, a-t-on dit, de simples souhaits sont aussi bien des désirs au sujet desquels chacun se résigne de ne pouvoir, par leur moyen seul, produire leur objet. – Mais ceci prouve uniquement qu'il y a des désirs dans l'homme qui le mettent en contradiction avec lui-même, si par sa représentation *seule* il vise à la production de l'objet, ce dont il ne saurait attendre aucun succès cependant, conscient de ce que ses forces mécaniques – si je puis ainsi nommer les forces non psychologiques – qui devraient être déterminées par cette représentation pour produire l'objet (donc indirectement), sont ou bien insuffisantes, ou bien même entreprennent quelque chose d'impossible, par exemple de faire que le fait accompli ne le soit pas (*O mihi praeteritos**, etc.), ou d'anéantir dans une attente impatiente le temps intermédiaire jusqu'au moment désiré. – Quoique dans ces désirs fantaisistes nous ayons conscience de l'insuffisance de nos représentations (ou même de leur manque d'aptitude) à être cause de leur *objet*, néanmoins leur rapport causal et par conséquent la représentation de leur *causalité* est contenue dans chaque *souhait* et elle est surtout manifeste quand celui-ci est une affection, *l'ardeur du désir*. Ces émotions en dilatant le cœur, en le desséchant et en épuisant ainsi les forces, montrent que les forces sont à diverses reprises tendues par des représentations, mais laissent constamment retomber l'âme dans la lassitude, par impossibilité d'aboutir. Même les prières pour détourner de grands et semble-t-il d'inévitables maux, et maints moyens superstitieux pour réaliser des fins impossibles naturellement, prouvent le rapport causal des représentations à leurs objets puisque la conscience même de l'impuissance d'atteindre au résultat ne peut mettre un frein aux efforts. – Mais c'est une question de téléologie anthropologique de savoir pourquoi a été mise dans notre nature la tendance à former des désirs que nous savons vains. Il semble que si nous ne devions pas nous déterminer à l'emploi de nos forces avant de nous être assurés de l'efficacité de notre pouvoir de production objective, ces forces resteraient en grande partie inemployées ; car, communément, nous n'apprenons d'abord à connaître nos forces qu'en les essayant. Cette illusion des vains désirs n'est donc que la conséquence d'une disposition bienfaisante de notre nature.

KANT, *Critique du jugement* (1790), Introduction, III, note 1, trad. Gibelin, Vrin.

* *« Oh! si Jupiter me rendait mes années passées ! » Virgile,* Énéide, *VII, v. 560.*

Les désirs et la nature animale

2. Les deux principaux appétits : la faim et le désir charnel

Les cupiditez sont ou naturelles ou necessaires, comme le boire et le manger ; ou naturelles et non necessaires, comme l'accointance des femelles : ou elles ne sont ny naturelles ny necessaires : de cette derniere sorte sont quasi toutes celles des hommes ; elles sont toutes superfluës et artificielles.

Montaigne, *Essais*, II, chap. XII.

Aucune créature ne peut subsister sans nourriture, et aucune espèce créée (je parle des animaux les plus parfaits) ne peut durer longtemps si des petits ne naissent continuellement à mesure que meurent les vieux. Aussi le premier et le plus violent des appétits que la nature leur a donnés est-il la faim et le second le désir charnel ; l'un qui les pousse à procréer, l'autre qui leur ordonne de manger (...). Bien que la faim soit en nous infiniment moins violente que chez les loups et autres animaux rapaces, on voit pourtant des gens qui ont bonne santé et digestion passable, plus irritables et plus vite fâchés pour des riens, quand leurs repas se font attendre au-delà de l'heure habituelle, qu'à aucun autre moment. Et aussi, bien que le désir charnel ne soit pas chez l'homme aussi furieux que chez les taureaux et autres animaux lascifs, rien ne provoque plus vite et plus violemment la colère des hommes et des femmes que ce qui contrarie leurs intrigues quand ils sont bien épris. Et on a vu les plus timides, les plus délicatement élevés de l'un et l'autre sexe capables de mépriser les plus grands dangers et d'oublier toute autre considération quand il s'agit de perdre un rival.

Bernard Mandeville[a], *La Fable des Abeilles*, Remarque R, (1714), « The Fable of the Bees, or Private Vices, Public Benefits », trad. L. et P. Carrive, Alcan, 1974.

a. *Médecin hollandais établi à Londres, Mandeville publia en 1705 un petit pamphlet en vers,* La Fable des Abeilles, ou Les Fripons devenus honnêtes gens, *qui fit scandale et connut de nombreuses éditions : en 1728, le pamphlet était devenu un gros ouvrage, portant un titre significatif :* La Fable des Abeilles, ou Vices privés, avantages publics. *La thèse, en effet, est la suivante : tous les désirs sont naturels et plus les individus ont ce qu'on appelle des vices, plus la société est prospère. Quant à la doctrine des « bonnes mœurs », « elle apprend aux hommes, dit-il, à bien parler de toutes les vertus, mais elle n'exige d'eux rien de plus, en aucune époque, ni en aucun pays, que d'afficher extérieurement celles qui sont à la mode ».*
L'économiste anglais Keynes, dans sa célèbre Théorie générale de l'emploi, de l'intérêt et de la monnaie *(1936), cite élogieusement Mandeville.*

Des désirs naturels et nécessaires

3. La faim : une pulsion essentielle et un désir tabou

Le désir est l'essence même de l'homme, c'est-à-dire l'effort par lequel l'homme s'efforce de persévérer dans son être.

Spinoza, *Éthique*, IV, prop. XVIII, dem.

Jusqu'ici on n'a que très peu, trop peu parlé de la faim. Voilà pourtant un stimulus tout aussi originel ou primitif que les autres. Un homme privé de nourriture dépérit et meurt, alors qu'il survivra quelque temps encore, s'il n'est privé que des délices de l'amour et *a fortiori* de l'occasion d'apaiser son instinct de puissance ou de

1. Allusions à Freud (amour), Adler (instinct de puissance) et Jung (inconscient ancestral).

réintégrer son inconscient ancestral vieux de 500 000 ans[1]. C'est l'homme sans travail, épuisé de n'avoir plus mangé depuis des jours, qui représente le plus clairement l'état de besoin le plus ancien de la destinée humaine (...). C'est d'abord l'estomac qu'il faut apaiser. Son désir est précis, et il est impossible d'échapper à la pulsion qu'il commande et qui ne se laisse d'ailleurs jamais réprimer longtemps.

Aussi déchirants qu'aient toujours été les cris arrachés par la faim, elle n'a droit en psychanalyse à aucune étiquette médicale. Ce qui prouve bien que les psychanalystes ne se sont jamais penchés et ne se penchent encore que sur des malades de choix. Pour Freud et ses clients, le souci du pain quotidien était bien le moindre. Le psychanalyste et son patient sont issus d'une classe moyenne qui, jusqu'à il y a peu, n'avait guère à se préoccuper de son estomac. Mais lorsque la Vienne de Freud eut quelques raisons de se montrer moins insouciante, un cabinet de consultation fut créé à l'intention des victimes de suicides manqués et l'on eut bientôt l'occasion d'y découvrir les pulsions qui se cachaient derrière la libido. En effet, 90% des cas de suicide résultent de la détresse pécuniaire, 10% seulement du mal d'amour (non refoulé de surcroît). Et pourtant, même lorsque la bourgeoisie viennoise eut perdu ses privilèges, on pouvait encore lire aux murs des cabinets de consultation : « Les problèmes financiers ou sociaux ne peuvent être pris en considération. » Ce qui, bien sûr, réduisait considérablement le champ d'exploration du monde intérieur des rescapés du suicide et constituait une entrave majeure à la guérison du complexe alors le plus courant, celui que Francisca Reventlov a baptisé du terme si peu médical de « complexe d'argent ». Le stimulus de la faim devint dès lors un sujet tout aussi tabou en psychanalyse que l'était la libido dans les ragots de salon.

Ernst Bloch, *Le Principe Espérance*, « Das Prinzip Hoffnung » (1959), trad. F. Wuilmart, t. I, 2e partie, § 13, Gallimard, 1976.

Des désirs naturels mais non nécessaires

4. Le désir contrarié

Parmi nos désirs, les uns sont naturels, les autres vides, et parmi les premiers, certains sont nécessaires, d'autres naturels seulement. Parmi les nécessaires, les uns le sont au bonheur, d'autres à la tranquillité continue du corps, d'autres enfin à la vie même.

Épicure

À mesure que nous avions approché la terre, les insulaires avaient environné les navires. L'affluence des pirogues fut si grande autour des vaisseaux, que nous eûmes beaucoup de peine à nous amarrer au milieu de la foule et du bruit. Tous venaient en criant *tayo*, qui veut dire *ami*, et en nous donnant mille témoignages d'amitié ; tous demandaient des clous et des pendants d'oreille. Les pirogues étaient remplies de femmes qui ne le cèdent pas, pour l'agrément de la figure, au plus grand nombre des Européennes et qui, pour la beauté du corps, pourraient le disputer à toutes avec avantage. La plupart de ces nymphes étaient nues, car les hommes et les vieilles qui les accompagnaient leur avaient ôté le pagne dont ordinairement elles s'enveloppent. Elles nous firent d'abord, de leurs pirogues, des agaceries où, malgré leur naïveté, on découvrit quelque embarras ; soit que la nature ait partout embelli le sexe d'une timidité ingénue, soit que, même dans les pays où règne encore la franchise de l'âge d'or, les femmes paraissent ne pas vouloir ce qu'elles désirent le plus. Les hommes, plus simples ou plus libres, s'énoncèrent bientôt clairement : ils nous pressaient de choisir une femme, de la suivre à terre, et leurs gestes non équivoques démontraient la manière dont il fallait faire connaissance avec elle. Je le demande : comment retenir au travail, au milieu d'un spectacle pareil, quatre cents Français, jeunes, marins, et qui depuis six mois n'avaient point vu de femmes ?

[...] Nos soins réussirent cependant à contenir ces hommes ensorcelés ; le moins difficile n'avait pas été de parvenir à se contenir soi-même. Un seul Français, mon cuisinier, qui, malgré les défenses, avait trouvé le moyen de s'échapper, nous revint bientôt plus mort que vif. À peine eut-il mis pied à terre avec la belle qu'il avait choisie qu'il se vit entouré par une foule d'Indiens qui le déshabillèrent dans un instant, et le mirent nu de la tête aux pieds. Il se crut perdu mille fois, ne sachant où aboutiraient les exclamations de ce peuple qui examinait en tumulte toutes les parties de son corps. Après l'avoir bien considéré, ils lui rendirent ses habits, remirent dans ses poches tout ce qu'ils en avaient tiré, et firent approcher la fille, en le pressant de contenter les désirs qui l'avaient amené à terre avec elle. Ce fut en vain. Il fallut que les insulaires ramenassent à bord le pauvre cuisinier, qui me dit que j'aurais beau le réprimander, que je ne lui ferais jamais autant de peur qu'il venait d'en avoir à terre.

Louis-Antoine de Bougainville, *Voyage autour du monde, par la frégate du roi La Boudeuse et la flûte l'Étoile* (1766), chap. VIII.

Obstacle et valeur

5. Le désir stimulé

Il n'est rien si empeschant, si desgouté, que l'abondance.
Quel appétit ne se rebuterait à veoir trois cents femmes à sa merci,
comme les a le grand seigneur en son serrail ?
Montaigne, *Essais*, I, XLII.

Pour tenir l'amour en haleine, Licurgue ordonna que les mariez de Lacedemone ne se pourroient prattiquer qu'à la desrobée, et que ce seroit pareille honte de les rencontrer couchés ensemble, qu'avecques d'autres. La difficulté des assignations, le dangier des surprises, la honte du lendemain, c'est ce qui donne pointe à la sauce. Combien de jeux tres lascivement plaisants naissent de l'honneste et vergongneuse maniere de parler des ouvrages de l'amour ! La volupté mesme cerche à s'irriter par la douleur. Elle est bien plus sucrée quand elle cuit et quand elle escorche. [...] Nostre appetit mesprise et outrepasse ce qui luy est en main, pour courir apres ce qu'il n'a pas. Nous defendre quelque chose, c'est nous en donner envie. Nous l'abandonner tout à faict, c'est nous en engendrer mespris. La faute et l'abondance retombent en mesme inconvenient. Le desir et la jouyssance nous mettent pareillement en peine. [...] Pourquoy inventa Popaea de masquer les beautez de son visage, que pour les rencherir à ses amans ? Pourquoy a l'on voylé jusques au dessoubs des talons ces beautez que chacun desire montrer, que chacun desire voir? Pourquoy couvrent elles de tant d'empeschemens les uns sur les autres les parties où loge principallement nostre desir et le leur? Et à quoy servent ces gros bastions[1], de quoy les nostres viennent d'armer leurs flancs, qu'à lurrer nostre appetit et nous attirer à elles en nous esloignant?

1. Autrefois, bourrelets circulaires (*vertugades* ou *vertugadins*) qui faisaient bouffer les jupes autour des hanches.

MONTAIGNE, *Essais*, 1580-1595, II, XV.

SPÉCIFICITÉ DU DÉSIR SEXUEL

6. LE DÉSIR TROUBLE

Le désir n'est pas seulement *envie*, claire et translucide *envie* qui vise à travers notre corps un certain objet. Le désir est défini comme *trouble*.
Jean-Paul SARTRE

Dans le désir sexuel, certes, on peut retrouver cette structure commune à tous les appétits: un état du corps. L'Autre peut noter diverses modifications physiologiques (érection du pénis, turgescence des mamelons des seins, modifications du régime circulatoire, élévation de la température, etc.). Toutefois si nous nous bornions à le décrire ainsi, le désir sexuel apparaîtrait comme un *désir sec et clair*, comparable au désir de boire et de manger. Il serait fuite pure de la facticité[1] vers d'autres possibles. Or chacun sait qu'un abîme sépare le désir sexuel des autres appétits. On connaît cette formule trop célèbre: «Faire l'amour avec une jolie femme lorsqu'on en a envie, comme on boit un verre d'eau glacée lorsqu'on a soif» et l'on sait aussi tout ce qu'elle a d'insatisfaisant pour l'esprit et même de scandaleux[2]. C'est qu'on ne désire pas une femme en se tenant tout entier hors du désir, le désir me *compromet*; je suis complice de mon désir. Ou plutôt le désir est tout entier chute dans la complicité avec le corps. Il n'est pour chacun que de consulter son expérience: on sait que dans le désir sexuel la conscience est comme empâtée, il semble qu'on se laisse envahir par la facticité, qu'on cesse de la fuir et qu'on glisse vers un consentement *passif* au désir. À d'autres moments, il semble que la facticité envahisse la conscience dans sa fuite même et la rende opaque à elle-même. C'est comme un soulèvement pâteux du *fait*. Aussi, les expressions qu'on emploie pour désigner le désir en marquent assez la spécificité. On dit qu'il *vous prend*, qu'il *vous submerge*, qu'il *vous transit*. Imagine-t-on les mêmes mots employés pour désigner la faim? A-t-on idée d'une faim qui «submergerait»?

1. Cf. texte n° 9, p. 58 (Sartre).

2. Cf. texte n° 8, p. 309 (Lénine).

Jean-Paul SARTRE, *L'Être et le Néant*, Gallimard, 1943, p. 456.

FORMES ET PROUESSES DU DÉSIR

7. LE DÉSIR COURTOIS

La répression des élans sexuels (...) sera au Moyen Âge, dans une société de guerriers, la forme la plus haute de la prouesse.
Jacques LE GOFF

Les efforts de l'Église pour dompter la courtoisie étaient parvenus au XIIIe siècle à susciter quelques poèmes qui déviaient la démarche amoureuse de son but charnel et qui la transféraient vers le mysticisme. Cette transmutation religieuse et abstraite culmina vers 1300 dans le *dolce stil nuovo*. Mais dans le commun des rites de cour, l'amour vit de l'espoir d'un triomphe final qui conduira la dame à se livrer tout entière, d'une victoire secrète et périlleuse sur l'interdit majeur et sur les châtiments promis aux étreintes adultères. Toutefois, tant que dure l'attente, et il convient qu'elle se prolonge très longtemps, le désir doit se satisfaire de peu. À l'amant qui veut conquérir l'élue, il importe de se maîtriser. De toutes les épreuves que l'amour lui impose, celle qui porte le symbole le plus clair des nécessités du délai consenti, est «l'essai» que célèbrent les chansons des troubadours : la dame commande au chevalier de se coucher auprès d'elle, dans leur commune nudité, et pourtant de dominer son désir. L'amour se renforce dans cette discipline, et dans les joies imparfaites des attouchements mesurés. Ses plaisirs deviennent alors de sentiment. L'étincelle amoureuse ne réunit pas des corps, mais des cœurs.

Georges Duby, *Le Temps des cathédrales*, «L'art et la société 980-1420», 1976, Gallimard, p. 304.

Désir, ressentiment, violence

8. Le désir frustré

Ce n'est plus une ardeur dans mes veines cachée :
C'est Vénus tout entière à sa proie attachée.
Racine, *Phèdre*, Acte I, scène 3

Quelques-uns disent que Fausta[1] étant amoureuse de Crispus lui découvrit sa passion, et que n'ayant pu le porter à la satisfaire, elle se plaignit à Constantin qu'il l'avait voulu corrompre. Ils ajoutent que Constantin, ajoutant foi à la calomnie de Fausta, fit mourir Crispus, et qu'ayant reconnu ensuite l'innocence de son fils, il fit périr cette femme.

Rien ne pouvait arriver de plus dangereux à ce fils de Constantin, que de donner de l'amour à sa belle-mère ; car quelque parti qu'il eût pu prendre, il se fût commis. La complaisance l'exposait au courroux du Ciel, et d'ailleurs si elle venait à être connue, il avait tout à craindre de la part de Constantin : le refus était une grande affaire ; car c'était un cas qui l'exposait à l'indignation et à la fureur d'une impératrice.

Ceux qui ont le plus de connaissance des affaires de galanterie, assurent que c'est se conduire fort imprudemment, que de s'ériger en tentateur, lorsqu'on n'a dessein que d'éprouver si une femme est vertueuse ; car ceux qui se bornent à cela, s'exposent beaucoup en cas qu'ils la mènent jusqu'à consentir qu'on jouisse d'elle. L'affront qu'on lui fait, en ne se prévalant pas des dispositions où on l'a mise, la remplit d'un ressentiment qui la porte à inventer mille moyens de vengeance : elle ne peut se souvenir qu'on l'a trompée, et que la faiblesse qu'elle a fait paraître ne lui a de rien servi ; elle ne peut, dis-je, songer à cela sans une colère très violente, et que le tentateur a grand sujet de redouter. C'est bien pis lorsqu'une femme s'est déclarée la première, et que ses avances ont été suivies d'un mauvais succès. Malheur à celui qu'elle a tenté, et qu'elle n'a pu gagner. Elle ne songe qu'à le perdre. Le Patriarche Joseph en est une preuve[a] : et si l'Histoire Sainte nous fournit ce grand exemple, l'Histoire des

1. Femme de l'empereur Constantin (285 env. -337).

2. Cf. Racine, *Phèdre*.

temps héroïques n'en fournit pas de moins éclatants : lisez les Aventures de Bellérophon[b], et celles du chaste Hippolyte[2]. L'Histoire des siècles suivants fournit aussi quelque chose, quand ce ne serait que notre Fausta calomniatrice de Crispus, qui n'avait point voulu consentir à la contenter. Juvénal a fort bien dit que si la honte d'un tel refus anime la haine, c'est en ce cas-là qu'une femme témoigne la plus grande cruauté. Une Impératrice, une Reine, et en général les Dames de la plus haute condition, sont surtout à craindre lorsque l'on n'a point répondu à leurs sollicitations : leur qualité les rend plus sensibles à l'injure et leur fournit plus d'occasions de se venger. C'est à elles que peuvent fort bien convenir ces paroles de la Junon de Virgile, *Énéide*, I, 37 : « Mene incepto desistere victam ? *Faut-il que j'abandonne mon entreprise sans avoir rien fait ?* »

Pierre Bayle, *Dictionnaire historique et critique*, 1695-97, Article « Fausta ».

a. *Allusion à l'épisode biblique : « Joseph et la séductrice »* (Genèse, *39, 7-20), récit de la vengeance de la femme de l'Égyptien Potiphar, contre son serviteur hébreu, le chaste Joseph, qui « avait belle prestance et beau visage », et à qui elle avait ordonné en vain : « Couche avec moi ! » Elle l'accusa alors d'avoir voulu coucher avec elle* (vers. 14*), et Potiphar fit mettre Joseph en geôle.*

b. *Bellérophon, héros mythologique d'une grande beauté et d'un rare courage. À la cour de Tirynthe, où il avait trouvé refuge, la reine s'éprit de lui et lui fit des avances, mais sans succès ; celle-ci le dénonça alors au roi, prétendant que son hôte avait voulu la séduire. Se refusant à le châtier lui-même, le roi envoya Bellérophon porter à Iobatès, roi de Lycie, des tablettes fermées contenant l'ordre de tuer le porteur. Mais Iobatès préféra lui imposer une épreuve dans laquelle il périrait, et le chargea donc de débarrasser le pays d'un monstre fabuleux appelé Chimère. Cependant, aidé de son cheval Pégase, Bellérophon sortit vainqueur de l'épreuve, et la reine qui l'avait calomnié se suicida.*

La sexualité, contre l'instinct de conservation

9. La « *libido* » n'est pas tout le psychisme

Je parlai un jour à Claude Bernard de ce que le fait universel de l'attrait sexuel a de profond. Il me répondit, après un moment de réflexion : « Non, ce sont là des fonctions claires, des conséquences de la nutrition. »

Claude Bernard, cité par Renan, *Examen de conscience philosophique*, II, N. 1.

La psychanalyse n'a jamais oublié qu'il existe des tendances non sexuelles[a], elle a élevé tout son édifice sur le principe de la séparation nette et tranchée entre tendances sexuelles et tendances se rapportant au *moi* et elle a affirmé, sans attendre les objections, que les névroses sont les produits, non de la sexualité, mais du conflit entre le *moi* et la sexualité [...].

Nous ne gagnons évidemment rien à insister, avec Jung, sur l'unité primordiale de tous les instincts et à donner le nom de « libido » à l'énergie se manifestant dans chacun d'eux. Comme il est impossible, à quelque artifice que l'on ait recours, d'éliminer de la vie psychique la fonction sexuelle, nous nous verrions obligés de parler d'une libido sexuelle et d'une libido asexuelle. C'est cependant avec raison que le nom de libido reste réservé aux tendances de la vie sexuelle, et c'est uniquement dans ce sens que nous l'avons toujours employé.

Je pense donc que la question de savoir jusqu'à quel point il convient de pousser la séparation entre tendances sexuelles et tendances découlant de l'instinct de conservation est sans grande importance pour la psychanalyse. Celle-ci n'a d'ailleurs aucune compétence pour résoudre cette question. Toutefois la biologie nous fournit certains indices permettant de supposer que cette séparation a une signification profonde. La sexualité est en effet la seule fonction de l'organisme vivant qui dépasse l'individu et assure son rattachement à l'espèce. Il est facile de se rendre compte que l'exercice de cette fonction, loin d'être toujours aussi utile à l'individu que l'exercice de ses autres fonctions, lui crée, au prix d'un plaisir excessivement intense, des dangers qui menacent sa vie et la suppriment même assez souvent. Il est en outre probable que c'est à la faveur de processus métaboliques particuliers, distincts de tous les autres, qu'une partie de la vie individuelle peut être transmise à la postérité à titre de disposition. Enfin, l'être individuel, qui se considère lui-même comme l'essentiel et ne voit dans sa sexualité qu'un moyen de satisfaction parmi tant d'autres, ne forme, au point de vue biologique, qu'un épisode dans une série de générations, qu'une excroissance caduque d'un protoplasma virtuellement immortel, qu'une sorte de possesseur temporaire d'un fidéicommis[1] destiné à lui survivre.

Sigmund Freud, *Introduction à la psychanalyse* (1916-17),
trad. Dr Jankélévitch, Payot, pp. 377 et 433.

1. Fidéicommis (du latin *fidéicommissum* « confié à la bonne foi de quelqu'un » : disposition par laquelle une personne en gratifie une autre d'un bien, pour qu'elle le transmette, sous certaines conditions, à un tiers.

a. *Freud répond ici aux critiques qui accusent la psychanalyse d'être un «pansexualisme» réducteur, négligeant les tendances et les désirs autres que «sexuels». Ainsi, dès 1910, dans sa célèbre revue* Die Fackel *(«Le Flambeau»), Karl Kraus écrivait: «La psychanalyse est l'activité de rationalistes libidineux qui prétendent tout ramener, à l'exception de leur activité, à des origines sexuelles.»*

Condamnation de la «libido»

10. La concupiscence de la chair

«Tout ce qui est au monde est concupiscence de la chair, ou concupiscence des yeux, ou orgueil de la vie: *libido sentiendi, libido sciendi, libido dominandi*[a]».
Malheureuse la terre de malédiction que ces trois fleuves de feu embrasent plutôt qu'ils n'arrosent!
Pascal, *Pensées*, VII, 458

N'aimez pas le monde, ni tout ce qui est dans le monde, parce que ce qu'il y a dans le monde est concupiscence de la chair; un attachement à la fragile et trompeuse beauté des corps, et un amour déréglé du plaisir des sens, qui corrompt également les deux sexes.

O Dieu, qui par un juste jugement avez livré la nature humaine coupable à ce principe d'incontinence, vous y avez préparé un remède dans l'amour conjugal: mais ce remède fait voir encore la grandeur du mal, puisqu'il se mêle tant d'excès dans l'usage de ce remède sacré. Car d'abord ce sacré remède, c'est-à-dire le mariage, est un bien et un grand bien, puisque c'est un grand sacrement en Jésus-Christ et en son Église, et le symbole de leur union indissoluble. Mais c'est un bien qui suppose un mal dont on use bien; c'est-à-dire, qui suppose le mal de la concupiscence, dont on use bien, lorsqu'on s'en sert pour faire fructifier la nature humaine. Mais en même temps, c'est un bien qui remédie au mal, c'est-à-dire, à l'intempérance ; un remède de ses excès, et un frein à sa licence. Que de peine n'a pas la faiblesse humaine à se tenir dans les bornes de la liaison conjugale, exprimées dans le contrat même du mariage ? C'est ce qui fait dire à saint Augustin, *qu'il s'en trouve plus qui gardent une perpétuelle et inviolable continence, qu'il ne s'en trouve qui demeurent dans les lois de la chasteté conjugale ; un amour désordonné pour sa propre femme étant souvent*, selon le même Père, *un attrait secret à en aimer d'autres*[b]. O faiblesse de la misérable humanité, qu'on ne peut assez déplorer ! Ce désordre a fait dire à saint Paul même, *que ceux qui sont mariés doivent vivre comme n'ayant pas de femmes* ; les femmes par conséquent comme n'ayant pas de maris : c'est-à-dire, les uns et les autres sans être trop attachés les uns aux autres, et sans se livrer aux sens, sans y mettre leur félicité, sans les rendre maîtres. C'est ce qui fait la louange de la sainte virginité ; et sur ce fondement, saint Augustin distingue trois états de la vie humaine par rapport à la concupiscence de la chair. Les chastes mariés usent bien de ce mal ; les intempérants en usent mal ; les continents perpétuels n'en usent point du tout, et ne donnent rien à l'amour du plaisir des sens.

Bossuet, *Traité de la Concupiscence* (1693-94), chap. IV.

a. *Pascal traduit ici un verset de la première* Épître *de saint Jean (II, 16), que saint Augustin a longuement développé, de son côté, dans les* Confessions. *Les traductions modernes de la Bible, au lieu de « concupiscence », donnent « convoitise » de la chair.*

b. *Pour l'Église catholique, de saint Jérôme à Jean-Paul II, le mariage lui-même, lorsqu'il est fondé sur le désir charnel, se pervertit en* adultère.

Inconscient, besoin, demande et désir

11. Le désir est désir de l'Autre

Il n'y a pas d'Autre de l'Autre.
Jacques Lacan

Le désir s'ébauche dans la marge où la demande se déchire du besoin : cette marge étant celle que la demande, dont l'appel ne peut être inconditionnel qu'à l'endroit de l'Autre, ouvre sous la forme du défaut possible qu'y peut apporter le besoin, de n'avoir pas de satisfaction universelle (ce qu'on appelle : angoisse). Marge qui, pour linéaire qu'elle soit, laisse apparaître son vertige, pour peu qu'elle ne soit pas recouverte par le piétinement d'éléphant du caprice de l'Autre. C'est ce caprice néanmoins qui introduit le fantôme de la Toute-puissance non pas du sujet, mais de l'Autre où s'installe sa demande (il serait temps que ce cliché imbécile fût, une fois pour toutes, remis à sa place), et avec ce fantôme la nécessité de son bridage par la Loi. (...)

La nescience[1] où reste l'homme de son désir est moins nescience de ce qu'il demande, qui peut après tout se cerner, que nescience d'où il désire.

Et c'est à quoi répond notre formule que l'inconscient est discours de l'Autre, où il faut entendre le de au sens du *de* latin (détermination objective) : *de Alio in oratione* (achevez : *tua res agitur*).

1. Nescience : du latin *nescire*, ne pas savoir = non-science, ignorance.

Mais en y ajoutant que le désir de l'homme est le désir de l'Autre, où le de donne la détermination dite par les grammairiens subjective, à savoir que c'est en tant qu'Autre qu'il désire (ce qui donne la véritable portée de la passion humaine).

C'est pourquoi la question *de* l'Autre qui revient au sujet de la place où il attend un oracle, sous le libellé d'un : *Che vuoi ?* que veux-tu ? est celle qui conduit le mieux au chemin de son propre désir, – s'il se met, grâce au savoir-faire d'un partenaire du nom de psychanalyste, à la reprendre, fût-ce sans bien le savoir, dans le sens d'un : Que me veut-il ?

Jacques LACAN, « Subversion du sujet et dialectique du désir dans l'inconscient freudien », in *Écrits II*, Seuil, 1971, pp. 174-76.

LES DÉSIRS ET L'INCONSCIENT

12. EN QUEL SENS LE DÉSIR ET SON OBJET NE FONT QU'UN

Une avec le désir, je fus l'obéissance
Imminente, attachée à ces genoux polis.
Paul VALÉRY, *La Jeune Parque*

Nous avons montré que la Nature n'agit pas en vue d'une fin ; car cet être éternel et infini, que nous appelons Dieu ou Nature, agit par la même nécessité qu'il existe ; nous avons montré que la même nécessité de nature qui le fait être le fait aussi agir. Donc la raison (ou cause) pour laquelle Dieu (ou la Nature) agit, et celle pour laquelle il existe, n'est qu'une seule et même cause. N'existant en vue de nulle fin, il n'agit aussi en vue de nulle fin. Il n'y a nul principe (ou fin) de son existence comme de son action. Quant à la cause finale, ce n'est rien d'autre que la tendance humaine en tant qu'elle est considérée comme le principe (ou cause première) de quelque chose. Par exemple, quand nous disons que l'habitation fut la cause finale de telle ou telle maison, nous voulons dire exactement ceci : un homme, ayant imaginé les avantages de la vie domestique, a eu le désir de bâtir une maison. Ainsi l'habitation, considérée comme cause finale, n'est rien d'autre que ce désir particulier, qui est en fait cause efficiente ; elle est tenue pour première parce que les hommes ignorent en général les causes de leurs désirs. Car, comme je l'ai dit souvent, ils sont conscients de leurs actes et de leurs désirs, mais inconscients des causes qui déterminent ceux-ci.

SPINOZA, *Éthique*, posth. 1677, V, Préface, trad. L. Milet, Bordas.

DÉSIRS ET ILLUSIONS

13. L'ÉTERNEL ÉCOULEMENT DES DÉSIRS HUMAINS

Ainsi toujours poussés vers de nouveaux rivages,
Dans la nuit éternelle emportés sans retour,
Ne pourrons-nous jamais sur l'océan des âges
Jeter l'ancre un seul jour ?
LAMARTINE, *Le Lac*

La plante se développe, et forme, du bourgeon primitif, la tige, les feuilles, les fleurs, les fruits ; mais le fruit est lui-même l'origine d'un nouveau bourgeon, d'un nouvel individu, qui recommence à parcourir la vieille carrière, et cela éternellement. Il en est de même du cours de la vie chez les animaux ; la procréation en est le plus haut point ; cet acte accompli, la vie du premier individu s'éteint plus ou moins vite, pendant qu'un autre assure à la nature la conservation de l'espèce, et recommence le même phénomène. C'est encore une manifestation de cet effort et de ce mouvement perpétuels que le renouvellement continuel de la matière dans chaque organisme ; les physiologistes n'y voient plus aujourd'hui un renouvellement nécessaire de la matière consommée par le mouvement ; l'usure possible de la machine ne saurait équivaloir à l'apport constant de la nourriture ; un éternel devenir, un écoulement sans fin, voilà ce qui caractérise les manifestations de la volonté. Il en est aussi de même des efforts et des désirs de l'homme ; leur accomplissement, but suprême de la volonté, miroite devant nous ; mais, dès qu'ils sont atteints, ils ne sont plus les mêmes ; on les oublie, ils deviennent des vieilleries, et, qu'on se le cache ou non, on finit toujours par les mettre de côté, comme des illusions disparues. Trop heureux celui qui garde encore un désir et une aspiration ; il pourra continuer ce passage éternel du désir à sa réalisation, et de cette réalisation à un nouveau désir...

SCHOPENHAUER, *Le Monde comme volonté et comme représentation* (1819-1844-1859) trad. A. Burdeau, P.U.F., 1966, pp. 215-216.

LE DÉSIR ET SON OBJET

14. LA NÉGATIVITÉ DU DÉSIR SELON HEGEL

Comme le fruit se fond en jouissance
Comme en délice il change son absence
Dans une bouche où sa forme se meurt...
Paul VALÉRY, *Le Cimetière marin*

L'objet individuel du désir, ce fruit que je vais cueillir, n'est pas un objet posé dans son indépendance, on peut aussi bien dire qu'en tant qu'objet du désir, il est et il n'est pas ; il est, mais bientôt il ne sera plus ; sa vérité est d'être consommé, nié, pour que la conscience de soi à travers cette négation de l'autre se rassemble avec elle-même. De là le caractère ambigu de l'objet du désir, ou mieux encore la dualité de ce terme visé par le désir. « Désormais la conscience, comme conscience de soi, a un double objet, l'un immédiat, l'objet de la certitude sensible et de la perception, mais qui, pour elle, est marqué du caractère du négatif (c'est-à-dire que cet objet n'est que phénomène, son essence étant sa disparition) et le second elle-même précisément, objet qui est l'essence vraie, et qui, initialement, est présent seulement dans son opposition au premier objet. » Le terme du désir n'est donc pas, comme on pourrait le croire superficiellement, l'objet sensible – il n'est qu'un moyen – mais l'unité du Moi avec lui-même. La conscience de soi est désir ; mais ce qu'elle désire, sans le savoir encore explicitement, c'est elle-même, c'est son propre désir et c'est bien pourquoi elle ne pourra s'atteindre elle-même qu'en trouvant un autre désir, une autre conscience de soi. La dialectique téléologique de la *Phénoménologie* explicite progressivement tous les horizons de ce désir qui est l'essence de la conscience de soi. Le désir porte sur les objets du monde, puis sur un objet déjà plus proche de lui-même, *la Vie* enfin sur une autre conscience de soi, c'est le désir qui se cherche lui-même dans l'autre, le désir de la reconnaissance de l'homme par l'homme...

[...] Comment se présente cette expérience au cours de laquelle je découvre l'indépendance de l'objet par rapport à moi ? On peut dire qu'elle naît tout d'abord de la reproduction incessante du désir autant que de l'objet. L'objet est nié et le désir est assouvi mais alors le désir se reproduit et un autre objet se présente pour être nié. Peu importe la particularité des objets et des désirs, cette monotonie de leur reproduction a une nécessité, elle révèle à la conscience que l'objet est nécessaire pour que la conscience de soi puisse le nier. « Pour que cette suppression soit, cet autre aussi doit être » ; il y a donc une altérité essentielle du désir en général. Cette altérité n'apparaît que provisoire pour tel désir particulier, mais son caractère essentiel résulte de la succession des désirs « c'est en fait un autre que la conscience de soi qui est l'essence du désir, et par cette expérience, cette vérité devient présente à la conscience de soi ».

Jean HYPPOLITE, *Genèse et structure de la Phénoménologie de l'Esprit de Hegel* (1946), Aubier, pp. 154-158.

MYTHOLOGIE DU DÉSIR

15. DE PLATON À FREUD

Toi qui sur le néant en sais plus que les morts.
MALLARMÉ, *Angoisse*

Une hypothèse – un mythe plutôt qu'une explication scientifique – fait notamment dériver un instinct *du besoin de rétablissement d'un état antérieur.*

Je pense à la théorie que, dans le *Banquet,* Platon développe par la bouche d'Aristophane et qui traite non seulement de l'origine de l'instinct sexuel, mais aussi de l'une de ses plus importantes variations par rapport à l'objet :

« Jadis, la nature humaine n'était pas ce qu'elle est aujourd'hui ; elle était bien différente. L'humanité se divisait en premier lieu en trois espèces d'hommes, et non en deux, comme présentement. Avec les sexes mâle et femelle, il en était un troisième qui participait des deux... Cette espèce s'appelait alors Androgyne... Le corps de chacun de ces Androgynes était d'apparence arrondie. Ils avaient en cercle le dos et les côtes ; ils possédaient quatre mains, des jambes en nombre égal aux mains, deux visages parfaitement semblables... deux organes générateurs, etc. Zeus coupa les Androgynes en deux[a], de la même façon dont, pour les mettre en conserves, on coupe en deux les cormes[1].

... Cette division étant faite, chaque moitié désirait s'unir à son autre moitié. Lorsqu'elles se rencontraient, elles s'enlaçaient de leurs bras et s'étreignaient si fort que, dans le désir de se refondre, elles se laissaient ainsi mourir de faim et d'inertie, car elles ne voulaient rien l'une sans l'autre entreprendre. »

Devons-nous suivre l'invitation du philosophe-poète et oser l'hypothèse d'après laquelle la substance vivante, une et indivisible

1. Fruits du cormier, ou sorbier.

avant d'avoir reçu le principe de vie, se serait une fois animée, divisée en une multitude de petites particules qui, depuis, cherchent à se réunir de nouveau, sous la poussée des tendances sexuelles? Et que ces tendances, qui expriment à leur façon l'affinité chimique de la matière inanimée, se poursuivent à travers le règne des protistes et surmontent peu à peu les difficultés qu'un milieu chargé d'excitations mortelles oppose à leurs manifestations en les obligeant à s'entourer d'une couche corticale protectrice? Devons-nous supposer, en outre, que ces particules de la substance vivante, ainsi séparées les unes des autres, finissent, dans leur désir de se retrouver, par réaliser la pluricellularité, pour finalement localiser ce désir de réunion, poussé au plus haut degré de concentration, dans les cellules germinales? Je crois que le mieux que nous ayons à faire, c'est de laisser ces questions sans réponse et de nous en tenir là de nos spéculations.

Sigmund Freud, « Au-delà du principe du plaisir » (1920), in *Essais de Psychanalyse*, trad. Dr J. Jankélévitch, revue par le Dr Hesnard, P.B. Payot, 1973, pp. 72-74.

a. *Les Androgynes, d'une vigueur et d'un courage extraordinaires, ayant tenté d'escalader le ciel, Zeus décida de les affaiblir, sans toutefois les détruire.*

Désir et plaisir

16. La psychanalyse, « *en deçà* du principe de plaisir » ?

Là où Freud a commis une erreur fatale, c'est qu'en bon matérialiste, contre l'idéologie bourgeoise, il a poursuivi l'activité consciente dans ses derniers retranchements jusqu'à son fondement pulsionnel inconscient, mais qu'en même temps, il a fait chorus avec le mépris bourgeois des pulsions, lequel est précisément un produit des mêmes rationalisations que par ailleurs il démonte. Selon les termes mêmes de l'*Introduction à la psychanalyse*, il emboîte explicitement le pas à « l'avis général... qui place les finalités sociales plus haut que les buts sexuels, qui sont au fond de nature égoïste ». Comme spécialiste en matière de psychologie, il reprend à son compte l'opposition entre « social » et « égoïste » de façon statique et sans la remettre en question. Il ne reconnaît pas en elle l'œuvre de la société répressive, pas plus que la trace des mécanismes pernicieux qu'il a lui-même identifiés. Ou plus exactement, ne sachant s'il doit refuser toute renonciation à la satisfaction des pulsions parce que c'est un refoulement en contradiction avec la réalité ou s'il doit s'en faire l'avocat parce que c'est une sublimation favorable à la civilisation, il reste hésitant, n'ayant sur ce point pas de théorie déterminée et se conformant aux préjugés en vigueur. Dans cette contradiction, il y a objectivement quelque chose du visage de Janus qui est celui de la culture elle-même ; et aucun éloge de la sensualité saine ne permettra de passer par-dessus. Mais chez Freud, cette contradiction conduit à une dévaluation des critiques, de l'analyse (...). Dans la mesure où il reste encore un ennemi de l'hypocrisie, après tant d'autres, sa position est ambiguë, entre la volonté d'une émancipation sans fard de ce qui est réprimé et l'apologie d'une répression sans fard. La raison n'est pour lui qu'une superstructure – non pas tant, comme le lui a reproché la philosophie officielle, en raison de son psychologisme, lequel pénètre assez profondément la vérité de l'époque historique qui était la sienne – mais bien plutôt parce qu'il rejette la finalité, exempte de raison et de signification, sans laquelle ce moyen qu'est la raison ne saurait se montrer raisonnable, à savoir le plaisir. Dès lors que ce dernier est dédaigneusement compté au nombre des ruses au service de la conservation de l'espèce, ramené lui-même pour ainsi dire à la raison d'un calcul astucieux, sans qu'y soit prise en compte la dimension par laquelle il transcende la finitude de la nature déchue, alors la raison n'est plus que rationalisation. La vérité est vouée au relativisme et les hommes abandonnés au pouvoir. Celui qui serait en mesure de déterminer la dimension utopique que recèle le plaisir somatique, qui est aveugle et ne porte en lui aucune intention mais contente jusqu'aux ultimes intentions de l'homme – celui-là serait à la source d'une idée de la vérité vraiment solide. Mais l'œuvre de Freud reproduit involontairement la double hostilité à l'esprit et au plaisir, dont la psychanalyse a précisément donné les moyens de connaître la racine commune. Le passage de l'*Avenir d'une illusion* où, dans l'esprit de la sagesse misérable d'un vieil homme à qui on ne la fait plus et dans les termes connus d'une sentence de commis voyageur, il est question du Ciel, qu'on doit laisser aux anges et aux oiseaux, est le pendant d'un autre passage de l'*Introduction à la psychanalyse* où Freud condamne, horrifié, les pratiques perverses du monde vivant. Ceux auxquels on a inspiré un égal dégoût pour le plaisir et pour le Ciel se trouvent tout préparés à être ravalés au rang d'objets : ce qu'on peut si souvent constater de vide et de mécanique chez ceux qui ont fait une psychanalyse avec succès, cela ne doit pas être mis seulement au compte de leur guérison, qui brise ce qu'elle libère. Le transfert, dont on vante tellement les bienfaits thérapeutiques, et dont la levée n'est pas pour rien le moment critique du travail psychanalytique, c'est-à-dire une situation parfaitement artificielle où le sujet réalise lui-même volontairement et de façon tragique cette radiation de lui-même qu'amenait auparavant le don de soi dans la spontanéité du bonheur – c'est déjà le schéma d'un mode de comportement réflexologique qui, une fois devenu la marche au pas cadencé derrière le *Führer*, liquide en même temps que toute vie intellectuelle les psychanalystes qui en ont trahi les exigences.

Theodor W. Adorno, *Minima moralia*, – (1951), – 1re partie, § 37, traduit de l'allemand par E. Kaufholz et J.-R. Ladmiral, Payot, 1980.

Désir, fantasme et réalité

17. Critique de la conception idéaliste du désir comme manque

On a beau rêver de boisson : quand on a réellement soif, il faut s'éveiller pour boire.
Freud, *Introduction à la psychanalyse*

Si le désir est manque de l'objet réel, sa réalité même est dans une « essence du manque » qui produit l'objet fantasmé. Le désir ainsi conçu comme production, mais production de fantasmes, a été parfaitement exposé par la psychanalyse. Au niveau le plus bas de l'interprétation, cela signifie que l'objet réel dont le désir manque renvoie pour son compte à une production naturelle extrinsèque, tandis que le désir produit intrinsèquement un imaginaire qui vient doubler la réalité, comme s'il y avait « un objet rêvé derrière chaque objet réel » ou une production mentale derrière les productions réelles [...] Bref, quand on réduit la production désirante à une production de fantasme, on se contente de tirer toutes les conséquences du principe idéaliste qui définit le désir comme un manque, et non comme production, production « industrielle » [...] Si le désir produit, il produit du réel. Si le désir est producteur, il ne peut l'être qu'en réalité, et de réalité [...] Le désir ne manque de rien [...] Le désir et son objet ne font qu'un [...] L'être objectif du désir est le Réel en lui-même. Il n'y a pas de forme d'existence particulière qu'on pourrait appeler réalité psychique [...] Ce n'est pas le désir qui s'étaie sur les besoins, c'est le contraire, ce sont les besoins qui dérivent du désir : ils sont contre-produits dans le réel que le désir produit. Le manque est un contre-effet du désir, il est déposé, aménagé, vacuolisé dans le réel naturel et social [...] En vérité, *la production sociale est uniquement la production désirante elle-même dans des conditions déterminées.* Nous disons que le champ social est immédiatement parcouru par le désir, qu'il en est le produit historiquement déterminé, et que la libido n'a besoin de nulle médiation ni sublimation, nulle opération psychique, nulle transformation, pour investir les forces productives et les rapports de production. *Il n'y a que du désir et du social, et rien d'autre.* Même les formes les plus répressives et les plus mortifères de la production sociale sont produites par le désir[a], dans l'organisation qui en découle sous telle ou telle condition que nous devrons analyser. C'est pourquoi le problème fondamental de la philosophie politique reste celui que Spinoza sut poser (et que Reich a redécouvert) : « Pourquoi les hommes combattent-ils *pour* leur servitude comme s'il s'agissait de leur salut ? »

Gilles Deleuze et Félix Guattari, *L'Anti-Œdipe* (1972), Éditions de Minuit, pp. 34-36.

a. *Bernard-Henri Lévy a vivement réagi contre une telle formule. Faisant référence à « l'admirable traité de La Boétie » sur « la Servitude volontaire », « qui n'a pas grand-chose à voir », écrit-il, avec le plat, l'abject « désir de soumission » inventé par les modernes, Bernard-Henri Lévy poursuit : « Car que dit-il au juste ? Que les hommes* produisent *leur soumission, mais qu'ils ne la désirent et n'en jouissent pas pour autant ; qu'ils la veulent et l'aiment si peu, qu'ils n'en finissent jamais, en fait, de protester contre son joug ; que cette révolte, pourtant, est comme frappée de malédiction, toujours et partout muée en un nouveau mode de servitude ; car la maîtrise est la Loi de ce monde et qu'aucun décret, aucun séisme ne parviennent jamais à l'ébranler », Bernard-Henri Lévy,* La Barbarie à visage humain, *Grasset, 1977, p. 30.*

DÉSIR ET JUGEMENT

18. « NOUS JUGEONS QU'UNE CHOSE EST BONNE PARCE QUE NOUS LA DÉSIRONS... »

Le raisonnement affectif s'adapte aux désirs et aversions : sa position est subjective.
Théodule Ribot

Chaque chose, autant qu'il est en elle, s'efforce de persévérer dans son être.

L'effort par lequel chaque chose s'efforce de persévérer dans son être n'est rien en dehors de l'essence actuelle de cette chose.

L'effort par lequel chaque chose s'efforce de persévérer dans son être, n'enveloppe aucun temps fini, mais un temps indéfini. [...]

Cet effort, quand il se rapporte à l'Âme seule, est appelé *Volonté*; mais quand il se rapporte à la fois à l'âme et au corps, il est appelé *Appétit*; l'appétit n'est par là rien d'autre que l'essence de l'homme, de la nature de laquelle suit nécessairement sa conservation; et l'homme est ainsi déterminé à le faire. De plus, il n'y a nulle différence entre l'appétit et le désir, sinon que le désir se rapporte généralement aux hommes, en tant qu'ils ont conscience de leurs appétits et peut, pour cette raison, se définir ainsi: le Désir est l'Appétit avec conscience de lui-même. Il est donc établi par tout cela que nous ne nous efforçons à rien, ne voulons, n'appétons[1] ni ne désirons aucune chose, parce que nous la jugeons bonne; mais, au contraire, nous jugeons qu'une chose est bonne parce que nous nous efforçons vers elle, la voulons, appétons et désirons.

SPINOZA, *Éthique*, posth. 1677, III, propositions 6, 7, 8, scolie de 9, trad. Appuhn, Garnier.

1. Appéter (terme vieilli): chercher à atteindre. Dérivé: appétit.

LES DÉSIRS ET LA RAISON

19. DES DÉSIRS QUI DÉPENDENT DE NOUS ET D'AUTRUI

Il me semble que l'erreur qu'on commet le plus ordinairement touchant les désirs est qu'on ne distingue pas assez les choses qui dépendent de nous de celles qui n'en dépendent point.

DESCARTES, *Les Passions de l'âme*, Art. 149.

Il faut (donc) entièrement rejeter l'opinion vulgaire qu'il y a hors de nous une fortune qui fait que les choses arrivent ou n'arrivent pas, selon son plaisir, et savoir que tout est conduit par la Providence divine, dont le décret éternel est tellement infaillible et immuable, qu'excepté les choses que ce même décret a voulu dépendre de notre libre arbitre, nous devons penser qu'à notre égard il n'arrive rien qui ne soit nécessaire et comme fatal, en sorte que nous ne pouvons sans erreur désirer qu'il arrive d'autre façon. Mais parce que la plupart de nos désirs s'étendent à des choses qui ne dépendent pas toutes de nous ni toutes d'autrui, nous devons exactement distinguer en elles ce qui ne dépend que de nous, afin de n'étendre notre désir qu'à cela seul; et pour le surplus, encore que nous en devions estimer le succès entièrement fatal et immuable, afin que notre désir ne s'y occupe point, nous ne devons pas laisser de considérer les raisons qui le font plus ou moins espérer, afin qu'elles servent à régler nos actions: car, par exemple, si nous avons affaire en quelque lieu où nous puissions aller par deux divers chemins, l'un desquels ait coutume d'être beaucoup plus sûr que l'autre, bien que peut-être le décret de la Providence soit tel que si nous allons par le chemin qu'on estime le plus sûr nous ne manquerons pas d'y être volés, et qu'au contraire nous pourrons passer par l'autre sans aucun danger, nous ne devons pas pour cela être indifférents à choisir l'un ou l'autre, ni nous reposer sur la fatalité immuable de ce décret; mais la raison veut que nous choisissions le chemin qui a coutume d'être le plus sûr; et notre désir doit être accompli touchant cela lorsque nous l'avons suivi, quelque mal qu'il nous en soit arrivé, à cause que ce mal ayant été à notre égard inévitable, nous n'avons eu aucun sujet de souhaiter d'en être exempts, mais seulement de faire tout le mieux que notre entendement a pu connaître, ainsi que je suppose que nous avons fait. Et il est certain que lorsqu'on s'exerce à distinguer ainsi la fatalité de la fortune, on s'accoutume aisément à régler ses désirs en telle sorte que, d'autant que leur accomplissement ne dépend que de nous, ils peuvent toujours nous donner une entière satisfaction.

Descartes, *Les Passions de l'Âme* (1649), Seconde partie, art. CXLVI.

ALAIN (**Émile Chartier** dit), 1868-1951.
Photo A.N.I.P. Henri Manuel.

DEVOIR, VOLONTÉ

> Une action accomplie par *devoir* tire sa valeur morale non pas du but qui doit être atteint par elle, mais de la maxime d'après laquelle elle est décidée; elle ne dépend donc pas de la réalité de l'objet de l'action, mais uniquement du *principe du vouloir* d'après lequel l'action est produite sans égard à aucun des objets de la faculté de désirer.
>
> KANT, *Fondements de la métaphysique des mœurs*, 1785, 1re section.

Le verbe «devoir» (tout comme le verbe «pouvoir») est riche de significations fort différentes, qui vont de «tout homme *doit mourir*» à «tout contribuable *doit payer* ses impôts», entretenant ainsi une confusion fâcheuse entre la *nécessité* et l'*obligation* (cf. texte n° 1, Le Senne).

En revanche, c'est à la forme véritablement intrinsèque de l'*obligation* que se réfère Kant, lorsqu'il adresse au «devoir» sa célèbre invocation (cf. p. 88) qui découvre, à l'origine de ce nom «sublime et grand», la liberté de notre volonté et l'indépendance de l'homme, en tant que sujet moral, à l'égard du mécanisme de la nature. La réflexion et l'analyse kantiennes sont particulièrement indiquées pour faire la distinction entre ce qui est *nécessaire* et ce qui est *obligatoire*. Ce que nous révèle «la majesté du devoir, qui n'a rien à faire, dit Kant, avec la jouissance de la vie», c'est la possibilité de nous considérer comme indépendants de la *nécessité* physique et des lois de la nature. Paradoxalement, sous la forme du «devoir», c'est l'*obligation* morale qui nous révèle notre *liberté*, tandis que les différentes espèces du «savoir» ne nous font connaître que la *nécessité* des phénomènes.

Le devoir, plutôt que le droit (cf. texte n° 3 Auguste Comte), constitue donc le fait moral par excellence. Ainsi, l'homme, sujet et législateur au sein de la nature, est «citoyen de deux mondes» et appelé à vivre dans la contradiction insurmontable de cette double citoyenneté, au milieu des «conflits de devoirs» (cf. texte n° 2, p. 89). La philosophie «existentialiste» (de Kierkegaard à Sartre) a brodé de nombreuses variations sur ce thème qu'elle a largement développé. En revanche, de divers côtés, la critique a cru pouvoir restituer à l'homme, avec plus ou moins de bonheur, son unité perdue. Pour les sociologues, en particulier pour Durkheim, *faire son devoir* (sauf cas exceptionnels) se réduit à *obéir* à la *contrainte collective*, ce qui revient à assimiler, dans la plupart des cas, la nécessité et l'obligation.

Plus subtile sans doute est l'analyse que propose Nietzsche de la volonté, et plus spécialement de la *volonté de puissance* qu'il a trouvée partout, dit-il, où il a rencontré la vie: «Même dans la volonté de celui qui obéit, j'ai trouvé la volonté d'être maître.»

Mais tandis que la critique nietzschéenne hérite de la confusion propre à «la vie», la réflexion kantienne se développe en une doctrine de l'*autonomie*, à la fois morale et politique.

« DEVOIR ! QUELLE ORIGINE EST DIGNE DE TOI ? »

C'est une tentative au plus haut point condamnable
que de vouloir tirer de ce qui se fait les lois
de ce que je dois faire ou de vouloir les y réduire.
KANT, *Critique de la Raison pure,* I, 2e div., Liv. I, 1re section.

Devoir ! nom sublime et grand, toi qui ne renfermes rien en toi d'agréable, rien qui implique insinuation, mais qui réclames la soumission, qui cependant ne menaces de rien de ce qui éveille dans l'âme une aversion naturelle et l'épouvante pour mettre en mouvement la volonté, mais poses simplement une loi qui trouve d'elle-même accès dans l'âme et qui cependant gagne elle-même malgré nous la vénération (sinon toujours l'obéissance), devant laquelle se taisent tous les penchants, quoiqu'ils agissent contre elle en secret ; quelle origine est digne de toi, et où trouve-t-on la racine de ta noble tige, qui repousse fièrement toute parenté avec les penchants, racine dont il faut faire dériver, comme de son origine, la condition indispensable de la seule valeur que les hommes peuvent se donner eux-mêmes ?

Ce ne peut être rien de moins que ce qui élève l'homme au-dessus de lui-même (comme partie du monde sensible), ce qui le lie à un ordre de choses que l'entendement seul peut concevoir et qui en même temps commande à tout le monde sensible et avec lui à l'existence, qui peut être déterminée empiriquement, de l'homme dans le temps, à l'ensemble de toutes les fins (qui est uniquement conforme à ces lois pratiques et inconditionnées comme la loi morale). Ce n'est pas autre chose que la *personnalité,* c'est-à-dire la liberté et l'indépendance à l'égard du mécanisme de la nature entière, considérée cependant en même temps comme un pouvoir d'un être qui est soumis à des lois spéciales, c'est-à-dire aux lois pures pratiques données par sa propre raison, de sorte que la personne comme appartenant au monde sensible, est soumise à sa propre personnalité, en tant qu'elle appartient en même temps au monde intelligible. Il n'y a donc pas à s'étonner que l'homme, appartenant à deux mondes, ne doive considérer son propre être, relativement à sa seconde et à sa plus haute détermination, qu'avec vénération et les lois auxquelles il est en ce cas soumis, qu'avec le plus grand respect.

KANT, *Critique de la Raison pratique,* 1788, 1re partie, I, III,
trad. Picavet, P.U.F., p. 91.

DEVOIR. LANGAGE

1. AMBIGUÏTÉ DU MOT DEVOIR

Un fonctionnaire dans une république ne doit connaître que la loi émanée du pouvoir souverain, et sans en approfondir les causes ni les motifs, la rigueur ou l'injustice, son devoir est de l'exécuter et de la faire exécuter.

FOUQUIER-TINVILLE, *Troisième Mémoire justificatif d'Antoine-Quentin Fouquier, ex-Accusateur public près le Tribunal révolutionnaire de Paris,* le 15 Pluviôse an III.

Les fondements de la morale ne devraient pas être dépendants d'un mythe ou liés à une quelconque autorité, de peur qu'un doute concernant ce mythe ou ayant trait à la légitimité de cette autorité ne mettent en péril les bases d'une action et d'un jugement sains.

EINSTEIN, *Correspondance,* 20 nov. 1950, Inter Éditions, 1980, p. 122.

Il convient de ne pas confondre les deux notions de *nécessité* et d'*obligation*. Cette confusion est favorisée par la multiplicité des acceptions du verbe *devoir*, particulièrement par celles qui se réfèrent soit à l'évidence rationnelle, soit à l'impératif pratique. *Devoir* n'a évidemment pas la même signification dans des jugements comme «je dois mourir», «trois et trois doivent faire six», et dans ces autres jugements: «Je dois être doux avec les faibles», «le père doit nourrir ses enfants». Dans les premiers est indiquée la nécessité; il est impossible que ma vie n'aboutisse pas à la mort, que trois et trois fasse un autre total que six. Sont exclues toutes autres possibilités de fait ou de pensée. Les seconds n'indiquent pas ce qui arrivera par la vertu d'une nécessité qu'il ne dépend pas de moi de changer; mais au contraire ce qui ne se produira que si j'obéis à la règle morale qui le commande. Je puis être brutal et égoïste; il y a des gens brutaux et égoïstes. La notion d'obligation est donc plus complexe que celle de nécessité; elle suppose notamment la possibilité de désobéir à l'impératif moral, par suite la contingence, qu'au contraire la nécessité exclut: à un homme qui agonise, on n'ordonne pas de vivre.

René LE SENNE, *Introduction à la philosophie,* 1939, P.U.F., p. 26.

DEVOIR. LOGIQUE

2. UN CONFLIT DE DEVOIRS

Un exemple historique de conflit de devoirs nous est fourni par le débat entre Benjamin Constant et Kant sur le mensonge. Kant se jugea visé par un passage d'un article de B. Constant en 1797 et rédigea, pour lui répondre, son écrit *Sur un prétendu droit de mentir par humanité.*

La question débattue s'énonce: faut-il se soumettre sans condition à l'interdiction de mentir, au point de dire à un meurtrier poursuivant un de nos amis et nous interrogeant, si celui-ci s'est réfugié dans une maison voisine?

En répondant négativement, Benjamin Constant subordonnait la règle formelle de véracité absolue à la considération des conséquences réelles de son application et s'appuyait sur la thèse que le devoir est corrélatif du droit et que, par suite, nous ne devons la vérité qu'à ceux qui y ont droit parce qu'ils parlent et pensent eux-mêmes conformément au devoir.

Au contraire, Kant répond positivement en alléguant cette vérification morale que le mensonge rend le menteur responsable des conséquences du mensonge en tant que mensonge. S'il arrivait que notre ami fût sorti de la maison sans que nous le sachions et qu'à la suite de notre réponse le meurtrier, le rencontrant au dehors, le tuât, nous serions, par notre mensonge, intervenu comme cause dans la série des événements, complice de ce meurtre[a]; d'autant plus qu'il aurait très bien pu se faire que l'assassin, entrant dans la maison à la suite de notre réponse, y fût mis hors d'état de nuire.

On voit qu'en alléguant d'autres possibilités réelles que celle qu'avait admise Benjamin Constant, ce que Kant cherche, c'est à discréditer la considération de ces conséquences matérielles pour ne retenir que celle du devoir formel, dont la lésion nous rendrait responsable. Le devoir de l'individu est de ne pas se tacher d'une faute, quoi qu'il arrive : la considération de la dignité de l'agent supprime celle de l'efficience de l'acte. Mais, pense Benjamin Constant, le souci de conserver cette innocence morale doit-il entraîner un mal réel, et, il ajouterait, certain, car il suppose la connexion nécessaire de la réponse faite au meurtrier et du meurtre?

Comme conclusion à ce débat, type des débats de cette famille, nous marquerons que le formel et le réel, et généralement deux règles, comme « il faut dire la vérité » et « il faut protéger les innocents contre les criminels » ne sont en contradiction nécessaire qu'à raison de la condition, reconnue par Kant, suivant laquelle est exclu tout autre parti que *oui* ou *non*.

René Le Senne, *Traité de morale générale,* P.U.F. (1942), 2e éd. 1947, pp. 618-619.

a. *C'est une situation analogue que Sartre a imaginée dans sa nouvelle intitulée :* Le Mur *(1939).*

Devoir. Morale. Droit. Métaphysique

3. « Substituer les devoirs aux droits »

Le positivisme doit enfin régénérer la politique en la réduisant au culte actif de l'Humanité (...). Cette régénération décisive consiste surtout à substituer toujours les devoirs aux droits, pour mieux subordonner la personnalité[a] à la sociabilité. Le mot *droit* doit être autant écarté du vrai langage politique que le mot *cause* du vrai langage philosophique. De ces deux notions théologico-métaphysiques, l'une est désormais immorale et anarchique comme l'autre irrationnelle et sophistique.

Également incompatibles avec l'état final[b], elles ne convenaient chez les modernes, qu'à la transition révolutionnaire, par leur action dissolvante sur le système antérieur. Il ne put exister de droits véritables qu'autant que les pouvoirs réguliers émanèrent de volontés surnaturelles. Pour lutter contre ces autorités théocratiques, la métaphysique des cinq derniers siècles introduisit de prétendus droits humains, qui ne comportaient qu'un office négatif. Quand on a tenté de leur donner une destination vraiment organique, ils ont bientôt manifesté leur nature anti-sociale, en tendant toujours à consacrer l'individualité. Dans l'état positif, qui n'admet plus de titres célestes, l'idée de *droit* disparaît irrévocablement. Chacun a des devoirs, et envers tous ; mais personne n'a aucun droit proprement dit. Les justes garanties individuelles résultent seulement de cette universelle réciprocité d'obligations, qui reproduit l'équivalent des droits antérieurs, sans offrir leurs graves dangers politiques. En d'autres termes, nul ne possède plus d'autre droit que celui de toujours faire son devoir. C'est uniquement ainsi que la politique peut enfin se subordonner réellement à la morale, suivant l'admirable programme du moyen âge. Le catholicisme ne put que poser vaguement cette immense question sociale, dont la solution, incompatible avec tout principe théologique, appartient nécessairement au positivisme (...).

La subordination réelle de la politique à la morale résulte directement de ce que tous les hommes doivent être conçus, non comme autant d'*êtres* séparés, mais comme les divers organes d'un seul Grand-Être.

Auguste Comte, *Système de politique positive,* tome premier, 1851, pp. 361-363.

a. *Personnalité : ce terme, opposé à «sociabilité», désigne ici l'élément égoïste, naturellement prépondérant dans la nature humaine, et non pas, comme dans les textes de Kant «la liberté et l'indépendance à l'égard du mécanisme de la nature» (cf. p. 88).*

b. *C'est-à-dire : l'état* positif, *qui doit, selon Comte, succéder à l'état* théologique *et à l'état* métaphysique.

Volonté. Liberté

4. Vouloir

La volonté est tellement libre de sa nature, qu'elle ne peut jamais être contrainte.

Descartes, *Les Passions de l'âme,* Art. XLI.

A. Tout choix est fait. Ici la nature nous devance, et jusque dans les moindres choses ; car, lorsque j'écris, je ne choisis point les mots, mais plutôt je continue ce qui est commencé, attentif à délivrer le mouvement de nature, ce qui est plutôt sauver que changer. Ainsi je ne m'use point à choisir ; ce serait vouloir hors de moi ; mais par fidélité je fais que le choix, quel qu'il soit, soit bon. De même je ne choisis pas de penser ceci ou cela ; le métier y pourvoit, ou le livre, ou l'objet, et en même temps l'humeur, réplique du petit monde au grand. Mais aussi il n'est point de pensée qui ne sèche par le regret d'une autre. Ce sont des exemples d'écrivain. Revenons au commun métier d'homme. Nul ne choisit d'aimer, ni qui il aimera ; la nature fait le choix. Mais il n'y a point d'amour au monde qui grandisse sans fidélité ; il n'y a point d'amour qui ne périsse par l'idée funeste que le choix n'était point le meilleur. Je dis bien plus ; l'idée que le choix était le meilleur peut tromper encore, si l'on ne se jette tout à soutenir le choix. Il n'y a pas de bonheur au monde si l'on attend au lieu de faire, et ce qui plaît sans peine ne plaît pas longtemps. Faire ce qu'on veut, ce n'est qu'une ombre. Être ce qu'on veut, ombre encore. Mais il faut vouloir ce qu'on fait. Il n'est pas un métier qui ne fasse regretter de l'avoir choisi, car lorsqu'on le choisissait on le voyait autre ; aussi le monde humain est rempli de plaintes. N'employez point la volonté à bien choisir, mais à faire que tout choix soit bon.

B. Chacun a ce qu'il veut. La jeunesse se trompe là-dessus parce qu'elle ne sait bien que désirer et attendre la manne. Or, il ne tombe point de manne ; et toutes les choses désirées sont comme la montagne, qui attend, que l'on ne peut manquer. Mais aussi il faut grimper. Tous les ambitieux que j'ai vus partir d'un pied sûr, je les ai vus aussi arriver, et même plus vite que je n'aurais cru. Il est vrai qu'ils n'ont jamais différé une démarche utile, ni manqué de voir régulièrement ceux dont ils pensaient se servir, ni aussi de négliger ces inutiles qui ne sont qu'agréables. Enfin ils ont flatté quand il fallait. Je ne blâme point ; c'est affaire de goût. Seulement si vous vous mêlez de dire des vérités désagréables à l'homme qui peut vous ouvrir les chemins, ne dites point que vous vouliez passer ; vous rêviez que vous passiez, comme on rêve quelquefois qu'on est oiseau...

ALAIN, A. *Les Idées et les Âges*, 1927, t. II, Gallimard, p. 201.
B. *Propos sur le Bonheur*, 1928, Gallimard, p. 88.

VOLONTÉ. DEVOIR

5. L'ILLUSION DE L'UNITÉ DU VOULOIR

L'obéissance au devoir est une résistance à soi-même.
BERGSON, *Les deux sources de la morale et de la religion*, I.

« Vouloir » me semble être, avant tout, quelque chose de *compliqué*, quelque chose qui ne possède d'unité qu'en tant que mot. [...] Dans tout vouloir il y a, avant tout, une multiplicité de sensations qu'il faut décomposer : la sensation du point de départ de la volonté, la sensation de l'aboutissant, la sensation de « va-et-vient » entre ces deux états ; et ensuite une sensation musculaire concomitante qui, sans que nous mettions en mouvement « bras et jambe », entre en jeu dès que nous « voulons ». De même donc que des sensations de diverses sortes sont reconnaissables, comme ingrédients dans la volonté, de même il y entre, en deuxième lieu, un ingrédient nouveau, la réflexion. Dans chaque acte de la volonté il y a une pensée directrice. Et il faut bien se garder de croire que l'on peut séparer cette pensée du « vouloir », comme s'il restait encore, après cela, de la volonté ! En troisième lieu, la volonté n'est pas seulement un complexus de sensations et de pensées, mais encore un penchant, un penchant au commandement. Ce que l'on appelle « libre arbitre » est essentiellement la conscience de la supériorité vis-à-vis de celui qui doit obéir. « Je suis libre, *il* doit obéir » – ce sentiment est caché dans toute manifestation de la volonté, de même cette tension de l'esprit, ce regard direct qui fixe exclusivement un objet, l'évaluation absolue de la nécessité de faire telle chose « et non point telle autre », la certitude intime qu'il sera obéi au commandement, quels que soient les sentiments propres à celui qui commande. Un homme qui *veut* ordonne quelque chose à son être intime, lequel obéit, ou est du moins imaginé obéissant. [...] Nous avons l'habitude de passer sur cette dualité, de nous faire illusion à son sujet, au moyen de la conception synthétique «moi», alors toute une chaîne de conséquences erronées, et par conséquent, de fausses appréciations de la volonté s'est encore attachée au vouloir, – en sorte que l'être voulant croit, de bonne foi, que vouloir *suffit* à l'action. Parce que, dans la plupart des cas, la volonté ne s'est exercée que quand l'efficacité du commandement, c'est-à-dire l'obéissance, par conséquent l'action, pouvaient être attendues, l'apparence, seule existante, s'est traduite par une sensation, à savoir: qu'il y avait là *la nécessité d'un effet*; bref, le sujet voulant s'imagine, avec quelque certitude, que vouloir et agir ne font qu'un, il escompte la réussite, la réalisation du vouloir au bénéfice de la volonté même et jouit d'un surcroît de sensations de puissance que toute réussite apporte avec elle...

NIETZSCHE, *Par delà le Bien et le Mal,* 1885,
Mercure de France, pp. 36-38.

VOLONTÉ. ÉTAT

6. VOLONTÉ GÉNÉRALE ET VOLONTÉ DE TOUS

Si les pieds et les mains avaient une volonté particulière,
jamais ils ne seraient dans leur ordre qu'en soumettant cette volonté particulière
à la volonté première qui gouverne le corps tout entier.
Hors de là, ils sont dans le désordre et dans le malheur;
mais en ne voulant que le bien du corps, ils font leur propre bien.

PASCAL, *Pensées,* posth., 1669, VII, 475.

Il y a souvent bien de la différence entre la volonté de tous et la volonté générale; celle-ci ne regarde qu'à l'intérêt commun, l'autre regarde à l'intérêt privé, et n'est qu'une somme de volontés particulières: mais ôtez de ces mêmes volontés les plus et les moins qui s'entre-détruisent, reste pour somme des différences la volonté générale.

Tant que plusieurs hommes réunis se considèrent comme un seul corps, ils n'ont qu'une seule volonté, qui se rapporte à la commune conservation, et au bien-être général. Alors tous les ressorts de l'État sont vigoureux et simples, ses maximes sont claires et lumineuses, il n'a point d'intérêts embrouillés, contradictoires, le bien commun se montre partout avec évidence, et ne demande que du bon sens pour être aperçu...

Mais quand le nœud social commence à se relâcher et l'État à s'affaiblir, quand les intérêts particuliers commencent à se faire sentir et les petites sociétés à influer sur les grandes, l'intérêt commun s'altère et trouve des opposants, l'unanimité ne règne plus dans les voix, la volonté générale n'est plus la volonté de tous, il s'élève des contradictions, des débats, et le meilleur avis ne passe point sans disputes.

Enfin quand l'État près de sa ruine ne subsiste plus que par une forme illusoire et vaine, que le lien social est rompu dans tous les cœurs, que le plus vil intérêt se pare effrontément du nom sacré du bien public; alors la volonté générale devient muette, tous guidés par des motifs secrets n'opinent pas plus comme citoyens que si l'État n'eût jamais existé, et l'on fait passer faussement sous le nom de lois des décrets iniques qui n'ont pour but que l'intérêt particulier.

S'ensuit-il de là que la volonté générale soit anéantie ou corrompue ? Non, elle est toujours constante, inaltérable et pure ; mais elle est subordonnée à d'autres qui l'emportent sur elle [...].

J'aurais ici bien des réflexions à faire sur le simple droit de voter dans tout acte de souveraineté ; droit que rien ne peut ôter aux citoyens ; et sur celui d'opiner, de proposer, de diviser, de discuter, que le gouvernement a toujours grand soin de ne laisser qu'à ses membres ; mais, cette importante matière demanderait un traité à part, et je ne puis tout dire dans celui-ci.

Jean-Jacques ROUSSEAU, *Du Contrat social,* 1762,
Livre II, chap. III, et Livre IV, chap. I.

VOLONTÉ. TRAVAIL

7. « CE QUE PEUT LA VOLONTÉ. »

Fils de paysan et fils de mes œuvres je suis resté paysan avec le ferme désir de mettre en évidence le pouvoir d'une volonté énergique et d'un travail soutenu. [...]

Facteur rural, comme mes 25 000 camarades je déambulais chaque jour de Hauterives à Tersanne. [...] Pour distraire mes pensées je construisais en rêve un palais féerique, dépassant l'imagination, tout ce que le génie d'un humble peut concevoir (avec grottes, tours, jardins, châteaux, musées et sculptures) cherchant à faire renaître toutes les anciennes architectures des temps primitifs ; le tout si joli, si pittoresque que l'image en demeura vivante pendant au moins dix ans dans mon cerveau. Toutefois mon projet ainsi conçu devenait pour moi presque irréalisable. Du rêve à la réalité, la distance est grande, n'ayant jamais touché ni la truelle du maçon, ni le ciseau, ni l'ébauchoir, et j'ignorais absolument les règles de l'architecture.

[...] Je pensais tout en cheminant à Napoléon Ier qui disait que le mot « impossible » devrait ne pas exister. En effet, depuis lors je dis avec lui :

Le mot impossible n'existe plus.
Le facteur l'a aussi vaincu.
En créant ce rocher j'ai voulu prouver
Ce que peut la volonté.

C'est alors que le long charroi commença ; il dura 25 ans. Parcourant pendant tout ce laps de temps des dizaines de kilomètres en plus de ma tournée quotidienne, je remplissais mes poches de pierres, puis ensuite, j'employais des paniers, ce qui accrut ma peine, car j'avais une tournée de 32 kilomètres à effectuer chaque jour. [...] Parfois je faisais des tas de pierres que j'allais chercher le soir, dans la nuit, avec ma brouette, car je travaillais une grande partie de la nuit. [...] L'on riait, l'on me blâmait, l'on me critiquait mais comme ce genre d'aliénation n'était ni contagieux ni dangereux, on ne crut pas utile d'aller chercher quelques médecins aliénistes et je pus alors me livrer à ma passion en toute liberté malgré tout n'écoutant pas les railleries de la foule, car je savais que de tout temps elle tourna en dérision et même persécuta les hommes qu'elle ne comprit pas [...]

Aujourd'hui que le Monument est debout, je suis heureux d'entendre les cris d'étonnement des visiteurs. [...] C'est la récompense après le travail.

Ferdinand CHEVAL, *Mon Palais,* Février 1914, *Histoire du Palais Idéal édifié à Hauterives-Drôme,* in *Anthologie de la poésie naturelle,* K éd., 1949, pp. 38-41.

VOLONTÉ. DÉSIR

8. NOTRE VOLONTÉ N'EST-ELLE SOUMISE À RIEN ?

La nécessité d'une action, qu'il s'agisse de la matière ou de l'esprit, n'est pas à proprement parler une qualité dans l'agent, mais dans un être pensant ou intelligent qui considère cette action ; et elle consiste essentiellement dans la détermination de ses pensées, qui le porte à inférer l'existence de cette action de quelques phénomènes antécédents ; de même la liberté, quand on l'oppose à la nécessité, n'est rien de plus que l'absence de cette détermination et un certain relâchement, une certaine indifférence dans le passage de l'idée d'un phénomène à l'idée d'un phénomène conséquent. Or, nous pouvons observer que, lorsque nous considérons les actions des autres, nous sentons rarement un tel relâchement, une telle indifférence et nous sommes communément capables de les conclure très certainement de leurs motifs et des dispositions de l'agent, tandis que, lorsque nous accomplissons nous-mêmes certaines actions, il arrive fréquemment que nous sentions quelque chose d'analogue à cette indifférence. Comme des phénomènes semblables sont aisément pris l'un pour l'autre, on a voulu voir dans ce sentiment une preuve démonstrative, et même intuitive, de notre liberté. Nous éprouvons que nos actions sont soumises à notre volonté dans la plupart des cas et nous nous imaginons sentir que notre volonté elle-même n'est soumise à rien ; car, si on nous le conteste, nous sommes engagés à faire un essai et nous sentons alors qu'elle se meut aisément en tous sens et qu'elle produit une image d'elle-même (une velléité, comme on dit dans les écoles) même du côté où elle n'a pas agi. Cette image, ce mouvement fictif, nous nous persuadons que nous pourrions alors le prolonger en mouvement réel ; car, si on nous poussait en le niant, nous trouverions que cette fois nous pourrions l'accomplir ainsi. Nous ne voyons pas que le désir fantastique de prouver notre liberté est alors le motif de nos actions.

HUME, *Enquête sur l'entendement humain* (1748), Aubier-Montaigne, 1947, trad. André Leroy, section VIII, 1re partie, note 1.

VOLONTÉ. NATURE

9. LA VOLONTÉ, ESSENCE INTIME DE TOUTE CHOSE DANS LA NATURE

La volonté est la connaissance *a priori* du corps ;
le corps est la connaissance *a posteriori* de la volonté.
SCHOPENHAUER

Je donne au concept de volonté une extension plus grande que celle qu'il avait jusqu'ici. (...) On n'avait pas jusqu'à ce jour reconnu que l'essence de toute énergie, latente ou active, dans la nature, était identique à la volonté, et l'on considérait comme hétérogènes les différents phénomènes, qui ne sont que les espèces diverses d'un genre unique ; il en résultait qu'il ne pouvait non plus y avoir un mot pour exprimer le concept de ce genre. J'ai donc dénommé le genre d'après l'espèce la plus parfaite, dont la connaissance facile et immédiate nous conduit à la connaissance médiate de toutes les autres. Mais, pour ne pas se trouver arrêté par un perpétuel malentendu, il faut savoir donner à ce concept l'extension que je réclame pour lui, et ne pas s'obstiner à comprendre sous ce mot seulement l'une des espèces de volonté qu'il a désignée jusqu'aujourd'hui, celle qui est accompagnée de connaissance et qui se détermine par des motifs abstraits, c'est-à-dire la volonté raisonnable, laquelle, comme nous l'avons dit, est le phénomène le plus apparent du vouloir. (...) Or le mot volonté désigne ce qui doit nous découvrir, comme un mot magique, l'essence de toute chose dans la nature, et non pas une inconnue, ou la conclusion indéterminée d'un syllogisme. C'est quelque chose d'immédiatement connu, et connu de telle sorte que nous savons et comprenons mieux ce qu'est la volonté que tout ce que l'on voudra. – Jusqu'ici on a fait rentrer le concept de volonté sous le concept de force ; c'est tout le contraire que je vais faire, et je considère toute force de la nature comme une volonté. (...) Le concept de volonté est le seul, parmi tous les concepts possibles, qui n'ait pas son origine dans le phénomène, dans une simple représentation intuitive, mais vienne du fond même, de la conscience immédiate de l'individu, dans laquelle il se reconnaisse lui-même, dans son essence, immédiatement, sans aucune forme, même celle du sujet et de l'objet, attendu qu'ici le connaissant et le connu coïncident. Ramenons maintenant le concept de force au concept de volonté ; c'est en réalité ramener un inconnu à quelque chose d'infiniment plus connu, que dis-je ? à la seule chose que nous connaissions immédiatement et absolument ; c'est élargir considérablement notre connaissance. Si nous faisons rentrer, au contraire – comme on l'a fait jusqu'ici – le concept de volonté sous le concept de force, nous nous dépouillons de l'unique connaissance immédiate que nous ayons de l'essence même du monde, en la noyant dans un concept abstrait tiré de l'expérience, et qui, par conséquent, ne nous permettra jamais de la dépasser. (...)

Il nous reste à faire un dernier pas, à étendre le cercle de nos observations jusqu'à ces forces qui agissent, dans la nature, selon des lois générales et immuables, et qui font mouvoir tous les corps inorganiques, incapables de subir une excitation ou de céder à un motif. Nous allons employer cette notion de l'essence intime des choses, que pouvait seule nous donner la connaissance immédiate de notre propre essence, à pénétrer ces phénomènes du monde inorganique, si éloignés de nous. – Si nous regardons d'un œil attentif, si nous voyons la poussée puissante, irrésistible, avec laquelle les eaux se précipitent vers les profondeurs, la ténacité avec laquelle l'aimant tourne toujours vers le pôle nord, l'attraction qu'il exerce sur le fer, la violence avec laquelle les deux pôles électriques tendent l'un vers l'autre, violence qui s'accroît avec les obstacles, comme les désirs humains (...), nous n'aurons pas de grands efforts d'imagination à faire pour reconnaître là encore – quoique à une grande distance – notre propre essence, l'essence de cet être qui, chez nous, atteint son but, éclairé par la connaissance, mais qui ici, dans les plus faibles de ses manifestations, s'efforce obscurément, toujours dans le même sens, et qui cependant, parce qu'il est partout et toujours identique à lui-même, – de même que l'aube et le plein midi sont le rayonnement du même soleil – mérite ici comme là le nom de volonté, par où je désigne l'essence de toutes choses, le fond de tous les phénomènes.

Arthur Schopenhauer, *Le Monde comme volonté et comme représentation* (1819-1844-1859), trad. Burdeau, revue et corrigée par R. Roos, P.U.F., 1966, pp. 153-155, 161-162.

VOLONTÉ. POUVOIR

10. LA « VOLONTÉ DE PUISSANCE » OU LA *PUISSANCE DE LA VOLONTÉ*?

Ressembler au promontoire, sur lequel sans cesse se brisent les vagues.
MARC AURÈLE, *Pensées*, IV, 49.

« Libre arbitre » – voilà l'expression pour ce sentiment complexe de plaisir chez le sujet voulant qui commande et, en même temps, s'identifie à l'exécutant, – qui jouit du triomphe remporté sur les obstacles, mais qui s'imagine, à part soi, que c'est sa volonté elle-même qui triomphe des obstacles. Le sujet voulant ajoute de la sorte, aux sensations de plaisir que lui procure le commandement, les sensations de plaisir des instruments qui exécutent et réalisent ces volontés secondaires, puissances « subanimiques » qui obéissent – car notre corps n'est qu'une collectivité d'âmes nombreuses. *L'effet, c'est moi*. Il se passe ici ce qui se passe dans toute communauté bien établie et dont les destinées sont heureuses : la classe dominante s'identifie aux succès de la communauté. Dans toute volonté il s'agit donc, en fin de compte, de commander et d'obéir, et cela sur les bases d'un état social composé d'« âmes » nombreuses. C'est pourquoi un philosophe devrait s'arroger le droit d'envisager la volonté sous l'aspect de la morale : la morale, bien entendu, considérée comme doctrine des rapports de puissance sous lesquels se développe le phénomène « vie ». –

(...) Il faut se demander enfin si nous reconnaissons la volonté comme *agissante*, si nous croyons à la causalité de la volonté. S'il en est ainsi – et au fond *cette* croyance est la croyance à la causalité même – nous devons essayer de considérer hypothétiquement la causalité de la volonté comme la seule. La « volonté » ne peut naturellement agir que sur la « volonté », et non sur la « matière » (sur les « nerfs », par exemple) ; bref, il faut risquer l'hypothèse que, partout où l'on reconnaît des « effets », c'est la volonté qui agit sur la volonté, et aussi que tout processus mécanique, en tant qu'il est animé d'une force agissante, n'est autre chose que la force de volonté, l'effet de la volonté.

– En admettant enfin qu'il soit possible d'établir que notre vie instinctive tout entière n'est que le développement et la différenciation d'une seule forme fondamentale de la volonté – je veux dire, conformément à ma thèse, de la volonté de puissance, – en admettant qu'il soit possible de ramener toutes les fonctions organiques à cette volonté de puissance, y trouver aussi la solution du problème de la fécondation et de la nutrition – c'est un seul et même problème – on aurait ainsi acquis le droit de désigner toute force agissante du nom de *volonté de puissance*. L'univers vu du dedans, l'univers défini et déterminé par son « caractère intelligible », ne serait pas autre chose que la « volonté de puissance ».

NIETZSCHE, *Par-delà le Bien et le Mal*, 1885, Mercure de France, pp. 38-39, 71-72.

Nicolas MACHIAVEL (1469-1527), Bibl. Nat., Paris.
Photo Bulloz.

DROIT, JUSTICE

Si la justice disparaît, c'est chose sans valeur que le fait que des hommes vivent sur la terre.
KANT, *Doctrine du Droit*, II, 1re sec., Rem, E, 1797.

Une science empirique du droit est – comme la tête de bois de la fable de Phèdre – une tête qui peut être belle; il n'y a qu'un mal, c'est qu'elle n'a point de cervelle.
KANT, *Doctrine du Droit*, Introd., § B, 1797.

Dans la vaste Nature, aussi longtemps que les êtres vivants sont librement abandonnés à leurs pulsions et les choses inertes à leur pesanteur, il n'y a ni droit ni justice. Ou plutôt, tout individu, en tant qu'être vivant, a – *naturellement* – juste autant de droit qu'il a de puissance (ou, diront Pascal et Nietzsche, qu'on croit qu'il a de puissance). En d'autres termes, le prétendu *droit naturel*, comme le démontre Spinoza, n'est pas à proprement parler un droit, mais un fait. Il faut donc conclure, avec Rousseau, que le mot «droit» *ne signifie ici rien du tout*.

Dans les sociétés humaines, en revanche, il n'est question que de justice, d'injustice, et de droits de toutes sortes: droits acquis, exercés, garantis, usurpés; droit proclamé, conféré, reconnu; droit civil, droit commercial, droit international, droit privé, droit public, droit commun, droit pénal, droit maritime, droit matrimonial, droit canonique, droit divin...

Si le droit, c'est «ce qui est droit» (et non pas tordu), il ne doit y avoir qu'un droit: le droit.

Quelle est donc la raison d'être de ce droit si disputé? Quelle réalité recouvre, en fait, ce mot qui est invoqué par les individus et les minorités les plus excentriques aussi bien que par les pouvoirs et les États les plus centralisés? En quoi consiste ce droit auquel prétendent *le plus fort* aussi bien que le plus faible?

Le réalisme sommaire consisterait ici à demander, d'une part, pourquoi la force réellement forte ne se suffirait pas à elle-même et, d'autre part, de quel «droit» le faible pourrait-il se prévaloir contre le fort. Si, comme le pense Hegel, le réel et le rationnel ne font qu'un, nul n'a de compte à rendre à personne. De sorte qu'un certain cynisme identifie absolument la force ou la *réalité* de fait, avec le droit ou la *rationalité* de l'Idée.

En fait, quoi que nous fassions, quoi que nous voulions, et où que nous allions, un droit est toujours déjà là, et la Justice n'est jamais tout à fait là. C'est ce qu'ont admirablement souligné, chacun à sa manière, Pascal et Rousseau par exemple.

Certes, «on ne voit rien de juste ou d'injuste qui ne change de qualité en changeant de climat» (texte n° 6, p. 105). Mais on voit aussi que, tout au long de l'Histoire, des hommes n'ont cessé de se battre pour plus de *justice* et ont, comme Socrate, risqué leur vie pour le *droit*. Or, sans ce *risque pour le droit*, l'existence humaine serait une simple réalité naturelle objective, et les sociétés humaines, comme les sociétés animales, des formations répétitives, *sans Histoire*.

Le combat historique mené, au nom de la liberté, pour la justice et pour le droit, atteste au contraire que l'homme est essentiellement, comme disait Aristote, un *animal politique*. Il faut entendre par là un fondateur d'*institutions régulatrices* visant à différer, mais pour mieux l'assurer, la satisfaction des désirs et des besoins.

Le droit n'est qu'une médiation à *instituer* entre le réel et l'imaginaire ou entre l'être et le devoir-être, mais cette médiation n'est-elle pas le véritable objet de l'activité politique?

Quant à la Justice, quels que soient ses rapports avec l'injustice, elle est d'abord une *idée*: il ne faut donc pas s'attendre à la trouver dans la *lettre* de la loi, – car *summum jus, summa injuria*, «la stricte justice est la pire injustice» – mais, comme l'indiquait déjà Aristote, dans l'*esprit* de l'homme équitable (texte n° 7, p. 105), sans qui toute lettre n'est que lettre morte.

Une activité *politique* digne de ce nom se mesure ainsi à sa capacité de prendre en charge la lettre et l'esprit, les institutions et les aspirations, l'objectivité et la subjectivité, en vue de bâtir cette Cité idéale – que les utopies les plus audacieuses échouent à décrire – où seraient enfin conciliées la justice et la liberté.

LE JUSTE, L'INJUSTE ET L'ANNEAU DE GYGÈS

Ce n'est pas pour le droit que vous vous battez, vous les justes : c'est pour faire triompher votre image de l'homme.

NIETZSCHE

La Justice est une disposition constante de l'âme à attribuer à chacun ce qui d'après le droit civil lui revient ; l'Injustice au contraire consiste, sous une apparence de droit, à enlever à quelqu'un ce qui lui appartient suivant l'interprétation véritable des lois. On appelle aussi la Justice et l'Injustice, Équité et Iniquité, parce que les magistrats institués pour mettre fin aux litiges sont tenus de n'avoir aucun égard aux personnes, mais de les tenir toutes pour égales et de maintenir également le droit de chacun ; de ne pas porter envie au riche ni mépris au pauvre.

SPINOZA. *Traité théologico-politique* (1670), chap. XVI, t. 2, p. 269, trad. Appuhn, Garnier, 1965.

Qu'on ne pratique la justice que malgré soi, par impuissance de commettre l'injustice, nous ne pourrions mieux le montrer qu'en imaginant le cas suivant. Donnons au juste et à l'injuste la liberté de faire ce qui leur plaît ; puis suivons-les et voyons où la passion les mène l'un vers l'autre[1]. [...] À l'assemblée ordinaire que tenaient les bergers pour faire au roi le rapport mensuel sur l'état des troupeaux, Gygès se rendit avec son anneau. Ayant pris place parmi les autres, il tourna par hasard le chaton de la bague vers lui, à l'intérieur de sa main ; alors il devint invisible à ses voisins et l'on parla de lui comme s'il était parti. Étonné, il mania de nouveau sa bague pour tourner le chaton en dehors, et ainsi redevint visible. Voyant cela, il mit encore à l'épreuve son anneau pour voir s'il avait bien ce pouvoir : ainsi arriva-t-il qu'en tournant le chaton à l'intérieur il devenait invisible ; à l'extérieur, visible. Sûr de lui, il s'arrangea aussitôt pour faire partie de la délégation qui se rendait auprès du roi. Arrivé au palais, il séduisit la reine, puis grâce à elle put attaquer le roi, le tuer et s'emparer du trône. Si donc il y avait deux anneaux comme celui-là et que le juste reçût l'un, l'injuste l'autre, quelle est l'âme de diamant qui s'en tiendrait à la justice et résisterait avec courage à la tentation de toucher au bien d'autrui, quand il pourrait impunément prendre au marché ce qu'il voudrait, pénétrer dans les maisons pour violer qui lui plairait, tuer les uns, briser les fers des autres et tout faire à l'égal d'un dieu parmi les hommes ? Se comportant ainsi, rien ne le distinguerait de l'injuste, et ils tendraient tous deux au même but. Et certes on pourrait voir là une grande preuve que personne n'est juste volontairement, mais par contrainte, la justice n'étant pas un bien individuel, puisque partout où l'on se croit capable de commettre l'injustice, on la commet. Tout homme en effet croit que l'injustice est individuellement plus profitable que la justice, et il pense vrai selon le partisan de l'opinion que j'expose. Car si quelqu'un, disposant d'un tel pouvoir, ne consentait jamais à commettre l'injustice et à toucher au bien d'autrui, il paraîtrait à ceux qui le connaîtraient comme le plus malheureux et le plus insensé des hommes ; ils le loueraient certes en présence les uns des autres, mais pour se tromper mutuellement dans la crainte d'être eux-mêmes victimes de l'injustice.

PLATON, env. 428-347 av. J.-C., *La République*, II, 359b-360d, trad. Chambry, Les Belles Lettres.

1. Cf. texte n° 1, p.465 (Freud).

NATURE. DROIT. VIOLENCE

1. LE DROIT DE LA NATURE

L'état de nature est plutôt l'état de l'injustice, de la violence, de l'instinct naturel déchaîné, des actions et des sentiments inhumains.
HEGEL

Par Droit et Institution de la Nature, je n'entends autre chose que les règles de la nature de chaque individu, règles suivant lesquelles nous concevons chaque être comme déterminé à exister et à se comporter d'une certaine manière. Par exemple, les poissons sont déterminés par la Nature à nager, les grands poissons à manger les petits; par suite, les poissons jouissent de l'eau, et les grands mangent les petits, en vertu d'un droit naturel souverain. Il est certain en effet que la Nature considérée absolument a un droit souverain sur tout ce qui est en son pouvoir, c'est-à-dire que le Droit de la Nature s'étend aussi loin que s'étend sa puissance; car la puissance de la Nature est la puissance même de Dieu qui a sur toutes choses un droit souverain. Mais la puissance universelle de la Nature entière n'étant rien en dehors de la puissance de tous les individus pris ensemble, il suit de là que chaque individu a un droit souverain sur tout ce qui est en son pouvoir, autrement dit que le droit de chacun s'étend jusqu'où s'étend la puissance déterminée qui lui appartient. Et la loi suprême de la Nature étant que chaque chose s'efforce de persévérer dans son état, autant qu'il est en elle, et cela sans tenir aucun compte d'aucune autre chose, mais seulement d'elle-même, il suit que chaque individu a un droit souverain de persévérer dans son état, c'est-à-dire (comme je l'ai dit) d'exister et de se comporter comme il est naturellement déterminé à le faire.

SPINOZA, *Traité théologico-politique* (1670), chap. XVI, trad. Appuhn, Garnier, 1965, t. 2, pp. 261-262.

VIOLENCE. DROIT. JUSTICE

2. LE PRÉTENDU « DROIT » DU PLUS FORT

On nie le droit de la force; on le traite de contradiction, d'absurdité. Qu'on ait donc la bonne foi d'en nier aussi les œuvres...
PROUDHON, *La Guerre et la paix*, 1861, p. 128.

Le plus fort n'est jamais assez fort pour être toujours le maître, s'il ne transforme sa force en droit et l'obéissance en devoir. De là le droit du plus fort; droit pris ironiquement en apparence, et réellement établi en principe: mais ne nous expliquera-t-on jamais ce mot? La force est une puissance physique; je ne vois point quelle moralité peut résulter de ses effets. Céder à la force est un acte de nécessité, non de volonté; c'est tout au plus un acte de prudence. En quel sens pourra-ce être un devoir?

Supposons un moment ce prétendu droit. Je dis qu'il n'en résulte qu'un galimatias inexplicable. Car sitôt que c'est la force qui fait le droit, l'effet change avec la cause; toute force qui surmonte la première succède à son droit. Sitôt qu'on peut désobéir impunément on le peut légitimement, et puisque le plus fort a toujours raison, il ne s'agit que de faire en sorte qu'on soit le plus fort. Or qu'est-ce qu'un droit qui périt quand la force cesse? S'il faut obéir par force on n'a pas besoin d'obéir par devoir, et si l'on n'est plus forcé d'obéir on n'y est plus obligé. On voit donc que ce mot de droit n'ajoute rien à la force ; il ne signifie ici rien du tout.

Obéissez aux puissances. Si cela veut dire, cédez à la force, le précepte est bon, mais superflu, je réponds qu'il ne sera jamais violé. Toute puissance vient de Dieu, je l'avoue ; mais toute maladie en vient aussi. Est-ce à dire qu'il soit défendu d'appeler le médecin ? Qu'un brigand me surprenne au coin d'un bois : non seulement il faut par force donner la bourse, mais quand je pourrais la soustraire suis-je en conscience obligé de la donner ? Car enfin le pistolet qu'il tient est aussi une puissance.

Convenons donc que force ne fait pas droit, et qu'on n'est obligé d'obéir qu'aux puissances légitimes. Ainsi ma question primitive revient toujours.

Jean-Jacques Rousseau, *Du Contrat social*, 1762, Livre I, chap. III.

DROIT. RELIGION. JUSTICE

3. Le droit du plus fort élevé à la hauteur d'un jugement de Dieu

« Pietas excitavit justitiam, 24 Augusti 1572 ».
(Devise de la médaille frappée en mémoire de la Saint-Barthélemy.)

Puisque j'y suis, je veux aller plus loin avec mon franc parler. Examinée avec soin et sans prétention, cette grande différence, que l'on fait sonner si haut, entre tuer son adversaire dans un combat au grand jour et à armes égales ou par embûche, est fondée simplement sur ce que, comme nous l'avons dit, cet État dans l'État[a] ne reconnaît d'autre droit que celui du plus fort et en a fait la base de son code après l'avoir élevé à la hauteur d'un jugement de Dieu. Ce qu'on appelle en effet un combat loyal ne prouve pas autre chose, si ce n'est qu'on est le *plus fort* ou le *plus adroit*. La justification que l'on cherche dans la publicité du duel présuppose donc que le *droit du plus fort* est réellement un *droit*. Mais, en réalité, la circonstance que mon adversaire sait mal se défendre me donne bien la *possibilité*, mais non le *droit* de le tuer ; ce droit, ou autrement dit ma *justification morale*, ne peut découler que des *motifs* que j'ai de lui arracher la vie. Admettons maintenant que ces motifs existent et soient suffisants ; alors il n'y a plus aucune raison de se demander qui de nous deux manie le mieux le pistolet ou l'épée, alors il est indifférent que je le tue de telle ou telle façon, par-devant ou par-derrière. Car, moralement parlant, le droit du plus fort n'a pas plus de poids que le droit du plus rusé, et c'est ce dernier dont on fait usage quand on tue dans un guet-apens : ici, le droit du poing vaut exactement le droit de la tête. Remarquons, en outre, que dans le duel même on pratique les deux droits, car toute feinte, dans l'escrime, est une ruse. Si je me tiens pour moralement autorisé à arracher la vie à un homme, c'est une sottise de m'en rapporter encore à la chance s'il sait manier les armes mieux que moi, car, dans ce cas, c'est lui au contraire qui, après m'avoir offensé, me tuera par-dessus le marché. Rousseau est d'avis qu'il faut venger une offense non par un duel, mais par l'assassinat ; il émet cette opinion, avec beaucoup de précautions, dans la 21e note, si mystérieusement conçue, du IVe livre de l'*Émile*[1]. Mais il est encore si fortement imbu d'un préjugé chevaleresque, qu'il considère le reproche de mensonge comme justifiant déjà l'assassinat, tandis qu'il devrait savoir que tout homme a mérité ce reproche d'innombrables fois, et lui tout le premier et au plus haut degré. Il est évident que ce préjugé, qui autorise à tuer l'offenseur à la condition que le combat se fasse au grand jour et à armes égales, considère le droit de la force comme étant réellement un droit, et le duel comme un jugement de Dieu.

SCHOPENHAUER, *Aphorismes sur la sagesse dans la vie* (1851), trad. Cantacuzène revue et corrigée par Richard Roos, P.U.F., 1964, pp. 70-71.

1. Cf. texte suivant n° 4 (Rousseau).

a. *Schopenhauer désigne ainsi le «principe de l'honneur» ou le «préjugé chevaleresque» qui, dit-il, «impose aux hommes, pour le moindre grief, l'obligation de se battre entre eux comme des gladiateurs».*

JUSTICE. SOCIÉTÉ. VIOLENCE

4. ÉMILE : ASSASSIN OU JUSTICIER ?

En vieillissant, on s'aperçoit que la vengeance est encore la forme la plus sûre de la justice.
Henri BECQUE, cité par Louis JOUVET, *Réflexions du comédien.*

Émile n'aime ni le bruit ni les querelles, non seulement entre les hommes, pas même entre les animaux. Mais si on lui cherche querelle à lui-même, comment se conduira-t-il? Je réponds qu'il n'aura jamais de querelle, qu'il ne s'y prêtera jamais assez pour en avoir. Mais enfin, poursuivra-t-on, qui est-ce qui est à l'abri d'un soufflet ou d'un démenti[1] de la part d'un brutal, d'un ivrogne, ou d'un brave coquin, qui, pour avoir le plaisir de tuer son homme, commence par le déshonorer? C'est autre chose; il ne faut point que l'honneur des citoyens ni leur vie soit à la merci d'un brutal, d'un ivrogne, ou d'un brave coquin; et l'on ne peut pas plus se préserver d'un pareil accident que de la chute d'une tuile. Un soufflet et un démenti reçus et endurés ont des effets civils que nulle sagesse ne peut prévenir, et dont nul tribunal ne peut venger l'offensé. L'insuffisance des lois lui rend donc en cela son indépendance; il est alors seul magistrat, seul juge entre l'offenseur et lui; il est seul interprète et ministre de la loi naturelle; il se doit justice et peut seul se la rendre, et il n'y a sur la terre nul gouvernement assez insensé pour le punir de se l'être faite en pareil cas. Je ne dis pas qu'il doive s'aller battre; c'est une extravagance; je dis qu'il se doit justice, et qu'il en est le seul dispensateur. Sans tant de vains édits contre les duels, si j'étais souverain, je réponds qu'il n'y aurait jamais ni soufflet ni démenti donné dans mes États, et cela par un moyen fort simple dont les tribunaux ne se mêleraient point. Quoi qu'il en soit, Émile sait en pareil cas la justice qu'il se doit à lui-même, et l'exemple qu'il doit à la sûreté des gens d'honneur. Il ne dépend pas de l'homme le plus ferme d'empêcher qu'on ne l'insulte, mais il dépend de lui d'empêcher qu'on ne se vante longtemps de l'avoir insulté[2].

Jean-Jacques ROUSSEAU, *Émile ou De l'éducation,* 1762, Livre quatrième.

1. *Démenti*: affront infligé à quelqu'un dont on affirme qu'il a *menti*.

2. Cf. texte précédent n° 3 (Schopenhauer).

VIOLENCE. JUSTICE. TEMPS

5. La justice divine peut-elle infliger aux pécheurs un supplice éternel ?

Il faut que la justice de Dieu soit énorme comme sa miséricorde. Or, la justice envers les réprouvés est moins énorme et doit moins choquer que la miséricorde envers les élus.
PASCAL, *Pensées*, posth., 1669, III, 233.

DIFFICULTÉ : Ce qui n'est point voulu en soi ne peut l'être que pour quelque avantage. Mais Dieu ne veut pas les châtiments pour eux-mêmes : il n'en tire aucune jouissance. Puisque Dieu ne peut tirer aucun avantage de la perpétuité du châtiment, il semble qu'il ne doive pas imposer une punition perpétuelle pour le péché.

SOLUTION : Les châtiments des impies, qui dureront perpétuellement, ne seront pas tout à fait inutiles, car ils serviront à deux choses : d'abord à maintenir la justice divine, ce qui est en soi agréable à Dieu. S. Grégoire dit : « Le Dieu tout-puissant, parce qu'il est bon, n'est point satisfait de voir la torture des malheureux ; mais, parce qu'il est juste, il ne sera point apaisé, éternellement, par le châtiment des réprouvés. » Secondement, ces peines sont utiles, parce qu'elles procurent aux justes la satisfaction d'y contempler la manifestation de la justice de Dieu, et de se rendre compte qu'ils ont échappé à ces souffrances. Le psalmiste dit : « Le juste se réjouira de voir la vengeance » et Isaïe : « Les impies seront la satisfaction de la vue de toute chair », c'est-à-dire des saints, comme le précise la Glose. C'est ce qu'affirme S. Grégoire : « Tous les réprouvés envoyés au supplice éternel sont punis à cause de leur iniquité. Cependant, leur supplice servira à autre chose : car tous les justes, en Dieu, ont conscience des joies qu'ils goûtent, et en même temps aperçoivent chez les damnés les supplices auxquels eux-mêmes ont échappé. Ils comprendront ainsi d'autant mieux ce qu'ils doivent éternellement à la grâce divine, en voyant combien sont punis éternellement les péchés auxquels ils ont résisté grâce au secours de Dieu. »

Saint THOMAS D'AQUIN, *Somme théologique*, 1266-1274, Question XCIX[a].

a. *Cette question XCIX, qui porte sur la possibilité de concilier l'enfer éternel avec la miséricorde divine, figure dans le* Supplément de la Somme Théologique *de S. Thomas. Comme le précise dans son* Avant-propos *Réginald-Omez, O.P., qui a traduit ces textes en français : « le Docteur Angélique aborde ici l'étude du jugement dernier et des modifications que la fin du monde apportera dans l'état de l'univers, puis dans la vie des saints et des damnés, qui tous auront recouvré leur corps. Le compilateur, Fr. Réginald de Piperno, qui après la mort de son maître et ami, survenue en 1274, s'est efforcé d'achever la rédaction de la* Somme Théologique, *n'a fait que regrouper et ordonner des extraits d'œuvres antérieures, surtout du* Commentaire des Sentences *: S. Thomas, professeur débutant, à trente ans, l'avait rédigé environ vingt ans plus tôt.* ***Les textes*** *que nous allons traduire et commenter* ***sont bien de la plume du Maître****, mais nous sommes tentés de regretter, surtout à la lecture de* ***certains articles****, de n'être point assurés de connaître l'expression de la pensée de S. Thomas parvenu à la fin de sa vie. Peut-être aurait-il élagué certaines questions, ou les aurait-il traitées différemment ?* ***Quoi qu'il en soit, c'est assurément lui que nous retrouvons*** *dans les problèmes majeurs soulevés ici, avec son bon sens, sa profondeur de vues, son besoin de synthèses, qui réduisent les problèmes superficiels ou de moindre intérêt théologique, pour s'arrêter aux données essentielles de la Révélation et des déductions théologiques. » (Saint Thomas D'Aquin,* Somme Théologique, Le Monde des Ressuscités, *Suppl. Questions 87-99, Éditions du Cerf, Desclée & Cie, Paris, Tournai, Rome, Imprimeurs du S. Siège et de la S. Congrég. des Rites, 1961). Il faut cependant ajouter que les mêmes Éditions du Cerf ont publié, en 1986, sous le titre THOMAS D'AQUIN,* Somme Théologique *(4 volumes), un ouvrage qui, écartant le* « Supplément », *bien qu'il soit* « d'intention louable et d'exécution honnête », *ne comprend que les 90 premières Questions. Mais, en dépit des prudences théologiques, la 99e Question, relative au juste rapport entre le crime et le châtiment, garde un intérêt* philosophique *majeur.*

JUSTICE. SOCIÉTÉ. RAISON

6. La justice et les coutumes

Il n'est chose en quoi le monde soit si divers qu'en coutumes et loix.
MONTAIGNE, *Essais*, II, XII.

Sur quoi la fondera-t-il, l'économie du monde qu'il veut gouverner? Sera-ce sur le caprice de chaque particulier? quelle confusion! Sera-ce sur la justice? il l'ignore.

Certainement s'il la connaissait, il n'aurait pas établi cette maxime, la plus générale de toutes celles qui sont parmi les hommes, que chacun suive les mœurs de son pays; l'éclat de la véritable équité aurait assujetti tous les peuples, et les législateurs n'auraient pas pris pour modèle, au lieu de cette justice constante, les fantaisies et les caprices des Perses et Allemands. On la verrait plantée par tous les États du monde et dans tous les temps, au lieu qu'on ne voit rien de juste ou d'injuste qui ne change de qualité en changeant de climat. Trois degrés d'élévation du pôle renversent toute la jurisprudence, un méridien décide de la vérité; en peu d'années de possession, les lois fondamentales changent; le droit a ses époques, l'entrée de Saturne au Lion nous marque l'origine d'un tel crime. Plaisante justice qu'une rivière borne! Vérité au-deçà des Pyrénées, erreur au-delà.

Ils confessent que la justice n'est pas dans ces coutumes, mais qu'elle réside dans les lois naturelles, connues en tout pays. Certainement ils le soutiendraient opiniâtrement, si la témérité du hasard qui a semé les lois humaines en avait rencontré au moins une qui fût universelle; mais la plaisanterie est telle, que le caprice des hommes s'est si bien diversifié, qu'il n'y en a point.

Le larcin, l'inceste, le meurtre des enfants et des pères, tout a eu sa place entre les actions vertueuses[1]. Se peut-il rien de plus plaisant, qu'un homme ait droit de me tuer parce qu'il demeure au-delà de l'eau, et que son prince a querelle contre le mien, quoique je n'en aie aucune avec lui?

Il y a sans doute des lois naturelles, mais cette belle raison corrompue a tout corrompu. [...]

De cette confusion arrive que l'un dit que l'essence de la justice est l'autorité du législateur, l'autre la commodité du souverain, l'autre la coutume présente; et c'est le plus sûr: rien suivant la seule raison, n'est juste de soi; tout branle avec le temps. La coutume fait toute l'équité, par cette seule raison qu'elle est reçue; c'est le fondement mystique de son autorité. Qui la ramène à son principe, l'anéantit.

PASCAL, *Pensées*, posth. (1669), section V, n° 294, Hachette, pp. 465-467.

1. Montaigne avait déjà écrit: « Quelle bonté est-ce que je voyais hier en crédit, et demain ne l'être plus; et que le trajet d'une rivière fait crime?... » *Essais*, II, XII.

DROIT. JUSTICE. JUGEMENT

7. L'équité, *ajustement* de la légalité

Ne pas croire qu'on a des droits. C'est-à-dire, non pas obscurcir ou déformer la justice, mais ne pas croire qu'on puisse légitimement s'attendre à ce que les choses se passent d'une manière conforme à la justice; et d'autant plus qu'il s'en faut de beaucoup que soi-même on soit juste.
Simone WEIL, *Cahiers II*, Plon, 1972, p. 20.

Le juste et l'équitable sont une même chose, et quoique tous deux soient désirables, l'équitable est meilleur. Ce qui fait difficulté c'est que l'équitable est juste, mais non pas juste selon la loi; il est

1. Nous traduisons ici par *ajustement* le terme grec *épanorthôma*, dont le sens étymologique est : redressement, correction.

plutôt un ajustement[1] de ce qui est légal. La raison en est que toute loi est universelle et que, sur des cas particuliers, l'universalité ne permet pas de se prononcer avec justesse. Donc dans les affaires où il est nécessaire de prendre des dispositions générales, alors qu'il n'est pas possible de le faire avec justesse, la loi concerne la majorité des cas, sans méconnaître son erreur. Mais la rectitude de la loi n'est pas en cause ; car l'erreur ne lui est pas imputable, ni imputable au législateur, mais résulte de la nature même de la chose : car telle est la matière des actions. Donc, lorsque la loi énonce une règle générale, et que des cas exceptionnels se présentent, il est normal de remédier à l'omission ou à l'erreur du législateur qui s'est exprimé en termes généraux. La législateur lui-même agirait ainsi s'il était présent et il aurait précisé la loi s'il avait eu connaissance du cas particulier. Voilà pourquoi l'équitable est juste, et même supérieur à une certaine forme de justice, non pas à la justice en soi, mais à la justice erronée en raison de sa généralité. Telle est précisément la nature de l'équité : elle est un ajustement de la loi, dans la mesure où celle-ci est négligente en raison de sa généralité. En effet si tout n'est pas compris dans la loi, la raison en est qu'il est impossible, dans certains cas, d'établir une loi ; de sorte qu'il faut un décret de l'assemblée du peuple. Car, de ce qui est indéterminé, la règle aussi est indéterminée, comme la règle de plomb des architectes de Lesbos qui ne reste pas rigide, mais épouse les formes de la pierre. [...] On voit par là ce qu'est l'homme équitable, celui dont les décisions et les actions sont équitables : non pas l'homme d'une justice tatillonne et portée au pire, mais celui qui sait minimiser sa cause, bien qu'il ait la loi pour lui.

Aristote, 384-322 av. J.-C., *Éthique de Nicomaque*, Livre V, chap. X, trad. L.-L. Grateloup.

Droit. science. art

8. *L'esprit* ou la *lettre* des lois ?

Ennemie jurée de l'arbitraire, la forme est la sœur jumelle de la liberté.
Rudolf von Jhering, *L'Esprit du droit romain*, 1865 t. III, p. 157.

La jurisprudence était considérée jadis comme la science du juste : aujourd'hui elle est l'art de l'équitable, ce qui veut dire qu'auparavant elle était universelle et rigide, et qu'aujourd'hui elle est particulière et flexible. Les sciences, en effet, sont rigoureuses et ne supportent aucun écart, alors que les arts sont accommodants et complaisants. Pour la même raison, dans le passé, des actions équitables étaient injustes si elles n'étaient pas tirées dans le sens du droit au moyen de fictions juridiques ; aujourd'hui, ce sont les codes qui sont injustes, s'ils ne sont pas accommodés aux faits au moyen d'une interprétation indulgente. Il en découle que tout le mérite de la jurisprudence consistait jadis à faire en sorte que des faits équitables finissent par devenir aussi, grâce à certaines fictions, justes au regard des lois, alors qu'aujourd'hui il consiste à faire en sorte que des lois justes deviennent aussi, grâce à des interprétations indulgentes, équitables au regard des faits. Jadis les jurisconsultes se faisaient d'office les protecteurs de la lettre des lois, aujourd'hui ils défendent d'office leur esprit ; et alors que jadis, dans les procès où des questions de droit étaient en jeu, ils défendaient la lettre des lois, laissant aux avocats le soin de défendre leur esprit, aujourd'hui les jurisconsultes jouent eux-mêmes le rôle d'avocats. Enfin, dans la mesure où les lois sont certaines alors que les faits sont infinis, et où le droit se réfère aux lois alors que les faits concernent l'équité, les livres de droit, jadis rares, sont devenus aujourd'hui innombrables.

... La jurisprudence moderne est mieux préservée des dangers de l'éloquence, mais elle est plus faible sous le rapport de la philosophie. Il est vrai, en effet, qu'aujourd'hui les jurisconsultes ne réussissent plus à faire céder les lois grâce à un discours pathétique, comme le faisaient souvent les avocats. Mais il est vrai aussi que la science qui permet d'organiser et de conserver les États au moyen des lois, cette science qui est la mère de toute jurisprudence et devrait être transmise avant toute autre, ils ne l'enseignent plus, alors qu'elle était l'objet d'un enseignement de la part des philosophes grecs, et que les Romains l'apprenaient par la pratique des affaires publiques.

Giambattista Vico[a], *La méthode des études de notre temps* (1708), in « Vie de G. Vico écrite par lui-même », trad. par A. Pons, 1981, Grasset, chap. XI.

a. *Giambattista Vico (1668-1774) : penseur napolitain, précurseur de la philosophie moderne de l'histoire, auteur de* La Science nouvelle *(1725), qui établit les rapports de l'histoire des nations avec la philosophie.*

JUSTICE. DROIT. ILLUSION

9. La justice, le droit ou la force ?

« *Maudit soit celui*, dit la loi, *qui déplace la borne.* » Une seule mauvaise sentence fait plus de mal que de nombreux mauvais exemples.
Bacon, *Essais de Politique et de Morale*, LVI (1612).

Combien n'a-t-on pas vanté chez Socrate le scrupule de probité qui lui fit repousser le conseil de s'enfuir de son cachot[1] ! Ce fut de sa part une pure folie de donner aux Athéniens le droit de le condamner. Aussi n'a-t-il été traité que comme il le méritait ; pourquoi se laissa-t-il entraîner par les Athéniens à engager la lutte sur le terrain où ils s'étaient placés ? Pourquoi ne pas rompre avec eux ? S'il avait su, s'il avait pu savoir ce qu'il était, il n'eût reconnu à de tels juges aucune autorité, aucun droit. S'il fut faible, ce fut précisément *en ne fuyant pas*, en gardant cette illusion qu'il avait encore quelque chose de commun avec les Athéniens, et en s'imaginant n'être qu'un membre, un simple membre de ce peuple. Il était bien plutôt ce peuple même en personne, et seul il pouvait être son juge. Il n'y avait point de juge au-dessus de lui : n'avait-il pas d'ailleurs prononcé sa sentence ? Il s'était, lui, jugé digne du Prytanée. Il aurait dû s'en tenir là, et, n'ayant prononcé contre lui-même aucune sentence de mort, il aurait dû mépriser celle des Athéniens et s'enfuir. Mais il se subordonna, et il accepta le Peuple pour juge : il se sentait petit devant la majesté du Peuple. S'incliner comme devant un « droit » devant la force qu'il n'aurait dû reconnaître qu'en y succombant, c'était se trahir soi-même, et c'était de la *vertu*. La légende attribue les mêmes scrupules au Christ, qui, dit-on, ne voulut pas se servir de

1. Cf. Platon, *Apologie de Socrate et Criton.*

sa puissance sur les légions célestes. Luther fut plus sage ; il eut raison de se faire délivrer un sauf-conduit en bonne forme avant de se hasarder à la diète de Worms, et Socrate aurait dû savoir que les Athéniens n'étaient que ses ennemis et que lui seul était son juge. L'illusion d'une « justice », d'une « légalité », etc., devait se dissiper devant cette considération que toute relation est un rapport de force, une lutte de puissance à puissance.

Max Stirner, *L'Unique et sa propriété* (Der Einzige und sein Eigenthum), 1844, traduit par Robert L. Reclaire, Stock, pp. 252-253.

Justice. Droit. Philosophie

10. Socrate, seul juge de la justice

Socrate est un héros ; il a consciemment reconnu et exprimé le principe supérieur, dont la justification était absolue. C'est là, en général, le rôle des héros dans l'histoire universelle : c'est par eux que naît le nouvel univers. Le nouveau principe est en contradiction avec celui qui a régné jusqu'alors, il apparaît comme dissolvant ; les héros apparaissent donc comme violents et ennemis des lois. Ils trouvent individuellement la mort ; mais ce principe pénètre, même sous une autre forme, et ensevelit celui qui régnait.

Hegel, *Geschichte der Philosophie*, (Histoire de la philosophie) posth., 1832, II, p. 120.

Quand Socrate refuse de fuir, ce n'est pas qu'il reconnaisse le tribunal, c'est pour mieux le récuser. En fuyant, il deviendrait un ennemi d'Athènes, il rendrait la sentence vraie. En restant, il a gagné, qu'on l'acquitte ou qu'on le condamne, soit qu'il prouve sa philosophie en la faisant accepter par ses juges, soit qu'il la prouve encore en acceptant la sentence. Aristote, soixante-seize ans plus tard, dira en s'exilant qu'il n'y a pas de raisons de permettre aux Athéniens un nouveau crime de lèse-philosophie. Socrate se fait une autre idée de la philosophie : elle n'est pas comme une idole dont il serait le gardien, et qu'il devrait mettre en lieu sûr, elle est dans son rapport vivant avec Athènes, dans sa présence absente, dans son obéissance sans respect. Socrate a une manière d'obéir qui est une manière de résister, comme Aristote désobéit dans la bienséance et la dignité. Tout ce que fait Socrate est ordonné autour de ce principe secret que l'on s'irrite de ne pas saisir. Toujours coupable par excès ou par défaut, toujours plus simple et moins sommaire que les autres, plus docile et moins accommodant, il les met en état de malaise, il leur inflige cette offense impardonnable de les faire douter d'eux-mêmes. Dans la vie, à l'Assemblée du peuple, comme devant le tribunal, il est là, mais de telle manière que l'on ne peut rien sur lui. Pas d'éloquence, point de plaidoyer préparé, ce serait donner raison à la calomnie en entrant dans le jeu du respect. Mais pas non plus de défi, ce serait oublier qu'en un sens les autres ne peuvent guère le juger autrement qu'ils font. La même philosophie l'oblige à comparaître devant les juges et le fait différent d'eux, la même liberté qui l'engage parmi eux le retranche de leurs préjugés. Le même principe le rend universel et singulier [...]. Il ne plaide pas pour lui-même, il plaide la cause d'une cité qui accepterait la philosophie. Il renverse les rôles et le leur dit : ce n'est pas moi que je défends, c'est vous. En fin de compte, la Cité est en lui, et ils sont les ennemis des lois, c'est eux qui sont jugés et c'est lui qui juge.

Merleau-Ponty, *Éloge de la philosophie*, Gallimard, 1953, p. 44.

JUSTICE. DROIT. MORT

11. LA PEINE DE MORT N'EST APPUYÉE SUR AUCUN DROIT

À l'aspect de cette profusion de supplices qui n'ont jamais rendu les hommes meilleurs, j'ai voulu examiner si la peine de mort est véritablement utile, et si elle est juste dans un gouvernement sage.

Qui peut avoir donné à des hommes le *droit* d'égorger leurs semblables ? Ce droit n'a certainement pas la même origine que les lois qui protègent.

La souveraineté et les lois ne sont que la somme des petites portions de liberté que chacun a cédées à la société. Elles représentent la volonté générale, résultat de l'union des volontés particulières. Mais qui jamais a voulu donner à d'autres hommes le *droit* de lui ôter la vie ? Et doit-on supposer que, dans le sacrifice que chacun a fait d'une petite partie de sa liberté, il ait pu risquer son existence, le plus précieux de tous les biens ?

Si cela était, comment accorder ce principe avec la maxime qui défend le suicide ? Ou l'homme a le droit de se tuer lui-même, ou il ne peut céder ce droit à un autre, ni à la société entière.

La peine de mort n'est donc appuyée sur aucun *droit*. C'est une guerre déclarée à un citoyen par la nation, qui juge la destruction de ce citoyen nécessaire ou utile. Mais si je prouve que la mort n'est ni utile ni nécessaire, j'aurai gagné la cause de l'humanité.

La mort d'un citoyen ne peut être regardée comme nécessaire que pour deux motifs. Premièrement, dans ces moments de trouble où une nation est sur le point de recouvrer ou de perdre sa liberté. Dans les temps d'anarchie, lorsque les lois sont remplacées par la confusion et le désordre, si un citoyen, quoique privé de sa liberté, peut encore, par ses relations et son crédit, porter quelque atteinte à la sûreté publique, si son existence peut produire une révolution dangereuse dans le gouvernement établi, la mort de ce citoyen devient nécessaire.

Mais sous le règne tranquille des lois, sous une forme de gouvernement approuvé par la nation entière, dans un État bien défendu au-dehors, et soutenu dans l'intérieur par la force et par l'opinion peut-être plus puissante que la force même, dans un pays où l'autorité est exercée par le souverain lui-même, où les richesses ne peuvent acheter que les plaisirs et non du pouvoir, il ne peut y avoir aucune nécessité d'ôter la vie à un citoyen, à moins que la mort ne soit le seul frein capable d'empêcher de nouveaux crimes. Car alors ce second motif autoriserait la peine de mort, et la rendrait nécessaire.

Cesare BECCARIA[a], *Des Délits et des peines* (1764), § XVI, Flammarion, 1979, pp. 90-91.

a. *Cesare Bonesana, marquis de Beccaria (1738-1794) : né et mort à Milan. Élève des Jésuites, il devint à vingt ans Docteur en droit de l'Université de Pavie, et publia en 1764* Dei delitti e delle pene. *Cet ouvrage provoqua dans toute l'Europe, malgré sa mise à l'Index et sa condamnation par l'Inquisition, une réforme profonde du droit pénal.*

12. L'esclavage perpétuel, plus efficace que la peine de mort ?

L'expérience de tous les siècles prouve que la peine de mort n'a jamais arrêté les scélérats déterminés à nuire.

La rigueur du châtiment fait moins d'effet sur l'esprit humain que la durée de la peine, parce que notre sensibilité est plus aisément et plus constamment affectée par une impression légère mais fréquente, que par une secousse violente mais passagère.

Le spectacle affreux, mais momentané de la mort d'un scélérat, est pour le crime un frein moins puissant que le long et continuel exemple d'un homme privé de sa liberté, devenu en quelque sorte une bête de somme ; et réparant par des travaux pénibles le dommage qu'il a fait à la société. Ce retour fréquent du spectateur sur lui-même : « Si je commettais un crime, je serais réduit toute ma vie à cette misérable condition », cette idée terrible épouvanterait plus fortement les esprits que la crainte de la mort, qu'on ne voit qu'un instant dans un obscur lointain qui en affaiblit l'horreur.

Ainsi donc, l'esclavage perpétuel, substitué à la peine de mort, a toute la rigueur qu'il faut pour éloigner du crime l'esprit le plus déterminé. Je dis plus : on envisage souvent la mort d'un œil tranquille et ferme, les uns par fanatisme, d'autres par cette vanité qui nous accompagne au-delà même du tombeau. Quelques-uns, désespérés, fatigués de la vie, regardent la mort comme un moyen de se délivrer de leur misère. Mais le fanatisme et la vanité s'évanouissent dans les chaînes, sous les coups, au milieu des barreaux de fer. Le désespoir ne termine pas leurs maux ; il les commence.

Notre âme résiste plus à la violence des douleurs extrêmes, qui ne sont que passagères, qu'au temps et à la continuité de l'ennui. Toutes les forces de l'âme, en se réunissant contre des maux passagers, peuvent en affaiblir l'action ; mais tous ses ressorts finissent par céder à des peines longues et constantes.

Chez une nation où la peine de mort est employée, il faut, pour chaque exemple que l'on donne, un nouveau crime, au lieu que l'esclavage perpétuel d'un seul coupable met sous les yeux du peuple un exemple toujours subsistant et répété.

Cesare Beccaria, *Des Délits et des peines* (1764), § XVI., Flammarion, 1979, pp. 92-93.

13. Mais l'esclavage perpétuel est-il plus juste que la peine de mort ?

Vous avez publié, Monsieur, un ouvrage justement applaudi : il m'a fait, en beaucoup d'endroits, un plaisir que je ne puis vous exprimer : je ne suis pas cependant, à beaucoup près, de votre avis [...].

Vous voulez qu'on supprime la peine de mort, et qu'on se contente d'enchaîner les malfaiteurs, de les appliquer à des travaux pénibles. Cet usage n'a pas été toujours inconnu, et c'est ce que les Romains appeloient condamner *aux mines*, supplice consacré, honoré par tant de martyrs que les loix de l'État condamnoient à la mort, et à qui l'indulgence du gouvernement faisoit grâce. C'est ce qu'on appelle en Allemagne *galère de terre*, où l'on condamne les malheureux qui ont tué un cerf, laissé ouverte la porte d'un parc, ou mangé une perdrix. Nous pourrions sans contredit employer parmi nous cette espèce de punition ; il nous est permis de recevoir cet usage d'ailleurs, comme nous en avons reçu le quinquina, l'inoculation, les montres sonnantes, etc. Mais permettez-moi de vous demander : quel en sera le fruit réel pour la société ?

Il faut des gardes à vos prisonniers, il faut des alimens ; nourrissez-les mal en les accablant de fatigues, ils périront bientôt ; il n'y aura de changé que le nom et l'appareil de la peine, car ce sera toujours vous qui les aurez tués. Nourrissez-les bien, leur entretien surpassera le produit de leurs travaux. Leurs chaînes, leur mauvaise volonté rendront leurs efforts très peu fructueux, et le résultat de cet adoucissement sera de surcharger la société d'une foule de bouches inutiles.

D'ailleurs, comment les nourrir ? Sera-ce par entreprise ou par régie ? Ah ! Monsieur, c'est bien assez des horreurs qui circulent déjà dans le monde par ces funestes inventions. Pour nourrir des scélérats à charge à la société, vous risqueriez de corrompre tous les préposés à leur nourriture.

Ce n'est pas tout : malgré votre vigilance, ils se sauveront quelquefois : alors qu'avez-vous gagné, si ce n'est de remettre dans la société une foule de scélérats aigris par le souvenir de leurs peines passées, impatiens de développer leur goût pour le crime, comme des malades qui ayant été long-tems couchés, brûlent de marcher pour essayer leurs jambes. Nécessités toujours, par la crainte d'être repris et par le besoin de subsister, à faire la guerre aux hommes, et enhardis enfin à continuer ce métier, d'une part, par la certitude de n'encourir qu'une peine médiocre, et de l'autre par l'espérance de se dérober à cette peine une seconde fois, comme ils l'ont fait la première.

Mais il y a plus encore ; ce seroit ouvrir la porte à l'impunité : ce seroit rendre à l'opulence ou à la noblesse le droit de commettre des crimes sans inquiétude. Dans le premier moment d'un forfait, le cri public étouffe les sollicitations de la famille ; il rend les juges ou leurs suppôts sourds à tous les efforts qu'on hasarde auprès d'eux. Ils frappent impitoyablement le coupable ; ils le retranchent avec indignation de la société, et quand il n'est plus, on oublie ce qu'il a été ; mais, s'il survivoit à son châtiment, si sa présence toujours subsistante étoit pour ses parens un monument de honte, ou une exhortation continuelle de le soustraire à cette infamie, ne sentez-vous pas avec quelle vivacité ils insisteroient pour y parvenir, et ne sentez-vous pas aussi qu'après quelques années de servitude, les juges commenceroient à trouver l'expiation suffisante, surtout quand le crédit des personnes en place les presseroit de penser ainsi ? [...] Votre douceur seroit l'appas du crime. Il ne resteroit à la chaîne que les criminels les plus indigens, les plus dépourvus de ressources, et par conséquent les plus excusables suivant vos principes.

Ainsi, Monsieur, la peine de mort est nécessaire, elle est indispensable. Elle est injuste, dites-vous, et la société n'a pas le droit de la prononcer, car personne n'a voulu la lui donner. Personne n'est en droit de se donner la mort : donc personne ne peut donner à un autre le droit de la donner. Mais Monsieur, est-on plus en droit de se donner la captivité que la mort ?

Simon Linguet[a], Lettre adressée à l'auteur du « Traité des délits et des peines » (Beccaria, voir textes précédents n°s 11, 12), in *Journal oeconomique*, avril 1770, p. 171 sq.

a. Simon Linguet (1736-1794) d'abord secrétaire de hauts dignitaires qu'il suivit en Pologne et au Portugal, puis avocat et publiciste, publia en 1764 Nécessité d'une réforme de l'administration de la justice criminelle. *Rayé du barreau parce qu'il déclamait contre le droit romain, il est emprisonné deux ans à la Bastille, puis exilé à Rethel, d'où il s'enfuit pour Bruxelles, quand éclate la Révolution. De retour en France en 1791, il est arrêté, condamné à mort et exécuté.*

DROIT. THÉORIE ET EXPÉRIENCE. JUGEMENT

14. LE DROIT : VALEUR SUPRÊME OU MAL NÉCESSAIRE ?

«On n'est obligé qu'à traiter les gens dans les formes.»
DIAFOIRUS, dans *Le Malade imaginaire.*

D'un point de vue global, deux conceptions du droit se heurtent : valeur suprême ou mal nécessaire. Les Occidentaux tiennent en général l'état de droit pour synonyme de civilisation parce qu'ils n'imaginent pas d'autre alternative que la loi de la jungle ou le triomphe du droit. À l'opposé, les extrêmes-orientaux souhaitent une régulation de la société par les mœurs et ne se résignent au droit que comme moyen de lutter contre les comportements asociaux. À leurs yeux, les honnêtes gens n'ont nul besoin de droit et par exemple l'emploi de juge n'inspire, dit-on, pas plus de considération que celui, chez nous, d'indicateur de police. Entre ces deux conceptions, une position médiane voit dans le droit un instrument, favorable aux uns et défavorable aux autres. Pour les marxistes ou ce qu'il en reste, le droit est le moyen d'assurer la domination d'une classe sur une autre et il doit dépérir après l'avènement de la société sans classes. Mais outre que la prophétie se solde par un fiasco, la notion de classe n'a pas de valeur scientifique et il ne subsiste de la thèse que sa partie critique, – celle qui débusque les luttes d'intérêts derrière les formulations apparemment neutres. Encore subsiste-t-elle à la condition que de méthode d'investigation elle ne se transforme pas en conception réductrice qui ravale le droit à une seule de ses fonctions : dans la réalité le droit ne tend pas uniquement à occulter les oppositions d'intérêts, mais surtout à les apaiser au grand jour. Au surplus, rien ne sert de critiquer le droit en tant qu'expression du politique car autant critiquer le régime politique lui-même. La question véritable est de savoir si en soi le droit vaut mieux que l'absence de droit. On ne peut évidemment que la poser en laissant chacun libre de sa réponse.

Pour un Occidental, le droit, c'est d'abord la forme, – une certaine procédure au sens large. On ne prétend pas qu'elle suffise car une forme sans contenu n'assure pas la justice (comme en témoignent les procès politiques jugés d'avance), mais elle constitue un premier pas nécessaire. Certes il vaudrait mieux avoir le contenu sans la forme, c'est-à-dire la justice spontanée, mais quoi qu'en pensent les Chinois, cela ne se trouve pas sous le galop d'un cheval. Et l'éloge des mœurs nous laisse perplexe : elles régissent en commun l'animal et l'homme, au lieu que le droit est – tout de même – le propre de l'homme. Comme le rire, si l'on en croit Rabelais. Le droit, c'est aussi du mécanique plaqué sur du vivant. Comme le rire toujours, si l'on en croit Bergson[a]. On ne s'étonnera après cela, ni qu'il y ait un comique juridique – en général involontaire –, ni qu'il existe un plaisir du droit, nullement forcé.

Philippe JESTAZ[b], *Le Droit*, Édit. Dalloz, 1991, pp. 107-109.

a. *Cf. Bergson :* «La forme voulant primer le fond, la lettre cherchant chicane à l'esprit. *Ne serait-ce pas cette idée que la comédie cherche à nous suggérer quand elle ridiculise une profession ? Elle fait parler l'avocat, le juge, le médecin, comme si c'était peu de chose que la santé et la justice, l'essentiel étant qu'il y ait des médecins, des avocats, des juges, et que les formes extérieures de la profession soient respectées scrupuleusement. Ainsi le moyen se substitue à la fin, la forme au fond, et ce n'est plus la profession qui est faite pour le public, mais le public pour la profession* », Le Rire, *1900, chap. 1*[er], *V, II.*

b. *Philippe Jestaz est professeur à l'Université de Paris XII. Son ouvrage* Le Droit *présente, dans un style alerte, et à l'aide de nombreux exemples simples, les éléments d'une définition du droit, de son contenu et de ses limites, ainsi que les conditions d'existence d'une science du droit.*

15. Le fondement naturel du droit

La guerre est la sphère du danger,
aussi le *courage* est-il la vertu guerrière par excellence.
Carl von Clausewitz, *De la guerre*, posth., 1832, Liv. I, chap. III.

Jamais les hommes n'ont songé à fonder leurs relations sociales sur la force mécanique, aveugle ou brutale ; ils ont toujours été guidés, dans l'établissement de leurs institutions de gouvernement, par l'idée d'un droit qui n'est point, comme on le dit par antiphrase, le droit de la force, mais qui pour cela ne ressemble guère au droit des philosophes : je veux parler du droit du courage, de la vaillance. De tout temps les hommes ont cru qu'en jouant leur vie à ce terrible jeu des combats ils acquièrent par le succès, par la victoire, des droits sur leurs ennemis, que ceux-ci auraient acquis contre eux si le sort des armes les eût favorisés : des droits de supériorité, de domination et même certains droits de propriété aussi légitimes que ceux qu'ils auraient pu acquérir par le travail ou par le bonheur d'une trouvaille. Il n'est pas moins naturel aux hommes de combattre que de travailler ; partout même l'organisation de la guerre entre peuplades a précédé l'organisation du travail. Les hommes ont peu à peu réformé, adouci leurs idées sur les conséquences du droit de la guerre : ils ne les ont jamais tout à fait abandonnées. Nous-mêmes dans notre enfance, nous avons vu le temps où l'on gagnait au jeu des batailles, au prix du sang versé, des baronnies, des duchés, des royaumes ; et le peuple trouvait cela tout simple, tout légitime. Il comprenait et acceptait de pareilles fortunes, pour le moins aussi bien qu'il comprend et qu'il accepte une fortune faite à la Bourse, dans un comptoir ou dans une usine. La fibre de l'homme avait été touchée dans ce qu'elle a de plus vivant, et dans ce que négligent trop pour l'ordinaire, en construisant leurs systèmes, les professeurs et les philosophes.

De la notion du droit de la guerre, du droit acquis par le courage et la victoire, dans une défense commune ou dans une agression commune, dérivent principalement les institutions politiques ; de la notion du droit de propriété, acquis par un travail séparé et une industrie heureuse, dérive principalement le droit civil proprement dit.

Cournot, *Traité de l'enchaînement des idées fondamentales dans les sciences et dans l'histoire* (1861), Hachette, 1922, p. 500.

Maurice MERLEAU-PONTY (1908-1961)

Photo Associated Press.

ESPACE. PERCEPTION

À cause que c'est l'âme qui voit, et non pas l'œil, et qu'elle ne voit immédiatement que par l'entremise du cerveau, de là vient que les frénétiques, et ceux qui dorment, voient souvent, ou pensent voir, divers objets qui ne sont point pour cela devant leurs yeux.

DESCARTES

On ne peut jamais se représenter qu'il n'y ait pas d'espace, quoique l'on puisse bien penser qu'il n'y ait pas d'objets dans l'espace.

KANT

Les physiciens, avec l'aide des mathématiciens, s'emploient à construire des *espaces* – à trois, à quatre ou à *n* dimensions –, dans lesquels ils peuvent opérer en toute rigueur. Or, nous n'habitons pas de tels espaces objectifs, neutres, et quasiment indifférents aux déplacements dont ils sont le lieu abstrait. La physique mathématique exclut les êtres humains du champ impartial de ses créations spatiales. En revanche, les rêveries humaines s'inscrivent dans un tout autre espace, «vécu, comme dit si justement Bachelard, avec toutes les partialités de l'imagination». L'espace dans lequel nous vivons réellement comporte, comme toute existence, des premiers plans et des lointains, des hauts et des bas, une droite et une gauche, etc. Il est orienté, tout constellé de directions privilégiées, vers lesquelles chacun se tourne pour vivre ou pour mourir, les uns pour prier, les autres pour fuir ou pour attaquer... Existe-t-il donc *un* espace universel, absolu, infini, identiquement perçu par tous comme le «présentoir» de toutes choses, ou bien «est-ce une illusion de croire, comme l'écrit Lagneau, qu'il y a une manière idéale de percevoir dans laquelle s'accorderaient tous les esprits?»

Que signifie «percevoir»? Apparemment, c'est bien simple: cet arbre que j'aperçois là-bas, ce livre qui est sur ma table... Mais combien d'analyses, si bien parties pour «rendre compte» de la perception, ont-elles touché au but?

Du côté de l'«objet», dès que l'on scrute son «objectivité» apparemment immédiate, on découvre tout un échafaudage de jugements et de connaissances acquises, qui constituent sa *réalité perçue*. Du côté du «sujet» percevant, en revanche, si, dans un laboratoire et pour les besoins de l'expérimentation, on décompose en «sensations» distinctes son champ perceptif, celui-ci s'évanouit, révélant que les sensations, bien que spécifiques, ne sont pas isolables. Une perception est une *représentation* déterminée qui découpe dans un certain espace des «objets» liés à nos préoccupations et à nos tendances: ainsi, c'est notre corps, et notre corps tout entier, qui est intéressé et compromis dans la perception. Celle-ci est en quelque sorte le négatif de l'affection, c'est une affection repoussée à distance et qui met à chaque instant un certain *espace de vie* entre le monde et nous.

Mais si, pour tout être vivant, sa représentation du monde est relative à sa propre *structure*, le monde perçu peut-il être autre chose que l'expression de sa *culture*? En d'autres termes, quelle est la part de l'inné et celle de l'acquis, de l'immédiat et du construit, dans notre relation au monde? Y a-t-il continuité ou rupture de la sensation à l'intelligence et de la vie au concept? Le problème de la perception se situe à la croisée de la *singularité* du vécu poétique et de l'*universalité* de l'information objective.

La psychologie de la Forme s'est appliquée à montrer la priorité de la perception du tout sur celle des éléments, et à relever les propriétés caractéristiques de certaines *formes* privilégiées. De son côté, la phénoménologie souligne à la fois l'immédiateté de l'ordre du réel qui s'impose à nous dans la perception, et la parenté de cet ordre avec celui de l'imagination (cf. les textes de Bachelard, n°s 7, 8, 9) ou de l'hallucination, comme si réel et imaginaire procédaient d'une même fonction primordiale. Bref, la perception se présente comme le premier *acte de foi* (cf. Merleau-Ponty, texte n° 5).

Pourquoi et dans quelles conditions cette foi perceptive du vivant peut-elle ou doit-elle céder la place à la connaissance physico-mathématique? N'est-ce pas parce que cette foi, mal assurée et souvent déçue, est en quête d'un lieu idéal d'où toutes choses pourraient être enfin perçues dans leur vérité éternelle?

L'ESPACE N'EST PAS UNE PROPRIÉTÉ DES CHOSES, MAIS LA FORME *A PRIORI* DE NOS « INTUITIONS EXTÉRIEURES »[1]

1. À rapprocher du texte de Kant sur « le temps », n° 11, p. 259.

a) L'espace ne représente ni une propriété des choses en soi, ni ces choses dans leurs rapports entre elles, c'est-à-dire aucune détermination des choses qui soit inhérente aux objets mêmes et qui subsiste si on fait abstraction de toutes les conditions subjectives de l'intuition. En effet, il n'y a pas de déterminations, soit absolues, soit relatives, qui puissent être intuitionnées avant l'existence des choses auxquelles elles appartiennent et, par conséquent, *a priori*.

b) L'espace n'est rien autre chose que la forme de tous les phénomènes des sens extérieurs, c'est-à-dire la condition subjective de la sensibilité sous laquelle seule nous est possible une intuition extérieure. Or, comme la réceptivité en vertu de laquelle le sujet peut être affecté par des objets précède, d'une manière nécessaire, toutes les intuitions de ces objets, on comprend facilement comment la forme de tous les phénomènes peut être donnée dans l'esprit, antérieurement à toute perception réelle, – par conséquent *a priori*, – et comment, avant toute expérience, elle peut, comme une intuition pure, dans laquelle tous les objets doivent être déterminés, contenir les principes de leurs relations.

Nous ne pouvons donc parler de l'espace, de l'être étendu, etc., qu'au point de vue de l'homme. Si nous sortons de la condition subjective sans laquelle nous ne saurions recevoir d'intuitions extérieures, c'est-à-dire être affectés par les objets, la représentation de l'espace ne signifie plus rien.

Kant, *Critique de la Raison pure,* 1781,
Esthétique transcendantale, 1re section, § 3.

PERCEPTION. JUGEMENT. CONSCIENCE

1. UNE PERCEPTION EST UNE REPRÉSENTATION DÉTERMINÉE

Si étroitement liées que soient la représentation et la perception, il n'est pas moins nécessaire de les distinguer l'une de l'autre comme deux moments continuellement successifs. Ainsi, qu'un mouvement soudain de ma main se produise devant mes yeux, si je ne saisis que ce mouvement, j'ai une simple représentation. Si je sais que c'est ma main qui a passé devant mes yeux, j'ai une perception, c'est-à-dire une représentation déterminée. Enfin, si je cherche à m'expliquer la cause de ma représentation primitive, je fais acte de connaissance rationnelle. Toutefois il faut remarquer que, dans l'acte même par lequel j'ai interprété ce mouvement comme étant le passage de ma main devant mes yeux, mon entendement est intervenu. Si j'étais un enfant à peine né, il me serait impossible de reconnaître dans ce mouvement le passage d'une main devant un œil. Cette interprétation suppose, d'une part que je sais que tout ce qui se présente à moi dans ma représentation est en moi, et ensuite que j'ai appris quelle espèce d'être doit être conçu pour expliquer cette représentation, à savoir la conception d'un être objectif auquel elle se rapporte, et un ensemble d'habitudes acquises par le moyen desquelles j'ai pu évoquer en moi précisément la représentation de l'objet le plus capable d'expliquer ma représentation. Enfin, en dernier lieu, elle suppose un jugement ferme, définitif, en apparence immédiat, par lequel j'ai appliqué cette construction intérieure d'un objet à ma représentation extérieure, de façon qu'elles fissent corps l'une avec l'autre. Lorsque je perçois un objet extérieur, il ne me semble pas que j'interprète une représentation passive par une représentation active, mais il me semble que cette opération est immédiate, intuitive. La perception est en apparence une intuition immédiate. L'esprit semble passif, alors qu'il est actif. Le côté actif de la perception, l'esprit n'en a généralement pas conscience. Il y a cependant des cas dans lesquels le caractère actif de la perception apparaît distinctement, c'est lorsque l'esprit cherche à voir ou à entendre ; mais, quand il voit ou entend, le côté actif disparaît.

Jules LAGNEAU, *Célèbres leçons et fragments*, P.U.F., 1950, p. 133.

ESPACE. PERCEPTION. VIVANT

2. COMMENT L'ANIMAL PERÇOIT SON « MILIEU »

Comme un gourmet ne cherche dans un gâteau que les raisins et les fruits confits dont on a enrichi sa pâte, ainsi la tique[1], de tous les objets de son entourage, retient le seul acide butyrique. Il ne nous intéresse pas de savoir quelles sensations gustatives raisins ou fruits confits réservent au gourmet ; nous constatons seulement qu'ils deviennent des caractères perceptifs de son milieu, parce qu'ils ont pour lui une signification biologique particulière. De même, nous ne nous demandons pas quels sont pour la tique l'odeur et le goût de l'acide butyrique ; nous nous contentons d'enregistrer le fait que

1. Cf. texte n° 4, p. 454 (J. von Uexküll).

l'acide butyrique devient, en tant que signifiant biologique, un caractère perceptif de la tique.

Le milieu de l'animal, que nous nous proposons d'examiner, n'est qu'un fragment de l'entourage que nous voyons s'étendre autour de lui, – et cet entourage n'est rien d'autre que notre propre milieu humain. La première tâche, dans une recherche sur le milieu, consiste à isoler les caractères perceptifs de l'animal parmi tous ceux de son entourage et à en bâtir le milieu de l'animal. Le caractère perceptif des raisins et des fruits confits laisse la tique indifférente, alors que celui de l'acide butyrique joue un rôle primordial dans son milieu. Dans le milieu du gourmet, l'importance n'est pas mise sur l'acide butyrique mais sur le caractère perceptif des raisins et des fruits confits.

Tout sujet tisse ses relations comme autant de fils d'araignée avec certaines caractéristiques des choses et les entrelace pour en faire un réseau qui porte son existence.

Quelles que soient les relations entre un sujet et les objets de son entourage, elles se déroulent toujours en dehors du sujet, là même où nous devons chercher les caractères perceptifs. Les caractères perceptifs sont donc toujours liés à l'espace d'une certaine manière et, puisqu'ils se succèdent dans un certain ordre, ils sont liés au temps.

Trop souvent nous nous imaginons que les relations qu'un sujet d'un autre milieu entretient avec les choses de son milieu prennent place dans le même espace et dans le même temps que ceux qui nous relient aux choses de notre monde humain. Cette illusion repose sur la croyance en un monde unique dans lequel s'emboîteraient tous les êtres vivants. De là vient l'opinion commune qu'il n'existerait qu'un temps et qu'un espace pour tous les êtres vivants.

Jakob von Uexküll[a], *Mondes animaux et monde humain*, 1956, trad. P. Muller, Denoël-Gonthier, p. 26.

a. *Jakob von Uexküll (1864-1944) : naturaliste et biologiste allemand né en Estonie. Il fut l'un des grands précurseurs de l'éthologie contemporaine.*

3. Perception et affection

Quand un corps étranger touche un des prolongements de l'amibe, ce prolongement se rétracte ; chaque partie de la masse protoplasmique est donc également capable de recevoir l'excitation et de réagir contre elle ; perception et mouvement se confondent ici en une propriété unique qui est la contractilité. [...] Dans un organisme tel que le nôtre, les fibres dites sensitives sont exclusivement chargées de transmettre des excitations à une région centrale d'où l'ébranlement se propagera à des éléments moteurs. [...] Mais elles n'en demeurent pas moins exposées, isolément, aux mêmes causes de destruction qui menacent l'organisme dans son ensemble ; et tandis que cet organisme a la faculté de se mouvoir pour échapper au danger ou pour réparer ses portes, l'élément sensitif conserve l'immobilité relative à laquelle la division du travail le condamne.

Ainsi naît la douleur, laquelle n'est point autre chose, selon nous, qu'un effort de l'élément lésé pour remettre les choses en place, – une espèce de tendance motrice sur un nerf sensible. [...]

Il y a donc, il doit y avoir un moment précis où la douleur intervient : c'est lorsque la portion intéressée de l'organisme, au lieu d'accueillir l'excitation, la repousse. Et ce n'est pas seulement une différence de degré qui sépare la perception de l'affection, mais une différence de nature.

[...] La perception, entendue comme nous l'entendons, mesure notre action possible sur les choses et par là, inversement, l'action possible des choses sur nous. Plus grande est la puissance d'agir du corps (symbolisée par une complication supérieure du système nerveux), plus vaste est le champ que la perception embrasse. La distance qui sépare notre corps d'un objet perçu mesure donc véritablement la plus ou moins grande imminence d'un danger, la plus ou moins prochaine échéance d'une promesse. Et par suite, notre perception d'un objet distinct de notre corps, séparé de notre corps par un intervalle, n'exprime jamais qu'une action virtuelle.

Mais plus la distance décroît entre cet objet et notre corps, plus, en d'autres termes, le danger devient urgent ou la promesse immédiate, plus l'action virtuelle tend à se transformer en action réelle. Passez maintenant à la limite, supposez que la distance devienne nulle, c'est-à-dire que l'objet à percevoir coïncide avec notre corps, c'est-à-dire enfin que notre propre corps soit l'objet à percevoir. Alors ce n'est plus une action virtuelle, mais une action réelle que cette perception toute spéciale exprimera : l'affection consiste en cela même.

Bergson, *Matière et mémoire* (1896), P.U.F., pp. 55-58.

4. La perception et les limites de notre action dans l'espace

Qu'il y ait, en un certain sens, des objets multiples, qu'un homme se distingue d'un autre homme, un arbre d'un arbre, une pierre d'une pierre, c'est incontestable, puisque chacun de ces êtres, chacune de ces choses a des propriétés caractéristiques et obéit à une loi déterminée d'évolution. Mais la séparation entre la chose et son entourage ne peut être absolument tranchée ; on passe, par gradations insensibles, de l'une à l'autre : l'étroite solidarité qui lie tous les objets de l'univers matériel, la perpétuité de leurs actions et réactions réciproques, prouve assez qu'ils n'ont pas les limites précises que nous leur attribuons. Notre perception dessine, en quelque sorte, la forme de leur résidu ; elle les termine au point où s'arrête notre action possible sur eux et où ils cessent, par conséquent, d'intéresser nos besoins. Telle est la première et la plus apparente opération de l'esprit qui perçoit : il trace des divisions dans la continuité de l'étendue, cédant simplement aux suggestions du besoin et aux nécessités de la vie pratique. Mais pour diviser ainsi le réel, nous devons nous persuader d'abord que le réel est arbitrairement divisible. Nous devons par conséquent tendre au-dessous de la continuité des qualités sensibles, qui est l'étendue concrète, un filet aux mailles indéfiniment déformables et indéfiniment décroissantes : ce substrat simplement conçu, ce schème tout idéal de la divisibilité arbitraire et indéfinie, est l'espace homogène.

Bergson, *Matière et mémoire* (1896), P.U.F., p. 235.

5. La foi perceptive : perception et hallucination

L'hallucination n'est pas une perception, mais elle *vaut comme* réalité, elle compte seule pour l'halluciné. Le monde perçu a perdu sa force expressive et le système hallucinatoire l'a usurpée. Bien que l'hallucination ne soit pas une perception, il y a une imposture hallucinatoire et c'est ce que nous ne comprendrons jamais si nous faisons de l'hallucination une opération intellectuelle. Il faut que, si différente qu'elle soit d'une perception, l'hallucination puisse la supplanter et exister pour le malade plus que ses propres perceptions. Cela n'est possible que si hallucination et perception sont des modalités d'une seule fonction primordiale par laquelle nous disposons autour de nous un milieu d'une structure définie, par laquelle nous nous situons tantôt en plein monde, tantôt en marge du monde. L'existence du malade est décentrée, elle ne s'accomplit plus dans le commerce avec un monde âpre, résistant et indocile qui nous ignore, elle s'épuise dans la constitution solitaire d'un milieu fictif. *Mais cette fiction ne peut valoir comme réalité que parce que la réalité elle-même est atteinte chez le sujet normal dans une opération analogue.* En tant qu'il a des champs sensoriels et un corps, le normal porte, lui aussi, cette blessure béante par où peut s'introduire l'illusion, sa représentation du monde est vulnérable. Si nous croyons à ce que nous voyons, c'est avant toute vérification, et le tort des théories classiques de la perception est d'introduire dans la perception même des opérations intellectuelles et une critique des témoignages sensoriels auxquels nous n'avons recours que lorsque la perception directe échoue dans l'ambiguïté.

Maurice Merleau-Ponty, *Phénoménologie de la perception*, Gallimard, 1945, p. 394.

6. *Espace et connaissance :* déplacement et information

Un animal, – et j'ai fait allusion à l'étude du comportement instinctif, comportement structuré par des patterns innés, – est informé héréditairement à ne recueillir et à ne transmettre que certaines informations. Celles que sa structure ne lui permet pas de recueillir sont pour lui comme si elles n'étaient point. C'est la structure de l'animal qui dessine, dans ce qui paraît à l'homme le milieu universel, autant de milieux propres à chaque espèce animale, comme von Uexküll l'a établi. Si l'homme est informé à ce même titre, comment expliquer l'histoire de la connaissance, qui est l'histoire des erreurs et l'histoire des victoires sur l'erreur ? Faut-il admettre que l'homme est devenu tel par mutation, par une erreur héréditaire? La vie aurait donc abouti par erreur à ce vivant capable d'erreur. En fait, l'erreur humaine ne fait probablement qu'un avec l'errance. L'homme se trompe parce qu'il ne sait où se mettre. L'homme se trompe quand il ne se place pas à l'endroit adéquat pour recueillir une certaine information qu'il recherche. Mais aussi, c'est à force de se déplacer qu'il recueille de l'information ou en déplaçant, par toutes sortes de techniques – et on pourrait dire que la plupart des techniques scientifiques reviennent à ce processus – les objets les uns par rapport aux autres, et l'ensemble par rapport à lui. La connaissance est donc une recherche inquiète de la plus grande quantité et de la plus grande variété d'information.

Par conséquent, être sujet de la connaissance, si l'*a priori* est dans les choses, si le concept est dans la vie, c'est seulement être insatisfait du sens trouvé. La subjectivité, c'est alors uniquement l'insatisfaction. Mais c'est peut-être là la vie elle-même. La biologie contemporaine, lue d'une certaine manière, est, en quelque façon, une philosophie de la vie.

Georges Canguilhem, *Études d'histoire et de philosophie des sciences,* 2e éd., 1970, Vrin, p. 364.

Perception. sens

7. Les « formes » privilégiées de la perception

Les faits psychiques sont des *formes*, c'est-à-dire des *unités organiques qui s'individualisent et se limitent dans le champ* spatial et temporel de perception ou de représentation. Les formes dépendent, dans le cas de la perception, d'un ensemble de facteurs objectifs, d'une constellation d'excitants; mais elles sont *transposables*, c'est-à-dire que certaines de leurs propriétés se conservent dans des changements qui affectent, d'une certaine manière, tous ces facteurs. Les formes *peuvent* présenter une *articulation intérieure*, des parties ou membres naturels possédant dans le tout des fonctions déterminées et constituant à son intérieur des unités ou formes de second ordre. La perception des différentes sortes d'éléments et des différentes sortes de rapports correspond à différents *modes d'organisation* d'un tout, qui dépendent à la fois de conditions objectives et subjectives. La correspondance qu'on peut établir entre les membres naturels d'un tout articulé et certains éléments objectifs ne se maintient pas, en général, quand ces mêmes éléments appartiennent à un autre ensemble objectif. *Une partie dans un tout est autre chose que cette partie isolée ou dans un autre tout,* à cause des propriétés qu'elle tient de sa place et de sa fonction dans chacun d'eux. Le changement d'une condition objective peut tantôt produire un changement *local* dans la forme perçue, tantôt se traduire par un changement *dans les propriétés de la forme totale*.

[...] Les conditions de proximité et de ressemblance déterminent en partie la probabilité de la réalisation spontanée de telle ordonnance dans la perception, mais la *valeur* propre de cette ordonnance est aussi un facteur décisif. Des points assez rapprochés tendent à former des lignes; mais l'appartenance d'un point est pour cette ligne un *meilleur prolongement* que tout autre, qu'il continue mieux son mouvement (de même un son continuera mieux qu'un autre une ligne mélodique). Dans un ensemble structuré, la loi du tout détermine les parties ; celles-ci tendent à se *compléter* d'une certaine façon et captent les éléments du champ susceptibles de constituer ce complément [...] On peut donc dire que, dans le conflit des formes possibles, le groupement ou la disjonction se fait dans le sens de la réalisation d'une forme privilégiée. Les formes privilégiées sont *régulières, simples, symétriques.* La forme qui est perçue est la *meilleure possible* (loi de la bonne forme) [...]

Dans la vie ordinaire, la distinction figure-fond joue un rôle important. C'est par elle qu'une hiérarchie s'établit dans notre champ de perception entre des *choses* et un milieu neutre qui se trouve ramené à un degré inférieur de différenciation. Aucune pensée, aucune action ne serait possible si la perception présentait sur le même plan sans relief psychique, avec la même réalité et la même différenciation, toutes les structures possibles. « Nous voyons les choses, disait v. Hornbostel, nous ne voyons pas les trous qui les séparent » (c'est-à-dire que nous ne voyons pas ces trous comme des formes). Nous voyons des arbres, des maisons se profiler sur le ciel, mais ce sont ces objets qui ont une forme et un contour, et non pas le pan de ciel qu'ils découpent.

Paul Guillaume[a], *La Psychologie de la forme,* Flammarion, 1937, pp. 21 sq.

a. *Paul Guillaume (1878-1962) : Psychologue. A introduit en France la* Gestalttheorie *ou « Théorie de la forme », de Wertheimer, Koffka et Köhler.*

ESPACE. IMAGINATION. PERCEPTION

8. L'ESPACE VÉCU PAR L'IMAGINATION : LA MAISON

L'espace saisi par l'imagination ne peut rester l'espace indifférent livré à la mesure et à la réflexion du géomètre. Il est vécu. Et il est vécu, non pas dans sa positivité, mais avec toutes les partialités de l'imagination. En particulier, presque toujours il attire. Il concentre de l'être à l'intérieur des limites qui protègent. [...]

D'abord, comme il se doit dans une recherche sur les images de l'intimité, nous posons le problème de la poétique de la maison. Les questions abondent : comment des chambres secrètes, des chambres disparues se constituent-elles en demeures pour un passé inoubliable ? Où et comment le repos trouve-t-il des situations privilégiées ? Comment les refuges éphémères et les abris occasionnels reçoivent-ils parfois, de nos rêveries intimes, des valeurs qui n'ont aucune base objective ? Avec l'image de la maison, nous tenons un véritable principe d'intégration psychologique. [...] Pour donner une idée de la complexité de la tâche du psychologue qui étudie l'âme humaine en ses profondeurs, C.-G. Jung demande à son lecteur de considérer cette comparaison : « Nous avons à découvrir un bâtiment et à l'expliquer : son étage supérieur a été construit au XIXe siècle, le rez-de-chaussée date du XVIe siècle et l'examen minutieux de la construction montre qu'elle a été faite sur une tour du IIe siècle. Dans la cave, nous découvrons des fondations romaines, et sous la cave se trouve une grotte comblée sur le sol de laquelle on découvre dans la couche supérieure des outils de silex, et, dans les couches plus profondes, des restes de faune glaciaire. Telle serait à peu près la structure de notre âme»[1]. Naturellement, Jung sait le caractère insuffisant de cette comparaison. Mais, du fait même qu'elle se développe si aisément, il y a un sens à prendre la maison comme *un instrument d'analyse* pour l'âme humaine. Aidés par cet «instrument», ne retrouverons-nous, en nous-mêmes, en rêvant dans notre simple maison, des réconforts de grotte? Et la tour de notre âme est-elle à jamais rasée? Sommes-nous pour toujours, suivant l'hémistiche fameux des êtres «à la tour abolie»[a]? Non seulement nos souvenirs, mais nos oublis sont «logés». Notre inconscient est «logé». Notre âme est une demeure. Et en nous souvenant des «maisons», des «chambres», nous apprenons à «demeurer» en nous-mêmes. On le voit dès maintenant, les images de la maison marchent dans les deux sens: elles sont en nous autant que nous sommes en elles.

Gaston Bachelard, *La Poétique de l'espace,* P.U.F., 1957, pp. 17-19.

1. C.-G. Jung, *Essais de psychologie analytique*, trad., Stock, p. 86. Ce passage est emprunté à l'essai qui a pour titre : « Le conditionnement terrestre de l'âme. »

a. *Allusion au sonnet de Gérard de Nerval,* El Desdichado : *«Je suis le Ténébreux, - le Veuf, - l'Inconsolé, Le Prince d'Aquitaine à la Tour abolie»...* (Les Chimères).

9. Habiter une maison-nid

Le nid comme toute image de repos, de tranquillité, s'associe immédiatement à l'image de la maison simple. De l'image de la maison ou vice versa, les passages ne peuvent se faire que sous le signe de la *simplicité.* Van Gogh qui a peint beaucoup de nids et beaucoup de chaumières écrit à son frère: «La chaumière au toit de roseaux m'a fait penser au nid d'un roitelet.»[1] N'y a-t-il pas pour l'œil du peintre un *redoublement* d'intérêt si, peignant un nid, il rêve à la chaumière, si peignant une chaumière, il rêve à un nid? À de tels nœuds d'images, il semble qu'on rêve deux fois, qu'on rêve sur deux registres. L'image la plus simple se double, elle est elle-même et autre chose qu'elle-même. Les chaumières de Van Gogh sont surchargées de chaume. Une paille épaisse, grossièrement tressée, souligne la volonté d'abriter en débordant les murs. De toutes les vertus d'abri, le toit est ici le témoin dominant. Sous la couverture du toit, les murs sont de la terre maçonnée. Les ouvertures sont basses. La chaumière est posée sur la terre comme un nid sur le champ.

Et le nid du roitelet est bien une chaumière, car c'est un nid couvert, un nid rond. L'abbé Vincelot le décrit en ces termes. «Le roitelet donne à son nid la forme d'une boule très ronde, dans laquelle est pratiqué un petit trou placé en dessous, afin que l'eau n'y puisse pénétrer. Cette ouverture est ordinairement dissimulée sous une branche. Souvent il m'est arrivé d'examiner le nid dans tous les sens avant d'apercevoir l'ouverture qui donne passage à la femelle»[2]. En vivant en sa liaison manifeste la chaumière-nid de Van Gogh, soudain en moi les mots plaisantent. Il me plaît de me redire que c'est

1. Van Gogh, *Lettres à Théo*, trad., p. 12.

2. Vincelot, *Les noms des oiseaux expliqués par leurs mœurs ou essais étymologiques sur l'ornithologie*, Angers, 1867, p. 233.

un petit roi qui habite la chaumière. Voilà une image-conte, une image qui suggère des histoires.

La maison-nid n'est jamais jeune. On pourrait dire, sur un mode pédant, qu'elle est le lieu naturel de la fonction d'habiter. On y *revient*, on rêve d'y revenir comme l'oiseau revient au nid, comme l'agneau revient au bercail. Ce signe du *retour* marque d'infinies rêveries, car les retours humains se font sur le grand rythme de la vie humaine, rythme qui franchit des années, qui lutte par le rêve contre toutes les absences. Sur les images rapprochées du nid et de la maison retentit une composante intime de fidélité.

Gaston BACHELARD, *Poétique de l'espace,* P.U.F., 1957, pp. 98-99.

10. PRENDRE SON BAIN DANS LE GRAND BÉNITIER

Il n'est pas d'image plus usée que celle de la coquille-maison. [...] Mais il n'en reste pas moins que c'est une *image initiale* et c'est une image indestructible. Elle appartient à l'indestructible bazar des vieilleries de l'imagination humaine. [...]

La nature a une manière très simple de nous étonner: c'est de faire grand. Avec le coquillage qu'on appelle communément le Grand Bénitier, nous voyons la nature mener un immense rêve de protection, un délire de protection et aboutir à une monstruosité de la protection. Le mollusque «ne pèse que 14 livres, mais le poids de chacune de ses valves est de 250 à 300 kilogrammes, et elles ont un mètre à un mètre et demi de longueur.»[1] L'auteur de ce livre qui fait partie de la célèbre Bibliothèque des merveilles ajoute: «En Chine... de riches mandarins possèdent des baignoires faites d'une de ces coquilles.» Quel bain amollissant on doit connaître dans la demeure d'un tel mollusque! Je ne sais rien des réalités biologiques. Je ne suis qu'un rêveur de livres! Mais avec la lecture de la page d'Armand Landrin je mène un grand rêve de cosmicité[a]. Qui ne se sentirait pas cosmiquement réconforté en imaginant prendre son bain dans la coquille du Grand Bénitier?

Gaston BACHELARD, *Poétique de l'espace,* P.U.F., 1957, pp. 118-119.

1. Armand Landrin, *Les Monstres marins,* 2e éd., Hachette, 1879, p. 16.

a. *cosmicité: sentiment d'appartenance au cosmos, relation chaleureuse avec l'espace qui nous entoure.*

ÉTAT

L'on connaît facilement quelle est la condition d'un État quelconque en considérant la fin en vue de laquelle un état civil se fonde ; cette fin n'est autre que la paix et la sécurité de la vie. Par suite le gouvernement le meilleur est celui sous lequel les hommes passent leur vie dans la concorde et celui dont les lois sont observées sans violation.
SPINOZA, *Traité politique*, chap. V, § 2.

Quel est le meilleur État ? Celui où l'on n'obéit qu'aux lois. Mais ce pays-là n'existe pas.
VOLTAIRE, *Dictionnaire philosophique*, Art. « États ».

Le mot « état » (du latin *status*) signifie « la manière d'être d'une chose ou d'une personne à un moment donné », que cette manière d'être soit bien établie et stable ou saisie dans sa relative stabilité, par opposition à son « devenir ». En ce sens, tout ce qui existe est nécessairement dans un certain *état*, bon ou mauvais, plus ou moins stable, qui est un état *de fait*.

En revanche, l'*idée* d'État (avec une majuscule) est celle d'une personne juridique et morale, investie d'une autorité souveraine *de droit*, qui s'exerce, *en fait*, sur un groupe humain et dans les limites d'un territoire déterminé. En d'autres termes, l'État, quelle que soit sa fonction théorique ou son *idée*, se manifeste ou s'incarne nécessairement dans une réalité politique, économique et sociale. Ainsi, chaque fois qu'il est question d'État, il importe avant tout de ne pas confondre les questions de fait, qui relèvent de l'histoire des États, et l'analyse de l'idée d'État, qui relève de la théorie politique.

Or, les différentes théories s'affrontent radicalement au sujet de l'origine et de la fin de l'État : ainsi, avec Hegel, le réalisme politique, essentiellement conservateur, voit dans l'État le *fait* historique qui consacre la domination légitime des castes, des classes ou des partis les plus forts. Il salue, de ce fait, dans l'État la réalité la plus haute, la manifestation, l'incarnation, la « réalisation » de la raison, « *le rationnel en soi et pour soi* », qui, seul, assure à l'individu, dans la mesure où il est membre de l'État, entièrement soumis à l'État, l'accès à la moralité et à la liberté concrètes.

En revanche, avec Rousseau, l'idéalisme politique, proprement révolutionnaire, refuse de fonder un droit sur un fait, et cherche au contraire dans l'idée de *contrat social* le principe d'un véritable État de *droit*, sans consentir qu'un tel État ait jamais existé ou soit susceptible d'exister jamais.

Quant à l'anarchisme libertaire et aristocratique, il trouve en Nietzsche un des plus virulents adversaires de « l'État-Providence » des temps modernes, espèce d'enclos pour le pacage des masses abêties de la société de consommation, qu'il oppose à l'État héroïque des temps primitifs.

De leur côté, Marx et Engels ont longuement développé l'idée que l'État est, *en fait*, un organisme abstrait, une entité parasitaire qui se place fictivement en dehors et au-dessus de la société civile et se sépare pompeusement de celle-ci, en lui arrachant ses propres forces (comme l'avait si bien vu La Boétie, et comme le notait Feuerbach à propos de la religion : « L'homme pauvre s'est fait un Dieu riche »). Ainsi, selon Marx, la révolution aura pour effet, après une phase transitoire de « dictature du prolétariat », d'abolir l'État et de « restituer au corps social toutes les forces jusqu'ici absorbées par l'État parasite ». Mais, *en fait*, comme le notait Camus, « toutes les révolutions modernes ont abouti à un renforcement de l'État ».

L'histoire d'un côté, et les théories de l'autre, vont ainsi de la formation des États à leur transformation et du dépérissement de l'État à son renforcement, comme si l'humanité hésitait entre la violence institutionnelle des États et la violence originelle de l'état de nature.

D'un côté, l'idée d'État, telle que la conçoit Spinoza, est celle d'un pouvoir indépendant, souverain, fondé en raison et ayant pour fin de faire régner, au sein d'une Cité toujours agitée par les passions humaines, la concorde dans la liberté. D'un autre côté, l'État n'est en réalité, le plus souvent, que le reflet des forces qu'il a pour mission d'arbitrer.

C'est en ce sens que Valéry voit en l'État l'« enfant monstrueux de la Force et du Droit », et que, composant avec les nécessités, il conclut : « Si l'État est fort, il nous écrase. S'il est faible, nous périssons. »

LA LIBERTÉ EST L'ORIGINE ET LA FIN DE L'ÉTAT

L'État, c'est la communauté du bien-vivre et pour les familles et pour les groupements de familles, en vue d'une vie parfaite et qui se suffise à elle-même.

ARISTOTE, *La Politique*, trad. Tricot, III, 1280 b.

A. L'État dont j'ai dit qu'il était institué à cette fin de faire régner la concorde, doit être entendu comme institué par une population libre, non comme établi par droit de conquête sur une population vaincue. Sur une population libre, l'espoir exerce plus d'influence que la crainte ; sur une population soumise par la force, au contraire, c'est la crainte qui est le grand mobile, non l'espérance. De la première, on peut dire qu'elle a le culte de la vie, de la seconde qu'elle cherche seulement à échapper à la mort : celle-là, dis-je, s'efforce à vivre par elle-même, celle-ci reçoit par contrainte la loi du vainqueur. C'est ce que nous exprimons en disant que l'une est esclave, l'autre libre. La fin d'un pouvoir acquis par le droit de la guerre est la domination, et celui qui l'exerce a des esclaves plutôt que des sujets. Et bien que, entre l'État créé par une population libre et celui dont l'origine est la conquête, il n'y ait point de différence essentielle si nous avons égard à la notion générale de droit civil, il y a entre eux une grande diversité et quant à la fin poursuivie, comme nous l'avons montré, et quant aux moyens dont chacun d'eux doit user pour se maintenir.

B. [...] Ce n'est pas pour tenir l'homme par la crainte et faire qu'il appartienne à un autre, que l'État est institué ; au contraire, c'est pour libérer l'individu de la crainte, pour qu'il vive autant que possible en sécurité, c'est-à-dire conserve aussi bien qu'il se pourra, sans dommage pour autrui, son droit naturel d'exister et d'agir. Non, je le répète, la fin de l'État n'est pas de faire passer les hommes de la condition d'êtres raisonnables à celle de bêtes brutes ou d'automates, mais au contraire il est institué pour que leur âme et leur corps s'acquittent en sûreté de toutes leurs fonctions, pour qu'eux-mêmes usent d'une raison libre, pour qu'ils ne luttent point de haine, de colère ou de ruse, pour qu'ils se supportent sans malveillance les uns les autres. La fin de l'État est donc en réalité la liberté.

SPINOZA, A. *Traité politique* (1677), trad. C. Appuhn, . IV, chap. V, § 6, Garnier, 1966, p. 39;
B. *Traité théologico-politique* (1670), trad. C. Appuhn, t. II, chap. XX, Garnier, 1965, p. 329.

ÉTAT. RAISON. MORALE

1. L'ÉTAT N'EST PAS UN CONTRAT : IL EST LE RATIONNEL EN SOI ET POUR SOI

La volonté générale peut seule diriger les forces de l'État selon la fin de son institution, qui est le bien commun.
ROUSSEAU, *Du Contrat social*, Liv. II.

On sait que Beccaria[1] a contesté à l'État le droit d'appliquer la peine de mort, sous prétexte qu'on ne peut pas présumer que le contrat social contienne le consentement des individus à être tués, et qu'on doit bien plutôt admettre le contraire. Mais l'État, d'une manière générale, n'est pas un contrat, et son essence substantielle n'est pas si exclusivement la protection et la sécurité de la vie et de la propriété des individus isolés. Il est plutôt la réalité supérieure et même il revendique cette vie et cette propriété et réclame qu'on les sacrifie. [...]

L'État est la réalité en acte de l'Idée[a] morale objective – l'esprit moral comme volonté substantielle révélée, claire à soi-même, qui se connaît et se pense et accomplit ce qu'elle sait et parce qu'elle sait. Dans la coutume, il a son existence immédiate ; dans la conscience de soi, le savoir et l'activité de l'individu, son existence médiate, tandis que celui-ci a, en revanche, sa liberté substantielle en s'attachant à l'État comme à son essence, comme but et comme un produit de son activité. [...]

L'État, comme réalité en acte de la volonté substantielle, réalité qu'elle reçoit dans la conscience particulière de soi universalisée, est le rationnel en soi et pour soi : cette unité substantielle est un but propre absolu, immobile, dans lequel la liberté obtient sa valeur suprême, et ainsi ce but final a un droit souverain vis-à-vis des individus, dont le plus haut devoir est d'être membre de l'État.

Remarque : Si on confond l'État avec la société civile et si on le destine à la sécurité et à la protection de la propriété et de la liberté personnelles, l'intérêt des individus en tant que tels est le but suprême en vue duquel ils sont rassemblés et il en résulte qu'il est facultatif d'être membre d'un État. Mais sa relation à l'individu est tout autre ; s'il est l'esprit objectif, alors l'individu lui-même n'a d'objectivité, de vérité et de moralité que s'il en est un membre. L'association en tant que telle est elle-même le vrai contenu et le vrai but, et la destination des individus est de mener une vie collective. [...]

Rousseau a eu le mérite d'établir à la base de l'État un principe qui, non seulement dans sa forme (comme par exemple l'instinct social, l'autorité divine), mais encore dans son contenu, est de la pensée et même est la pensée, puisque c'est la volonté. Mais en concevant la volonté seulement dans la forme définie de la volonté individuelle (comme plus tard aussi Fichte), et la volonté générale, non comme le rationnel en soi et pour soi de la volonté, mais comme la volonté commune qui résulte des volontés individuelles comme conscientes, l'association des individus dans l'État devient un contrat, qui a alors pour base leur volonté arbitraire, leur opinion et une adhésion expresse et facultative et il s'ensuit les conséquences ultérieures purement conceptuelles, destructrices du divin existant en soi et pour soi de son autorité, de sa majesté absolues. Arrivées au pouvoir, ces abstractions ont produit d'une part le plus prodigieux spectacle[2] vu depuis qu'il y a une race humaine : recom-

1. Voir note a, p. 109.

2. Celui de la Révolution française.

mencer *a priori*, et par la pensée, la constitution d'un grand État réel en renversant tout ce qui existe et est donné, et vouloir donner pour base un système rationnel imaginé ; d'autre part, comme ce ne sont que des abstractions sans Idée, elles ont engendré par leur tentative, les événements les plus horribles et les plus cruels.

HEGEL, *Principes de la philosophie du droit* (1821), traduit de l'allemand par André Kaan, Gallimard, 1940, §§ 100, 257, 258.

a. *Dans l'expression « réalité en acte de l'Idée », le terme « Idée » ne doit pas induire en erreur. L'État dont il est ici question n'est pas un État idéal, mais un État réel, vraisemblablement l'État prussien, tel que Hegel a voulu le penser ; car, pour lui, la philosophie doit penser « ce qui est ». Comme l'écrit J. Hyppolite : « De même que Platon n'a pas construit arbitrairement sa République, mais a exprimé en elle l'idéal de la cité antique, de même Hegel a voulu penser l'essence de l'État de son temps. »*

ÉTAT. SOCIÉTÉ. MORALE

2. L'ÉTAT : LE PLUS FROID DES MONSTRES FROIDS

Aussi peu d'État que possible !
NIETZSCHE, *Aurore*, « Morgenröthe », 1880, § 179.

Il y a quelque part encore des peuples et des troupeaux, mais ce n'est pas chez nous, mes frères : chez nous il y a des États.

État ? Qu'est-ce cela ? Allons ! Ouvrez les oreilles, je vais vous parler de la mort des peuples.

L'État, c'est le plus froid des monstres froids : il ment froidement et voici le mensonge qui rampe de sa bouche : « Moi, l'État, je suis le Peuple ».

C'est un mensonge ! Ils étaient des créateurs, ceux qui créèrent les peuples et qui suspendirent au-dessus des peuples une foi et un amour : ainsi ils servaient la vie.

Ce sont des destructeurs, ceux qui tendent des pièges au grand nombre et qui appellent cela un État : ils suspendent au-dessus d'eux un glaive et cent appétits.

Partout où il y a encore du peuple, il ne comprend pas l'État et il le déteste comme le mauvais œil et une dérogation aux coutumes et aux lois.

Je vous donne ce signe : chaque peuple a son langage du bien et du mal ; son voisin ne le comprend pas. Il s'est inventé ce langage pour ses coutumes et ses lois.

Mais l'État ment dans toutes ses langues du bien et du mal ; et, dans tout ce qu'il dit, il ment – et tout ce qu'il a, il l'a volé[a].

Tout en lui est faux ; il mord avec des dents volées, le hargneux. Même ses entrailles sont falsifiées. [...]

Beaucoup trop d'hommes viennent au monde : l'État a été inventé pour ceux qui sont superflus !

[...] Voyez donc ces superflus ! Ils acquièrent des richesses et en deviennent plus pauvres. Ils veulent la puissance et avant tout le levier de la puissance, beaucoup d'argent, – ces impuissants !

Voyez-les grimper, ces singes agiles ! Ils grimpent les uns sur les autres et se poussent ainsi dans la boue et dans l'abîme.

Ils veulent tous s'approcher du trône : c'est leur folie, – comme si le bonheur était sur le trône ! Souvent la boue est sur le trône – et souvent aussi le trône est dans la boue.

Ils m'apparaissent tous comme des fous, des singes grimpeurs et impétueux. Leur idole, ce monstre froid, sent mauvais : et ils sentent tous mauvais, ces idolâtres. [...]

Évitez donc la mauvaise odeur ! Éloignez-vous de la fumée de ces sacrifices humains !

Maintenant encore les grandes âmes trouveront devant elles l'existence libre. Il reste bien des endroits pour ceux qui sont solitaires ou à deux, des endroits où souffle l'odeur des mers silencieuses.

[...] Là où finit l'État, là seulement commence l'homme qui n'est pas superflu : là commence le chant de la nécessité, la mélodie unique, à nulle autre pareille.

Là où *finit* l'État, – regardez donc, mes frères ! Ne voyez-vous pas l'arc-en-ciel et le pont du Surhumain ?

Ainsi parlait Zarathoustra.

Nietzsche, *Ainsi parlait Zarathoustra* (1883-85), trad. Henri Albert, Mercure de France, pp. 66-70.

a. *Cf. La Boétie : « Les tyrans faisaient largesse d'un quart de blé, d'un setier de vin et d'un sesterce ; et lors c'était pitié d'ouïr crier : « Vive le roy ! » Les lourdauds ne s'avisaient pas qu'ils ne faisaient que recouvrer une partie du leur, et que cela même qu'ils recouvraient, le tyran ne leur eût pu donner, si devant il ne l'avait ôté à eux-mêmes. »* Discours de la servitude volontaire, *1547.*

ÉTAT. ILLUSION

3. L'ÉTAT, COMMUNAUTÉ ILLUSOIRE

L'invité est meilleur juge d'un repas que le cuisinier.
Aristote, *La Politique*, III, 1282 a.

C'est justement cette contradiction entre l'intérêt particulier et l'intérêt collectif qui amène l'intérêt collectif à prendre, en qualité d'*État*, une forme indépendante, séparée des intérêts réels de l'individu et de l'ensemble et à faire en même temps figure de communauté illusoire, mais toujours sur la base concrète des liens dans chaque conglomérat de famille et de tribu, tels que liens existants du sang, langage, division du travail à une vaste échelle et autres intérêts ; et parmi ces intérêts nous trouvons en particulier, comme nous le développerons plus loin, les intérêts des classes déjà conditionnées par la division du travail, qui se différencient dans tout groupement de ce genre et dont l'une domine toutes les autres. Il s'ensuit que toutes les luttes à l'intérieur de l'État, la lutte entre la démocratie, l'aristocratie et la monarchie, la lutte pour le droit de vote, etc., ne sont que les formes illusoires sous lesquelles sont menées les luttes effectives des différentes classes entre elles. [...]

Précisément parce que les individus ne cherchent *que* leur intérêt particulier, – qui ne coïncide pas pour eux avec leur intérêt collectif, l'universalité n'étant somme toute qu'une forme illusoire de la collectivité, – cet intérêt est présenté comme un intérêt qui leur est

« étranger », qui est « indépendant » d'eux et qui est lui-même à son tour un intérêt « universel » spécial et particulier, ou bien ils doivent se mouvoir eux-mêmes dans cette dualité, comme c'est le cas dans la démocratie. Par ailleurs le combat *pratique* de ces intérêts particuliers, qui constamment se heurtent *réellement* aux intérêts collectifs et illusoirement collectifs, rend nécessaire l'intervention *pratique* et le refrènement par l'intérêt « universel » illusoire sous forme d'État. [...]

Les conditions dans lesquelles on peut utiliser des forces productives déterminées, sont les conditions de la domination d'une classe déterminée de la société ; la puissance sociale de cette classe, découlant de ce qu'elle possède, trouve régulièrement son expression *pratique* sous forme idéaliste dans le type d'État propre à chaque époque ; c'est pourquoi toute lutte révolutionnaire est dirigée contre une classe qui a dominé jusqu'alors.

Marx et Engels, *L'Idéologie allemande* (1846), Éd. Sociales, 1968, pp. 61-62, 68.

ÉTAT. VIOLENCE

4. « L'ESSENCE DE L'ÉTAT, C'EST LA CONTRAINTE EN SOI »

Il faut concevoir l'État contemporain comme une communauté humaine qui, dans les limites d'un territoire déterminé – la notion de territoire étant une de ses caractéristiques – revendique avec succès pour son propre compte le monopole de la violence physique légitime.
Max Weber, *Politik als Beruf*, 1919.

Jamais on ne se représentera l'État avec assez peu de solennité. Il n'est rien, s'il n'est pas au service de l'activité économique, s'il ne tombe pas au rebut en fonction d'elle. Que tout le reste, là où l'État pèse ou endort, tombe enfin ; jusqu'aux choses sans importance, il doit tout nous rendre. Si la peur et le mensonge viennent à disparaître, il sera bien difficile à l'État d'être, ou même de susciter encore un grand respect.

Le pourrait-il, par exemple, grâce à ce que sa contrainte empêche ? Ainsi, dit Anatole France, l'égalité devant la loi qui aboutit à interdire aux riches comme aux pauvres de voler du bois ou de dormir sous les ponts. Elle empêche si peu l'inégalité effective qu'elle la protège bien au contraire. Ou bien l'État doit-il se révéler comme un roi Salomon au travers de ce qu'il aide à obtenir dans la justice publique ? Les faibles sont sans défense, mais les malins sont immunisés ; le peuple n'a pas confiance dans les tribunaux. Il leur manque l'attention pour le contenu, qu'il s'agisse des personnes ou des cas ; la paperasserie, la pédanterie dominent et l'ensemble des lois qui doivent protéger est limité quant à la méthode comme à l'objet, par l'horizon de la propriété. Car comme les juristes n'ont reçu d'enseignement que purement formel, les capacités de la classe exploitante, le calcul, la méfiance et les supputations sournoises trouvent dans ce formalisme un terrain approprié ; et cela, même en faisant abstraction du fait que les contenus économiques de tout ordre se laissent insérer sans contradiction dans l'amoralisme abstrait de la jurisprudence. Non seulement la plupart des avocats acceptent comme des taxis tous ceux qui viennent vers eux, non seulement le juge dans un procès civil peut être comparé à une mauvaise montre qui marche toute seule quand un des partis l'a remontée, et cela sans avoir nulle ambition de montrer la vérité ; mais le droit tout entier, y compris le droit pénal pour une part largement prédominante, est un simple moyen pour les classes supérieures de conserver la sécurité juridique *qui protège leurs intérêts*.

Là où la ruse n'est pas seule à mener ses affaires habituelles et à l'emporter juridiquement, là où l'État prend lui-même en main la poursuite et la recherche du délit, alors la peine, bien loin de produire antithétiquement la justice par ses moyens grossiers, devient, quand elle est peine répressive, la prophylaxie la plus absurde, la pédagogie la plus mal venue qu'on puisse imaginer *post festum*[1]. S'il n'y a pas de propriété, il n'y a pas non plus de droit, aucun besoin de recourir à ses catégories creuses et acérées ; le reste est l'affaire des médecins ou, en tant que « justice », des pasteurs.

Mais voilà que cette contrainte mauvaise veut aussi donner des récompenses, distribuer des cadeaux. Elle connaît des citoyens qui lui semblent avoir de la valeur, ceux de l'État, et ce sont avant tout ses serviteurs qu'elle élève. Ainsi naît la prétention proportionnée au salaire, la distribution des honneurs, le clergé de l'État qui prétend être Dieu sur terre. Mais quel autre sens peut avoir la bureaucratie si ce n'est de donner à l'homme qu'il faut la place qu'il faut à l'intérieur d'une administration purement technique ; pourtant, dans la guerre comme dans toute terreur blanche, on a bien vu clairement quelle sorte de Dieu habite à l'intérieur des États fondés sur la puissance. Ou bien la contrainte criminelle du service militaire obligatoire au profit de la Bourse, de la dynastie, devrait-elle par hasard nous démontrer la substance morale de la « *polis* » ? Et cela pour autant que nous venons de traverser un des moments les plus honteux de l'histoire et qu'on a eu la chance de pouvoir se servir de l'État comme tremplin de la furie, de la logique propre aux catastrophes naturelles ? Cela a été si loin que l'État a fini par sortir du cadre des intérêts patronaux alors qu'il avait été institué dans les pays bourgeois comme un comité chargé de diriger les affaires[2]. L'État comme formation contraignante culmine, conformément à son essence féodale alogique, dans l'État en guerre et celui-ci révéla une autonomie de puissance si abstraite en soi que, face à lui les intérêts patronaux eux-mêmes qui en étaient l'infrastructure causale antérieure, firent figure d'idéologie. Voilà jusqu'à quel point l'État s'est démasqué, face à toute clarification bourgeoise, à tout malentendu socialiste, montrant son essence propre qui est la contrainte en soi, païenne, satanique.

Ernst Bloch, *L'Esprit de l'utopie* (1923), revu et modifié en 1964, trad. par Anne-Marie Lang et Catherine Piron-Audard, Gallimard, 1977, pp. 286-288.

1. Littéralement : *après la fête*, c'est-à-dire après coup, une fois le délit commis.

2. Cf. textes n° 3, p. 129 et n° 9, p. 180 (Marx et Engels).

Sören KIERKEGAARD (1813-1855)

EXISTENCE

Il se livrait au plaisir d'exister, si vif à cet âge,
et au milieu des plus belles montagnes du monde.
STENDHAL

Tout existant naît sans raison, se prolonge par faiblesse et meurt par rencontre.
SARTRE

Pour un être conscient, exister consiste à changer,
changer à se mûrir, se mûrir à se créer indéfiniment soi-même.
BERGSON

Sur l'« existence », de Montaigne à Stendhal, et de Pascal à Cioran, pleuvent les aphorismes les plus contradictoires, qui exploitent, sous forme de réflexions définitives, sinon objectives, tantôt le « bonheur », tantôt le « malheur » – d'exister ». Or, le *fait d'exister* est antérieur à toute pensée, et, loin d'être produit par elle, il conditionne en premier lieu toute réflexion, quelles que soient les conditions d'existence.

L'existence ne se révèle à la pensée, dans le *Cogito*, que sous la condition qu'il existe un être pensant, conscient d'exister. C'est pourquoi, comme le souligne précisément Descartes dans son énoncé décisif : *Cogito, sum,* « Je pense » et « Je suis » ne font qu'un. De son côté, à l'occasion de sa critique de la preuve ontologique de l'existence de Dieu, Kant a fortement marqué que l'existence ne peut être déduite de la pensée.

Ainsi, toute prétention d'enfermer l'« existence » dans un concept ou dans un système de pensée, suscite les protestations de la subjectivité qui, au nom d'un *existant* particulier, et du fond de son existence – à la fois précaire et déterminante – réclame la disqualification de la pensée objective et même de tout sujet *pensant*, en tant que tel.

L'existence, telle qu'elle est vécue, se présente ainsi comme une donnée à la fois concrète, irréductible et indépassable, comme le lieu pathétique ou serein d'où se montre à nu la fantastique vanité des doctrines et des systèmes. Sommes-nous donc réduits à exister sans philosopher, dans une innocence sans cesse recommencée ? L'existence et la philosophie sont-elles incompatibles ?

On remarquera tout d'abord que l'idée de la *spécificité de l'existence*, loin de se faire jour, à terme, dans l'existentialisme, surgit en même temps que la philosophie, dont elle jalonne de bout en bout le parcours. Pour Aristote, aussi bien que pour Descartes, Bergson, ou Auguste Comte, l'existence particulière, c'est ce qui résiste à un projet de conceptualisation totale : l'*individu* existant est le *résidu* de toute explication scientifique, la borne qu'aucune connaissance ne peut franchir. L'existence est la limite de la science proprement dite.

Certes, nous existons dans un monde – monde de biens, de sens, de valeurs – que nous ne connaissons pas vraiment ; et nous connaissons un monde – monde de relations abstraites, de lois et de faits – dans lequel nous n'existons pas réellement. Mais qu'est-ce que l'*existence* en dehors de toute *objectivation* ? Qu'est-ce que la pure subjectivité en dehors de toute réflexion, de toute philosophie, de toute histoire, en un mot : en dehors de toute *élaboration* ?

La présence, au cœur même du système hégélien, d'une réflexion rigoureuse sur l'existence, nous signifie que l'homme n'existe véritablement que lorsqu'il réfléchit sur sa condition, c'est-à-dire dans la mesure où il est quelque peu philosophe, et que toute philosophie authentique est nécessairement une philosophie de l'existence.

L'EXISTENCE N'EST PAS DU MÊME ORDRE QUE LA PENSÉE PURE

Réfléchir à quelque chose simplement et y réfléchir comme à une existence sont deux actes qui ne diffèrent en rien l'un de l'autre. L'idée d'existence, si on l'unit à l'idée d'un objet quelconque, n'y ajoute rien. Tout ce que nous concevons, nous le concevons comme existant.

HUME, *Traité de la nature humaine*, 1739, I, 2e partie, section VI.

1. Thaler: monnaie allemande d'argent (du nom des mines de Joachimsthal). Le mot « thaler » a donné en bas allemand « daler », puis en anglo-américain « dollar ».

Cent thalers[1] réels ne contiennent rien de plus que cent thalers possibles. Car, comme les thalers possibles expriment le concept, et les thalers réels l'objet et sa position en lui-même, au cas où celui-ci contiendrait plus que celui-là, mon concept n'exprimerait pas l'objet tout entier et, par conséquent, il n'en serait pas, non plus, le concept adéquat. Mais je suis plus riche avec cent thalers réels qu'avec leur simple concept (c'est-à-dire qu'avec leur possibilité). Dans la réalité, en effet, l'objet n'est pas simplement contenu analytiquement dans mon concept, mais il s'ajoute synthétiquement à mon concept (qui est une détermination de mon état), sans que, par cette existence en dehors de mon concept, ces cent thalers conçus soient le moins du monde augmentés.

Quand donc je conçois une chose, quels que soient et si nombreux que soient les prédicats par lesquels je la pense (même dans la détermination complète), en ajoutant, de plus, que cette chose *existe*, je n'ajoute absolument rien à cette chose...

Quelles que soient la nature et l'étendue de notre concept d'un objet, il nous faut cependant sortir de ce concept pour attribuer à l'objet son existence. Pour les objets des sens, cela a lieu au moyen de leur enchaînement avec quelqu'une de mes perceptions suivant des lois empiriques ; mais pour des objets de la pensée pure, il n'y a absolument aucun moyen de connaître leur existence, parce qu'elle devrait être connue entièrement *a priori*, alors que notre conscience de toute existence (qu'elle vienne soit immédiatement de la perception, soit de raisonnements qui lient quelque chose à la perception) appartient entièrement et absolument à l'unité de l'expérience, et que si une existence hors de ce champ ne peut pas, à la vérité, être absolument déclarée impossible, elle est pourtant une supposition que nous ne pouvons justifier par rien...

Par conséquent, la preuve ontologique (CARTÉSIENNE) si célèbre, qui veut démontrer par concepts l'existence d'un Être suprême fait dépenser en vain toute la peine qu'on se donne et tout le travail que l'on y consacre ; nul homme ne saurait, par de simples idées, devenir plus riche de connaissances, pas plus qu'un marchand ne le deviendrait en argent, si, pour augmenter sa fortune, il ajoutait quelques zéros à l'état de sa caisse.

KANT, *Critique de la Raison pure,* 1781, «L'idéal de la raison pure», 4e section.

EXISTENCE. ILLUSION. AUTRUI

1. « EXISTER », C'EST « JOUER À ÊTRE »

Si nous nous débarrassons des mots, on ne trouvera aucune notion de ce que vous appelez l'*actualité d'une existence absolue*.
BERKELEY, *Dialogues entre Hylas et Philonous*, 1713, 3ᵉ Dialogue.

Considérons le garçon de café. Il a le geste vif et appuyé, un peu trop précis, un peu trop rapide, il vient vers les consommateurs d'un pas un peu trop vif, il s'incline avec un peu trop d'empressement, sa voix, ses yeux expriment un intérêt un peu trop plein de sollicitude pour la commande du client, enfin le voilà qui revient, en essayant d'imiter dans sa démarche la rigueur inflexible d'on ne sait quel automate, tout en portant son plateau avec une sorte de témérité de funambule, en le mettant dans un équilibre perpétuellement instable et perpétuellement rompu, qu'il rétablit perpétuellement d'un mouvement léger du bras et de la main. Toute sa conduite nous semble un jeu. Il s'applique à enchaîner ses mouvements comme s'ils étaient des mécanismes se commandant les uns les autres, sa mimique et sa voix même semblent des mécanismes; il se donne la prestesse et la rapidité impitoyable des choses. Il joue, il s'amuse. Mais à quoi donc joue-t-il? Il ne faut pas l'observer longtemps pour s'en rendre compte : il joue *à être* garçon de café. Il n'y a rien là qui puisse nous surprendre : le jeu est une sorte de repérage et d'investigation. L'enfant joue avec son corps pour l'explorer, pour en dresser l'inventaire; le garçon de café joue avec sa condition pour la *réaliser*. Cette obligation ne diffère pas de celle qui s'impose à tous les commerçants : leur condition est toute de cérémonie, le public réclame d'eux qu'ils la réalisent comme une cérémonie, il y a la danse de l'épicier, du tailleur, du commissaire-priseur, par quoi ils s'efforcent de persuader à leur clientèle qu'ils ne sont rien autre qu'un épicier, qu'un commissaire-priseur, qu'un tailleur[a]. Un épicier qui rêve est offensant pour l'acheteur, parce qu'il n'est plus tout à fait un épicier.

Jean-Paul SARTRE, *L'être et le néant*, Gallimard, 1943, p. 98.

a. *Cf. Diderot,* Le Neveu de Rameau *: « Moi. – ... Mais il y a pourtant un être dispensé de la pantomime. C'est le philosophe qui n'a rien et qui ne demande rien. Lui – Et où est cet animal-là ? » etc.* (Œuvres, *Pléiade, p. 471).*

AUTRUI. EXISTENCE. CONSCIENCE

2. EXISTER, C'EST *ÊTRE SUJET*, C'EST ÊTRE *POUR SOI*

Ô homme ! Resserre ton existence au-dedans de toi, et tu ne seras plus misérable.
Jean-Jacques ROUSSEAU

Prouver qu'une chose *existe* signifie seulement : cette chose n'est pas une *chose purement pensée*. Mais cette preuve ne peut *pas être tirée de la pensée elle-même*. Pour que *l'existence* vienne s'ajouter à un objet de la pensée, il faut que quelque chose de différent *de la pensée* vienne *s'ajouter à la pensée elle-même*.

L'exemple de la différence entre les cent thalers représentés et les cent thalers réels, exemple choisi par Kant dans la critique de la preuve ontologique pour illustrer la différence de la pensée et de l'être, mais tourné en dérision par Hegel, cet exemple est pour l'essentiel parfaitement juste. Car ces cent thalers, les uns je ne les ai que dans la tête, mais j'ai les autres dans la main ; les uns n'existent que *pour moi*, les autres existent aussi *pour d'autres* – ils peuvent être sentis et vus : or seul existe ce qui existe en même temps pour moi et pour autrui, ce dont autrui et moi convenons, ce qui n'est pas seulement mien, mais *universel*.

Dans la pensée comme telle, je me trouve en identité avec moi-même, je suis maître absolu ; rien ne m'y contredit ; j'y suis juge et partie à la fois, et par suite il n'existe pas de distinction critique entre l'objet et ma pensée de l'objet. Mais s'il s'agit exclusivement de l'*existence* d'un objet, alors je ne puis prendre conseil de moi seul, je dois interroger des témoins *distincts de moi*. Ces témoins distincts de l'être pensant que je suis, ce sont les sens. Dans l'existence je ne suis pas seul *en cause*, mais aussi les autres, et aussi avant tout l'*objet* lui-même. Exister veut dire être *sujet*, veut dire *être pour soi*. Et c'est vraiment tout autre chose d'être sujet ou de n'être qu'objet, d'être un être pour moi-même ou d'être seulement un être pour un autre être, c'est-à-dire une simple pensée. Si je suis un simple objet de représentation, si par conséquent je n'existe plus en personne, comme il en va de l'homme après la mort, alors on peut tout se permettre avec moi : sans que je puisse protester, autrui pourra se faire de moi un portrait qui sera une vraie caricature. Mais si j'existe encore réellement, je puis contrarier ces projets, je puis lui faire sentir et lui prouver qu'il y a un monde entre la représentation qu'il se fait de moi et le moi réel que je suis. Dans la pensée je suis un sujet absolu ; je considère toute chose exclusivement comme objet ou prédicat de l'être pensant que je suis ; je suis intolérant. Dans l'activité des sens, au contraire, je suis libéral ; je permets à l'objet d'être ce que je suis moi-même : un sujet, un être réel qui se manifeste. Seuls les sens, seule l'intuition me donnent quelque chose comme *sujet*.

Ludwig Feuerbach, «Principes de la philosophie de l'avenir», 1843,
in *Manifestes philosophiques*, trad. L. Althusser, P.U.F., § 25, pp. 219-220.

Existence. Temps. Éternité

3. « Exister » est la tâche la plus difficile

Exister est une déviation si patente qu'elle en acquiert
le prestige d'une infirmité rêvée.
Cioran, *Aveux et Anathèmes*, Gallimard, 1987, p. 118.

Dans la langue de l'abstraction, ce qui constitue la difficulté de l'existence et de l'existant, bien loin d'être éclairci, n'apparaît à vrai dire jamais ; justement parce que la pensée abstraite est *sub specie aeterni*, elle fait abstraction du concret, du temporel, du devenir de l'existence, de la détresse de l'homme, posé dans l'existence par un assemblage d'éternel et de temporel [...].

Tout exercice logique de la pensée est en langage abstrait et *sub specie aeterni*. Penser ainsi l'existence, c'est omettre la difficulté qui consiste à penser l'éternel dans le devenir, comme on y est bien obligé, puisque le sujet pensant est lui-même dans le devenir. Aussi est-il plus facile de penser abstraitement que d'exister, à condition de ne pas prendre ce dernier terme au sens banal où l'on existe sans plus, comme l'on est un sujet, sans plus. Ici encore, nous avons un exemple montrant que la tâche la plus simple est la plus difficile. Exister, croit-on, ce n'est rien du tout, et bien moins encore une difficulté ; n'existons-nous pas tous ? Mais penser abstraitement, voilà qui compte. Mais exister vraiment, c'est-à-dire imprégner de conscience son existence que l'on domine pour ainsi dire de la distance de l'éternité, tout en étant précisément en elle encore dans le devenir : en vérité la tâche est ardue [...]

Penser l'existence *sub specie aeterni* et abstraitement, c'est essentiellement la supprimer. L'existence est inconcevable sans le mouvement, qui est inconcevable *sub specie aeterni*. Omettre le mouvement n'est pas précisément un coup de maître, et l'introduire comme passage en logique, et avec lui l'espace et le temps, c'est simplement apporter une confusion nouvelle. Cependant, pour autant que tout exercice de la pensée relève de l'éternité, la difficulté demeure pour l'existant. Comme le mouvement, l'existence est d'un commerce très difficile. Si je la pense, je la supprime et ainsi je ne la pense pas. Il pourrait donc sembler exact de dire qu'il y a une chose qui se refuse à la pensée : l'existence. Mais la difficulté reparaît : l'existence rétablit la connexion, du fait que le sujet pensant existe.

KIERKEGAARD, *Post-scriptum non scientifique et définitif aux miettes philosophiques* (1846), trad. P. Petit, Gallimard, 1941, p. 201 sqq.

TEMPS. EXISTENCE. MORT

4. L'EXISTENCE INSENSÉE

Pour la plupart, la vie n'est qu'un combat perpétuel pour l'existence même, avec la certitude d'être enfin vaincus.
SCHOPENHAUER

Si les hommes, comme ils semblent sentir sur leur cœur le poids qui les accable, pouvaient aussi connaître l'origine de leur mal et d'où vient leur lourd fardeau de misère, ils ne vivraient pas comme ils vivent trop souvent, ignorant ce qu'ils veulent, cherchant toujours une place nouvelle comme pour s'y libérer de leur charge.

L'un se précipite hors de sa riche demeure, parce qu'il s'ennuie d'y vivre, et un moment après il y rentre, car ailleurs il ne s'est pas trouvé mieux. Il court à toute bride vers sa maison de campagne comme s'il fallait porter secours à des bâtiments en flammes ; mais, dès le seuil, il bâille ; il se réfugie dans le sommeil pour y chercher l'oubli ou même il se hâte de regagner la ville. Voilà comme chacun cherche à se fuir, mais, on le sait, l'homme est à soi-même un compagnon inséparable et auquel il reste attaché tout en le détestant ; l'homme est un malade qui ne sait pas la cause de son mal. S'il la pouvait trouver, il s'appliquerait avant tout, laissant là tout le reste, à étudier la nature ; car c'est d'éternité qu'il est question, non pas d'une seule heure ; il s'agit de connaître ce qui attend les mortels dans cette durée sans fin qui s'étend au-delà de la mort.

Enfin pourquoi trembler si fort dans les alarmes? Quel amour déréglé de vivre nous impose ce joug? Certaine et toute proche, la fin de la vie est là; l'heure fatale est fixée, nous n'échapperons pas. D'ailleurs nous tournons sans cesse dans le même cercle; nous n'en sortons pas; nous aurions beau prolonger notre vie, nous ne découvririons pas de nouveaux plaisirs. Mais le bien que nous n'avons pu atteindre encore nous paraît supérieur à tout le reste; à peine est-il à nous, c'est pour en désirer un nouveau et c'est ainsi que la même soif de la vie nous tient en haleine jusqu'au bout. Et puis nous sommes incertains de ce que l'avenir nous réserve, des hasards de la fortune et de la fin qui nous menace.

Mais pourquoi donc vouloir plus longue vie? Qu'en serait-il retranché du temps qui appartient à la mort? Nous ne pourrions rien en distraire qui diminuât la durée de notre néant. Ainsi tu aurais beau vivre assez pour enterrer autant de générations qu'il te plairait: la mort toujours t'attendra, la mort éternelle, et le néant sera égal pour celui qui a fini de vivre aujourd'hui ou pour celui qui est mort il y a des mois et des années.

Lucrèce (99-55 av. J.-C.), *De la Nature,* Livre III, v. 1069-1100,
trad. H. Clouard, Garnier-Flammarion.

Temps. vie. existence

5. Le bonheur d'exister

La possibilité est le principe de l'essence,
la perfection est le principe de l'existence.
Leibniz, *De l'origine radicale des choses,* 1697.

Il n'est rien si beau et légitime que de faire bien l'homme et deuëment, ny science si ardue que de bien et naturellement sçavoir vivre cette vie; et de nos maladies la plus sauvage c'est mespriser notre estre [...] Cette fraze ordinaire de passe-temps et de passer le temps représente l'usage de ces prudentes gens, qui ne pensent point avoir meilleur compte de leur vie que de la couler et eschapper, de la passer, gauchir et, autant qu'il est en eux, ignorer et fuir, comme chose de qualité ennuyeuse et desdaignable. Mais je la cognois autre, et la trouve et prisable et commode, voyre en son dernier decours, où je la tiens; et nous l'a nature mise en main garnie de telles circonstances, et si favorables, que nous n'avons à nous plaindre qu'à nous si elle nous presse et si elle nous eschappe inutilement [...] Il y a du mesnage[1] à la jouyr; je la jouys au double des autres, car la mesure en la jouyssance dépend du plus ou moins d'application que nous y prestons [...]

Pour moy donc, j'ayme la vie et la cultive telle qu'il a pleu à Dieu nous l'octroier. Je ne vay pas desirant qu'elle eust à dire[2] la necessité de boire et de manger, et me sembleroit faillir non moins excusablement de desirer qu'elle l'eust double, ny que nous nous sustentissions mettant seulement en la bouche un peu de cette drogue par laquelle Épimenides se privoit d'appetit et se maintenoit, ny qu'on produisit stupidement des enfans par les doigts ou par les talons, ains, parlant en reverence, plus tost qu'on les produise encore voluptueusement par les doigts et par les talons, ny que le corps fut sans desir et sans chatouillement. Ce sont plaintes ingrates et

1. Sage manière de se conduire.

2. Que lui manquât.

iniques. J'accepte de bon cœur, et recognoissant, ce que nature a faict pour moy, et m'en agrée et m'en loue. On fait tort à ce grand et tout puissant donneur de refuser son don, l'annuler et desfigurer. Tout bon, il a faict tout bon [...]

C'est une absolue perfection, et comme divine, de sçavoyr jouyr loiallement de son estre. Nous cherchons d'autres conditions, pour n'entendre l'usage des nostres, et sortons hors de nous pour ne sçavoir quel il y fait.

Montaigne, *Essais* 1580-1595, III, XIII, Pléiade, p. 1250 sq.

Existence. Violence. Mort

6. La *corrida*, symbole tragique de l'existence

L'art de vivre ressemble plutôt à la lutte qu'à la danse, en ce qu'il faut toujours se tenir en garde et d'aplomb contre les coups qui fondent sur vous et à l'improviste.
Marc-Aurèle, *Pensées*, VII, 61.

Le taureau qui entre dans l'arène ne sait rien de ce qui l'attend. Joyeux, il s'échappe de l'obscurité du cachot et ressent la plénitude de sa vitalité de jeune athlète. Ébloui par la lumière subite, il est maître du cercle fermé qui devient son monde et qui lui semble encore une plaine sans limite. Vigoureusement, il fouette le sable de sa queue, il parcourt l'arène en tout sens, sans autre conscience que la joie sa force. – Ainsi l'enfant sort du corps de la mère et bientôt se met à jouer dans un monde lumineux qui le laisse ignorer encore son destin et ses dangers.

Les premiers adversaires arrivent. C'est encore du jeu. Pour le taureau, le combat est naturel. La lutte intensifie son sentiment de la vie et de ses propres forces [...]. Mais, lentement, un élément pénible apparaît. Le jeu est truqué. L'adversaire est trop rusé, il provoque et s'enfuit. Plus faible, cet adversaire devient plus fort parce qu'il est méchant. Le rouge du drap devient vexant, cesse d'être une occasion bienvenue de se battre.

Ainsi l'adolescent à l'école et ailleurs fait ses premières rencontres avec un monde rusé contre lequel la sincérité de sa force est impuissante. Mais les fatigues de la jeunesse ne sont pas graves.

Pour le taureau, le sérieux commence avec l'entrée des ennemis centaures. Les « picadores » le blessent du haut de leurs chevaux avec leurs piques qui touchent de loin. Le taureau attaque et sa rage se transforme et se dépasse elle-même. C'est cette colère maintenant douloureuse, magnifique, aveuglante, dans laquelle le comble de la frénésie procède secrètement de la désespérance vitale, colère qui se fortifie par une victoire continuelle sur cette désespérance. C'est l'innocent, c'est le pauvre vieux cheval qui souffre surtout de cet acharnement. Le picador rusé s'en va après l'accomplissement de sa tâche sanglante. – Ainsi l'homme entre dans la lutte sérieuse de la vie. Jamais il ne peut vaincre le mal. S'il détruit quelqu'un de ses adversaires, il n'a détruit qu'un innocent. Il n'y a que des innocents ; et nos adversaires ne sont que les masques de ce Mal que nous ne tuerons pas.

Le taureau est encore assez fort dans ce moment. Mais dès à présent il manque de réserves, il semble plus fort qu'il ne l'est en vérité. La vie en lui a commencé à douter de soi. Les blessures des piques sont graves et le sang coule. C'est maintenant qu'un intermezzo va retarder l'action. On va l'orner en le blessant encore. Ce lutteur intrépide est glorifié et raillé en même temps par une sorte de couronnement. On met les *banderillas*. Et la bête héroïque doit servir de prétexte presque ridicule à la danse élégante de l'homme qui lui applique cette parure douloureuse : le « banderillero », qui arrive à planter ses armes malgré sa propre peur, grâce à la grandeur et à la lourdeur même de l'animal attaqué. – Ainsi l'homme mûr arrive au succès et à la gloire au moment où il est déjà affaibli par les blessures de la vie. Et la gloire même de ce monde n'est qu'une blessure plus intime, un ornement traditionnel et presque ridicule, un travestissement de la victoire. L'homme n'a pas vaincu. Nul n'est vainqueur en ce monde. On fait comme s'il était vainqueur, comme si la vraie gloire était dans le pouvoir des hommes. C'est bien se moquer d'un homme. Le taureau du moins ne croit pas à sa nouvelle dignité. A-t-il même le pressentiment que le monde ne glorifie que ceux qui vont être immolés ?

Avec le matador, grand-prêtre mystagogue[1] de la fête, la mort entre dans l'arène. La voilà ! sous forme de l'épée souple, belle, inévitable, cachée sous le rouge alarmant du drap : mais cachée seulement à celui auquel elle est destinée. Les autres la voient, cette mort, et le taureau affaibli entre dans l'angoisse, et, en transcendant l'angoisse, il entre dans le sérieux du deuxième degré, dans le sérieux définitif après l'intermezzo tragi-comique. La tragédie commence, ou plutôt le caractère tragique de l'événement entier se laisse enfin découvrir. [...] Et subitement le taureau est abattu. Son corps massif porte l'épée comme un finale, comme un dernier cri fier et désespéré. Quelques instants il semble résister encore. Mais la mort s'accomplit, cette mort depuis longtemps présente, identifiée à l'épée, identique à sa source, au matador lui-même qui la manie. – La bête morte est emportée comme une chose. – Ainsi, nous aboutissons tous à la mort, ici-bas. Chaque lutte contre elle est perdue d'avance. La splendeur de cette lutte ne peut consister dans son issue, mais seulement dans la dignité même de l'acte. Le définitif est l'inévitable.

Dans la course de taureaux, la bête tient le rôle de l'homme et l'homme prend le rôle d'une divinité archangélique, le rôle du démon. Il se venge d'être sous le joug de la fatalité en se faisant lui-même la fatalité de quelqu'un. Pour une fois, c'est lui qui *sait* et qui prévoit par ce qu'il va accomplir. Aussi cache-t-il à soi-même pour deux heures sa propre mort d'un remplaçant. Dans les limites d'une conception exclusivement immanente de la vie et de la mort humaines, il ne peut pas y avoir de mystère plus hautement symbolique.

Paul-Louis Landsberg, *Essai sur l'expérience de la mort* (1936), éd. du Seuil, Paris, 1951, pp. 83-88.

1. qui initie aux mystères

AUTRUI. EXISTENCE. VIE

7. « ÊTRE COMME UNE HUMBLE AUBERGE »...

Il faut que l'être se subordonne à une existence extérieure afin d'y trouver la source de sa propre stabilité.
Auguste COMTE

Ah! Qu'il me répugne d'*imposer* à un autre mes propres pensées! Combien je trouve de joie dans chacune des humeurs, chacun des secrets revirements intimes où je rends justice aux pensées des *autres* au détriment des miennes! Mais de temps en temps il y a des fêtes encore plus hautes, lorsqu'il est enfin *permis de faire don* de sa demeure et de son avoir spirituels, comme le confesseur assis dans un recoin, attendant avidement qu'un *indigent* vienne raconter la détresse de ses pensées, afin de lui remplir à nouveau les mains et le cœur et d'*alléger* son âme troublée. Non seulement il refuse d'en tirer gloire : il voudrait même échapper à la reconnaissance, car elle est importune et ne respecte pas la solitude et le silence. Mais vivre sans nom, ou même exposé à des railleries légères, trop humblement pour susciter l'envie ou l'hostilité, armé d'une tête sans fièvre, d'une poignée de savoir et d'une bourse pleine d'expérience, être pour l'esprit une sorte de médecin des pauvres et venir en aide à tel ou tel dont la tête *est dérangée par les opinions*, sans qu'il remarque au juste qui l'a aidé! Ne pas chercher à avoir raison en face de lui et à célébrer une victoire, mais lui parler de telle façon qu'il trouve lui-même la solution juste, grâce à une indication ou une contradiction infime, imperceptible, et s'en aille avec la fierté d'avoir trouvé! Être comme une humble auberge qui ne rejette aucune personne dans le besoin, mais qu'ensuite on oublie et l'on raille! N'avoir aucun avantage, ni une meilleure nourriture, ni un air plus pur, ni un esprit plus joyeux, – mais faire don, rendre, partager, s'appauvrir! Savoir s'abaisser afin d'être accessible au grand nombre et n'humilier personne! Avoir pris sur soi bien des injustices, avoir rampé par les étroites galeries de toutes sortes d'erreurs, afin de pouvoir atteindre sur leurs voies secrètes bien des âmes dissimulées! Toujours dans une même sorte d'amour, toujours dans une même sorte d'égoïsme et de plaisir à soi! Être en possession d'une autorité, mais rester en même temps dans l'obscurité et le renoncement! Demeurer constamment étendu au soleil dans la douceur de la grâce, mais connaître à proximité les accès qui montent au sublime! – Voilà une vie! Voilà une raison de vivre longtemps!

NIETZSCHE, *Aurore, Pensées sur les préjugés moraux*, «Morgenröte, Gedanken über moralische Vorurteile» (1881), trad. J. Hervier, Gallimard, 1970, Liv. V, § 449.

Friedrich HEGEL (1770-1831) par Schlesinger,
Galerie nationale, Berlin.

FORMATION DES CONCEPTS SCIENTIFIQUES

L'entendement ne connaît rien que par concepts;
il ne connaît jamais rien par simple intuition.
KANT

Dans un savoir cohérent, un concept a rapport avec tous les autres.
Georges CANGUILHEM

Opposant à l'irrationalisme romantique de l'intuition pure ou du savoir immédiat la rigueur du concept, qui seul fournit à la vérité l'élément de son existence, Hegel écrit, dans la Préface de la *Phénoménologie de l'esprit*: «La vraie figure dans laquelle la vérité existe ne peut être que le système scientifique de cette vérité.»

Cependant, pour tout système, la nature ne nous offre au premier coup d'œil «qu'un chaos suivi d'un autre chaos» (Stuart Mill); non point un univers transparent, mais un divers opaque, au sein duquel le discours méthodique de chaque science tisse laborieusement son réseau de concepts, constituant ainsi son propre objet.

Par exemple, dans le domaine de la physiologie, quoi de plus élémentaire et de plus simple, apparemment, que le *réflexe*? Cependant, l'étude de la *formation du concept de réflexe* par G. Canguilhem réserve bien des surprises et ruine deux préjugés: elle nous révèle qu'il n'y a pas de logique *a priori* qui assujettirait l'apparition des concepts et leur exploitation ultérieure à des champs théoriques homogènes; et, d'autre part, qu'aucune théorie n'a le monopole de la formation de concepts scientifiquement féconds. Ainsi, le concept de *réflexe*, né en 1670 d'une définition produite par un praticien non mécaniste, Thomas Willis, devient un fait fondamental pour la physiologie mécaniste du XIXe siècle avant de subir une nouvelle *rectification* de la part de *Sherrington* qui, au début du XXe siècle, confère au concept de réflexe une signification physiologique décisive.

Le *concept* scientifique est autre chose qu'un mot arbitraire et lourd de malentendus: c'est un terme qui prend place dans un discours à la fois cohérent et clos; son sens est défini, sinon définitif.

Ainsi, quand un concept s'impose, c'est tout un plan de référence qui bascule, toute une cohérence qui est remise en cause. Par-delà les systèmes de concepts, que signifie donc l'histoire des systèmes? *L'illusion* ne serait-elle pas ici de tenir «la science fraîche», ce tribunal des erreurs fanées, pour l'*état définitif* d'une vérité désormais soustraite au tribunal de l'histoire?

LE CONCEPT D'« HORIZON DES CONCEPTS »

On peut considérer chaque concept comme un point qui, semblable au point où se trouve tout spectateur, a son horizon, c'est-à-dire une multitude de choses, qui de ce point, peuvent être représentées et comme parcourues des yeux. Dans l'intérieur de cet horizon, il faut que puisse être donnée une multitude infinie de points, dont chacun, à son tour, a son horizon plus étroit, c'est-à-dire que toute espèce renferme des sous-espèces, suivant le principe de la spécification, et que l'horizon logique ne se compose que d'horizons plus petits (de sous-espèces), mais non de points sans aucune circonscription (d'individus). Mais à divers horizons, c'est-à-dire à divers genres déterminés par tout autant de concepts, on peut imaginer un horizon commun d'où on les embrasse tous comme d'un point central, et qui est un genre plus élevé jusqu'à ce qu'on arrive enfin au genre le plus élevé, l'horizon général et vrai, qui est déterminé du point de vue du concept le plus élevé et qui renferme en soi toute la variété des genres, espèces et sous-espèces.

KANT, *Critique de la Raison pure,* 1781, I, 2e division, Livre II, «Appendice à la dialectique transcendantale».

CONCEPTS. RAISON. IDÉE

1. LES CONCEPTS RATIONNELS DE LA CONNAISSANCE SYSTÉMATIQUE

Si nous jetons un coup d'œil sur l'ensemble des connaissances de notre entendement, nous trouvons que la part qu'y a proprement la raison ou ce qu'elle cherche à constituer, c'est le *systématique* de la connaissance, c'est-à-dire son enchaînement en vertu d'un principe. Cette unité rationnelle suppose toujours une idée: celle de la forme d'un tout de la connaissance, qui précède la connaissance déterminée des parties et qui contient les conditions nécessaires pour déterminer *a priori* à chaque partie sa place et son rapport avec les autres. Cette idée postule donc une unité parfaite de la connaissance intellectuelle qui ne fasse pas simplement de cette connaissance un agrégat accidentel, mais un système enchaîné suivant des lois nécessaires. On ne peut pas dire, à proprement parler, que cette idée soit le concept d'un objet, mais bien de la complète unité de ces concepts, en tant que cette unité sert de règle à l'entendement. Des concepts rationnels de ce genre ne sont pas tirés de la nature; nous interrogeons plutôt la nature d'après ces idées et nous tenons notre connaissance pour défectueuse tant qu'elle ne leur est pas adéquate. On avoue qu'il se trouve difficilement de la *terre pure*, de l'*eau pure*, de l'*air pur*, etc. On a pourtant besoin des concepts de ces choses (lesquels, par conséquent, pour ce qui en regarde la pureté parfaite, ne tirent leur origine que de la raison), afin de déterminer proprement la part que chacune de ces causes naturelles a dans le phénomène.

KANT, *Critique de la Raison pure*, 1781, I, 2e division, Livre II, « Appendice à la dialectique transcendantale ».

CONCEPTS. MATHÉMATIQUE. VÉRITÉ

2. CONCEPTS FLOTTANTS ET PRÉCISIONS INTEMPESTIVES

Il naît en ce moment 1,96 enfant par femme, en France; il en faudrait 2,1.
FRANCE-INTER, 31 janv. 1983.

Ce ne sont pas seulement les écrivains du XVIIIe siècle ou les bacheliers de notre temps qui tombent dans le travers des précisions intempestives, ce sont des sciences entières qui n'ont pas déterminé la portée de leurs concepts et qui oublient que les déterminations numériques ne doivent en *aucun cas* dépasser en exactitude les moyens de détection. Les manuels de géographie, par exemple, sont actuellement gorgés de données numériques dont on ne fixe ni la variabilité ni le champ d'exactitude. Un manuel utilisé dans la classe de quatrième contre des élèves de 13 ans inflige des précisions comme celle-ci: « la température moyenne annuelle à Menton est de 16°3 ». On arrive à ce paradoxe que la moyenne est appréciée au dixième de degré tandis que la seule utilisation pratique des données climatériques se contente de l'appréciation du degré. Le même auteur, comme bien d'autres, donne une précision exagérée au concept de densité de la population, concept qui est clair et utile si on lui laisse l'indétermination convenable. On lit dans le manuel incriminé : « le département de la Seine a une densité de 9 192 habitants au kilomètre carré ». Ce nombre *fixe* pour un concept *flottant*, dont la validité, sous la forme exacte n'est même pas d'une heure, servira, avec quelques autres de même espèce, pendant quelque dix ans, à « instruire » les élèves.

Gaston Bachelard, *La Formation de l'esprit scientifique*, Vrin, 1938, p. 216.

Concepts. Expérience. Histoire

3. Systèmes de concepts et histoire des systèmes

Comment se constitue une objectivité dans le moment ? Elle se constitue par un système de concepts en relation avec une expérience instituée. Ces concepts sont en relation d'interception, c'est-à-dire que l'histoire de l'un d'eux, l'histoire d'un concept, ne peut pas être une histoire mélodique, mais une histoire qui suppose le rapport avec ce système dans lequel les concepts qui s'interceptent trouvent et se donnent réciproquement leur sens.

Par exemple, prenons le concept d'espèce qui a dominé pendant des siècles et des siècles, l'histoire naturelle. Ce concept n'a pas de sens par lui-même, s'il n'est pas pris en rapport avec les individus et, d'autre part, avec celui de ces groupes d'êtres répartis en tableaux qui essaient de représenter, d'exhiber une sorte d'échelle continue des êtres.

Le jour où on récusera ce concept d'espèce, c'est-à-dire, le jour où la biologie deviendra la science des individus, ce jour-là une nouvelle biologie naîtra, c'est celle de Darwin, et le jour où le concept d'individu lui-même sera récusé, ce qui apparaîtra constitutif de l'organisme, c'est une certaine combinaison de caractères indépendants, c'est-à-dire le jour où Mendel et le mendélisme retrouvé définissent la structure de l'individu par une sorte de formule mathématique transmissible. À ce moment alors, de nouveau, mais par conjonction avec le darwinisme, la biologie moderne se trouve fondée une seconde fois [...].

Il a été très difficile de définir, au début du XVIIe siècle, l'électricité comme un courant. Alors, la constitution progressive de ce concept suppose précisément toute une histoire dont on ne peut pas nier l'historicité. La question est de savoir s'il n'y a pas eu une certaine attitude de la physique en général, qui tendait à considérer tous les êtres de la nature comme des fluides. Question dont on peut se demander, aujourd'hui, ce qu'elle est devenue dans la physique moderne, c'est-à-dire dans une physique où le concept d'information se trouve prédominant. Donc, on ne peut pas faire l'histoire d'une science comme la physique, à la recherche de son objectivité spécifique, en supposant que, en somme, il ne s'est rien passé. Il s'est passé quelque chose au sens historique du terme, c'est-à-dire qu'il y a des formes de pensée dépassées. Ces formes de pensée dépassées à une certaine époque, sont-elles en rapport les unes avec les autres ? Y a-t-il une cohérence interne de toutes ces cohérences ?

Georges Canguilhem, « Objectivité et historicité de la pensée scientifique », in *Structuralisme et marxisme*, 1970, coll. 10/18, pp. 236-238.

HISTOIRE

> L'histoire n'est tolérable que pour de fortes personnalités,
> elle étouffe les personnalités faibles.
> NIETZSCHE

Les enfants aiment bien, avant de s'endormir, qu'on leur raconte une histoire. Et sans doute la plupart des hommes aimeraient-ils aussi, avant de quitter la pièce dans laquelle se déroule une histoire dont ils ignorent le commencement – et surtout la fin, connaître le fin mot de cette histoire. Car, si l'histoire retient notre attention, c'est parce qu'elle se présente comme une suite imprévisible d'événements divers, de ruptures et de novations: «C'est le "et puis", "et puis alors", "et puis encore", qui fait qu'il y a histoire» (P. Ricoeur). En ce sens, l'histoire est la mélodie *sans fin* du Devenir. Elle est sans égard pour tout ce qui est permanent, stable ou répétitif comme le cours des planètes: ainsi «la nature organique n'a pas d'histoire» (Hegel).

De quelque manière qu'on l'entende, l'histoire est soit le «cours humain des événements» constamment en train de «se produire», soit la «relation» humaine de ces événements dans un cours d'histoire exigeant indéfiniment d'être «remanié», «récrit», «revu», «remis à jour». Comme nos souvenirs, l'histoire en tant que telle est tributaire d'un regard subjectif sur le passé humain.

Or, il n'y a proprement «histoire» que lorsqu'il n'y a plus véritablement «mémoire» (Halbwachs). Ainsi, c'est pour empêcher le temps d'effacer «les actions accomplies par les hommes» que le premier historien professionnel – Hérodote d'Halicarnasse – a mené son enquête, soulevant ainsi des questions qui restent toujours de la plus brûlante actualité: qu'est-ce qui est *mémorable*? de quoi y a-t-il lieu de se souvenir? de quel passé, proche ou lointain, l'historien choisit-il de nous *parler*, et pourquoi? et de quels moyens disposons-nous pour juger de la *vérité du discours* de l'historien, qui prétend nous dire la *réalité du passé*? que veut-il – et que peut-il – nous montrer ou nous démontrer?

L'histoire des historiens est, selon Valéry, «le plus dangereux» des *produits*; et Nietzsche soupçonne l'historien d'être un artiste impuissant ou un antiquaire fétichiste. L'histoire aurait-elle pour but d'entretenir en nous la névrose du passé? Bien au contraire, la *connaissance historique*, selon l'historien Marrou, «libère l'homme du poids de son passé», tout comme la psychanalyse libère notre inconscient psychologique. Mais qu'y a-t-il à découvrir de profond dans l'Histoire si elle n'est rien d'autre qu'une «suite de futilités dont l'accumulation produit un effet de grandeur» (Koestler)?

À vrai dire, tous les griefs contre les diverses histoires «nationales», réputées étroites, fastidieuses, arrogantes ou frivoles, expriment une déception et un espoir: ceux d'une Humanité que déchirent ses luttes tribales et qui aspire confusément à se retrouver, dans son histoire objective, à la hauteur philosophique de l'*universel*. N'est-ce pas ce vœu démesuré, dont témoigne à sa manière la *piété conservatrice* (Nietzsche), qui, s'il était comblé, délivrerait notre existence de sa contingence?

Mais la continuité des actions d'un sujet quelconque, c'est-à-dire sa propre histoire individuelle, ne s'insère pas d'elle-même dans une Histoire plus vaste, plus rationnelle. Nous ignorons «la fin de l'Histoire», et il ne suffit pas de décider de lui en donner une pour que la réalité politique devienne le milieu aseptisé où se déploie magiquement le sens de notre action. En revanche, l'Histoire cesse d'être un «spectacle» plus ou moins mémorable (Bossuet), – sinon plus ou moins affligeant (Kant) –, lorsqu'elle devient le manifeste d'une «activité» philosophique, à savoir la *recherche de la vérité* – et le «lieu» de l'*émancipation progressive de l'intelligence humaine* (Comte).

La vérité – toute relative – du passé se découvre objectivement à distance dans son avenir, qui est notre présent, c'est-à-dire notre rapport *actuel* au monde. C'est en ce sens que toute vérité est historique et que toute histoire est contemporaine.

HISTOIRE DE LA PHILOSOPHIE

Il semble qu'il y ait opposition entre philosophie et histoire : celle-ci se tient au fait et au donné et est d'autant plus vraie qu'elle s'y tient ; la philosophie au contraire n'a affaire qu'à sa propre pensée, elle produit d'elle-même la spéculation sans avoir égard à ce qui est. Qu'elle se tourne vers l'histoire, et elle la traitera comme une matière qu'elle reconstruira à son gré et *a priori*.

HEGEL, *Geschichte der Philosophie* (Histoire de la philosophie), posth., 1832, XV.

L'histoire nous enseigne qu'à chaque moment il a existé autre chose ; la philosophie s'efforce au contraire de nous élever à cette idée que de tout temps la même chose a été, est et sera. En réalité l'essence de la vie humaine comme de la nature est tout entière présente en tout lieu, à tout moment, et n'a besoin, pour être reconnue jusque dans sa source, que d'une certaine profondeur d'esprit. Mais l'histoire espère suppléer à la profondeur par la largeur et par l'étendue : tout fait présent n'est pour elle qu'un fragment, que doit compléter un passé d'une longueur infinie et auquel se rattache un avenir infini lui-même. Telle est l'origine de l'opposition entre les esprits philosophiques et historiques : ceux-là veulent sonder, ceux-ci veulent énumérer jusqu'au bout. [...] La multiplicité n'est que phénomène, et les faits extérieurs, simples formes du monde phénoménal, n'ont par là ni réalité ni signification immédiate ; ils n'en acquièrent qu'indirectement, par leur rapport avec la volonté des individus. Vouloir en donner une explication et une interprétation directes équivaut donc à vouloir distinguer dans les contours des nuages des groupes d'hommes et d'animaux. Ce que raconte l'histoire n'est en fait que le long rêve, le songe lourd et confus de l'humanité.

Les hégéliens, pour qui la philosophie de l'histoire devient même le but principal de toute philosophie, doivent être renvoyés à Platon. Platon ne cesse de dire que l'objet de la philosophie est l'éternel et l'immuable, et non pas ce qui est tantôt d'une façon et tantôt d'une autre. Tous les rêveurs occupés à élever ces constructions de la marche du monde, ou, comme ils disent, de l'histoire, ont oublié de comprendre la vérité capitale de toute philosophie, à savoir que de tout temps, la même chose existe, que le devenir et le naître sont de pures apparences[1], que les idées seules demeurent et que le temps est idéal. [...] La devise générale de l'histoire devrait être : *Eadem, sed aliter* (Les mêmes choses, mais d'une autre manière).

SCHOPENHAUER, *Le Monde comme volonté et comme représentation* (1819-1844-1859) trad. A. Burdeau, P.U.F., 1966, pp. 1181-1184.

1. Cf. texte n° 8, p. 293 (Schopenhauer).

HISTOIRE DE L'HISTOIRE

1. HÉRODOTE, PREMIER HISTORIEN PROFESSIONNEL

Historiquement parlant, il est bien évident que l'histoire a préexisté à Hérodote, aux logographes, et même à Hésiode et Homère : imaginerait-on des hommes qui ne pensent pas et ne raconteraient pas d'une manière ou d'une autre ce qui leur est arrivé ?

Benedetto CROCE, *Théorie et histoire de l'historiographie*, 1912, chap. II.

C'est encore le sens premier très large d'« enquête » que conserve le mot d'*historia* dans la phrase fameuse sur laquelle s'ouvre l'œuvre du plus ancien des historiens grecs que nous ayons conservé : « voici l'exposé de l'enquête entreprise par Hérodote d'Halicarnasse pour empêcher que les actions accomplies par les hommes ne s'effacent avec le temps... »

Si élémentaire et, en un sens, encore si naïve que puisse nous apparaître la tentative d'Hérodote, nous sommes très frappés de l'effort d'interprétation scientifique qui s'y manifeste : même chez ce délicieux conteur, au premier abord si ingénu, l'histoire apparaît comme une tentative de compréhension, d'explication ; dans cette même phrase initiale dont nous avons cité les premiers mots il précise que son « enquête » a entre autres pour but de déterminer « pour quelle cause Grecs et Perses barbares se combattirent... ». Recherche à la fois approfondie et positive : il s'agit de démêler la cause profonde des événements, distingués des simples prétexte, excuse ou apparence, mais cette recherche se situe au niveau de ce que le philosophe appellera les causes secondes, distinctes de l'*archè*, ou premier principe métaphysique d'intelligibilité, – recherche positive, même si cette notion de cause implique pour Hérodote la nécessité de tenir compte de notions, pour nous contestables ou surprenantes, comme celles de destin, fortune ou jalousie des dieux ; de proche en proche l'explication historique amènera toujours l'historien à mettre en œuvre tout l'ensemble de sa conception de l'homme et de la vie. L'histoire d'Hérodote est, comme toute histoire, marquée du sceau de la personnalité de son auteur ; comme toute histoire, autant que sur l'objet propre de sa recherche, – ici les guerres médiques –, elle porte témoignage sur ce que pouvait être le monde intérieur et le mode de pensée d'un Grec des années – 440. Hérodote enfin est déjà bien un historien, au sens professionnel du mot, par son désir de reconstituer et d'atteindre la vérité des événements passés dans leur réalité vécue, par son effort pour détecter la source d'information valide, par la méfiance que cette préoccupation entraîne et un certain pessimisme sur la nature humaine ; on disserte depuis Plutarque sur la « malignité » d'Hérodote.

Henri-Irénée MARROU[a], « Qu'est-ce que l'Histoire ? », in *L'Histoire et ses méthodes*, Encyclopédie de la Pléiade, 1961, pp. 4-8.

a. *H.-I. Marrou (1904-1977), historien de l'Antiquité, définit pour sa part l'histoire, non comme une* enquête *(« bien que ce soit le premier sens du mot grec* historia *»), ni comme une* narration, *mais comme la* connaissance – scientifiquement élaborée – du passé humain. *Marrou ajoute qu'il s'agit là, bien évidemment, d'un « idéal ».*

L'HISTOIRE UNIVERSELLE

2. L'HISTOIRE ? UN GRAND SPECTACLE

Une telle *justification* de la nature – ou mieux de la Providence –, est un motif non négligeable de choisir un point de vue particulier pour considérer le monde. Car à quoi bon louer la splendeur et la sagesse de la nature privée de raison, et en recommander l'observation, si l'histoire de l'espèce humaine, qui est la partie du théâtre de la sagesse suprême qui contient la finalité de l'ensemble, doit rester là contre une objection incessante, si la seule vue de ce spectacle nous force à détourner les yeux avec humeur, et nous porte, dans notre désespoir de jamais trouver ici-bas un dessein raisonnable achevé, à ne l'espérer que dans un autre monde ?

KANT, *Idée d'une histoire universelle au point de vue cosmopolitique*, 1784, 9e proposition.

Il seroit honteux, je ne dis pas à un Prince, mais en général à tout honnête homme, d'ignorer le genre humain, et les changements mémorables que la suite des temps a faits dans le monde.

Les Histoires particulières représentent la suite des choses qui sont arrivées à un Peuple dans tout leur détail ; mais, afin de tout entendre, il faut savoir le rapport que chaque Histoire peut avoir avec les autres ; ce qui se fait par un abrégé où l'on voit, comme d'un coup d'œil, tout l'ordre des temps.

Un tel abrégé, MONSEIGNEUR[1], vous propose un grand spectacle. Vous voyez tous les siècles précédens se développer, pour ainsi dire, en peu d'heures devant vous : vous voyez comme les Empires se succèdent les uns aux autres, et comme la Religion dans ses différens états se soutient également depuis le commencement du monde jusqu'à notre temps...

Comme donc, en considérant une Carte universelle, vous sortez du pays où vous êtes né, et du lieu qui vous renferme, pour parcourir toute la terre habitable, que vous embrassez par la pensée avec toutes ses mers et tous ses pays ; ainsi, en considérant l'abrégé chronologique, vous sortez des bornes étroites de votre âge, et vous vous étendez dans tous les siècles. Mais de même que, pour aider sa mémoire dans la connoissance des lieux, on retient certaines villes principales, autour desquelles on place les autres, chacune selon la distance ; ainsi, dans l'ordre des siècles, il faut avoir certains temps marqués par quelque grand événement, auquel on rapporte tout le reste.

C'est ce qui s'appelle époque, d'un mot grec qui signifie *s'arrêter*, parce qu'on s'arrête là pour considérer comme d'un lieu de repos tout ce qui est arrivé devant ou après, et éviter par ce moyen les anachronismes, c'est-à-dire, cette sorte d'erreur qui fait confondre les temps.

BOSSUET, *Discours sur l'Histoire universelle*, 1681, Avant-propos.

1. Bossuet s'adresse à *Monseigneur le Dauphin* – fils unique de Louis XIV et de Marie-Thérèse – dont il était le précepteur et pour qui fut éditée la collection d'auteurs classiques latins dite *Ad usum Delphini* (à l'usage du Dauphin).

HISTOIRE ET OBJECTIVITÉ

3. LE BON HISTORIEN

Il s'agirait donc, pour que l'histoire de l'humanité puisse être racontée, qu'un narrateur et un narrataire[1] « humains » universels puissent être engendrés à partir des narrateurs et des narrataires « sauvages » (« nationaux »), particuliers et multiples.

Jean-François LYOTARD[a], *Le Différend*, 1983, p. 226.

Le bon historien n'est d'aucun temps ni d'aucun pays : quoiqu'il aime sa patrie, il ne la flatte jamais en rien. L'historien français doit se rendre neutre entre la France et l'Angleterre : il doit louer aussi volontiers Talbot que Duguesclin ; il rend autant de justice aux talents militaires du prince de Galles, qu'à la sagesse de Charles V.

1. Narrataire = personne à qui s'adresse un narrateur.

Il évite également le panégyrique et les satires : il ne mérite d'être cru qu'autant qu'il se borne à dire, sans flatterie et sans malignité, le bien et le mal. Il n'omet aucun fait qui puisse servir à peindre les hommes principaux, et à découvrir les causes des événements ; mais il retranche toute dissertation où l'érudition d'un savant veut être étalée. Toute sa critique se borne à donner comme douteux ce qui l'est, et à en laisser la décision au lecteur, après lui avoir donné ce que l'histoire lui fournit. L'homme qui est plus savant qu'il n'est historien, et qui a plus de critique que de vrai génie, n'épargne à son lecteur aucune date, aucune circonstance superflue, aucun fait sec et détaché ; il suit son goût sans consulter celui du public ; il veut que tout le monde soit aussi curieux que lui des minuties vers lesquelles il tourne son insatiable curiosité. Au contraire, un historien sobre et discret laisse tomber les menus faits qui ne mènent le lecteur à aucun but important. Retranchez ces faits, vous n'ôtez rien à l'histoire : ils ne feront qu'interrompre, qu'allonger, que faire une histoire, pour ainsi dire, hachée en petits morceaux, et sans aucun fil de vive narration. Il faut laisser cette superstitieuse exactitude aux compilateurs. Le grand point est de mettre d'abord le lecteur dans le fond des choses, de lui en découvrir les liaisons, et de se hâter de le faire arriver au dénouement. [...]

La principale perfection d'une histoire consiste dans l'ordre et dans l'arrangement. Pour parvenir à ce bel ordre, l'historien doit embrasser et posséder toute son histoire ; il doit la voir tout entière comme d'une seule vue ; il faut qu'il la tourne et qu'il la retourne de tous les côtés, jusqu'à ce qu'il ait trouvé son vrai point de vue.

Fénelon, *Lettre à M. Dacier sur les occupations de l'Académie française,* VIII, Projet d'un Traité sur l'histoire (1714), Édit. F. Didot, p. 524.

a. Dans Le Différend, *qu'il appelle « son livre de philosophie », J.-F. Lyotard (né en 1924) engage, à partir de la polémique autour de l'existence des chambres à gaz, une réflexion en profondeur sur l'impossibilité de raconter « l'histoire universelle de l'humanité », en l'absence d'un tribunal lui-même « universel », capable de trancher le litige qui s'institue, en matière de réalité, entre différents narrateurs particuliers.*

L'histoire et la vie

4. Le véritable sens historique

En chaque temps, en chaque cité, l'historien s'efforce de retrouver ce qui mérite de ne pas périr.
Raymond Aron

L'histoire est en second lieu le bien de l'homme qui veut conserver et vénérer le passé, de celui qui jette un regard fidèle et aimant vers ses origines, vers le monde où il a grandi ; par cette piété il s'acquitte en quelque sorte de sa dette de reconnaissance envers le passé. Entretenir d'une main pieuse, au profit de ceux qui viendront après lui, ce qui a toujours été, les conditions dans lesquelles il est né, c'est sa façon de servir la vie. La possession du bric-à-brac des ancêtres change de sens dans une âme ainsi faite ; car elle en est à son tour possédée. Tout ce qui est menu, borné, vermoulu, acquiert une importance, du fait que l'âme conservatrice et pieuse de l'historien traditionaliste se transporte dans ces objets et s'y installe un nid douillet. L'histoire de sa ville devient sa propre histoire ; la muraille, la poterne, l'ordonnance municipale, la fête populaire sont comme le mémorial illustré de sa jeunesse ; il s'y retrouve avec sa vigueur, son ardeur au travail, son plaisir, sa sagesse, sa folie et ses excès. On vivait bien ici, se dit-il, et puisqu'on y vit encore bien, on y vivra bien encore plus tard ; nous sommes tenaces et on ne nous brisera pas en une nuit. Par ce « nous » il dépasse la vie individuelle, éphémère et fantasque, il s'identifie au génie familier de sa maison, de sa famille, de sa ville. Et parfois, au-delà des espaces ténébreux et confus des siècles, il salue l'âme de son peuple en qui il reconnaît sa propre âme [...]. Comment l'histoire servirait-elle mieux la vie qu'en attachant fortement à leur pays natal et à leurs coutumes locales des populations moins favorisées que d'autres, en les fixant et en les détournant d'aller errer à l'étranger en quête du mieux qu'il leur faudra disputer à d'autres ? Ce qui semble river l'individu à ses compagnons et à son milieu, à l'habitude d'une vie pénible, à telle crête montagneuse dénudée, semble parfois de l'entêtement et de l'inintelligence, mais c'est l'inintelligence la plus salutaire et la plus profitable à la communauté. C'est ce que chacun sait pour peu qu'il ait pris conscience des conséquences redoutables que peut entraîner ce goût de l'émigration aventureuse qui saisit parfois des populations entières, ou s'il peut observer de près l'état d'une nation qui a perdu la piété envers son passé et que son goût cosmopolite condamne à changer toujours et à chercher sans cesse du nouveau et toujours du nouveau. Le sentiment de profond bien-être que l'arbre sent monter de ses racines, le plaisir de savoir qu'on n'est pas un être purement arbitraire et fortuit, mais qu'on est issu de tout un passé dont on est l'héritier, la fleur et le fruit, et qu'on est de ce fait excusé, voire justifié d'être celui qu'on est, voilà ce que l'on peut appeler de nos jours le véritable sens historique.

Nietzsche, *Considérations inactuelles*, II, (1873-1876), trad. G. Bianquis, Aubier, 1964, § 3, pp. 239-243.

Histoire et liberté

5. L'HISTOIRE, INSTRUMENT DE NOTRE LIBERTÉ

L'histoire ne fait rien. C'est l'homme, l'homme réel et vivant qui livre des combats.
Karl Marx

L'histoire nous libère des entraves, des limitations qu'imposait à notre expérience de l'homme notre mise en situation au sein du devenir, à telle place dans telle société à tel moment de son évolution, – et par là elle devient en quelque sorte un instrument, un moyen de notre liberté...

La prise de conscience historique réalise une véritable *catharsis*[1], une libération de notre inconscient sociologique un peu analogue à celle que sur le plan psychologique cherche à obtenir la psychanalyse : dans l'un et l'autre cas, nous observons ce mécanisme, à première vue surprenant, par lequel « la connaissance de la cause passée modifie l'effet présent » : dans l'un et l'autre cas l'homme se

1. Catharsis : purification.

libère du passé qui jusque-là pesait obscurément sur lui non par oubli mais par l'effort pour le retrouver, l'assumer en pleine conscience de manière à l'intégrer. C'est en ce sens, comme on l'a souvent répété de Goethe à Dilthey et à Croce, que la connaissance historique libère l'homme du poids de son passé. Ici encore l'histoire apparaît comme une pédagogie, le terrain d'exercice et l'instrument de notre liberté.

Henri-Irénée MARROU, *De la connaissance historique*, 1954, Le Seuil, p. 272.

SCIENCE ET HISTOIRE

6. L'HISTOIRE EST FAITE DE LOIS CONSTANTES ET DE HASARDS IMPRÉVISIBLES

Les événements naissent de père inconnu.
La nécessité n'est que leur mère.
Paul VALÉRY

La description d'un phénomène dont toutes les phases se succèdent et s'enchaînent nécessairement selon des lois que font connaître le raisonnement ou l'expérience, est du domaine de la science et non de l'histoire. La science décrit la succession des éclipses, la propagation d'une onde sonore, le cours d'une maladie qui passe par des phases régulières, et le nom d'histoire ne peut s'appliquer qu'abusivement à de semblables descriptions[a]; tandis que l'histoire intervient nécessairement (lorsqu'à défaut de renseignements historiques il y a lacune véritable dans nos connaissances) là où nous voyons, non seulement que la théorie, dans son état d'imperfection actuelle, ne suffit pas pour expliquer les phénomènes, mais que même la théorie la plus parfaite exigerait encore le concours d'une donnée historique.

S'il n'y a pas d'histoire proprement dite, là où tous les événements dérivent nécessairement et régulièrement les uns des autres, en vertu des lois constantes par lesquelles le système est régi, et sans concours accidentel d'influences étrangères au système que la théorie embrasse, il n'y a pas non plus d'histoire, dans le vrai sens du mot, pour une suite d'événements qui seraient sans aucune liaison entre eux. Ainsi les registres d'une loterie publique pourraient offrir une succession de coups singuliers, quelquefois piquants pour la curiosité, mais ne constitueraient pas une histoire : car les coups se succèdent sans s'enchaîner, sans que les premiers exercent aucune influence sur ceux qui les suivent, à peu près comme dans ces annales où les prêtres de l'Antiquité avaient soin de consigner les monstruosités et les prodiges à mesure qu'ils venaient à leur connaissance. Tous ces événements merveilleux, sans liaison les uns avec les autres, ne peuvent former une histoire, dans le vrai sens du mot, quoiqu'ils se succèdent suivant un certain ordre chronologique.

Au contraire, à un jeu comme celui du tric-trac, où chaque coup de dé, amené par des circonstances fortuites, influe néanmoins sur les résultats des coups suivants ; et à plus forte raison au jeu d'échecs, où la détermination réfléchie du joueur se substitue aux hasards du dé, de manière pourtant à ce que les idées du joueur, en se croisant avec celles de l'adversaire, donnent lieu à une multitude de rencontres accidentelles, on voit poindre les conditions d'un enchaînement historique.

COURNOT, *Essai sur les fondements de la connaissance et sur les caractères de la critique philosophique* (1851), Hachette, 1922, p. 460.

a. Cependant Michel Serres, dans Le Contrat naturel *(Édit. François Bourin, 1990) souligne que l'idée d'une Nature « sans histoire », cadre immuable et inaltérable des actions humaines, est mise en question, depuis la révolution industrielle, par les interventions massives et intempérantes de l'homme sur son milieu naturel. Désormais, en effet : « l'histoire globale entre dans la nature ; la nature globale entre dans l'histoire : voilà de l'inédit en philosophie » (p. 18). Il y va donc, comme l'exprime Michel Serres dans un registre voisin de celui d'Auguste Comte, de notre responsabilité envers « la Planète-terre, sur laquelle un nouveau sujet total, l'humanité, besogne ».*

HISTOIRE ET VÉRITÉ

7. L'ALLÉGORIE DE LA PLUIE RÉVÉLATRICE

Qui peut de vos desseins révéler le mystère,
Sinon quelques amis engagés à se taire ?
RACINE, *Bajazet*, IV, 7

Néron logeoit dans son palais la fameuse *Locusta*, savante dans l'art d'apprêter des poisons subtils. Il étoit si jaloux de conserver une femme aussi utile à ses desseins, qu'il lui donna des gardes. Ce fut elle qui composa le breuvage qui fit périr Britannicus. Comme l'effet du poison avoit noirci le visage de ce malheureux prince, Néron fit étendre dessus une couche de blanc qui n'offroit aux yeux que la pâleur d'une mort naturelle. Mais comme on le portoit au tombeau, une grosse pluye qui survint, lava le fard et mit en évidence ce que l'empereur vouloit déguiser. Je trouve dans ce fait une assez juste allégorie : les rois caressent avec complaisance des monstres fidèles ; soit aveuglement, soit mépris des loix, soit confiance en leur pouvoir, ils croient en imposer à l'œil qui les contemple ; mais bientôt l'histoire est la pluye abondante qui emporte la couche mensongère et rend au crime la couleur qui lui est propre.

Louis-Sébastien MERCIER, *L'An deux mille quatre cent quarante*, 1772, p. 217.

8. L'HISTOIRE ? UNE FABLE CONVENUE

La légende est à mes yeux plus vraie que l'histoire.
ALAIN

Il faut en convenir, les véritables vérités sont bien difficiles à obtenir pour l'histoire. Heureusement que la plupart du temps, elles sont bien plutôt un objet de curiosité[a] que de réelle importance. Il est tant de vérités. Celle de Fouché, par exemple, et autres intrigants de son espèce, celle même de beaucoup d'honnêtes gens différeront parfois beaucoup de la mienne. Cette vérité historique, tant implorée, à laquelle chacun s'empresse d'en appeler, n'est trop souvent qu'un mot : elle est impossible au moment même des événements, dans la chaleur des passions croisées ; et si, plus tard, on demeure d'accord, c'est que les intéressés, les contradicteurs ne sont plus. Mais qu'est alors cette vérité historique, la plupart du temps? Une fable convenue, ainsi qu'on l'a dit fort ingénieusement. [...] Dans toutes ces affaires, il est deux portions essentielles fort distinctes : les faits matériels et les intentions morales. Les faits matériels sembleraient devoir être incontroversables; et pourtant, voyez s'il est deux relations qui se ressemblent: il en est qui demeurent des procès éternels. Quant aux intentions morales, le moyen de s'y retrouver, en supposant même de la bonne foi dans les narrateurs? [...] On donnera souvent beaucoup de profondeur, de sublimité de ma part à ce qui ne fut peut-être que le plus simple du monde; on me supposera des projets que je n'eus jamais[b]. [...]

Si, dans ce que j'ai dicté sur les matières générales, la rectitude et la sagacité des historiens trouvent de quoi se former une opinion juste et vraie sur ce que je ne mentionne pas, tant mieux. Mais à côté de ces faibles étincelles, que de fausses lumières dont ils se trouveront assaillis ! Depuis les fables et les mensonges des grands intrigants jusqu'aux assertions mêmes de mes ministres, honnêtes gens qui, cependant, auront à donner bien moins ce qui était que ce qu'ils ont cru; car en est-il qui aient eu ma pensée générale tout entière? Ils n'auront vu que la face du prisme qui leur est relative; et encore, comment l'auront-ils saisie? N'était-elle pas elle-même morcelée? Et pourtant, il n'en est probablement pas un qui, d'après les éclairs dont il aura été frappé, ne donne pour mon véritable système le résultat fantastique de ses propres combinaisons; et de là encore la fable convenue qu'on appellera l'histoire.

Napoléon, *Mémorial de Sainte-Hélène* par LAS CASES, mercredi 20 novembre 1816, Seuil, 1968, p. 585.

a. *C'est une intempérante et vaine « curiosité historique » que Bossuet, auteur du* Discours sur l'Histoire universelle *(1681) dénonçait vivement en ces termes, dans son* Traité de la Concupiscence *(1693) : « On se transporte en esprit dans les cours des anciens rois, dans les secrets des anciens peuples : on s'imagine entrer dans les délibérations du sénat romain, dans les conseils ambitieux d'un Alexandre, ou d'un César, dans les jalousies politiques et raffinées d'un Tibère. Si c'est pour en tirer quelque exemple utile à la vie humaine, à la bonne heure; il le faut souffrir, et même louer, pourvu qu'on apporte à cette recherche une certaine sobriété. Mais si c'est, comme on le remarque dans la plupart des curieux, pour se repaître l'imagination de ces vains objets : qu'y a-t-il de plus inutile que de se tant arrêter à ce qui n'est plus, que de rechercher toutes les folies qui ont passé dans la tête d'un mortel, que de rappeler avec tant de soin ces images que Dieu a détruites dans sa cité sainte, ces ombres qu'il a dissipées, tout cet attirail de la vanité, qui de lui-même s'est replongé dans le néant, d'où il était sorti ? »*

b. *Notamment le projet d'abandonner Paris pour faire de Rome la capitale de l'Empire.*

Griefs contre l'histoire

9. L'histoire ? Le produit le plus dangereux...

Un homme qui ne voudrait rien voir qu'historiquement serait pareil à celui qu'on forcerait à s'abstenir de sommeil ou à l'animal qui ne devrait vivre que de ruminer et de ruminer sans fin.

Nietzsche, *Considérations inactuelles* (1873-76), II, 1.

L'Histoire est le produit le plus dangereux que la chimie de l'intellect ait élaboré. Ses propriétés sont bien connues. Il fait rêver, il enivre les peuples, leur engendre de faux souvenirs, exagère leurs réflexes, entretient leurs vieilles plaies, les tourmente dans leur repos, les conduit au délire des grandeurs ou à celui de la persécution, et rend les nations amères, superbes, insupportables et vaines.

L'Histoire justifie ce que l'on veut. Elle n'enseigne rigoureusement rien, car elle contient tout, et donne des exemples de tout.

Que de livres furent écrits qui se nommaient : « La Leçon de ceci, les Enseignements de cela !... » Rien de plus ridicule à lire après les événements qui ont suivi les événements que ces livres interprétaient dans le sens de l'avenir[a].

Paul Valéry, « De l'Histoire » (1931), in *Œuvres*, t. II, Pléiade, 1960, p. 935.

a. *En 1942, Anatole de Monzie publia* Pétition pour l'histoire, *dont un chapitre s'intitulait :* Épître tardive à Paul Valéry. *Celui-ci adressa alors à Anatole de Monzie une lettre dont voici le passage essentiel : « Je vous avoue que je ne vois pas, dans tous ces anathèmes que m'ont attirés mes considérations assez précises et mesurées sur l'histoire, qu'on ait réfuté ce que j'avais osé articuler. Ces propos, d'ailleurs, n'étaient dans mon esprit que les premiers feux de mousqueterie précédant une attaque de fond. Je voulais écrire, et veux peut-être encore, un petit livre, pas plus gros que le vôtre, dont le titre fût :* Vraie valeur de l'Histoire. *J'ai observé que les historiens semblent n'avoir jamais réfléchi sur ce qu'ils faisaient de l'histoire. Le mot* Histoire *a deux sens : quand on l'écrit avec un grand H, il s'agit d'un mythe qui se dessine, menaçant, quand on dit :* L'Histoire nous enseigne..., l'Histoire jugera... *C'est un mythe en deux foutaises. (...) Quant à l'histoire (avec un petit h) c'est un ensemble d'écritures ; cela divertit ; mais personne n'a jamais pu définir la différence qu'il y a dans l'état d'esprit du lecteur de Balzac et dans celui du lecteur de Michelet. À mes yeux, tout est là. C'est le même illusionnisme. Il en résulte que rien ne distingue,* quant à l'effet *produit, un document* vrai, *d'un document* faux *que l'on croit être vrai. »*

Le temps de l'histoire

10. La décomposition de l'histoire

Ce livre se divise en trois parties, chacune étant en soi un essai d'explication.

La première met en cause une histoire quasi immobile, celle de l'homme dans ses rapports avec le milieu qui l'entoure ; une histoire lente à couler et à se transformer, faite bien souvent de retours insistants, de cycles sans cesse recommencés. Je n'ai pas voulu négliger cette histoire-là, presque hors du temps, au contact des choses inanimées, ni me contenter, à son sujet, de ces traditionnelles introductions géographiques à l'histoire, inutilement placées au seuil de tant de livres, avec leurs paysages minéraux, leurs labours et leurs fleurs qu'on montre rapidement et dont ensuite il n'est plus jamais question, comme si les fleurs ne revenaient pas avec chaque printemps, comme si les troupeaux s'arrêtaient dans leurs déplacements, comme si les navires n'avaient pas à voguer sur une mer réelle, qui change avec les saisons.

Au-dessus de cette histoire immobile, une histoire lentement rythmée : [...] une histoire sociale, celle des groupes et des groupements. Comment ces vagues de fond soulèvent-elles l'ensemble de la vie méditerranéenne, voilà ce que je me suis demandé dans la seconde partie de mon livre, en étudiant successivement les économies et les États, les sociétés, les civilisations, en essayant enfin, pour mieux éclairer ma conception de l'histoire, de montrer comment toutes ces forces de profondeur sont à l'œuvre dans le domaine complexe de la guerre. Car la guerre, nous le savons, n'est pas un pur domaine de responsabilités individuelles.

Troisième partie enfin, celle de l'histoire traditionnelle, si l'on veut de l'histoire à la dimension non de l'homme, mais de l'individu, l'histoire événementielle de François Simiand : une agitation de surface, les vagues que les marées soulèvent sur leur puissant mouvement. Une histoire à oscillations brèves, rapides, nerveuses. Ultrasensible par définition, le moindre pas met en alerte tous les instruments de mesure. Mais telle quelle, c'est la plus passionnante, la plus riche en humanité, la plus dangereuse aussi. Méfions-nous de cette histoire brûlante encore, telle que les contemporains l'ont sentie, décrite, vécue, au rythme de leur vie, brève comme la nôtre. Elle a la dimension de leurs colères, de leurs rêves et de leurs illusions. [...] Ainsi sommes-nous arrivés à une décomposition de l'histoire en plans étagés. Ou, si l'on veut, à la distinction, dans le temps de l'histoire, d'un temps géographique, d'un temps social, d'un temps individuel.

Fernand BRAUDEL, *La Méditerranée et le Monde méditerranéen à l'époque de Philippe II*, Colin, 1949, pp. 13-14.

11. L'HISTOIRE N'EST PAS UNE MÉMOIRE COLLECTIVE

Tant qu'un souvenir subsiste, il est inutile de le fixer par écrit, ni même de le fixer purement et simplement. Aussi le besoin d'écrire l'histoire d'une période, d'une société et même d'une personne ne s'éveille-t-il que lorsqu'elles sont déjà trop éloignées dans le passé pour qu'on ait chance de trouver longtemps encore autour de soi beaucoup de témoins qui en conservent quelque souvenir. Quand la mémoire d'une suite d'événements n'a plus pour support un groupe, celui-là même qui y fut mêlé ou qui en subit les conséquences, qui y assista ou en reçut un récit vivant des premiers acteurs et spectateurs, quand elle se disperse dans quelques esprits individuels, perdus dans des sociétés nouvelles que ces faits n'intéressent plus parce qu'ils leur sont décidément extérieurs, alors le seul moyen de sauver de tels souvenirs, c'est de les fixer par écrit en une narration suivie puisque, tandis que les paroles et les pensées meurent, les écrits restent. Si la condition nécessaire, pour qu'il y ait mémoire, est que le sujet qui se souvient, individu ou groupe, ait le sentiment qu'il remonte à ses souvenirs d'un mouvement continu, comment l'histoire serait-elle une mémoire, puisqu'il y a une solution de continuité entre la société qui lit cette histoire, et les groupes témoins ou acteurs, autrefois, des événements qui y sont rapportés ?

Certes, un des objets de l'histoire peut être, précisément, de jeter un pont entre le passé et le présent, et de rétablir cette continuité interrompue. Mais comment recréer des courants de pensée collective qui prenaient leur élan dans le passé, alors qu'on n'a prise que sur le présent ?

Maurice HALBWACHS, *La Mémoire collective*, posth. 1950, P.U.F., pp. 68-69.

HISTOIRE DE L'HISTOIRE

12. LA FIN DE L'HISTOIRE MÉLODIQUE

L'ère du monde fini commence.
Paul VALÉRY

L'Histoire, telle qu'on la concevait jadis, se présentait comme un ensemble de tables chronologiques parallèles, entre lesquelles quelquefois des transversales accidentelles étaient çà et là indiquées. Quelques essais de synchronisme n'avaient pas donné de résultats, si ce n'est une sorte de démonstration de leur inutilité. Ce qui se passait à Pékin du temps de César, ce qui se passait au Zambèse du temps de Napoléon, se passait dans une autre planète. Mais l'histoire *mélodique* n'est plus possible. Tous les thèmes politiques sont enchevêtrés, et chaque événement qui vient à se produire prend aussitôt une pluralité de significations simultanées et inséparables.

La politique d'un Richelieu ou d'un Bismarck se perd et perd son sens dans ce nouveau milieu. Les notions dont ils se servaient dans leurs desseins, les objets qu'ils pouvaient proposer à l'ambition de leurs peuples, les forces qui figuraient dans leurs calculs, tout ceci devient peu de chose. La grande affaire des politiques était, elle est encore pour quelques-uns, *d'acquérir un territoire*. On y employait la contrainte, on enlevait à quelqu'un cette terre désirée, et tout était dit. Mais qui ne voit que ces entreprises qui se limitaient à un colloque, suivi d'un duel, suivi d'un pacte, entraîneront dans l'avenir de telles généralisations inévitables que *rien ne se fera plus que le monde entier ne s'en mêle*, et que l'on ne pourra jamais prévoir ni circonscrire les suites *presque immédiates* de ce qu'on aura engagé.

Tout le génie des grands gouvernements du passé se trouve exténué, rendu impuissant et même *inutilisable* par l'agrandissement et l'accroissement de connexions du champ des phénomènes politiques ; car il n'est point de génie, point de vigueur du caractère et de l'intellect, point de traditions, même britanniques, qui puissent désormais se flatter de contrarier ou de modifier à leur guise l'état et les réactions d'un univers humain auquel l'ancienne *géométrie historique* et l'ancienne *mécanique politique* ne conviennent plus du tout. [...]

Plus nous irons, moins les effets seront simples, moins ils seront prévisibles, moins les opérations politiques et même les interventions de la force, en un mot, l'action évidente et directe, seront ce que l'on aura compté qu'ils seraient. [...]

Ce n'est point qu'il n'y aura plus d'événements et de *moments monumentaux* dans la durée ; il y en aura d'immenses ! Mais ceux dont c'est la fonction que de les attendre, de les préparer ou d'y parer, apprendront nécessairement de plus en plus à se défier de leurs suites. Il ne suffira plus de réunir le désir et la puissance pour s'engager dans une entreprise. Rien n'a été plus ruiné par la dernière guerre[1] que la prétention de prévoir. Mais les connaissances historiques ne manquaient point, il me semble ?

Paul VALÉRY, « De l'Histoire », in *Regards sur le monde actuel*, Œuvres, II, Pléiade, pp. 935-937.

1. Celle de 1914-1918. Valéry a écrit ce texte en 1928.

HISTOIRE ET MORALITÉ

13. L'HISTOIRE UNIVERSELLE SE MEUT AU-DESSUS DES INDIVIDUS

Nous ne pouvons pas prévoir ce qui paraîtra scandaleux dans deux siècles.
Paul VEYNE, *Entretiens avec « Le Monde »*, 1984, III, p. 189.

L'histoire se meut sur un terrain plus élevé que celui où la moralité a proprement sa demeure, et constitue la morale privée (*Privatgesinnung*), la conscience (*Gewissen*) des individus, leur volonté propre et leur manière d'agir, toutes choses qui possèdent en elles-mêmes leur valeur et leur imputation, leur récompense et leur châtiment. Mais ce que la fin ultime existant en soi et pour soi de l'Esprit requiert et accomplit, ce que fait la Providence, se trouve au-dessus des obligations, des estimations et des prétentions dont relèvent les individus du point de vue de leur éthique. Ceux qui ont résisté, par conviction éthique et donc par noblesse morale, à ce que le progrès de l'Idée de l'Esprit rendait nécessaire, se situent, du point de vue de la valeur morale, plus haut que ceux dont les crimes sont convertis, dans un ordre supérieur, en moyens d'exécution de la volonté de cet ordre supérieur. Mais, dans les bouleversements de ce genre, les deux partis se situent généralement à l'intérieur d'un monde en ruine ; il en résulte que le droit défendu par ceux qui se considèrent comme légalement justifiés, n'est qu'un droit formel, abandonné par l'Esprit vivant et par Dieu. Les actions des grands hommes, qui sont des individus, appartenant à l'histoire universelle, paraissent ainsi justifiées, non seulement en raison de leur inconsciente signification intérieure, mais aussi au point de vue du monde. Ce point de vue implique d'ailleurs que les milieux moralisants (*moralische Kreisen*) n'ont aucun droit de poser des exigences à l'encontre des grandes actions historiques et de leurs auteurs, car ceux-ci n'y appartiennent pas. La litanie des vertus privées, modestie, humilité, amour du prochain, bienfaisance, ne doit pas leur être opposée. Du reste l'histoire universelle pourrait entièrement négliger la sphère où se situent la moralité et l'opposition – dont on a si souvent et si faussement parlé – entre la morale et la politique ; et cela, non seulement parce que l'histoire devrait s'abstenir de tout jugement – ses principes et le nécessaire rapport des actions à ceux-ci sont déjà en soi le jugement – mais parce que les individus en tant que tels n'entrent pas dans son jeu et qu'elle peut donc les passer complètement sous silence. En effet, ce qu'elle doit raconter ce sont les actes de l'Esprit des peuples.

HEGEL, *La Raison dans l'Histoire*, (cours professé en 1830), trad. Kostas Papaioannou, coll. 10/18, U.G.E., 1965, p. 201.

PHILOSOPHIE DE L'HISTOIRE

14. HISTOIRE DES PROGRÈS DE L'ESPRIT HUMAIN

Ordre et Progrès.
Auguste COMTE

1. Le positivisme.

Suivant cette doctrine fondamentale[1], toutes nos spéculations quelconques sont inévitablement assujetties, soit chez l'individu, soit chez l'espèce, à passer par trois états théoriques différents, que les dénominations habituelles de théologique, métaphysique et positif pourront ici qualifier suffisamment, pour ceux, du moins, qui en auront bien compris le vrai sens général. Quoique d'abord indispensable, à tous égards, le premier état doit désormais être toujours conçu comme purement provisoire et préparatoire; le second, qui n'en constitue réellement qu'une modification dissolvante, ne comporte jamais qu'une simple destination transitoire, afin de conduire graduellement au troisième; c'est en celui-ci, seul pleinement normal, que consiste, en tous genres, le régime définitif de la raison humaine.

Dans leur premier essor, nécessairement théologique, toutes nos spéculations manifestent spontanément une prédilection caractéristique pour les questions les plus insolubles, sur les sujets les plus radicalement inaccessibles à toute investigation décisive. Par un contraste qui, de nos jours, doit d'abord paraître inexplicable, mais qui, au fond, est alors en pleine harmonie avec la vraie situation initiale de notre intelligence, en un temps où l'esprit humain est encore au-dessous des plus simples problèmes scientifiques, il recherche avidement, et d'une manière presque exclusive, l'origine de toutes les choses, les *causes* essentielles, soit premières, soit finales, des divers phénomènes qui le frappent, et leur mode fondamental de production, en un mot les connaissances absolues. Ce besoin primitif se trouve naturellement satisfait, autant que l'exige une telle situation, et même, en effet, autant qu'il puisse jamais l'être, par notre tendance à transporter partout le type humain, en assimilant tous les phénomènes quelconques à ceux que nous produisons nous-mêmes, et qui, à ce titre, commencent par nous sembler assez connus, d'après l'intuition immédiate qui les accompagne[a]. [...]

Ce régime initial diffère trop profondément, à tous égards, de celui que nous allons voir correspondre à la virilité mentale[b], pour que le passage graduel de l'un à l'autre pût originairement s'opérer, soit dans l'individu, soit dans l'espèce, sans l'assistance croissante d'une sorte de philosophie intermédiaire, essentiellement bornée à cet office transitoire. Telle est la participation spéciale de l'état métaphysique proprement dit à l'évolution fondamentale de notre intelligence, qui, antipathique à tout changement brusque, peut ainsi s'élever presque insensiblement de l'état purement théologique à l'état franchement positif, quoique cette situation équivoque se rapproche, au fond, bien davantage du premier que du dernier[c]. [...]

Cette longue succession de préambules nécessaires conduit enfin notre intelligence, graduellement émancipée, à son état définitif de positivité rationnelle, qui doit être caractérisé d'une manière plus spéciale que les deux états préliminaires. De tels exercices préparatoires ayant spontanément constaté l'inanité radicale des explications vagues et arbitraires propres à la philosophie initiale, soit théologique, soit métaphysique, l'esprit humain renonce désormais aux recherches absolues qui ne convenaient qu'à son enfance, et circonscrit ses efforts dans le domaine, dès lors rapidement progressif, de la véritable observation, seule base possible des connaissances vraiment accessibles, sagement adaptées à des besoins réels.

Auguste Comte, *Discours sur l'esprit positif*, 1844, Schleicher, pp. 5-17.

a. *Auguste Comte indique ensuite « les trois formes principales » que revêt successivement l'état théologique : fétichisme, polythéisme, monothéisme.*
b. *Il s'agit ici, bien évidemment, de « l'état positif ».*
c. *Voir p. 264, le développement consacré par Comte à la « métaphysique », qu'il considère en effet comme « une sorte de théologie graduellement énervée par des simplifications dissolvantes ».*

Nicolas MALEBRANCHE (1638-1715), Bibl. de l'Arsenal, Paris.

Immanuel KANT (1724-1804)

Photo Ullstein Bilderdienst, Berlin.

IDÉE, JUGEMENT

J'entends par *idée* un concept rationnel nécessaire auquel nul objet qui lui corresponde ne peut être donné dans les sens.
KANT

Tous jugements en gros sont lâches et imparfaits.
MONTAIGNE

Le mot « idée », en raison de l'usage étourdi et intempérant qui en est fait, est une source de malentendus, qu'on tâchera d'éviter en se référant d'abord à une définition rigoureuse. Telle que l'entend Platon, l'Idée ne dérive pas d'une intuition sensible : nous chercherions en vain dans notre expérience ce pur objet de contemplation qui n'appartient qu'au monde intelligible, d'où notre âme procède. En revanche, c'est seulement *par rapport à l'Idée* que nous avons (notamment du Vrai, du Beau, du Bien) que nous reconnaissons dans notre bas monde des choses *relativement* vraies, des choses *relativement* belles, des choses *relativement* bonnes. Dès lors, comme l'indique Descartes, l'Idée de Dieu, c'est-à-dire d'un Être *absolument* parfait, est donc la pierre de touche de la perfection idéale. Il reste à savoir si l'*idéal* peut exister autrement qu'en idée, c'est-à-dire dans la pensée pure, ou, comme dit Kant, « dans le vide de l'entendement pur ».

Le « jugement », en revanche, se situe au carrefour de la pensée pure et de la décision intime. Son analyse intéresse ainsi, non seulement la logique, mais la psychologie et même la sociologie : à travers la question du jugement, le problème des rapports entre l'*intelligence conceptuelle* et l'*action pratique* se montre à nous dans toute sa complexité. En effet, du point de vue théorique, c'est la seule vérité qui devrait déterminer nos jugements, c'est-à-dire les différentes formes sous lesquelles nous pouvons logiquement relier entre eux deux ou plusieurs concepts (cf. table des jugements, texte n° 5). Mais en fait, nous n'avons pas toujours, comme dit Descartes, « le loisir d'examiner ». Nous sommes embarqués dans une action sans commencement ni fin et assujettis à juger coûte que coûte, obligés de prendre des *décisions* qui ne souffrent pas de retard : ainsi se manifeste périlleusement, c'est-à-dire à mi-chemin de l'ignorance et du savoir, notre *liberté* infinie, vertigineuse au plan pratique, car « nous agissons en telle sorte que nous ne sentons point qu'aucune force extérieure nous y contraigne ».

Ainsi, tandis que la formation d'un concept est le moment fondamental du savoir, la formation d'un jugement est le moment décisif de la subjectivité : celui qui nous engage à ajuster la pensée de l'universel à l'infinie variété des choses singulières et à confronter l'*idée* exemplaire que nous nous faisons d'une réalité quelconque avec sa réalisation effective, c'est-à-dire avec son *approximation* sensible. « Ce qui distingue d'emblée le plus mauvais architecte de l'abeille la plus experte, écrivait Marx, c'est qu'il a construit la cellule dans sa tête avant de la construire dans la ruche. »

Or, qu'il s'agisse du plan d'une maison sans défaut ou du vieux rêve d'une société parfaite, un fossé subsiste toujours entre l'idée et la chose, comme pour attester la parenté entre la pensée et l'utopie, entre l'idéal et le réel.

DE LA *REPRÉSENTATION* À L'*IDÉE*

Je prie ceux qui ont à cœur la philosophie (et plus nombreux sont ceux qui le prétendent qu'on n'en rencontre d'ordinaire), [...] de prendre sous leur protection le mot idée dans son sens primitif, pour qu'on ne le confonde pas dorénavant, avec les autres mots dont on se sert habituellement pour désigner toute espèce de représentations, sans aucun ordre précis et au grand préjudice de la science. Il ne nous manque pourtant pas de termes parfaitement appropriés à chaque espèce de représentations, pour que nous n'ayons pas besoin d'empiéter sur la propriété d'un autre. En voici l'échelle graduée. Le terme générique est celui de *représentation* en général *(repraesentatio)*, dont la représentation accompagnée de conscience *(perceptio)* est une espèce. Une *perception* qui se rapporte uniquement au sujet, comme modification de son état, est *sensation (sensatio)*, une perception objective est *connaissance (cognitio)*. Cette dernière est ou *intuition* ou *concept (intuitus vel conceptus)*. L'intuition se rapporte immédiatement à l'objet et est singulière; le concept s'y rapporte médiatement, au moyen d'un signe qui peut être commun à plusieurs choses. Le concept est ou empirique ou pur, et le concept pur, en tant qu'il a uniquement son origine dans l'entendement (et non dans une image pure de la sensibilité) s'appelle *notion*. Un concept tiré de notions et qui dépasse la possibilité de l'expérience est l'*idée*, ou concept rationnel. Une fois habitué à ces distinctions, on ne pourra plus supporter d'entendre appeler idée la représentation de la couleur rouge qu'il ne faut même pas appeler notion (concept de l'entendement).

KANT, *Critique de la Raison pure,* 1781,
« Dialectique transcendantale » I, 1re section.

IDÉE. DIEU. RAISON

1. « L'IDÉE DE DIEU EST NÉE AVEC MOI »

Il ne reste que la seule idée de Dieu, dans laquelle il faut considérer s'il y a quelque chose qui n'ait pu venir de moi-même. Par le nom de Dieu j'entends une substance infinie, éternelle, immuable, indépendante, toute connaissante, toute-puissante, et par laquelle moi-même, et toutes les autres choses qui sont (s'il est vrai qu'il y en ait qui existent) ont été créées et produites. Or ces avantages sont si grands et si éminents, que plus attentivement je les considère et moins je me persuade que l'idée que j'en ai puisse tirer son origine de moi seul. Et par conséquent il faut nécessairement conclure de tout ce que j'ai dit auparavant, que Dieu existe; car, encore que l'idée de substance soit en moi, de cela même que je suis une substance, je n'aurais pas néanmoins l'idée d'une substance infinie, moi qui suis un être fini, si elle n'avait été mise en moi par quelque substance qui fut véritablement infinie [...]

Il me reste seulement à examiner de quelle façon j'ai acquis cette idée. Car je ne l'ai pas reçue par les sens, et jamais elle ne s'est offerte à moi contre mon attente, ainsi que font les idées des choses sensibles, lorsque ces choses se présentent ou semblent se présenter aux organes extérieurs de mes sens. Elle n'est pas non plus une pure production ou fiction de mon esprit; car il n'est pas en mon pouvoir d'y diminuer ni d'y ajouter aucune chose. Et par conséquent il ne reste plus autre chose à dire, sinon que, comme l'idée de moi-même, elle est née et produite avec moi dès lors que j'ai été créé.

Et certes on ne doit pas trouver étrange que Dieu, en me créant, ait mis en moi cette idée pour être comme la marque de l'ouvrier empreinte sur son ouvrage; et il n'est pas aussi nécessaire que cette marque soit quelque chose de différent de ce même ouvrage. Mais de cela seul que Dieu m'a créé, il est fort croyable qu'il m'a en quelque façon produit à son image et semblance, et que je conçois cette ressemblance (dans laquelle l'idée de Dieu se trouve contenue) par la même faculté par laquelle je me conçois moi-même.

DESCARTES, *Méditations métaphysiques,* 1641, Méditation troisième.

IDÉE. DIEU. RAISON

2. L'IDÉE DE DIEU N'EST PAS *INNÉE* MAIS APPRISE

Je conviens que s'il y avait quelque idée naturellement empreinte dans l'âme des hommes, nous avons droit de penser que ce devrait être l'idée de celui qui les a faits, laquelle serait comme une marque que Dieu aurait imprimée lui-même sur son propre ouvrage, pour faire souvenir les hommes qu'ils sont dans sa dépendance, et qu'ils doivent obéir à ses ordres. C'est par là, dis-je, que devraient éclater les premiers rayons de la connaissance humaine. Mais combien se passe-t-il de temps, avant qu'une telle idée puisse paraître dans les enfants? Et lorsqu'on vient à la découvrir, qui ne voit qu'elle ressemble beaucoup plus à une opinion ou à une idée qui vient du Maître de l'enfant, qu'à une notion qui représente directement le véritable Dieu ? Quiconque observera le progrès par lequel les enfants parviennent à la connaissance qu'ils ont, ne manquera pas de reconnaître que les objets qui se présentent premièrement à eux, et avec qui ils ont, pour ainsi dire, le plus de familiarité, font les premières impressions dans leur entendement, sans qu'on puisse y trouver la moindre trace d'aucune autre impression que ce soit. Il est aisé de remarquer, outre cela, comment leurs pensées ne se multiplient qu'à mesure qu'ils viennent à connaître une plus grande quantité d'objets sensibles, à en conserver les idées dans leur mémoire, et à se faire une habitude de les assembler, de les étendre et de les combiner en différentes manières. Je montrerai dans la suite comment par ces différents moyens ils viennent à former dans leur esprit l'idée d'*un Dieu*.

Peut-on se figurer que les idées que les hommes ont de Dieu soient autant de caractères de cet Être suprême qu'il ait gravés dans leur âme de son propre doigt, quand on voit que, dans un même pays, les hommes qui le désignent par un seul et même nom, ne laissent pas d'en avoir des idées fort différentes, souvent diamétralement opposées et tout à fait incompatibles ? Dira-t-on qu'ils ont une idée innée de Dieu, dès lors seulement qu'ils s'accordent sur le nom qu'ils lui donnent ?

John Locke, *Essai philosophique concernant l'entendement humain*, 1890, Liv. I, chap. III, § 14, 15.

3. L'ACTE DE JUGER SUPPOSE L'IDÉE DE LA VÉRITÉ

L'acte de juger. – En quoi consiste l'acte de juger ? Nous l'avons déjà indiqué sous une forme vague. Nous devons déterminer cette idée avec plus de précision. Le jugement dont nous parlons ici n'est pas une qualité de l'esprit, ce qu'on entend ordinairement par un bon jugement ; ce n'est pas non plus la faculté générale de juger, la puissance de juger ; c'est l'acte de juger, c'est-à-dire d'affirmer une relation entre deux termes. Juger c'est toujours affirmer quelque chose par rapport à quelque chose. Il faut qu'il y ait deux termes en présence. Lorsque je parais n'affirmer qu'un seul terme, comme lorsque je dis par exemple : cette montre est, même dans ce cas, dis-je il y a deux termes. J'attribue à cette montre l'existence ; je considère que cette montre pourrait ne pas exister. L'existence est considérée comme un terme avec lequel on met l'objet en rapport.

Le jugement est-il libre ? – La matière du jugement consiste donc en deux termes, mais le jugement dans son acte consiste essentiellement dans l'affirmation d'un rapport comme vrai entre deux termes. Cette affirmation à son tour, suppose autre chose, à savoir, que nous avons l'idée de la vérité. Si nous ne savions pas ce qu'est la vérité, il nous serait impossible de juger. Le rapport des deux termes *rose* et *odorante* n'est que l'expression de la convenance que je saisis entre ce rapport même et l'idée que j'ai de la vérité.

Cette idée de la vérité, d'une part et, d'autre part, l'objet sur lequel porte le jugement auquel on applique la vérité ne sont que les conditions de l'acte de juger, acte qui consiste en une affirmation. De là cette question : y a-t-il autre chose dans le jugement que les conditions mêmes de cet acte ? Cet acte est-il ou n'est-il pas quelque chose de plus que ses conditions ? Juger est-ce simplement apercevoir un rapport entre deux termes, apercevoir une vérité ? L'acte d'apercevoir est-il le même que l'acte d'affirmer ? Ou bien celui-ci vient-il s'ajouter au premier ? Si juger n'est qu'apercevoir un rapport, l'entendement même n'est qu'une faculté passive. Apercevoir n'est en effet autre chose qu'être en présence d'un objet et en subir la vision. Si au contraire il y a dans l'acte de juger quelque chose de plus qu'apercevoir, l'acte de l'entendement devient proprement actif. L'esprit agit en tant qu'il affirme. Il agit, c'est-à-dire qu'il n'est pas déterminé par ce qu'il aperçoit, qu'il ne le subit pas. Autrement dit, affirmer dans ce cas est un acte qui sort de l'esprit même, qui n'est pas simplement une forme qu'il prend, mais une détermination qu'il se donne, qui vient de son fond. Si donc l'acte de juger se ramène à l'acte d'apercevoir, l'entendement est une faculté passive et fatale ; sinon le jugement est un acte de liberté.

Jules LAGNEAU,
Célèbres leçons et fragments (cours de 1888),
P.U.F., 1950, pp. 191-192.

4. La liberté du jugement

Si je considère la faculté de concevoir qui est en moi, je trouve qu'elle est d'une fort petite étendue, et grandement limitée, et tout ensemble je me représente l'idée d'une autre faculté beaucoup plus ample, et même infinie ; et de cela seul que je puis me représenter son idée, je connais sans difficulté qu'elle appartient à la nature de Dieu. En même façon, si j'examine la mémoire, ou l'imagination, ou quelqu'autre puissance, je n'en trouve aucune qui ne soit en moi très petite et bornée, et qui en Dieu ne soit immense et infinie. Il n'y a que la seule volonté, que j'expérimente en moi être si grande que je ne conçois point l'idée d'aucune autre plus ample et plus étendue : en sorte que c'est elle principalement qui me fait connaître que je porte l'image et la ressemblance de Dieu. Car, encore qu'elle soit incomparablement plus grande dans Dieu que dans moi, soit à raison de la connaissance et de la puissance qui s'y trouvant jointes la rendent plus ferme et plus efficace, soit à raison de l'objet, d'autant qu'elle se porte et s'étend infiniment à plus de choses ; elle ne me semble pas toutefois plus grande, si je la considère formellement et précisément en elle-même. Car elle consiste seulement en ce que nous pouvons faire une chose, ou ne la faire pas (c'est-à-dire affirmer ou nier, poursuivre ou fuir) ; ou plutôt seulement en ce que, pour affirmer ou nier, poursuivre ou fuir les choses que l'entendement nous propose, nous agissons en telle sorte que nous ne sentons point qu'aucune force extérieure nous y contraigne. Car, afin que je sois libre, il n'est pas nécessaire que je sois indifférent à choisir l'un ou l'autre des deux contraires ; mais plutôt, d'autant plus que je penche vers l'un, soit que je connaisse évidemment que le bien et le vrai s'y rencontrent, soit que Dieu dispose ainsi l'intérieur de ma pensée, d'autant plus librement j'en fais choix et je l'embrasse. Et certes la grâce divine et la connaissance naturelle, bien loin de diminuer ma liberté, l'augmentent plutôt, et la fortifient. De façon que cette indifférence que je sens, lorsque je ne suis point emporté vers un côté plutôt que vers un autre par le poids d'aucune raison, est le plus bas degré de la liberté, et fait plutôt paraître un défaut dans la connaissance qu'une perfection dans la volonté ; car si je connaissais toujours clairement ce qui est vrai et ce qui est bon, je ne serais jamais en peine de délibérer quel jugement et quel choix je devrais faire ; et ainsi je serais entièrement libre, sans jamais être indifférent.

DESCARTES, *Méditations métaphysiques,* 1641,
Méditation quatrième.

5. La table des jugements (de Kant)

Si nous faisons abstraction de tout le contenu d'un jugement en général et que nous n'y considérions que la simple forme de l'entendement, nous trouvons que la fonction de la pensée dans ce jugement peut se ramener à quatre titres dont chacun se compose de trois moments. Ils peuvent être commodément représentés dans la table suivante :

1
Quantité des jugements :
Universels.
Particuliers.
Singuliers.

2
Qualité :
Affirmatifs.
Négatifs.
Indéfinis.

3
Relation :
Catégoriques.
Hypothétiques.
Disjonctifs.

4
Modalité :
Problématiques.
Assertoriques.
Apodictiques.

Commentaire (de Paul Mouy) :

1° Au point de vue de la *quantité,* les jugements peuvent être *universels* ou *particuliers,* selon que le sujet est pris dans toute son extension (tout homme est mortel) ou dans une partie seulement, d'ailleurs indéterminée, de celle-ci (quelques hommes sont intelligents, il y a des hommes intelligents). La synthèse de l'universel et du particulier est le *singulier*: le sujet n'a pas d'extension, c'est un individu (Socrate est un homme) en sorte que l'on peut raisonner sur un terme pluriel pris dans toute son extension.

2° Au point de vue de la *qualité,* les jugements peuvent être *affirmatifs* ou *négatifs.* Mais Kant en envisage une troisième espèce, qu'il appelle *indéfinis* et qui font la synthèse de l'affirmation et de la négation, parce qu'ils sont affirmatifs par leur copule et négatifs par leur prédicat: «L'âme est non-mortelle», elle fait partie de l'espèce indéfinie des êtres qui ne sont pas mortels.

3° Au point de vue de la *relation*, les jugements peuvent être *catégoriques, hypothétiques* ou *disjonctifs*. Un jugement catégorique est un jugement simple, où le rapport affirmé (ou nié) relie le sujet au prédicat. Un jugement hypothétique est un jugement complexe, qui affirme un rapport entre deux jugements dont l'un est le principe ou l'hypothèse et l'autre la conséquence: «Si le baromètre baisse, il pleuvra». Les jugements disjonctifs sont des *alternatives* par lesquelles on affirme qu'un certain nombre de jugements s'excluent, mais forment ensemble la totalité d'une connaissance possible: «Le monde existe, soit par l'effet d'un aveugle hasard, soit en vertu d'une nécessité intérieure, soit par l'effet d'une cause extérieure.»

4° La *modalité* est le mode d'attache qui retient le jugement à l'ensemble de l'entendement, ou, si l'on préfère, la manière dont le jugement *tient* à la pensée, ou le degré d'assurance avec lequel la pensée *tient* au jugement et qu'expriment les adverbes: *certainement, sans doute, peut-être, nécessairement*.

Les jugements qui expriment simplement une vérité sont *assertoriques*. Ceux qui expriment une possibilité sont *problématiques*: les jugements hypothétiques et disjonctifs unissent des propositions problématiques, car le jugement «si le baromètre baisse, il pleuvra» se décompose en: il se peut que le baromètre baisse, et, par conséquent, il se peut qu'il pleuve. [...] La troisième espèce de jugements modaux comprend les jugements *apodictiques*, exprimant une *nécessité*: la somme des angles d'un triangle est nécessairement égale à deux droits. Le jugement apodictique fait la synthèse de la vérité et de la possibilité, car il affirme que la *vérité* qu'il énonce est la seule *possible*, ou encore que la proposition qui le contredirait est *fausse* parce qu'elle est *impossible*.

Paul Mouy, *Logique*,
éd. remaniée et augmentée par Mlle Bachelard et M. Dufrenne,
Hachette, 1944, pp. 21-22.

6. Jugement et décision

On ne juge pas comme on veut, mais on ne juge que si on veut. Les naïfs se demandent comment on peut se refuser aux preuves; mais rien n'est plus facile. Une preuve ou une objection n'ont pas même assez de mon consentement; il faut que je leur donne vie et armes [...].

Les preuves sont œuvre d'homme; l'univers du moins est ce qu'il est. Bon. Mais il ne se montre pas comme il est. Ouvrez les yeux, c'est un monde d'erreurs qui entre. Ici tout veut être redressé. L'expérience ne corrige que les plus grosses erreurs, et bien mal. Dès que les choses ne peuvent plus nuire ni servir, il est bien aisé de les ignorer. Un homme de lettres s'étonnait de s'entendre dire que les étoiles tournent d'Orient en Occident. «Si elles tournaient, on le saurait», disait-il. Mais c'est peu de chose que de voir tourner les étoiles. Le mouvement des planètes est bien plus caché. Nos passions, nos souvenirs, nos rêves embrouillent encore ce tableau. La variété des erreurs et des croyances suffit à nous rappeler que l'erreur est notre état naturel, l'erreur, ou plutôt la confusion, l'incohérence, la mobilité des pensées. D'où l'on ne sort que par un décret qui est d'abord refus, doute, attente. « Supposant même de l'ordre entre des choses qui ne se précèdent point naturellement les unes les autres. » Ainsi parle Descartes.

Les prêcheurs de toute foi ont bien compris ces choses, mais sur d'autres exemples. Dès qu'il s'agit de vertu ou de perfection, ceux qui y pensent un peu ont bientôt compris que ces choses-là, qui justement ne sont point, ne sont point pensées si elles ne sont voulues, et, bien mieux, contre les leçons de l'expérience. Aussi disent-ils bien que la bonne volonté doit aider les preuves et que Dieu ne se montre qu'à ceux qui l'en prient. Mais ils ne le découvrent que par les effets extérieurs, voulant toujours un Dieu qui existe à la manière du monde, mais caché. Il est pourtant assez clair que la justice entre les hommes n'existe pas, et qu'il faut la faire. Et, par une rencontre assez ordinaire, il se trouve que le double sens du mot jugement nous instruirait assez, si nous savions lire. Mais de quelles profondeurs humaines est sorti ce troisième sens, qui lie si bien les deux autres, et d'après lequel le jugement est cette décision prompte qui n'attend point que les preuves la forcent, qui achève et ferme un contour par un décret hardi, tenant compte aussi de ce qu'on devine, de ce qui est ignoré, de ce que l'homme doit à l'homme, mais sans peur, et prenant pour soi le risque ? Ce sont des dieux d'un moment.

Alain, *Éléments de philosophie*, 1941,
Gallimard, pp. 220-221.

ILLUSION

Est illusion le leurre qui subsiste,
même quand on sait que l'objet supposé n'existe pas.
KANT, *Anthropologie*, § 13.

« On ne peut méconnaître, écrivait Comte, l'aptitude naturelle et unanime de notre espèce à vivre subjectivement... Chacun n'excepte de l'illusion que sa propre fable ». À quelles fables, ou à quelles illusions, sommes-nous donc si attachés ?

La psychologie, et plus spécialement la psycho-physiologie, démontent les mécanismes des *illusions des sens*. La philosophie, pour sa part, s'interroge sur le *sens de l'illusion*. Ainsi, dans la fameuse « illusion des amputés », la douleur que l'amputé ressent – dans le bras ou dans la jambe qu'il n'a plus – est bien réelle, si sa localisation est illusoire. L'illusion serait-elle donc une erreur ? Mais qu'on nous dise alors *où* l'amputé devrait (si la question a un sens) localiser sa douleur ; et, plus généralement, *où* avons-nous mal quand nous avons mal aux dents ? *Où* devons-nous exactement localiser une migraine, un « mal au cœur » ? Si de telles questions sont elles-mêmes aussi illusoires que les réponses qu'on peut leur faire, c'est parce que la vérité est d'un autre ordre que nos certitudes subjectives, immédiates et contradictoires : elle se situe sur un autre plan que le conflit d'opinions, et l'illusion consiste ici à confondre ces deux plans.

Les formes de l'illusion sont multiples car, vivant dans le monde, nous ne pouvons guère percevoir ce monde que d'une manière tantôt réelle et tantôt illusoire, selon nos changements de perspective et selon le *lieu* que nous occupons, prisonniers, dans la caverne. De cette caverne aux illusions, tous les philosophes, depuis Platon (voir pp. 417-419), mais surtout depuis Spinoza et jusqu'à Freud, se proposent de nous délivrer, en démontant pour nous l'attirail des *leurres*, avec l'espoir de faire de nous des hommes *délurés*, c'est-à-dire raisonnables et libres.

De leur côté, les « illusionnistes » qui se présentent comme tels (cf. Robert-Houdin, texte n° 5, p. 176), produisent des « illusions » destinées, non pas à nous tromper, mais à troubler nos habitudes perceptives et à solliciter ainsi notre perspicacité et notre vigilance.

En revanche, les sophistes et leurs dangereux émules, conducteurs de peuples de tout acabit (voir texte n° 6, p. 177) se flattent ouvertement d'endormir notre esprit critique, d'« asservir notre libre arbitre » et de nous maintenir dans l'illusion en exploitant nos propres faiblesses.

N'avons-nous pas, en effet, en présence de ce monde si constamment *mis en scène*, l'illusion de le percevoir toujours comme il faut ? Et nos illusions ne sont-elles pas, en réalité, des fantasmes d'*amputés* ou des rêves de *prisonniers* ? Ne portent-elles pas la marque de notre infirmité ou de notre servitude ? (cf. Nietzsche, textes n° 5, p. 373, et n° 3, p. 444).

Nul ne se flatte de *se tromper* soi-même, mais on accorde volontiers à l'illusion le pouvoir de nous tromper : le mot « illusion » (du latin *ludere*, « jouer ») renferme d'ailleurs l'idée d'un jeu, d'un artifice dont nous serions les innocentes victimes. C'est précisément ce jeu que déjoue Descartes lorsqu'il congédie à jamais ce « je ne sais quel trompeur très puissant et très rusé » qu'il a pris soin de convoquer lui-même, à titre d'hypothèse extrême.

C'est un grand événement que de perdre une première illusion reconnue comme telle. Voilà qui jette un doute sur nos premières certitudes, mais qui nous révèle aussi la possibilité de déjouer les apparences trompeuses. Le leurre a beau subsister, le reflet a beau continuer de tromper l'œil, et le mirage a beau miroiter : quand nous savons que ce sont des illusions, toute notre activité s'en trouve réellement transformée.

Désormais, nous ne sommes plus victimes mais complices des jeux de l'illusion, puisque nous en sommes les artificiers complaisants. Et ces jeux cessent d'être innocents quand une quelconque *subjectivité* prétend imposer à toutes les autres sa vérité.

ILLUSION. EXISTENCE. VÉRITÉ

TOUT N'EST-IL QU'ILLUSION ?

La vie est un songe (1635)
CALDERON DE LA BARCA

A. Il faut commencer par là le chapitre des puissances trompeuses. L'homme n'est qu'un sujet plein d'erreur, naturelle et ineffaçable sans la grâce. Rien ne lui montre la vérité. Tout l'abuse ; ces deux principes de vérités, la raison et les sens, outre qu'ils manquent chacun de sincérité, s'abusent réciproquement l'un l'autre. Les sens abusent la raison par de fausses apparences ; et cette même piperie qu'ils apportent à la raison, ils la reçoivent d'elle à leur tour : elle s'en revanche. Les passions de l'âme troublent les sens, et leur font des impressions fausses. Ils mentent et se trompent à l'envi.

B. Si nous rêvions toutes les nuits la même chose, elle nous affecterait autant que les objets que nous voyons tous les jours. Et si un artisan était sûr de rêver toutes les nuits, douze heures durant, qu'il est roi, je crois qu'il serait presque aussi heureux qu'un roi qui rêverait toutes les nuits, douze heures durant, qu'il serait artisan.

Si nous rêvions toutes les nuits que nous sommes poursuivis par des ennemis, et agités par ces fantômes pénibles, et qu'on passât tous les jours en diverses occupations, comme quand on fait un voyage, on souffrirait presque autant que si cela était véritable, et on appréhenderait de dormir, comme on appréhende le réveil quand on craint d'entrer dans de tels malheurs en effet. Et en effet il ferait à peu près les mêmes maux que la réalité.

Mais parce que les songes sont tous différents, et qu'un même se diversifie, ce qu'on y voit affecte bien moins que ce qu'on voit en veillant, à cause de la continuité, qui n'est pourtant pas si continue et égale qu'elle ne change aussi, mais moins brusquement, si ce n'est rarement, comme quand on voyage ; et alors on dit : « Il me semble que je rêve » ; car la vie est un songe un peu moins inconstant.

C. La vie humaine n'est qu'une illusion perpétuelle ; on ne fait que s'entre-tromper et s'entre-flatter. Personne ne parle de nous en notre présence comme il en parle en notre absence. L'union qui est entre les hommes n'est fondée que sur cette mutuelle tromperie ; et peu d'amitiés subsisteraient, si chacun savait ce que son ami dit de lui lorsqu'il n'y est pas, quoiqu'il en parle alors sincèrement et sans passion.

L'homme n'est donc que déguisement, que mensonge et hypocrisie, et en soi-même et à l'égard des autres. Il ne veut pas qu'on lui dise la vérité, il évite de la dire aux autres ; et toutes ces dispositions, si éloignées de la justice et de la raison, ont une racine naturelle dans son cœur.

PASCAL, *Pensées* (posth. 1669) ; A) Section II, 83 ; B) Section VI, 386 ; C) Section II, 100, Hachette.

IMAGINATION. RAISON. ILLUSION

1. JOUONS-NOUS AVEC NOS ILLUSIONS OU EN SOMMES-NOUS LES JOUETS ?

Nous jouons souvent avec les représentations obscures et nous avons intérêt à effacer de notre imagination des objets que nous aimons ou que nous n'aimons pas ; mais plus souvent encore, nous sommes le jouet de représentations obscures, et notre entendement ne parvient pas à se protéger des absurdités dans lesquelles leur influence le fait tomber, quand bien même il les reconnaît comme illusions.

Il en est ainsi de l'amour sexuel dans la mesure où il ne se propose pas d'assurer le bien de son objet, mais plutôt d'en tirer une délectation. Combien d'esprit n'a-t-on pas dépensé pour jeter un voile léger sur ce qui, pour être bien aimé, n'en laisse pas moins voir, entre l'homme et l'espèce animale une parenté assez proche pour exiger la pudeur ? Dans la bonne société, ce qu'on exprime n'est pas dit sans quelque déguisement, même si c'est assez transparent pour porter à sourire. Ici, l'imagination aime à marcher dans l'obscurité, et ce n'est point d'un art commun, si, pour éviter le *cynisme*, on veut éviter le péril de tomber dans un *purisme* ridicule.

D'un autre côté, nous sommes souvent le jouet de représentations obscures qui ne consentent pas à disparaître, même si l'*entendement* les éclaire. Aménager sa tombe dans un jardin ou à l'ombre d'un arbre, au milieu des champs ou dans un terrain sec, c'est souvent pour un mourant une affaire d'importance et pourtant, dans le premier cas, il n'a pas de raison d'espérer une belle vue ; et dans l'autre, il n'a pas de raison de se soucier d'une humidité qui lui ferait prendre froid [...]

De même, on réussit souvent, par une obscurité étudiée, à donner l'illusion de la profondeur et du fondamental : un peu comme les objets vus dans le crépuscule ou à travers un nuage paraissent toujours plus grands qu'ils ne sont. Les ténèbres (rends-toi obscur) forment le mot d'ordre de tous les mystiques, pour séduire par une obscurité concertée ceux qui sont en quête du trésor de la sagesse. Mais en général le lecteur d'un texte ne trouve pas mal venu un certain degré d'ésotérisme qui lui rend sensible sa propre ingéniosité à résoudre l'obscur en concepts clairs.

KANT, *Anthropologie du point de vue pragmatique* (1798), trad. M. Foucault, Vrin, 1964, p. 24.

DÉSIR. ILLUSION. RELIGION

2. L'ILLUSION RELIGIEUSE, RÉALISATION DES DÉSIRS HUMAINS

C'est une vérité qu'il y a des illusions utiles.
JOUBERT (1754-1824), *Pensées*, posth., 1838.

(Les idées religieuses) qui professent d'être des dogmes, ne sont pas le résidu de l'expérience ou le résultat final de la réflexion : elles sont des illusions, la réalisation des désirs les plus anciens, les plus forts, les plus pressants de l'humanité ; le secret de leur force est la force de ces désirs. Nous le savons déjà : l'impression terrifiante de la détresse infantile avait éveillé le besoin d'être protégé – protégé en étant aimé – besoin auquel le père a satisfait ; la reconnaissance du fait que cette détresse dure toute la vie a fait que l'homme s'est cramponné à un père, à un père cette fois plus puissant. L'angoisse humaine en face des dangers de la vie s'apaise à la pensée du règne bienveillant de la Providence divine, l'institution d'un ordre moral de l'univers assure la réalisation des exigences de la justice, si souvent demeurées irréalisées dans les civilisations humaines, et la prolongation de l'existence terrestre par une vie future fournit les cadres du temps et le lieu où ces désirs se réaliseront. Des réponses aux questions que se pose la curiosité humaine touchant ces énigmes : la genèse de l'univers, le rapport entre le corporel et le spirituel, s'élaborent suivant les prémisses du système religieux. Et c'est un formidable allègement pour l'âme individuelle que de voir les conflits de l'enfance émanés du complexe paternel – conflits jamais entièrement résolus – lui être pour ainsi dire enlevés et recevoir une solution acceptée de tous.

Quand je dis : tout cela, ce sont des illusions, il me faut délimiter le sens de ce terme. Une illusion n'est pas la même chose qu'une erreur, une illusion n'est pas non plus nécessairement une erreur. L'opinion d'Aristote, d'après laquelle la vermine serait engendrée par l'ordure – opinion qui est encore celle du peuple ignorant –, était une erreur ; même l'opinion qu'avait une génération antérieure de médecins, et d'après laquelle le tabès aurait été la conséquence d'excès sexuels. Il serait impropre d'appeler ces erreurs des illusions, alors que c'était une illusion de la part de Christophe Colomb, quand il croyait avoir trouvé une nouvelle route maritime des Indes. La part de désir que comportait cette erreur est manifeste. On peut qualifier d'illusion l'assertion de certains nationalistes, assertion d'après laquelle les races indogermaniques seraient les seules races humaines susceptibles de culture, ou bien encore la croyance d'après laquelle l'enfant serait un être dénué de sexualité, croyance détruite pour la première fois par la psychanalyse. Ce qui caractérise l'illusion, c'est d'être dérivée des désirs humains ; elle se rapproche par là de l'idée délirante en psychiatrie, mais se sépare aussi de celle-ci, même si l'on ne tient pas compte de la structure compliquée de l'idée délirante.

Sigmund Freud, *L'Avenir d'une illusion* (1927), trad. Marie Bonaparte, chap. VI, P.U.F., 1971, p. 43.

ILLUSION. IMAGINATION. RÉALITÉ

3. Sous les illusions, la réalité *véritable*...

J'ai ici à considérer que je suis homme, et par conséquent que j'ai coutume de dormir et de me représenter en mes songes les mêmes choses, ou quelquefois de moins vraisemblables que (les) insensés lorsqu'ils veillent. Combien de fois m'est-il arrivé de songer la nuit que j'étais en ce lieu, que j'étais habillé, que j'étais auprès du feu, quoique je fusse tout nu dedans mon lit ! Il me semble bien à présent que ce n'est point avec des yeux endormis que je regarde ce papier ; que cette tête que je branle n'est point assoupie ; que c'est avec dessein et de propos délibéré que j'étends cette main et que je la sens : ce qui arrive dans le sommeil ne semble point si clair ni si distinct que tout ceci. Mais en y pensant soigneusement, je me ressouviens d'avoir souvent été trompé en dormant par de semblables illusions ; et en m'arrêtant sur cette pensée, je vois si manifestement qu'il n'y a point d'indices certains par où l'on puisse distinguer nettement la veille d'avec le sommeil, que j'en suis tout étonné ; et mon étonnement est tel qu'il est presque capable de me persuader que je dors.

Supposons donc maintenant que nous sommes endormis, et que toutes ces particularités, à savoir que nous ouvrons les yeux, que nous branlons la tête, que nous étendons les mains, et choses semblables, ne sont que de fausses illusions ; et pensons que peut-être nos mains ni tout notre corps ne sont pas tels que nous les voyons. Toutefois il faut au moins avouer que les choses qui nous sont représentées dans le sommeil sont comme des tableaux et des peintures qui ne peuvent être formés qu'à la ressemblance de quelque chose de réel et de véritable, et qu'ainsi, pour le moins, ces choses générales, à savoir des yeux, une tête, des mains et tout un corps, ne sont pas choses imaginaires, mais réelles et existantes. Car de vrai les peintres, lors même qu'ils s'étudient avec le plus d'artifice à représenter des sirènes et des satyres par des figures bizarres et extraordinaires, ne peuvent toutefois leur donner des formes et des natures entièrement nouvelles, mais font seulement un certain mélange et composition des membres de divers animaux ; ou bien si peut-être leur imagination est assez extravagante pour inventer quelque chose de si nouveau que jamais on n'ait rien vu de semblable, et qu'ainsi leur ouvrage représente une chose purement feinte et absolument fausse, certes à tout le moins les couleurs dont ils les composent doivent-elles être véritables.

Descartes, *Méditations métaphysiques* (1641), Première méditation.

Illusion. Réalité. Logique

4. La réalité n'est-elle qu'une illusion cohérente ?

Si une puissance invisible prenait plaisir de nous faire paraître des songes bien liés avec la vie précédente et conformes entre eux, les pourrions-nous distinguer des réalités qu'après avoir été éveillés ? Or qui est-ce qui empêche que le cours de notre vie ne soit un grand songe bien ordonné dont nous pourrions être détrompés en un moment ? Et je ne vois pas que cette puissance serait pour cela imparfaite, comme assure M. Descartes, outre que son imperfection n'entre pas en question. Car ce pourrait être une certaine puissance sous-ordonnée ou quelque génie qui se pourrait mêler, je ne sais pourquoi, de nos affaires : et qui aurait au moins autant de pouvoir sur quelqu'un que ce Calife qui fit transporter un homme ivre dans son palais et le fit goûter du paradis de Mahomet, lorsqu'il fut éveillé ; jusques à ce qu'il fût enivré derechef et en état d'être rapporté au lieu où on l'avait pris. Et cet homme étant revenu à lui-même ne manqua pas de prendre pour une vision ce qui lui paraissait inconciliable avec le cours de sa vie, et de débiter au peuple des maximes et des révélations qu'il croyait avoir apprises dans ce Paradis prétendu : et c'était ce que le Calife souhaitait. Or puisqu'une réalité a passé pour une vision, qui est-ce qui empêche qu'une vision passe pour une réalité ? Il est vrai que d'autant plus que nous voyons de la liaison dans ce qui nous arrive, d'autant plus sommes-nous confirmés dans l'opinion que nous avons de la réalité de nos apparences ; et il est vrai aussi que d'autant que nous examinons nos apparences de plus près, d'autant les trouvons-nous mieux suivies ; comme les microscopes et autres moyens de faire des expériences font voir. Cet accord perpétuel donne une grande assurance, mais après tout elle ne sera que morale jusqu'à ce que quelque homme découvre *a priori* l'origine du monde que nous voyons, et qu'il puise dans le fond de l'essence pourquoi les choses sont de la manière qu'elles paraissent : car cela étant, il aura démontré que ce qui nous paraît est une réalité et qu'il est impossible que nous en soyons désabusés jamais. Mais je crois que cela approcherait fort de la vision béatifique et qu'il est difficile d'y prétendre dans l'état où nous sommes.

Leibniz, *Lettre à Simon Foucher*, 1675.

Illusion. Technique. Art

5. L'ART DE FAIRE ILLUSION : GESTES, CÉRÉMONIES, FEINTES ET TEMPS

Nous veillons dormants et veillants dormons.
Montaigne, *Essais*, II, XII.

Les gestes et les cérémonies qui constituent le jeu scénique de la magie simulée, quelque vains qu'ils puissent paraître, exercent une grande influence sur l'esprit des spectateurs ; cette mimique, en frappant leurs yeux et leur imagination, les prépare aux illusions produites par l'adresse des mains et les subtilités de la parole.

Un prestidigitateur annonce généralement au public des œuvres de la magie ; or si l'artiste magicien veut être logique, il doit, pour l'exécution de ses merveilles, jouer le rôle d'un homme possédant un pouvoir surnaturel et ne pas présenter ses expériences comme le premier venu. Les évocations, les mots cabalistiques, l'intervention de la baguette, tout cela exécuté dans les limites du bon goût, est d'un très bon effet.

En dehors des gestes et cérémonies dont nous venons de parler, il est une autre sorte de geste que l'on appelle *feinte*, et dont la bonne exécution est assez difficile. La feinte consiste à donner le plus de vraisemblance possible à une action que l'on feint d'exécuter. Ainsi, par exemple, s'agit-il de feindre de déposer une pièce dans la main gauche, on doit, certaine adresse aidant, présenter dans cette exécution une apparence de réalité telle que le public ne puisse distinguer aucune différence entre le fait simulé et le fait réel.

La feinte est très usitée en prestidigitation : on feint de mettre un objet dans un endroit, on feint de le retirer, de le couper, de le brûler, de le régénérer. Que ne feint-on pas, puisqu'on va même jusqu'à feindre de feindre ?

Certains gestes, certaines actions ont uniquement pour but de faciliter ce qu'en prestidigitation on appelle un *temps*. Un temps, c'est le moment opportun d'exécuter un escamotage à l'insu des spectateurs. Dans ce cas, le geste ou le fait qui constitue le *temps* a pour but d'attirer l'attention du public vers un point éloigné de l'endroit où s'opère le prestige. On déposera, par exemple, avec une certaine affectation un objet sur un coin de la table sur laquelle on opère, tandis que la main gauche, se dirigeant derrière cette table, se saisira d'un objet caché pour le faire apparaître. On jettera encore une boule en l'air et on la recevra de la main droite pour avoir l'occasion de prendre pendant ce temps avec la main gauche une autre boule dans la pochette. Il suffira enfin de frapper un coup de baguette sur un point quelconque en y portant un regard attentif, pour y entraîner et fixer les yeux de toute une assemblée.

Ces influences sur le regard du public semblent bien simples et bien naïves, et pourtant elles ne manquent jamais leur but.

Robert-Houdin, *Les Secrets de la prestidigitation et de la magie. Comment on devient sorcier* (1868), Michel Lévy Frères, chap. Ier, art. 6.

Volonté. Pouvoir. Illusion

6. Conditions psychologiques du conditionnement collectif

Nous courons sans souci dans le précipice, après que nous avons mis quelque chose devant nous pour nous empêcher de le voir.
Pascal, *Pensées*, posth., 1669, II, 183.

Il y a des locaux qui laissent froids, pour des causes qu'on ne perçoit que difficilement, mais qui opposent une résistance acharnée à toute tentative de créer une atmosphère. Les souvenirs et les images traditionnelles qui existent dans l'homme peuvent aussi exercer une influence décisive. Une représentation du *Parsifal* à Bayreuth produira toujours un tout autre effet qu'en n'importe quel autre lieu du monde. Le charme mystérieux de la maison sur la colline du festival, dans la vieille ville des margraves, ne peut être remplacé, ni même atteint, nulle part ailleurs.

Dans tous ces cas, il s'agit de l'affaiblissement du libre arbitre de l'homme. C'est surtout le cas pour des réunions où viennent des hommes à préjugés contraires et qu'il s'agit de convertir. Le matin et encore pendant la journée, les forces de la volonté des hommes s'opposent avec la plus grande énergie aux tentatives de leur suggérer une volonté étrangère, une opinion étrangère. Mais le soir, ils succombent plus facilement à la force dominatrice d'une volonté plus puissante. Car, en réalité, chaque réunion de ce genre est une lutte entre deux forces opposées. Le puissant talent oratoire d'une nature dominatrice d'apôtre réussira plus facilement à insuffler un nouveau vouloir à des hommes qui ont déjà subi une diminution naturelle de leur pouvoir de résistance, plutôt que s'ils étaient encore en pleine possession de tous les ressorts de leur esprit et de leur volonté. Le même but est atteint par la pénombre artificielle et pourtant mystérieuse des églises catholiques, par les cierges allumés, l'encens, les encensoirs, etc.

1. Pseudo-philosophie ou **Contre-philosophie** ? « Après avoir lu *Mein Kampf* en 1934, Cavaillès écrivait : "C'est caractéristique pour ce peuple qu'avant même d'être au pouvoir – ou en retraite comme Napoléon – son chef ait éprouvé le besoin de pondre six cents pages serrées ; tout finit par la pseudo-philosophie". Quant à moi, je préférerais dire : contre-philosophie, dans la mesure où le principe de cette systématisation, improvisée aux fins de conditionnement collectif, consistait dans la haine et le refus absolu de l'universel » G. Canguilhem, *Vie et Mort de Jean Cavaillès*, Les Carnets de Baudasser, éd. Pierre Laleure, Ambialet (Tarn), 1976, p. 19.

Dans cette lutte de l'orateur avec les adversaires qu'il veut convertir, il acquiert peu à peu une compréhension merveilleuse des conditions psychologiques de la propagande, qui fait presque complètement défaut à l'écrivain [...]. Il faut mesurer le discours d'un homme d'État à son peuple non d'après l'impression qu'il produit sur un professeur d'université, mais par son action sur le peuple lui-même.

Adolf Hitler, *Mein Kampf* (1925)[1], trad. de J. Gaudefroy-Demombynes et A. Calmettes, ancien fonds Sorlot, 1934, Nouvelles éditions latines.

ILLUSION. RAISON. VÉRITÉ

7. L'ILLUSION IDÉALISTE

La plupart cependant croient que les insensés troublent l'ordre de la nature plutôt qu'ils ne le suivent, et la plupart aussi conçoivent les hommes dans la nature comme un empire dans un empire. Ils jugent en effet que l'âme humaine, loin d'être produite par des causes naturelles, est immédiatement créée par Dieu, et indépendante du reste du monde à ce point qu'elle a un pouvoir absolu de se déterminer elle-même et d'user droitement de la raison. Mais l'expérience enseigne plus que suffisamment qu'il n'est pas plus en notre pouvoir d'avoir une âme saine qu'un corps sain. Comme en outre toute chose, autant qu'il est en elle-même, s'efforce de conserver son être, nous ne pouvons douter en aucune manière que s'il était en notre pouvoir aussi bien de vivre suivant les prescriptions de la raison que d'être conduits par le désir aveugle, tous vivraient sous la conduite de la raison et suivant des règles sagement instituées, or cela n'est pas le moins du monde, chacun au contraire obéit à l'attrait du plaisir qu'il recherche. Il n'est pas vrai que cette difficulté soit levée par les théologiens quand ils déclarent que la cause de cette impuissance de la nature humaine est le vice ou la faute qui tire son origine de la chute du premier homme. Si, en effet, le premier homme avait le pouvoir de rester droit aussi bien que de tomber, s'il était en possession de lui-même et d'une nature non encore viciée, comment a-t-il pu se faire qu'ayant savoir et prudence, il soit tombé ? Dira-t-on qu'il a été trompé par le Diable ? Mais qui donc a trompé le Diable lui-même ? Qui, demandé-je, a pu faire que l'être l'emportant sur toutes les autres créatures par la connaissance ait été assez fou pour vouloir être plus grand que Dieu ? Cet être qui avait une âme saine, ne s'efforçait donc pas de conserver son être autant qu'il était en lui ? Comment a-t-il pu arriver en outre que le premier homme, en possession de lui-même et maître de sa volonté, se soit laissé séduire et tromper ? Si en effet, il avait le pouvoir d'user adroitement de la raison, il n'a pu être trompé, car autant qu'il était en lui, il s'est nécessairement efforcé de conserver son être et son âme saine. Or, on suppose qu'il avait ce pouvoir. Il a donc nécessairement conservé son âme en santé et n'a pu être trompé. Mais son histoire montre que cela n'est pas. Il faut donc reconnaître qu'il n'était pas au pouvoir du premier homme d'user droitement de la raison, mais qu'il a été, comme nous le sommes, soumis aux passions.

Spinoza, *Traité politique* (1677), chap. II, § 6, Garnier.

ILLUSION. MÉTAPHYSIQUE. EXPÉRIENCE

8. La grande illusion, le dogmatisme[1]

1. Dogmatisme : affirmation de la possibilité d'atteindre une vérité absolue.

L'opinion que le sujet pensant a pu penser avant tout commerce avec des corps reviendrait à dire qu'antérieurement à ce mode de sensibilité, par lequel quelque chose nous apparaît dans l'espace, nous avons pu, d'une tout autre manière, intuitionner ces objets transcendantaux qui, dans l'état présent, nous apparaissent comme des corps. Mais l'opinion que l'âme, après la cessation de tout commerce avec le monde des corps, peut encore continuer à penser, se formulerait de cette manière : si le mode de sensibilité, par lequel les objets transcendantaux et, quant à présent, tout à fait inconnus en soi, nous apparaissent en qualité de monde matériel, venait à disparaître, toute intuition de ces objets ne serait pourtant pas pour cela supprimée et il est parfaitement possible que ces mêmes objets continuassent d'être connus du sujet pensant, mais non plus, certes, en qualité de corps.

Or, il n'est personne, à la vérité, qui puisse tirer des principes spéculatifs la moindre raison en faveur d'une telle assertion, ni même en faire voir la possibilité. [...]

Toute discussion sur la nature de notre être pensant et sur celle de son union avec le monde des corps résulte donc uniquement de ce que l'on remplit les lacunes de notre ignorance avec des paralogismes[2] de la raison, en transformant en choses ses pensées et en les hypostasiant[3], ce qui donne naissance à une science imaginaire aussi bien du côté de celui qui affirme que de celui qui nie, chacun d'eux prétendant savoir quelque chose d'objets dont nul homme n'a de concept, ou convertissant en objets ses propres représentations, tournant ainsi dans un cercle éternel d'équivoques et de contradictions. Seul le sang-froid d'une critique sévère, mais juste, peut nous affranchir de cette illusion dogmatique qui, par l'attrait d'un bonheur imaginaire, retient tant d'hommes dans les théories et dans les systèmes, et restreindre toutes nos prétentions spéculatives à l'unique champ de l'expérience possible ; et cela, non pas par de fades plaisanteries sur des tentatives si souvent malheureuses, ni par de pieux soupirs sur les bornes de notre raison, mais au moyen d'une détermination exacte des limites de la raison d'après des principes certains, détermination qui lui assigne avec la plus parfaite certitude son *nihil ulterius* aux colonnes d'Hercule[a] posées par la nature même, pour l'empêcher de s'aventurer, dans sa marche, au-delà des côtes toujours continues de l'expérience qu'ils nous est impossible d'abandonner sans nous risquer sur un océan sans rivages qui, nous offrant un horizon toujours trompeur, finirait par nous décourager et par nous faire renoncer à tout effort pénible et difficile.

2. Paralogisme : raisonnement faux.
3. Hypostasier : ériger en réalité une abstraction fictive.

Kant, *Critique de la Raison pure,* 1781, I, 2ᵉ division, Livre II, chap. I, « Des paralogismes de la raison pure », § 4.

a. *Assigner à la raison « son* nihil ulterius *aux colonnes d'Hercule » : les colonnes d'Hercule (les deux montagnes du détroit de Gibraltar) étaient considérées par les Anciens comme les bornes du monde (au-delà desquelles il n'y avait rien,* nihil ulterius*). D'où le sens de : bornes qu'on ne peut franchir sans se perdre. Or, la « philosophie critique » de Kant a établi que la raison, sous peine de divaguer, devait « restreindre toutes ses prétentions spéculatives à l'unique champ de l'expérience possible ». Car la source de toute illusion réside dans le pouvoir de la pensée qui, croyant pouvoir franchir les limites de l'expérience, s'aventure dans le vide* métaphysique *des idées pures (Dieu, l'âme, la liberté). C'est ce que Kant appelle l'**illusion transcendantale**.*

SOCIÉTÉ. ÉTAT.
ILLUSION

9. L'ILLUSION DE « L'INTÉRÊT UNIVERSEL »

La division du travail implique la contradiction entre l'intérêt de l'individu singulier ou de la famille singulière et l'intérêt collectif de tous les individus qui sont en relation entre eux ; qui plus est, cet intérêt collectif n'existe pas seulement, mettons dans la représentation, en tant qu'« intérêt universel », mais d'abord dans la réalité comme dépendance réciproque des individus entre lesquels se partage le travail.

C'est justement cette contradiction entre l'intérêt particulier et l'intérêt collectif qui amène l'intérêt collectif à prendre, en qualité d'*État*, une forme indépendante, séparée des intérêts réels de l'individu et de l'ensemble et à faire en même temps figure de communauté illusoire, mais toujours sur la base concrète des liens existant dans chaque conglomérat de famille et de tribu, tels que liens du sang, langage, division du travail à une vaste échelle et autres intérêts ; et parmi ces intérêts nous trouvons en particulier les intérêts des classes déjà conditionnées par la division du travail, qui se différencient dans tout groupement de ce genre et dont l'une domine toutes les autres. Il s'ensuit que toutes les luttes à l'intérieur de l'État, la lutte entre la démocratie, l'aristocratie et la monarchie, la lutte pour le droit de vote, etc., ne sont que les formes illusoires sous lesquelles sont menées les luttes effectives des différentes classes entre elles ; et il s'ensuit également que toute classe qui aspire à la domination, même si sa domination détermine l'abolition de toute l'ancienne forme sociale et de la domination en général, comme c'est le cas pour le prolétariat, il s'ensuit donc que cette classe doit conquérir d'abord le pouvoir politique pour représenter à son tour son intérêt propre comme étant l'intérêt universel, ce à quoi elle est contrainte dans les premiers temps.

Précisément parce que les individus *ne* cherchent *que* leur intérêt particulier, – qui ne coïncide pas pour eux avec leur intérêt collectif, l'universalité n'étant somme toute qu'une forme illusoire de la collectivité, – cet intérêt est présenté comme un intérêt qui leur est « étranger », qui est « indépendant » d'eux et qui est lui-même à son tour un intérêt « universel » spécial et particulier, ou bien ils doivent se mouvoir eux-mêmes dans cette dualité, comme c'est le cas dans la démocratie. Par ailleurs le combat *pratique* de ces intérêts particuliers, qui constamment se heurtent *réellement* aux intérêts collectifs et illusoirement collectifs, rend nécessaire l'intervention *pratique* et le refrènement par l'intérêt « universel » illusoire sous forme d'État.

MARX et ENGELS, *L'Idéologie allemande* (1846), trad. H. Auger, G. Badia, J. Baudrillard et R. Cartelle, Éd. Sociales, 1968, pp. 61-62.

ILLUSION. PERCEPTION. VÉRITÉ

10. LE PARADOXE DE *L'ILLUSION* : COMMENT EST-ELLE POSSIBLE SANS ÊTRE *RÉELLE* ?

La vie a besoin d'illusions, c'est-à-dire de non-vérités tenues pour des vérités.
NIETZSCHE, *Le Livre du philosophe*, p. 63.

Si le mythe, le rêve, l'illusion doivent pouvoir être possibles, l'apparent et le réel doivent demeurer ambigus dans le sujet comme dans l'objet. On a souvent dit que par définition la conscience n'admet pas la séparation de l'apparence et de la réalité, et on l'entendait en ce sens que, dans la connaissance de nous-même, l'apparence serait réalité : si je pense voir ou sentir, je vois ou sens à n'en pas douter, quoi qu'il en soit de l'objet extérieur. Ici la réalité apparaît tout entière, être réel et apparaître ne font qu'un, il n'y a pas d'autre réalité que l'apparition. Si cela est vrai, il est exclu que l'illusion et la perception aient même apparence, que mes illusions soient des perceptions sans objet ou mes perceptions des hallucinations vraies. La vérité de la perception et la fausseté de l'illusion doivent être marquées en elles par quelque caractère intrinsèque, car autrement le témoignage des autres sens, de l'expérience ultérieure, ou d'autrui, qui resterait le seul critère possible, devenant à son tour incertain, nous n'aurions jamais conscience d'une perception et d'une illusion comme telles. Si tout l'être de ma perception et tout l'être de mon illusion est dans leur manière d'apparaître, il faut que la vérité qui définit l'une et la fausseté qui définit l'autre m'apparaissent aussi. Il y aura donc entre elles une différence de structure. La perception vraie sera tout simplement une vraie perception. L'illusion n'en sera pas une, la certitude devra s'étendre de la vision ou de la sensation comme pensées à la perception comme constitutive d'un objet. La transparence de la conscience entraîne l'immanence et l'absolue certitude de l'objet. Cependant c'est bien le propre de l'illusion de ne pas se donner comme illusion, et il faut ici que je puisse, sinon percevoir un objet réel, du moins perdre de vue son irréalité ; il faut qu'il y ait au moins inconscience de l'imperception, que l'illusion ne soit pas ce qu'elle paraît être et que pour une fois la réalité d'un acte de conscience soit au-delà de son apparence. Allons-nous donc dans le sujet couper l'apparence de la réalité ? Mais la rupture une fois faite est irréparable : la plus claire apparence peut désormais être trompeuse et c'est cette fois le phénomène de la vérité qui devient impossible.

MERLEAU-PONTY, *Phénoménologie de la perception*, 1945, Gallimard, pp. 340-341.

Gaston BACHELARD (1884-1962).
Photo Rajakohanian-Rapho.

IMAGINATION

Twas brillig, and the slithy toves
Did gyre and gimble in the wabe:
All mimsy were the borogoves,
And the mome raths outgrabe.
Lewis CARROLL, *Jabberwocky*[a].

Quel esprit ne bat la campagne?
Qui ne fait châteaux en Espagne?
Picrochole, Pyrrhus, la Laitière, enfin tous,
Autant les sages que les fous.
LA FONTAINE, *Fables*, VII, IX.

«Imagination» est un mot qui excite en général les imaginations et qui, – comme tant d'autres mots –, agit sur les sens comme un objet, *sans qu'un objet soit là*. Qu'est-ce donc que l'imagination? «C'est, dit Kant, le pouvoir de se représenter dans l'intuition un objet même en son absence.» N'aurait-il pas dû ajouter: «et même en dehors de toute existence ou de toute réalité, autre que *verbale*»? Car tel est bien le problème de l'imagination: n'est-elle qu'une perception, non plus d'objets, mais d'*images* d'objets déjà perçus, c'est-à-dire une mémoire reproductrice, qui nous représente des perceptions antérieures? Et l'*imaginaire* n'est-il qu'une forme plus ou moins altérée, plus ou moins vivace, du *perçu*? Une telle réduction méconnaît le caractère de nouveauté radicale, de prodigalité aberrante, qui confère à l'imagination son dynamisme inépuisable et à l'imaginaire son aspect volontiers enchanteur. Pascal ne l'ignore pas, lui qui écrit, au sujet de l'imagination, – bien avant André Breton – dans un célèbre fragment sur cette «superbe puissance, ennemie de la raison»: «Rien ne nous dépite davantage que de voir qu'elle remplit ses hôtes d'une satisfaction bien autrement pleine et entière que la raison.» L'enjeu est considérable. Il y a lieu en effet de s'interroger, comme le fait Kant, sur l'étrange pouvoir inventif d'une «faculté» qui, non seulement transcende le réel, – et le possible –, mais se meut à son aise dans la contradiction. À son tour, Gaston Bachelard réhabilite l'imagination imaginante et «créatrice», non plus consécutive mais antérieure à la perception: une imagination qui, loin d'être asservie à quelque *forme* perçue, s'emploie à *déformer* tout ce que la perception lui propose. Ainsi entendue, comme puissance archaïque d'une *psyché* sans organe, comme le travail perpétuel d'un *désir* infatigable, l'imagination est une force libertaire qui poursuit perpétuellement la déconstruction du réel authentifié par la connaissance. Comme à plaisir, elle défait ce que la science se flatte de construire, à si grands frais, à savoir une réalité vraie, c'est-à-dire *vérifiable*. Dès lors, dans sa liberté sauvage, l'imagination peut être considérée, bien plutôt que la mémoire, comme la substance même de l'esprit, «ce refus indéfini d'être quoi que ce soit», selon le mot de Valéry.

L'imagination «nocturne», errante, somnambulique, est rebelle à toute objectivité: avec la complicité décisive du *langage*, de ses *métaphores* aventureuses et de ses créations verbales (cf. le *Jabberwocky*, de Lewis Carroll), elle use et abuse du «stupéfiant image», au mépris de toute «logique» et de toute rigueur conceptuelle, au point que «c'est un non-sens que de prétendre étudier objectivement l'imagination» (Bachelard). En revanche, l'imagination «diurne», maîtrisée, contrôlée, refoulée, est au départ des investigations de la physique et même de la mathématique «pure». L'imaginaire est présent, depuis les mythes jusqu'aux sciences les plus austères, dans toutes nos relations avec le monde, qui s'avèrent pour une part *utopiques*. Le psychisme travaille et s'ébat ainsi à la lisière du réel et de l'imaginaire.

Il ne s'agit donc pas d'être dupe de ces *inquiétudes* évanescentes, vêtues de langage, que nous appelons, si mal, des *images*, – alors que nous ne pouvons fixer notre regard sur elles sans les faire s'évanouir, «comme cette Eurydice qu'Orphée ramenait des Enfers sous la condition de ne la point regarder» (Alain). Il s'agit plutôt de situer correctement l'imaginaire, au seuil de la connaissance et à l'horizon de l'action, pour voir que nous habitons tous, principalement, des châteaux en Espagne, à mi-chemin entre le réel de la science et l'imaginaire de la poésie.

a. *Voici, parmi bien d'autres, un essai de traduction du début de ce poème truffé de mots créés par L. Carroll, dont deux sont entrés, depuis lors, dans l'Oxford English Dictionary: «Il était reveneure; les slictueux toves Sur l'allouinde gyraient et vriblaient; Tout flivoreux vaguaient les borogoves, Les verchons fourgus bourniflaient...» (Jabberwocheux, traduction Henri Parisot).*

LA RAISON VAINCUE PAR L'IMAGINATION...

Qu'on loge un philosophe dans une cage de menus filets de fer clairsemés, qui soit suspendue au haut des tours Notre-Dame de Paris, il verra par raison évidente qu'il est impossible qu'il en tombe, et si ne se saurait garder (s'il n'a accoutumé le métier des recouvreurs) que la vue de cette hauteur extrême ne l'épouvante et ne le transisse. Car nous avons assez affaire de nous assurer aux galeries qui sont en nos clochers, si elles sont façonnées à jour, encore qu'elles soient de pierre. Il y en a qui n'en peuvent pas seulement supporter la pensée. Qu'on jette une poutre entre ces deux tours, d'une grosseur telle qu'il nous la faut à nous promener dessus, il n'y a sagesse philosophique de si grande fermeté qui puisse nous donner courage d'y marcher comme nous ferions si elle était à terre. J'ai souvent essayé cela en nos montagnes de deçà (et si suis de ceux qui ne s'effraient que médiocrement de telles choses) que je ne pouvais souffrir la vue de cette profondeur infinie sans horreur et tremblement de jarrets et de cuisses, encore qu'il s'en fallût bien ma longueur que je ne fusse du tout au bord, et n'eusse su choir si je ne me fusse porté à escient au danger.

MONTAIGNE, *Essais*, II, XII.

... CETTE SUPERBE PUISSANCE

Imagination. – C'est cette partie décevante dans l'homme, cette maîtresse d'erreur et de fausseté, et d'autant plus fourbe qu'elle ne l'est pas toujours ; car elle serait règle infaillible de vérité, si elle l'était infaillible du mensonge. Mais, étant le plus souvent fausse, elle ne donne aucune marque de sa qualité, marquant du même caractère le vrai et le faux.

Je ne parle pas des fous, je parle des plus sages ; et c'est parmi eux que l'imagination a le grand don de persuader les hommes. La raison a beau crier, elle ne peut mettre le prix aux choses.

Cette superbe[1] puissance, ennemie de la raison, qui se plaît à la contrôler et à la dominer, pour montrer combien elle peut en toutes choses, a établi dans l'homme une seconde nature. Elle a ses heureux, ses malheureux, ses sains, ses malades, ses riches, ses pauvres ; elle fait croire, douter, nier la raison ; elle suspend les sens, elle les fait sentir ; elle a ses fous et ses sages : et rien ne nous dépite davantage que de voir qu'elle remplit ses hôtes d'une satisfaction bien autrement pleine et entière que la raison.

PASCAL, *Pensées*, II, 82.

1. Orgueilleuse, hautaine.

IMAGINATION. CONCEPT

1. L'IMAGINATION INFÉRIEURE À LA CONCEPTION

Le concept, c'est ce qui empêche la pensée d'être
une simple opinion, un avis, une discussion, un bavardage.
Gilles DELEUZE

Je remarque premièrement la différence qui est entre l'imagination, et la pure intellection, ou conception. Par exemple, lorsque j'imagine un triangle, je ne le conçois pas seulement comme une figure composée et comprise de trois lignes, mais outre cela je considère ces trois lignes comme présentes par la force et l'application intérieure de mon esprit ; et c'est proprement ce que j'appelle imaginer. Que si je veux penser à un Chiliogone, je conçois bien à la vérité que c'est une figure composée de mille côtés, aussi facilement que je conçois qu'un triangle est une figure composée de trois côtés seulement, mais je ne puis pas imaginer les mille côtés d'un Chiliogone, comme je fais les trois d'un triangle, ni pour ainsi dire, les regarder comme présents avec les yeux de mon esprit. Et quoique suivant la coutume que j'ai de me servir toujours de mon imagination, lorsque je pense aux choses corporelles, il arrive qu'en concevant un Chiliogone, je me représente confusément quelque figure, toutefois, il est très évident que cette figure n'est point un Chiliogone, puisqu'elle ne diffère nullement de celle que je me représenterais, si je pensais à un myriogone[1], ou à quelque autre figure de beaucoup de côtés ; et qu'elle ne sert en aucune façon à découvrir les propriétés qui font la différence du Chiliogone d'avec les autres polygones.

Que s'il est question de considérer un pentagone, il est bien vrai que je puis concevoir sa figure, aussi bien que celle d'un Chiliogone, sans le secours de l'imagination ; mais je la puis aussi imaginer en appliquant l'attention de mon esprit à chacun de ses cinq côtés, et tout ensemble à l'aire, ou à l'espace qu'ils renferment. Ainsi je connais clairement que j'ai besoin d'une particulière contention d'esprit pour imaginer, de laquelle je ne me sers point pour concevoir ; et cette particulière contention d'esprit montre évidemment la différence qui est entre l'imagination et l'intellection ou conception pure.

DESCARTES[a], *Méditations* (1641), Méditation sixième.

1. Myriogone : figure de *dix mille* côtés.

a. *Le même Descartes, loin de méconnaître les ressources propres à l'imagination, écrivait, en 1619 : « On pourrait s'étonner que les pensées profondes se trouvent dans les écrits des poètes plutôt que des philosophes. La raison en est que les poètes se servent de l'enthousiasme et exploitent la force de l'image. Comme dans le silex, il y a en nous des semences de science : les philosophes les tirent au jour par le moyen de la raison, tandis que par les moyens de l'imagination, les poètes les font jaillir et jeter une plus claire lueur. »*

IMAGINATION. ILLUSION

2. LES ÉGAREMENTS DE L'IMAGINATION

Abolis l'imagination. Arrête cette agitation de pantin.
MARC-AURÈLE.

L'imagination inventive fonde une sorte de commerce avec nous-mêmes ; il s'agit de simples phénomènes du sens interne, bien qu'ils aient une analogie avec les sens externes. La nuit la vivifie, et l'élève au-dessus de son contenu réel ; ainsi, le soir, la lune forme dans le ciel une grande figure que la clarté du jour montre comme un nuage minuscule et insignifiant. L'imagination s'exalte chez celui qui, dans le silence de la nuit, divague ou discute avec un adversaire imaginaire ou tourne autour de sa chambre, en bâtissant des châteaux en Espagne. Mais tout ce qui lui paraît alors important perd sa valeur le matin après une nuit de sommeil [...] – Pourquoi aime-t-on entendre, tard dans la nuit, des histoires d'esprits, tandis que le matin après le lever, elles ne sont pas de mise, et ne conviennent aucunement à la conversation ? à cette heure-là, on s'informe au contraire des nouvelles de la maison ou du monde, ou bien on continue le travail de la veille. En voici la raison : le simple jeu est à la mesure de ce qui reste de forces après l'effort de la journée ; mais les affaires sérieuses sont à la mesure de l'homme qui a retrouvé ses forces dans le repos de la nuit et qui est comme ressuscité.

Les égarements (*vitia*) de l'imagination consistent dans des inventions *sans frein*, ou bien absolument *sans règle* (*effrenis aut perversa*). Le dernier défaut est le plus grave. Les inventions du premier type pourraient trouver leur place dans un monde possible (celui de la fable) ; mais non pas les secondes, parce qu'elles se contredisent. – Les Arabes regardent avec terreur les formes humaines et animales que l'on trouve fréquemment dans le désert de Lybie, parce qu'ils les tiennent pour des hommes pétrifiés par une malédiction : voilà qui est une invention du premier type et relève de l'imagination sans frein. – Mais ces mêmes Arabes pensent que les statues des animaux, le jour de la résurrection universelle, se mettront à gronder contre l'artiste, et lui reprocheront de les avoir faites, sans avoir pu leur donner une âme : voilà qui est contradictoire [...]

Du reste, un artiste dans le domaine de la politique peut, tout comme un artiste dans le domaine de l'esthétique, conduire et diriger le monde par les images qu'il sait faire miroiter aux lieux et places de la réalité *(mundus vult decipi)* : *liberté* du peuple (comme dans le Parlement anglais), ou hiérarchie et *égalité* (comme dans la Convention française) – toutes choses qui consistent en pures formules ; il vaut mieux cependant posséder l'apparence d'un bien qui honore l'humanité que s'en sentir manifestement dépouillé.

Kant, *Anthropologie du point de vue pragmatique* (1798), Livre III, trad. M. Foucault, Vrin, 1964, p. 57.

Imagination. Liberté

3. Plaidoyer en faveur de l'imagination

Rien n'est plus libre que l'imagination humaine.
Hume

Chère imagination, ce que j'aime surtout en toi, c'est que tu ne pardonnes pas.

Le seul mot de liberté est tout ce qui m'exalte encore. Je le crois propre à entretenir, indéfiniment, le vieux fanatisme humain. Il répond sans doute à ma seule aspiration légitime. Parmi tant de disgrâces dont nous héritons, il faut bien reconnaître que la *plus grande liberté* d'esprit nous est laissée. À nous de ne pas en mésuser gravement. Réduire l'imagination à l'esclavage, quand bien même il y irait de ce qu'on appelle grossièrement le bonheur, c'est se dérober à tout ce qu'on trouve, au fond de soi, de justice suprême. La seule imagination me rend compte de ce qui *peut être*, et c'est assez pour lever un peu le terrible interdit ; assez aussi pour que je m'abandonne à elle sans crainte de me tromper (comme si l'on pouvait se tromper davantage). Où commence-t-elle à devenir mauvaise et où s'arrête la sécurité de l'esprit ? Pour l'esprit, la possibilité d'errer n'est-elle pas plutôt la contingence du bien ?

Reste la folie, « la folie qu'on enferme » a-t-on si bien dit. Celle-là ou l'autre... Chacun sait, en effet, que les fous ne doivent leur internement qu'à un petit nombre d'actes légalement répréhensibles, et que, faute de ces actes, leur liberté (ce qu'on voit de leur liberté) ne saurait être en jeu. Qu'ils soient, dans une mesure quelconque, victimes de leur imagination, je suis prêt à l'accorder, en ce sens qu'elle les pousse à l'inobservance de certaines règles, hors desquelles le genre se sent visé, ce que tout homme est payé pour savoir. Mais le profond détachement dont ils témoignent à l'égard de la critique que nous portons sur eux, voire des corrections diverses qui leur sont infligées, permet de supposer qu'ils puisent un grand réconfort dans leur imagination, qu'ils goûtent assez leur délire pour supporter qu'il ne soit valable que pour eux. Et, de fait, les hallucinations, les illusions, etc., ne sont pas une source de jouissance négligeable. La sensualité la mieux ordonnée y trouve sa part et je sais que j'apprivoiserais bien des soirs cette jolie main qui, aux dernières pages de *L'Intelligence*, de Taine, se livre à de curieux méfaits. Les confidences des fous, je passerais ma vie à les provoquer. Ce sont gens d'une honnêteté scrupuleuse, et dont l'innocence n'a d'égale que la mienne. Il fallut que Colomb partît avec des fous pour découvrir l'Amérique. Et voyez comment cette folie a pris corps, et duré.

Ce n'est pas la crainte de la folie qui nous forcera à laisser en berne le drapeau de l'imagination.

André Breton, *Premier manifeste du surréalisme* (1924), Le Sagittaire, 1955, pp. 8-9.

IMAGINATION. ART

4. L'IMAGINATION *CRÉATRICE*

L'historien a toujours eu besoin d'imagination. Il en aura toujours besoin.
Jacques Le Goff, in *Histoire et imaginaire*, Poiesis, 1986, p. 20.

C'est parce que l'imagination est incapable de créer dans l'esprit seulement, c'est pour cela qu'il y a des Beaux-Arts. L'imagination ne peut créer qu'en changeant réellement le monde, par le mouvement, par le travail des mains, par la voix. C'est la musique qui nous éclaire le mieux là-dessus, de même que la danse et l'éloquence, et encore mieux peut-être, la poésie ; car il n'y a pas ici d'incertitude ; nul ne cherche à imaginer un air sans le chanter, ni un pas de danse sans le danser, ni un discours sans le prononcer ; encore moins voudrait-on imaginer un vers sans le dire à sa propre oreille. Ces remarques si simples m'ont beaucoup instruit, et m'ont fait voir qu'il était bon de traiter de tous les arts en un système, j'entends selon une série bien ordonnée. Car je me suis demandé par quels mouvements du corps humain on cherchait à imaginer une forme, un contour, une couleur, et j'ai aperçu qu'il n'était pas moins naturel de dessiner et de sculpter que de chanter ou danser. Tel est le réel de la rêverie ; hors de quoi nous devons avouer l'extrême indigence des images qui ne sont qu'images. Et réellement je ne puis dire ce que c'est qu'une image contemplée en esprit seulement ; j'y découvre des perceptions vagues et quelques souvenirs voltigeants, qui sont de rétine. Nos spectres ne sont nullement nos modèles. Au contraire les Beaux-Arts s'expliquent par ceci que l'exécution ne cesse de surpasser la conception, surtout quand un long travail d'artisan a établi la libre communication des sentiments aux mouvements. On nomme inspiration ce mouvement de nature qui dépasse nos espérances ; et l'artiste est l'homme en qui la réalisation, par le chant, par la construction, par la peinture, par le dessin, l'emporte de loin sur l'imagination seulement mentale, qui promet tant, et qui tient si peu. Tout homme veut fixer ses pensées et ses images, et les voit fondre sous le regard direct, comme Eurydice devant Orphée.

Alain, *Vingt leçons sur les Beaux-Arts*, 1931, Gallimard, pp. 280-282.

Perception. Imagination

5. L'imaginaire est au-delà des images

Imaginer, c'est hausser le réel d'un ton.
Bachelard

Comme beaucoup de problèmes psychologiques, les recherches sur l'imagination sont troublées par la fausse lumière de l'étymologie. On veut toujours que l'imagination soit la faculté de *former* des images. Or elle est plutôt la faculté de *déformer* les images fournies par la perception, elle est surtout la faculté de nous libérer des images premières, de *changer* les images. S'il n'y a pas changement d'images, union inattendue des images, il n'y a pas imagination, il n'y a pas d'*action imaginante*. Si une image *présente* ne fait pas penser à une image *absente*, si une image occasionnelle ne détermine pas une prodigalité d'images aberrantes, une explosion d'images, il n'y a pas imagination. Il y a perception, souvenir d'une perception, mémoire familière, habitude des couleurs et des formes. Le vocable fondamental qui correspond à l'imagination, ce n'est pas *image*, c'est *imaginaire*. La valeur d'une image se mesure à l'étendue de son auréole *imaginaire*. [...]

Inversement, une image qui quitte son principe *imaginaire* et qui se fixe dans une forme définitive prend peu à peu les caractères de la perception présente. Bientôt, au lieu de nous faire rêver et parler, elle nous fait agir. Autant dire qu'une image stable et achevée *coupe les ailes* à l'imagination. Elle nous fait déchoir de cette imagination rêveuse qui ne s'emprisonne dans aucune image et qu'on pourrait appeler pour cela une *imagination sans images* dans le style où l'on reconnaît une *pensée sans images*. Sans doute, en sa vie prodigieuse, l'imaginaire dépose des images, mais il se présente toujours comme un au-delà de ses images, il est toujours un peu plus que ses images. Le poème est essentiellement une *aspiration à des images nouvelles*. Il correspond au besoin essentiel de *nouveauté* qui caractérise le psychisme humain.

Gaston Bachelard, *L'Air et les songes*, 1943, José Corti, pp. 7-8.

IMAGINATION. CONSCIENCE

6. L'IMAGINATION ET LA LIBERTÉ

L'homme a inventé le pouvoir des choses absentes – par quoi il s'est rendu « puissant et misérable » ; mais enfin ce n'est que par elles qu'il est *homme.*
Paul VALÉRY

L'objet imaginaire peut être posé comme inexistant ou comme absent ou comme existant ailleurs ou ne pas être posé comme existant. Nous constatons que le caractère commun à ces quatre thèses, c'est qu'elles enveloppent toutes les catégories de la négation quoique à des degrés différents. Ainsi l'acte négatif est constitutif de l'image. Nous avons déjà noté, en effet, que la thèse ne se surajoute pas à l'image mais qu'elle en est la structure la plus intime. Mais par rapport à quoi s'effectue la négation ? Pour le savoir, il suffit de considérer un moment ce qui se produit lorsque je saisis le portrait de Charles VIII *comme* image de Charles VIII. D'un seul coup, je cesse de considérer le tableau en tant qu'il fait partie d'un monde réel.

L'objet irréel apparaît d'un seul coup comme hors d'atteinte par rapport à la réalité. Nous voyons donc que la conscience, pour produire l'objet en image « Charles VIII », doit pouvoir nier la réalité du tableau et qu'elle ne saurait nier cette réalité qu'en prenant du recul par rapport à la réalité saisie dans sa totalité. Poser une image, c'est constituer un objet en marge de la totalité du réel, c'est donc tenir le réel à distance, s'en affranchir, en un mot, le nier [...] Pour qu'une conscience puisse imaginer, il faut qu'elle échappe au monde par sa nature même, il faut qu'elle puisse tirer d'elle-même une position de recul par rapport au monde. En un mot, il faut qu'elle soit libre [...]

L'irréel est produit hors du monde par une conscience qui *reste dans le monde* et c'est parce qu'il est transcendantalement libre que l'homme imagine.

Mais, à son tour, l'imagination devenue une fonction psychologique et empirique est la condition nécessaire de la liberté de l'homme empirique au milieu du monde. Car si la fonction néantisante propre à la conscience – que Heidegger appelle dépassement – est ce qui rend possible l'acte d'imagination, il faudrait ajouter réciproquement que cette fonction ne peut se manifester que dans un acte imageant. Il ne saurait y avoir une intuition du néant, précisément parce que le néant n'est rien et que toute conscience, – intuitive ou non – est conscience de quelque chose. Le néant ne peut se donner que comme une infrastructure de quelque chose. L'expérience du néant n'est pas à proprement parler une expérience indirecte, c'est une expérience qui est, par principe, donnée « avec » et « dans ». Les analyses de Bergson[1] restent ici valables : un essai pour concevoir directement la mort ou le néant d'être est voué par nature à l'échec.

Jean-Paul SARTRE, *L'Imaginaire,* 1940, Livre IV, Gallimard, pp. 232-237.

1. Cf. texte n° 9, p. 365 (Bergson).

Sigmund FREUD (1856-1939).
Documentation Tallandier.

INCONSCIENT

Chaque âme connaît l'infini, connaît tout, mais confusément.
LEIBNIZ

Nous ne sommes conscients, jour et nuit, que d'un petit nombre de phénomènes, parmi tous ceux qui se produisent constamment, autour de nous et en nous. Le « champ » de notre conscience est étroitement limité, et, hors de ce « champ » tout reste pour nous, non seulement « inconscient », mais inexistant. Ces choses-là sont connues depuis la plus haute Antiquité, et Leibniz les a parfaitement intégrées dans son système de l'Harmonie préétablie, sous le nom de « petites perceptions » ou représentations confuses et inconscientes. Mais c'est la *nature* de cette inconscience qui est en question, du fait que, chez la plupart des philosophes, depuis Descartes jusqu'à Sartre, le *psychisme* est assimilé à la conscience et toute activité inconsciente à une réalité *organique*, de sorte que la notion introduite par Freud, d'*inconscient psychique*, est une contradiction dans les termes.

Freud n'a certes pas « découvert » l'inconscient, mais il l'a « substantifié » : il a fait d'un adjectif négatif (in-conscient) qualifiant des faits *non-psychiques*, un substantif positif (l'Inconscient) gouvernant tout le psychisme. En revanche, ce que Freud a « découvert », c'est que l'Inconscient ne se découvre jamais, tout au plus se laisse-t-il entrevoir à *mots couverts* (dans les rêves, les lapsus, les actes manqués), sous des figures de rhétorique ou dans des « rébus » dont seul l'Autre (le psychanalyste) possède la clé. D'où la question, embarrassante pour la *théorie* psychanalytique, de l'auto-analyse initiale et fondatrice.

À vrai dire, l'omniscience de la conscience n'a jamais été soutenue par un penseur digne de ce nom. Mais il n'est pas indifférent de concevoir la distinction entre la conscience et l'inconscient en termes de degrés de clarté et de seuils d'intensité ou en termes de finalité et de sens. En outre, il est décisif de considérer l'Inconscient soit comme le produit d'un *refoulement*, c'est-à-dire comme une formation subalterne de la conscience, soit comme un *Ça* archéologiquement premier, autonome et omnipotent, auquel cas la conscience serait bien moins qu'un « épiphénomène », tandis qu'au fond de nous, l'Autre serait bien plus que l'antique Destin. Mais si *Ça* était le souverain absolu, si l'Inconscient – cet assassin qui se croit immortel (texte n° 6, p. 197) – détenait tous les pouvoirs, la superbe formule de Freud : « Là où était *ça*, doit advenir *je* » (ou : « *je* dois advenir ») ne serait qu'un vœu pieux. Car, si l'Inconscient était plus fin « connaisseur » que la conscience, il faudrait souscrire à l'aphorisme de Karl Kraus : « Mon inconscient connaît mieux la conscience du psychologue que sa conscience ne connaît mon inconscient. »

En réalité, la psychanalyse freudienne, née d'un souci *pratique* – et fort louable : celui de guérir la misère *psychologique* humaine, est avant tout une thérapeutique des relations avec autrui et avec soi. Ainsi, la psychanalyse ne vaut que par la qualité humaine de celui qui la pratique. Quant à la *théorie de l'Inconscient*, dont la psychanalyse se réclame, elle est indépendante de la technique de *communication des consciences* que le praticien met en œuvre tout au long de la cure. De plus, elle est en contradiction avec la pharmacopée à laquelle le psychanalyste – en principe, pur praticien de la *parole* et du *sens* – recourt, le cas échéant, pour se procurer ailleurs d'autres ressources.

Enfin, la question théorique est celle-ci : Que *signifient* les phénomènes inconscients dont nous sommes le lieu ? À cette question, Alain répondait en cartésien : « Qu'un mécanisme semblable à l'instinct des bêtes nous fasse souvent parler et agir, et par suite penser, cela est connu et hors de discussion. Mais il s'agit de savoir si ce qui sort ainsi de mes entrailles, sans que je l'aie composé, ni délibéré, est une sorte d'oracle, c'est-à-dire une pensée venant des profondeurs ; ou si je dois plutôt le prendre comme un mouvement de nature, qui n'a pas plus de sens que le mouvement des feuillages dans le vent. »

Quant à Spinoza, il se refusait à faire aucune différence entre l'appétit *inconscient* et le Désir *conscient*, car, précisait-il, « l'appétit est l'essence de l'homme » et : « Que l'homme ait ou n'ait pas conscience de son appétit, cet appétit n'en demeure pas moins le même ».

L'ÊTRE EN PUISSANCE

1. Mégariques : philosophes de *l'école de Mégare*, fondée au Ve s. avant notre ère par Euclide de Mégare, disciple de Socrate. Cette école donna finalement naissance à l'épicurisme et au stoïcisme.

Il y a des philosophes, les Mégariques[1] par exemple, qui prétendent qu'il n'y a de puissance que lorsqu'il y a acte, et que lorsqu'il n'y a pas acte, il n'y a pas puissance : ainsi, celui qui ne construit pas n'a pas la puissance de construire, mais seulement celui qui construit, au moment où il construit. Et de même pour tout le reste. – Il n'est pas difficile de voir les conséquences absurdes de cette théorie. Il est clair, en effet, qu'on ne sera pas architecte, si on n'est pas en train de construire, car l'essence de l'architecte réside dans la puissance de construire. Et de même pour tous les autres arts. Si donc il est impossible de posséder les arts de ce genre sans les avoir appris à un moment donné et sans les avoir acquis, et s'il est impossible de ne plus les posséder sans les avoir perdus à un moment donné (soit par l'oubli, soit en vertu de quelque maladie, soit par l'effet du temps, mais non du moins par la destruction de l'objet même, car cet objet est une forme éternelle), quand on cessera de l'exercer, on ne possédera pas l'art, et pourtant on pourra se remettre immédiatement à bâtir : comment donc aura-t-on recouvré l'art ? [...] Si donc nous appelons aveugle l'être qui ne voit pas, quoiqu'il soit dans sa nature de voir, au moment qu'il est dans sa nature de voir, et quand il existe encore, les mêmes êtres seront aveugles plusieurs fois par jour, et sourds également. [...] Si l'on ne veut pas admettre ces conséquences, il est évident que la puissance et l'acte doivent être des choses différentes. Or, le raisonnement des Mégariques identifie la puissance et l'acte ; en quoi faisant, ce n'est pas peu de chose qu'ils cherchent à ruiner. – Quelque chose peut donc avoir la puissance d'être, et cependant n'être pas, avoir la puissance de n'être pas, et être. De même pour toutes les autres catégories : un être peut avoir la puissance de marcher, et ne pas marcher ; avoir la puissance de ne pas marcher, et marcher. [...] Toute puissance est en même temps puissance de contradictoires : ce qui n'a pas puissance d'être dans un sujet ne pourra jamais lui appartenir, mais tout ce qui est puissance peut ne pas s'actualiser. Donc ce qui a puissance d'être, peut être et ne pas être. La même chose est donc puissance d'être et de ne pas être, et il est possible que ce qui a puissance de ne pas être, ne soit pas.

Aristote (384-322 av. J.-C.), *Métaphysique*, 1046 b. 30, trad. Tricot, Vrin.

INCONSCIENT.
PERCEPTION MÉMOIRE

1. Le bruit de la mer est composé de petites perceptions insensibles

La coutume fait que nous ne prenons pas garde au mouvement d'un moulin ou à une chute d'eau, quand nous avons habité auprès depuis quelque temps.
LEIBNIZ, *Nouveaux Essais*, Avant-propos.

Pour juger encore mieux des petites perceptions que nous ne saurions distinguer dans la foule, j'ai coutume de me servir de l'exemple du mugissement ou du bruit de la mer dont on est frappé quand on est au rivage. Pour entendre ce bruit, comme l'on fait, il faut bien que l'on entende les parties qui composent ce tout, c'est-à-dire le bruit de chaque vague, quoique chacun de ces petits bruits ne se fasse connaître que dans l'assemblage confus de tous les autres ensembles, et qu'il ne se remarquerait pas si la vague qui le fait était seule. Car il faut qu'on soit affecté un peu par le mouvement de cette vague et qu'on ait quelque perception de chacun de ces bruits, quelque petits qu'ils soient ; autrement on n'aurait pas celle de cent mille vagues, puisque cent mille riens ne sauraient faire quelque chose. D'ailleurs on ne dort jamais si profondément qu'on n'ait quelque sentiment faible et confus ; et on ne serait jamais éveillé par le plus grand bruit du monde, si on n'avait quelque perception de son commencement, qui est petit ; comme on ne romprait jamais une corde par le plus grand effort du monde, si elle n'était tendue et allongée un peu par de moindres efforts, quoique cette petite extension qu'ils font ne paraisse jamais.

Ces petites perceptions sont donc de plus grande efficacité qu'on ne pense. Ce sont elles qui forment ce je ne sais quoi, ces goûts, ces images des qualités des sens, claires dans l'assemblage, mais confuses dans les parties ; ces impressions que les corps qui nous environnent font sur nous et qui enveloppent l'infini ; cette liaison que chaque être a avec tout le reste de l'univers. On peut même dire qu'en conséquence de ces petites perceptions le présent est plein de l'avenir et chargé du passé, que tout est conspirant (*sympnoïa panta*[1], comme disait Hippocrate), et que dans la moindre des substances, des yeux aussi perçants que ceux de Dieu pourraient lire toute la suite des choses de l'univers : *Quae sint, quae fuerint, quae mox ventura trahantur* (Celles qui sont, celles qui ont été, celles qui sont sur le point d'être). Ces perceptions insensibles marquent encore et constituent le même individu, qui est caractérisé par les traces qu'elles conservent des états précédents de cet individu, en faisant la connexion avec son état présent ; et elles se peuvent connaître par un esprit supérieur, quand même cet individu ne les sentirait pas, c'est-à-dire lorsque le souvenir exprès[2] n'y serait plus.

LEIBNIZ, *Nouveaux Essais*, II, 1.

1. Toutes les choses conspirent.

2. Exprès : précis, net.

CONSCIENCE.
INCONSCIENT

2. L'INCONSCIENT, PENSÉE EMPÊCHÉE MAIS NON ANÉANTIE

Il n'est pas possible que nous réfléchissions toujours expressément sur toutes nos pensées ; autrement l'esprit ferait réflexion sur chaque réflexion à l'infini sans pouvoir jamais passer à une nouvelle pensée.
LEIBNIZ, *Nouveaux Essais*, II, 1.

On comprend facilement pourquoi une chose n'est pas, pour autant que la raison positive de son existence fait défaut, mais il est moins aisé de comprendre comment ce qui existe cesse d'être. Par exemple, la représentation du soleil, engendrée par la force de mon imagination, occupe en ce moment mon esprit. L'instant suivant je cesse de penser à cet objet. La représentation qui était mienne disparaît de mon esprit et l'état le plus voisin du précédent en est la négation. [...] Je puis dire que *toute mort est une naissance négative*, car la destruction d'un positif existant aussi bien que sa production, quand il n'existe pas, nécessitent une cause réelle et véritable. [...] La même nécessité d'un principe positif pour la suppression d'un accident interne de l'âme, se manifeste dans les triomphes remportés sur les passions. [...] Mais il arrive que nous ne remarquions pas distinctement en nous cette activité opposée, que nous n'en ayons pas conscience ; nous n'avons alors aucune raison suffisante de la mettre en doute. Je pense, par exemple, au tigre. Puis cette image disparaît pour faire place à celle du chacal. On ne peut assurément saisir en soi, dans le changement des représentations, aucun effort particulier de l'âme qui ait alors tendu à effacer une de ces représentations. Mais songez à l'activité admirable que dissimulent les tréfonds de notre esprit ; nous ne la remarquons pas dans son exercice, les opérations en sont multiples, mais chacune d'elles n'est représentée que très confusément. Tout le monde en connaît les signes, ne prenons pour exemple que les émotions étonnantes qui se produisent en nous, à notre insu, quand nous lisons. [...] Il y a quelque chose de grand et, à mon avis, de très juste dans la pensée de M. de Leibniz : l'âme, avec sa puissance de représentation, est en contact avec tout l'univers[1] bien qu'une partie infime de ces représentations soit claire. En fait, toutes les espèces de concepts doivent reposer sur l'activité interne de notre esprit, comme sur leur principe. Certes des objets extérieurs peuvent enfermer la condition sous laquelle ils se présentent, d'une manière ou d'une autre, mais non la force de les produire réellement. La faculté de penser de l'âme doit contenir les principes réels de toutes ses pensées, et les phénomènes de connaissances qui apparaissent et disparaissent doivent être attribués, suivant toute apparence, à l'accord ou à l'opposition de toute cette activité.

KANT, *Essai pour introduire en Philosophie le concept de grandeur négative* (1763), trad. Kempf, Vrin, 1972, pp. 42-55.

1. Cf. texte n° 18, p. 63 (Leibniz).

INCONSCIENT. CONSCIENCE. ANTHROPOLOGIE

3. L'INCONSCIENT CONSTITUE « L'ÂME COLLECTIVE »

Par l'accent qu'elle met sur le rôle inconscient de la vie psychique, la psychologie de M. Le Bon se rapproche considérablement de la nôtre.
FREUD

La vie consciente de l'esprit ne représente qu'une très faible part auprès de sa vie inconsciente. L'analyste le plus subtil, l'observateur le plus pénétrant, n'arrive à découvrir qu'un bien petit nombre des mobiles inconscients qui le mènent. Nos actes conscients dérivent d'un substratum inconscient formé surtout d'influences héréditaires. Ce substratum renferme les innombrables résidus ancestraux qui constituent l'âme de la race. Derrière les causes avouées de nos actes, se trouvent des causes secrètes ignorées de nous. La plupart de nos actions journalières sont l'effet de mobiles cachés qui nous échappent.

C'est surtout par les éléments inconscients composant l'âme d'une race, que se ressemblent tous les individus de cette race. C'est par les éléments conscients, fruits de l'éducation mais surtout d'une hérédité exceptionnelle, qu'ils diffèrent. Les hommes les plus dissemblables par leur intelligence ont des instincts, des passions, des sentiments parfois identiques. Dans tout ce qui est matière de sentiment : religion, politique, morale, affections, antipathies, etc., les hommes les plus éminents ne dépassent que bien rarement le niveau des individus ordinaires. Entre un célèbre mathématicien et son bottier un abîme peut exister sous le rapport intellectuel, mais au point de vue du caractère et des croyances la différence est souvent nulle ou très faible.

Or, ces qualités générales du caractère, régies par l'inconscient et possédées à peu près au même degré par la plupart des individus normaux d'une race, sont précisément celles qui, chez les foules, se trouvent mises en commun. Dans l'âme collective, les aptitudes intellectuelles des hommes, et par conséquent leur individualité, s'effacent. L'hétérogène se noie dans l'homogène, et les qualités inconscientes dominent.

Gustave LE BON[a], *Psychologie des foules* (1895), P.U.F., 1971, p. 12.

a. *Gustave Le Bon (1841-1931) : sociologue français, de formation médicale. Fondateur de la « Bibliothèque de philosophie contemporaine » chez Flammarion. Auteur d'une œuvre abondante, traduite en une douzaine de langues. Sa* Psychologie des foules *a suscité de nombreux débats.*

INCONSCIENT. CONSCIENCE. SOCIÉTÉ. RAISON

4. L'INCONSCIENT EXPLOSIF DES ORGANISATIONS DE MASSE

La fin de toute science véritable consiste en ce que l'esprit se retrouve lui-même dans tout ce qui remplit le ciel et la terre. Il n'y a pour l'esprit d'autre objet que celui-là.
HEGEL

Il n'existe encore aucune protection efficace contre les épidémies psychiques ; or, ces épidémies-là sont infiniment plus dévastatrices que les pires catastrophes de la nature ! Le suprême danger qui menace aussi bien l'être individuel que les peuples pris dans leur ensemble, c'est le *danger psychique*. À cet égard, la raison a fait preuve d'une impuissance totale, explicable par le fait que ses arguments agissent sur la conscience, mais sur la conscience seule, sans avoir la moindre prise sur l'inconscient. Par suite, un danger majeur pour l'homme émane de la masse, au sein de laquelle les effets de l'inconscient s'accumulent, bâillonnant alors, étouffant les instances raisonnables de la conscience. Toute organisation de masse constitue un danger latent, au même titre qu'un entassement de dynamite. Car il s'en dégage des effets que personne n'a voulus, mais que personne n'est en état de suspendre ! C'est pourquoi il faut ardemment souhaiter que la psychologie, ses connaissances et ses conquêtes, se répandent à une échelle telle que les hommes finissent par comprendre d'où proviennent les suprêmes dangers qui planent sur leurs têtes. Ce n'est pas en s'armant jusqu'aux dents, chacune pour son compte, que les nations pourront à la longue se préserver des effroyables catastrophes que sont les guerres modernes. Les armes amoncelées réclament la guerre ! Ne serait-il pas préférable, au contraire, à l'avenir, de se défier et d'éviter les conditions, maintenant dépistées, dans lesquelles l'inconscient brise les digues du conscient et dépossède celui-ci, faisant courir au monde le risque d'incalculables ravages ?

Carl Gustav Jung[a], *L'Homme à la Découverte de son Âme*, Genève, 1950.
Trad. Roland Cahen, Albin Michel, 1989.

a. *Carl Gustav Jung (1875-1961) : médecin psychiatre, né à Zurich, fils de pasteur. Fut d'abord le disciple et l'ami, puis le rival de Freud. Dès son premier ouvrage,* Métamorphoses et symboles de la libido *(1912), il rattache l'inconscient individuel aux grands mythes de l'humanité. Ceux-ci constituent, selon Jung, l'*inconscient collectif, *océan d'énergie antérieur au Moi, dont les contenus sont des* archétypes, *– au premier rang desquels, ceux des « parents » – qui dominent et dynamisent l'existence de tout homme. En 1916, Jung a publié sa* Psychologie de l'Inconscient.

INCONSCIENT. CONSCIENCE. SCIENCE

5. L'INCONSCIENT : RÉALITÉ DU FAIT ET LÉGITIMITÉ DE LA NOTION

Le seul inconscient qui existe, c'est ce qui a été agrégé automatiquement, sans pensée au sens strict, par suite sans conscience et, n'ayant pas été d'abord dans la conscience, n'est pas susceptible d'y rentrer.
Jules Lagneau

On nous conteste de tous côtés le droit d'admettre un psychique inconscient et de travailler scientifiquement avec cette hypothèse. Nous pouvons répondre à cela que l'hypothèse de l'inconscient est *nécessaire* et *légitime*, et que nous possédons de multiples *preuves* de l'existence de l'inconscient. Elle est nécessaire, parce que les données de la conscience sont extrêmement lacunaires ; aussi bien chez l'homme sain que chez le malade, il se produit fréquemment des actes psychiques qui, pour être expliqués, présupposent d'autres actes qui, eux, ne bénéficient pas du témoignage de la conscience. [...]

Tous ces actes conscients demeurent incohérents et incompréhensibles si nous nous obstinons à prétendre qu'il faut bien percevoir par la conscience tout ce qui se passe en nous en fait d'actes psychiques ;

mais ils s'ordonnent dans un ensemble dont on peut montrer la cohérence, si nous interpolons les actes inconscients inférés. [...]

On peut aller plus loin et avancer, pour étayer la thèse d'un état psychique inconscient, que la conscience ne comporte à chaque moment qu'un contenu minime si bien que, mis à part celui-ci, la plus grande partie de ce que nous nommons connaissance consciente se trouve nécessairement, pendant les plus longues périodes, en état de latence, donc dans un état d'inconscience psychique. Si l'on tenait compte de l'existence de tous nos souvenirs latents, il deviendrait parfaitement inconcevable de contester l'inconscient. Nous nous heurtons alors à l'objection selon laquelle ces souvenirs latents ne devraient plus être qualifiés de psychiques mais correspondraient aux restes de processus somatiques, dont le psychique pourrait resurgir. Il n'est pas difficile de rétorquer qu'au contraire le souvenir latent est, indubitablement, le reste d'un processus psychique. Mais il importe davantage de bien se rendre compte que l'objection repose sur l'assimilation non exprimée, mais posée d'emblée, entre le conscient et le psychique. Cette assimilation est ou bien une *petitio principii*[1] qui ne permet plus de se demander si tout psychique doit aussi être conscient, ou bien une affaire de convention, de terminologie. Sous cette dernière forme, elle est naturellement, comme toute convention, irréfutable. La question demeure néanmoins ouverte de savoir si elle se révèle suffisamment utilisable pour que l'on doive s'y rallier. On est en droit de répondre que l'assimilation conventionnelle du psychique et du conscient n'est absolument pas utilisable. Elle brise les continuités psychiques, nous précipite dans les difficultés insolubles du parallélisme psycho-physique, prête le flanc au reproche de surestimer, sans fondement évident, le rôle de la conscience et nous contraint à abandonner prématurément le domaine de la recherche psychologique, sans pouvoir nous apporter de dédommagements tirés d'autres domaines.

Sigmund Freud, *Métapsychologie* (1915), trad. J. Laplanche et J.B. Pontalis, Gallimard.

1. *Petitio principii* : « pétition de principe », faute logique consistant à prendre pour accordée la thèse même qu'il s'agit de démontrer.

DÉSIR. INCONSCIENT. AUTRUI. VIOLENCE

6. Notre inconscient : un assassin qui se croit immortel ?

Les désirs conscients du jour ont parfois assez de force pour s'accomplir durant le sommeil, alors que les désirs inconscients, donnés comme plus forts (tendances instinctives), sont presque chaque fois bloqués par des barrières morales (censure de Freud) dont le sommeil n'a pas supprimé la vigilance.

Otto Rank, *La Volonté du bonheur* (1929), Stock, 1972, p. 23.

Comme l'homme primitif, notre inconscient ne croit pas à la possibilité de sa mort et se considère comme immortel. Ce que nous appelons notre « inconscient », c'est-à-dire les couches les plus profondes de notre âme, celles qui se composent d'instincts, ne connaît, en général, rien de négatif, ignore la négation (les contraires s'y concilient et s'y fondent) et, par conséquent, la mort à laquelle nous ne pouvons attribuer qu'un contenu négatif. La croyance à la mort ne trouve donc aucun point d'appui dans nos instincts, et c'est peut-être là qu'il faut chercher l'explication de ce qui constitue le mystère de l'héroïsme. L'explication rationnelle de l'héroïsme prétend qu'il y a des biens abstraits et universels plus précieux que la vie. Mais, à mon avis, l'héroïsme, qui est le plus souvent instinctif et impulsif, ignore cette motivation et affronte le danger sans penser à ce qui peut en résulter. Ou bien cette motivation ne sert qu'à écarter les doutes et les hésitations susceptibles de s'opposer à la réaction héroïque de l'inconscient. L'angoisse de la mort, au contraire, dont nous subissons l'empire plus souvent que nous ne le croyons, est quelque chose de secondaire et résulte le plus souvent du sentiment de culpabilité.

D'autre part, nous trouvons toute naturelle la mort d'étrangers et d'ennemis que nous infligeons aussi volontiers et avec aussi peu de scrupules que le fait l'homme primitif. Sur ce point cependant il y a, entre l'homme primitif et nous, une différence qui, dans la réalité apparaît comme décisive. Notre inconscient se contente de penser à la mort et de la souhaiter, sans la réaliser. Mais on aurait tort de sous-estimer cette réalité *psychique* par rapport à la réalité *de fait*. Cette réalité est déjà assez grave et grosse de conséquences. Dans nos désirs inconscients, nous supprimons journellement, et à toute heure du jour, tous ceux qui se trouvent sur notre chemin, qui nous ont offensés ou lésés. « Que le diable l'emporte ! » disons-nous couramment sur un ton de plaisanterie, destiné à dissimuler notre mauvaise humeur. Mais ce que nous voulons dire réellement, sans l'oser, c'est : « que la mort l'emporte », et ce souhait de mort, notre inconscient le prend plus au sérieux que nous ne le pensons nous-mêmes et lui donne un accent que notre conscience est prête à désavouer. Notre inconscient tue même pour des détails ; comme l'ancienne législation athénienne de Dracon, il ne connaît pas d'autre châtiment pour les crimes que la mort, en quoi il est assez logique, puisque tout tort infligé à notre *moi* tout-puissant et autocratique est, au fond, un *crimen læsæ majestatis*[1].

C'est ainsi qu'à en juger par nos désirs et souhaits inconscients, nous ne sommes nous-mêmes qu'une bande d'assassins.

1. Crime de lèse-majesté.

Sigmund Freud, « Considérations actuelles sur la guerre et sur la mort » (1915), in *Essais de psychanalyse*, trad. Dr J. Jankélévitch revue par le Dr Hesnard, P.B. Payot, 1973, p. 263.

INCONSCIENT.
VÉRITÉ

7. L'INCONSCIENT : CHAPITRE *CENSURÉ* DE MON HISTOIRE ?

Freud disait que la religion est une névrose.
Il serait plus exact de dire que la névrose est une religion.
Thomas S. Szasz, *Le péché second*, Payot, p. 117.

L'inconscient est ce chapitre de mon histoire qui est marqué par un blanc ou occupé par un mensonge : c'est le chapitre censuré. Mais la vérité peut être retrouvée ; le plus souvent déjà elle est écrite ailleurs.

À savoir :

– dans les monuments : et ceci est mon corps, c'est-à-dire le noyau hystérique de la névrose où le symptôme hystérique montre la structure d'un langage et se déchiffre comme une inscription qui, une fois recueillie, peut sans perte grave être détruite ;

– dans les documents d'archives aussi : et ce sont les souvenirs de mon enfance, impénétrables aussi bien qu'eux, quand je n'en connais pas la provenance ;

– dans l'évolution sémantique : et ceci répond au stock et aux acceptions du vocabulaire qui m'est particulier, comme au style de ma vie et à mon caractère ;

– dans les traditions aussi, voire dans les légendes qui sous une forme héroïsée véhiculent mon histoire ;

– dans les traces, enfin, qu'en conservent, inévitablement les distorsions, nécessitées par le raccord du chapitre adultéré dans les chapitres qui l'encadrent, et dont mon exégèse rétablira le sens.

Jacques Lacan, « Fonction et champ de la parole et du langage en psychanalyse » in *Écrits*, 1966, Le Seuil.

INCONSCIENT. SENS

8. L'INCONSCIENT N'EST PAS UN AUTRE MOI

Wo *es* war, soll *ich* werden.
Là où était *ça*, doit advenir *je*.
Freud

Le *freudisme*, si fameux, est un art d'inventer en chaque homme un animal redoutable, d'après des signes tout à fait ordinaires ; les rêves sont de tels signes ; les hommes ont toujours interprété leurs rêves, d'où un symbolisme facile. Freud se plaisait à montrer que ce symbolisme facile nous trompe et que nos symboles sont tout ce qu'il y a d'indirect. Les choses du sexe échappent évidemment à la volonté et à la prévision ; ce sont des crimes de soi, auxquels on assiste. On devine par là que ce genre d'instinct offrait une riche interprétation. L'homme est obscur à lui-même ; cela est à savoir. Seulement il faut éviter ici plusieurs erreurs que fonde le terme d'*inconscient*. La plus grave de ces erreurs est de croire que l'inconscient est un autre Moi ; un Moi qui a ses préjugés, ses passions et ses ruses ; une sorte de mauvais ange, diabolique conseiller. Contre quoi il faut comprendre qu'il n'y a point de pensées en nous sinon par l'unique sujet, Je ; cette remarque est d'ordre moral. [...]

En somme, il n'y a pas d'inconvénient à employer couramment le terme d'inconscient ; c'est un abrégé du mécanisme. Mais, si on le grossit, alors commence l'erreur ; et, bien pis, c'est une faute.

Alain, *Éléments de philosophie*, Gallimard, 1941, Livre deuxième, chap. XVI, note p. 146.

INCONSCIENT. SCIENCE. MONDE

9. LE PROBLÈME DE L'INCONSCIENT EST LE PROBLÈME DE LA PSYCHOLOGIE ELLE-MÊME

Le sens profond de la cure psychanalytique n'est pas une explication de la conscience par l'inconscient, mais un triomphe de la conscience sur ses propres interdits, par le détour d'une autre conscience déchiffreuse.
Paul Ricœur

A. La nature intime de l'inconscient nous est inconnue.

Le problème de l'inconscient est moins un problème psychologique que le problème de la psychologie elle-même. [...] Pour bien comprendre la vie psychique, il est indispensable de cesser de surestimer la conscience. Il faut voir dans l'inconscient le fond de toute vie psychique. L'inconscient est pareil à un grand cercle qui enfermerait le conscient comme un cercle plus petit. Il ne peut y avoir de fait conscient sans stade antérieur inconscient, tandis que l'inconscient peut se passer de stade conscient et avoir cependant une valeur psychologique. L'inconscient est le psychique lui-même et son essentielle réalité. *Sa nature intime nous est aussi inconnue que la réalité du monde extérieur, et la conscience nous renseigne sur lui d'une manière aussi incomplète que nos organes des sens sur le monde extérieur.*

B. « *Inconscient* est un terme purement descriptif. »

« Inconscient » est un terme purement descriptif, indéterminé à bien des égards, un terme en quelque sorte statique ; « refoulé » est une expression dynamique qui tient compte du jeu des forces psychiques et qui dit qu'il existe un effort tendant à la manifestation de tous les effets psychiques et parmi eux de celui du devenir-conscient, mais qu'il y a aussi une force contraire, une résistance capable d'empêcher une partie de ces effets psychiques, et parmi eux, le devenir-conscient. Une des caractéristiques du refoulé est justement qu'en dépit de son intensité, il n'arrive pas à parvenir à la conscience.

Sigmund Freud, A) *L'interprétation des rêves* (1900), trad. I. Meyerson revue par D. Berger, P.U.F., 1967, p. 520.
B) *Délires et rêves dans la « Gradiva » de Jensen* (1907), trad. Paule Arhex/Rose Marie Zeitlin, Gallimard.

Science et poésie de l'inconscient

10. Exploits et prétentions de la psychanalyse

L'Inconscient est incompréhensible, étranger, et nous tient à sa merci. La pensée consciente est comme un serviteur toujours prêt, que nous pouvons toujours contraindre à nous servir. La protection de l'Inconscient est comme celle des fées : elle a quelque chose d'inquiétant et de démoniaque.
Édouard de Hartmann, *Philosophie de l'Inconscient*, 1869.

A. C'est par le plus grand hasard, en apparence, qu'a été récemment rendue à la lumière une partie du monde intellectuel, et à mon sens de beaucoup la plus importante, dont on affectait de ne plus se soucier. Il faut en rendre grâce aux découvertes de Freud. Sur la foi de ces découvertes, un courant d'opinion se dessine enfin, à la faveur duquel l'explorateur humain pourra pousser plus loin ses investigations, autorisé qu'il sera à ne plus seulement tenir compte des réalités sommaires. L'imagination est peut-être sur le point de reprendre ses droits. Si les profondeurs de notre esprit recèlent d'étranges forces capables d'augmenter celles de la surface, ou de lutter victorieusement contre elles, il y a tout intérêt à les capter, à les capter d'abord, pour les soumettre ensuite, s'il y a lieu, au contrôle de notre raison. Les analystes eux-mêmes n'ont qu'à y gagner. Mais il importe d'observer qu'aucun moyen n'est désigné *a priori* pour la conduite de cette entreprise, que jusqu'à nouvel ordre elle peut passer pour être aussi bien du ressort des poètes que des savants et que son succès ne dépend pas des voies plus ou moins capricieuses qui seront suivies.

B. Peu importe que, de-ci de-là, une erreur ou une omission minime, voire quelque confusion ou un oubli sincère jettent une ombre sur ce que je raconte, sur ce qui, dans son ensemble, ne saurait être sujet à caution. J'aimerais enfin qu'on ne ramenât point de tels accidents de la pensée à leur *injuste* proportion de faits divers et que si je dis, par exemple, qu'à Paris la statue d'Étienne Dolet, place Maubert, m'a toujours tout ensemble attiré et causé un insupportable malaise, on n'en déduisît pas immédiatement que je suis, en tout et pour tout, justiciable de la psychanalyse, méthode que j'estime et dont je pense qu'elle ne vise à rien moins qu'à expulser l'homme de lui-même, et dont j'attends d'autres exploits que des exploits d'huissier. Je m'assure d'ailleurs qu'elle n'est pas en état de s'attaquer à de tels phénomènes, comme, en dépit de ses grands mérites, c'est déjà lui faire trop d'honneur que d'admettre qu'elle épuise le problème du rêve ou qu'elle n'occasionne pas simplement de nouveaux manquements d'actes à partir de son explication des actes manqués.

André Breton, *Nadja* (1928), Gallimard.

René DESCARTES (1596-1650) par Frans Hals,
Musée du Louvre, Paris.

LANGAGE

Le langage humain n'est pas assez clair. Dieu lui-même, s'il daignait nous parler dans nos langues, ne nous dirait rien sur quoi l'on ne pût disputer.
ROUSSEAU

Les êtres humains n'ont pas d'organe exclusivement réservé à la parole et pourtant « la Terre est sous les mots comme un champ sous les mouches » (Victor Hugo). Mais si le langage humain mérite son nom, c'est parce qu'il est, à proprement parler, autre chose qu'un bavardage insignifiant ou un bruissement sans conséquence et sans objet.

Parler, écrire, cela signifie essentiellement : *avoir quelque chose à faire entendre à quelqu'un*, par la parole ou par l'écriture. Le problème du langage recouvre ainsi plusieurs sortes de questions, toutes relatives à l'expression et à la communication : pourquoi parlons-nous ? qu'avons-nous à dire ? et que pouvons-nous dire ? qu'avons-nous à exprimer ? et pouvons-nous nous faire entendre ? enfin, à qui parlons-nous et qui nous parle ? et entendons-nous bien ce qu'on nous dit ?

L'enfant, *infans*, c'est-à-dire : qui ne profère pas encore de paroles, est susceptible de comprendre bien des choses sans répéter ; en revanche, l'homme, doué de la parole, est capable de répéter bien des mots sans les comprendre. Le langage proprement humain s'institue dans cet intervalle entre la satisfaction et l'impossibilité de faire entendre ce qu'on veut dire, entre la motivation individuelle de l'*expression* (ou parole) et le système collectif de *communication* (ou langue), dans lequel la parole doit se couler pour être opérationnelle. Car découvrir le langage, c'est pénétrer dans un domaine qui s'étend à perte de vue entre autrui, le monde et moi. C'est entrer dans un Nouveau Monde où l'on se trouve environné de sens, où toutes les choses sont déjà nommées, codées, étiquetées ; dans un tel monde, selon les paroles de La Bruyère « tout est dit et l'on vient trop tard ».

Mais c'est aussi, et surtout, découvrir la possibilité de parler *à propos*, comme dit si bien Descartes. Car il s'en faut de beaucoup que tout système de signes puisse être appelé « langage » ou que tout « langage » soit signifiant. La langue elle-même n'est que le thème impersonnel sur lequel la parole brode ses variations personnelles, à raison de sa pertinence. La linguistique ne peut négliger ce fait, si remarquablement mis en évidence par Noam Chomsky, après Descartes, que le langage proprement dit, loin d'être la *reproduction* indéfinie de modèles finis dans une même langue, est la *production* potentiellement infinie de signes, de systèmes de signes et de nouveaux modèles de langue, plus ou moins pertinents.

On comprend dès lors l'importance philosophique – et l'échec – de ce fameux projet d'une *langue universelle* dont l'institution, si souvent annoncée, reste toujours, paradoxalement, anachronique et prématurée.

On comprend aussi à quelle énorme tâche se mesure la philosophie, c'est-à-dire la pensée qui s'éveille et se veut, non plus discours délirant et mondain, mais, par-delà toutes les contraintes linguistiques, parole pertinente. Une telle tâche peut bien susciter une espèce particulière de désespoir, qui n'est peut-être, après tout, comme tant d'autres formes ludiques du discours, qu'un effet de langage.

Il est vrai que l'espèce humaine, incertaine de ses origines et plus encore de sa fin, reste profondément divisée dans son « expression » alors que se multiplient ses moyens de « communication » : la marée montante des messages humains se décompose en impératifs, ou plutôt en « slogans », de sens contraires. Il n'en reste pas moins que philosopher, c'est poser en principe que, loin d'être livrés au pur « arbitraire des signes », nous sommes seuls habilités à leur dénier ou à leur conférer un sens.

LE LANGAGE EST INVENTION DE SIGNES ET SIGNE DE LA PENSÉE

Il n'y a aucune de nos actions extérieures, qui puisse assurer ceux qui les examinent, que notre corps n'est pas seulement une machine qui se remue de soi-même, mais qu'il y a aussi en lui une âme qui a des pensées, excepté les paroles, ou autres signes faits à propos des sujets qui se présentent, sans se rapporter à aucune passion. Je dis les paroles, ou autres signes, parce que les muets se servent de signes en même façon que nous de la voix ; et que ces signes soient à propos, pour exclure le parler des perroquets, sans exclure celui des fous, qui ne laisse pas d'être à propos des sujets qui se présentent, bien qu'il ne suive pas la raison ; et j'ajoute que ces paroles ou signes ne se doivent rapporter à aucune passion, pour exclure non seulement les cris de joie ou de tristesse, et semblables, mais aussi tout ce qui peut être enseigné par artifice aux animaux ; car si on apprend à une pie à dire bonjour à sa maîtresse, lorsqu'elle la voit arriver, ce ne peut être qu'en faisant que la prolation[1] de cette parole devienne le mouvement de quelqu'une de ses passions ; à savoir, ce sera un mouvement de l'espérance qu'elle a de manger, si l'on a toujours accoutumé de lui donner quelque friandise, lorsqu'elle l'a dit : et ainsi toutes les choses qu'on fait faire aux chiens, aux chevaux et aux singes ne sont que des mouvements de leur crainte, de leur espérance, ou de leur joie, en sorte qu'ils les peuvent faire sans aucune pensée. Or il est, ce me semble, fort remarquable que la parole [...] ne convient qu'à l'homme seul. Car bien que Montaigne et Charron[a] aient dit qu'il y a plus de différence d'homme à homme, que d'homme à bête, il ne s'est toutefois jamais trouvé aucune bête si parfaite, qu'elle ait usé de quelque signe, pour faire entendre à d'autres animaux quelque chose qui n'eût point de rapport à ses passions ; et il n'y a point d'homme si imparfait, qu'il n'en use ; en sorte que ceux qui sont sourds et muets, inventent des signes particuliers, par lesquels ils expriment leurs pensées. Ce qui me semble un très fort argument pour prouver que ce qui fait que les bêtes ne parlent point comme nous, est qu'elles n'ont aucune pensée, et non point que les organes leur manquent. Et on ne peut dire qu'elles parlent entre elles, mais que nous ne les entendons pas ; car, comme les chiens et quelques autres animaux nous expriment leurs passions, ils nous exprimeraient aussi bien leurs pensées, s'ils en avaient.

DESCARTES, « Lettre au Marquis de Newcastle », 23 novembre 1646.

1. Prolation : action d'émettre, de proférer des paroles.

a. *Pierre Charron (1541-1603), moraliste français, né et mort à Paris. Il entra dans les ordres et se fit connaître comme l'un des plus célèbres prédicateurs de son temps. Il résida notamment à Bordeaux, où il devint l'ami de Montaigne, et publia le* Traité de la Sagesse *(1601), où s'exprime une morale « sans paradis et sans enfer », profondément sceptique.*

BABEL
ET LE LOGOS[a]

1. La tour de Babel et la confusion des langues

Toutes choses produites par nostre propre discours et suffisance, autant vrayes que fauces, sont subjectes à incertitude et debat. C'est pour le chastiement de nostre fierté, et instruction de nostre misere et incapacité, que Dieu produisit le trouble et la confusion de l'ancienne tour de Babel... La diversité d'ydiomes et de langues, dequoy il troubla cet ouvrage, qu'estce autre chose que cette infinie et perpetuelle altercation et discordance d'opinions et de raisons qui accompaigne et embrouille le vain bastiment de l'humaine science.

MONTAIGNE, *Essais*, II, chap. XII.

1. Les descendants de Noé, après le déluge.

Toute la terre avait une seule langue et les mêmes mots. Comme ils[1] étaient partis de l'orient, ils trouvèrent une plaine au pays de Schinear, et ils y habitèrent. Ils se dirent l'un à l'autre: «Allons! faisons des briques, et cuisons-les au feu.» Et la brique leur servit de pierre, et le bitume leur servit de ciment. Ils dirent encore: «Allons! bâtissons-nous une ville et une tour dont le sommet touche au ciel, et faisons-nous un nom, afin que nous ne soyons pas dispersés sur la face de toute la terre.» L'Éternel descendit pour voir la ville et la tour que bâtissaient les fils des hommes. Et l'Éternel dit: «Voici, ils forment un seul peuple et ont tous une même langue, et c'est là ce qu'ils ont entrepris; maintenant rien ne les empêcherait de faire tout ce qu'ils auraient projeté. Allons! descendons, et là confondons leur langage, afin qu'ils n'entendent plus la langue les uns des autres.» Et l'Éternel les dispersa loin de là sur la face de toute la terre; et ils cessèrent de bâtir la ville. C'est pourquoi on l'appela du nom de Babel, car c'est là que l'Éternel confondit le langage de toute la terre, et c'est de là que l'Éternel les dispersa sur la face de toute la terre.

Ancien Testament, *Genèse*, XI, trad. L. Segond.

a. *Mot grec qui signifie à la fois «parole» et «raison». Pour les Stoïciens, le* Logos *universel est un des noms de la divinité suprême qui régit le monde. Dans la théologie chrétienne, le* Logos *est la «deuxième personne de la Trinité», c'est-à-dire le Fils de Dieu, encore appelé le* Verbe *(du latin* Verbum*).*

2. La tour de Babel et la parole de Dieu

L'Empereur Julien traitait de fabuleuse toute l'histoire de la Tour de Babel et de la confusion des Langues. Il prenait à la lettre ce que dit Moïse: «Faisons une Ville et une Tour dont le sommet s'élève jusqu'au Ciel»; et il disait en raillant, que quand tous les hommes du monde s'emploieraient à bâtir un tel édifice, quand ils épuiseraient toutes les pierres de la terre, et qu'ils réduiraient en brique toute l'argile qui est dans l'Univers, ils ne parviendraient jamais à conduire une Tour jusqu'au ciel, quand même ils ne donneraient que l'épaisseur d'un fil à ses murailles. Il ajoutait d'un ton moqueur, que les Chrétiens et les Juifs ont la simplicité de croire que Dieu, effrayé de l'audace des hommes et de la hardiesse de leur entreprise, s'était hâté d'en arrêter les suites en confondant leur langage.

Mais saint Cyrille lui répond que nous sommes bien éloignés de croire que Dieu, qui est tout-puissant, ait conçu de la terreur des efforts d'une troupe de mortels, ni qu'il soit descendu personnellement du Ciel, pour voir leur édifice et pour en arrêter le progrès. Moïse a parlé d'une manière populaire en disant que Dieu *est descendu* et que ces hommes voulaient élever une Tour *jusqu'au ciel*; que dans d'autres passages de l'Écriture, cette expression ne désigne qu'une très grande élévation; que c'est aux Auteurs de la fable des Géants[1] à la soutenir ou à l'abandonner, que nous ne nous y intéressons nullement. Que si Dieu, pour arrêter l'entreprise des hommes, les dispersa et confondit leur langage, ce n'est pas qu'il les craignît, mais il le fit par un effet de sa bonté infinie, qui voulut les empêcher de continuer une folle et inutile entreprise; car, s'imaginant que Dieu pourrait bien envoyer sur la terre un nouveau Déluge, ils se figuraient qu'en élevant une Tour d'une hauteur extraordinaire, ils pourraient se mettre en état de ne rien craindre de ce côté-là, comme si la parole que Dieu leur avait donnée de ne plus inonder toute la terre, n'eût pas dû leur suffire pour les rassurer contre ces frayeurs.

Dom Augustin CALMET, *Dissertation sur la Tour de Babel,*
in Nouvelles Dissertations importantes et curieuses, sur plusieurs questions
qui n'ont point été traitées dans le Commentaire Littéral sur tous les Livres
de l'Ancien et du Nouveau Testament, Paris, 1720, pp. 57-58.

1. «Les Géants étaient sur la terre en ces temps-là, après que les fils de Dieu furent venus vers les filles des hommes, et qu'elles leur eurent donné des enfants: ce sont ces héros qui furent fameux dans l'Antiquité.» (*Genèse*, VI, 4) L'allusion à la «fable des géants» renvoie ici au mythe des Titans qui voulurent entasser le Pélion sur l'Ossa, sinon pour assiéger le Ciel, du moins pour escalader l'Olympe et détrôner Zeus. Cf. n° 15, p. 80, note **a.** (texte de Freud).

LES LANGUES : PROBLÈMES D'EXPRESSION ET DE COMMUNICATION

3. LE VERBE JAPONAIS ET LA BOMBE AMÉRICAINE

S'il n'y avait ces imperfections du langage comme instrument de connaissance,
un grand nombre des controverses qui font tant de bruit dans le monde
cesseraient d'elles-mêmes; et le chemin de la connaissance
s'ouvrirait plus largement, ainsi que, peut-être, le chemin de la paix.
LOCKE, *Essai sur l'entendement humain* (1690), III, chap. IX, § 21.

Le verbe *mokusatsu* a, paraît-il, quatre sens différents en japonais: prendre note de quelque chose, traiter quelque chose par un silence méprisant, passer quelque chose sous silence, et rester sagement dans l'expectative (je traduis de l'anglais). Un verbe subtil, comme on voit, dont la polysémie[1] trop riche serait à l'origine du bombardement de Hiroshima, c'est du moins ce que je lis dans le *Bulletin d'information de l'Association des traducteurs littéraires de France*, sous le titre: « L'erreur de traduction la plus tragique de l'Histoire. » En juillet 1945, les chefs alliés réunis à Potsdam adressent un ultimatum au Japon, en stipulant que « toute réponse négative entraînera une destruction immédiate et massive ». Désireux sans doute de gagner du temps, le premier ministre Suzuki répond aux journalistes qui l'assaillent de tous côtés: *mokusatsu,* ce qui dans son esprit peut signifier qu'il prend note de la chose, mais ne fera pas de commentaires pour l'instant. Aussitôt les agences de presse internationales publient des dépêches d'où il ressort que le gouvernement japonais traite l'ultimatum par le mépris et ne juge même pas bon d'y répondre. Furieux, les Américains décident alors le châtiment suprême, et dix jours plus tard, ils larguent sur Hiroshima la première bombe atomique de l'Histoire. Le traducteur français qui rapporte cet incident mémorable observe avec bon sens que si, en l'occurrence, les interprètes sont les premiers fautifs, c'est en fin de

1. polysémie: pluralité de sens d'un même mot.

compte sur Suzuki que pèse la plus lourde responsabilité : dans des circonstances aussi graves, il aurait pu choisir un mot moins ambigu que ce *mokusatsu* dont il connaissait forcément l'épineuse subtilité. Il aurait pu, certes, mais étant donné les sentiments qu'on est en droit de lui supposer, *mokusatsu* n'était-il pas le verbe le plus indiqué pour dire tout à la fois et son désir de temporiser, et son ressentiment à l'égard des vainqueurs, qu'il ne pouvait pas exprimer plus clairement ? Mais dans ce cas il n'y aurait pas à proprement parler de contresens : mus par une hostilité plus ou moins consciente en face de l'ennemi, les interprètes ont retenu des quatre acceptions possibles du mot précisément celle que Suzuki, plus ou moins consciemment lui aussi, avait choisi de faire passer sous le couvert de son silence.

Marthe Robert, *La Vérité littéraire*, Grasset, 1981, p. 113.

4. La langue, système de différences significatives

« Comment allez-vous ? » dit l'aveugle au paralytique. – « Comme vous le voyez », répond ce dernier à l'aveugle.
Freud, *Le mot d'esprit et ses rapports avec l'inconscient*, Der Witz, 1905, chap. I.

Tout ce qui précède revient à dire que *dans la langue il n'y a que des différences*. Bien plus : une différence suppose en général des termes positifs entre lesquels elle s'établit ; mais dans la langue il n'y a que des différences *sans termes positifs*. Qu'on prenne le signifié ou le signifiant[1], la langue ne comporte ni des idées ni des sons qui préexisteraient au système linguistique, mais seulement des différences conceptuelles et des différences phoniques issues de ce système. Ce qu'il y a d'idées ou de matière phonique dans un signe importe moins que ce qu'il y a autour de lui dans les autres signes. La preuve en est que la valeur d'un terme peut être modifiée sans qu'on touche ni à son sens ni à ses sons, mais seulement par le fait que tel autre terme voisin aura subi une modification.

Mais dire que tout est négatif dans la langue, cela n'est vrai que du signifié et du signifiant pris séparément ; dès que l'on considère le signe dans sa totalité, on se trouve en présence d'une chose positive dans son ordre. Un système linguistique est une série de différences de sons combinées avec une série de différences d'idées ; mais cette mise en regard d'un certain nombre de signes acoustiques avec autant de découpures faites dans la masse de la pensée engendre un système de valeurs ; et c'est ce système qui constitue le lien effectif entre les éléments phoniques et psychiques à l'intérieur de chaque signe. Bien que le signifié et le signifiant soient, chacun pris à part, purement différentiels et négatifs, leur combinaison est un fait positif ; c'est même la seule espèce de faits que comporte la langue, puisque le propre de l'institution linguistique est justement de maintenir le parallélisme entre ces deux ordres de différences.

Certains faits diachroniques sont très caractéristiques à cet égard ; ce sont les innombrables cas où l'altération du signifiant amène l'altération de l'idée. [...] Quand deux termes se confondent par altération phonétique (par exemple *décrépit* = *decrepitus* et *décrépi* de

1. Le *signifié* désigne le concept (ou le sens) – le *signifiant* désigne l'image acoustique (ou le mot) : leur combinaison constitue le *signe* linguistique.

crispus) les idées tendront à se confondre aussi, pour peu qu'elles s'y prêtent. Un terme se différencie-t-il (par exemple *chaise* et *chaire*)? Infailliblement la différence qui vient de naître tendra à devenir significative, sans y réussir toujours, ni du premier coup. Inversement toute différence idéelle aperçue par l'esprit cherche à s'exprimer par des signifiants distincts, et deux idées que l'esprit ne distingue plus cherchent à se confondre dans le même signifiant.

Ferdinand de SAUSSURE, *Cours de linguistique générale* (1916), Payot, 1967, pp. 166-167.

5. STRUCTURE DU SPECTRE OU STRUCTURE DE LA LANGUE ?

Nous pensons un univers que notre langue a d'abord modelé.
Émile BENVENISTE

Considérons un arc-en-ciel ou le spectre d'un prisme. Sur la bande colorée, le passage d'une couleur à l'autre est progressif, c'est-à-dire qu'en chaque point il n'y a qu'une toute petite différence de couleur avec les points immédiatement voisins. Et cependant un Français qui décrit l'arc-en-ciel parle de teintes telles que le rouge, l'orange, le jaune, le vert, le bleu, l'indigo : la langue découpe la gradation continue de couleur en une série de catégories discrètes. C'est un exemple de structuration du contenu. Rien dans le spectre ou dans la perception qu'en a l'homme n'oblige à le diviser ainsi. Cette méthode spécifique de division fait partie de la structure du français.

Les sujets qui parlent d'autres langues classent les couleurs de bien d'autres manières. Le diagramme suivant donne une idée de la façon dont ceux qui parlent le français, le chona (langue de la Zambie), le bassa (langue du Libéria), divisent le spectre.

<table>
<tr><td>français</td><td>indigo</td><td>bleu</td><td>vert</td><td>jaune</td><td>orange</td><td>rouge</td></tr>
<tr><td>chona</td><td colspan="2">cips^{w}uka</td><td>citema</td><td colspan="2">cicena</td><td>cips^{w}uka</td></tr>
<tr><td>bassa</td><td colspan="3">hui</td><td colspan="3">ziza</td></tr>
</table>

Le sujet qui parle le chona divise le spectre en trois grandes catégories (le terme cips^{w}uka revient deux fois, mais c'est seulement parce que les extrémités rouge et indigo, qu'il range dans la même catégorie, sont distinctes sur le diagramme). Il est intéressant de remarquer que « citema » correspond aussi à « noir », et « cicena » à « blanc ». En plus de ces trois mots, il y a, bien entendu, un grand nombre de termes pour les couleurs plus spécifiques, comme en français on a « écarlate », « vermillon », « pourpre », qui sont des variétés de « rouge ». La convention qui consiste à diviser le spectre en trois parties au lieu de six ne provient pas d'une différence dans la perception visuelle des couleurs, mais représente seulement une différence dans la manière dont la langue classe ou structure les couleurs.

Le sujet qui parle le bassa divise le spectre de façon radicalement différente : en deux catégories seulement. Il y a beaucoup de mots pour désigner les couleurs spécifiques, mais il n'existe que ces deux termes pour les classes générales de couleurs. Un Français en conclura aisément que sa propre division en six couleurs fondamentales est meilleure. Dans certains cas, c'est sans doute vrai. Mais dans d'autres cas, cette division a des inconvénients : les botanistes par exemple se sont aperçus qu'elle ne donne pas de généralisation suffisante en ce qui concerne les couleurs des fleurs ; ils constatent que les jaunes, les oranges, les rouges constituent une série et que les bleus, les violets et les rouges violacés en forment une autre. Ces deux séries présentent des différences fondamentales qui doivent être considérées comme essentielles à toute description botanique. Pour pouvoir décrire les faits de façon économique, on a dû forger deux néologismes génériques : « xanthique » et « cyanique » qui correspondent à ces deux séries. Le botaniste parlant le bassa n'aurait pas à le faire, car il dispose des termes « hui » et « ziza » qui divisent le spectre à peu près selon ces deux catégories.

H.-A. Gleason, *Introduction à la linguistique*, trad. F. Dubois-Charlier, Larousse, 1969, pp. 9-10.

6. La langue du prince – et sa parole

L'art de persuader consiste autant en celui d'agréer qu'en celui de convaincre, tant les hommes se gouvernent plus par caprice que par raison !
Pascal, *De l'esprit géométrique*, 1658, section II.

Vous devez savoir qu'il y a deux manières de combattre, l'une avec les lois, l'autre avec la force. La première est propre aux hommes, l'autre nous est commune avec les bêtes ; mais lorsque les lois sont impuissantes, il faut bien recourir à la force ; un prince doit savoir à la fois combattre en homme et en bête. [...] Ceux qui dédaignent le rôle de renard n'entendent guère leur métier ; en d'autres termes, un prince prudent ne peut ni ne doit tenir sa parole, que lorsqu'il le peut sans se faire tort, et que les circonstances dans lesquelles il a contracté un engagement subsistent encore.

Je n'aurais garde de donner un tel précepte, si tous les hommes étaient bons ; mais comme ils sont tous méchants, et toujours prêts à manquer à leur parole, le Prince ne doit pas se piquer d'être plus fidèle à la sienne ; et ce manque de foi est toujours facile à justifier. [...] Le point est de bien jouer son rôle, et de savoir à propos feindre et dissimuler. Et les hommes sont si simples et si faibles que celui qui veut tromper trouve aisément des dupes. [...]

Il n'est donc pas nécessaire à un prince d'avoir toutes les bonnes qualités dont j'ai fait l'énumération, mais il lui est indispensable de paraître les avoir, j'oserai même dire qu'il est quelquefois dangereux d'en faire usage, quoiqu'il soit toujours utile de paraître les posséder. Un prince doit s'efforcer de se faire une réputation de bonté, de clémence, de piété, de loyauté, et de justice ; il doit d'ailleurs avoir toutes ces bonnes qualités, mais rester assez maître de soi pour en déployer de contraires, lorsque cela est expédient. [...] En un mot, il doit savoir persévérer dans le bien, lorsqu'il n'y trouve aucun inconvénient, et s'en détourner lorsque les circonstances l'exigent. Il doit surtout s'étudier à ne rien dire qui ne respire la bonté, la justice, la civilité, la bonne foi et la piété ; mais cette dernière qualité est celle qu'il lui importe le plus de paraître posséder, parce que les hommes en général jugent plus par leurs yeux que par leurs mains. Tout homme peut voir; mais très peu d'hommes savent toucher. Chacun voit aisément ce qu'on paraît être, mais presque personne n'identifie ce qu'on est; et ce petit nombre d'esprits pénétrants n'ose pas contredire la multitude, qui a pour bouclier la majesté de l'État.

MACHIAVEL, *Le Prince* (1532), trad. Guiraudet corrigée et remaniée par R. Naves, Garnier Frères, 1962, chap. XVIII.

7. LE LATIN, LANGUE DE LA PRIÈRE

À la fin de sa thèse, rédigée en latin, sur «*Les origines du socialisme allemand*» (1892), Jaurès écrit: «Il ne m'a pas déplu de traiter en latin des questions contemporaines, parce que c'est en cette langue qu'a été formulé le droit humain de l'antique philosophie morale et qu'a soupiré et chanté la fraternité chrétienne. Au surplus, la langue latine est encore aujourd'hui la seule langue universelle commune à tous les peuples; elle convient donc au socialisme universel.»

On reproche au culte catholique d'employer, dans ses chants et ses prières, une langue étrangère au peuple, comme si l'on prêchait en latin, et que l'office ne fût pas traduit dans tous les livres d'église. D'ailleurs, si la religion, aussi mobile que les hommes, eût changé d'idiome avec eux, comment aurions-nous connu les ouvrages de l'Antiquité? Telle est l'inconséquence de notre humeur, que nous blâmons ces mêmes coutumes auxquelles nous sommes redevables d'une partie de nos sciences et de nos plaisirs.

Mais, à ne considérer l'usage de l'Église romaine que sous ses rapports immédiats, nous ne voyons pas ce que la langue de Virgile, conservée dans notre culte (et même en certains temps et en certains lieux la langue d'Homère) peut avoir de si déplaisant. Nous croyons qu'une langue antique et mystérieuse, une langue qui ne varie plus avec les siècles, convenait assez bien au culte de l'Être éternel, incompréhensible, immuable. Et puisque le sentiment de nos maux nous force d'élever vers le Roi des rois une voix suppliante, n'est-il pas naturel qu'on lui parle dans le plus bel idiome de la terre, et dans celui-là même dont se servaient les nations prosternées pour adresser leurs prières aux Césars?

De plus, et c'est une chose remarquable, les oraisons en langue latine semblent redoubler le sentiment religieux de la foule. Ne serait-ce point un effet naturel de notre penchant au secret? Dans le tumulte de ses pensées et des misères qui assiègent sa vie, l'homme, en prononçant des mots peu familiers ou même inconnus, croit demander des choses qui lui manquent, et qu'il ignore; le vague de sa prière en fait le charme, et son âme inquiète, qui sait peu ce qu'elle désire, aime à former des vœux aussi mystérieux que ses besoins.

CHATEAUBRIAND, *Le Génie du christianisme*, 1802, 4e partie, Livre 1er, chap. III.

8. Le français, langue de l'unité nationale

1. cf. Note **a.** de la page 21.
2. La France de 1789.

Avant Grégoire[1], dans cet agrégat de pays disparates[2] qui constituait l'ancienne monarchie, on n'avait que très vaguement entrevu le rôle que joue la langue dans l'unification des sociétés humaines, on ne savait pas comment elle contribue puissamment à transformer les États en Nations, quel est son rôle comme facteur d'unité.

Pour marquer le mérite qu'a eu Grégoire à découvrir ces grandes vérités politiques et sociales, il suffit de rappeler que, avec quelques corrections, la politique qu'il a préconisée est encore la nôtre : il est loisible à tout Français de parler et d'écrire en n'importe quel idiome ou patois ; mais il faut qu'il sache la langue nationale. L'État et l'École se doivent de la lui enseigner.

Le prêtre qu'était Grégoire eût volontiers porté ses vues plus loin et ajouté que la foi elle-même aurait tout à gagner à dépouiller quelque chose de son hermétisme, et qu'on ne prie vraiment en esprit et en vérité que dans sa langue. Avait-il été lui-même obligé de prêcher et de catéchiser en patois dans son village ? Je l'ignore. En tout cas, en l'an VI[3], au Concile de l'Église constitutionnelle, il fit adopter une proposition hardie : les Sacrements seraient administrés en français. L'essai qui fut fait à Paris et à Versailles vérifia ses prédictions. Les cérémonies rituelles, désormais intelligibles, exerçaient une action qu'elles n'avaient jamais eue.

3. 1797.

Ferdinand Brunot[a], *Éloge de l'Abbé Grégoire*, in « Centenaire de l'Abbé Grégoire », célébré à Paris, le 31 mai 1931, Institut de France, pp. 21-22.

a. *Ferdinand Brunot (1860-1938) : linguiste français. Auteur notamment de* La Pensée et la Langue *(1922). Membre de l'Académie des Inscriptions et Belles-Lettres. Président de la Société des Amis de l'Abbé Grégoire.*

9. La langue philosophique du seizième siècle

Une réponse qui ne peut être exprimée suppose une question qui elle non plus ne peut être exprimée.
Wittgenstein, *Tractatus logico-philosophicus*, 1921, prop. 6. 5.

Ni *absolu*, ni *relatif* ; ni *abstrait* ni *concret* ; ni *confus* ni *complexe* ; ni *adéquat*, que chérira Spinoza, mais en latin ; ni *virtuel* qu'emploiera Chapelain, mais aux alentours de 1660 ; ni *insoluble, intentionnel, intrinsèque, inhérent, occulte, primitif, sensitif*, tous mots du XVIIIe siècle ; ni *transcendantal* qui ornera vers 1698 les périodes de Bossuet : aucun de ces mots que je cite au hasard, d'après les dictionnaires et Brunot[1], n'appartient au vocabulaire des hommes du XVIe siècle ; disons, pour fixer les idées, au plus riche de tous, au vocabulaire de Rabelais. [...]

1. Voir note **a.** du texte précédent.

Ni *causalité* ni *régularité* ; ni *concept* ni *critère* ; ni *condition* ; avant la *Logique de Port-Royal*, ni *analyse* ni *synthèse* liées l'une à l'autre ; ni *déduction* (qui ne signifie encore que *narration*), ni *induction* qui ne naîtra qu'au XIXe siècle ; ni non plus *intuition* qui prendra vie chez Descartes et chez Leibniz ; ni *coordination* ou *classification*, « ce mot barbare forgé depuis peu », écrit encore en 1787 le Dictionnaire de Féraud : aucun de ces mots courants, de ces mots dont, pour philosopher, nous ne saurions vraiment nous passer, ne figure non plus dans le vocabulaire des contemporains de Rabelais. Ils n'ont même pas de terme pour exprimer ce que, depuis le milieu du XVIIᵉ siècle seulement, on s'est avisé d'appeler *système*; ni, naturellement, de mots pour étiqueter ou pour énumérer (donc, pour savoir mobiliser instantanément et utilement dans son esprit) tous ceux de ces « *systèmes* » qui importaient le plus aux hommes de ce temps, et d'abord à ceux qu'on pare du nom de rationalistes : le *Rationalisme* lui-même, pour commencer, le Rationalisme dont le baptême ne se fera, très tard, qu'au XIXᵉ siècle ; le *Déisme* qui ne commencera guère sa carrière avant Bossuet, un de ses premiers usagers ; le *Théisme* que le XVIIIᵉ siècle avancé empruntera un instant aux Anglais ; le *Panthéisme* dont, au temps de la Régence on ira chercher le nom chez Toland ; le *Matérialisme*, qui attendra Voltaire (1734), la Mettrie et l'Encyclopédie pour conquérir droit de cité ; le *Naturalisme* lui-même, qui apparaît en 1752 seulement, dans le Dictionnaire de Trévoux et, avant, dans La Mettrie (1748) ; le *Fatalisme* qui, lui aussi, se trouve dans La Mettrie, cependant que le roman de Diderot ne pourra lancer *fataliste* qu'à partir de 1796 ; le *Déterminisme*, ce tard venu, ce Kantien [...] Et combien d'autres : *Idéalisme* (Trévoux), *Stoïcisme* (La Bruyère), *Quiétisme* (Nicole, Bossuet), *Puritanisme* (Bossuet), etc. Représentons-nous, avant de les juger, qu'aucun de ces mots n'était, en tout cas, à la disposition des Français de 1520, de 1530, de 1540, de 1550, s'ils voulaient penser, puis traduire leurs pensées en français, pour des Français.

Lucien FEBVRE, *Le Problème de l'incroyance au XVIᵉ siècle, la Religion de Rabelais* (1942), Albin Michel, 1968, pp. 328-330.

10. LE CHANT DE L'AMOUR

On ne joue pas avec le langage. Et, en ce sens, il n'y a pas de jeux de langage. Il y a des enjeux liés à des genres de discours.
Jean-François LYOTARD, *Le différend*, Éd. de Minuit, 1983, p. 199.

Il existait en Puisaye jusqu'en 1830 encore une sorte de chant d'une grande originalité par sa contexture et par la façon dont il était chanté. Ce chant s'appelait *Chalande* ou *Calande*, très probablement du mot latin *calare*. On ne s'y livrait qu'aux mois d'avril et de mai. Son objet était, disait-on, de célébrer le retour du printemps et des amours.

Il consistait en un dialogue entre bergers et bergères amoureux et amoureuses qui s'interpellaient à de grandes distances, montant parfois sur des arbres pour s'entretenir de plus loin. Les fermes étant très rapprochées en Puisaye, il arrivait souvent qu'on entendait en même temps les voix de cinq à six couples placés à différentes distances et dont les plus éloignés formaient comme l'écho. Dans le silence de la nuit, ils étaient d'un grand effet.

Dans ces colloques qui avaient lieu sur un ton lent et tremblé, l'improvisation jouait le principal rôle. Rien d'arrêté d'avance ni d'appris par cœur. Selon les dispositions du moment, on exprimait ses désirs, ses joies, ses craintes, ses reproches, tous les sentiments, enfin, qu'on éprouvait.

MOISET, cité par **Arnold VAN GENNEP**, *Manuel de folklore français contemporain* (1937-1957), I, pp. 249-250.

11. L'ÉLOQUENCE DU VRAI

J'exposerai premièrement dans ces Méditations les mêmes pensées par lesquelles je me persuade être parvenu à une certaine et évidente connaissance de la vérité, afin de voir si, par les mêmes raisons qui m'ont persuadé, je pourrai aussi en persuader d'autres...

DESCARTES, *Méditations métaphysiques*, 1641, Préface.

Je me trouve obligé de dire ici quelque chose de ce rare et excellent art de persuader, qui est le comble et la perfection de l'éloquence. Cet art, comme toutes les autres choses, a eu dans tous les temps ses vices aussi bien que ses vertus. Car dans les premiers siècles où les hommes n'étaient pas encore civilisés, où l'avarice et l'ambition n'avaient encore excité aucune dissension dans le monde, et où la langue, sans aucune contrainte, suivant les affections et les sentiments d'un esprit sincère et véritable, il y a eu, à la vérité, dans les grands hommes, une certaine force d'éloquence qui avait quelque chose de divin, laquelle, provenant de l'abondance du bon sens et du zèle de la vérité, a retiré des bois les hommes à demi sauvages, leur a imposé des lois, leur a fait bâtir des villes, et qui n'a pas eu plus tôt la puissance de persuader, qu'elle a eu celle de régner. Mais peu de temps après, les disputes du barreau et l'usage fréquent des harangues l'ont corrompue chez les Grecs et chez les Romains pour l'avoir trop exercée ; car de la bouche des sages elle est passée dans celle des hommes du commun, qui, désespérant de se pouvoir rendre maîtres de l'esprit de leurs auditeurs en n'employant d'autres armes que celles de la vérité, ont eu recours aux sophismes et aux vaines subtilités du discours ; et bien qu'ils surprissent assez souvent l'esprit des personnes simples et peu prudentes, et que par ce moyen ils s'en rendissent les maîtres, ils n'ont pas eu néanmoins plus de raison de disputer de la gloire de l'éloquence avec ces premiers orateurs, que des traîtres en pourraient avoir de contester de la véritable générosité avec des soldats fidèles et aguerris : et quoiqu'ils employassent quelquefois leurs fausses raisons pour la défense de la vérité, néanmoins parce qu'ils faisaient consister la principale gloire de leur art à défendre de mauvaises causes, je les trouve avoir été en cela très misérables de n'avoir pu passer pour bons orateurs sans paraître de méchants hommes.

DESCARTES, Jugement de quelques lettres de M. de Balzac, Lettre XXXIX des *Œuvres*, A. Garnier, 1835, t. IV, p. 104.

12. LES IDÉES, LES MOTS ET LES SIGNES

Comme les qualités des choses ne co-existeroient pas hors de nous sans des sujets où elles se réunissent, leurs idées ne co-existeroient pas dans notre esprit sans des signes où elles se réunissent également.

CONDILLAC, *Essai sur l'origine des connaissances humaines*, 1746, I, IV, 1, § 7.

On nous demande tous les jours comment nous pouvons faire entendre à des Sourds et Muets toutes sortes de mots, et principalement ceux qui expriment des idées Métaphysiques... Il n'est peut-être point de mot plus difficile à expliquer par signes que celui-ci : *je crois*. Voilà donc de quelle manière nous nous y prenons : après avoir écrit sur la table : *je crois*, nous tirons quatre lignes ainsi disposées :

je crois
- je dis *oui* par l'esprit. Je pense que *oui*.
- je dis *oui* par le cœur[1]. J'aime à penser que *oui*.
- je dis *oui* de bouche.
- je n'ai pas vu et je ne vois pas encore de mes yeux.

Nous recueillons ensuite ce qui est écrit sur ces quatre lignes, et nous le portons sur le mot *je crois*, pour faire entendre que tout cela y est renfermé.

S'agit-il, après cette explication, de dicter par les signes méthodiques ce mot *je crois*? je fais d'abord le signe de la première personne du singulier en me montrant moi-même avec l'index de ma main droite, dont le bout est tourné vers ma poitrine. Je mets ensuite mon doigt sur mon front, dont la partie concave est censée renfermer mon esprit, c'est-à-dire ma faculté de penser, et je fais le signe de *oui*. Après cela, je fais le même signe de *oui* en mettant mon doigt sur la partie de moi-même qu'on regarde ordinairement comme le siège de ce que nous appelons notre cœur[1] dans l'ordre spirituel, c'est-à-dire de notre faculté d'aimer (quoiqu'il ait été dit plusieurs fois que ces deux facultés sont spirituelles et n'occupent point de place). Je fais ensuite le même signe de *oui* sur ma bouche en remuant mes lèvres. Enfin je mets ma main sur mes yeux; et en faisant le signe de *non*, je montre que je ne vois pas. Il ne me reste plus que le signe du présent à faire, et on écrit *je crois*; mais en l'écrivant, on le comprend beaucoup mieux que la plupart de ceux qui parlent et qui entendent. Il est inutile de répéter ici que tous ces signes se font en un clin d'œil.

Abbé de l'ÉPÉE, *Institution des sourds et muets par la voie des signes méthodiques, Ouvrage qui contient le Projet d'une Langue Universelle, par l'entremise des signes naturels assujettis à une Méthode*, 1776, chap. V, Art. IV.

1. Allusion, étymologiquement contestable, à : *croire*, credere = *cordem* dare, donner son cœur.

LANGAGE.
DÉSIR. POUVOIR

13. LE LANGAGE D'UNE REINE AMOUREUSE

At regina, gravi jamdudum saucia cura,
Vulnus alit venis et caeco carpitur igni.

Cependant la Reine (Didon), déjà en proie aux tourments d'une passion violente (pour Énée), nourrit en secret la blessure de son cœur et brûle d'un feu caché qui la dévore.

VIRGILE, *Énéide*, IV, v. 1-3.

Jean Caracciol eut le bonheur de plaire à Jeanne Reine de Naples, seconde du nom: ce fut pour lui le chemin de la fortune.

La manière dont on dit que cette Princesse lui fit les premières avances est singulière. C'est Brantôme qui le rapporte: «La première occasion qu'eut jamais la Reine de lui faire entendre qu'elle l'aimait, fut qu'il craignait fort les souris. Un jour qu'il jouait aux échecs en la garde-robe de la Reine, elle-même lui fit mettre une souris devant lui, et lui de peur courant deçà delà, et heurtant et puis l'un et puis l'autre, s'enfuit à la porte de la chambre de la Reine, et vint choir sur elle, et ainsi par ce moyen la Reine lui découvrit son amour, et eurent tôt fait leurs affaires ensemble, et après ne demeura guère qu'elle ne l'eût fait son Grand Sénéchal». Croira qui voudra ce Conte; mais il n'est pas hors d'apparence que de toutes les déclarations d'amour, celle qui coûte le plus à une personne de ce sexe et de ce rang, c'est la verbale.

Il ne s'en faut pas étonner : on est plus le maître de sa langue que de divers autres signes qui font éclater le feu que l'on nourrit dans son cœur. C'est pourquoi la honte empêche plus aisément une femme de recourir aux paroles articulées, qui sont un signe d'institution, que de marquer sur son visage par des signes naturels les désirs qui la possèdent et, parce que les hommes sont ordinairement très habiles à découvrir ces signes-là, et à s'en prévaloir fort promptement, il n'arrive guère qu'il faille leur témoigner de vive voix ce que l'on veut d'eux : ainsi, la nécessité de se déclarer de cette façon est une chose si rare, qu'on n'acquiert point par diverses tentatives la facilité de tourner sa langue de ce côté-là. Si l'on s'aperçoit que les autres signes ne sont pas bien entendus, on prendra plutôt le parti d'écrire, que le parti de parler [...] Il est à noter, que dans cette espèce d'affaires, une Reine n'a point l'avantage qu'ont les autres femmes ; car elle n'est entourée que de gens qui à cause de leur infériorité n'oseraient lui faire des déclarations d'amour : il faut donc qu'elle fasse des avances et qu'elle soit la première à découvrir ce qu'elle souffre. Les autres femmes, ordinairement parlant, se font attaquer, et lors même qu'elles souhaitent d'être vaincues, elles se tiennent sur la défensive, et s'en font honneur ; au lieu qu'une Reine est contrainte d'attaquer et d'avoir la honte d'agir contre toutes les bienséances. Je ne parle pas du péril de n'être pas entendue, elle a des moyens de s'en délivrer, elle sait se faire entendre tôt ou tard : notre Jeanne de Naples se tourna de tant de côtés que, sans en venir au *Je vous aime*, ou au discours plus clair et plus grossier qui fut tenu au patriarche Joseph[1], elle fait connaître ce qu'elle veut. Encore moins faut-il parler du péril d'être refusée après avoir été entendue ; car ce danger-là est petit. Les avantages qui reviennent de la condescendance et les maux à quoi l'on s'exposerait, si l'on ne répondait pas aux avances d'une Reine[2], obligent presque toujours à y répondre.

Pierre Bayle, *Dictionnaire historique et critique*, 1695-1697, Article « Caracciol ».

1. Cf. *Genèse*, 39, 7 : « La femme de son maître jeta les yeux sur Joseph et dit : « Couche avec moi ! ».
N.B. : le « maître » de Joseph, « eunuque de Pharaon et commandant des gardes » est appelé PUTIPHAR par la *Vulgate* et l'abbé Crampon, et POTIPHAR par L. Segond et la *Bible de Jérusalem*.

2. Cf. texte n° 8, p. 74.

UNE LANGUE POUR LA VÉRITÉ

14. La caractéristique universelle

Créer une science n'est autre chose que faire une langue.
Condillac, *La langue des calculs*, posth., 1798, I, chap. XVI.

Les plus grands efforts des génies les plus systématiques ne sauraient parvenir à construire personnellement aucune langue réelle.
Comte, *Système de politique positive*, 1852, II, chap. IV.

La caractéristique ou écriture universelle ferait à peu près le même effet en matière de mouvement, de physique, de morale et de jurisprudence, que les caractères dans l'arithmétique ou analyse. Ce n'est pas que les raisonnements probables se puissent changer en démonstratifs lorsqu'il n'y a pas *data sufficientia*[1] mais on pourra en ce cas estimer les degrés de la probabilité, et mettre les avantages et désavantages donnés en ligne de compte et raisonner au moins sûrement *ex datis*[2]. Je tiens pour assuré qu'on ne saurait presque obliger davantage le genre humain qu'en établissant une caractéristique telle que je la conçois. Car elle donnerait une écriture ou si

1. Des données suffisantes.

2. D'après les données.

vous voulez langue universelle qui s'entendrait de tous les peuples. Cette langue s'apprendrait tout entière (au moins pour le plus nécessaire) en peu de jours, et ne se saurait oublier, pourvu qu'on en retînt quelque peu de chose. Mais le principal serait qu'elle nous donnerait *filum meditandi*, c'est-à-dire une méthode grossière et sensible mais assurée de découvrir des vérités et résoudre des questions *ex datis*; comme les opérations et formules qu'on apprend aux apprentis d'arithmétique conduisent en même temps pour ainsi dire leur main et leur esprit. Et comme l'esprit se perd et se confond lorsqu' il y a un grand nombre de circonstances à examiner ou des conséquences à poursuivre – ce qui arrive dans les délibérations d'importance à l'égard des affaires politiques ou économiques et de la médecine, ou l'on manque ordinairement par un dénombrement imparfait et par quelque oubliance, et souvent aussi faute de voir les conséquences – on se délivrerait par ce moyen des inquiétudes qui agitent l'esprit çà et là et qui le font flotter entre la crainte et l'espérance, en sorte que souvent au bout de la délibération on est aussi avancé ou moins qu'auparavant. Mais cette caractéristique nous en délivrerait pour la plus grande partie, car les matières les plus brouillées seraient développées aussi bien que les affaires de finance le sont par un bon ordre, par certaines façons ou formules des calculateurs et marchands et par un livre de compte qui représente la recette et la dépense à la vue d'œil; c'est ainsi que cette caractéristique débrouillerait l'esprit et nous représenterait les avantages et désavantages.

Leibniz, *Lettre à Jean Berthet (?)*, 1677, in «Œuvres choisies», Garnier, pp. 43-44.

Un projet irréalisable

15. De l'*abus des mots* et du projet d'une *langue philosophique*

D'anciennes habitudes entraînent la plupart des hommes à admirer, à s'extasier, à frémir, à trembler, à s'indigner, à se passionner enfin de toute manière, sur les *mots* les plus insignifiants, les plus vagues, les plus vides d'idées, et qui, par la violence même des sentiments qu'ils excitent, sont condamnés à demeurer toujours dans l'indétermination la plus complète.

Maine de Biran, *Influence de l'habitude sur la faculté de penser*, (1803), P.U.F., 1953, p. 140.

Abus des mots, fondement de l'idéologie.

Joubert, *Pensées*, posth., 1838.

Patro nia kiu estas en la cielo...
(«Notre Père qui êtes aux cieux» en espéranto).

Parmi les peuples, comme parmi les souverains, il n'en est aucun que l'abus des mots n'ait précipité dans quelque erreur grossière. Pour échapper à ce piège, il faudrait, suivant le conseil de Leibnitz[1], composer une langue philosophique, dans laquelle on déterminerait la signification précise de chaque mot. Les hommes alors pourraient s'entendre, se transmettre exactement leurs idées; les disputes, qu'éternise l'abus des mots, se termineraient; et les hommes, dans toutes les sciences, seraient bientôt forcés d'adopter les mêmes principes.

1. Orthographe correspondant à la prononciation française du nom du philosophe allemand. Celui-ci toutefois, signait ordinairement ses écrits LEIBNIZ.

Mais l'exécution d'un projet si utile et si désirable est impossible. Ce n'est point aux philosophes, c'est au besoin qu'on doit l'invention des langues ; et le besoin, en ce genre, n'est pas difficile à satisfaire. En conséquence, on a d'abord attaché quelques fausses idées à certains mots ; ensuite on a combiné, comparé ces idées et ces mots entre eux ; chaque nouvelle combinaison a produit une nouvelle erreur ; ces erreurs se sont multipliées, et, en se multipliant, se sont tellement compliquées, qu'il serait maintenant impossible, sans une peine et un travail infinis, d'en suivre et d'en découvrir la source. Il en est des langues comme d'un calcul algébrique : il s'y glisse d'abord quelques erreurs ; ces erreurs ne sont pas aperçues : on calcule d'après ses premiers calculs ; de proposition en proposition, l'on arrive à des conséquences entièrement ridicules. On en sent l'absurdité : mais comment retrouver l'endroit où s'est glissée la première erreur ? Pour cet effet, il faudrait refaire et vérifier un grand nombre de calculs : malheureusement il est peu de gens qui puissent l'entreprendre, encore moins qui le veuillent, surtout lorsque l'intérêt des hommes puissants s'oppose à cette vérification.

Helvetius, *De l'Esprit*, 1758, Discours I, chap. IV.

Langage animal et langage humain

16. Le langage des bêtes

J'attribuerais à l'animal,
Non point une raison selon notre manière,
Mais beaucoup plus aussi qu'un aveugle ressort.
La Fontaine, *Discours à Mme de la Sablière.*

Écoutez parler un chien. Il ne se plaindra pas de ce que sa niche n'est point dorée, ni de ce qu'on ne le sert pas dans un plat d'argent ; il ne vous demandera pas le droit de commander à tous les chiens de la maison ; tout ce qu'il vous demandera c'est un peu de nourriture pour subsister ; si vous le menacez, il tâchera de vous fléchir ; si vous le laissez seul, il témoignera, par ses cris, son désespoir, et la crainte qu'il a d'être abandonné sans retour ; si vous le menez à la promenade, il vous remerciera avec mille expressions de joie ; s'il voit quelque objet qui l'effraie, il vous le dira par ses gestes et ses aboiements. En un mot parlez-lui de boire, de manger, de dormir, de courir, de folâtrer, de se défendre contre un ennemi, de défendre en vous son protecteur et son unique appui, il vous entendra parfaitement, et vous répondra fort bien, parce que tout cela tend à sa conservation, pour laquelle seule la nature lui a donné la faculté d'entendre et de se faire entendre, c'est-à-dire de parler ; mais ne traitez point avec lui de Philosophie ni de Morale, car ce serait lui parler une langue étrangère dont il ignore absolument toutes les expressions. Ses connaissances et ses besoins ne vont pas jusque-là. Amenez-lui ensuite une chienne ; la connaissance sera bientôt faite, et la conversation commencée ; mais ne croyez pas qu'il perde le temps à faire des compliments à la belle sur sa beauté, sur sa taille, son esprit, sa naissance et sa jeunesse. Tous ces avantages sont pour lui autant d'idées inconnues qu'il ne saurait entendre ni exprimer. La seule chose qui le touche alors, c'est le désir de multiplier son espèce, ou du moins d'en prendre les moyens. C'est uniquement sur ce point que roule toute la conversation. Mais quelle vivacité n'y voit-on pas ? Tout parle dans une bête amoureuse, comme dans l'homme le plus passionné. Tout exprime sa passion ; ses gestes, sa voix, tous ses mouvements.

Ce principe nous fournit une première observation sur le langage des bêtes ; c'est qu'il est fort borné, puisqu'il ne s'étend pas au-delà des besoins de la vie ; mais il ne faut pourtant pas nous faire illusion sur ce point. À bien prendre la chose, le langage des bêtes ne nous paraît si borné que par rapport au nôtre, qui est peut-être trop diffus. Tout borné qu'il est, il suffit aux bêtes, et le surplus leur serait inutile. Ne serait-il pas à souhaiter, du moins à certains égards, que le nôtre fut moins abondant et moins prolixe ? Les hommes sont naturellement grands parleurs, et si j'osais le dire, bavards.

Abbé G.-H. Bougeant[a], *Amusement philosophique sur le langage des bêtes*, À Amsterdam, Aux dépens de la Compagnie, 1739, chap. III, pp. 87-90.

a. *Écrit contre Descartes, l'*Amusement *du père jésuite Guillaume-Hyacinthe Bougeant (1690-1743), fut aussitôt traduit en Allemagne et en Angleterre, mais valut à son auteur d'être enfermé dans une prison de son ordre. Ce livre « est une des très rares tentatives de réfutation expresse de la thèse cartésienne selon laquelle le langage humain et le langage animal sont fondamentalement différents », Chomsky,* Linguistique cartésienne, *Payot, p. 28.*

Le langage et la cité

17. La parole est le propre de l'homme, animal politique

Penserions-nous beaucoup et penserions-nous bien si nous ne pensions pas en commun avec d'autres qui nous font part de leurs pensées et auxquels nous communiquons les nôtres ?

Kant, *Qu'est-ce que s'orienter dans la pensée ?* (1786), trad. Philonenko, 1978, p. 86.

Que l'homme soit un animal politique à un plus haut degré qu'une abeille quelconque ou tout autre animal vivant à l'état grégaire, cela est évident. La nature, en effet, selon nous, ne fait rien en vain ; et l'homme, seul de tous les animaux, possède la parole (*dialektos*). Or, tandis que la voix (*phonè*) ne sert qu'à indiquer la joie et la peine, et appartient pour ce motif aux autres animaux également (car leur nature va jusqu'à éprouver les sensations de plaisir et de douleur, et à se les signifier les uns aux autres), le discours (*logos*) sert à exprimer l'utile et le nuisible, et, par suite aussi, le juste et l'injuste : car c'est le caractère propre de l'homme par rapport aux autres animaux, d'être le seul à avoir le sentiment du bien et du mal, du juste et de l'injuste, et des autres notions morales, et c'est la communauté de ces sentiments qui engendre famille et cité.

Aristote (384-322 av. J.-C.), *La Politique*, trad. Tricot, I, 2, 1253 a.

LANGAGE. SENS

18. TOUTES LES LANGUES SONT IMPARFAITES

Toutes les langues sont imparfaites comme nous.

Tous les mots, dans toutes les langues possibles, sont nécessairement l'image des sensations. Les hommes n'ont jamais pu exprimer que ce qu'ils sentaient. Ainsi tout est devenu métaphore ; partout on éclaire l'âme, le cœur brûle, l'esprit voit, il compose, il unit, il divise, il s'égare, il se recueille, il se dissipe.

[...] *Roastbeef* signifie en anglais du *bœuf rôti* ; et nos maîtres d'hôtel nous parlent aujourd'hui d'un *roastbeef* de mouton. *Riding-coat* veut dire un habit de cheval ; on en a fait *redingote*, et le peuple croit que c'est un ancien mot de la langue. Il a bien fallu adopter cette expression avec le peuple, parce qu'elle signifie une chose d'usage. Le plus bas peuple, en fait de termes d'arts et métiers et des choses nécessaires, subjugue la cour, si on ose dire, comme en fait de religion [...]. C'est une stérilité ridicule de n'avoir su exprimer autrement *un bras de mer, un bras de balance, un bras de fauteuil* ; il y a de l'indigence d'esprit à dire également la *tête d'un clou,* la *tête d'une armée.* On trouve le mot *cul* partout et très mal à propos : une rue sans issue ne ressemble en rien à un *cul de sac* ; un honnête homme aurait pu appeler ces sortes de rues des *impasses,* la populace les a nommées *culs,* et les reines ont été obligées de les nommer ainsi. Le fond d'un artichaut, la pointe qui termine le dessous d'une lampe ne ressemblent pas plus à un *cul* que des rues sans passage ; on dit pourtant toujours *cul d'artichaut, cul-de-lampe,* parce que le peuple qui a fait la langue était alors grossier. À ces défauts de presque toutes les langues se joignent des irrégularités barbares. *Garçon, courtisan, coureur,* sont des mots honnêtes ; *garce, courtisane, coureuse,* sont des injures. *Vénus* est un nom charmant, *vénérien* est abominable.

Un autre effet de l'irrégularité de ces langues composées au hasard dans des temps grossiers, c'est la quantité de mots composés dont le simple n'existe plus. Ce sont des enfants qui ont perdu leur père. Nous avons des *architraves,* et point de *traves* ; des *architectes,* et point de *tectes* ; des *soubassements,* et point de *bassements* ; il y a des choses *ineffables,* et point d'*effables.* On est *intrépide,* on n'est pas *trépide ; impotent,* et jamais *potent* ; un fonds est *inépuisable,* sans pouvoir être *épuisable.* Il y a des *impudents,* des *insolents,* mais ni *pudents,* ni *solents* : *nonchalant* signifie paresseux, et *chalant* celui qui achète. Toutes les langues tiennent plus ou moins de ces défauts ; ce sont des terrains tous irréguliers, dont la main d'un habile artiste sait tirer avantage.

VOLTAIRE, *Dictionnaire philosophique ou La Raison par alphabet,* 1765, Art. « Langues », section III.

L'ESSENCE
DE LA PAROLE

19. LA PAROLE EST-ELLE ESSENTIELLEMENT *REPORTAGE* OU *POÉSIE* ?

In principio erat verbum, et verbum erat apud Deum,
et Deus erat verbum[1].
Evangelium secundum Joannem, Caput I, 1, *Biblia sacra vulgatae editionis.*

1. Au commencement était le Verbe, et le Verbe était avec Dieu et le Verbe était Dieu (Évangile selon Saint Jean, I, 1, nouveau Testament, traduit sur la Vulgate par Lemaistre de Sacy, avec la collaboration de Pascal.) – Au commencement était la Parole, et la Parole était avec Dieu, et la Parole était Dieu (trad. L. Segond, Genève).

Un désir indéniable à mon temps est de séparer comme en vue d'attributions différentes le double état de la parole, brut ou immédiat ici, là essentiel.

Narrer, enseigner, même décrire, cela va et encore qu'à chacun suffirait peut-être pour échanger la pensée humaine, de prendre ou de mettre dans la main d'autrui en silence une pièce de monnaie, l'emploi élémentaire du discours dessert l'universel *reportage* dont, la littérature exceptée, participe tout entre les genres d'écrits contemporains.

À quoi bon la merveille de transposer un fait de nature en sa presque disparition vibratoire selon le jeu de la parole, cependant ; si ce n'est pour qu'en émane, sans la gêne d'un proche ou concret rappel, la notion pure.

Je dis : une fleur ! et, hors de l'oubli où ma voix relègue aucun contour, en tant que quelque chose d'autre que les calices sus, musicalement se lève, idée même et suave, l'absente de tous bouquets.

Stéphane MALLARMÉ, *Divagations* (1897), Fasquelle, p. 255.

LANGAGE
ET SENS

20. LANGAGE EMPIRIQUE, – ET *PAROLE VRAIE*

Gardez-moi longuement ce visage pour songe
Qu'une absence divine est seule à concevoir !
VALÉRY, *Fragment du Narcisse*, v. 14-15.

Le langage dit péremptoirement quand il renonce à dire la chose même. Comme l'algèbre fait entrer en compte des grandeurs dont on ne sait pas ce qu'elles sont, la parole différencie des significations dont chacune à part n'est pas connue, et c'est à force de les traiter comme connues, de nous donner d'elles et de leur commerce un portrait abstrait, qu'il finit par nous imposer, dans un éclair, l'identification la plus précise. Le langage signifie quand, au lieu de copier la pensée, il se laisse défaire et refaire par elle. Il porte son sens comme la trace d'un pas signifie le mouvement et l'effort du corps. Distinguons l'usage empirique du langage déjà fait, et l'usage créateur, dont le premier, d'ailleurs, ne peut être qu'un résultat. Ce qui est parole au sens du langage empirique, – c'est-à-dire le rappel opportun d'un signe préétabli, – ne l'est pas au regard du langage authentique. C'est, comme Mallarmé l'a dit, la pièce usée que l'on met en silence dans ma main. Au contraire la parole vraie, celle qui signifie, qui rend enfin présente l'« absente de tous bouquets »[1] et délivre le sens captif dans la chose, elle n'est, au regard de l'usage empirique, que silence, puisqu'elle ne va pas jusqu'au nom commun. Le langage est de soi oblique et autonome, et, s'il lui arrive de signifier directement une pensée ou une chose, ce n'est là qu'un pouvoir second, dérivé de sa vie intérieure. Comme le tisserand

1. Cf. texte précédent, n° 19 (Mallarmé).

donc, l'écrivain travaille à l'envers : il n'a affaire qu'au langage, et c'est ainsi que soudain il se trouve environné de sens.

MERLEAU-PONTY, *Signes*, Gallimard, 1960, pp. 55-56.

LA PAROLE ET SON CONTEXTE

21. QUI PARLE ?

Saisir, par inventaire, tous les contextes du langage et des positions où peuvent se trouver les interlocuteurs est une entreprise insensée.
Emmanuel LEVINAS, *Humanisme de l'autre homme*, 1972, p. 22.

Supposons, par exemple, que j'aperçoive un bateau dans une cale de construction, que je m'en approche et brise la bouteille suspendue à la coque, que je proclame : « Je baptise ce bateau le *Joseph Staline* », et que, pour être bien sûr de mon affaire, d'un coup de pied je fasse sauter les cales. L'ennui, c'est que je n'étais pas la personne désignée pour procéder au baptême (peu importe que *Joseph Staline* ait été ou non le nom prévu – ce ne serait qu'une complication de plus ; l'affaire serait même plus regrettable, en un sens, s'il s'agissait du nom prévu). Nous admettrons sans peine : 1° que le bateau n'a pas de ce fait, reçu de nom* ; 2° qu'il s'agit d'un incident extrêmement regrettable. On pourrait dire que j'ai « rempli certaines des formalités » de la procédure destinée à baptiser le bateau, mais que mon « action » fut « nulle et non avenue » ou « sans effet », parce que je n'étais pas la personne adéquate, que je n'avais pas les « pouvoirs » pour l'accomplir. Mais on pourrait dire aussi – pour résoudre le problème autrement – que lorsqu'il n'y a ni prétention ni même l'ombre d'un droit aux pouvoirs, alors il n'existe aucune procédure conventionnelle reconnue : c'est une imitation bouffonne, comme un mariage avec un singe. Ou encore pourrait-on dire que la procédure, pour ma part, consiste à se faire désigner. Lorsque le saint baptisa les pingouins[1], était-ce nul et non avenu parce que la procédure du baptême ne saurait être appliquée aux pingouins, ou parce qu'il n'y a aucune procédure reconnue pour baptiser quoi que ce soit, si ce n'est des humains ? Je ne crois pas que ces incertitudes importent au niveau théorique qui est le nôtre, bien qu'il soit amusant de les examiner et qu'il soit avantageux, en pratique, d'avoir à notre disposition, comme les juristes, une terminologie qui puisse en venir à bout.

John Langshaw AUSTIN, *Quand dire, c'est faire*, « How to do Things with Words » (1962), trad. G. Lane, Édit. du Seuil, 1970, 2e conférence, p. 56.

1. Cf. La légende de saint Maël, in *L'île des pingouins*, d'Anatole France.

* *Baptiser des bébés est tâche encore plus délicate : on pourrait avoir le mauvais nom et le mauvais ecclésiastique, c'est-à-dire quelqu'un qui a droit de donner nom à des bébés, mais qui ne serait pas désigné pour donner nom à ce bébé-ci.*

LANGAGE ET LOGIQUE

22. DE QUEL LANGAGE S'OCCUPE LA LOGIQUE ?

Comme il serait étrange que la logique s'occupe d'un langage « idéal » et non du *nôtre*. En effet, que pourrait bien exprimer ce langage idéal ? mais justement ce que nous exprimons actuellement dans notre langage habituel ; alors c'est sur celui-ci que la logique doit donc porter son investigation. Ou quelque chose d'autre : mais comment pourrai-je jamais savoir ce que c'est ? L'analyse logique est l'analyse de quelque chose que nous avons, non de quelque chose que nous n'avons pas. Elle est donc l'analyse des propositions *comme elles sont* (il serait étrange que la société humaine ait parlé jusqu'à maintenant sans parvenir à constituer une proposition correcte).

Ludwig WITTGENSTEIN, *Remarques philosophiques*, posth. (Oxford, 1964), trad. de l'allemand par J. Fauve, Gallimard, 1975, p. 53.

MAÎTRISE DU LANGAGE

23. L'ASPECT CRÉATEUR DE L'UTILISATION DU LANGAGE

La parole, on ne peut jamais l'expliquer que par le langage, c'est pour cela qu'en ce sens, on ne peut jamais expliquer le langage lui-même.
WITTGENSTEIN, *Grammaire philosophique*, posth. (1969), trad. de l'allemand par M.-A. Lescourret, Gallimard, 1980, p. 49.

En fait, comme Descartes lui-même l'a correctement remarqué, le langage est une propriété spécifiquement humaine ; et même à des degrés inférieurs d'intelligence, à des niveaux pathologiques, nous trouvons une maîtrise du langage qui est totalement hors de portée d'un singe, qui peut, sous d'autres rapports, surpasser un homme idiot en ce qui concerne la capacité de résoudre des problèmes ou tout autre comportement d'adaptation. [...]

Il est important de comprendre quelles propriétés du langage frappaient le plus Descartes et ses disciples. La discussion de ce que j'ai appelé « l'aspect créateur de l'utilisation du langage » tourne autour de trois observations importantes. La première est que l'utilisation normale du langage est novatrice, en ce sens qu'une grande part de ce que nous disons en utilisant normalement le langage est entièrement nouveau, que ce n'est pas la répétition de ce que nous avons entendu auparavant, pas même un calque de la structure – quel que soit le sens donné aux mots « calque » et « structure » – de phrases ou de discours que nous avons entendus dans le passé. C'est un truisme, mais un truisme important, souvent oublié et bien des fois nié au cours de la période behaviouriste de la linguistique, durant laquelle on proclamait presque universellement qu'on peut représenter la connaissance qu'a une personne du langage comme une réserve de modèles (*patterns*) appris par une constante répétition et un minutieux entraînement, l'innovation n'y étant tout au plus qu'un problème d'« analogie ». On peut sûrement tenir pour acquis, cependant, que le nombre de phrases de la langue maternelle qu'on comprendra immédiatement sans aucune impression de difficulté ou d'étrangeté est astronomique. Le nombre de modèles sous-tendant notre utilisation normale du langage et correspondant à des phrases douées de sens et facilement compréhensibles atteint également un ordre de grandeur supérieur au nombre de secondes dans une vie humaine. C'est en ce sens que l'utilisation du langage est novatrice.

[...] Mais l'utilisation normale du langage n'est pas seulement novatrice et d'une étendue potentiellement infinie, elle est aussi libre de tout contrôle par des stimuli décelables, qu'ils soient externes ou internes. C'est grâce à cette liberté face au contrôle du stimulus que le langage peut servir d'instrument de pensée et d'expression individuelle, comme il sert non seulement chez les gens exceptionnellement doués et talentueux, mais aussi, en fait, chez tout être humain normal.

Ce fait d'être illimité et libre de tout contrôle du stimulus ne dépasse pas, en lui-même, les limites de l'explication mécaniste. Et la discussion cartésienne des limites de l'explication mécaniste révéla une troisième propriété de l'utilisation normale du langage, c'est-à-dire sa cohérence et son « adéquation à la situation » – ce qui est bien sûr entièrement différent du contrôle par des stimuli externes. Nous ne pouvons pas dire de façon claire et définitive en quoi cette « adéquation » et cette « cohérence » consistent exactement, mais ces concepts sont sans aucun doute significatifs. Nous pouvons faire le départ entre l'utilisation normale du langage et les divagations d'un maniaque ou les données d'une calculatrice dont un élément est déréglé.

L'honnêteté nous oblige à admettre que nous sommes aujourd'hui tout aussi loin que l'était Descartes il y a trois siècles de comprendre ce qui permet à un homme de parler de façon novatrice, libre du contrôle des stimuli, ainsi qu'adéquate et cohérente. C'est un sérieux problème que le psychologue et le biologiste doivent finalement aborder, et dont on ne peut nier l'existence en invoquant l'« habitude », le « conditionnement » ou la « sélection naturelle ».

Noam Chomsky, *Le langage et la pensée*, 1968, trad. L.-J. Calvet, P.B. Payot, pp. 24, 26, 27.

Langage et signification

24. Le langage de la musique

Les langues commencent par être une musique et finissent par être une algèbre.
Ampère

Interpréter le langage, c'est le comprendre ; interpréter la musique, c'est la jouer. On nomme « interprétation », en musique, l'exécution qui, globalement, conserve la similitude avec le langage, tout en gommant dans le détail tout ce qui présenterait cette similitude. C'est pourquoi l'idée d'interprétation appartient en propre à la musique, et ne lui est pas accidentelle. Mais bien jouer la musique, c'est avant tout bien parler son langage. Ce langage demande à être mimé, et non déchiffré. Ce n'est que dans la pratique mimétique – qui peut bien sûr s'intérioriser sous la forme de l'imagination muette, à l'exemple de la lecture muette – que la musique peut éclore ; jamais dans une contemplation qui l'interprète indépendamment de son exécution. Si on voulait trouver dans le langage un acte comparable à celui de la musique, ce serait la copie d'un texte, bien plutôt que la saisie de sa signification.

Contrairement au caractère de connaissance propre à la philosophie et aux sciences, jamais, en art, les éléments rassemblés en vue de la connaissance ne se lient pour former un jugement. Mais le langage musical ignore-t-il réellement tout jugement? L'une de ses intentions les plus frappantes semble être celle qui consiste à confirmer, sous la forme d'un jugement, voire d'une sentence, quelque chose qui pourtant n'est pas expressément formulé. Cette intention ressort sans équivoque, par la seule force du contexte dans les moments les plus hauts, et également, il est vrai, les plus impérieux de la grande musique, comme le début de la réexposition du premier mouvement de la *Neuvième Symphonie*. Son écho retentit, parodiquement, dans des compositions de moindre valeur. La forme musicale, la totalité au sein de laquelle tel enchaînement musical prend un caractère d'authenticité, n'est guère séparable de la tentative de donner à la musique – ce médium auquel tout jugement est étranger – le geste du jugement. La réussite est parfois si totale que le seuil de l'art ne résiste plus guère à l'assaut que la logique, dans sa volonté de domination, livre contre lui.

Pour distinguer musique et langage, il convient donc de considérer, non l'un de leurs traits isolés, mais leur structure globale. Ou plutôt leur direction, leur « tendance » – le mot étant pris ici dans son sens le plus fort de *telos* de la musique. Le langage signifiant voudrait dire l'absolu de façon médiate, et cet absolu ne cesse de lui échapper, laissant chaque intention particulière, du fait de sa finitude, loin derrière lui. La musique, elle, l'atteint immédiatement, mais au même instant il lui devient obscur, tout comme l'œil est aveuglé par une lumière excessive, et ne peut plus voir ce qui est parfaitement visible.

Théodor W. ADORNO, *Quasi una fantasia*, Écrits musicaux II (1963), trad. de l'allemand par J.-L. Leleu, 1982, Gallimard, p. 6.

LE PROBLÈME DE LA PREMIÈRE LANGUE

25. DIVERSITÉ ORIGINELLE DES LANGUES

L'adoption du canal vocal-auditif pour communiquer est universelle ; elle caractérise tous les organismes manifestant concrètement la faculté de langage. Mais elle a lieu en des points du globe assez dispersés pour que ces langues humaines en formation soient dès l'origine distinctes les unes des autres. On peut donc poser une diversité originelle des langues comme parfaitement compatible avec l'unicité de l'aptitude au langage, laquelle entre dans la définition de l'espèce [...] La confusion entre unité d'origine de l'espèce humaine et unicité de « la première langue » apparaît chez un des grands précurseurs des comparatistes : Leibniz. « Il n'y a rien, dit en effet Théophile à Philalèthe, qui combatte et qui ne favorise plutôt le sentiment de l'origine commune de toutes les nations, et d'une langue radicale et primitive »*. Or, à mesure que l'on s'enfonce dans le passé, la distinction entre parenté de langues à ancêtre commun et emprunt entre langues d'origines différentes ne cesse de se réduire. Quelque artifice que l'on déploie pour la subsumer ou la précipiter dans le Tout, quelque nostalgie que l'on ait de la pureté adamique qui ne connaît d'autre parole que celle du Créateur, la diversité des langues résiste aux tentations de l'Unique.

Claude HAGÈGE, *L'Homme de paroles*, Arthème Fayard, 1985, p. 20.

* *Leibniz*, Nouveaux Essais sur l'entendement humain, *1704, L. III, chap. II.*

THÉORIE POSITIVE DU LANGAGE

26. UNITÉ FINALE DU LANGAGE

Puis-je dire que je suis ce langage que je parle et où ma pensée se glisse au point de trouver en lui le système de toutes ses possibilités propres, mais qui n'existe pourtant que dans la lourdeur de sédimentations qu'elle ne sera jamais capable d'actualiser entièrement?

Michel FOUCAULT, *Les Mots et les Choses*, 1966, p. 335.

Instrument universel de nos communications mutuelles, le langage doit toujours suivre la même marche qu'elles. Sa destinée se règle donc sur celle de la société humaine, dont j'ai déjà caractérisé l'évolution nécessaire. Comme elle, il doit d'abord subir une longue initiation, où son caractère reste essentiellement partiel, pour tendre ensuite vers une active universalité, à mesure que nos relations se consolident et se développent. Ainsi, l'unité constitue l'état final du langage, aussi nécessairement que celui de la civilisation et de la religion, auxquelles il adhère intimement. Un système de communication mentale et morale ne saurait demeurer toujours une source de séparation collective, si les opinions et les mœurs deviennent suffisamment conformes. Mais une philosophie qui réduisait nos langues à fournir la base générale de la logique individuelle ne pouvait jamais apercevoir leur unité finale.

Surgi de la vie domestique, comme chez tous les autres animaux, le langage humain varie d'abord d'une famille à l'autre, sans jamais cesser d'offrir le type commun propre à notre espèce. Toujours sa propagation reste aussi bornée que son extension. Quand l'état social commence à se développer, le régime correspondant ne comporte que des coalitions partielles, dont les liens intérieurs sont inséparables des antipathies extérieures. Car la foi théologique et l'activité militaire ne combinent quelques familles qu'en les isolant des autres. [...] Il était, sans doute, absurde d'espérer la langue universelle en laissant prévaloir des croyances divergentes et des mœurs hostiles. Mais il serait autant contradictoire de concevoir toutes les populations humaines unies par une foi positive dirigeant une activité pacifique, et parlant ou écrivant des langues toujours différentes.

Auguste COMTE, *Système de politique positive* (1852), t. II, chap. 4.

Jean-Paul SARTRE (1905-1980).

Photo Berretty-Rapho.

LIBERTÉ

La vraie liberté, c'est pouvoir toute chose sur soi.
MONTAIGNE, *Essais*, III, XII.

L'Âne – ou, comme dit Spinoza, « l'ânesse » – de Buridan est une hypothèse d'école qui, sous les formes les plus diverses, a servi, de siècle en siècle, à illustrer de façon frappante toutes les ambiguïtés qui s'attachent à ce mot, si souvent écrit et si souvent crié : Liberté.

Il peut servir, aujourd'hui encore, non pas à « résoudre le problème de la liberté », si tant est que la liberté soit un « problème », mais à mettre de l'ordre dans le discours, sur une notion de première importance, autour de laquelle la confusion verbale entretient tant de controverses stériles.

Un âne absolument libre, s'il était placé à égale distance de deux mesures d'avoine, mourrait de faim ; ou, s'il était sollicité avec la même force par une mesure d'avoine et un seau d'eau, il mourrait à la fois de faim et de soif. La liberté se confond-elle donc, tout bêtement, avec l'*indifférence*?

À cette question, Descartes, entre autres, a très précisément répondu dans la *Quatrième Méditation*.

La liberté au sens métaphysique, considérée en elle-même, n'est autre que le fondement absolu de l'être, la cause incausée, le *fiat* originel, le commencement toujours premier, l'obligation de choisir qu'un être raisonnable voudrait en vain différer : en ce sens, comme tous les métaphysiciens l'ont souligné après Spinoza, cette « liberté » radicale, loin de se confondre avec l'indifférence, s'apparente à la *nécessité*. Elle est, en chaque être, sa nécessité intime, permanente, consubstantielle.

La liberté au sens politique et moral est d'un autre ordre. Elle est bien, cette fois, un « problème », qui concerne les rapports des individus entre eux au sein des sociétés humaines, et nul peut-être n'a mieux exposé les termes de ce problème, et les moyens de le « régler », que Jean-Jacques Rousseau dans son *Contrat Social*.

C'est la confusion, plus ou moins intéressée, entre ces deux plans d'analyse, – métaphysique, d'une part ; politique et moral, d'autre part – qui suscite des discussions oiseuses, et même, parfois, des considérations calamiteuses, par exemple, sur la liberté originellement coupable dont seraient dotées des « créatures divines » et sur la nécessité subséquente d'asservir les troupeaux d'hommes à des « conducteurs » éclairés.

Il est vain de se demander *si l'homme est libre*, sans préciser de quel homme il est question, et s'il s'agit de son rapport à la « nature », à « Dieu », à « l'Histoire du monde », – ou s'il s'agit de ses rapports économiques et sociaux avec ses « semblables ».

Mieux vaut comprendre en quel sens nous ne pouvons pas faire l'économie d'un sentiment ou d'une expérience de la liberté qui, dans sa plénitude absolue, est stérile ; et combien, en revanche, nous avons fort à faire pour parvenir à une libération effective, à travers la reconnaissance de nos erreurs et de nos illusions, et en dépit des pressions qui s'exercent de toutes parts sur notre volonté et sur notre entendement.

LA VRAIE LIBERTÉ

1. Cf. Volonté, pp. 87-97.

Il n'y a que la volonté[1] seule ou la seule liberté du franc arbitre, que j'expérimente en moi être si grande, que je ne conçois point l'idée d'aucune autre plus ample et plus étendue : En sorte que c'est elle principalement qui me fait connaître que je porte l'image et la ressemblance de Dieu. Car encore qu'elle soit incomparablement plus grande dans Dieu, que dans moi, soit à raison de la connaissance et de la puissance qui s'y trouvant jointes la rendent plus ferme et plus efficace, soit à raison de l'objet, d'autant qu'elle se porte et s'étend infiniment à plus de choses ; elle ne semble pas toutefois plus grande, si je la considère formellement et précisément en elle-même : Car elle consiste seulement en ce que nous pouvons faire une chose, ou ne la faire pas, (c'est-à-dire affirmer ou nier, poursuivre ou fuir) ou plutôt seulement en ce que pour affirmer ou nier, poursuivre ou fuir les choses que l'entendement nous propose, nous agissons en telle sorte que nous ne sentons point qu'aucune force extérieure nous y contraigne. Car afin que je sois libre, il n'est pas nécessaire que je sois indifférent à choisir l'un ou l'autre des deux contraires, mais plutôt d'autant plus que je penche vers l'un, soit que je connaisse évidemment que le bien et le vrai s'y rencontrent, soit que Dieu dispose ainsi l'intérieur de ma pensée, d'autant plus librement j'en fais choix et je l'embrasse : Et certes la grâce divine et la connaissance naturelle, bien loin de diminuer ma liberté, l'augmentent plutôt et la fortifient. De façon que cette indifférence que je sens, lorsque je ne suis point emporté vers un côté plutôt que vers un autre par le poids d'aucune raison, est le plus bas degré de la liberté, et fait plutôt paraître un défaut dans la connaissance, qu'une perfection dans la volonté ; car si je connaissais toujours clairement ce qui est vrai, et ce qui est bon, je ne serais jamais en peine de délibérer quel jugement et quel choix je devrais faire ; et ainsi je serais entièrement libre, sans jamais être indifférent.

DESCARTES, *Méditations métaphysiques,* 1647, Méditation Quatrième, trad. du Duc de Luynes.

UNE LIBRE NÉCESSITÉ

Je dis que cette chose est libre qui existe et agit par la seule nécessité de sa nature, et contrainte cette chose qui est déterminée par une autre à exister et à agir selon une modalité précise et déterminée. Dieu, par exemple existe librement (quoique nécessairement) parce qu'il existe par la seule nécessité de sa nature. De même encore, Dieu connaît soi-même et toutes choses en toute liberté, parce qu'il découle de la seule nécessité de sa nature qu'il comprenne toutes choses. Vous voyez donc que je ne situe pas la liberté dans un libre décret, mais dans une libre nécessité.

SPINOZA, *Lettre LVIII,* à Schuller, 1674, Pléiade, p. 1307.

MÉTAPHYSIQUE DE LA LIBERTÉ

1. L'ÂNE DE BURIDAN[a]

L'Âne de Buridan a été une espèce de Proverbe, ou d'Exemple, qui a duré fort longtemps dans les Écoles. Je ne sais si j'ai bien deviné ce que c'était; car je n'ai encore trouvé personne qui ait pu me l'expliquer, ni aucun livre qui descende dans le détail sur cette matière. J'ai cru assez longtemps que ce n'était autre chose qu'un Exemple que Buridan avait donné de la dépendance dans laquelle les bêtes vivent par rapport aux objets des sens. Ceux qui tiennent pour le franc arbitre[b] proprement dit admettent dans l'homme une puissance de se déterminer ou du côté droit ou du côté gauche, lors même que les motifs sont parfaitement égaux de la part des deux objets opposés; car ils prétendent que notre Âme peut dire, sans avoir d'autre raison que celle de faire usage de sa liberté: *J'aime mieux ceci que cela, encore que je ne voie rien de plus digne de mon choix dans ceci que dans cela.* Mais ils ne donnent point cette force aux bêtes brutes: ils supposent donc qu'elles ne pourraient point se déterminer à la présence de deux objets qui les attireraient également l'un d'un côté, l'autre de l'autre; que par exemple, un Âne bien affamé mourrait de faim entre deux boisseaux d'avoine qui agiraient également sur ses facultés; car n'ayant point de raison de préférer l'un à l'autre, il demeurerait immobile comme un morceau de fer entre deux aimants de même force. La même chose arriverait, si la faim et la soif le pressaient également et qu'il eût devant lui un boisseau d'avoine et un seau d'eau qui agissent de même force sur ses organes. Il ne saurait par où commencer; et s'il mangeait avant que de boire, il faudrait que sa faim fût plus grande que sa soif, ou que l'action de l'eau fût plus faible que celle de l'avoine, ce qui est contre la supposition. Buridan se servait de cet Exemple, pour montrer que si un motif externe ne détermine les bêtes, leur âme n'a pas la force de choisir entre deux objets égaux. Il y avait lieu de rire et de plaisanter sur la supposition d'un tel Âne, et même de bien subtiliser les chicaneries de la Dialectique selon la mode de ce temps-là. Il ne faut donc point s'étonner que l'Âne de Buridan soit devenu célèbre dans les Écoles.

Pierre BAYLE, *Dictionnaire historique et critique*, 1695-97, Article: Buridan.

a. *Buridan (1300-1358) a été l'un des philosophes les plus renommés du* XIVe *siècle. Disciple d'Ockham, il professa à l'Université de Paris, dont il fut le Recteur. Villon, dans la* Ballade des Dames du temps jadis, *demande: «... où est la Reine Qui commanda que Buridan Fut jeté en un sac en Seine?». En effet, comme Bayle le rapporte: «Il a couru des bruits fort impertinents contre l'honneur de Jeanne de Navarre, femme de Philippe le Bel, Roi de France; c'est qu'elle se faisait amener des Écoliers, afin de coucher avec eux, et qu'après en avoir tiré tout le service qu'elle souhaitait, elle les faisait jeter dans la Seine par les fenêtres de sa chambre, pour cacher les désordres de sa vie.» Mais l'épilogue du récit est ici «qu'il n'y eut que Buridan qui fut épargné, et qu'en reconnaissance de ce privilège, il inventa un certain Sophisme» (celui de l'Âne: irai-je ou n'irai-je pas?). «Or, ajoute Bayle se référant au texte de Villon (la Reine Qui commanda...), loin qu'un tel commandement porte à croire que Buridan avait couché avec la Reine qui l'avait donné, c'est au contraire que le sage Buridan, en ce temps-là professeur en Philosophie à Paris, avait travaillé avec succès à empêcher ses disciples de se rendre aux invitations de cette sirène». Quant au «sophisme» appelé* l'Âne de Buridan, *ce mot de «sophisme» ne signifie pas ici, comme d'ordinaire, un raisonnement trompeur, mais plutôt un Argument, ou Proverbe, ou Exemple, destiné à figurer le* dilemme *de la «liberté d'indifférence»: pour être libre d'agir, dois-je être absolument indifférent? et si j'étais absolument* *indifférent, pourquoi agirais-je ? En revanche, si je ne suis pas indifférent, c'est-à-dire si je suis déterminé à choisir ceci plutôt que cela, suis-je encore libre ? Ce dilemme de l'*Âne de Buridan *pourrait être une autre version du* Pont aux Ânes de Logique, *dont fait mention – plaisamment – Rabelais, quand, déchiré par l'indétermination, il ne sait s'il pourra ou non raconter « l'horrible bataille » de Pantagruel et des Géants (II, chap. 28), ou lorsque Gargantua, déjà vieux, ne sait s'il doit pleurer, en voyant d'un côté sa femme Badebec morte en couche, ou s'il doit rire, en voyant, de l'autre, son nouveau-né Pantagruel, « tant beau et tant grand » (II, chap. 3).*

b. *« franc arbitre » ou « libre arbitre » (cf. « liberté d'indifférence ») : pouvoir de se déterminer à agir « quand il n'y a aucune raison qui nous penche d'un côté plutôt que de l'autre », Bossuet,* Traité du Libre Arbitre *(posth. 1825). Par opposition au « libre arbitre », qu'il exclut radicalement, Luther, désigne du nom de « serf arbitre » la dépendance absolue de la volonté humaine par rapport à la puissance de Dieu et à sa grâce. Cf.* De servo arbitrio, *1525.*

2. Il n'y a pas de liberté absolue

Il n'y a dans l'âme aucune volonté absolue ou libre ; mais l'âme est déterminée à vouloir ceci ou cela par une cause qui est aussi déterminée par une autre, et cette autre l'est à son tour par une autre, et ainsi à l'infini[a].

[...] On peut objecter que, si l'homme n'opère point par la liberté de sa volonté, qu'arrivera-t-il au cas qu'il soit en équilibre comme l'ânesse de Buridan (*ut Buridani asina*) ? Périra-t-il de faim et de soif ? Si je l'accorde, je paraîtrai concevoir une ânesse ou une figure d'homme inanimée, et non un homme ; si je le nie, c'est donc qu'il se déterminera lui-même et, conséquemment, a la faculté d'aller et de faire tout ce qu'il veut.

[...] Quant à cette objection, j'accorde parfaitement qu'un homme placé dans un tel équilibre (c'est-à-dire ne percevant rien d'autre que la faim et la soif, tel aliment et telle boisson également distants de lui) périra de faim et de soif. Me demande-t-on si un tel homme ne doit pas être estimé un âne plutôt qu'un homme ? Je dis que je n'en sais rien ; pas plus que je ne sais en quelle estime on doit tenir un homme qui se pend, les enfants, les êtres stupides, les déments, etc.

Spinoza, *Éthique*, posth. 1677, II, Prop. XLVIII et Scolie de la Prop. XLIX.

a. *« Un grand métaphysicien, Spinoza, tout en reconnaissant que la conscience atteste à l'homme sa liberté, a prétendu concilier ce fait irréfragable avec un système où le principe de la fatalité est poussé à ses dernières conséquences. À l'en croire, chacune des modifications de l'âme humaine a sa cause dans une modification antérieure, qui a elle-même sa cause dans une autre modification, et ainsi de suite, à l'infini. Un acte produit un autre acte, un mouvement produit un autre mouvement, comme un flot pousserait un autre flot dans un océan sans rivage. Mais les modifications de l'âme humaine sont d'une extrême complexité, et parmi elles les unes apparaissent clairement à la conscience, les autres sont plus ou moins enveloppées d'obscurité. Or, qu'arrive-t-il quand je prends tel ou tel parti, quand je me lève, par exemple, pour aller à la promenade ? Diverses causes concourent pour amener cet effet : la disposition de mes organes, l'état de mon imagination, le chaud et le froid, la sérénité du ciel, la douceur de la température, etc. Quelques-unes de ces causes sont connues de moi plus ou moins, et c'est ce que j'appelle les motifs de mon action ; d'autres agissent sourdement, et ce ne sont pas celles qui exercent l'action la moins décisive. Ignorant l'influence de ces dernières causes, ne trouvant pas dans celles que je connais l'explication suffisante de ma détermination, disposé d'ailleurs à m'exagérer ma puissance propre, ravi du sentiment de mon indépendance et de ma grandeur, je me figure que c'est moi qui me détermine par ma propre vertu, indépendamment des motifs, et cette vertu imaginaire, cette chimère de ma faiblesse et de mon orgueil, je la salue du nom pompeux de libre arbitre », Ad. Franck,* Dictionnaire des Sciences philosophiques, *1875, Hachette, t. 2, p. 950.*

3. La liberté d'indifférence ? une chimère des plus impossibles

Il ne faut pas s'imaginer que notre liberté consiste dans une indétermination ou dans une *indifférence d'équilibre*; comme s'il fallait être incliné également du côté du oui et du non, et du côté de différents partis, lorsqu'il y en a plusieurs à prendre. Cet équilibre en tous sens est impossible : car si nous étions également portés pour les partis A, B & C, nous ne pourrions pas être également portés pour A et pour non A. Cet équilibre est aussi absolument contraire à l'expérience, et quand on s'examinera, l'on trouvera qu'il y a toujours eu quelque cause ou raison qui nous a incliné vers le parti qu'on a pris, quoique bien souvent on ne s'aperçoive pas de ce qui nous meut ; tout comme on ne s'aperçoit guère pourquoi en sortant d'une porte on a mis le pied droit avant le gauche, ou le gauche avant le droit. [...]

Comme je me suis expliqué plus d'une fois, je n'admets point une *indifférence d'équilibre*, et je ne crois pas qu'on choisisse jamais quand on est absolument indifférent. Un tel choix serait une espèce de pur hasard, sans raison déterminante, tant apparente que cachée. Mais un tel hasard, une telle casualité absolue et réelle, est une chimère qui ne se trouve jamais dans la nature [...] C'est une chimère des plus impossibles. M. Bayle la réfute lui-même fort bien [...] J'ai expliqué ailleurs[1] la véritable réponse qui satisfait au sophisme de Buridan ; c'est que le cas du parfait équilibre est impossible, l'Univers ne pouvant jamais être mi-parti, en sorte que toutes les impressions soient équivalentes de part et d'autre [...]

Une liberté d'indifférence indéfinie, et qui fût sans aucune raison déterminante, serait aussi nuisible et même choquante, qu'elle est impraticable et chimérique. L'homme qui voudrait en user ainsi, ou faire au moins comme s'il agissait sans sujet, passerait à coup sûr pour un extravagant. Mais il est très vrai aussi que la chose est impossible, quand on la prend dans la rigueur de la supposition : et aussitôt qu'on en veut donner un exemple, on s'en écarte, et on tombe dans le cas d'un homme, qui ne se détermine pas sans sujet, mais qui se détermine plutôt par inclination ou par passion, que par jugement.

Leibniz, *Essais de Théodicée sur la bonté de Dieu, la liberté de l'Homme et l'origine du Mal*, 1710, §§ 35, 303-307, 314.

1. Cf. *Théodicée*, § 49 : « Le cas de l'âne de Buridan entre deux prés, également porté à l'un et à l'autre, est une fiction qui ne saurait avoir lieu dans l'univers, dans l'ordre de la nature... Car l'univers ne saurait être mi-parti par un plan tiré par le milieu de l'âne, coupé verticalement suivant sa longueur, en sorte que tout soit égal et semblable de part et d'autre. »

4. Un concept absurde de la liberté

Le concept habituel de la liberté, d'après lequel elle est posée en un pouvoir complètement indéterminé de vouloir l'un ou l'autre de deux opposés contradictoires, sans raisons déterminantes, purement et simplement parce que c'est voulu, ce concept, l'indécision originaire de l'être humain l'a certes pour soi dans l'idée, mais, appliqué aux actions particulières, il conduit aux plus grandes absurdités. Pouvoir se décider, sans aucune raison déterminante, pour A ou non-A, ne serait, à vrai dire, qu'une prérogative à agir de manière tout à fait irrationnelle, et elle ne serait guère à l'avantage de l'homme, la distinction qui s'établit ainsi entre lui et le célèbre animal[1] de Buridan, qui – selon l'opinion propre aux défenseurs de ce concept du libre arbitre – placé entre deux meules de foin de même éloignement, grandeur et composition, devrait mourir de faim, précisément parce qu'il n'a pas cette prérogative du libre arbitre. La seule preuve de ce concept consiste à invoquer le fait, par exemple, qu'il est au pouvoir de chacun de tendre maintenant son bras, ou de le fléchir, sans aucune raison; car si l'on dit qu'il étend son bras précisément pour prouver son libre arbitre, il pourrait tout aussi bien le prouver en le fléchissant; l'intérêt qu'il a à le prouver ne pourrait le déterminer qu'à faire l'un des deux; ce serait donc ici l'équilibre qui serait manifeste, etc.; c'est une manière de prouver qui est tout à fait mauvaise, puisqu'elle conclut du non-savoir de la raison déterminante au non-être-là de celle-ci, mais qui ici serait précisément applicable au sens inverse, puisque c'est justement là où le non-savoir entre en scène que, d'une manière d'autant plus certaine, le devenir-déterminé a lieu. Le principal en cette affaire est que ce concept introduit une contingence totale des actions particulières et, dans cette manière de voir, c'est très justement qu'il a été comparé à la déviation contingente des atomes, qu'Épicure avait admise dans la physique avec la même intention, à savoir pour échapper au *Fatum*[2]. Mais le hasard est impossible, il est en conflit avec la Raison comme avec l'unité nécessaire du Tout; et si la liberté ne peut être sauvée autrement qu'avec la totale contingence des actions, il n'y a pas en général à la sauver.

Friedrich Wilhelm Joseph von Schelling, *Recherches sur la liberté humaine* (1809), trad. franç. de Marc Richir, Payot, 1977, p. 129.

1. Cf. texte n° 1 : L'Âne de Buridan.

2. Fatum (mot latin signifiant « chose dite ») = Destin irrévocable (« c'était écrit »). Leibniz parle en ce sens du *Fatum Mahumetanum* ou « Destin à la Turque », qu'il nomme ainsi, parce que, dit-il, « on impute aux Turcs de ne pas éviter les dangers, et de ne pas même quitter les lieux infectés de la peste », par suite d'une « idée mal entendue de la Nécessité », à savoir que « si l'avenir est nécessaire, ce qui doit arriver arrivera, quoi que je puisse faire ». Et Leibniz ajoute : « Il se trouve que la plupart des hommes, et même des Chrétiens, font entrer dans leur pratique quelque mélange du Destin à la Turque, quoiqu'ils ne le reconnaissent pas assez », *Théodicée*, Préface.

5. La terrible chimère de la nécessité

FLUCTUATIONS SUR LA LIBERTÉ : LA FEUILLE DE CHARMILLE

Un jour, dans le jardin paternel, au moment de prendre une feuille de charmille, je m'émerveillai tout à coup de me sentir le maître absolu de cette action, tout insignifiante qu'elle était. Faire ou ne pas faire! Tous les deux si également en mon pouvoir! Une même cause, moi, capable au même instant, comme si j'étais double, de deux effets tout à fait opposés! et, par l'un ou par l'autre, auteur de quelque chose d'éternel, car quel que fût mon choix, il serait désormais éternellement vrai qu'en ce point de la durée aurait eu lieu ce qu'il m'aurait plu de décider. Je ne suffisais pas à mon étonnement; je m'éloignais, je revenais, mon cœur battait à coups précipités.

J'allais mettre la main sur la branche, et créer de bonne foi, sans savoir, un mode de l'être, quand je levai les yeux et m'arrêtai à un léger bruit sorti du feuillage. Un oiseau effarouché avait pris la fuite. S'envoler, c'était périr: un épervier qui passait le saisit au milieu des airs.

C'est moi qui l'ai livré, me disais-je avec tristesse: le caprice qui m'a fait toucher cette branche et non pas cette autre, a causé sa mort. [...] L'action que tous appellent indifférente est celle dont la portée n'est aperçue par personne, et ce n'est qu'à force d'ignorance que l'on arrive à être insouciant. Qui sait ce que le premier mouvement que je vais faire décidera dans mon existence future? Peut-être que de circonstance en circonstance toute ma vie sera différente, et que, plus tard, en vertu de la liaison secrète qui par une multitude d'intermédiaires rattache aux moindres choses les événements les plus considérables, je deviendrai l'émule de ces hommes dont mon père ne prononce le nom qu'avec respect, le soir, près du foyer, pendant qu'on l'écoute en silence [...] Quel est cet oiseau de proie dont j'affronte les serres, disais-je en moi-même, ou quel est ce sort glorieux que je me prépare? Toutefois, j'avançai la main, je saisis la feuille fatale.

Mais si cette détermination présente, au lieu de commencer une suite d'événements, continuait la suite des événements passés par un autre dès longtemps certain pour quelque être supérieur à moi, et arrivant à son heure dans cet ordre général que je n'avais point fait? Si me sentir souverain dans mon for intérieur, c'était, au fond, ne sentir pas ma dépendance? Si chacune de mes volontés était un effet avant d'être une cause, en sorte que ce choix, ce libre choix, ce choix en apparence aussi libre que le hasard, eût été réellement (n'y ayant point de hasard) la conséquence inévitable d'un choix antérieur, et celui-ci la conséquence d'un autre, et toujours de même, à remonter jusqu'à ces temps dont je n'avais nulle mémoire? Ce fut dans mon esprit comme l'aube pleine de tristesse d'un jour révélateur [...] En un point de ce vaste monde animé d'un mouvement continuel et continuellement transformé, où d'instant en instant rien ne se produisait qui n'eût la raison de son existence dans l'état antérieur des choses, je me vis au-delà de mes souvenirs ; je me vis à mon origine, moi, ce nouveau-né qui était moi, ce moi étranger qui commença mon être, je le vis déposé à mon insu en un point de cet univers : mystérieux germe destiné à devenir avec les années ce que comportaient sa nature et celle du milieu complexe qui l'environnait. Puis, dans les perspectives de la mémoire de moi-même, que je prolongeai des perspectives supposées de ma vie future, je m'apparus : multiplié en une suite de personnages divers, dont le dernier, s'il se tournait vers eux, un jour, à un moment suprême, et leur demandait : Pourquoi ils avaient agi de la sorte? Pourquoi ils s'étaient arrêtés à telle pensée? les entendrait de proche en proche en appeler sans fin les uns aux autres. [...] Je connus que, n'étant pas mon principe, je n'étais le principe de rien ; que mon défaut et ma faiblesse étaient d'avoir été fait ; que quiconque a été fait, a été dénué de la noble faculté de faire ; que le sublime, le miracle aussi, hélas ! et l'impossible était d'agir : n'importe où en moi et n'importe comment, mais d'agir ; de donner un premier branle, de vouloir un premier vouloir [...] Une seule, une seule idée, partout réverbérée, un seul soleil aux rayons uniformes : Cela que j'ai fait était nécessaire. L'absolue nécessité, pour quoi que ce soit, d'être à l'instant et de la manière qu'il est, avec cette conséquence formidable : le bien et le mal confondus, égaux, fruits nés de la même sève sur la même tige. À cette idée, qui révolta tout mon être, je poussai un cri de détresse et d'effroi : la feuille échappa de mes mains, et comme si j'eusse touché l'arbre de la science, je baissai la tête en pleurant.

Soudain, je la relevai. Ressaisissant la foi en ma liberté par ma liberté même, sans raisonnement, sans hésitation, sans autre gage de l'excellence de ma nature que ce témoignage intérieur que se rendait mon âme créée à l'image de Dieu et capable de lui résister, puisqu'elle devait lui obéir, je venais de me dire, dans la sécurité d'une certitude superbe : Cela n'est pas, je suis libre.

Et la chimère de la nécessité s'était évanouie, pareille à ces fantômes formés pendant la nuit d'un jeu de l'ombre et des lueurs du foyer, qui tiennent immobile de peur sous leurs yeux flamboyants, l'enfant réveillé en sursaut, encore à demi perdu dans un songe : complice du prestige, il ignore qu'il l'entretient lui-même par la fixité du point de vue, mais sitôt qu'il s'en doute, il le dissipe d'un regard au premier mouvement qu'il ose faire.

Jules Lequier[a], « La Feuille de charmille », Introduction à « La Recherche d'une première vérité », in *Œuvres complètes*, publiées par Jean Grenier, Édit. de la Baconnière, Neuchatel, 1952, pp. 14-17.

a. *Jules Lequier (1814-1862) : élève de l'École Polytechnique, démissionna en 1838, puis fut interné à la clinique du Dr Blanche. Il se suicida en gagnant la haute mer à la nage, près de Saint-Brieuc. Penseur catholique, hanté par le problème de la liberté, on n'a de lui que des fragments posthumes. « Le libre arbitre, écrit-il, est la condition de la certitude » et « L'homme fait, Dieu fait faire ».*

6. Le vrai visage de la nécessité

Mais pourquoi, nous dira-t-on, accorder une place au libre arbitre ? Pour avoir quelque chose à imputer justement aux impies qui se sont volontairement dérobés à la grâce de Dieu, pour écarter de Dieu les reproches calomnieux de cruauté ou d'injustice, pour chasser loin de nous le désespoir ou la présomption, pour nous exciter à l'effort.

Érasme, *Essai sur le libre arbitre*, 1524, IV, 16.

Descartes a parfaitement compris que le concept de liberté renfermait l'exigence d'une autonomie absolue, qu'un acte libre était une production absolument neuve dont le germe ne pouvait être contenu dans un état antérieur du monde et que, par suite, liberté et création ne faisaient qu'un. La liberté de Dieu, bien que semblable à celle de l'homme, perd l'aspect négatif qu'elle avait sous son enveloppe humaine, elle est pure productivité, elle est l'acte extra-temporel et éternel par quoi Dieu fait qu'il y ait un monde, un Bien et des Vérités éternelles. Dès lors la racine de toute Raison est à chercher dans les profondeurs de l'acte libre, c'est la liberté qui est le fondement du vrai, et la nécessité rigoureuse qui paraît dans l'ordre des vérités est elle-même soutenue par la contingence absolue d'un libre arbitre créateur. [...] En Dieu le vouloir et l'intuition ne font qu'un, la conscience divine est à la fois constitutive et contemplative. Et, semblablement, Dieu a inventé le Bien ; il n'est point incliné par sa perfection à décider ce qui est le meilleur, mais c'est ce qu'il a décidé qui, par l'effet de sa décision même, est absolument bon. Une liberté absolue qui invente la Raison et le Bien et qui n'a d'autres limites qu'elle-même et sa fidélité à elle-même, telle est finalement pour Descartes la prérogative divine. Mais, d'un autre côté, il n'y a rien de plus en cette liberté qu'en la liberté humaine et il a conscience, en décrivant le libre arbitre de son Dieu, de n'avoir fait que développer le contenu implicite de l'idée de liberté. C'est pourquoi, à bien considérer les choses, la liberté humaine n'est pas limitée par un ordre de libertés et de valeurs qui s'offriraient à notre assentiment comme des *choses* éternelles, comme des structures nécessaires de l'être. C'est la volonté divine qui a posé ces valeurs et ces vérités, c'est elle qui les soutient: notre liberté n'est bornée que par la liberté divine. Le monde n'est rien que la création d'une liberté qui le conserve indéfiniment; la vérité n'est rien si elle n'est voulue par cette infinie puissance divine et si elle n'est reprise, assumée et entérinée par la liberté humaine. L'homme libre est seul en face d'un Dieu absolument libre; la liberté est le fondement de l'être, sa dimension secrète; dans ce système rigoureux, elle est, pour finir, le sens profond et le vrai visage de la nécessité.

Jean-Paul SARTRE, *Situations I*, 1947, Gallimard, p. 334.

LIBERTÉ.
DÉSIR. ILLUSION

7. LE DÉSIR FANTASTIQUE DE PROUVER NOTRE LIBERTÉ

La représentation d'une liberté absolue de décision est aussi illusoire que celle du moi absolu qui engendre le monde à partir de lui.
Theodor W. ADORNO, *Dialectique négative*, 1966, Introd.

La nécessité d'une action, qu'il s'agisse de la matière ou de l'esprit, n'est pas à proprement parler une qualité dans l'agent, mais dans un être pensant ou intelligent qui considère cette action; et elle consiste essentiellement dans la détermination de ses pensées, qui le porte à inférer l'existence de cette action de quelques phénomènes antécédents; de même la liberté, quand on l'oppose à la nécessité, n'est rien de plus que l'absence de cette détermination et un certain relâchement, une certaine indifférence dans le passage de l'idée d'un phénomène à l'idée d'un phénomène conséquent. Or, nous pouvons observer que, lorsque nous considérons les actions des autres, nous sentons rarement un tel relâchement, une telle indifférence et nous sommes communément capables de les conclure très certainement de leurs motifs et des dispositions de l'agent, tandis que, lorsque nous accomplissons nous-mêmes certaines actions, il arrive fréquemment que nous sentions quelque chose d'analogue à cette indifférence. Comme des phénomènes semblables sont aisément pris l'un pour l'autre, on a voulu voir dans ce sentiment une preuve démonstrative, et même intuitive, de notre liberté. Nous éprouvons que nos actions sont soumises à notre volonté, dans la plupart des cas et nous nous imaginons sentir que notre volonté elle-même n'est soumise à rien; car, si on nous le conteste, nous sommes engagés à faire un essai et nous sentons alors qu'elle se meut aisément en tous sens et qu'elle produit une image d'elle-même (une velléité, comme on dit dans les écoles) même du côté où elle n'a pas agi. Cette image, ce mouvement fictif, nous nous persuadons que nous pourrions alors le prolonger en mouvement réel; car, si on nous poussait en le niant, nous trouverions que cette fois nous pourrions l'accomplir ainsi. Nous ne voyons pas que le désir fantastique de prouver notre liberté est alors le motif de nos actions.

HUME, *Enquête sur l'entendement humain* (1748), Aubier-Montaigne, 1947, trad. André Leroy, section VIII, 1re partie, note 1.

MORALE ET LIBERTÉ

8. TU DOIS, DONC TU PEUX

Le concept de liberté dérive de l'impératif catégorique du devoir.
KANT, *Opus postumum*, Liasse I, F° II, p. 2.

Mais comment est possible la conscience de la loi morale? Nous pouvons avoir conscience des lois pratiques pures comme nous avons conscience des principes théoriques purs, en observant la nécessité avec laquelle la raison nous les impose en faisant abstraction de toutes les conditions empiriques qu'elle nous impose. Le concept d'une volonté pure tire son origine des lois pratiques pures, comme la conscience d'un entendement pur, des principes théoriques purs. [...] Mais l'expérience confirme aussi cet ordre des concepts en nous. Supposons que quelqu'un affirme, en parlant de son penchant au plaisir, qu'il lui est tout à fait impossible d'y résister quand se présentent l'objet aimé et l'occasion: si, devant la maison où il rencontre cette occasion, une potence y était dressée pour l'y attacher aussitôt qu'il aurait satisfait sa passion, ne triompherait-il pas alors de son penchant? On ne doit pas chercher longtemps ce qu'il répondrait. Mais demandez-lui, dans le cas où son prince lui ordonnerait, en le menaçant d'une mort immédiate, de porter un faux témoignage contre un honnête homme qu'il voudrait perdre sous un prétexte plausible, il tiendrait comme possible de vaincre son amour pour la vie, si grand qu'il puisse l'être. Il n'osera peut-être assurer qu'il le ferait ou qu'il ne le ferait pas, mais il accordera sans hésiter que cela lui est possible. Il juge donc qu'il peut faire une chose, parce qu'il a conscience qu'il doit la faire et reconnaît ainsi en lui la liberté qui, sans la loi morale, lui serait restée inconnue.

KANT, *Critique de la Raison pratique*, 1788, trad. Picavet, P.U.F., p. 29.

LIBERTÉ. POLITIQUE

9. LA LIBERTÉ POLITIQUE DU CITOYEN, C'EST LA SÛRETÉ

De la source putréfiée de *l'indifférentisme* découle cette maxime absurde et erronée, ou plutôt ce délire: qu'on doit procurer et garantir à chacun *la liberté de conscience*.
GRÉGOIRE XVI, *Encyclique Mirari Vos*, 15 août 1832.

Ce n'est pas assez d'avoir traité de la liberté politique dans son rapport avec la constitution; il faut la faire voir dans le rapport qu'elle a avec le citoyen.

J'ai dit que dans le premier cas elle est formée par une certaine distribution des trois pouvoirs, mais dans le second il faut la considérer sous une autre idée. Elle consiste dans la sûreté ou dans l'opinion qu'on a de sa sûreté.

Il pourra arriver que la constitution soit libre et que le citoyen ne le sera point. Le citoyen pourra être libre et la constitution ne pas l'être. Dans ces cas la constitution sera libre de droit et non de fait; le citoyen sera libre de fait et non pas de droit.

Il n'y a que la disposition des lois, et même des lois fondamentales qui forme la liberté dans son rapport avec la constitution. Mais dans le rapport avec le citoyen, des mœurs, des manières, des exemples reçus peuvent la faire naître ; et de certaines lois civiles la favoriser.

De plus dans la plupart des États, la liberté étant plus gênée, choquée ou abattue, que leur constitution ne le demande, il est bon de parler des lois particulières qui dans chaque constitution peuvent aider ou choquer le principe de la liberté dont chacun d'eux peut être susceptible.

La liberté philosophique consiste dans l'exercice de sa volonté, ou du moins (s'il faut parler dans tous les systèmes) dans l'opinion où l'on est que l'on exerce sa volonté. La liberté politique consiste dans la sûreté ou du moins dans l'opinion que l'on a de la sûreté.

Cette sûreté n'est jamais plus attaquée que dans les accusations publiques ou privées. C'est donc de la bonté des lois criminelles que dépend principalement la liberté du citoyen. [...]

Quand l'innocence des citoyens n'est pas assurée, la liberté ne l'est pas non plus. [...]

C'est le triomphe de la liberté, lorsque les lois criminelles tirent chaque peine de la nature particulière du crime. Tout l'arbitraire cesse ; la peine ne descend point du caprice du législateur, mais de la nature de la chose ; et ce n'est point l'homme qui fait violence à l'homme.

Montesquieu, *Esprit des Lois*, 1748, Livre XII, chap. I à IV.

Liberté naturelle et liberté conventionnelle

10. Le problème politique fondamental

« Trouver une forme d'association qui défende et protège de toute la force commune la personne et les biens de chaque associé, et par laquelle chacun, s'unissant à tous, n'obéisse pourtant qu'à lui-même, et reste aussi libre qu'auparavant. » Tel est le problème fondamental dont le *Contrat social* donne la solution.

Les clauses de ce contrat sont tellement déterminées par la nature de l'acte, que la moindre modification les rendrait vaines et de nul effet ; en sorte que, bien qu'elles n'aient peut-être jamais été formellement énoncées, elles sont partout les mêmes, partout tacitement admises et reconnues, jusqu'à ce que, le pacte social étant violé, chacun rentre alors dans ses premiers droits, et reprenne sa liberté naturelle, en perdant la liberté conventionnelle pour laquelle il y renonça.

Ces clauses, bien entendues, se réduisent toutes à une seule : savoir, l'aliénation totale de chaque associé avec tous ses droits à toute la communauté : car, premièrement, chacun se donnant tout entier, la condition est égale pour tous ; et la condition étant égale pour tous, nul n'a intérêt de la rendre onéreuse aux autres.

Jean-Jacques Rousseau, *Du Contrat social*, 1762, Livre I, chap. VI.

ESCLAVAGE ET LIBERTÉ

11. L'HOMME LIBRE ET L'ESCLAVAGE

Il n'y a pas deux personnes également libres à l'égard des mêmes objets.
MALEBRANCHE, *Traité de la nature et de la grâce*, 1680, 3e discours, I, X.

Communément on tient que la liberté consiste à pouvoir faire impunément tout ce que bon nous semble et que la servitude est une restriction de cette liberté. Mais on le prend fort mal de ce biais-là ; car, à ce compte, il n'y aurait personne libre dans la république, vu que les États doivent maintenir la paix du genre humain par l'autorité souveraine, qui tient la bride à la volonté des personnes privées. Voici quel est mon raisonnement sur cette matière : je dis que la liberté n'est autre chose que l'absence de tous les empêchements qui s'opposent à quelque mouvement ; ainsi l'eau qui est enfermée dans un vase n'est pas libre, à cause que le vase l'empêche de se répandre et, lorsqu'il se rompt, elle recouvre sa liberté. Et de cette sorte une personne jouit de plus ou moins de liberté, suivant l'espace qu'on lui donne ; comme dans une prison étroite, la captivité est bien plus dure qu'en un lieu vaste où les coudées sont plus franches. D'ailleurs, un homme peut être libre vers un endroit et non pas vers quelque autre ; comme en voyageant on peut bien s'avancer et gagner pays ; mais quelquefois on est empêché d'aller à côté par les haies et par les murailles dont on a garni les vignes et les jardins. Cette sorte d'empêchement est extérieure et ne reçoit point d'exception ; car les esclaves et les sujets sont libres de cette sorte, s'il ne sont en prison ou à la chaîne. Mais il y a d'autres empêchements que je nomme arbitraires et qui ne s'opposent pas à la liberté du mouvement absolument, mais par accident, à savoir parce que nous le voulons bien ainsi et qu'ils nous font souffrir une privation volontaire. Je m'explique par un exemple : celui qui est dans un navire au milieu de la mer, peut se jeter du tillac dans l'eau s'il lui en prend fantaisie ; il ne rencontre que des empêchements arbitraires à la résolution de se précipiter. La liberté civile est de cette nature et paraît d'autant plus grande que les mouvements peuvent être plus divers, c'est-à-dire que plus on a de moyens d'exécuter sa volonté... Mais, de quel privilège donc, me direz-vous, jouissent les bourgeois d'une ville ou les fils de famille, par-dessus les esclaves ? C'est qu'ils ont de plus honorables emplois et qu'ils possèdent davantage de choses superflues. Et toute la différence qu'il y a entre un homme libre et un esclave est que celui qui est *libre* n'est obligé d'obéir qu'au public et *l'esclave* doit obéir aussi à quelque particulier.

HOBBES, *Le Citoyen ou les Fondements de la Politique*, « De Cive » (1642), trad. de Samuel Sorbière, 1649, sect. 2, chap. IX, IX.

12. LA LIBERTÉ À L'APPUI DE LA SERVITUDE ?

Il ne faut pas faire doute que nous ne soyons tous naturellement libres : et ne peut tomber en l'entendement de personne, que Nature ait mis aucun en servitude, nous ayant tous mis en compagnie.
LA BOÉTIE, *Contr'Un* ou *Discours de la servitude volontaire*, posth., 1574.

Chez les Grecs, tout ce que le peuple avait à faire, il le faisait par lui-même : il était sans cesse assemblé sur la place. Il habitait un climat doux ; il n'était point avide ; des esclaves faisaient ses travaux ;

sa grande affaire était sa liberté. N'ayant plus les mêmes avantages, comment conserver les mêmes droits ? Vos climats plus durs vous donnent plus de besoins : six mois de l'année la place publique n'est pas tenable ; vos langues sourdes ne peuvent se faire entendre en plein air ; vous donnez plus à votre gain qu'à votre liberté, et vous craignez bien moins l'esclavage que la misère.

Quoi ! la liberté ne se maintient qu'à l'appui de la servitude ? Peut-être. Les deux excès se touchent. Tout ce qui n'est point dans la nature a ses inconvénients, et la société civile plus que tout le reste. Il y a telles positions malheureuses où l'on ne peut conserver sa liberté qu'aux dépens de celle d'autrui, et où le citoyen ne peut être parfaitement libre que l'esclave ne soit extrêmement esclave. Telle était la position de Sparte. Pour vous, peuples modernes, vous n'avez point d'esclaves, mais vous l'êtes ; vous payez leur liberté de la vôtre. Vous avez beau vanter cette préférence, j'y trouve plus de lâcheté que d'humanité.

Je n'entends point par tout cela qu'il faille avoir des esclaves, ni que le droit d'esclavage soit légitime, puisque j'ai prouvé le contraire : je dis seulement les raisons pourquoi les peuples modernes qui se croient libres ont des représentants, et pourquoi les peuples anciens n'en avaient pas. Quoi qu'il en soit, à l'instant qu'un peuple se donne des représentants, il n'est plus libre ; il n'est plus.

Jean-Jacques Rousseau, *Du Contrat social* (1762), Livre III, chap. XV.

13. La liberté de l'homme et celle du citoyen

Si la conjonction du socialisme et de la liberté individuelle était réalisable, je serais socialiste aujourd'hui encore. Car rien de mieux que vivre une vie modeste, simple et libre dans une société égalitaire. Il me fallut du temps avant de réaliser que ce n'était qu'un beau rêve ; que la liberté importe davantage que l'égalité ; que la tentative d'instaurer l'égalité met la liberté en danger ; et que, à sacrifier la liberté, on ne fait même pas régner l'égalité parmi ceux qu'on a asservis.

Karl R. Popper, *La quête inachevée*, « Unended Quest » (1974), Calman-Lévy, 1981, p. 56.

On distingue les droits de l'homme des droits du citoyen. Quel est cet homme distinct du citoyen ? Personne d'autre que le membre de la société bourgeoise. Pourquoi le membre de la société bourgeoise est-il appelé « homme », homme tout court, et pourquoi ses droits sont-ils appelés droits de l'homme ? Par quoi ce fait s'explique-t-il ? Par le rapport de l'État politique à la société bourgeoise, par la nature de l'émancipation politique. [...]

En quoi consiste la liberté ? Art. 6. La liberté est le pouvoir qui appartient à l'homme de faire ce qui ne nuit pas aux droits d'autrui, ou encore, d'après la Déclaration des droits de l'homme de 1791 : La liberté consiste à pouvoir faire tout ce qui ne nuit pas à autrui.

La liberté est donc le droit de faire tout ce qui ne nuit à personne. Les limites dans lesquelles chacun peut se mouvoir sans nuire à autrui sont définies par la loi, comme la limite qui sépare deux champs est définie par le palis. Il s'agit de la liberté de l'homme en tant que monade isolée, repliée sur elle-même. [...]

L'application pratique du droit de liberté est le droit de propriété privée.

En quoi consiste le droit de l'homme à la propriété privée?

Art. 16 (Const. de 1793): Le droit de propriété est celui qui appartient à tout citoyen de jouir et de disposer à son gré de ses biens, de ses revenus, du fruit de son travail et de son industrie.

Le droit de propriété privée est donc le droit de jouir et de disposer de sa fortune arbitrairement (à son gré), sans tenir compte d'autrui, indépendamment de la société, c'est le droit de l'égoïsme. C'est cette liberté individuelle et ce qui en découle qui forment la base de la société bourgeoise. Par cette liberté, chaque homme trouve dans un autre homme non point la réalisation mais plutôt la limite de sa liberté. [...]

Ce n'est que lorsque l'homme individuel réel aura repris possession du citoyen abstrait, lorsqu'en tant qu'homme individuel dans sa vie empirique, dans son travail individuel, dans ses rapports individuels, il sera devenu un être générique, ce n'est que lorsque l'homme aura reconnu ses «forces propres» comme forces sociales et les aura organisées comme telles, et que par conséquent il ne séparera plus de lui la force sociale sous l'aspect du pouvoir politique, c'est alors seulement que sera réalisée l'émancipation humaine.

Karl Marx, *La question juive*, 1844, in «Pages choisies» par M. Rubel, Rivière, p. 165.

14. L'ESCLAVAGE DANS LA SOCIÉTÉ MODERNE

Paucos servitus, plures servitutem tenent.
(Peu d'hommes sont enchaînés à la servitude, beaucoup s'y enchaînent.)
Sénèque, *Lettres*, XXII.

Dans la société moderne, l'esclavage comme institution juridique est condamné pour des raisons techniques (de calcul), et la forme moderne du travail, fondant une morale formelle qui n'admet pas que l'homme soit la propriété et l'outil d'un autre, en impose partout l'abrogation. Mais cela n'empêche pas l'individu d'être esclave si l'on prend ce terme comme désignant l'individu non-libre de liberté rationnelle et raisonnable, incapable donc de se diriger lui-même, de réaliser par lui-même ses possibilités d'homme et d'accepter ses responsabilités. L'homme qui ne vit que sur le plan de la société est esclave dans cette acception du mot, quelles que soient son importance sociale, son influence, sa puissance. Il n'aura pas de maître dans le monde moderne; mais pour être affranchi juridiquement, il ne restera pas moins esclave aussi longtemps qu'il n'accédera pas à la pensée de l'universel concret; et esclave formellement affranchi, mais incapable de découvrir un sens à son existence et, par conséquent, malheureux, il cherchera et trouvera un maître, qui, d'ordinaire, sera mauvais, puisque l'esclave, ne sachant distinguer celui qui l'asservit de celui qui l'éduque à la liberté, penchera vers le premier, autre esclave, mais esclave plus violent que lui, plus passionné, plus rationnel peut-être, mais encore moins raisonnable, et qui ainsi, du moins pour un temps, le libérera du sentiment de son propre vide. – Dans une communauté et un État sains, la coexistence d'hommes libres et d'esclaves ne produira pas de conflit: les mœurs et la loi, étant rationnelles et raisonnables, feront participer à la raison et jouir d'elle encore ceux qui ne s'y soumettraient pas volontairement s'ils devaient trouver par eux-mêmes la voie de l'adhésion : l'individu pourra y préférer ce que nous venons d'appeler l'état d'esclave et y trouvera ses satisfactions d'esclave sans troubler l'ordre du tout. Dans une communauté et un État malades, où les intérêts sociaux particuliers « sans fin » (les désirs d'esclave) luttent pour le pouvoir, cette satisfaction devient le seul enjeu et prive l'existence de tous de tout sens (autre que privé et secret). – La solution du problème de la coexistence de l'homme libre et de l'esclave ne coïncide pas avec le « problème social ». Mais la vraie question ne se posera pas aussi longtemps qu'il existera des esclaves qui n'ont pas choisi leur statut, des hommes qui sont exclus par la violence (sociale et/ou politique) des avantages matériels nécessaires à l'exercice de ce choix, des esclaves « contre nature » (nature définie par les possibilités sociales) : c'est afin que puisse se poser pour tous cette question, qui est celle de la liberté raisonnable de l'individu (et de son « esclavage » librement choisi, jamais imposé), que la question de la justice sociale se pose.

Éric Weil, *Philosophie politique* (1955), Vrin, p. 247, n. 1.

JUSTICE ET LIBERTÉ

15. QUAND UN PEUPLE EST-IL MÛR POUR LA LIBERTÉ ?

Il est bien injuste de dire par exemple que le fascisme anéantit la pensée libre ; en réalité, c'est l'absence de pensée libre qui rend possible d'imposer par la force des doctrines entièrement dépourvues de signification.
Simone Weil, *Oppression et liberté*, 1934, p. 155.

J'avoue de ne pas pouvoir me faire très bien à cette expression dont usent aussi des hommes sensés : un certain peuple (en train d'élaborer sa liberté légale) n'est pas mûr pour la liberté ; les serfs d'un propriétaire terrien ne sont pas encore mûrs pour la liberté ; et de même aussi les hommes ne sont pas encore mûrs pour la liberté de conscience. Dans une hypothèse de ce genre la liberté ne se produira jamais ; car on ne peut mûrir pour la liberté, si l'on n'a pas été mis au préalable en liberté (il faut être libre pour pouvoir se servir utilement de ses forces dans la liberté). Les premiers essais en seront sans doute grossiers et liés d'ordinaire à une condition plus pénible et plus dangereuse que lorsque l'on se trouvait encore sous les ordres, mais aussi confié aux soins d'autrui ; cependant jamais on ne mûrit pour la raison autrement que grâce à ses tentatives personnelles (qu'il faut être libre de pouvoir effectuer). Je ne fais pas d'objection à ce que ceux qui détiennent le pouvoir renvoient encore loin, bien loin, obligés par les circonstances, le moment d'affranchir les hommes de ces trois chaînes. Mais, ériger en principe que la liberté ne vaut rien d'une manière générale pour ceux qui leur sont assujettis et qu'on ait le droit de les en écarter toujours, c'est là une atteinte aux droits régaliens de la divinité elle-même qui a créé l'homme pour la liberté. Il est plus commode évidemment de régner dans l'État, la famille et l'Église quand on peut faire aboutir un pareil principe. Mais est-ce aussi plus juste ?

Kant, *La Religion dans les limites de la simple raison*, 1793, IVe partie, 2e section, § 4, trad. Gibelin, Vrin, p. 245, note.

Antoine-Augustin COURNOT (1801-1877)

Photo Larousse.

LOGIQUE ET MATHÉMATIQUE

Pas plus que de contenu informe, nous ne connaissons de forme pure.
Robert BLANCHÉ

Existe-t-il une pensée pure, parfaitement maîtresse d'elle-même, exempte de toute compromission avec l'« expérience » et pourtant susceptible de maîtriser le « réel » ? La réponse à cette question engage à l'examen des rapports entre la logique et la mathématique. Si la mathématique est « comme la logique de la physique » (Leibniz), la logique n'est-elle pas, pour sa part, susceptible de *fonder* la mathématique, en tant que science de la pensée pure, soustraite aux malentendus de l'expérience et aux vicissitudes de l'intuition sensible ?

Au sens strict, la logique pure (ou formelle), est la théorie de l'inférence formellement valide, c'est-à-dire indépendante de ses variables, et qui demeure toujours vraie : ainsi, l'inférence « si *p*, alors *q* ; or *p*, donc *q* » est une proposition analytique ou *tautologie*, qui ne doit rien à l'intuition et reste vraie quels que soient *p* et *q*. De son côté, la mathématique a longtemps tiré son prestige de sa situation apparemment unique : à la charnière de l'intelligible et du sensible, du rationnel et de l'intuitif, qui semblait allier divinement, à la rigueur intemporelle de ses *principes (définitions, postulats ou axiomes)*, le succès progressif de ses *applications* physiques. Mais la construction des géométries non-euclidiennes et la conception par Riemann (1854) d'un espace à *n* dimensions, en détachant la mathématique de sa référence à l'intuition sensible, semblait requérir une *axiomatisation* qui la transformât en une science vraiment déductive, c'est-à-dire indépendante, comme la logique, du sens des énoncés. Est-il possible de donner une définition purement logique (cf. Russell et le logicisme) des notions mathématiques, ou bien la pensée mathématique possède-t-elle (cf. Brouwer et l'intuitionnisme) une spécificité telle que toute reconstruction logique des mathématiques sera toujours inadéquate ? La « théorie des ensembles » (1900) semblait pouvoir fournir la base logique de tout édifice mathématique, quand des fissures d'une exceptionnelle gravité : les *paradoxes* (voir texte n° 3, p. 247) vinrent compromettre la solidité du bâtiment tout entier. En effet, si la théorie prétend répudier tout recours à l'intuition pour se définir comme un discours purement formel, sans autre mesure de sa validité que sa propre cohérence, la formation endogène d'un seul *paradoxe* amorce, à la manière d'une tumeur maligne, la ruine irrémédiable de l'ensemble. Le logicien se voit contraint, pour éliminer les paradoxes, d'introduire de nouvelles règles, de poser de nouveaux axiomes, extérieurs et étrangers au système, dont la validité est alors aliénée, la nécessité subordonnée et la vérité toujours *hypothético-déductive*. Dès lors, l'alternative entre l'intuition et le discours n'est plus absolue et la situation de la mathématique parmi les sciences n'est plus exceptionnelle. Quant au formalisme logique, s'il rend d'éminents services, c'est parce que toute logique est, elle aussi, logique de quelque chose : il n'y a pas plus de pensée logique pure qu'il n'y a d'espace euclidien *a priori*. Il n'est pas possible de construire une langue embrassant toutes les propositions qui la concernent, car on ne peut parler, *dans* une langue, *sur* cette langue elle-même (Carnap). L'ensemble des notions mathématiques n'est pas lui-même une notion mathématique, pas plus que l'ensemble des notions culinaires n'est une notion culinaire. La non-contradiction d'un système d'axiomes ne peut être formellement démontrée *de l'intérieur* du système (cf. théorème de Gödel, 1931). Entre la théorie et l'expérience, le va-et-vient est incessant. Si la mathématique est « un devenir », toute axiomatique est également ouverte, sous peine de stérilité, aux exigences impures mais fécondes des sciences particulières. La pensée cherche en vain à se poser comme référentiel neutre en proposant une explication totalitaire, intégrale, qui se refermerait à la fois sur le monde et sur elle-même.

LA MATHÉMATIQUE EST UN OUTIL, LA LOGIQUE EST UN CANON

La science des lois nécessaires de l'entendement et de la raison en général ou, ce qui est la même chose, de la simple forme de la pensée en général, nous la nommons : *Logique.*

En tant que science qui se rapporte à toute pensée en général, sans faire acception des objets qui sont la matière de la pensée, la Logique doit être considérée :

1/ comme le *fondement* de toutes les autres sciences et comme la *propédeutique* de tout usage de l'entendement. Mais précisément pour cette même raison qu'elle fait complètement abstraction de tout objet :

2/ elle ne peut être un *Organon* des sciences. Par *Organon*[1] nous entendons l'indication de la manière de parvenir à une connaissance déterminée. Or, cela implique que je connaisse déjà l'objet de la science à produire selon certaines règles. Un *Organon* des sciences n'est donc pas une simple logique puisqu'il présuppose la connaissance précise des sciences, de leurs objets et de leurs sources. C'est ainsi par exemple que la mathématique est un excellent organon, car elle est une science qui contient le principe d'un certain usage de la raison. La logique au contraire, en sa qualité de propédeutique universelle de tout usage de l'entendement et de la raison en général, ne pouvant pas empiéter sur les sciences ni anticiper leur matière, est seulement un *Art universel de la raison*, celui d'accorder des connaissances en général à la forme de l'entendement. Elle ne doit donc être appelée organon que dans la mesure où elle sert non pas assurément à l'*extension*, mais bien à l'*appréciation critique* et à la *rectification de notre connaissance.*

3/ En sa qualité de science des lois nécessaires de la pensée, sans lesquelles il ne peut y avoir aucun usage de l'entendement et de la raison, qui sont par conséquent les conditions sous lesquelles l'entendement peut et doit s'accorder uniquement avec lui-même – les lois nécessaires et les conditions de son droit usage – à ce titre, la logique est un *Canon*[2]. Et, en qualité de canon de l'entendement et de la raison, de ce fait, elle ne peut emprunter de principe à aucune science ni à aucune expérience ; elle ne doit contenir que des lois *a priori*, qui sont nécessaires et relèvent de l'entendement en général.

Kant, *Logique* (1800), Vrin, 1970, p. 11.

1. Organon : outil.

2. Canon : règle directrice.

LOGIQUE. MATHÉMATIQUE. NATURE

1. GÉOMÉTRIE ET LOGIQUE SONT DES SCIENCES DE LA MATIÈRE

Toute approche scientifique est réduction du réel.
Didier NORDON, *Les mathématiques pures n'existent pas !*

L'intelligence, même quand elle n'opère plus sur la matière brute, suit les habitudes qu'elle a contractées dans cette opération : elle applique des formes qui sont celles mêmes de la matière inorganisée. Elle est faite pour ce genre de travail. Seul, ce genre de travail la satisfait pleinement : Et c'est ce qu'elle exprime en disant qu'ainsi seulement elle arrive à la *distinction* et à la *clarté*.

Elle devra donc, pour se penser clairement et distinctement elle-même, s'apercevoir sous forme de discontinuité. Les concepts sont en effet extérieurs les uns aux autres, ainsi que des objets dans l'espace. Et ils ont la même stabilité que les objets sur le modèle desquels ils ont été créés. Ils constituent, réunis, un « monde intelligible » qui ressemble par ses caractères essentiels au monde des solides, mais dont les éléments sont plus légers, plus diaphanes, plus faciles à manier pour l'intelligence que l'image pure et simple des choses concrètes ; ils ne sont plus en effet la perception même des choses, mais la représentation de l'acte par lequel l'intelligence se fixe sur elles. Ce ne sont donc plus des images, mais des symboles. Comme ces symboles dérivent de la considération des solides, comme les règles de la composition de ces symboles entre eux ne font guère que traduire les rapports les plus généraux entre solides, notre logique triomphe dans la science qui prend la solidité des corps pour objet, c'est-à-dire dans la géométrie. Logique et géométrie s'engendrent réciproquement l'une l'autre... C'est de l'extension d'une certaine géométrie naturelle, suggérée par les propriétés générales et immédiatement aperçues des solides, que la logique naturelle est sortie. C'est de cette logique naturelle, à son tour, qu'est sortie la géométrie scientifique, qui étend indéfiniment la connaissance des propriétés extérieures des solides. Géométrie et logique sont rigoureusement applicables à la matière. Elles sont là chez elles, elles peuvent marcher toutes seules. Mais, en dehors de ce domaine, le raisonnement pur a besoin d'être surveillé par le bon sens, qui est tout autre chose...

[...] Ainsi, antérieurement à la géométrie savante, il y a une géométrie naturelle dont la clarté et l'évidence dépassent celles des autres déductions [...] Si l'animal ne déduit pas explicitement, s'il ne forme pas explicitement des concepts, il ne se représente pas non plus un espace homogène. Vous ne pouvez vous donner cet espace sans introduire, du même coup, une géométrie virtuelle qui se dégradera d'elle-même en logique.

BERGSON, *L'Évolution créatrice* (1907), P.U.F., 1948, pp. 174-175.

MATHÉMATIQUE.
LOGIQUE. IMAGINATION

2. LE FORMALISME MATHÉMATIQUE : « AU COMMENCEMENT ÉTAIT LE SIGNE »

(HILBERT[a])

La mathématique est plus que la logique, en tant qu'elle est pensée effective, et que toute pensée effective suppose application de la pensée abstraite à une intuition. La logique n'est donc que la partie commune aux diverses activités scientifiques qui la dépassent également de la même façon. « Telle est la position philosophique que j'estime nécessaire en présence de la mathématique comme, en général, de tout effort pour penser, comprendre, exprimer ; l'abandonner serait nier toute activité intellectuelle. » Mais ce n'est pas tant la stérilité de la logique qui est ici visée, que, chose extra kantienne, son insécurité : « Si la déduction logique veut être assurée, elle doit porter sur des objets embrassables du regard sous toutes les faces, tels que leurs signes distinctifs, leurs relations réciproques soient intuitivement donnés avec eux, comme quelque chose qui ne se laisse réduire à rien d'autre et n'en a pas besoin » (Hilbert). Toutefois, l'écart est moins grand qu'il ne paraît : si, tournant à vide, la logique fournit des contradictions, c'est que son emploi est alors incorrect, elle s'est donné de faux objets. La différence avec Kant est qu'il n'y a pas de pensée logique pure, la logique n'est qu'un constituant, non isolable de toute pensée fonctionnant véritablement. Dès lors, le problème de la jonction entre pensée abstraite et intuition ne se pose plus, du moins au même endroit. Si la logique disparaît comme discipline autonome, on ne peut plus définir que négativement son rôle par élimination de celui des intuitions concrètes, garanties à la fois de la fécondité et de la sûreté des raisonnements. Bien avant les paradoxes[1], Hilbert avait insisté sur l'importance des enchaînements intuitifs dans le travail mathématique véritable. « Qui ne se sert du dessin de segments et de rectangles encastrés pour démontrer en toute rigueur un théorème compliqué sur la continuité des fonctions, ou l'existence de points d'accumulation ? Qui pourrait se passer de la figure du triangle, du cercle avec son centre, de la croix des axes de coordonnées ? » Aides psychologiques pour l'imagination ? Mais la mathématique n'est pas hors de l'imagination : « Les signes arithmétiques sont des figures écrites, les figures géométriques des formules dessinées, et il serait aussi impossible à un mathématicien de s'en passer que d'ignorer les parenthèses en écrivant. » Cette homogénéité rétablie entre formules et figures permet de considérer comme intuitive la mathématique des algébristes et, en général, des tenants d'une abstraction complète qui ne saurait exister.

Jean CAVAILLÈS, *Axiomatique et système formel*, 1938, Hermann, pp. 91-93.

1. Cf. texte suivant, n° 3, p. 247.

a. *David Hilbert (1862-1943) : mathématicien allemand, auteur notamment de* La Pensée axiomatique *(1918). De nombreuses expressions portent son nom en mathématique (espace de Hilbert, symbole de Hilbert, théorèmes de Hilbert, etc.), témoignant de l'importance de ses contributions. Ses recherches s'étendent du « formalisme » et de la philosophie des mathématiques à une réflexion générale sur la science.*

LOGIQUE. RAISON. IRRATIONNEL

3. DES FISSURES DANS L'ÉDIFICE LOGIQUE : LES *PARADOXES*

1. En logique, un *paradoxe*, au sens précis du terme, est « un énoncé tel que *a* implique *non-a*, qui implique *a* ».

Dans la logique moderne, on a construit des paradoxes[1] qui utilisent le concept de classe [...]

Le catalogue d'une bibliothèque énumère tous les livres de la bibliothèque ; le catalogue étant lui-même un livre de la bibliothèque, cette définition impliquerait qu'il se mentionne lui-même. Ce serait là l'exemple d'une classe qui se contient elle-même. Il n'est pas nécessaire cependant d'accepter cette définition du catalogue ; il y a d'autres bibliothèques qui emploient une autre définition du catalogue telle que celui-ci énumère tous les livres de la bibliothèque sauf le catalogue lui-même. Les deux sortes de définitions sont employées par des bibliothèques différentes, si bien qu'il y a des catalogues qui se mentionnent et d'autres qui ne se mentionnent pas.

Il se peut qu'un statisticien zélé veuille établir une statistique particulière, qu'il veuille faire le catalogue des catalogues qui ne se mentionnent pas eux-mêmes. Il se trouve amené au paradoxe suivant : doit-il mentionner dans ce super-catalogue ce catalogue lui-même ? S'il le mentionne ce sera là un catalogue qui se mentionne, mais comme son catalogue énumère seulement les catalogues qui ne se mentionnent pas, il serait donc faux de le mentionner. D'autre part, s'il ne le mentionne pas, son catalogue serait un catalogue qui ne se mentionne pas ; d'après le but qu'il poursuit, il aurait donc à le mentionner pour énumérer tous les catalogues qui ne se mentionnent pas [...]

Un autre paradoxe présenté par Russell est le suivant : en général une propriété ne possède pas elle-même la propriété qu'elle représente ; la propriété « bleu » n'est pas bleue, etc. mais il y a apparemment des exceptions. La propriété « être concevable » est concevable ; la propriété « abstrait » est abstraite, etc. Appelons les propriétés du second genre *prédicables*, celles du premier genre *imprédicables*. La question se pose : où classer la propriété « imprédicable » ? Si elle est imprédicable, elle possède la propriété représentée par elle-même, elle est donc prédicable. Si elle est prédicable, elle possède une propriété différente d'elle-même, elle est donc imprédicable [...]

Les paradoxes sont des contradictions que l'ancienne logique ne peut exclure ; si nous voulons les éliminer nous aurons donc à introduire de nouvelles règles qui excluent la formation de concepts paradoxaux. C'est dans cet esprit qu'il faut rechercher la solution du problème des paradoxes.

Hans REICHENBACH, *Introduction à la logistique*, trad. H. Savonnet, 1939, Hermann, pp. 53-54.

CONNAISSANCE.
THÉORIE. EXPÉRIENCE

4. TOUTE SCIENCE EST HYPOTHÉTICO-DÉDUCTIVE

Le concret ne se définit que comme une vection. De la géométrie de Hilbert on peut remonter à celle d'Euclide, de celle-ci à la géométrie des Orientaux, de cette dernière à d'autres formes plus primitives : on va ainsi en direction du concret, on n'atteint jamais un concret pur, privé de toute conceptualisation, comme celui que l'empirisme feint d'étaler devant l'esprit. Il n'y a pas plus de phénomène premier que de sensation passive : les enseignements de la critique des sciences concordent ici avec ceux de la psychologie. Ouverte ainsi par le bas, la connaissance est également ouverte par le haut. Un abstrait n'est dernier que provisoirement. Et il n'est jamais pensé seul, jamais présenté à l'esprit comme sur un tableau. Il n'apparaît que réalisé dans un modèle, fût-ce seulement le modèle symbolique. Pas plus que de contenu informe, nous ne connaissons de forme pure. Il peut y avoir un vide de pensée, il ne saurait y avoir de pensée vide. Pour penser effectivement le *rien*, il faut le représenter par *quelque chose* : une croix, le chiffre zéro, la mention « néant ». Pour penser une structure abstraite, il faut lui donner, sur le papier, une forme concrète. La pensée transcende le système de signes, elle doit le survoler pour le saisir comme tel, mais sans lui, à défaut d'un contact direct avec les choses, elle se perd dans l'indéterminé.

[...] De même qu'une différence de température est nécessaire pour que fonctionne une machine thermique, de même faut-il que l'esprit, pour comprendre, dispose d'une dénivellation qui lui permette de circuler entre deux plans, de s'élever du fait à l'idée et de redescendre de l'idée au fait. Dégager la règle, l'illustrer d'un exemple : de ce double mouvement en quoi se résume toute connaissance, l'axiomatique nous apporte précisément l'un des exemples sur lesquels se laisse le mieux apercevoir la règle.

On voit quelles attitudes philosophiques l'axiomatique contrarie, quelles elle favorise. Elle répugne à un dogmatisme de la synthèse, au rêve d'un point de départ absolu qui assurerait à la déduction une sécurité définitive. C'est à la totalité de la science qu'elle étend maintenant la forme hypothético-déductive. Comme la méthode expérimentale avait discrédité l'espoir cartésien d'une physique démonstrative, aujourd'hui le logicisme, l'idée d'une science rationnelle qui ne présupposerait plus rien, se voit démenti par la régression axiomatique qui, si loin qu'elle pousse, trouve toujours devant soi un « antérieur » non assimilé.

Robert BLANCHÉ, *L'Axiomatique*, 1955, P.U.F., pp. 98-99.

MÉMOIRE. TEMPS

Se souvenir de tout serait, en bien des circonstances, aussi fâcheux que ne se souvenir de rien; il faudrait, pour nous rappeler une portion déterminée de notre passé, exactement le temps qu'il fallut pour la vivre, et nous ne viendrions jamais à bout de penser.
William JAMES

Le Temps est-il un mythe ou l'étoffe de notre être? Il est vrai que, dès qu'on tente de saisir «objectivement» le temps, l'analyse ne nous livre qu'un paradoxe, à savoir que le passé n'est plus, que l'avenir n'est pas encore et que l'instant présent est encore à venir ou déjà passé... «Le temps, à proprement parler, n'existe pas, écrit Simone Weil, – et pourtant c'est à cela que nous sommes soumis. Telle est notre condition. Nous sommes soumis à ce qui n'existe pas...»

Mais en un autre sens: «Je suis moi-même le temps», comme dit si bien Merleau-Ponty. Car le temps existe bel et bien, pour et par un être en qui le passé subsiste organiquement, soit sous la forme inconsciente d'habitudes motrices, soit sous la forme de souvenirs plus ou moins disponibles. Cependant, «se souvenir», ce n'est pas simplement «stocker», c'est aussi «laisser perdre» continuellement une certaine information. Si la mémoire est une fonction sociale, c'est parce que l'homme est un être oublieux: nos souvenirs personnels s'ordonnent dans les cadres mnémotechniques élaborés et imposés par la société sous forme de calendriers et de repères collectifs.

Le mythe d'un passé tout spirituel, qui provoque la mémoire bien plus que celle-ci ne l'évoque, d'un passé définitivement soustrait aux vicissitudes – pur objet de contemplation – figure, chez Baudelaire ou Marcel Proust, une réalité conforme à leurs vœux et le parfait modèle de l'œuvre à accomplir. Mais l'objectivité du passé est illusoire, au regard de son évocation par une conscience actuelle; sous ce rapport, l'infidélité du souvenir n'est pas l'exception mais la règle. En revanche, plus intimement, notre mémoire est révélatrice de notre existence présente. N'exprime-t-elle pas le sens, c'est-à-dire à la fois la direction et la signification, de notre vie? Oublier, anticiper, retenir, – n'est-ce pas refuser ou accepter son «passé», se fermer ou s'ouvrir à de nouveaux projets? N'est-ce pas former *le récit* de notre existence?

Hors de nous, le temps s'affirme dans l'histoire de la connaissance, qui est la vraie mémoire de l'esprit humain: en nous, la mémoire de notre existence et son récit légendaire indiquent notre position sur la carte du Temps; entre nous, les diverses expériences irréductibles de la temporalité vécue s'accordent et se conjuguent dans *le temps du discours* – qui est aussi bien celui de la connaissance absolue et celui du conte sans fin –, dans l'espoir, peut-être, d'abolir le temps, «cette pure inquiétude de la vie» selon le mot de Hegel.

LA CONSCIENCE EST UN PONT JETÉ ENTRE DEUX TEMPS

Nous ne nous tenons jamais au temps présent.
Nous anticipons l'avenir comme trop lent à venir, comme pour hâter son cours;
ou nous rappelons le passé, pour l'arrêter comme trop prompt.
PASCAL, *Pensées,* posth., II, 172.

Qui dit esprit dit, avant tout, conscience. Mais qu'est-ce que la conscience? Vous pensez bien que je ne vais pas définir une chose aussi concrète, aussi constamment présente à l'expérience de chacun de nous. Mais, sans donner de la conscience une définition qui serait moins claire qu'elle, je puis la caractériser par son trait le plus apparent: conscience signifie d'abord mémoire. La mémoire peut manquer d'ampleur; elle peut n'embrasser qu'une faible partie du passé; elle peut ne retenir que ce qui vient d'arriver; mais la mémoire est là, ou bien alors la conscience n'y est pas. Une conscience qui ne conserverait rien de son passé, qui s'oublierait sans cesse elle-même, périrait et renaîtrait à chaque instant: comment définir autrement l'inconscience? Quand Leibniz disait de la matière que c'est «un esprit instantané», ne la déclarait-il pas, bon gré mal gré, insensible? Toute conscience est donc mémoire, – conservation et accumulation du passé dans le présent.

Mais toute conscience est anticipation de l'avenir. Considérez la direction de votre esprit à n'importe quel moment: vous trouverez qu'il s'occupe de ce qui est, mais en vue surtout de ce qui va être. L'attention est une attente, et il n'y a pas de conscience sans une certaine attention à la vie. L'avenir est là; il nous appelle, ou plutôt il nous tire à lui; cette traction ininterrompue, qui nous fait avancer sur la route du temps, est cause aussi que nous agissons continuellement. Toute action est un empiétement sur l'avenir.

Retenir ce qui n'est déjà plus, anticiper sur ce qui n'est pas encore, voilà donc la première fonction de la conscience. Il n'y aurait pas pour elle de présent, si le présent se réduisait à l'instant mathématique. Cet instant n'est que la limite, purement théorique, qui sépare le passé de l'avenir; il peut à la rigueur être conçu, il n'est jamais perçu. Ce que nous percevons en fait c'est une certaine épaisseur de durée qui se compose de deux parties: notre passé immédiat et notre avenir imminent. Sur ce passé nous sommes appuyés, sur cet avenir nous sommes penchés; s'appuyer et se pencher ainsi est le propre d'un être conscient. Disons donc, si vous voulez, que la conscience est un trait d'union entre ce qui a été et ce qui sera, un pont jeté entre le passé et l'avenir.

BERGSON, «La conscience et la vie» (1911), in *L'Énergie spirituelle,* P.U.F.

MÉMOIRE. TEMPS. IDÉE

1. RÉMINISCENCE ET OUBLI

Il est possible de vivre presque sans souvenir et de vivre heureux, comme le démontre l'animal, mais il est impossible de vivre sans oublier.
NIETZSCHE, *Considérations inactuelles*, 1873-76, II, 1.

Une intelligence d'homme doit s'exercer selon ce qu'on appelle *Idée* en allant d'une multiplicité de sensations vers une unité, dont l'assemblage est acte de réflexion. Or, cet acte consiste en un ressouvenir des objets que jadis notre âme a vus, lorsqu'elle s'associait à la promenade d'un dieu, lorsqu'elle regardait de haut tout ce à quoi dans notre présente existence nous attribuons la réalité et qu'elle levait la tête vers ce qui est réellement réel. Aussi est-il juste assurément que, seule, la pensée du philosophe soit ailée : c'est que les grands objets, auxquels constamment par le souvenir elle s'applique dans la mesure de ses forces, sont justement ceux auxquels, parce qu'il s'y applique, un dieu doit sa divinité ! Eh bien ! c'est en usant droitement de pareils moyens de souvenance qu'un homme, dont l'initiation à de parfaits mystères est toujours parfaite, est seul à devenir parfait. Mais, comme il s'écarte des objets où tend le zèle des hommes et qu'il s'attache à ce qui est divin, la foule lui remontre qu'il a la tête à l'envers, alors qu'il est possédé d'un dieu ; mais la foule ne s'en rend pas compte. [...] Quand, à la vue de la beauté d'ici-bas, au ressouvenir de celle qui est véritable, on prend des ailes, de nouveau ailé et impatient aussi de s'envoler, mais impuissant à le faire, portant son regard vers le haut à la manière de l'oiseau, mais négligeant les choses d'en-bas, on a ce qu'il faut pour se faire taxer d'être atteint de délire. [...] Toute âme d'homme [...] a par nature, ainsi que je l'ai dit, contemplé les réalités ; autrement, elle ne serait pas venue dans le vivant dont je parle. Mais trouver dans les choses de ce monde-ci le moyen de se ressouvenir de celles-là n'est pas aisé pour toute âme, ni pour celles qui, une fois tombées en ce lieu-ci, ont été assez malchanceuses pour se laisser tourner à l'injustice par on ne sait quelles fréquentations et pour y trouver l'oubli des augustes objets dont, en ce temps-là, elles ont eu la vision ; il n'en reste donc qu'un petit nombre auxquelles appartienne en suffisance le don du souvenir. Mais, quand il arrive à celles-ci d'apercevoir une imitation des choses de là-bas, elles sont hors d'elles-mêmes et ne se possèdent plus ! Quant à la nature de ce qu'elles éprouvent, elles ne s'en rendent pas compte, faute de pouvoir s'analyser comme il faut.

PLATON (env. 428-347 av. J.-C.), *Phèdre*, 249 c., trad. Robin, Les Belles Lettres.

MÉMOIRE. ART. TECHNIQUE

2. L'INVENTION DE « L'ART DE LA MÉMOIRE »

Le rôle principal de la mémoire est de conserver non pas simplement les idées, mais leur ordre et leur position.
HUME

Je rends grâce au vieux Simonide de Céos[a] qui fut, dit-on, l'inventeur de la mémoire artificielle *(ars memoriae)*. On raconte que, soupant un jour à Crannon, en Thessalie, chez Scopas, homme riche et noble, Simonide chanta une ode en l'honneur de son hôte, où, pour embellir sa matière à la façon des poètes, il s'était beaucoup étendu sur Castor et Pollux. Scopas, poussé par une basse avarice, dit à Simonide qu'il ne lui donnerait pour ses vers que la moitié du prix convenu et que le reste, l'auteur pouvait aller le réclamer, si bon lui semblait, à ses amis les Tyndarides[1] qui avaient eu la moitié de l'éloge. Quelques instants après, on vint prier Simonide de sortir : deux jeunes gens se tenaient à la porte et demandaient instamment à lui parler. Il se leva, sortit et ne trouva personne. Mais dans le même moment, la salle où Scopas était à table s'écroula, et cette ruine l'écrasa, lui et ses proches. Comme les parents des victimes, qui désiraient ensevelir leurs morts, ne pouvaient reconnaître les cadavres affreusement broyés, Simonide, en se rappelant la place que chaque convive avait occupée, permit aux familles de retrouver et d'inhumer les restes de chacun d'eux. Instruit par cet événement, il s'aperçut que l'ordre est ce qui peut le mieux guider et éclairer la mémoire. Aussi, pour exercer cette faculté du cerveau, doit-on, selon le conseil de Simonide, choisir en pensée des emplacements distincts, se former les images des choses qu'on veut retenir, puis ranger ces images dans les divers emplacements. Alors, l'ordre des lieux[b] conserve l'ordre des choses, les images rappelant les choses elles-mêmes. Les lieux sont les tablettes de cire[2] sur lesquelles on écrit ; les images sont les lettres qu'on y trace.

Cicéron, *De l'orateur,* « De oratore » (55 av. J.-C.), II, LXXXVI, 351-354.

1. Les fils de Tyndare (et de Léda) : Castor, Pollux (et leurs sœurs Hélène et Clytemnestre).

2. Cf. Platon, *Théétète,* 191 c-d.

a. *Simonide de Céos (env. 556 à 468 av. J.-C.), poète présocratique. Une tablette de marbre trouvée à Paros au* XVII*e siècle et datant du* III*e siècle av. J.-C. porte, notamment, l'inscription suivante : « Simonide de Céos, fils de Léoprépès, inventeur du système des aide-mémoire, remporta le prix de chœur à Athènes... »*

b. *Cf. Aristote et les « topiques » de la dialectique, ainsi dénommés à partir des lieux* (topoi) *dans lesquels ils étaient déposés.*

MÉMOIRE. VIVANT

3. La mémoire du corps

Les jambes, les bras, sont pleins de souvenirs engourdis.
Marcel Proust

Pour les espèces qui servent à la mémoire, je ne nie pas absolument qu'elles ne puissent être en partie dans la glande nommée *conarium,* principalement dans les bêtes brutes, et en ceux qui ont l'esprit grossier ; car, pour les autres, ils n'auraient pas, ce me semble, tant de facilité qu'ils ont à imaginer une infinité de choses qu'ils n'ont jamais vues, si leur âme n'était jointe à quelque partie du cerveau, qui fût fort propre à recevoir toutes sortes de nouvelles impressions, et par conséquent fort malpropre à les conserver. Or est-il qu'il n'y a que cette glande seule, à laquelle l'âme puisse être ainsi jointe ; car il n'y a qu'elle seule, en toute la tête, qui ne soit point double. Mais je crois que c'est tout le reste du cerveau qui sert le plus à la mémoire, principalement ses parties intérieures, et même aussi que tous les nerfs et les muscles y peuvent servir ; en sorte que, par exemple, un joueur de luth a une partie de sa mémoire en ses mains, car la facilité de plier et de disposer ses doigts en diverses façons, qu'il a acquise par habitude, aide à le faire souvenir des passages pour l'exécution desquels il les doit ainsi disposer. Ce que vous croirez aisément, s'il vous plaît de considérer que tout ce qu'on nomme mémoire locale est hors de nous; en sorte que, lorsque nous avons lu quelque livre, toutes les espèces qui peuvent servir à nous faire souvenir de ce qui est dedans, ne sont pas en notre cerveau, mais il y en a aussi plusieurs dans le papier de l'exemplaire que nous avons lu. Et il n'importe pas que ces espèces n'aient point de ressemblance avec les choses dont elles nous font souvenir; car souvent celles qui sont dans le cerveau n'en ont pas davantage, comme j'ai dit au quatrième Discours de ma *Dioptrique*. Mais, outre cette mémoire, qui dépend du corps, j'en reconnais encore une autre, du tout intellectuelle, qui ne dépend que de l'âme seule.

DESCARTES, *Lettre à Mersenne,* 1er avril 1640.

MÉMOIRE. MATIÈRE. VIE

4. LES DEUX FORMES DE LA MÉMOIRE : L'HABITUDE ET LE SOUVENIR

J'étudie une leçon, et pour l'apprendre par cœur je la lis d'abord en scandant chaque vers; je la répète ensuite un certain nombre de fois. À chaque lecture nouvelle un progrès s'accomplit; les mots se lient de mieux en mieux; ils finissent par s'organiser ensemble. À ce moment précis je sais ma leçon par cœur; on dit qu'elle est devenue souvenir, qu'elle s'est imprimée dans ma mémoire.

Je cherche maintenant comment la leçon a été apprise, et je me représente les phases par lesquelles j'ai passé tour à tour. Chacune des lectures successives me revient alors à l'esprit avec son individualité propre; je la revois avec les circonstances qui l'accompagnaient et qui l'encadrent encore; elle se distingue de celles qui précèdent et de celles qui suivent par la place même qu'elle a occupée dans le temps; bref, chacune de ces lectures repasse devant moi comme un événement déterminé de mon histoire. On dira encore que ces images sont des souvenirs, qu'elles se sont imprimées dans ma mémoire. On emploie les mêmes mots dans les deux cas. S'agit-il bien de la même chose?

Le souvenir de la leçon, en tant qu'apprise par cœur, a *tous* les caractères d'une habitude. Comme l'habitude, il s'acquiert par la répétition d'un même effort. Comme l'habitude, il a exigé la décomposition d'abord, puis la recomposition de l'action totale. Comme tout exercice habituel du corps, enfin, il s'est emmagasiné dans un mécanisme qu'ébranle tout entier une impulsion initiale, dans un système clos de mouvements automatiques, qui se succèdent dans le même ordre et occupent le même temps.

Au contraire, le souvenir de telle lecture particulière, la seconde ou la troisième par exemple, n'a *aucun* des caractères de l'habitude. L'image s'en est nécessairement imprimée du premier coup dans la mémoire, puisque les autres lectures constituent, par définition même, des souvenirs différents. C'est comme un événement de ma vie; il a pour essence de porter une date, et de ne pouvoir par conséquent se répéter. Tout ce que les lectures ultérieures y ajouteraient ne ferait qu'en altérer la nature originelle; et si mon effort pour évoquer cette image devient de plus en plus facile à mesurer que je le répète plus souvent, l'image même, envisagée en soi, était nécessairement d'abord ce qu'elle sera toujours.

BERGSON, *Matière et mémoire* (1896), Alcan, 1939, pp. 83-84.

MÉMOIRE. IMAGINATION. TEMPS

5. LA MÉMOIRE, L'ACTION ET LE RÊVE

De ces deux mémoires, dont l'une *imagine* et dont l'autre *répète*, la seconde peut suppléer la première et souvent même en donner l'illusion. Quand le chien accueille son maître par des aboiements joyeux et des caresses, il le reconnaît, sans aucun doute; mais cette reconnaissance implique-t-elle l'évocation d'une image passée et le rapprochement de cette image avec la perception présente? Ne consiste-t-elle pas plutôt dans la conscience que prend l'animal d'une certaine attitude spéciale adoptée par son corps, attitude que ses rapports familiers avec son maître lui ont composée peu à peu, et que la seule perception du maître provoque maintenant chez lui mécaniquement? N'allons pas trop loin! chez l'animal lui-même, de vagues images du passé débordent peut-être la perception présente; on concevrait même que son passé tout entier fût virtuellement dessiné dans sa conscience; mais ce passé ne l'intéresse pas assez pour le détacher du présent qui le fascine, et sa reconnaissance doit être plutôt vécue que pensée. Pour évoquer le passé sous forme d'image, il faut pouvoir s'abstraire de l'action présente, il faut savoir attacher du prix à l'inutile, il faut vouloir rêver. L'homme seul est peut-être capable d'un effort de ce genre. Encore le passé où nous remontons ainsi est-il glissant, toujours sur le point de nous échapper, comme si cette mémoire régressive était contrariée par l'autre mémoire, plus naturelle, dont le mouvement en avant nous porte à agir et à vivre.

BERGSON, *Ibid.*, pp. 87-88.

MÉMOIRE. SOCIÉTÉ. AUTRUI

6. LES CADRES SOCIAUX DE LA MÉMOIRE

À 9 ou 10 ans, un enfant possède beaucoup de souvenirs, récents et même assez anciens. Que lui en resterait-il s'il était brusquement séparé des siens, transporté dans un pays où on ne parle pas sa langue, où ni dans l'aspect des gens et des lieux, ni dans les coutumes, il ne retrouverait rien de ce qui lui était familier jusqu'à ce moment?

Si nous examinions d'un peu plus près de quelle façon nous nous souvenons, nous reconnaîtrions que, très certainement, le plus grand nombre de nos souvenirs nous reviennent lorsque nos parents, nos amis, ou d'autres hommes nous les rappellent. On est assez étonné lorsqu'on lit les traités de psychologie où il est traité de la mémoire, que l'homme y soit considéré comme un être isolé. Il semble que, pour comprendre nos opérations mentales, il soit nécessaire de s'en tenir à l'individu, et de sectionner d'abord tous les liens qui le rattachent à la société de ses semblables. Cependant, c'est dans la société que, normalement, l'homme acquiert ses souvenirs, qu'il se les rappelle, et, comme on dit, qu'il les reconnaît et les localise. Comptons, dans une journée, le nombre de souvenirs que nous avons évoqués à l'occasion de nos rapports directs et indirects avec d'autres hommes. Nous verrons que, le plus souvent, nous ne faisons appel à notre mémoire que pour répondre à des questions que les autres nous posent, ou que nous supposons qu'ils pourraient nous poser, et que d'ailleurs, pour y répondre, nous nous plaçons à leur point de vue, et nous nous envisageons comme faisant partie du même groupe ou des mêmes groupes qu'eux. Mais pourquoi ce qui est vrai d'un grand nombre de nos souvenirs ne le serait-il pas de tous? Le plus souvent, si je me souviens, c'est que les autres m'incitent à me souvenir, que leur mémoire vient au secours de la mienne, que la mienne s'appuie sur la leur. Dans ces cas au moins, le rappel des souvenirs n'a rien de mystérieux. Il n'y a pas à chercher où ils sont, où ils se conservent, dans mon cerveau, ou dans quelque réduit de mon esprit où j'aurais seul accès, puisqu'ils me sont rappelés du dehors, et que les groupes dont je fais partie m'offrent à chaque instant les moyens de les reconstruire, à condition que je me tourne vers eux et que j'adopte au moins temporairement leurs façons de penser. Mais pourquoi n'en serait-il pas ainsi dans tous les cas?

C'est en ce sens qu'il existerait une mémoire collective et des cadres sociaux de la mémoire, et c'est dans la mesure où notre pensée individuelle se replace dans ces cadres et participe à cette mémoire qu'elle serait capable de se souvenir.

Maurice Halbwachs, *Les Cadres sociaux de la mémoire,* 1925,
Avant-propos, p. XVI.

7. La mémoire, réaction sociale contre l'absence

Cet animal nécessairement oublieux (l'homme), pour qui l'oubli est une force et la manifestation d'une santé *robuste*, s'est créé une faculté contraire, la mémoire, par quoi, dans certains cas, il tiendra l'oubli en échec, – à savoir dans les cas où il s'agit de promettre.

Nietzsche

Nous savons très bien que la conduite expérimentale est une conduite tardive qui s'est développée après le raisonnement, après des siècles d'évolution. Les animaux n'ont pas besoin de cette expérience et ne s'en servent pas. Ils ont l'habitude, qui est bien suffisante et qui n'est pas la mémoire.

Par conséquent, se souvenir, pour un homme isolé, est inutile, et Robinson, dans son île, n'a pas besoin de faire un journal. S'il fait un journal, c'est parce qu'il s'attend à retourner parmi les hommes. La mémoire est une fonction sociale au premier chef.

Mais, ici encore, il y a un embarras. Une conduite sociale est une conduite par rapport à des hommes, mais auxquels? À quoi cela peut-il bien servir d'avoir cette conduite sociale? En général, notre conduite avec les hommes n'est pas une conduite de mémoire, c'est une conduite d'ordre. Nous disons aux hommes: «Faites ceci, faites cela», et nos ordres sont en rapport avec les circonstances environnantes. Il y a de l'eau devant les sujets, le chef leur dit: «Buvez.» Lorsque le chef aura découvert une source très loin de là, il ne peut pas rentrer au camp en disant: «Buvez» puisqu'il n'y a que du sable devant eux.

Nous sommes en présence d'un ordre compliqué qui consiste à dire: «Commençons par aller dans telle direction, et, après cela, vous boirez.» Pourquoi cette complication et pourquoi cet ordre spécial qui est l'ordre de mémoire et l'ordre du récit?

C'est à cause d'une circonstance sociale très intéressante sur laquelle j'ai déjà attiré votre attention [...]: c'est parce que cette conduite sociale s'adresse à certains associés, à certains *socii,* qui ont ce caractère particulier d'être absents, et c'est leur absence qui détermine la modification des ordres. [...] Pourquoi le chef parle-t-il de la source d'une manière compliquée, mémorielle? C'est parce que la source n'est pas là.

La mémoire est une réaction sociale dans la condition d'absence. En réalité, l'acte de mémoire est une invention humaine, comme tous ces actes que nous considérons comme des tendances banales et dont nous faisons le fond de notre vie, alors qu'ils ont été construits peu à peu, par des hommes de génie. [...]

La mémoire a pour but de triompher de l'absence et c'est cette lutte contre l'absence qui caractérise la mémoire.

Pierre Janet, *L'Évolution de la mémoire et de la notion de temps* (1928), A. Chahine éd., reproduction autorisée par les éditions Maloine et la société Pierre Janet, pp. 219-221.

Temps. existence

8. Qu'est-ce que le temps?

Qu'est-ce donc que le temps? Si personne ne me le demande, je le sais; mais si on me le demande et que je veuille l'expliquer, je ne le sais plus. Pourtant, je le déclare hardiment, je sais que si rien ne passait, il n'y aurait pas de temps passé; que si rien n'arrivait, il n'y aurait pas de temps à venir; que si rien n'était, il n'y aurait pas de temps présent.

Comment donc, ces deux temps, le passé et l'avenir, sont-ils, puisque le passé n'est plus et que l'avenir n'est pas encore? Quant au présent, s'il était toujours présent, s'il n'allait pas rejoindre le passé, il ne serait pas du temps, il serait l'éternité. Donc, si le présent, pour être du temps, doit rejoindre le passé, comment pouvons-nous déclarer qu'il est aussi, lui qui ne peut être qu'en cessant d'être? Si bien que ce qui nous autorise à affirmer que le temps est, c'est qu'il tend à n'être plus [...]

Ce qui m'apparaît maintenant avec la clarté de l'évidence, c'est que ni l'avenir, ni le passé n'existent. Ce n'est pas user de termes propres que de dire: «Il y a trois temps, le passé, le présent et l'avenir.» Peut-être dirait-on plus justement: «Il y a trois temps: le présent du passé, le présent du présent, le présent du futur.» Car ces trois sortes de temps existent dans notre esprit et je ne les vois pas ailleurs. Le présent du passé, c'est la mémoire; le présent du présent, c'est l'intuition directe; le présent de l'avenir, c'est l'attente. Si l'on me permet de m'exprimer ainsi, je vois et j'avoue qu'il y a trois temps, oui, il y en a trois.

Que l'on persiste à dire: «Il y a trois temps, le passé, le présent et l'avenir», comme le veut un usage abusif, oui qu'on le dise. Je ne m'en soucie guère, ni je n'y contredis ni ne le blâme, pourvu cependant que l'on entende bien ce qu'on dit, et qu'on n'aille pas croire que le futur existe déjà, que le passé existe encore. Un langage fait de termes propres est chose rare: très souvent nous parlons sans propriété, mais on comprend ce que nous voulons dire.

Saint Augustin, *Les Confessions* (400), Livre XI, chap. 14-20, trad. J. Trabucco, Garnier.

Temps. idée

9. La *permanence* du temps

Le passage du présent à un autre présent, je ne le pense pas, je n'en suis pas le spectateur, je l'effectue, je suis déjà au présent qui va venir comme mon geste est déjà à son but, je suis moi-même le temps, un temps qui «demeure» et ne «s'écoule» ni ne «change», comme Kant l'a dit dans quelques textes. Cette idée du temps qui se devance lui-même, le sens commun l'aperçoit à sa façon. Tout le monde parle du temps, et non pas comme le zoologiste parle du chien ou du cheval, au sens d'un nom collectif, mais au sens d'un nom propre. Quelquefois même, on le personnifie. Tout le monde pense qu'il y a là un seul être concret, tout entier présent en chacune de ses manifestations comme un homme est dans chacune de ses paroles. On dit qu'il y a un temps comme on dit qu'il y a un jet d'eau: l'eau change et le jet d'eau demeure parce que la forme se conserve; la forme se conserve parce que chaque onde successive reprend les fonctions de la précédente: onde poussante par rapport à celle qu'elle poussait, elle devient à son tour onde poussée par rapport à une autre; et cela même vient enfin de ce que, depuis la source jusqu'au jet, les ondes ne sont pas séparées: il n'y a qu'une seule poussée, une seule lacune dans le flux suffirait à rompre le jet. C'est ici que se justifie la métaphore de la rivière, non pas en tant que la rivière s'écoule, mais en tant qu'elle ne fait qu'un avec elle-même. Seulement, cette intuition de la permanence du temps est compromise dans le sens commun, parce qu'il le thématise ou l'objective, ce qui est justement la plus sûre manière de l'ignorer. Il y a plus de vérité dans les personnifications mythiques du temps que dans la notion du temps considéré, à la manière scientifique, comme une variable de la nature en soi ou, à la manière kantienne, comme une forme idéalement séparable de sa matière. Il y a un style temporel du monde et le temps demeure le même parce que le passé est un ancien avenir et un présent récent, le présent un passé prochain et un avenir récent, l'avenir enfin un présent et même un passé à venir, c'est-à-dire parce que chaque dimension du temps est traitée ou visée *comme* autre chose qu'elle-même – c'est-à-dire enfin parce qu'il y a au cœur du temps un regard, ou, comme dit Heidegger, un Augenblick[1], *quelqu'un* par qui le mot *comme* puisse avoir un sens.

1. Littéralement: clin d'œil.

Merleau-Ponty, *Phénoménologie de la perception,* Gallimard, 1945, p. 482.

TEMPS ET LANGAGE

10. LE TEMPS DU DISCOURS

C'est par la langue que se manifeste l'expérience humaine du temps, et le temps linguistique nous apparaît également irréductible au temps chronique et au temps physique.

Ce que le temps linguistique a de singulier est qu'il est organiquement lié à l'exercice de la parole, qu'il se définit et s'ordonne comme fonction du discours.

Ce temps a son centre – un centre générateur et axial ensemble – dans le *présent* de l'instance de parole.

[...] Mais l'acte de parole est nécessairement individuel; l'instance spécifique d'où résulte le présent est chaque fois nouvelle. En conséquence la temporalité linguistique devrait se réaliser dans l'univers intrapersonnel du locuteur comme une expérience irrémédiablement subjective et impossible à transmettre. Si je raconte ce qui «m'est arrivé», le passé auquel je me réfère n'est défini que par rapport au présent de mon acte de parole, mais comme l'acte de parole surgit de moi et que personne d'autre ne peut parler par ma bouche non plus que voir par mes yeux ou éprouver ce que je sens, c'est à moi seul que ce «temps» se rapportera et c'est à ma seule expérience qu'il se restreindra. Mais le raisonnement est en défaut. Quelque chose de singulier, de très simple et d'infiniment important se produit qui accomplit ce qui semblait logiquement impossible: la temporalité qui est mienne quand elle ordonne mon discours est d'emblée acceptée comme sienne par mon interlocuteur. Mon «aujourd'hui» se convertit en son «aujourd'hui», quoiqu'il ne l'ait pas lui-même instauré dans son propre discours, et mon «hier» en son «hier». Réciproquement, quand il parlera en réponse, je convertirai, devenu récepteur, sa temporalité en la mienne. Telle apparaît la condition d'intelligibilité du langage, révélée par le langage: elle consiste en ce que la temporalité du locuteur, quoique littéralement étrangère et inaccessible au récepteur, est identifiée par celui-ci à la temporalité qui informe sa propre parole quand il devient à son tour locuteur. L'un et l'autre se trouvent ainsi accordés sur la même longueur d'onde. Le temps du discours n'est ni ramené aux divisions du temps chronique ni enfermé dans une subjectivité solipsiste. Il fonctionne comme un facteur d'intersubjectivité, ce qui d'unipersonnel qu'il devrait être le rend omnipersonnel. La condition d'intersubjectivité permet seule la communication linguistique.

Émile BENVENISTE[a], «Le langage et l'expérience humaine», in *Problèmes du langage*, Gallimard, 1966, pp. 8-11.

a. *Émile Benveniste (1902-1976): linguiste. Professeur au Collège de France. L'un des plus éminents théoriciens des langues indo-européennes. Il a également étudié sur le terrain (Perse, Afghanistan) des langues iraniennes et plusieurs langues amérindiennes (Colombie britannique, Alaska). A publié un grand nombre d'articles de linguistique générale et comparée. Outre les concepts de «temps du discours» et d'«instance de parole», on doit à E. Benveniste, comme l'écrit P. Ricœur, «une distinction trop négligée: celle du* sémiologique, *c'est-à-dire des aspects du fait linguistique commandés par la place des éléments dans le système de la langue, et du* sémantique, *c'est-à-dire des aspects du même fait issus de leur emploi dans la phrase considérée comme la première unité du discours».*

TEMPS. MÉTAPHYSIQUE

11. LE TEMPS : FORME *A PRIORI* DE TOUS LES PHÉNOMÈNES EN GÉNÉRAL [1]

a) Le temps n'est pas quelque chose qui existe en soi, ou qui soit inhérent aux choses comme une détermination objective, et qui, par conséquent, subsiste, si l'on fait abstraction de toutes les conditions subjectives de leur intuition ; dans le premier cas, en effet, il faudrait qu'il fût quelque chose qui existât réellement sans objet réel. Mais dans le second cas, en qualité de détermination ou d'ordre inhérent aux choses elles-mêmes, il ne pourrait être donné avant les objets comme leur condition, ni être connu et intuitionné *a priori*[2] par des propositions synthétiques ; ce qui devient facile, au contraire, si le temps n'est que la condition subjective sous laquelle peuvent trouver place en nous toutes les intuitions. Alors, en effet, cette forme de l'intuition intérieure peut être représentée avant les objets et, par suite, *a priori.*

b) Le temps n'est autre chose que la forme du sens interne, c'est-à-dire de l'intuition de nous-mêmes et de notre état intérieur. En effet, le temps ne peut pas être une détermination des phénomènes extérieurs, il n'appartient ni à une figure, ni à une position, etc. ; au contraire, il détermine le rapport des représentations dans notre état interne. Et, précisément parce que cette intuition intérieure ne fournit aucune figure, nous cherchons à suppléer à ce défaut par des analogies et nous représentons la suite du temps par une ligne qui se prolonge à l'infini et dont les diverses parties constituent une série qui n'a qu'une dimension, et nous concluons des propriétés de cette ligne à toutes les propriétés du temps, avec cette seule exception que les parties de la première sont simultanées, tandis que celles du second sont toujours successives. Il ressort clairement de là que la représentation du temps lui-même est une intuition, puisque tous ses rapports peuvent être exprimés par une intuition extérieure.

c) Le temps est la condition formelle *a priori* de tous les phénomènes en général. L'espace, en tant que forme pure de l'intuition extérieure, est limité, comme condition *a priori*, simplement aux phénomènes externes. Au contraire, comme toutes les représentations, qu'elles puissent avoir ou non pour objets des choses extérieures, appartiennent, pourtant, en elles-mêmes, en qualité de déterminations de l'esprit à l'état interne, et, comme cet état interne est toujours soumis à la condition formelle de l'intuition intérieure et que, par suite, il appartient au temps, le temps est une condition *a priori* de tous les phénomènes en général et, à la vérité, la condition immédiate des phénomènes intérieurs (de notre âme), et, par là même, la condition médiate des phénomènes extérieurs.

KANT, *Critique de la Raison pure,* 1781, Esthétique transcendantale, 2e section, § 6.

1. Cf. texte de Kant sur « l'espace », p. 116.

2. *a priori* : *avant* toute expérience et *indépendamment* de toute expérience.

PLATON (427-347 av. J.-C.), Musée du Louvre, Paris.

Photo R.M.N./P. Le Roy.

MÉTAPHYSIQUE

Toute la philosophie est comme un arbre, dont les racines sont la métaphysique...
DESCARTES

Aristote, ayant composé plusieurs traités sur les objets de pensée les plus abstraits, les avait ensuite réunis en un seul ouvrage. Pour indiquer le rang que devaient tenir ces traités parmi ses autres écrits, Aristote, ou son successeur immédiat, Théophraste, les désigna tout simplement par cette inscription: «Ta méta ta phusika», *ce qui vient après* ou encore *ce qui doit être lu après* les ouvrages de *physique*. Ce titre fit fortune: il devint celui d'une «science» distincte, longtemps regardée comme le but le plus élevé de la philosophie et le couronnement (Platon) ou le fondement (Descartes) de toute connaissance.

La métaphysique se situe ainsi à la charnière de la philosophie et de la théologie. Sa définition théorique comme «science de l'être en tant qu'être» (Aristote), «science des premiers principes» ou «philosophie première» (Descartes, Leibniz), divise les doctrines: certes, tout philosophe est en quelque sorte un méta-physicien cherchant les principes de toute connaissance, même si, pour les *sensualistes* par exemple (Locke, Condillac), la pensée se réduit à des sensations et la métaphysique à une espèce de physiologie.

Mais, pour les *dogmatiques* (Platon, Hegel), les principes de la Raison (ou du *Logos*) sont aussi les principes de tout ce qui existe, ils sont comme l'étoffe ou la substance de tous les êtres, tandis que pour la philosophie *critique* (Kant), le domaine de la «métaphysique» se situe hors de portée de la raison, en dehors de l'espace et du temps: les procédures scientifiques de vérification y sont, par conséquent, inopérantes, et il n'y a donc plus, dans ce domaine, ni vrai ni faux. Et pourtant, il est dans la nature de l'esprit humain de s'élancer obstinément vers cette région inaccessible, pour y chercher en vain la solution de problèmes «inévitables», à savoir Dieu, la liberté, et l'immortalité de l'âme.

Pour le *positivisme* (Comte), l'esprit «métaphysique», qui se satisfait d'*entités*, correspond à un «âge» ou à un «état» de l'humanité, intermédiaire entre l'âge théologique (qui explique tout par l'intervention de *divinités*) et l'âge positif (qui se borne à connaître les *lois* des phénomènes, sans chercher leurs causes). Mais cet état métaphysique, essentiellement négatif, ne peut remplir qu'un office *transitoire*, entre l'enfance et la virilité de l'esprit humain.

Quoi qu'il en soit, qu'ils se réclament de l'une ou l'autre de ces doctrines, les philosophes voient moins dans la métaphysique une «science» divine, ou même une «connaissance» au sens précis de ce terme, que le témoignage d'une *inquiétude* fondamentale, et proprement humaine, à la racine de toute activité et de toute connaissance.

LA RECHERCHE DE LA *PHILOSOPHIE PREMIÈRE*

La métaphysique, cette science qui n'a pour ainsi dire jamais eu d'autre existence qu'en Idée...

KANT, *Les Progrès de la métaphysique en Allemagne, depuis Leibniz et Wolf*, 1793, début.

Les hommes, par une sorte de nécessité, se servent couramment de termes métaphysiques et se flattent de comprendre ce qu'ils ont appris à répéter. Et ce n'est pas seulement de la substance, mais encore de la cause, de l'action, de la relation, de la similitude et de la plupart des termes généraux, qu'on ignore à l'ordinaire manifestement les notions vraies et fécondes. C'est pourquoi personne ne doit s'étonner que cette science primordiale à laquelle revient le nom de Philosophie première et qu'Aristote a appelée *désirée* ou *recherchée* (ζητουμένη) demeure aujourd'hui encore parmi les sciences qui doivent se chercher. Il est vrai que Platon, en plusieurs endroits de ses dialogues, s'applique à retrouver la valeur des notions ; Aristote en fait autant dans ses livres appelés communément métaphysiques ; mais il ne paraît pas que ce soit avec beaucoup de fruit. Les Platoniciens postérieurs sont tombés dans des extravagances de langage, les Aristotéliciens et surtout les Scolastiques ont eu plus à cœur de faire surgir des questions que de les résoudre. De notre temps quelques hommes éminents se sont aussi appliqués à la Philosophie première, mais jusqu'ici sans beaucoup de succès. On ne peut nier que Descartes ne lui ait apporté une précieuse contribution : il a eu surtout le mérite de faire revivre la tendance platonicienne à détourner l'esprit des impressions sensibles, et il a de plus fait un bon usage du doute des académiciens ; mais bientôt, par une certaine inconséquence ou légèreté de ses affirmations, il s'est écarté du but, il n'a pas distingué le certain de l'incertain.

LEIBNIZ, *De Primae philosophiae Emendatione* (1694), édit. Gerhardt, vol. 4, p. 468, trad. Schrecker.

MÉTAPHYSIQUE. MATHÉMATIQUE. RAISON

1. LA MÉTAPHYSIQUE : CHEMINEMENTS ET COMBATS

La *Métaphysique*, connaissance spéculative de la raison tout à fait isolée et qui s'élève complètement au-dessus des enseignements de l'expérience par de simples concepts (et non pas, comme la Mathématique, en appliquant ses concepts à l'intuition), et où, par conséquent, la raison doit être son propre élève, n'a pas eu jusqu'ici l'heureuse destinée de pouvoir s'engager dans la voie sûre d'une science ; elle est cependant plus ancienne que toutes les autres et elle subsisterait quand bien même toutes les autres ensemble seraient englouties dans le gouffre d'une barbarie entièrement dévastatrice. Car la raison s'y trouve continuellement dans l'embarras, même quand elle veut apercevoir *a priori* des lois que l'expérience la plus vulgaire confirme ou, du moins, a la prétention de confirmer. En elle, il faut sans cesse rebrousser chemin, parce qu'on trouve que la route qu'on a suivie ne mène pas où l'on veut arriver. Quant à l'accord de ses partisans dans leurs assertions, elle en est tellement éloignée qu'elle semble être plutôt une arène tout particulièrement destinée à exercer les forces des lutteurs en des combats de parade et où jamais un champion n'a pu se rendre maître de la plus petite place et fonder sur sa victoire une possession durable.

KANT, *Critique de la Raison pure*, Préface de la seconde édition (1787).

PHILOSOPHIE. RELIGION

2. LE BESOIN MÉTAPHYSIQUE ET LES DEUX FAÇONS DE LE SATISFAIRE

L'homme est un animal métaphysique. Sans doute, quand sa conscience ne fait encore que s'éveiller, il se figure être intelligible sans effort ; mais cela ne dure pas longtemps : avec la première réflexion, se produit déjà cet étonnement qui sera plus tard le père de la métaphysique. C'est en ce sens qu'Aristote a dit aussi au début de sa *Métaphysique* : « C'est l'étonnement qui poussa, comme aujourd'hui, les premiers penseurs aux spéculations philosophiques » [...]

Les temples et les églises, les pagodes et les mosquées, dans tous les pays, à toutes les époques, dans leur magnificence et leur grandeur, témoignent de ce besoin métaphysique de l'homme qui, tout-puissant et indélébile, vient aussitôt après le besoin physique [...].

Voyons maintenant d'un coup d'œil général les différentes façons de satisfaire ce besoin métaphysique si impérieux.

Par métaphysique, j'entends tout ce qui a la prétention d'être une connaissance dépassant l'expérience, c'est-à-dire les phénomènes donnés, et qui tend à expliquer par quoi la nature est conditionnée dans un sens ou dans l'autre, ou, pour parler vulgairement, à montrer ce qu'il y a derrière la nature et qui la rend possible. Or, la grande diversité originelle des intelligences, à laquelle s'ajoute encore la différence des éducations, qui exigent tant de loisirs, tout cela distingue si profondément les hommes, qu'aussitôt qu'un peuple est sorti de l'ignorance grossière, une même métaphysique ne saurait suffire pour tous. Aussi, chez les peuples civilisés, trouvons-nous en gros deux espèces de métaphysiques, qui se distinguent l'une de l'autre, en ce que l'une porte en elle-même sa confirmation, et que l'autre la cherche en dehors d'elle. La réflexion, la culture, les loisirs et le jugement, telles sont les conditions qu'exigent les systèmes métaphysiques de la première espèce, pour contrôler la confirmation qu'ils se donnent à eux-mêmes ; aussi ne sont-ils accessibles qu'à un très petit nombre d'hommes, et ne peuvent-ils se produire et se conserver que dans les civilisations avancées. C'est pour la multitude au contraire, pour des gens qui ne sont pas capables de penser, mais seulement de croire, que sont faits exclusivement les systèmes de la seconde espèce. La foule ne peut que croire et s'incliner devant une autorité, le raisonnement n'ayant pas de prise sur elle. Nous appellerons ces systèmes des métaphysiques populaires, par analogie avec la poésie et la sagesse populaires (sous ce dernier nom on entend les proverbes). Cependant ils sont appelés communément religions et se trouvent chez tous les peuples, excepté les plus primitifs (...). Ces deux sortes de métaphysiques, dont les différences se résument en deux appellations : Doctrines de Foi et Doctrines de Raison, ont cela de commun, que de part et d'autre les systèmes particuliers de chaque espèce sont en guerre ensemble. Entre ceux de la première, la lutte se réduit à la discussion ou au pamphlet ; mais entre ceux de la seconde, c'est avec le feu et le glaive que l'on se combat ; plusieurs d'entre eux ne se sont guère répandus que grâce à ce dernier genre de polémique, et se sont petit à petit partagé la terre, mais d'une façon si tranchée et si souveraine, que les peuples se distinguent bien plus par là que par leur nationalité ou leur gouvernement.

Arthur Schopenhauer, *Le Monde comme volonté et comme représentation* (1859), traduction française de A. Burdeau, revue et corrigée par R. Roos, P.U.F., 1978, pp. 851-857.

THÉOLOGIE. MÉTAPHYSIQUE

3. Office transitoire de la métaphysique

Toutes nos spéculations quelconques sont inévitablement assujetties, soit chez l'individu, soit chez l'espèce, à passer successivement par trois états théoriques différents, que les dénominations habituelles de théologique, métaphysique et positif pourront ici qualifier suffisamment [...]

Ce régime initial[1] diffère trop profondément, à tous égards, de celui[2] que nous allons voir correspondre à la virilité mentale, pour que le passage graduel de l'un à l'autre pût originairement s'opérer, soit dans l'individu, soit dans l'espèce, sans l'assistance croissante d'une sorte de philosophie intermédiaire[3], essentiellement bornée à cet office transitoire. Telle est la participation spéciale de l'état métaphysique proprement dit à l'évolution fondamentale de notre intelligence, qui, antipathique à tout changement brusque, peut ainsi s'élever presque insensiblement de l'état purement théologique à l'état franchement positif, quoique cette situation équivoque se rapproche, au fond, bien davantage du premier que du dernier. Les spéculations dominantes y ont conservé le même caractère essentiel de tendance habituelle aux connaissances absolues : seulement la

1. Théologique.
2. Positif.
3. Métaphysique.

solution y a subi une transformation notable, propre à mieux faciliter l'essor des conceptions positives. Comme la théologie, en effet, la métaphysique tente surtout d'expliquer la nature intime des êtres, l'origine et la destination de toutes choses, le mode essentiel de production des phénomènes ; mais au lieu d'y employer les agents surnaturels proprement dits, elle les remplace de plus en plus par ces *entités* ou abstractions personnifiées, dont l'usage, vraiment caractéristique, a souvent permis de la désigner sous le nom d'*ontologie*. Il n'est que trop facile aujourd'hui d'observer aisément une telle manière de philosopher qui, encore prépondérante envers les phénomènes les plus compliqués, offre journellement, même dans les théories les plus simples et les moins arriérées, tant de traces appréciables de sa longue domination*. L'efficacité historique de ces entités résulte directement de leur caractère équivoque : car, en chacun de ces êtres métaphysiques, inhérent au corps correspondant sans se confondre avec lui, l'esprit peut, à volonté, selon qu'il est plus près de l'état théologique ou de l'état positif, voir ou une véritable émanation de la puissance surnaturelle, ou une simple dénomination abstraite du phénomène considéré. Ce n'est plus alors la pure imagination qui domine, et ce n'est pas encore la véritable observation ; mais le raisonnement y acquiert beaucoup d'extension, et se prépare confusément à l'exercice vraiment scientifique. On doit, d'ailleurs, remarquer que sa part spéculative s'y trouve d'abord très exagérée, par suite de cette tendance opiniâtre à argumenter au lieu d'observer, qui, en tous genres, caractérise habituellement l'esprit métaphysique, même chez ses plus éminents organes. Un ordre de conceptions aussi flexible, qui ne comporte aucunement la consistance si longtemps propre au système théologique, doit d'ailleurs parvenir, bien plus rapidement, à l'unité correspondante, par la subordination graduelle des diverses entités correspondantes particulières à une seule entité générale, la *Nature*, destinée à déterminer le faible équivalent métaphysique de la vague liaison universelle résultée du monothéisme[a].

[...] La métaphysique n'est donc réellement, au fond, qu'une sorte de théologie graduellement énervée[4] par des simplifications dissolvantes, qui lui ôtent spontanément le pouvoir direct d'empêcher l'essor spécial des conceptions positives, tout en lui conservant néanmoins l'aptitude provisoire à entretenir un certain exercice indispensable de l'esprit de généralisation, jusqu'à ce qu'il puisse enfin recevoir une meilleure alimentation. D'après son caractère contradictoire, le régime métaphysique ou ontologique est toujours placé dans cette inévitable alternative de tendre à une vaine restauration de l'état théologique pour satisfaire aux conditions d'ordre, ou de pousser à une situation purement négative afin d'échapper à l'empire oppressif de la théologie.

4. Privée de nerf, sans force, sans ressort.

Auguste Comte, *Discours sur l'esprit positif* (1844), Schleicher, pp. 5-15.

* *Presque toutes les explications habituelles relatives aux phénomènes sociaux, la plupart de celles qui concernent l'homme intellectuel et moral, une grande partie de nos théories physiologiques ou médicales, et même aussi plusieurs théories chimiques, etc., rappellent encore directement l'étrange manière de philosopher si plaisamment caractérisée par Molière, sans aucune grave exagération, à l'occasion, par exemple, de la* vertu dormitive de l'opium, *conformément à l'ébranlement décisif que Descartes venait de faire subir à tout le régime des entités.*

a. *Selon Comte, l'idée de la « Nature » est le faible équivalent métaphysique de l'idée de « Dieu », chère aux monothéismes.*

MÉTAPHYSIQUE. RELIGION. EXPÉRIENCE

4. LES « EXTRAVAGANCES » DE LA MÉTAPHYSIQUE

La hardiesse des vues, pourtant nécessaire en métaphysique, est sujette à un grave inconvénient. Quel ne serait pas, en effet, la stupéfaction du public si, dans la supposition où l'œuvre des Pères de l'Église, des conciles œcuméniques et des docteurs scolastiques serait effacée de l'histoire, un penseur qu'on aurait cru jusque-là sérieux venait inviter ses contemporains à croire qu'un dieu a été crucifié sur la terre, dont le père, auquel il est *consubstantiel*, est demeuré au ciel et n'a point souffert ; que ces deux dieux, avec un troisième, sont le créateur du ciel et de la terre ; que le dieu fils a été *fait homme*, et que son corps est contenu tout entier, vivant et matériel, dans chaque fragment d'un pain multipliable à volonté, qui garde les apparences du pain, mais qui a été *transubstantié* par des paroles sacramentelles ; que tous les hommes naissent coupables de la faute de leur premier père, et sont condamnés à des peines éternelles, à moins qu'ils ne reçoivent un baptême qui efface le péché dans l'âme de l'enfant ; et que le prêtre a le pouvoir d'opérer ces merveilles ! Il est à craindre que nos thèses sur Dieu, l'homme et sa destinée ne paraissent pas moins extraordinaires, à une époque telle que la nôtre, où l'idée de l'immortalité semble avoir son dernier asile dans l'Église, que le paraîtraient les articles du catéchisme que nous venons de rappeler, si quelqu'un en produisait aujourd'hui pour la première fois les formules. Mais ces dernières sont une vieille monnaie de croyance dont l'usure a rendu les aspérités insensibles. Nous demandons pour nos extravagances, s'il plaît à la routine religieuse de les nommer ainsi, – quoiqu'elles puissent défier l'accusation d'irrationalité, ce que ne peuvent pas les siennes, – un peu de l'indulgence que l'habitude et la tradition portent les incrédules à montrer pour les absurdités des dogmes consacrés.

Nous disons *extravagances* ; mais si ce mot pouvait être pris dans son sens propre et matériel, ne s'appliquerait-il pas légitimement et sans reproche à la méthode d'investigation des vérités qui échappent logiquement aux prises de l'expérience, bien plus, qui doivent embrasser l'*explication de l'expérience*, à moins qu'il n'y en ait aucune de possible ?

Charles RENOUVIER, *Le Personnalisme*, Paris, Félix Alcan, 1903, p. 224.

MÉTAPHYSIQUE. LANGAGE. TEMPS. VIE

5. RÉVEILLONS LA CHRYSALIDE

La durée s'exprime toujours en étendue. Les termes qui désignent le temps sont empruntés à la langue de l'espace[a]. Quand nous évoquons le temps, c'est l'espace qui répond à l'appel. La métaphysique a dû se conformer aux habitudes du langage, lesquelles se règlent elles-mêmes sur celles du sens commun [...]

Ces réflexions faisaient naître dans notre esprit beaucoup de doutes, en même temps que de grandes espérances. Nous nous disions que les problèmes métaphysiques avaient peut-être été mal posés, mais que, précisément pour cette raison, il n'y avait plus lieu de les croire « éternels », c'est-à-dire insolubles.

La métaphysique date du jour où Zénon d'Élée signala les contradictions inhérentes au mouvement et au changement, tels que se les représente notre intelligence. À surmonter, à tourner par un travail intellectuel de plus en plus subtil ces difficultés soulevées par la représentation intellectuelle du mouvement et du changement s'employa le principal effort des philosophes anciens et modernes. C'est ainsi que la métaphysique fut conduite à chercher la réalité des choses au-dessus du temps, par-delà ce qui se meut et ce qui change, en dehors, par conséquent, de ce que nos sens et notre conscience perçoivent. Dès lors elle ne pouvait plus être qu'un arrangement plus ou moins artificiel de concepts, une construction hypothétique. Elle prétendait dépasser l'expérience ; elle ne faisait en réalité que substituer à l'expérience mouvante et pleine, susceptible d'un approfondissement croissant, grosse par là de révélations, un extrait fixé, desséché, vidé, un système d'idées générales abstraites, tirées de cette même expérience ou plutôt de ses couches les plus superficielles. Autant vaudrait disserter sur l'enveloppe d'où se dégagera le papillon, et prétendre que le papillon volant, changeant, vivant, trouve sa raison d'être et son achèvement dans l'immutabilité de la pellicule. Détachons, au contraire, l'enveloppe. Réveillons la chrysalide. Restituons au mouvement sa mobilité, au changement sa fluidité, au temps sa surée. Qui sait si les « grands problèmes » insolubles ne resteront pas sur la pellicule ? Ils ne concernaient ni le mouvement ni le changement ni le temps, mais seulement l'enveloppe conceptuelle que nous prenions faussement pour eux ou pour leur équivalent. La métaphysique deviendra alors l'expérience même. La durée se révélera telle qu'elle est, création continuelle, jaillissement ininterrompu de nouveauté.

Bergson, « *La Pensée et le Mouvant* », I, 1934, in *Œuvres*, P.U.F., pp. 1256, 1259.

a. *Par exemple : « un temps très* court *», l'«*espace *d'une seconde »,* «long*temps », etc.*

ÉPICTÈTE (env. 50-130)

MORALE

Il est plus facile de prêcher la morale que de la fonder.
SCHOPENHAUER

L'homme, en tant qu'*animal politique* (Aristote), est avant tout un *sujet moral* (Kant); ce qui signifie que les êtres humains ne se distinguent véritablement des animaux que par leur faculté de porter des jugements de valeur, fondés sur la distinction du *bien* et du *mal*. La réflexion théorique sur de tels jugements et leur élaboration en un système normatif rationnel s'appelle une *éthique*.

La recherche et la définition du «souverain bien» – par exemple, le bonheur (Épictète, Épicure, Aristote) ou la béatitude (Spinoza) ainsi que la désignation du «mal absolu» – par exemple, la souffrance des petits enfants (Marcel Conche, texte n° 4) sont donc au cœur de toutes les doctrines morales, mais elles sont aussi implicitement à l'œuvre dans toute conduite humaine à l'égard d'autrui. Autrui est en effet le corrélat nécessaire de toute morale, quelle qu'elle soit. Car c'est seulement *dans* une société, et *par rapport à* une société, sinon *pour* une société, que la morale a un sens. C'est seulement parmi d'autres qu'un individu peut être égoïste ou altruiste, fourbe ou loyal, honnête ou criminel, bon ou mauvais. Qu'est-ce donc que le *bien*?

Selon Kant, qui fournit ici un texte capital, il n'y a qu'une chose au monde qui soit absolument bonne, sans restriction: c'est ce qu'il nomme la *bonne volonté*, c'est-à-dire la volonté d'agir *par devoir* de telle sorte que la maxime de notre action puisse devenir une loi *universelle*. En dehors de toute prédication moralisatrice et par la seule vertu de son exemplarité, chacun de nos actes doit être conçu comme s'il contribuait à édifier une humanité idéale. En fait, la «morale» ordinaire des groupes humains, exposée par Bentham, revue et corrigée par John Stuart Mill (texte n° 1), est une morale *utilitariste* qui a pour seul objet le plaisir ou le bonheur de quelques-uns ou du plus grand nombre, et l'utilité, c'est-à-dire l'*intérêt* – de l'individu ou de la collectivité, ici-bas ou dans l'au-delà.

Il en résulte un conflit au plus haut niveau entre la morale et la religion, ou plutôt entre la morale proprement dite et la théologie ou la métaphysique (textes n° 2, 3, 4, 5), pour savoir s'il est nécessaire de postuler ou de nier l'existence de Dieu, afin de fonder une morale qui ne soit nullement *intéressée*, ni par la crainte d'un châtiment infernal, ni par l'espoir d'une récompense céleste. Mais une morale uniquement fondée, par une volonté libre, sur le *principe* de la valeur de l'universel est-elle humainement possible? Le texte de Max Weber (n° 6) conjugue exactement l'*éthique de conviction*, soucieuse du principe de ses actes plutôt que de leurs conséquences, et *l'éthique de responsabilité*, soucieuse des conséquences de ses actes plutôt que de leur principe. Enfin, les trois derniers textes – mais non les moindres – nous donnent à méditer trois grandes figures morales d'exception: Socrate, présenté par Bergson, est le *sage* par excellence. Cavaillès, présenté par Canguilhem, est l'un des *héros* de la Résistance. Quant au groupe des prisonnières de Ravensbrück, membres de la secte protestante des «objecteurs de conscience» elles figurent résolument, dans la «nuit» et le «brouillard» de leur anonymat, au delà de tous les calculs, l'image lumineuse de la *sainteté*.

Il est émouvant de voir que ces trois figures exemplaires, en mettant délibérément leur vie dans la balance, parviennent à hausser moralement la part proprement *humaine* de l'humanité au-dessus d'elle-même, mais il est navrant de constater que, dans les trois cas, la conduite et la *mort* d'un Socrate, d'un Cavaillès ou d'une déportée à Ravensbrück doivent leur exceptionnelle qualité morale à ce qui les a rendues tout d'abord possibles, à savoir l'existence d'une autre part, essentiellement *bestiale*, de l'humanité, composée de juges iniques, d'envahisseurs brutaux et de bourreaux sadiques. Dès lors, il apparaît clairement que l'objectif d'une éducation véritablement morale, quels que soient ses postulats métaphysiques ou religieux, doit être de faire prévaloir en nous et autour de nous la justice sur l'injustice, la raison sur la violence, bref l'humanité sur l'animalité.

LA SEULE CHOSE AU MONDE QUI SOIT ABSOLUMENT BONNE

Il faut quelque force pour pratiquer le bien sans motif, sans espoir et sans intérêt,
Encyclopédie, Article «Fanatisme»

De tout ce qu'il est possible de concevoir dans le monde, et même en général hors du monde, il n'est rien qui puisse sans restriction être tenu pour bon, si ce n'est seulement une BONNE VOLONTÉ[a]. L'intelligence, le don de saisir les ressemblances des choses, la faculté de discerner le particulier pour en juger, et les autres *talents* de l'esprit, de quelque nom qu'on les désigne, ou bien le courage, la décision, la persévérance dans les desseins, comme qualités du *tempérament*, sont sans doute à bien des égards choses bonnes et désirables; mais ces dons de la nature peuvent devenir aussi extrêmement mauvais et funestes si la volonté qui doit en faire usage, et dont les dispositions propres s'appellent pour cela *caractère*, n'est point bonne. Le pouvoir, la richesse, la considération, même la santé ainsi que le bien-être complet et le contentement de son état, ce qu'on nomme le *bonheur*, engendrent une confiance en soi qui souvent aussi se convertit en présomption, dès qu'il n'y a pas une bonne volonté pour redresser et tourner vers des fins universelles l'influence que ces avantages ont sur l'âme, et du même coup tout le principe de l'action; sans compter qu'un spectateur raisonnable et impartial ne saurait jamais éprouver de satisfaction à voir que tout réussisse perpétuellement à un être que ne relève aucun trait de pure et bonne volonté, et qu'ainsi la bonne volonté paraît constituer la condition indispensable même de ce qui nous rend dignes d'être heureux.

Il y a, bien plus, des qualités qui sont favorables à cette bonne volonté et qui peuvent rendre son œuvre beaucoup plus aisée, mais qui malgré cela n'ont pas de valeur intrinsèque absolue, et qui au contraire supposent toujours encore une bonne volonté. C'est là une condition qui limite la haute estime qu'on leur témoigne du reste avec raison, et qui ne permet pas de les tenir pour bonnes absolument. La modération dans les affections et les passions, la maîtrise de soi, la puissance de calme réflexion ne sont pas seulement bonnes à beaucoup d'égards, mais elles paraissent constituer une partie même de la valeur *intrinsèque* de la personne; cependant il s'en faut de beaucoup qu'on puisse les considérer comme bonnes sans restriction (malgré la valeur inconditionnée que leur ont conférée les anciens). Car sans les principes d'une bonne volonté elles peuvent devenir extrêmement mauvaises; le sang-froid d'un scélérat ne le rend pas seulement beaucoup plus dangereux; il le rend aussi immédiatement à nos yeux plus détestable encore que nous ne l'eussions jugé sans cela.

Kant, *Fondements de la Métaphysique des mœurs* (1785), trad. par Victor Delbos, Librairie Delagrave, 1966, 1re section, pp. 87-89.

a. *Parfois prise en un sens ironique, ou, du moins, très faible, pour qualifier la disposition à «faire de son mieux» chez un être dont les forces ou les capacités sont médiocres, cette expression revêt en revanche ici un sens tout particulièrement rigoureux: en effet, dans la philosophie morale de Kant, la «bonne volonté»* (die gute Wille) *ou volonté moralement bonne en soi, est la ferme volonté d'agir par pur respect pour la loi morale, qui commande universellement, sans la considération d'un intérêt quelconque, comme sans égard pour les difficultés ou les échecs.*

BONHEUR.
MORALE ET SOCIÉTÉ

1. LA MORALE UTILITARISTE

Ce qui n'est pas utile à la ruche n'est pas non plus utile à l'abeille.
MARC-AURÈLE

Sans doute, c'est seulement l'état très imparfait des arrangements sociaux qui fait que le meilleur moyen de contribuer au bonheur des autres peut être le sacrifice absolu du bonheur personnel; cependant, tant que le monde se trouve dans cet état imparfait, la disposition à accomplir un tel sacrifice – j'en suis tout à fait d'accord – est la plus haute vertu que l'on puisse trouver chez un homme. J'ajouterai même – si paradoxale que l'assertion puisse paraître – que, dans la condition actuelle du monde, c'est la conscience de pouvoir vivre sans bonheur qui nous donne l'espoir le plus assuré de réaliser le bonheur qu'il est possible d'atteindre. Car seule cette conscience peut élever l'homme au-dessus des hasards de la vie en lui faisant sentir que la destinée et la fortune, dussent-elles le soumettre aux pires épreuves, n'ont pas le pouvoir de l'asservir; un tel sentiment le libère de l'anxiété excessive que pourraient lui causer les maux de la vie; il le rend capable – comme il l'a fait pour bien des stoïciens aux plus mauvais jours de l'Empire romain – de goûter à leur source en toute tranquillité les satisfactions qui lui sont accessibles, sans s'inquiéter, ni de leur durée incertaine, ni de leur fin inévitable [...].

Il me faut encore répéter ce que les adversaires de l'utilitarisme ont rarement la justice de reconnaître: le bonheur que les utilitaristes ont adopté comme critérium de la moralité de la conduite n'est pas le bonheur personnel de l'agent, mais celui de tous les intéressés. Ainsi, entre son propre bonheur et celui des autres, l'utilitarisme exige de l'individu qu'il soit aussi rigoureusement impartial qu'un spectateur désintéressé et bienveillant. Dans la règle d'or[a] de Jésus de Nazareth, nous retrouvons tout l'esprit de la morale de l'utilité. Faire ce que nous voudrions que l'on nous fît, aimer notre prochain comme nous-mêmes: voilà qui constitue la perfection idéale de la moralité utilitariste [...].

C'est affaire à la morale de nous dire quels sont nos devoirs, ou quel est le critérium qui nous permet de les reconnaître; mais aucun système de morale n'exige que le seul motif de tous nos actes soit le sentiment du devoir[b]: au contraire, nos actes, dans la proportion de quatre-vingt-dix-neuf sur cent, sont accomplis pour d'autres motifs, et, tout de même, sont des actes moraux si la règle du devoir ne les condamne pas. Il est particulièrement injuste de fonder sur cette singulière méprise une objection contre l'utilitarisme. Car les utilitaristes, allant plus loin que la plupart des autres moralistes, ont affirmé que le motif n'a rien à voir avec la moralité (morality) de l'action quoiqu'il intéresse beaucoup la valeur (worth) de l'agent. Celui qui sauve un de ses semblables en danger de se noyer accomplit une action moralement bonne, que son motif d'action soit le devoir ou l'espoir d'être payé de sa peine; celui qui trahit l'ami qui a placé sa confiance en lui se rend coupable d'un méfait, même s'il se propose de rendre service à un autre ami envers lequel il a de plus grandes obligations qu'envers le premier.

JOHN STUART MILL[c], *L'Utilitarisme* («Utilitarianism», 1861), traduction par G. Tanesse, Garnier-Flammarion, 1968, pp. 65-69.

a. *La «règle d'or»* (Golden rule) *est, en anglais, l'expression consacrée pour désigner le commandement évangélique de «Jésus de Nazareth». Au sujet de ce dernier, Mill écrit en 1873, dans son* Essai sur le théisme*: «Ces vues profondes doivent placer le prophète de Nazareth, même aux yeux de ceux qui ne le croient point inspiré, au premier rang parmi les hommes d'un génie sublime dont notre espèce ait le droit d'être fière.»*

b. *L'accomplissement du* devoir *«par devoir» est le fondement de la moralité, selon Kant, à propos de qui Mill écrit: «Cet homme remarquable, dont le système marquera longtemps une date dans l'histoire de la spéculation philosophique, pose, comme origine et fondement de l'obligation morale, un premier principe de portée universelle, qui est celui-ci: «Agis de telle sorte que la règle selon laquelle tu agis puisse être adoptée comme loi par tous les êtres raisonnables.» Mais entreprend-il de déduire de ce précepte l'une quelconque de nos obligations morales réelles, il échoue d'une façon presque ridicule, impuissant qu'il est à faire apparaître la moindre contradiction, la moindre impossibilité logique (pour ne pas dire physique) dans l'adoption par tous les êtres raisonnables des règles de conduite les plus outrageusement immorales. Tout ce qu'il montre, c'est que les conséquences de leur adoption universelle seraient telles que personne ne jugerait bon de s'y exposer.»*

c. *John Stuart Mill (1806-1873): élevé par son père James Mill selon les principes «utilitaires» de Bentham, il remania considérablement la doctrine de ce dernier, en distinguant avec soin ce qui est socialement «utile»* (useful)*, c'est-à-dire tout ce qui peut contribuer au bonheur général et ce qui est «expédient»* (expedient)*, à savoir tout ce qui permet seulement de réaliser une fin personnelle.* L'Utilitarisme *de Mill, qui représente un effort de conciliation entre les doctrines morales les plus diverses (stoïcisme, christianisme, rationalisme, positivisme) eut un succès considérable et fut traduit, dès sa publication, dans les principales langues du monde, y compris en chinois, en japonais et en hébreu. Mill est également l'auteur du* Système de logique déductive et inductive *(1843), des* Principes d'économie politique *(1848), de* La Liberté *(1859) et de* L'Assujettissement des femmes *(1869).*

RELIGION. MORALE

2. LA CROYANCE RELIGIEUSE RUINE LA RAISON ET LA MORALE

La croyance d'un Dieu fait et doit faire presque autant de fanatiques que de croyants. Partout où l'on admet un Dieu, il y a un culte; partout où il y a un culte, l'ordre naturel des devoirs moraux est renversé, et la morale corrompue. Tôt ou tard il vient un moment où la notion qui a empêché de voler un écu fait égorger cent mille hommes.

DIDEROT, *Lettre à Sophie Volland*, 6 octobre 1765.

1° Pour être croyant, il faut croire *sans preuves* [...] 2° Il faut s'abstenir de *raisonner* [...]

Quelle est donc cette croyance qui, pour se faire sentir, n'exige rien de moins que la suppression du témoignage des sens et de celui de l'entendement? – Peut-elle être admise?

Disons tout de suite que la même impossibilité de démonstration, les mêmes inconvénients rationnels qui frappent la croyance à la divinité, atteignent les deux dogmes qui s'en déduisent, et qui sont, d'une part, l'immortalité des âmes, et l'existence de rapports entre Dieu et l'humanité par la Religion.

3° Mais, voici le pis. Si nous admettons ce système de croyance dont nous avons reconnu, d'ailleurs, la spontanéité, l'universalité, l'authenticité, et même le côté splendide et consolateur[1], nous n'avons plus de règles ni pour la direction de notre esprit, ni pour notre vie. Nous vivons dans un chaos de naturalisme et de surnaturalisme, tantôt affirmant l'enchaînement naturel des effets des

1. Cf. texte n° 9, p. 376.

causes, tantôt appelant à la Providence; nous jetons le doute sur la science, les lois de la nature et de l'humanité, notre philosophie n'a plus ni sens, ni utilité, puisqu'elle peut être, à chaque instant, démentie; le *Peut-être* tombe sur la nature, sur l'humanité et sur la raison, rend tout équivoque, douteux, incertain; la raison perd toute autorité; la logique est infirmée; toute certitude croule par la base; l'homme ne peut assurer rien de rien, ni de lui-même ni des choses; – la Justice n'a plus de raison suffisante en elle-même, pas plus que la raison philosophique; elle est subordonnée à la volonté d'en haut, à l'intervention du Ciel, dont elle n'est que le décret, et qui peut toujours y faire exception, et le révoquer.

À cette espèce de raison d'État du Ciel, ne tardent pas à s'ajouter, dans la religion, la raison d'État du sacerdoce, suivie bientôt de la raison d'État du prince puis une foule d'exceptions, de réserves, d'accommodements, d'acquittements, qui ôtent toute fixité au droit et à la morale, comme elles l'ont ôté à la raison et à la science.

En résumé, l'homme, abstraction faite de ses croyances innées et primordiales, de son aspiration vers Dieu et l'Éternel, est ainsi constitué dans sa raison et dans sa conscience que, s'il se prend au sérieux, il est forcé de renoncer à la foi, de la rejeter comme mauvaise et nuisible et de déclarer que pour lui, *Dieu, c'est le mal.*

À cette proscription décisive, qui sauve sa dignité, l'homme perd quelque chose, c'est incontestable; il perd immensément; il perd ses espérances immortelles; il perd ce rapport avec l'infini qui donne une satisfaction si ample à son orgueil et à son sens intime, il sacrifie sa propre éternité, afin d'être, pendant un instant, quelque chose, et de pouvoir s'affirmer lui-même; il se place volontairement DANS LE CRÉPUSCULE *in tenebris et in umbra mortis*[2], entre la cause première à laquelle il renonce, et la cause finale qu'il n'atteindra jamais, ce tout, afin de pouvoir dire, pendant une vie sans précédent et sans avenir, vie qui s'écoule avec la rapidité de l'éclair: MOI!

Ma conscience est mienne, ma justice est mienne, et ma liberté est souveraine. Que je meure pour l'éternité, mais que du moins je sois homme, pendant une révolution de soleil.

Pierre-Joseph Proudhon[a], *Œuvres complètes*, «Écrits sur la religion», Marcel Rivière, 1959, pp. 526-527.

2. «Dans les ténèbres et dans l'ombre de la mort.»

a. *Pierre-Joseph Proudhon (1809-1865): moraliste, autodidacte d'une culture encyclopédique, il reste «le plus hardi penseur du socialisme français» selon la formule de Marx, qui fut, comme Tolstoï, son disciple admiratif, avant de lui vouer une rancune tenace. Proudhon l'ayant mis en garde contre le dogmatisme autoritaire et l'esprit d'exclusion, Marx rompit avec lui et répliqua au* Système des contradictions économiques ou Philosophie de la misère *(1846) de Proudhon par un pamphlet intitulé* Misère de la philosophie *(1847). Esprit profondément religieux, Proudhon, ayant appris seul l'hébreu, fit de* la Bible, *pendant les trente dernières années de sa vie, sa lecture quasi quotidienne, surchargeant de notes les marges de son exemplaire personnel. Accusé d'«outrage à la religion catholique» pour avoir publié en 1842 son* Avertissement aux propriétaires, *il fut acquitté, grâce à la prudence de son avocat qui demanda à Proudhon de renoncer à lire ce qu'il avait écrit pour sa défense et qui l'eût perdu aux yeux d'un jury «composé en partie d'hommes religieux, mais incapables de distinguer la religion de la superstition».*

MORALE ET RELIGION

3. IL EST MORALEMENT NÉCESSAIRE D'ADMETTRE L'EXISTENCE DE DIEU

Gloire à Dieu au plus haut des cieux et paix sur la terre aux hommes de bonne volonté!
BIBLE, Nouveau Testament, Luc, 2, 14

Le *bonheur* est l'état dans le monde d'un être raisonnable, à qui, dans tout le cours de son existence, *tout arrive suivant son souhait et sa volonté*; il repose donc sur l'accord de la nature avec le but tout entier qu'il poursuit, et aussi avec le principe essentiel de détermination de sa volonté. Or la loi morale, comme une loi de la liberté, ordonne par des principes déterminants qui doivent être tout à fait indépendants de la nature et de l'accord de cette dernière avec notre faculté de désirer (comme mobiles). Mais l'être raisonnable, qui agit dans le monde, n'est pas cependant en même temps *cause* du monde et de la nature elle-même. Donc, dans la loi morale, il n'y a pas le moindre principe pour une connexion nécessaire entre la moralité et le bonheur qui lui est proportionné, chez un être appartenant comme partie au monde et par conséquent en dépendant, qui justement pour cela, ne peut, par sa volonté, être cause de cette nature et ne peut, quant à son bonheur, la mettre par ses propres forces complètement d'accord avec ses principes pratiques. Cependant dans le problème pratique de la raison pure, c'est-à-dire dans la poursuite nécessaire du souverain bien[a], on postule une telle connexion comme nécessaire: nous *devons* chercher à réaliser le souverain bien (qui doit donc être possible). Ainsi on *postule* aussi l'existence d'une cause de toute la nature, distincte de la nature et contenant le principe de cette connexion, c'est-à-dire de l'harmonie exacte du bonheur et de la moralité. Mais cette cause suprême doit renfermer le principe de l'accord de la nature, non seulement avec une loi de la volonté des êtres raisonnables, mais aussi avec la représentation de cette *loi* en tant que ceux-ci en font le *principe suprême de détermination de leur volonté*; partant non seulement avec les mœurs d'après la forme, mais aussi avec leur moralité comme principe déterminant, c'est-à-dire avec leur intention morale. Le souverain bien n'est donc possible dans le monde qu'en tant qu'on admet une cause suprême de la nature qui a une causalité conforme à l'intention morale. Or un être qui est capable d'agir d'après la représentation de lois est une *intelligence* (un être raisonnable) et la causalité d'un tel être, d'après cette représentation des lois, est sa volonté. Donc la cause suprême de la nature, en tant qu'elle doit être supposée pour le souverain bien, est un être qui, par l'*entendement* et la *volonté*, est la cause, partant l'auteur de la nature, c'est-à-dire Dieu. Par conséquent le postulat de la possibilité *du souverain bien dérivé* (du meilleur monde) est en même temps le postulat de la réalité d'un souverain *bien primitif*, à savoir l'existence de Dieu. Or, c'était un devoir pour nous de réaliser le souverain bien, partant non seulement un droit, mais aussi une nécessité liée comme besoin avec le devoir, de supposer la possibilité de ce souverain bien, qui, puisqu'il n'est possible que sous la condition de l'existence de Dieu, lie inséparablement la supposition de cette existence avec le devoir, c'est-à-dire qu'il est moralement nécessaire d'admettre l'existence de Dieu[b].

KANT, *Critique de la raison pratique*, 1788, trad. Picavet, P.U.F., 1re partie, Livre II, chap. II, § V.

a. *Commentant, dans son* Introduction à la lecture de la Critique de la raison pratique, *l'analyse kantienne de la morale, Alquié écrit: «Dans l'expression* souverain bien, *le mot souverain peut signifier suprême ou complet. Or, la volonté morale devant être déterminée par son seul principe, il est clair que seule la vertu est le bien suprême. Mais, si elle est le bien suprême, elle n'est pas le bien complet. Pour définir celui-ci, il faut, à l'idée de vertu, joindre celle de bonheur. Et sans doute cette idée ne doit-elle pas faire perdre à la volonté bonne son autonomie. Seule la volonté d'agir par pur respect pour la loi morale nous rendra dignes d'être heureux. Mais la recherche change ici de plan, et passe de celui du devoir à celui de l'espérance.»*

b. *C'est précisément ce que contestent des moralistes contemporains tels que Marcel Conche (voir texte suivant) et André Comte-Sponville (cf. «La morale, désespérément», in* Une éducation philosophique, *P.U.F., 1989).*

MORALE. RELIGION. SENS

4. IL EST MORALEMENT NÉCESSAIRE DE NIER L'EXISTENCE DE DIEU

Quand on en vient aux peines des enfants, je suis, je l'avoue, dans un grand embarras et je ne sais que répondre...
Ne sont-ils pas abattus par les maladies, déchirés par les douleurs, torturés par la faim et la soif,
affaiblis dans leurs membres, privés de l'usage de leurs sens, tourmentés par les esprits immondes?
Dieu est bon, Dieu est juste, Dieu est tout-puissant, nous n'en pouvons douter sans folie,
mais qu'on nous dise alors pour quel juste motif les enfants sont condamnés à souffrir tant de maux.
Saint AUGUSTIN, Lettre à saint Jérôme, écrite en 415, *Œuvres complètes*, Edit. Vivès, 1869-78, T.V., p. 461.

Il ne faut pas un sens moral très délicat pour sentir ce qu'a d'intolérable l'attitude consistant à s'accommoder de la souffrance des enfants (et penser qu'elle a peut-être un bon côté que, comme l'autre face de la lune, nous ne voyons jamais, n'est-ce pas lui faire une place dans le monde, c'est-à-dire s'en accommoder?) D'une façon générale, il n'est déjà pas permis de prendre aisément son parti de la souffrance des autres. [...]

Un homme quelque peu humain se reconnaît à sa capacité d'attention à autrui – et à l'autrui quelconque. C'est son respect des autres qui lui interdit de se faire le complice, par son indifférence, son silence, sa seule attitude intérieure, d'un injuste ordre des choses (respecter autrui, c'est aussi vouloir qu'il soit respecté, l'aimer, vouloir qu'il soit aimé).

En ce cas ne trouvera-t-il pas déjà inadmissible simplement de penser que la douleur des *autres* peut avoir sa raison d'être? Pourquoi dissocier le cas des enfants? Admettre que les douleurs des cancéreux, des tabétiques, peuvent avoir une justification – quoique insaisissable – et accepter ainsi en leur nom une douleur qu'ils n'acceptent pas (cela nous est plus facile qu'à eux, car ce n'est pas pour nous qu'elle est intolérable), n'est-ce pas passer outre à leur personnalité même, en disposer, sans leur avis, pour autre chose? N'est-ce pas une façon de ne pas tenir compte des autres, de les regarder sans les voir, comme fixant un point derrière leur dos?[1]

Il semble cependant nécessaire de faire ici une différence entre les adultes et les enfants. L'adulte, en effet, a toujours, en principe, le pouvoir de se grandir par la douleur. Il n'est donc pas interdit de penser que sa douleur peut être une bonne chose. Je puis donner un sens à la douleur du grand malade si cela signifie que le malade lui-même peut, par un revirement radical, une conversion de sa liberté[2], la voir dans une lumière nouvelle, lui donner un sens surnaturel.

1. De les traiter «simplement comme moyens», dirait Kant.

2. Dont Ivan Ilitch nous donne un exemple dans la nouvelle de Tolstoï.

Mais les enfants n'ont pas sur leur vie naturelle cet empire qui leur permettrait de la transfigurer. Comme leur souffrance ne peut prendre pour eux un sens, il ne m'est pas permis de lui en donner un. Me substituer à eux, considérer comme acceptable que leur supplice ait sa raison d'être, serait manquer à mon devoir essentiel qui est non seulement de les traiter et de les respecter comme des personnes alors qu'ils n'en sont pas encore (et que leur devenir-personne dépend précisément de moi, ce qui me crée vis-à-vis d'eux une responsabilité infinie[3]), mais de refuser toute approbation, même implicite, à ceux qui ne reconnaîtraient pas ce devoir. Je dois donc refuser d'admettre la possibilité de la légitimité du supplice des enfants. Or croire en l'existence d'un Dieu créateur du monde serait admettre la possibilité de cette légitimité. Ainsi, d'un point de vue moral, je n'ai pas le droit de croire, je ne puis croire en Dieu. Il est donc moralement nécessaire de nier l'existence de Dieu.[4]

Marcel CONCHE[a], *Orientation philosophique*, P.U.F., 1990, pp. 54-55.

3. « Infinie » car il y va de l'enfant dans son tout. Et alors qu'une sorte de responsabilité réciproque divise la responsabilité entre les adultes, la responsabilité ne se divise pas entre les adultes et les enfants : l'enfant est notre prochain sans réciprocité.

4. Sur ce point le renversement du kantisme s'impose inévitablement (cf. texte précédent n° 3).

a. *Marcel Conche (né en 1922), agrégé de philosophie, docteur ès lettres, professeur émérite à la Sorbonne et lauréat de l'Académie française, est l'auteur de nombreuses publications, notamment* La Mort et la Pensée *(Édit. de Mégare, 1973; 2e éd., 1975),* Le Fondement de la morale *(Édit. de Mégare, 1982; 2e éd., 1990), Orientation philosophique* (P.U.F., 1990)*, Temps et destin* (P.U.F., 1922)*. Ses traductions et présentations des philosophes grecs anciens font autorité:* Épicure: Lettres et maximes (P.U.F., 1987)*,* Héraclite: Fragments (P.U.F., 1984)*,* Anaximandre: Fragments et Témoignages (P.U.F., 1991).

RELIGION. MORALE. SOCIÉTÉ

5. THÉOLOGIE, MÉTAPHYSIQUE - ET MORALE POSITIVE

L'esprit métaphysique, qui a si souvent tendu à dissoudre activement la morale, et l'esprit théologique, qui, dès longtemps, a perdu la force de la préserver, persistent néanmoins à s'en faire une sorte d'apanage éternel et exclusif, sans que la raison publique ait encore convenablement jugé ces empiriques prétentions [...].

Bien loin que l'assistance théologique soit à jamais indispensable aux préceptes moraux, l'expérience démontre, au contraire, qu'elle leur est devenue, chez les modernes, de plus en plus nuisible, en les faisant participer, par suite de cette funeste adhérence, à la décomposition croissante du régime monothéique, surtout pendant les trois derniers siècles [...]. Les motifs théologiques devant naturellement offrir, aux yeux du croyant, une intensité très supérieure à celle de tous les autres quelconques, ils ne sauraient jamais devenir les simples auxiliaires des motifs purement humains: ils ne peuvent conserver aucune efficacité réelle aussitôt qu'ils ne dominent plus. Il n'existe donc aucune alternative durable, entre fonder la morale sur la connaissance positive de l'Humanité, et la laisser reposer sur l'injonction surnaturelle [...].

Une appréciation plus intime et plus étendue, à la fois pratique et théorique, représente l'esprit positif comme étant, par sa nature, seul susceptible de développer directement le sentiment social, première base nécessaire de toute saine morale [...]. L'esprit métaphysique proprement dit n'a jamais pu aboutir, en morale, à aucune autre théorie effective que le désastreux système de l'*égoïsme*, si usité aujourd'hui, malgré beaucoup de déclamations contraires [...]. Une tendance aussi déplorable, et néanmoins aussi constante, doit avoir de plus profondes racines qu'on ne le suppose communément. Elle résulte surtout, en effet, de la nature nécessairement personnelle d'une telle philosophie, qui, toujours bornée à la considération de l'individu, n'a jamais pu embrasser réellement l'étude de l'espèce, par une suite inévitable de son vain principe logique, essentiellement réduit à l'*intuition* proprement dite, qui ne comporte évidemment aucune application collective. Ses formules ordinaires ne font que traduire naïvement son esprit fondamental; pour chacun de ses adeptes, la pensée dominante est constamment celle du *moi*: toutes les autres existences quelconques, même humaines, sont confusément enveloppées dans une seule conception négative, et leur vague ensemble constitue le *non-moi*; la notion du *nous* n'y saurait trouver aucune place directe et distincte. Mais, en examinant ce sujet encore plus profondément, il faut reconnaître que, à cet égard, comme sous tout autre aspect, la métaphysique dérive, aussi bien dogmatiquement qu'historiquement, de la théologie elle-même, dont elle ne pouvait jamais constituer qu'une modification dissolvante. En effet, ce caractère de personnalité constante appartient surtout, avec une énergie plus directe, à la pensée théologique, toujours préoccupée, chez chaque croyant, d'intérêts essentiellement individuels, dont l'immense prépondérance absorbe nécessairement toute autre considération, sans que le plus sublime dévouement puisse en inspirer l'abnégation véritable, justement regardée alors comme une dangereuse aberration [...]. Il y a tout lieu de présumer d'ailleurs que cette habitude continue de calculs personnels envers les plus chers intérêts du croyant a développé chez l'homme, même à tout autre égard, par voie d'affinité graduelle, un excès de circonspection, de prévoyance, et finalement d'égoïsme, que son organisation fondamentale[a] n'exigeait pas, et qui dès lors pourra diminuer un jour sous un meilleur régime moral. Quoi qu'il en soit de cette conjecture, il demeure incontestable que la pensée théologique est, de sa nature, essentiellement individuelle, et jamais directement collective. Aux yeux de la foi, surtout monothéique, la vie sociale n'existe pas, à défaut d'un but qui lui soit propre; la société humaine ne peut alors offrir immédiatement qu'une simple agglomération d'individus, dont la réunion est presque aussi fortuite que passagère et qui, occupés chacun de son seul salut, ne conçoivent la participation à celui d'autrui que comme un puissant moyen de mieux mériter le leur, en obéissant aux prescriptions suprêmes qui en ont imposé l'obligation.

Auguste Comte, *Discours sur l'esprit positif* (1844), Schleicher, pp. 75-87.

a. *Par «organisation fondamentale» de l'homme, il faut entendre: sa structure originale, à la fois physique et mentale.*

RELIGION. MORALE. POLITIQUE

6. « L'ÉTHIQUE DE CONVICTION » ET « L'ÉTHIQUE DE RESPONSABILITÉ » [1]

1. En allemand : *gesinnungsethisch* (éthique de conviction) - et *verantwortungsethisch* (éthique de responsabilité).

Il y a une opposition abyssale entre l'attitude de celui qui agit selon les maximes de l'éthique de conviction – dans un langage religieux nous dirions : « Le chrétien fait son devoir et en ce qui concerne le résultat de l'action il s'en remet à Dieu » –, et l'attitude de celui qui agit selon l'éthique de responsabilité qui dit : « Nous devons répondre des conséquences prévisibles de nos actes. » Vous perdrez votre temps à exposer, de la façon la plus persuasive possible, à un syndicaliste convaincu de la vérité de l'éthique de conviction que son action n'aura d'autre effet que celui d'accroître les chances de la réaction, de retarder l'ascension de sa classe et de l'asservir davantage, il ne vous croira pas. Lorsque les conséquences d'un acte fait par pure conviction sont fâcheuses, le partisan de cette éthique n'attribuera pas la responsabilité à l'agent, mais au monde, à la sottise des hommes ou encore à la volonté de Dieu qui a créé les hommes ainsi. Au contraire le partisan de l'éthique de responsabilité comptera justement avec les défaillances communes de l'homme (car, comme le disait fort justement Fichte, on n'a pas le droit de présupposer la bonté et la perfection de l'homme) et il estimera ne pas pouvoir se décharger sur les autres des conséquences de sa propre action pour autant qu'il aura pu les prévoir. Il dira donc : « Ces conséquences sont imputables à ma propre action. » Le partisan de l'éthique de conviction ne se sentira « responsable » que de la nécessité de veiller sur la flamme de la pure doctrine afin qu'elle ne s'éteigne pas, par exemple sur la flamme qui anime la protestation contre l'injustice sociale. Ses actes qui ne peuvent et ne doivent avoir qu'une valeur exemplaire mais qui, considérés du point de vue du but éventuel, sont totalement irrationnels, ne peuvent avoir que cette seule fin : ranimer perpétuellement la flamme de sa conviction.

Mais cette analyse n'épuise pas encore le sujet. Il n'existe aucune éthique au monde qui puisse négliger ceci : pour atteindre des fins « bonnes », nous sommes la plupart du temps obligés de compter avec, d'une part des moyens moralement malhonnêtes ou pour le moins dangereux, et d'autre part la possibilité ou encore l'éventualité de conséquences fâcheuses. Aucune éthique au monde ne peut nous dire non plus à quel moment et dans quelle mesure une fin moralement bonne justifie les moyens et les conséquences moralement dangereuses.

Le moyen décisif en politique est la violence [...]. Celui qui, en général, veut faire de la politique et surtout celui qui veut en faire sa vocation doit prendre conscience de ces paradoxes éthiques et de la responsabilité à l'égard de ce qu'il peut lui-même devenir sous leur pression. Je le répète, il se compromet avec des puissances diaboliques qui sont aux aguets dans toute violence. Les grands virtuoses de l'amour et de la bonté a-cosmiques de l'homme, qu'ils nous viennent de Nazareth, d'Assise ou des châteaux royaux des Indes, n'ont pas travaillé avec le moyen politique de la violence. Leur royaume n'était pas « de ce monde » et pourtant ils ont eu et ils continuent à y exercer une influence [...]. Celui qui veut le salut de son âme ou sauver celle des autres doit donc éviter les chemins de la politique qui, par vocation, cherche à accomplir d'autres tâches très différentes, dont on ne peut venir à bout que par la violence [...]. On ne peut prescrire à personne d'agir selon l'éthique de conviction ou selon l'éthique de responsabilité [...]. Par contre je me sens bouleversé très profondément par l'attitude d'un homme mûr – qu'il soit jeune ou vieux – qui se sent réellement et de toute son âme responsable des conséquences de ses actes et qui, pratiquant l'éthique de responsabilité, en vient à un certain moment à déclarer: «Je ne puis faire autrement. Je m'arrête là!» Une telle attitude est authentiquement humaine et elle est émouvante. Chacun de nous, si son âme n'est pas encore entièrement morte, peut se trouver un jour dans une situation pareille. On le voit maintenant: l'éthique de conviction et l'éthique de la responsabilité ne sont pas contradictoires, mais elles se complètent l'une l'autre et constituent ensemble l'homme authentique, c'est-à-dire un homme qui peut prétendre à la «vocation politique».

Max Weber, «Le métier et la vocation d'homme politique» (*Politik als Beruf*, 1919), in *Le Savant et le politique*, Introd. par Raymond Aron, Plon, 1959, pp. 172 - 180.

Morale. Raison. Sagesse

7. L'enseignement moral de Socrate : la sagesse

C'était un sage d'Athènes. Il y a longtemps que le rôle de sage est dangereux parmi les fous. Ses concitoyens le condamnèrent à boire la ciguë.
Diderot

Certes, Socrate met au-dessus de tout l'activité raisonnable, et plus spécialement la fonction logique de l'esprit. L'ironie qu'il promène avec lui est destinée à écarter les opinions qui n'ont pas subi l'épreuve de la réflexion et à leur faire honte, pour ainsi dire, en les mettant en contradiction avec elles-mêmes [...]. De la vertu même il fait une science; il identifie la pratique du bien avec la connaissance qu'on en possède; il prépare ainsi la doctrine qui absorbera la vie morale dans l'exercice rationnel de la pensée. Jamais la raison n'aura été placée plus haut. Voilà du moins ce qui frappe d'abord. Mais regardons de plus près. Socrate enseigne parce que l'oracle de Delphes a parlé. Il a reçu une mission. Il est pauvre, et il doit rester pauvre. Il faut qu'il se mêle au peuple, qu'il se fasse peuple, que son langage rejoigne le parler populaire. Il n'écrira rien, pour que sa pensée se communique, vivante, à des esprits qui la porteront à d'autres esprits. Il est insensible au froid et à la faim, nullement ascète, mais libéré du besoin et affranchi de son corps. Un «démon»[a] l'accompagne, qui fait entendre sa voix quand un avertissement est nécessaire. Il croit si bien à ce «signe démonique[1]» qu'il meurt plutôt que de ne pas le suivre: s'il refuse de se défendre devant le tribunal populaire, s'il va au-devant de sa condamnation, c'est que le démon n'a rien dit pour l'en détourner. Bref, sa mission est d'ordre religieux et mystique, au sens où nous prenons aujourd'hui ces mots; son enseignement, si parfaitement rationnel, est suspendu à quelque chose qui semble dépasser la pure raison. Mais ne s'en aperçoit-on pas à son enseignement même? Si les propos inspirés, en tout cas

1. *Démonique*: envoyé par le «bon démon» qui avertit Socrate. Ne pas confondre avec *démoniaque*.

lyriques, qu'il tient en maint endroit des dialogues de Platon n'étaient pas de Socrate, mais de Platon lui-même, si le langage du maître avait toujours été celui que Xénophon lui prête, comprendrait-on l'enthousiasme dont il enflamma ses disciples et qui traversa les âges? Stoïciens, épicuriens, cyniques, tous les moralistes de la Grèce dérivent de Socrate, – non pas seulement, comme on l'a toujours dit, parce qu'ils développent dans ses diverses directions la doctrine du maître, mais encore et surtout parce qu'ils lui empruntent l'attitude qu'il a créée et qui était d'ailleurs si peu conforme au génie grec, l'attitude du Sage[b]. Quand le philosophe, s'enfermant dans sa sagesse, se détache du commun des hommes, soit pour les enseigner, soit pour leur servir de modèle, soit simplement pour vaquer à son travail de perfectionnement intérieur, c'est Socrate vivant qui est là, Socrate agissant par l'incomparable prestige de sa personne [...]. Nous avons distingué l'âme close et l'âme ouverte[c]: qui voudrait classer Socrate parmi les âmes closes? L'ironie courait à travers l'enseignement socratique, et le lyrisme n'y faisait sans doute que des explosions rares; mais, dans la mesure où ces explosions ont livré passage à un esprit nouveau, elles ont été décisives pour l'avenir de l'humanité.

Henri Bergson, *Les Deux sources de la morale et de la religion* (1932), in Œuvres, P.U.F., 1970, pp. 1026-1028.

a. *Le démon de Socrate est une «voix intérieure», celle de sa conscience morale, aux injonctions mystérieuses.*

b. *«Socrate est bien le Sage par excellence, celui qui modèle sa vie sur un idéal raisonné, celui en qui se réalisent comme par miracle toutes les vertus canoniques. Maîtrise de soi, modération, loyauté, équité, probité, mépris des valeurs matérielles, on se lasserait à les énumérer par crainte d'être édifiant, mais surtout par crainte de le rendre rébarbatif. Rien de plus assommant que les sages en effet: leur existence ressemble à un recueil glacé d'images pieuses, et leur fréquentation vous atteint comme un perpétuel rappel à l'ordre. Mais cet homme que l'on dit tempérant parle vert et boit sec. Cet intellectuel que l'on imagine toujours perdu dans ses nuages gris et méprisant la couleur des choses sait mieux qu'un autre croquer la vie de ses larges mâchoires: il danse et joue de la lyre; si ses yeux sont à fleur de tête, c'est pour mieux voir de tous les côtés, assure-t-il; si ses narines sont retroussées, c'est pour mieux sentir. Et ses lèvres épaisses, ne font-elles pas des baisers plus sensuels? On le veut chaste: on le décrit restant de marbre face aux avances du bel Alcibiade qui s'était glissé dans son lit; mais on le voit souvent entouré d'une foule de mignons dont il ne dédaigne pas la compagnie: troublé par la beauté de Charmide, il veut, dit-il, en déshabiller l'âme avant d'en effeuiller le corps. Une telle sensualité à fleur de peau nous éloigne, on le voit, des poncifs sur le sage détaché des biens du monde et affamé de nourritures spirituelles,* qu'il fut pourtant aussi». *Francis Wolff,* Socrate, *P.U.F., 1985, p. 12.*

c. *«D'un côté le clos, de l'autre l'ouvert», écrit Bergson, c'est-à-dire: d'un côté, la «morale close» de la cité, morale ordinaire, statique, résultant de la pression de la société sur l'individu, et de l'autre, la «morale ouverte» des «grands entraîneurs de l'humanité», des mystiques et des saints, dont l'âme s'ouvre sur une exigence illimitée: «La morale de l'Évangile, précise Bergson, est essentiellement celle de l'âme ouverte.»*

LOGIQUE ET MATHÉMATIQUE. MORALE. HÉROÏSME

8. UN IMPÉRATIF SANS MÉLANGE : L'HÉROÏSME

Pour Cavaillès, la Résistance a été un impératif pur et simple, sans mélange. Il n'a pas été celui qui a répondu à un Appel parce qu'il attendait un Appel. Il n'était pas un hors-la-loi pour raisons raciale ou politique. Il a choisi la Résistance, en pleine liberté de décision et cependant, pensait-il, conformément à une exigence qui l'habitait. Essayons de comprendre pourquoi.

Cavaillès était un philosophe de la rigueur. Pour lui la philosophie s'apparentait davantage aux mathématiques qu'à la littérature. Il pensait que philosopher c'est démontrer plutôt que faire des confidences sur sa subjectivité propre.

Cavaillès était un bon connaisseur de la situation allemande dans les années trente. Il avait vécu en Allemagne comme boursier de la fondation Rockfeller. Rien ne lui avait échappé des causes, des motivations, des objectifs du nazisme.

Cavaillès était d'origine protestante et fils d'officier. Il ne partageait pas, étant étudiant, les opinions antimilitaristes et pacifistes de beaucoup d'entre nous dans cette génération.

Cela connu, on peut comprendre que Cavaillès a été Résistant *par logique*. La déduction est aisée. Et pour qui l'a connu, elle n'est pas imaginaire. Le nazisme était inacceptable dans la mesure où il était la négation, sauvage plutôt que savante, de l'universalité, dans la mesure où il annonçait et où il recherchait la fin de la philosophie rationnelle. La lutte contre l'*inacceptable* était donc *inéluctable*. Et par lutte il ne faut pas entendre l'indignation chuchotée dans les couloirs, le porte à porte patriotique, l'alimentation des boîtes aux lettres en tracts vengeurs. Par lutte il faut entendre le combat les armes à la main. Et par armes, toutes les armes. Voilà donc un intellectuel qui, sans contrainte de situation personnelle, par choix totalement libre, se fait chef de réseau, d'abord et toujours payant de sa personne, chef d'agents de renseignements, de plastiqueurs, de saboteurs. Un chef exécutant, un philosophe terroriste : voilà qui était Cavaillès. La façade de professeur de logique à la Sorbonne derrière laquelle il dissimule d'abord la seule activité qui lui tienne à cœur ne dure pas longtemps. Désormais, la seule activité philosophique de ce logicien s'exercera en prison ou dans un camp français d'internement dont d'ailleurs il s'évade, pour reprendre où il l'a laissée la lutte clandestine qui entraînera à nouveau son arrestation, mais par les Allemands cette fois, et cette fois définitivement[a]. La logique est implacable. Il y a dans la ténacité de Cavaillès quelque chose de terrifiant. C'est une figure unique. Un philosophe mathématicien bourré d'explosifs, un lucide téméraire, un résolu sans optimisme. Si ce n'est pas là un héros, qu'est-ce qu'un héros?

Georges CANGUILHEM, *Vie et mort de Jean Cavaillès*, Commémoration à l'O.R.T.F., 28 oct. 1969, Pierre Laleure, libraire-éditeur, Ambialet (Tarn), 1976, pp. 35-38.

a. *À l'occasion de l'inauguration de l'Amphithéâtre Jean Cavaillès à la Nouvelle Faculté des Lettres de Strasbourg, le 9 mai 1967, G. Canguilhem avait déclaré : « Cavaillès a été exécuté au début de l'année 1944, à Arras, après condamnation à mort par un tribunal militaire. Pour ceux qui ont découvert son cadavre, dans une fosse commune, dans un coin de la Citadelle, il était l'*Inconnu n° 5. *J'ai souvent pensé qu'on n'aurait pas pu* *trouver, si on l'avait cherchée, une épitaphe plus émouvante pour un philosophe mathématicien : cinq, la somme pythagoricienne du premier pair et du premier impair, et l'inconnu, cette limite de la pensée que la philosophie tantôt exalte et tantôt exorcise, alors que la mathématique la réduit calmement par le calcul.* »

MORALE ET RELIGION
VOLONTÉ. SAINTETÉ

9. « BIBELFORSCHER » [1] : LA SAINTETÉ

Les saints ont leur empire, leur éclat, leur grandeur, leur victoire, leur lustre, et n'ont nul besoin de grandeurs charnelles ou spirituelles, où elles n'ont nul rapport. Ils sont vus de Dieu et des anges, et non des corps ni des esprits curieux : Dieu leur suffit.

PASCAL, *Pensées,* XII, 793.

1. « Objecteurs de conscience » (littéralement : ceux qui cherchent à observer la Bible).

Elles avaient construit le camp plusieurs années auparavant. Elles figuraient parmi les premières victimes du régime nazi : victimes à l'âme simple, cuirassées dans une foi fanatique, aux traits durcis, aux larges mains de paysannes solides, évoquant par leurs attitudes gauches je ne sais quelles statues primitives. Leur groupe était composé en partie d'Allemandes et de Polonaises appartenant à une secte dissidente du protestantisme ; elles voyaient en Hitler l'Antechrist annoncé par l'Apocalypse. On les avait arrêtées par milliers à l'avènement du National-Socialisme, et force leur avait été d'ériger elles-mêmes la tombe de Ravensbrück ; leurs mains s'étaient écorchées à élever les murs du camp et les villas des SS à l'extérieur de l'enceinte ; leurs pieds nus avaient saigné contre les graviers et les pierres. Elles mouraient par centaines chaque jour, en ce temps-là, tombant du haut des échafaudages d'où elles étaient parfois volontairement précipitées.

Vint un jour où, leurs travaux étant terminés, elles furent parquées derrière les barbelés plantés par elles. Lorsque nous arrivâmes à Ravensbrück, elles n'étaient plus qu'une poignée de vieilles femmes ne se distinguant des autres prisonnières que par le triangle violet qu'elles portaient sur le bras droit ; le reste avait été massacré. Nous sûmes qu'elles avaient refusé toute aide à la production de guerre. Leur force d'inertie avait, à la longue, fléchi leurs bourreaux ; parce qu'elles étaient scrupuleusement honnêtes on les avait mises aux postes de confiance du camp ; elles pouvaient aller et venir à leur aise et sortir de l'enceinte sans surveillance ; l'idée ne leur venait pas de profiter de cette situation et de chercher à fuir. Certaines s'occupaient de la basse-cour des SS, d'autres devaient garder les enfants des nazis. À maintes reprises le Commandant leur avait promis de les libérer immédiatement si elles reniaient leur doctrine : elles avaient refusé en bloc.

Elles faisaient souvent preuve d'initiatives malheureuses, prenant à l'improviste d'étranges déterminations, décidant, par exemple, de ne plus aller désormais à l'appel ; rien ne pouvait alors les faire changer d'idées : je les ai vues se laisser traîner par les cheveux par les surveillantes SS, tomber dans la neige plutôt que de céder, et y rester prostrées, insensibles aux lanières qui s'abattaient sur elles. Devant cette obstination que rien ne pouvait vaincre, les gardiennes durent, à plusieurs reprises, les faire hisser sur des charrettes pour les conduire à l'appel. Il me semble entendre encore les hurlements des SS et les coups sourds des bâtons qui s'abattent dans le matin morbide. On les jette hors des charrettes, on lance sur elles les chiens furieux, mais elles ne bronchent pas et ne profèrent pas une plainte. Ces femmes dont l'héroïsme confine au surhumain me font penser à des arbres sur lesquels tombe la cognée...

Elles décidèrent un jour de ne plus porter leurs numéros matricules. Le commandant intima l'ordre de les faire «poser»[2] jusqu'à ce qu'elles fussent soumises; elles ne fléchirent pas; chaque matin nous les apercevions, en rang devant le bureau du commandant, comme figées dans leur entêtement volontaire. Les heures passaient, elles ne pouvaient presque plus tenir sur leurs jambes enflées. Je revois leurs bustes penchés en avant, leurs corps prêts à s'affaisser de lassitude. Elles restèrent ainsi debout environ une semaine; nous ignorâmes la fin de l'histoire.

O femmes si aveuglément résolues! Je songe à cette foi totale, à cette ténacité qui ne connaît nulle mesure. Faut-il que se dépense en vain tant d'énergie et de ferveur mal placée qui pourrait soulever le monde d'un élan neuf? Il nous faudrait la force et l'ardeur de ces femmes pour rajeunir la terre! Si cette force était canalisée et mise au service de la libération de l'homme et de la vie créatrice, que ne ferait-on pas alors?

Violette Maurice[a], *n. n.*[b], encre marine, 1991, pp. 35-39.

2. Rester dehors au garde-à-vous.

a. *Née dans une famille d'universitaires, Violette Maurice fonda à Saint-Étienne, en 1942, un mouvement clandestin de Résistance à l'occupant. Arrêtée, ainsi que son père, par la Gestapo, en 1943, elle fut déportée à Ravensbrück, dans le block N.N., puis à Mauthausen. Libérée par la Croix-Rouge Internationale en 1945, elle reçut en 1947 la médaille de la Résistance. Elle a été promue, en 1989, Officier de la Légion d'Honneur au titre des Droits de la Femme.*

b. n. n. = Nacht und Nebel, *«nuit et brouillard». Cette formule, qui a fourni à Alain Resnais le titre de l'un de ses films, est celle – écrit Violette Maurice – «qui, dans le jargon poétique et barbare des nazis, désignait les déportés voués à l'extermination.»*

Blaise PASCAL (1623-1662).

MORT

Pères profonds, têtes inhabitées,
Qui sous le poids de tant de pelletées,
Êtes la terre et confondez nos pas,

Le vrai rongeur, le ver irréfutable
N'est point pour vous qui dormez sous la table,
Il vit de vie, il ne me quitte pas!

Paul Valéry, *Le Cimetière marin.*

Dans sa fameuse *Lettre à Ménécée*, Épicure (cf. texte n° 13, p. 298) a *philosophiquement* réglé son compte à la mort. Mais, dira-t-on *mélancoliquement*, la mort ne cesse de régler leur compte aux vivants qui mènent, selon le mot de Freud, « une existence sous menace de congé », les uns assistant impuissants à « la mort » des autres (cf. Pascal, Sartre, textes n° 1, 2). Or, qui peut *définir* « la mort »? Un vivant ou un mort?

La mort ne peut, en aucune façon, être l'objet d'une expérience directe. En effet, d'aussi loin qu'un « vivant » revienne, il ne reviendra jamais d'entre les morts, car le concept de la mort renferme au moins celui d'un processus *irréversible* vers un lieu d'où, par définition, on ne revient pas. Quant au principal intéressé, le mort, son témoignage est scientifiquement suspect, cliniquement ambigu (cf. texte n° 12, Winslow) et finalement contradictoire. Bref, pour *savoir* quelque chose de la mort, il est donc toujours trop tôt ou trop tard.

Mais alors si, à parler net, « personne, comme dit Socrate, ne sait rien de la mort », que signifie donc cette perpétuelle rumeur qui s'élève *autour* d'elle? Toute la littérature, tous les arts, toutes les religions, toutes les institutions, exploitent la Mort et brodent sur ce « thème » des variations inépuisables et *contradictoires*: on nous la représente tantôt froide, injuste et hideuse comme une répugnante corruption (p. ex. *Une charogne*, de Baudelaire), tantôt accueillante, sereinement égalitaire et apaisante comme un doux sommeil (texte n° 5, Henry de Sponde); tantôt comme l'anéantissement définitif de notre existence, tantôt comme son couronnement; tantôt comme le moment de notre délivrance, tantôt comme celui de notre exil. À y regarder de plus près, la *fiction* de la mort nous renvoie évidemment à la *réalité vécue* de notre existence, dont elle est en quelque sorte le doublet négatif, qui en exprime à sa manière toutes les ambiguïtés: finalement, la Mort n'a pas d'autre visage que celui, composite, des vivants, avec leurs espoirs et leurs inquiétudes, leurs souhaits fantasques et leurs contradictions.

C'est pourquoi la philosophie classique, tout occupée à assurer les démarches d'une pensée claire et distincte, ne s'est guère attardée à *discourir* de la mort, ce mot si riche de connotations émouvantes, mais dont le concept, manipulable à loisir, ne peut guère prendre place dans un discours rationnel.

En revanche, les penseurs romantiques, moins soucieux de fonder la connaissance rationnelle que de questionner et d'approfondir l'existence, s'efforcent de réhabiliter l'inquiétude devant la mort et de se maintenir dans la pensée de la mort; car, si l'histoire de l'humanité n'est tout entière qu'un discours pour occulter la mort, une existence humaine d'où la pensée de la mort a été bannie n'est-elle pas, dès lors, vouée au *divertissement* et à *l'oubli de l'être*?

L'interrogation philosophique autour de la mort se diffracte ainsi, en raison de l'opacité de son objet, en de multiples questions: *à quoi* ou *à qui* pensons-nous quand nous parlons de la mort? Les « pensées » des vivants sur la mort sont-elles autre chose que des métaphores de l'impensable? Peut-on penser la mort? Que signifie la mort pour la pensée?

La mort scientifiquement décrite, la mort objectivée, banalisée, impersonnelle, – bref, la mort *des autres*, – n'est-elle pas la plus creuse des pensées? Quant à *notre* mort, corrélat temporel de notre existence, révèle-t-elle la finitude indépassable de notre condition ou bien celle-ci témoigne-t-elle contre la mort d'une possibilité sans fin de dépassement?

Enfin, l'homme n'a-t-il pas mieux à faire que de s'absorber, non sans quelque complaisance, dans la fascination stérile de sa finitude? Et n'est-ce pas, précisément, parce qu'elle est finie qu'une existence humaine est susceptible d'être, bien ou mal, remplie?

DE LA PERTE TOTALE DE LA FACULTÉ DE SENTIR

Quant à la mort, nous ne la pouvons essayer qu'une fois.
MONTAIGNE, *Essais*, II, VI.

La faculté de sentir peut être affaiblie, inhibée, ou entièrement supprimée. De là, les états d'ivresse, de sommeil, d'évanouissement, de mort apparente (asphyxie) et de mort réelle…

La *mort*, nul n'en peut faire l'expérience en elle-même (car faire une expérience relève de la vie), mais on ne peut que la percevoir chez les autres. Est-elle douloureuse ? Le râle ou les convulsions des mourants ne permettent pas d'en juger ; ils paraissent plutôt une simple réaction mécanique de la force vitale et peut-être la douce impression de ce passage graduel qui libère de tout mal. La peur de la mort qui est naturelle à tous les hommes, et fût-ce au plus sage, n'est pas un frémissement d'horreur devant le fait de périr, mais comme le dit justement Montaigne, devant la pensée *d'avoir péri* (d'être mort) ; cette pensée, le candidat au suicide s'imagine l'avoir encore après la mort, puisque le cadavre qui n'est plus lui, il le pense comme soi-même plongé dans l'obscurité de la tombe ou n'importe où ailleurs. L'illusion ici n'est pas à supprimer ; car elle réside dans la nature de la pensée, en tant que parole qu'on adresse à soi-même et sur soi-même. La pensée que *« je ne suis pas »* ne peut absolument pas exister ; car si je ne suis pas, je ne peux pas non plus être conscient que je ne suis pas. Je peux bien dire : je ne suis pas en bonne santé, etc., en pensant des prédicats de moi-même qui ont valeur négative (comme cela arrive pour tous les *verba*) mais, parlant à la première personne, le sujet lui-même (celui-ci en quelque sorte s'anéantit) est une contradiction.

KANT, *Anthropologie du point de vue pragmatique* (1798), trad. M. Foucault, Vrin, 1964, pp. 45-46.

NATURE. MORT. MORALE

1. LA CONDITION DES HOMMES

«Je m'accoutume à devenir inorganique».
FREUD, à *Lou Andréas-Salomé*

A. Qu'on s'imagine un nombre d'hommes dans les chaînes, et tous condamnés à la mort, dont les uns étant chaque jour égorgés à la vue des autres, ceux qui restent voient leur propre condition dans celle de leurs semblables, et, se regardant les uns et les autres avec douleur et sans espérance, attendent à leur tour. C'est l'image de la condition des hommes.

B. Le dernier acte est sanglant, quelque belle que soit la comédie en tout le reste: on jette enfin de la terre sur la tête, et en voilà pour jamais.

C. L'homme n'est qu'un roseau, le plus faible de la nature; mais c'est un roseau pensant. Il ne faut pas que l'univers s'arme pour l'écraser: une vapeur, une goutte d'eau, suffit pour le tuer. Mais, quand l'univers l'écraserait, l'homme serait encore plus noble que ce qui le tue, parce qu'il sait qu'il meurt, et l'avantage que l'univers a sur lui; l'univers n'en sait rien.

Toute notre dignité consiste donc en la pensée. C'est de là qu'il faut nous relever et non de l'espace et de la durée, que nous ne saurions remplir. Travaillons donc à bien penser: voilà le principe de la morale.

PASCAL, *Pensées*, posth. (1669), éd. Brunschvicg A) III, 199; B) III, 210; C) VI, 347.

MORT. RELIGION. SENS

2. ABSURDITÉ DE LA MORT

Mort soudaine seule à craindre, et c'est pourquoi les confesseurs demeurent chez les grands.
PASCAL, *Pensées*, III, 216.

On a souvent dit que nous étions dans la situation d'un condamné, parmi les condamnés, qui ignore le jour de son exécution, mais qui voit exécuter chaque jour ses compagnons de geôle. Ce n'est pas tout à fait exact: il faudrait plutôt nous comparer à un condamné à mort qui se prépare bravement au dernier supplice, qui met tous ses soins à faire belle figure sur l'échafaud et qui, entre temps, est enlevé par une épidémie de grippe espagnole. C'est ce que la sagesse chrétienne a compris, qui recommande de se préparer à la mort comme si elle pouvait survenir *à toute heure*. Ainsi espère-t-on la récupérer en la métamorphosant en «mort attendue» [...].

La mort ne saurait aucunement être attendue, si elle n'est pas très précisément désignée comme *ma* condamnation à mort (l'exécution qui aura lieu dans huit jours, l'issue de ma maladie que je sais prochaine et brutale, etc.), car elle n'est autre que la révélation de l'absurdité de toute attente, fût-ce justement de *son* attente.

Jean-Paul SARTRE, *L'Être et le Néant*, 1943, Gallimard, pp. 617-619.

MORT. VIVANT.
NATURE. VIOLENCE

3. MORT NATURELLE ET MORT ACCIDENTELLE

Il y a une différence considérable de *qualité* entre la mort à la limite de la vieillesse ou la mort soudaine qui nous anéantit dans l'âge mûr ou dans la jeunesse.
SARTRE, *L'Être et le Néant,* p. 620.

La mort naturelle est remarquable, parce qu'elle termine presque entièrement la vie animale, longtemps avant que l'organique[a] ne finisse.

Voyez l'homme qui s'éteint à la fin d'une longue vieillesse : il meurt en détail ; ses fonctions extérieures finissent les unes après les autres ; tous ses sens se ferment successivement ; les causes ordinaires des sensations passent sur eux sans les affecter.

La vue s'obscurcit, se trouble, et cesse enfin de transmettre l'image des objets : c'est la cécité sénile. Les sons frappent d'abord confusément l'oreille, bientôt elle y devient entièrement insensible ; l'enveloppe cutanée, racornie, endurcie, privée en partie des vaisseaux qui se sont oblitérés, n'est plus le siège que d'un tact obscur et peu distinct. D'ailleurs l'habitude de sentir y a émoussé le sentiment. Tous les organes dépendants de la peau s'affaiblissent et meurent ; les cheveux, la barbe, blanchissent. Privés des sucs qui les nourrissaient, un grand nombre de poils tombent. Les odeurs ne font sur le nez qu'une faible impression.

Le goût se soutient un peu, parce que, lié à la vie organique autant qu'à l'animale, ce sens est nécessaire aux fonctions intérieures. Aussi, lorsque toutes les sensations agréables fuient le vieillard, quand leur absence a déjà brisé en partie les liens qui l'attachent aux corps environnants, celle-ci lui reste encore ; elle est le dernier fil auquel est suspendu le bonheur d'exister[1].

Ainsi isolé au milieu de la nature, privé déjà en partie des fonctions des organes sensitifs, le vieillard voit bientôt s'éteindre aussi celles du cerveau. Chez lui presque plus de perception, par là même que presque rien du côté des sens n'en détermine l'exercice ; l'imagination s'émousse, et bientôt devient nulle [...].

Si la vie animale donc vient à cesser par gradation, si chacun des nœuds qui nous enchaînent au plaisir de vivre se rompt peu à peu, ce plaisir nous échappera sans que nous nous en apercevions, et déjà l'homme en aura oublié le prix lorsque la mort viendra le frapper.

C'est ce que nous remarquons dans le vieillard qui arrive, par la perte successive et partielle de ses fonctions externes, à la perte totale de son existence. Sa destruction se rapproche de celle du végétal, qui, faute de relations, n'ayant pas la conscience de sa vie, ne saurait avoir celle de sa mort.

La vie organique restée au vieillard, après la perte presque totale de la vie animale, se termine chez lui d'une manière toute différente de celle que nous offre sa fin dans les morts violentes et subites. Celles-ci ont véritablement deux périodes : la première est marquée par la cessation soudaine de la respiration et de la circulation, double fonction qui finit presque toujours alors en même temps que la vie animale ; la seconde, plus lente dans ses phénomènes, nous montre le terme des autres fonctions organiques, amené d'une manière lente et graduée [...].

1. Cf. texte n° 5, p. 138 (Montaigne).

Voici donc la grande différence qui distingue la mort de vieillesse d'avec celle qui est l'effet d'un coup subit; c'est que dans l'une, la vie commence à s'éteindre dans toutes les parties, et cesse ensuite dans le cœur: la mort exerce son empire de la circonférence au centre. Dans l'autre, la vie s'éteint dans le cœur, et ensuite dans toutes les parties: c'est du centre à la circonférence que la mort enchaîne ses phénomènes.

Xavier Bichat[b], *Recherches physiologiques sur la vie et la mort,* 1800, Première partie, Article dixième.

a. *Bichat divise la vie (et la mort) en* organique et animale*: la* vie organique *est l'ensemble des fonctions communes au végétal et à l'animal (assimilation, excrétion), la* vie animale *(vie de relation, active et consciente, avec le monde extérieur: perception, sensations, motricité, désirs, craintes, plaisirs et peines) est «l'attribut exclusif du règne animal». Bichat écrit: «Chacune des deux vies, animale et organique, se compose de deux ordres de fonctions qui se succèdent et s'enchaînent dans un sens inverse.»*

b. *Chirurgien militaire, puis «médecin expectant du Grand Hospice de l'Humanité» (Hôtel-Dieu), mort à l'âge de 31 ans, Xavier Bichat (1771-1802) introduisit en biologie la notion de «tissu» (homologue de la notion d'«élément» en chimie) et fonda l'anatomie générale. Auguste Comte a placé sous le patronage de Bichat le 13*^{e} *mois du* Calendrier positiviste, *consacré à «la science moderne», et Flaubert a écrit: «La médecine moderne sort tout droit du tablier de Bichat.»*

Mort.
Religion.
Bonheur

4. Pour adoucir l'aigreur de la mort : l'espérance de l'immortalité bienheureuse

Cleombrotus Ambraciota, ayant lu le *Phédon* de Platon, entra en si grand appetit de la vie advenir que, sans autre occasion, il s'alla precipiter en la mer.
Montaigne, *Essais,* II, III.

En lieu de dire: *les morts* il (saint Paul) dit *ceux qui dorment,* et les appelle ainsi, selon le commun usage de l'Écriture: par lequel mot l'aigreur ou l'âpreté de la mort est adoucie. Car il y a grande différence entre Dormir et Être du tout[1] réduit à néant. Au reste, on doit rapporter ce dormir au corps, et non point à l'âme. Car le corps mort est couché dedans le sépulcre, comme dedans un lit, jusques à ce que Dieu ressuscite l'homme. Et pourtant ceux-là rêvent, qui de là recueillent que les âmes dorment. Nous entendons maintenant quelle est l'intention de saint Paul: à savoir qu'il élève les esprits des fidèles à considérer la résurrection, afin qu'ils ne lâchent point trop la bride à leur tristesse en la mort de leurs parents et amis: d'autant que certes ce serait une chose mal convenable, qu'ils ne fussent point différents des infidèles, qui ne peuvent mettre fin ni mesure à leur douleur, pour ce qu'ils n'aperçoivent et ne reconnaissent rien en la mort, que ruine et destruction. Ceux qui abusent de ce passage pour introduire et établir entre les Chrétiens cette façon tant étrange, que les Stoïciens requéraient en l'homme, à savoir qu'il ne fût ému de douleur quelconque, mais qu'il fût comme de fer et stupide sans rien sentir, ne trouveront rien de semblable aux paroles de saint

1. du tout: entièrement.

Paul. L'objection qu'ils font, à savoir qu'il ne faut point pleurer ni être tristes de la mort de nos parents et amis, de peur de résister à Dieu, aurait lieu en toutes adversités : mais il y a grande différence entre Réprimer notre douleur, afin qu'elle soit sujette à Dieu : et S'endurcir comme une pierre, en rejetant tout sentiment humain. Il faut donc que la douleur des fidèles soit mêlée de consolation, qui les duise à patience. L'espérance de l'immortalité bienheureuse, laquelle est mère de patience, fera cela.

Jean CALVIN (1509-1564), *Commentaire de la 1re Épître aux Thessaliens, IV*, 13.

RELIGION. MORT. MÉTAPHYSIQUE

5. LA *MORT* DES HÉRÉTIQUES ET LE DOUX *SOMMEIL* DES FIDÈLES

Nous aurons des lits pleins d'odeurs légères,
Des divans profonds comme des tombeaux...
BAUDELAIRE, *La Mort des amants*.

Si l'Église ne voit en ces membres retranchez (les hérétiques) aucun témoignage de leur repentance, ni aucun indice du désir qu'ils ayent d'estre rejoincts à son corps ; quelle apparance y a-il qu'elle reçoyve en la communauté de ses sacrez cimitieres, qui ne sont destinés que pour le doux sommeil de ceux qui en leur vie se sont montrez dignes d'y dormir ; c'est a dire de ceux qui ont tellement reposé en la foy & union de l'Église, que cela leur soit donné tant pour une recompense de leur bonne vie passée, que pour une esperance & certain gage du repos eternel : qu'elle y reçoyve, dis-je, le corps de ceux qu'elle croit fermement ne devoir se coucher, que pour estre perpetuellement engouffrez dans un abysme de songes effroyables, de fantosmes hideux, de peines extremes, de bourrellemens trescruels ?

Car, afin d'expliquer cecy en passant, le mot de *Cimitiere* ne signifie autre chose que *Dormitoire* ou *Dortoüer*[1] ; d'autant que la foy nous enseigne que les fidelles ne meurent point, mais seulement dorment pour quelque temps d'un doux repos, attendant qu'ils se resveillent heureusement pour jamais plus ne dormir, ains pour estre perpetuellement jouyssants de la gloire celeste. Auquel sens nous voyons que nostre Seigneur & les Apostres ont souvent appelé la mort *dormition* ou sommeil, & les morts *Dormants*. Et en l'Ancien Testament ceste façon de parler se trouve fort fréquente pour ceux qui mouroyent au Seigneur, *Il dormit avec ses peres*. D'ou procedent toutes ces ceremonies & devotions, pour rendre tout honneur aux corps capables de la Resurrection à la vie eternelle, comme ayants este les maisons de Dieu, les temples du Sainct Esprit, & l'instrument par lequel les ames ont reçeu sanctification par le moyen des Sacrements de l'Église. Au lieu qu'au contraire, combien que la mort soit commune indifferemment à tous, voyre mesne aussi la corruption des corps ; si est ce que particulièrement ce mot de *Mourir* est approprié à ceux, qui meurent hors de Jesus Christ & de son Église, d'autant que la mort premiere leur est comme un faux-bourg de la mort seconde, & qu'ils sont desia maudits aussi bien que pourris dans leurs sepulchres. D'où aussi le Prophete dict, que *les corps des*

1. Le mot « cimetière », du latin chrétien *cimiterium*, a été emprunté au grec *koïmétérion*, « lieu où l'on *dort*, lieu où les morts *reposent* ».

mechants, des infidelles & heretiques, *ne resusciteront point au dernier jour*, c'est a dire pour estre glorifiez : mais ils se releveront pour entrer tout aussi tost en l'enfer eternel, & y recevoir avec leurs ames la recompense de leur desloyauté, mourants tous les iours sans vivre, & vivants en perpetuel tourment sans jamais pouvoir mourir.

Henry de SPONDE[a], *Les Cimitieres sacrez*, A Bourdeaus, 1598, pp. 96-98.

a. *Henry de Sponde (1568-1643) : maître des requêtes de Henri de Navarre (Henri IV). Abjura le calvinisme et devint évêque de Pamiers.*

MORT. SOCIÉTÉ. RELIGION

6. MOURIR AUTREFOIS

Non seulement ils ne retardaient pas le moment des comptes,
mais ils s'y préparaient tout doucement à l'avance,
désignaient à qui irait la jument, à qui le poulain...
Et ils s'éteignaient avec une sorte de soulagement
comme s'ils devaient simplement changer d'isba.
SOLJENITSYNE, *Le Pavillon des cancéreux*.

Un homme meurt. Qu'il ait ou non réglé par testament le détail de ses obsèques (et bien rares sont ceux qui se dérobent à cette obligation), il est enterré « comme il se doit », chrétiennement, dans sa tombe de famille, le plus souvent dans quelque église conventuelle, aux Jacobins, aux Cordeliers, aux Carmes. Cela, sans distinction sociale, qu'il s'agisse d'un baron ou d'un simple artisan. Refuser de soi-même la sépulture chrétienne ? Impossible, et impensable.

Dès qu'il s'est senti en danger, le malade a fait prévenir le prêtre. Si, ne se rendant pas compte de son état, il a omis d'abord ce pieux devoir, ses proches sont intervenus. Et à défaut d'eux, le médecin. C'est pour celui-ci une obligation et qui sera rendue de plus en plus rigoureuse ; au temps de Louis XIV, négliger d'avertir son patient, dès la seconde ou la troisième visite, qu'il doit mettre en règle sa conscience : faute lourde qui entraînait, à la récidive, la déchéance du médecin. N'oublions pas que, jusqu'à la Révolution, le Secrétaire perpétuel de l'Académie française devra s'acquitter d'un pareil devoir auprès de ses confrères en danger. Donc le prêtre est venu. Parfois, il a porté au malade des reliques, pour qu'il les touche. Solennellement en tout cas, il lui a porté le Saint-Sacrement, entre des haies de fidèles agenouillés, pendant qu'un enfant de chœur agitait la sonnette. Un attroupement s'est fait devant la porte du fidèle. Les parents, les amis, les voisins, les passants parfois, des inconnus ont monté l'escalier, se sont pressés en foule dans la chambre qui bientôt sera la chambre mortuaire – obéissant à ces appels de solidarité chrétienne, à cette mystique de la communion de toute l'Église, dont Érasme ne manque point de faire état dans son *De praeparatione ad mortem*[1].

1. *De la préparation à la mort.*

Le drame est consommé, la cloche bénite sonne à nouveau quand le cortège entre à l'église. On récite l'office consacré, on dit à l'intention du défunt la messe de *Requiem*... Le lendemain, les jours suivants, d'autres messes seront dites, hautes et basses et, le soir, des vigiles à neuf psaumes et neuf leçons. Tout cela, rituellement en quelque sorte. Tout cela, coutumièrement et traditionnellement. D'office. Et sans que personne, jamais, ne songe à se dérober à un seul de ces devoirs, tellement incorporés à la vie de chacun qu'ils en paraissent vraiment inséparables.

Lucien FEBVRE, *Le Problème de l'incroyance au XVIe siècle, la Religion de Rabelais* (1942), Albin Michel, 1968, pp. 328-330.

MORT. TECHNIQUE. SOCIÉTÉ. LANGAGE

7. MOURIR AUJOURD'HUI

Nous ne pensons plus désormais qu'en termes de « chevaux-vapeur ».
Oswald SPENGLER, *L'homme et la technique* (1931), chap. V.

Autour du mourant, le personnel de l'hôpital se retire. « Syndrome de fuite de la part des médecins et des infirmières. »* La mise à distance est accompagnée de consignes dont le vocabulaire met déjà le vivant dans la position du mort : « Il a besoin de se *reposer*... Laissez-le *dormir* »[1]. Il faut que le mourant reste *calme* et en *repos*. Au-delà des soins et des calmants nécessaires au malade, cette consigne met en cause l'impossibilité, pour l'entourage, de *supporter l'énonciation* de l'angoisse, du désespoir ou de la douleur : il ne faut pas que cela se *dise*.

Les mourants sont des proscrits *(outcasts)* parce qu'ils sont les déviants de l'institution organisée par et pour la conservation de la vie. Un « deuil anticipé », phénomène de rejet institutionnel, les case à l'avance dans la « chambre du mort » ; il les enveloppe de silence ou, pire, de mensonges protégeant les vivants contre la voix qui briserait cette clôture pour crier : « Je vais mourir ». Ce cri produirait un *embarrassingly graceless dying*. Le mensonge (« mais non, ça va aller mieux ») est une assurance contre la communication. Car la parole interdite, si elle survenait, trahirait la lutte qui mobilise l'hôpital et qui, supposant que *soigner* veut dire *guérir*, ne veut pas savoir l'échec ; elle serait blasphématoire.

Bien plus, mort en sursis, le mourant *tombe* hors du *pensable*, qui s'identifie à ce qu'on peut *faire*. En sortant du champ que circonscrivent des possibilités d'intervention, il entre dans une région d'insignifiance. Rien n'est dicible là où plus rien ne peut être fait. Avec l'oisif, plus que lui, le mourant est l'immoral : l'un, sujet qui ne travaille pas ; l'autre, objet qui ne s'offre même plus à un travail ; tous deux intolérables dans une société où la disparition des sujets est partout compensée et camouflée par la multiplication des tâches. Il a fallu le nazisme, logique dans son totalitarisme technocratique, pour traiter les morts et faire passer à des procédures de rentabilisation la limite que leur oppose, inerte, le cadavre.

Dans cette combinaison entre des sujets sans action et des opérations sans auteur, entre l'angoisse des individus et l'administration des pratiques, le mourant ramène la question du sujet à l'extrême frontière de l'inaction, là où elle est le plus impertinente et le moins supportable. Chez nous, l'absence de travail, c'est le non-sens ; il faut l'éliminer pour que se poursuive le discours qui inlassablement

1. Cf. texte n° 5, p. 290 (Henry de Sponde).

articule des tâches et qui construit le récit occidental du « il y a toujours quelque chose à faire ». Le mourant est le lapsus de ce discours. Il est, il ne peut être qu'ob-scène. Donc censuré, privé de langage, enveloppé d'un linceul de silence : innommable.

Michel de CERTEAU, *L'Invention du quotidien*, I/Arts de faire, U.G.E., 1980, pp. 317-318.

* *Maurice Berger et Françoise Hortala,* Mourir à l'hôpital, *Paris, Centurion, 1974, p. 155.*

MORT. LANGAGE. MÉTAPHYSIQUE

8. MOURIR, C'EST « DÉNAÎTRE »

Il est aussi naturel de mourir que de naître.
BACON, *Essais de Politique et de Morale*, II (1612).

Pour ce qui est de la valeur objective de la vie, il est bien peu sûr, il est au moins douteux qu'elle soit préférable au non-être, et même, si l'on consulte la réflexion et l'expérience, c'est le non-être qui doit de beaucoup l'emporter. Allez frapper aux portes des tombeaux et demandez aux morts s'ils veulent revenir au jour : ils secoueront la tête d'un mouvement de refus. Telle est aussi la conclusion de Socrate dans l'*Apologie* de Platon ; et l'aimable, l'enjoué Voltaire lui-même ne peut s'empêcher de dire : « On aime la vie, mais le néant ne laisse pas d'avoir du bon » ; ou encore : « Je ne sais pas ce que c'est que la vie éternelle, mais celle-ci est une mauvaise plaisanterie. » De plus, la vie doit en tout cas bientôt finir, et alors les quelques années qu'on a peut-être encore à exister disparaissent jusqu'à la dernière devant l'infinité du temps où l'on ne sera plus. Il semble donc même ridicule à la raison de tant s'inquiéter pour ce court espace de temps, de trembler si fort au moindre danger qui menace notre vie ou celle d'autrui, et de composer des drames dont le pathétique a pour seul ressort la crainte de la mort. Ainsi ce puissant attachement à la vie est un mouvement aveugle et déraisonnable ; ce qui peut l'expliquer, c'est seulement qu'en soi-même tout notre être est déjà pure volonté de vivre, qu'à son sens la vie doit par suite être le bien suprême, si amère, si brève, si incertaine même d'ailleurs qu'elle puisse être ; c'est enfin qu'en soi et à l'origine cette volonté est aveugle et dépourvue de connaissance [...].

Si l'aspect effrayant sous lequel nous apparaît la mort était dû à l'idée du non-être, nous devrions ressentir le même effroi à la pensée du temps où nous n'étions pas encore. Car, on ne saurait le contester, le non-être d'après la mort ne peut différer de celui d'avant la naissance ; il ne mérite donc pas plus d'exciter nos plaintes... Et pourtant est-il une question qui se pose à la connaissance non corrompue par la volonté plus naturellement que celle-ci : « Il s'est écoulé un temps infini avant ma naissance : qu'étais-je donc pendant tout ce temps ? » – La métaphysique pourrait fournir cette réponse : « J'étais toujours moi, c'est-à-dire que tous ceux qui disaient alors *moi*, tous ceux-là étaient moi. » [...]

L'ensemble des considérations présentes nous permet de comprendre le véritable sens de cette doctrine paradoxale des Éléates[1] qu'il n'y a ni naissance ni mort, mais que la totalité des choses reste assise dans une immobilité constante [...] De même ces réflexions jettent de la lumière sur le beau passage d'Empédocle, que nous a conservé Plutarque : *« Ce sont des fous, et leur esprit est d'une bien petite envergure, ceux qui s'imaginent que quelque chose puisse naître sans avoir existé auparavant, ou que quelque chose puisse mourir et être totalement anéanti. Jamais le sage n'en viendra à penser que c'est seulement durant la vie (c'est-à-dire ce que nous appelons vie) que nous existons et que le bien et le mal nous affectent, alors que, avant la naissance et après la mort, nous ne serions rien. »*

[...] Sans doute, au sens où l'homme, par la naissance, sort du néant, il est ramené au néant par la mort. Mais apprendre à connaître dans sa nature propre ce néant, voilà qui serait intéressant : car il suffit d'une perspicacité même médiocre pour reconnaître que ce néant empirique n'est nullement un néant absolu, c'est-à-dire un néant dans tous les sens. Nous sommes déjà amenés à cette manière de voir par l'observation empirique que toutes les qualités distinctives des parents se retrouvent dans l'enfant, et ont ainsi survécu à la mort [...]

À l'homme, en tant que phénomène temporel, la notion de fin est sans doute applicable, et la connaissance empirique nous représente ouvertement la mort comme fin de cette existence temporelle. La fin de la personne est aussi réelle que l'a été son commencement, et dans le même sens exactement où nous n'étions pas avant la naissance, nous ne serons plus après la mort. La mort cependant ne peut rien supprimer de plus que ce que la naissance avait établi ; elle n'enlève donc pas ce qui, dès le principe, a rendu la naissance possible avant tout. En ce sens *natus et denatus*[2] est une belle expression.

SCHOPENHAUER, *Le Monde comme volonté et comme représentation* (1819-1844-1859), trad. Burdeau, revue et corrigée par R. Roos, P.U.F., 1966, p. 1206 sqq.

1. Philosophes grecs de la ville d'Élée, parmi lesquels Parménide et son disciple Zénon, pour lesquels seul l'Être est – un, absolu, universel et immuable –, tandis que le non-être n'est pas. (Ve siècle av. J.-C.).

2. De *nascor/denascor*, littéralement : naître/dénaître. Ajoutons que le prénom *Renatus* (René) signifie : né une seconde fois, – par la grâce du baptême, – à la vie spirituelle.

9. Qui meurt ? « On » ?

Ce qui me rend heureux, c'est de voir que les hommes refusent absolument de penser la pensée de la mort ! Et je contribuerais volontiers à leur rendre la pensée de la vie cent fois plus valable encore !

NIETZSCHE, *Le Gai Savoir*, « La Gaya Scienza » (1882).

Le sentiment des gens, dans la banalité quotidienne des relations humaines, « connaît » la mort comme un accident qui survient continuellement ; *on* connaît des « cas de mort ». Tel ou tel des proches, telle ou telle connaissance lointaine « meurt ». Des inconnus meurent chaque jour, à chaque heure. « La mort » se présente comme un événement bien connu qui se passe à l'intérieur du monde. Comme telle, la mort ne rompt pas cette absence d'imprévu qui caractérise l'ordre banal des événements quotidiens...

L'analyse du « on meurt » nous dévoile sans équivoque la manière d'être, dans sa banalité quotidienne, de l'être pour la mort. Celle-ci est comprise, dans une semblable façon de parler, comme quelque chose d'indéterminé, qui sans doute surgira bien un jour de quelque part, mais qui pour vous-même, en attendant, est une *réalité-non-encore-donnée*, dont par conséquent la menace n'est pas à craindre. Le «on meurt» propage cette opinion que la mort concerne pour ainsi dire le «on». L'explication de la réalité humaine qui a cours dans les propos des gens déclare: «On meurt», parce qu'en disant «on meurt», chacun des autres et soi-même en même temps, «on» peut s'en faire accroire: oui, on meurt, mais chaque fois ce n'est justement pas moi; le «On», ce n'est personne. Le «fait de mourir» est ainsi ramené au niveau d'un événement qui concerne bien la réalité humaine, mais ne touche personne en propre. Si jamais l'équivoque a été le fait des *parleries* quotidiennes, c'est bien ici dans le parler sur la mort. Cette mort qui, sans suppléance possible, est essentiellement la mienne, la voici convertie en un événement qui relève du domaine public; c'est à «On» qu'elle arrive.

Ce parler caractéristique s'exprime sur la mort comme sur un «cas» qui survient continuellement. Il la fait passer pour quelque chose qui toujours a déjà une «réalité effective»; il recouvre simultanément d'un voile son caractère de possibilité et les éléments qui en sont constitutifs: l'inconditionnel et l'indépassable. Par une telle ambiguïté, la réalité-humaine, eu égard au pouvoir-être spécifique qui appartient au Soi absolument propre, se met en état de se perdre dans le «On». Le «On» justifie et aggrave la *tentation* de se dissimuler à soi-même l'être pour la mort, cet être possédé absolument en propre.

Heidegger, «L'Être et le Temps», in *Qu'est-ce que la métaphysique?*, 1938,
trad. A. de Waehlens, Gallimard, p. 144.

10. Les *trois personnes* de la mort

À la mort d'un ancien, on est comme sur une écluse:
on change de niveau vers la mort.
Jules Renard, *Journal,* 16 mai 1899.

La mort EN TROISIÈME PERSONNE est la mort-en-général, la mort abstraite et anonyme, ou bien la mort-propre en tant que celle-ci est impersonnellement et conceptuellement envisagée, à la manière, par exemple, dont un médecin envisage sa propre maladie ou étudie son propre cas ou fait son propre diagnostic: car les médecins aussi peuvent être malades, mais, tout en étant malades, rester médecins, et englober ce qui les englobe, et garder la sereine surconscience de leur tragédie-propre [...] Le Je, dans cette affaire, devient sujet anonyme et acéphale d'une mort indifférente, sujet qui n'a pas eu de chance et qui a été désigné par tirage au sort pour crever.

Mais il arrive aussi que le médecin-malade, tout en restant un peu médecin dans son malheur, soit encore plus malade que médecin: il n'est alors qu'une misérable créature englobée avec toutes les autres créatures dans le même destin et dans le même mystère. Si la troisième personne est principe de sérénité, la PREMIÈRE PERSONNE est assurément source d'angoisse. Je suis traqué. En première personne, la mort est un mystère qui me concerne intimement et dans mon tout, c'est-à-dire dans mon néant (s'il est vrai que le néant est le rien de ce tout) [...] C'est de moi qu'il s'agit, moi que la mort appelle personnellement par mon nom, moi qu'on désigne du doigt et qu'on tire par la manche, sans me laisser le loisir de loucher vers le voisin ; les échappatoires me sont désormais refusées autant que les délais ; l'ajournement à *plus tard* et tout de même les *alibis* et le report sur *un autre* sont devenus impossibles [...]

Entre l'anonymat de la troisième personne et la subjectivité tragique de la première, il y a le cas intermédiaire et en quelque sorte privilégié de la DEUXIÈME PERSONNE ; entre la mort d'autrui, qui est lointaine et indifférente, et la mort-propre, qui est à même notre être, il y a proximité de la mort du proche. Le Toi représente en effet le premier Autre, l'autre immédiatement autre et le non-moi en son point de tangence avec le moi, la limite prochaine de l'altérité. Aussi la mort d'un être cher est-elle *presque* comme la nôtre, presque aussi déchirante que la nôtre [...] Quant à la mort de nos parents, elle fait disparaître le dernier intermédiaire interposé entre la mort en troisième personne et la mort-propre ; le dernier glacis est tombé, qui séparait de notre mort personnelle le concept de la mort ; l'intérêt biologique de l'espèce nous a décidément quittés, la sollicitude qui nous protégeait du néant s'est déplacée en nous laissant en tête à tête avec la mort. C'est maintenant mon tour, et c'est la génération suivante qui pensera désormais la mort à travers ma mort effective.

Vladimir JANKÉLÉVITCH, *La Mort*, 1966, Flammarion, p. 23.

MORT. MÉTAPHYSIQUE. VIE

11. IL N'Y A PAS DE MORT À LA RIGUEUR

Le don de vivre a passé dans les fleurs !
Paul VALÉRY, *Le Cimetière marin*.

Comme les animaux généralement ne naissent point entièrement dans la conception ou génération, ils ne périssent pas entièrement non plus dans ce que nous appelons mort ; car il est raisonnable que ce qui ne commence pas naturellement ne finisse pas non plus dans l'ordre de la nature. Ainsi, quittant leur masque ou leur guenille, ils retournent seulement à un théâtre plus subtil, où ils peuvent pourtant être aussi sensibles et aussi bien réglés que dans le plus grand. Et ce qu'on vient de dire des grands animaux a encore lieu dans la génération et la mort des animaux spermatiques plus petits, à proportion desquels ils peuvent passer pour grands, car tout va à l'infini dans la nature.

Ainsi non seulement les âmes, mais encore les animaux sont ingénérables et impérissables : ils ne sont que développés, enveloppés, revêtus, dépouillés, transformés ; les âmes ne quittent jamais tout leur corps, et ne passent point d'un corps dans un autre corps qui leur soit entièrement nouveau.

Il n'y a donc point de métempsycose, mais il y a métamorphose ; les animaux changent, prennent et quittent seulement des parties ; ce qui arrive peu à peu, et par petites parcelles insensibles, mais continuellement, dans la nutrition ; et tout d'un coup, notablement, mais rarement, dans la conception ou dans la mort, qui font acquérir ou perdre tout à la fois.

LEIBNIZ, *Principes de la nature et de la grâce fondés en raison*, 1714, § 6.

MORT. SCIENCE. VIE

12. DE L'INCERTITUDE DES SIGNES DE LA MORT

Pour ce qui est de l'exposition du corps à l'intérieur de la maison, elle ne doit pas durer plus du temps nécessaire à faire voir s'il y a syncope ou bien mort réelle, et, en la prolongeant pendant trois jours avant le transport au sépulcre, ce serait à peu près le temps nécessaire, à considérer l'organisme humain en général.

PLATON, *Les Lois*, XII, 959 a.

La mort est certaine, et elle ne l'est pas. Elle est certaine, puisqu'elle est inévitable ; elle ne l'est pas, puisqu'il est quelquefois incertain qu'on soit mort. Chacun sait que beaucoup de personnes, tenues pour mortes, sont sorties de leurs suaires, de leurs cercueils, et même de leurs tombeaux. Il est également certain que des personnes enterrées avec trop de précipitation, ont trouvé dans le tombeau la mort, dont elles ne devaient pas être les victimes, et dont les horreurs surpassèrent de beaucoup celles de la corde et de la roue. Des faits incontestables prouvent encore que des sujets livrés trop brusquement au couteau anatomique, ont donné par leurs cris, des marques certaines de vie, lorsqu'ils en ont senti le tranchant, à la honte éternelle de l'Anatomiste imprudent, honte égale à l'indignation de la famille du survivant. [...] André Vésale[a], successivement premier Médecin de l'Empereur Charles-Quint, et de Philippe second, Roi d'Espagne, son fils, s'étant persuadé qu'un gentilhomme Espagnol qu'il traitait, était mort, demanda à ses parents la permission d'en faire l'ouverture ; ce qui lui fut accordé. Mais il n'eut pas plutôt enfoncé le bistouri dans le corps, qu'il y remarqua des signes de vie, et ouvert la poitrine, qu'il vit le cœur palpitant. Les parents du défunt ayant eu connaissance de l'aventure, ne se contentèrent pas de le poursuivre comme meurtrier ; mais encore l'accusèrent d'impiété devant l'Inquisition. Comme la faute était notoire, les Juges de ce Tribunal voulurent lui faire souffrir la peine qui lui était due. Le Roi d'Espagne par son autorité, ou plutôt par ses prières, le délivra de ce danger, à condition qu'il expierait son crime par un voyage de la Terre Sainte. Après la mort de Fallope, le Sénat de Venise l'ayant mandé pour venir remplir sa place, il s'embarqua. Mais dans la traversée il fut jeté par une tempête furieuse dans l'île de Zante, où, après avoir erré quelques jours dans les déserts, et souffert les dernières extrémités de la faim, il finit déplorablement sa vie, dénué de tout secours, le 15 d'Octobre 1564, âgé de cinquante-huit ans.

[...] Il ne faut donc pas être surpris si quelques personnes, dans la crainte d'être enterrées vivantes, ont ordonné par leur testament[1] qu'on ne les enterrât qu'au bout de quarante-huit heures et qu'après qu'on aurait fait sur elles les épreuves chirurgiques, qui peuvent servir à constater leur mort [...] et je désire bien fort qu'on ait les mêmes attentions pour moi lorsque je serai dans le même cas.

Jacques-Bénigne WINSLOW[b], *Dissertation sur l'incertitude des signes de la mort et de l'abus des enterremens et embaumemens précipités*, trad. du latin par J.-J. Bruhier, 1742, chap. I et V.

1. Cf. Testament d'Auguste Comte : « Dès qu'on croira que j'ai cessé de vivre, on devra me laisser au lit comme un simple malade, jusqu'à ce que mon corps soit dans un état prononcé de putréfaction, seul signe de mort vraiment certain. »

a. *Auteur du Traité d'anatomie* « De humani corporis fabrica », *Bâle, 1543.*

b. *Jacques-Bénigne Winslow (1669-1760) : célèbre anatomiste, né à Odensee (Danemark). Il abandonna la théologie pour la médecine, qu'il pratiqua en Hollande, avant de se fixer à Paris en 1698. Abjura le luthéranisme entre les mains de Bossuet, dont il prit le prénom, devint professeur d'anatomie et de physiologie au Jardin du Roi, interprète à la Bibliothèque royale, et membre de l'Académie des sciences en 1707. On a de lui, outre sa* Dissertation, *une* Exposition anatomique de la structure du corps humain, *Paris, 1732.*

MORT. PHILOSOPHIE

13. La mort n'est rien pour nous

La mort est une maladie de l'imagination.
ALAIN

Familiarise-toi avec l'idée que la mort n'est rien pour nous, car tout bien et tout mal résident dans la sensation ; or, la mort est la privation complète de cette dernière. Cette connaissance certaine que la mort n'est rien pour nous a pour conséquence que nous apprécions mieux les joies que nous offre la vie éphémère, parce qu'elle n'y ajoute pas une durée illimitée, mais nous ôte au contraire le désir d'immortalité. En effet, il n'y a plus d'effroi dans la vie pour celui qui a réellement compris que la mort n'a rien d'effrayant. Il faut ainsi considérer comme un sot celui qui dit que nous craignons la mort, non pas parce qu'elle nous afflige quand elle arrive, mais parce que nous souffrons déjà à l'idée qu'elle arrivera un jour. Car si une chose ne nous cause aucun trouble par sa présence, l'inquiétude qui est attachée à son attente est sans fondement. Ainsi, celui des maux qui fait le plus frémir n'est rien pour nous, puisque tant que nous existons la mort n'est pas, et que quand la mort est là nous ne sommes plus. La mort n'a, par conséquent, aucun rapport ni avec les vivants ni avec les morts, étant donné qu'elle n'est plus rien pour les premiers et que les derniers ne sont plus.

La foule tantôt fuit la mort comme le plus grand des maux, tantôt la désire comme le terme des misères de la vie. Le sage, par contre, ne fait pas fi de la vie et ne craint pas la mort, car la vie ne lui est pas à charge et il ne considère pas la non-existence comme un mal. En effet, de même qu'il ne choisit certainement pas la nourriture la plus abondante, mais celle qui est la plus agréable, pareillement il ne tient pas à jouir de la durée la plus longue, mais de la durée la plus agréable. Celui qui proclame qu'il appartient au jeune homme de bien vivre et au vieillard de bien mourir, est passablement sot, non seulement parce que la vie est aimée de l'un aussi bien que de l'autre, mais surtout parce que l'application à bien vivre, ne se distingue pas de celle à bien mourir. Plus sot est encore celui qui dit que le mieux c'est de ne pas naître,

Mais lorsqu'on est né, de franchir au plus vite les portes de l'Hadès[1].

S'il parle ainsi par conviction, pourquoi alors ne sort-il pas de la vie? Car cela lui sera facile, si vraiment il a fermement décidé de le faire. Mais s'il le dit par plaisanterie, il montre de la frivolité en un sujet qui n'en comporte point. Il convient de se rappeler que l'avenir n'est ni entièrement en notre pouvoir, ni tout à fait hors de nos prises, de sorte que nous ne devons ni compter sur lui, comme s'il devait arriver sûrement, ni nous priver de tout espoir, comme s'il ne devait certainement pas arriver.

ÉPICURE (env. 341-270 av. J.-C.), « Lettre à Ménécée », in *Épicure et les Épicuriens*, par J. Brun, P.U.F., 1964, pp. 126-127.

1. Vers de Théognis de Mégare, poète élégiaque (deuxième moitié du VIe siècle avant J.-C.).

Thomas HOBBES (1588-1679), Bibl. Nat., Paris.

Jean-Jacques ROUSSEAU (1712-1778).

Photo Goursat/Rapho.

NATURE ET CULTURE

Par ma nature en particulier, je n'entends autre chose que la complexion ou l'assemblage de toutes les choses que Dieu m'a données.
DESCARTES

Il ne faut pas confondre ce qui est naturel à l'état sauvage et ce qui est naturel à l'état civil.
Jean-Jacques ROUSSEAU

« Nature » est un terme ambigu qui évoque tantôt les charmes paisibles de la campagne, la pureté de l'air et l'authenticité des choses, tantôt la furie des quatre éléments déchaînés (eau, air, terre, feu) ou les ravages de l'instinct et la violence des pulsions primitives.

Quant à la « culture », c'est, à proprement parler, l'action de cultiver, c'est-à-dire de mettre en valeur la nature. Et quand elle finit par se confondre avec la *civilisation*, c'est-à-dire avec la formation du citoyen *(civis)*, la culture pose le problème de l'éducation.

L'opposition des deux concepts « nature » et « culture » recouvre ainsi celle de l'*inné* et de l'*acquis*. En effet, la nature signifie ce avec quoi l'on *naît*, ce que Dieu nous a *donné* (Descartes), ou ce qui – chez l'homme – est transmis par l'hérédité biologique, tandis que la culture désigne l'ensemble des *acquisitions* d'un individu ou d'une société, tout ce qui, dans leur comportement, provient d'un apport extérieur. Une telle opposition suscite de nombreuses questions : L'homme est-il *naturellement* bon (Rousseau) ou méchant (Hobbes)? Qu'est-ce que la nature de l'homme en dehors de toute culture? Comment former le concept, non d'un animal, mais d'un « homme », dans « l'état de nature »? D'ailleurs, un tel concept est-il indispensable? Enfin, l'*opposition* entre la nature et la culture est-elle factice et illusoire (Diderot, Sade) ou nécessaire et déterminante (Kant, Lévi-Strauss)?

Si la Nature est Dieu ou, du moins, la force qui régit souverainement l'Univers, alors toute culture, quelle qu'elle soit, fait intégralement partie de la Nature. En revanche, si la « nature humaine », à l'état brut, est antinomique et originairement marquée d'une « dualité » radicale, c'est à l'éducation qu'il appartient de cultiver la meilleure part et de développer en l'homme ses « bonnes » dispositions, au détriment des « mauvaises ».

En fait, ni la nature, ni la culture ne nous sont jamais données comme telles : l'homme « naturel » et l'« état de nature » ont précisément été conçus dans une certaine culture. D'ailleurs, toute culture se manifeste, dans une société quelconque, par la présence simultanée de certains facteurs corrélatifs, parmi lesquels le langage articulé, qui apparaît, à plusieurs titres, comme le fait culturel par excellence. En bref, nulle part nous n'assistons au *passage* de la nature à la culture; en revanche, l'ethnologue découvre que partout le pas est déjà *franchi* de l'animalité à l'artifice, de l'ordre de la nature à l'ordre humain, des instincts aux institutions : « Ce n'est pas une légère entreprise, écrivait Rousseau, que de démêler ce qu'il y a d'originaire et d'artificiel dans la nature actuelle de l'homme et de bien connaître un état qui n'existe plus, qui n'a peut-être point existé, qui probablement n'existera jamais, et dont il est pourtant nécessaire d'avoir des notions justes pour bien juger de notre état présent. » (*Discours sur l'origine de l'inégalité*, 1754).

Il n'y a rien à ajouter à ce texte, fondamental à bien des égards, sinon ce commentaire fort ramassé de Gueroult (*Nature humaine et état de nature chez Rousseau, Kant et Fichte*, 1941) : « Il y a un « état de nature » qui est contraire à la « nature de l'homme » et qui est inférieur à l'état social où se réalise l'homme essentiel. »

AU-DESSUS DES DIEUX, LA NATURE ...

Que ces vérités se gravent bien dans ton esprit et la Nature t'apparaîtra libre, affranchie de maîtres superbes, gouvernant elle-même son empire sans contrainte et sans l'aide des dieux. Car j'en atteste les cœurs sacrés des dieux, qui dans une paix parfaite mènent une vie sans trouble et des jours sereins; lequel d'entre eux pourrait gouverner l'ensemble de l'immensité? Lequel aurait les mains assez fermes pour tenir les rênes du grand Tout? Lequel serait capable de faire tourner ensemble tous les cieux, de verser les feux de l'éther sur toutes les terres fertilisées, de se trouver partout et toujours prêt à rassembler les nuages ténébreux, à ébranler par le tonnerre les espaces tranquilles du ciel et à lancer la foudre? Cette foudre parfois détruit leurs temples, exerce sa vaine colère dans les déserts et prépare furieusement un trait qui est bien capable de passer à côté des coupables pour aller, justicier injuste, arracher la vie à des innocents.

LUCRÈCE, *De Natura Rerum,* Livre II, fin.

...OU LE « DIEU CACHÉ » ?

L'idée de la Nature, c'est l'idée de Dieu, mutilée par la suppression de la personnalité, de la liberté et de la moralité: d'où cette profonde contradiction, qu'il y a dans l'idée de la Nature à la fois beaucoup plus et beaucoup moins que dans l'idée que l'homme se fait de ses propres facultés.
COURNOT

Au fur et à mesure qu'on laïcise un secteur sacré, Dieu se dispose à remonter au ciel: à partir de la fin du XVIIe siècle, c'est le *Dieu caché.* [...] Je citerai pour seul exemple l'idée de *Nature*, compromis entre l'objet rigoureux des sciences exactes et le monde chrétien créé par Dieu. C'est l'un et l'autre: la Nature est d'abord l'idée d'une unité totalisante et syncrétique de tout ce qui existe – ce qui nous renvoie à une Raison divine; mais c'est aussi l'idée que tout est soumis à des lois et que le Monde est constitué par des séries causales en nombre infini et que chaque objet de connaissance est l'effet fortuit de la rencontre de plusieurs de ces séries, ce qui aboutit nécessairement à supprimer le Démiurge[1]. Ainsi, à l'abri de ce concept bien choisi, on peut être chrétien, déiste, panthéiste, athée, matérialiste, soit qu'on dissimule sa pensée profonde sous cette façade à laquelle on ne croit point, soit qu'on se dupe soi-même et qu'on soit croyant et incroyant *à la fois.*

Jean-Paul SARTRE, *Plaidoyer pour les intellectuels,* Gallimard, 1972, pp. 20-21.

1. Démiurge (du grec *dêmiourgos*) = dieu ouvrier.

NATURE. VIOLENCE

1. L'ÉTAT DE NATURE, C'EST LA GUERRE DE CHACUN CONTRE CHACUN

Des loups qui mangent des agneaux, des agneaux dévorés par des loups, le fort qui sacrifie le faible, le faible la victime du fort, voilà la nature, voilà ses vues, voilà ses plans.
SADE

Aussi longtemps que les hommes vivent sans un pouvoir commun qui les tienne tous en respect, ils sont dans cette condition qui se nomme guerre, et cette guerre est guerre de chacun contre chacun. Car la GUERRE ne consiste pas seulement dans la bataille et dans les combats effectifs; mais dans un espace de temps où la volonté de s'affronter en des batailles est suffisamment avérée: on doit par conséquent tenir compte, relativement à la nature de la guerre, de la notion de durée, comme on en tient compte, relativement à la nature, du temps qu'il fait. De même en effet que la nature du mauvais temps ne réside pas dans une ou deux averses mais dans une tendance qui va dans ce sens, pendant un grand nombre de jours consécutifs, de même la nature de la guerre ne consiste pas dans un combat effectif, mais dans une disposition avérée, allant dans ce sens, aussi longtemps qu'il n'y a pas d'assurance du contraire. Tout autre temps se nomme PAIX.

[...] Il peut sembler étrange, à celui qui n'a pas bien pesé ces choses, que la nature puisse ainsi dissocier les hommes et les rendre enclins à s'attaquer et à se détruire les uns les autres: c'est pourquoi peut-être, incrédule à l'égard de cette inférence tirée des passions, cet homme désirera la voir confirmée par l'expérience. Aussi, faisant un retour sur lui-même, alors que partant en voyage, il s'arme et cherche à être bien accompagné, qu'allant se coucher, il verrouille ses portes; que, dans sa maison même, il ferme ses coffres à clefs; et tout cela sachant qu'il existe des lois, et des fonctionnaires publics armés, pour venger tous les torts qui peuvent lui être faits: qu'il se demande quelle opinion il a de ses compatriotes, quand il voyage armé; de ses concitoyens, quand il verrouille ses portes; de ses enfants et de ses domestiques quand il ferme ses coffres à clef. N'incrimine-t-il pas l'humanité par ses actes autant que je le fais par mes paroles? Mais ni lui ni moi n'incriminons la nature humaine en cela. Les désirs et les autres passions de l'homme ne sont pas en eux-mêmes des péchés. Pas davantage ne le sont les actions qui procèdent de ces passions, tant que les hommes ne connaissent pas de loi qui les interdise; et ils ne peuvent pas connaître de lois tant qu'il n'en a pas été fait; or, aucune loi ne peut être faite tant que les hommes ne se sont pas entendus sur la personne qui doit la faire.

Thomas HOBBES, *Léviathan* (1651), trad. F. Tricaud, Sirey 1971, chap. XIII, pp. 124-125.

NATURE. BONHEUR

2. « LE PUR ÉTAT DE NATURE »

Un vain regret : c'est le fantôme de l'âge d'or, si vanté des poètes, où nous serions délivrés de tous les besoins imaginaires que crée en nous le luxe ; où nous satisferions les simples besoins de la nature, et où régnerait une égalité parfaite, une paix éternelle entre les hommes : en un mot où l'on jouirait pleinement d'une vie exempte de soucis, coulée dans la paresse et la rêverie, ou passée à folâtrer parmi des jeux d'enfants.

KANT

C'est faute d'avoir remarqué combien ces peuples [sauvages] étoient déjà loin du premier état de nature, que plusieurs se sont hâtés de conclure que l'homme est naturellement cruel, et qu'il a besoin de police pour l'adoucir ; tandis que rien n'est si doux que lui dans son état primitif, lorsque, placé par la nature à des distances égales de la stupidité des brutes et des lumières funestes de l'homme civil, et borné également par l'instinct et par la raison à se garantir du mal qui le menace, il est retenu par la pitié naturelle de faire lui-même du mal à personne, sans y être porté par rien, même après en avoir reçu. Car, selon l'axiome du sage Locke, *il ne sauroit y avoir d'injure où il n'y a point de propriété.*

Mais il faut remarquer que la société commencée et les relations déjà établies entre les hommes exigeoient en eux des qualités différentes de celles qu'ils tenoient de leur constitution primitive ; que la moralité commençant à s'introduire dans les actions humaines, et chacun avant les lois, étant seul juge et vengeur des offenses qu'il avoit reçues, la bonté convenable au pur état de nature n'étoit plus celle qui convenoit à la société naissante ; qu'il falloit que les punitions devinssent plus sévères à mesure que les occasions d'offenser devenoient plus fréquentes ; et que c'étoit à la terreur des vengeances de tenir lieu du frein des lois. Ainsi, quoique les hommes fussent devenus moins endurants, et que la pitié naturelle eût déjà souffert quelque altération, cette période du développement des facultés humaines, tenant un juste milieu entre l'indolence de l'état primitif et la pétulante activité de notre amour-propre, dut être l'époque la plus heureuse et la plus durable. Plus on y réfléchit, plus on trouve que cet état étoit le moins sujet aux révolutions, le meilleur à l'homme*, et qu'il n'en a dû sortir que par quelque funeste hasard, qui, pour l'utilité commune, eût dû ne jamais arriver. L'exemple des sauvages qu'on a presque tous trouvés à ce point, semble confirmer que le genre humain étoit fait pour y rester toujours, que cet état est la véritable jeunesse du monde, et que tous les progrès ultérieurs ont été en apparence autant de pas vers la perfection de l'individu, et en effet vers la décrépitude de l'espèce.

Jean-Jacques ROUSSEAU, *Discours sur l'origine de l'inégalité parmi les hommes* (1755), in «Œuvres», Le Seuil, 1971, t. II, p. 230.

* *«On a plusieurs fois amené des sauvages à Paris, à Londres et dans d'autres villes ; on s'est empressé de leur étaler notre luxe, nos richesses, et tous nos arts les plus utiles et les plus curieux : tout cela n'a jamais excité chez eux qu'une admiration stupide, sans le moindre mouvement de convoitise.»*

NATURE ET CULTURE. TECHNIQUE. LANGAGE

3. L'ÉTAT DE CULTURE EST UN *FAIT ACCOMPLI*

Le comportement typique, caractéristique de l'état civilisé, diffère essentiellement du comportement animal à l'état de nature. Quelque simple que soit sa culture, l'homme dispose d'un ensemble matériel d'instruments, d'armes, d'ustensiles domestiques; il évolue dans un milieu social qui l'assiste et le contrôle à la fois; il communique avec les autres à l'aide de langage et arrive à former des concepts d'un caractère rationnel, religieux ou magique. L'homme dispose ainsi d'un ensemble de biens matériels, il vit au sein d'une organisation sociale, communique à l'aide du langage et puise les mobiles de ses actions dans des systèmes de valeurs spirituelles. Ce sont là les quatre principaux groupes dans lesquels nous rangeons la totalité des conquêtes culturelles de l'homme. Nous ne connaissons donc la culture qu'à l'état de fait accompli, mais nous ne l'observons jamais, et c'est ce dont il importe de se rendre compte avec toute la clarté possible, *in statu nascendi*[1] [...]

Commençons par formuler ce postulat que les principales catégories culturelles ont dû exister simultanément dès le début, à l'état d'interdépendance. Elles n'ont pas pu naître les unes après les autres, et il est impossible d'établir leur succession dans le temps. La culture matérielle, par exemple, n'a pas pu naître, avant que l'homme n'ait été capable de se servir de ses outils selon la technique traditionnelle qui, nous le savons, implique un certain canon de connaissances. De leur côté, la connaissance et la tradition sont inconcevables sans l'existence de la pensée conceptuelle et du langage. Il existe donc une corrélation étroite entre la pensée, le langage, et la culture matérielle, il a dû en être ainsi à toutes les phases de l'évolution, y compris la phase initiale. D'autre part, les arrangements matériels de la vie, usage d'ustensiles domestiques, moyens de déplacement dans la vie de tous les jours, sont les corollaires et les conditions préliminaires indispensables de toute organisation sociale. Le foyer et le seuil ne sont pas seulement des symboles de la vie domestique, mais des facteurs sociaux réels jouant un rôle des plus actifs dans la formation de liens de parenté. De son côté, la morale est une force sans laquelle l'homme est incapable de lutter contre ses instincts, ou même de dépasser la vie purement instinctive, et à laquelle il doit constamment avoir recours à l'état de culture, même dans ses activités techniques les plus simples.

Bronislaw MALINOWSKI, *La Sexualité et sa répression dans les sociétés primitives* (1932), Payot, pp. 140-143.

1. À l'état naissant.

CULTURE. TECHNIQUE. CIVILISATION

4. LES TROIS SENS DU MOT « CULTURE »

Le mot «culture» recouvre trois sens ou trois groupes de sens. Il est d'abord employé dans un sens technique par les ethnologues ou par les historiens des cultures, pour rassembler tous les éléments de la vie humaine qui sont transmis par la société, qu'ils soient matériels ou spirituels. Dans cette acception, la culture est co-extensive à l'homme lui-même, car il n'est pas jusqu'à la vie des sauvages les plus primitifs qui ne s'inscrive dans un univers social, caractérisé par un réseau complexe d'usages, d'habitudes et d'attitudes conservés par la tradition. Les techniques de chasse du Bushman sud-africain, la croyance de l'Indien nord-américain dans la sorcellerie, la tragédie grecque de l'Athénien sous Périclès, la dynamo électrique de l'industrie moderne, sont tous sans distinction des éléments de culture à part entière... De ce point de vue, tous les êtres humains, ou du moins tous les groupes humains, ont une culture, bien que leurs différences puissent être considérables et leurs degrés de complexité très inégaux. Pour l'ethnologue, il existe de nombreux types de culture et une variété infinie d'éléments de culture, sans qu'il leur associe jamais aucun jugement de valeur. [...]

La seconde acception du mot est plus largement répandue. Elle désigne un idéal assez académique de raffinement individuel, élaboré à partir d'un petit nombre de connaissances et d'expériences assimilées, mais fait surtout d'un ensemble de réactions particulières sanctionnées par une classe et une longue tradition. [...]

La troisième acception du mot est la moins facile à définir et à illustrer de manière satisfaisante; sans doute parce que ceux qui l'emploient sont eux-mêmes très rarement capables de formuler clairement ce qu'ils entendent exactement par le mot «culture». Ce troisième sens participe de la première acception (l'acception technique) en ce qu'il met, lui aussi, l'accent sur les biens spirituels du groupe plutôt que sur ceux de l'individu. Il participe de la deuxième acception dans la mesure où il insiste sur un petit nombre de facteurs prélevés dans l'immense courant de culture dont l'ethnologue a révélé l'existence. [...]

La culture se rapproche ainsi de l'«esprit» ou du «génie» d'un peuple sans que ces mots ne lui soient d'exacts synonymes; employés dans un sens vague, ils se réfèrent surtout au passé psychologique ou pseudo-psychologique d'une civilisation nationale, tandis que la culture comprend, en plus de ce passé, une série de manifestations concrètes dont on estime qu'elles sont particulièrement symptomatiques. On peut ainsi définir grossièrement la culture comme la civilisation, pour autant qu'elle comprend le génie national.

Edward Sapir, *Anthropologie* (1924), éd. de Minuit, 1967, p. 326.

CULTURE. ARTIFICE. SOCIÉTÉ

5. Le deuil est-il naturel ou rituel?

Un premier fait est constant: c'est que le deuil n'est pas l'expression spontanée d'émotions individuelles. Si les parents pleurent, se lamentent, se meurtrissent, ce n'est pas qu'ils se sentent personnellement atteints par la mort de leur proche. Sans doute, il peut se faire, dans des cas particuliers, que le chagrin exprimé soit réellement ressenti. Mais, le plus généralement, il n'y a aucun rapport entre les sentiments éprouvés et les gestes exécutés par les acteurs du rite. Si, au moment même où les pleureurs paraissent le plus accablés par la douleur, on leur adresse la parole pour les entretenir de quelque intérêt temporel, il arrive souvent qu'ils changent aussitôt de visage et de ton, prennent un air riant et causent le plus gaiement du monde. Le deuil n'est pas un mouvement naturel de la sensibilité privée, froissée par une perte cruelle; c'est un devoir imposé par le groupe. On se lamente, non pas simplement parce qu'on est triste, mais parce qu'on est tenu de se lamenter. C'est une attitude rituelle qu'on est obligé d'adopter par respect pour l'usage, mais qui est, dans une large mesure, indépendante de l'état affectif des individus. Cette obligation est, d'ailleurs, sanctionnée par des peines ou mythiques ou sociales. On croit, par exemple, que quand un parent ne porte pas le deuil comme il convient, l'âme du mort s'attache à ses pas et le tue. Dans d'autres cas, la société ne s'en remet pas aux forces religieuses du soin de punir les négligents; elle intervient elle-même et réprime les fautes rituelles. Si un gendre ne rend pas à son beau-père les devoirs funéraires qu'il lui doit, s'il ne se fait pas les incisions prescrites, ses beaux-pères tribaux lui reprennent sa femme et la donnent à un autre. Aussi, pour se mettre en règle avec l'usage, force-t-on parfois les larmes à couler par des moyens artificiels.

Émile Durkheim, *Les Formes élémentaires de la vie religieuse, Le Système totémique en Australie* (1912), Livre III, chap. V, Alcan.

CULTURE. NATURE. SOCIÉTÉ

6. Dispositions naturelles et restrictions sociales

Je ne donnerai que quelques exemples de cette contradiction entre l'effort de l'humanité pour tendre à sa destination *morale* d'une part, et l'obéissance inéluctable aux lois placées dans sa nature en vue d'un état rustique et animal d'autre part. L'époque de la majorité, c'est-à-dire de l'inclination à engendrer aussi bien que du pouvoir d'engendrer l'espèce, a été fixée par la nature à l'âge d'environ seize à dix-sept ans, âge auquel l'adolescent devient dans l'état primitif de la nature littéralement homme; car il a, à ce moment-là, le pouvoir de se subvenir à soi-même, d'engendrer son espèce, et même de subvenir aux besoins de son espèce ainsi qu'à ceux de sa femme. La simplicité des besoins lui rend cette tâche facile. L'état civilisé au contraire requiert pour cette dernière tâche beaucoup d'industrie, aussi bien l'habileté que des circonstances extérieures favorables, de sorte que cette époque, civiquement du moins, est retardée en moyenne de dix ans. La nature n'a cependant pas changé son point de maturité pour l'accorder avec le progrès vers l'affinement de la Société. Elle suit obstinément sa loi qui l'a disposée à la conservation de l'espèce humaine en tant qu'espèce animale. Il en résulte un préjudice inévitable causé à la fin de la nature par les mœurs et réciproquement. Car l'homme de la Société (qui ne cesse pas néanmoins d'être un homme selon la nature) n'est qu'un adolescent, voire un enfant; on peut bien appeler de ce nom celui qui, malgré son âge (dans l'état de société) ne peut même pas subvenir à lui-même, et, à plus forte raison, subvenir à son espèce, bien qu'il puisse posséder l'instinct et le pouvoir de l'engendrer, donc de suivre l'appel de la nature. Car la nature n'a certainement pas mis des instincts et des pouvoirs dans les créatures vivantes pour que celles-ci les combattent et les étouffent. Donc de telles dispositions n'ont pas été données en vue de l'état moralisé mais seulement en vue de la conservation de l'espèce en tant qu'espèce animale. Et l'état de civilisation entre par conséquent inévitablement en conflit avec elles, conflit que seule une constitution civile parfaite (le but le plus élevé de la civilisation) pourrait résoudre, puisque actuellement cet intervalle est rempli d'ordinaire par des vices qui entraînent comme conséquence la misère humaine sous toutes ses formes...

KANT, *Conjectures sur les débuts de l'histoire humaine*, 1786, trad. S. Piobetta, in «La Philosophie de l'histoire», Aubier, p. 163.

CULTURE. VIOLENCE. MORALE

7. L'ESSENCE DE LA CIVILISATION EST-ELLE D'OPPRIMER OU DE PROTÉGER ?

Il est curieux que les hommes, qui savent si mal vivre dans l'isolement, se sentent cependant lourdement opprimés par les sacrifices que la civilisation attend d'eux afin de leur rendre possible la vie en commun. La civilisation doit ainsi être défendue contre l'individu, et son organisation, ses institutions et ses lois se mettent au service de cette tâche; elles n'ont pas pour but unique d'instituer une certaine répartition des biens, mais encore de la maintenir, elles doivent de fait protéger contre les impulsions hostiles des hommes tout ce qui sert à maîtriser la nature et à produire les richesses. Les créations de l'homme sont aisées à détruire et la science et la technique qui les ont édifiées peuvent aussi servir à leur anéantissement.

On acquiert ainsi l'impression que la civilisation est quelque chose d'imposé à une majorité récalcitrante par une minorité ayant compris comment s'approprier les moyens de puissance et de coercition. Il semble alors difficile d'admettre que ces difficultés ne sont pas inhérentes à l'essence de la civilisation elle-même, mais sont conditionnées par l'imperfection des formes de culture ayant évolué jusqu'ici. De fait il n'est pas difficile de mettre en lumière ces défauts. Tandis que l'humanité a fait des progrès constants dans la conquête de la nature et est en droit d'en attendre de plus grands encore, elle ne peut prétendre à un progrès égal dans la régulation des affaires humaines et il est vraisemblable qu'à toutes les époques comme aujourd'hui, bien des hommes se sont demandé si cette partie des acquisitions de la civilisation méritait vraiment d'être défendue. On pourrait croire qu'une régulation nouvelle des relations humaines serait possible laquelle renonçant à la contrainte et à la répression des instincts, tarirait les sources du mécontentement qu'inspire la civilisation, de sorte que les hommes, n'étant plus troublés par des conflits internes, pourraient s'adonner entièrement à l'acquisition des ressources naturelles et à la jouissance de celles-ci. Ce serait l'âge d'or, mais il est douteux qu'un état pareil soit réalisable. Il semble plutôt que toute civilisation doive s'édifier sur la contrainte et le renoncement aux instincts...

Mais quelle ingratitude, quelle courte vision que d'aspirer à l'abolition de la culture! Ce qui resterait alors serait l'état de nature, et celui-ci est de beaucoup plus difficile à supporter.

Sigmund FREUD, *L'Avenir d'une illusion* (1927), P.U.F., 1971, pp. 9-21.

NATURE. SOCIÉTÉ. MORALE

8. ÉTHIQUE RÉVOLUTIONNAIRE ET SEXUALITÉ

Vous connaissez sans doute la fameuse théorie d'après laquelle, dans la société communiste, satisfaire ses instincts sexuels et son besoin d'amour est aussi simple et aussi insignifiant que d'avaler un verre d'eau. Cette théorie du «verre d'eau» a fait que notre jeunesse est enragée, littéralement enragée.

Elle est devenue fatale pour beaucoup de jeunes gens et de jeunes filles. Ses partisans affirment que c'est une théorie marxiste. Merci pour ce marxisme pour lequel tous les phénomènes et toutes les modifications qui interviennent dans la superstructure idéologique de la société se déduisent immédiatement, en ligne droite et sans réserve aucune, uniquement de la base économique. La chose n'est pas si simple qu'elle en a l'air. Un certain Friedrich Engels a depuis longtemps déjà établi cette vérité sur le matérialisme historique.

Je considère cette fameuse théorie du «verre d'eau» comme non-marxiste et anti-sociale par-dessus le marché. Dans la vie sexuelle, se manifeste non seulement ce que nous tenons de la nature, mais aussi ce que nous apporte la culture, qu'il s'agisse des choses élevées ou inférieures. [...]

La tendance à ramener directement à la base économique de la société la modification de ces rapports en dehors de leur relation avec toute l'idéologie, serait non du marxisme, mais du rationalisme. Certes, la soif doit être assouvie. Mais, un homme normal dans des conditions normales également, se mettra-t-il à plat ventre dans la rue pour boire dans une flaque d'eau sale? Ou même dans un verre dont les bords auront été souillés par des dizaines d'autres lèvres? Mais le plus important, c'est le côté social. En effet, boire de l'eau est une affaire personnelle. Mais en amour, il y a deux intéressés et il en vient un troisième, un être nouveau. C'est ici que se cache l'intérêt social, que naît le devoir vis-à-vis de la collectivité. Étant communiste, je ne ressens aucune sympathie pour la théorie du «verre d'eau», encore qu'elle porte l'étiquette de l'«amour affranchi». [...]

À mon sens, l'excès qu'on observe aujourd'hui dans la vie sexuelle n'apporte ni la joie de vivre ni le réconfort; bien au contraire, il les diminue. Or, pendant la révolution cela ne vaut rien, cela ne vaut rien du tout. [...]

La révolution exige la concentration, la tension des forces. De la part des masses et des individus isolés. Elle ne tolère pas les états orgiastiques dans le genre de ceux qui sont propres aux héroïnes et aux héros décadents de d'Annunzio. Les excès dans la vie sexuelle sont un signe de dégénérescence bourgeoise.

LÉNINE, «Lettre à Clara Zetkin», in *De l'émancipation de la femme,* Éditions Sociales, 1937.

NATURE. TECHNIQUE. SOCIÉTÉ

9. LE PARADOXE DE LA CIVILISATION

À la Martinique, j'avais visité des rhumeries rustiques et négligées; on y employait des appareils et des techniques restés les mêmes depuis le XVIIIe siècle. Au contraire, à Porto-Rico, les usines de la compagnie qui possède sur toute la production de canne une sorte de monopole, m'offraient un spectacle de réservoirs en émail blanc et de robinetterie chromée. Pourtant, les rhums de la Martinique, goûtés au pied des vieilles cuves de bois engrumelées de déchets, étaient moelleux et parfumés tandis que ceux de Porto-Rico sont vulgaires et brutaux. La finesse des premiers est-elle donc faite des impuretés dont une préparation archaïque favorise la persistance? Ce contraste illustre à mes yeux le paradoxe de la civilisation dont les charmes tiennent essentiellement aux résidus qu'elle transporte dans son flux sans que nous puissions pour autant nous interdire de le clarifier. En ayant deux fois raison nous confessons notre tort. Car nous avons raison d'être rationnels en cherchant à accroître notre production et à abaisser nos prix de revient. Mais nous avons raison aussi de chérir les imperfections que nous nous appliquons à éliminer. La vie sociale consiste à détruire ce qui lui donne son arôme. Cette contradiction paraît se résorber quand nous passons de la considération de notre société à celle des sociétés qui sont autres. Car, entraînés nous-mêmes dans le mouvement de la nôtre, nous sommes en quelque sorte partie au procès...

[...] Aucune société n'est parfaite. Toutes comportent par nature une impureté incompatible avec les normes qu'elles proclament et qui se traduit concrètement par une certaine dose d'injustice, d'insensibilité, de cruauté. Comment évaluer cette dose? L'enquête ethnographique y parvient. Car, s'il est vrai que la comparaison d'un petit nombre de sociétés les fait apparaître très différentes entre elles, ces différences s'atténuent quand le champ d'investigation s'élargit. On découvre alors qu'aucune société n'est foncièrement bonne; mais aucune n'est absolument mauvaise; toutes offrent certains avantages à leurs membres, compte tenu d'un résidu d'iniquité dont l'importance paraît approximativement constante et qui correspond peut-être à une inertie spécifique qui s'oppose, sur le plan de la vie sociale, aux efforts d'organisation.

Prenons le cas de l'anthropophagie qui, de toutes les pratiques sauvages, est sans doute celle qui nous inspire le plus d'horreur et de dégoût... Nulle société n'est moralement protégée; la famine peut entraîner les hommes à manger n'importe quoi: l'exemple récent des camps d'extermination le prouve.

Claude LÉVI-STRAUSS, *Tristes tropiques*, 1955, Plon.

NATURE. VIVANT. SOCIÉTÉ

10. PERFECTIONNEMENT DES ORGANES PAR L'ÉDUCATION

L'être humain est génétiquement programmé, mais il est programmé pour apprendre.
François JACOB, *Le Jeu des possibles,* Fayard, 1981, p. 126.

La société donne presque constamment à certains organes externes une perfection qui ne leur est pas naturelle, et qui les distingue spécialement des autres. Telle est, en effet, dans nos usages actuels la nature de nos occupations, que celle à laquelle nous nous livrons habituellement exerce presque toujours un de ces organes plus particulièrement que tous les autres.

L'oreille chez le musicien, le palais chez le cuisinier, le cerveau chez le philosophe, les muscles chez le danseur, le larynx chez le chanteur, etc., ont, outre l'éducation générale de la vie extérieure, une éducation particulière, que le fréquent exercice perfectionne singulièrement.

On pourrait même, sous ce rapport, diviser en trois classes les occupations humaines. La première comprendrait celles qui mettent les sens spécialement en jeu : tels sont la peinture, la musique, la sculpture, les arts du parfumeur, du cuisinier, et tous ceux, en un mot, dont les résultats charment la vue, l'ouïe, etc. Dans la seconde, se rangeraient les occupations où le cerveau est plus exercé : telles sont la poésie qui appartient à l'imagination, les sciences de nomenclature qui sont du ressort de la mémoire, les hautes sciences que le jugement a en partage d'une manière plus spéciale. Les occupations qui, comme la danse, l'équitation, tous les arts mécaniques, mettent en jeu les muscles locomoteurs, formeraient la troisième classe.

Xavier BICHAT, *Recherches physiologiques sur la vie et la mort,* (1800), Première partie, Article 8e.

11. LA CULTURE, ÉPANOUISSEMENT FORCÉ DE LA NATURE

Dans une forêt, les arbres, du fait même que chacun essaie de ravir à l'autre l'air et le soleil, s'efforcent à l'envi de se dépasser les uns les autres, et par suite, ils poussent beaux et droits. Au contraire, ceux qui lancent librement leurs branches à leur gré, à l'écart des autres arbres, poussent rabougris et courbés. Toute culture, tout art formant une parure à l'humanité, ainsi que l'ordre social le plus beau, sont les fruits de l'insociabilité qui est forcée par elle-même de se discipliner, et d'épanouir de ce fait complètement, en s'imposant un tel sacrifice, les germes de la nature.

KANT, *Idée d'une histoire universelle du point de vue cosmopolitique,* 1781.

David HUME (1711-1776), Bibl. Nat., Paris.
Photo F.A. Viollet.

PASSIONS

La foi est la plus haute passion de tout homme.
Il y a peut-être beaucoup d'hommes de chaque génération
qui n'arrivent pas jusqu'à elle, mais aucun ne va au-delà d'elle.
KIERKEGAARD, *Crainte et tremblement*, Épilogue.

Le mot *passion* peut être entendu en deux sens : soit comme ce que l'on souffre en conséquence de l'union de l'âme et du corps, comme ce que le mystère de l'incarnation rend à la fois possible et inévitable ; soit au contraire comme cette concentration volontaire d'une activité tendue tout entière vers sa fin, sans laquelle aucune œuvre de longue haleine n'aurait vu le jour. Mais ces deux sens sont-ils radicalement inconciliables ?

À dessein, nous avons choisi pour aborder ce problème des textes qui ne se bornent pas à la seule « description » des passions, pour laquelle on aura recours à la littérature, de Shakespeare à Goethe, de Stendhal à Proust, de Molière à Racine.

La passion, en un sens, c'est Phèdre et son tourment ; mais, en un autre sens, c'est aussi Napoléon Ier et ses conquêtes, Descartes et son œuvre... Cependant les uns nomment Destin ce que les autres appellent leur liberté. Qui donc est de mauvaise foi ? Le même Descartes s'efforce, comme ces autres passionnés que sont Malebranche et Spinoza, non pas de raconter la passion, mais de la définir, de l'analyser et de la disséquer, jusqu'à ce qu'elle se résorbe à la lumière de la connaissance vraie : exercice éminemment salutaire, si l'on songe à tant d'anathèmes contre les « passions humaines » de la part de moralistes et de théologiens passionnés, plus prompts à condamner qu'à entendre. On trouve jusque chez Kant l'écho d'une prévention contre cette « maladie de l'âme » qu'est la passion, dans la mesure où elle exclut « la maîtrise de la raison » : « La passion, écrit-il, trouve plaisir et satisfaction dans l'esclavage » (*Anthropologie*, § 81). Cependant, l'auteur de la *Critique de la raison pratique* reconnaît que si les passions sont « la plupart du temps, inguérissables », c'est parce que « le malade ne veut pas être guéri ». Dès lors, comme le note Balzac dans l'Avant-propos de la « Comédie humaine » : « La passion est toute l'humanité » au sens où l'entend Hegel, c'est-à-dire en tant que l'humanité se réalise effectivement dans le monde.

D'une manière fort différente de celle de Kierkegaard, l'analyse de Hegel restitue à la passion (ou, si l'on veut, à la Passion) sa vraie grandeur en l'identifiant à « la trame du grand tapis que constitue l'histoire universelle » : mais cette passion que Hegel désigne comme l'activité dans laquelle l'homme met toute l'énergie de son vouloir, n'a-t-elle vraiment rien de commun avec cette affection de l'âme que Descartes nommait aussi passion parce que, dans son étroite alliance avec le corps, l'âme pâtit de sa servitude ?

L'esclave qui pâtit de sa condition n'affirme-t-il pas déjà – confusément – qu'il la maîtrise ?

DÉFINITION DES PASSIONS DE L'ÂME

Après avoir considéré en quoi les passions de l'âme diffèrent de toutes ses autres pensées, il me semble qu'on peut généralement les définir des perceptions, ou des sentiments, ou des émotions de l'âme, qu'on rapporte particulièrement à elle, et qui sont causées, et entretenues, et fortifiées par quelque mouvement des esprits[1].

Explication de la première partie de cette définition. – On les peut nommer des perceptions lorsqu'on se sert généralement de ce mot pour signifier toutes les pensées qui ne sont point des actions de l'âme ou des volontés, mais non point lorsqu'on ne s'en sert que pour signifier des connaissances évidentes; car l'expérience fait voir que ceux qui sont le plus agités par leurs passions ne sont pas ceux qui les connaissent le mieux, et qu'elles sont du nombre des perceptions que l'étroite alliance qui est entre l'âme et le corps rend confuses et obscures. On les peut aussi nommer des sentiments, à cause qu'elles sont reçues en l'âme de même façon que les objets des sens extérieurs, et ne sont pas autrement connues par elle; mais on peut encore mieux les nommer des émotions de l'âme, non seulement à cause que ce nom peut être attribué à tous les changements qui arrivent en elle, c'est-à-dire à toutes les diverses pensées qui lui viennent, mais particulièrement parce que, de toutes les sortes de pensées qu'elle peut avoir, il n'y en a point d'autres qui l'agitent et l'ébranlent si fort que font ces passions.

Explication de son autre partie. – J'ajoute qu'elles se rapportent particulièrement à l'âme, pour les distinguer des autres sentiments qu'on rapporte, les uns aux objets extérieurs, comme les odeurs, les sons, les couleurs; les autres à notre corps, comme la faim, la soif, la douleur. J'ajoute aussi qu'elles sont causées, entretenues et fortifiées par quelque mouvement des esprits, afin de les distinguer de nos volontés, qu'on peut nommer des émotions de l'âme qui se rapportent à elle, mais qui sont causées par elle-même, et aussi afin d'expliquer leur dernière et plus prochaine cause, qui les distingue derechef des autres sentiments.

DESCARTES, *Les Passions de l'Âme* (1649), Première partie, art. XXVII-XXIX.

1. Esprits = esprits animaux. Cf. note **b.**, p. 320.

ANTHROPOLOGIE DIDACTIQUE

1. Désir, souhait, passion

L'homme est plus capable de vaincre les obstacles naturels que de se maîtriser lui-même. Dans le premier cas, il procède avec calme et patience, dans l'autre il subit l'entraînement des passions.
Cournot

Le *désir* est l'autodétermination du pouvoir d'un sujet par la représentation d'un fait futur, qui serait l'effet de ce pouvoir. Le désir sensible quand il est habituel s'appelle *inclination*. Le fait de désirer un objet, sans qu'on applique ses forces à le produire, est le *souhait*. Celui-ci peut être dirigé vers des objets que le sujet se sent incapable de se procurer, et c'est alors un *souhait stérile* (oiseux). Le souhait *stérile* d'anéantir le temps qui sépare le désir de la possession est l'impatience. Le désir sans objet déterminé (*appetitio vaga*) qui pousse seulement le sujet à sortir de son état présent, sans savoir dans lequel il veut entrer, peut être appelé souhait *capricieux* que rien ne satisfait.

L'inclination que la raison du sujet ne peut pas maîtriser ou n'y parvient qu'avec peine est la *passion*. L'émotion au contraire est le sentiment d'un plaisir ou d'un déplaisir actuel qui ne laisse pas le sujet parvenir à la réflexion (à cette représentation de la raison qui indique s'il faut s'y abandonner ou le repousser).

Être soumis aux émotions et aux passions est toujours une maladie de l'âme puisque toutes deux excluent la maîtrise de la raison. Dans l'une et l'autre, même degré de violence; mais elles diffèrent en qualité: tant pour les prévenir que pour les guérir, un médecin aurait à employer des méthodes différentes.

Kant, *Anthropologie du point de vue pragmatique* (1798), Livre III, trad. M. Foucault, Vrin, 1964, p. 109.

L'AMOUR

2. Du coup de foudre

Ah! l'amour est semblable à Dieu, il est à lui-même sa cause.
Jules Lequier (1814-1862), *Lettre à Mlle Deszille.*

Comme le coup de foudre vient d'une secrète lassitude de ce que le catéchisme appelle la vertu, et de l'ennui que donne l'uniformité de la perfection, je croirais assez qu'il doit tomber le plus souvent sur ce qu'on appelle dans le monde de mauvais sujets. Je doute fort que l'air Caton ait jamais occasionné de coup de foudre.

Ce qui les rend si rares, c'est que si le cœur qui aime ainsi d'avance a le plus petit sentiment de sa situation, il n'y a plus de coup de foudre.

Une femme rendue méfiante par les malheurs n'est pas susceptible de cette révolution de l'âme.

Rien ne facilite les coups de foudre comme les louanges données d'avance et par les femmes, à la personne qui doit en être l'objet.

Une des sources les plus comiques des aventures d'amour, ce sont les faux coups de foudre. Une femme ennuyée, mais non sensible, se croit amoureuse pour la vie pendant toute une soirée. Elle est fière d'avoir enfin trouvé un de ces grands mouvements de l'âme après lesquels courait son imagination. Le lendemain elle ne sait plus où se cacher, et surtout comment éviter le malheureux objet qu'elle adorait la veille.

Les gens d'esprit savent voir, c'est-à-dire mettre à profit ces coups de foudre-là.

L'amour physique a aussi ses coups de foudre. Nous avons vu hier la plus jolie femme et la plus facile de Berlin rougir tout à coup dans sa calèche où nous étions avec elle. Le beau lieutenant Findorff venait de passer.

Elle est tombée dans la rêverie profonde, dans l'inquiétude. Le soir, à ce qu'elle m'avoua au spectacle, elle avait des folies, des transports, elle ne pensait qu'à Findorff, auquel elle n'avait jamais parlé. Si elle eût osé, me disait-elle, elle l'eût envoyé chercher ; cette jolie figure présentait tous les signes de la passion la plus violente. Cela durait encore le lendemain ; au bout de trois jours, Findorff ayant fait le nigaud, elle n'y pensa plus. Un mois après il lui était odieux.

Stendhal, *De l'amour* (1822), chap. XXIII.

3. Le désir charnel n'est pas l'amour

L'amour le plus exclusif pour une personne
est toujours l'amour d'autre chose.
Marcel Proust

Le désir de chair, si vif, si tôt oublié, si aisé aussi à satisfaire, peut bien donner lieu à une sorte de passion ; c'est à voir ; mais cette passion n'est pas l'amour. Quant au désir louable de fonder une heureuse famille, il est à peu près ici ce qu'est le désir de gagner pour le joueur. Je décris maintenant une espèce de folie qui ressemble au jeu par certains côtés, mais qui ressemble surtout à l'ambition[1]. L'erreur la plus grave serait de vouloir expliquer l'amour par les désirs animaux. L'acte de chair n'y est désiré que comme une preuve de puissance sur un autre être, mais libre, raisonnable, fier. Personne n'aimera une folle ; aucun amant ne songera seulement à violence ou surprise. Je la veux sage et inaccessible, si ce n'est pour moi, et encore de bon vouloir et même avec bonheur. Rien ne plaît mieux que les signes de la vertu et du jugement, chez une femme jeune et belle. J'ai cru observer que la jalousie vient principalement de ce que l'on croit reconnaître des désirs, de la faiblesse ou de la dépendance chez celle que l'on voudrait reine ; cette idée n'entre pas dans le poème. Et l'amour est un poème, quelque chose que l'on fait, que l'on compose, que l'on veut.

Non pourtant quelque chose de libre ; car on aimerait alors ce qui est aimable, au lieu de maudire et d'adorer en même temps, comme il arrive à chacun. L'idée fataliste règne encore ici, mais sans doute mieux et plus intimement adorée que dans les autres passions. Car tout se passe dans l'univers humain, où des signes sont toujours échangés, par les moindres mouvements, sans qu'on y pense. Aussi dès que l'on réfléchit sur un présage bien clair, comme des yeux riants ou sérieux, un son de voix ou seulement un silence, les souvenirs viennent en foule, et l'avenir est annoncé. Ces pressentiments tromperaient souvent, si la curiosité ne ramenait du côté de l'oracle ;

1. Comparer avec le texte suivant n° 4 (Pascal).

ainsi, par l'idée de savoir si la prédiction est bonne, la prédiction est vérifiée. Cet événement fait éclater de nouveaux signes. Et ce qui fait voir que l'interprétation des signes est la vraie nourriture de l'amour, c'est que l'amour se fortifie par les obstacles. Par l'attente encore plus. [...] Tout est mirage, tout concourt à tromper l'amoureux qui s'interroge ; car l'attente fait qu'il doute s'il est aimé ; mais l'attente fait aussi qu'il ne doute plus s'il aime, quoiqu'il n'ait pas délibéré là-dessus.

ALAIN, *Éléments de philosophie* (1940), Gallimard, Livre V, chap. III.

4. L'AMOUR ET L'AMBITION

Si la raison est la boussole, les passions sont les vents.
Alexander POPE

Les passions qui sont le plus convenables à l'homme, et qui en renferment beaucoup d'autres, sont l'amour et l'ambition : elles n'ont guère de liaison ensemble, cependant on les allie assez souvent ; mais elles s'affaiblissent l'une l'autre réciproquement, pour ne pas dire qu'elles se ruinent.

Quelque étendue d'esprit que l'on ait, l'on n'est capable que d'une grande passion ; c'est pourquoi, quand l'amour et l'ambition se rencontrent ensemble, elles ne sont grandes que de la moitié de ce qu'elles seraient s'il n'y avait que l'une ou l'autre. L'âge ne détermine point, ni le commencement, ni la fin de ces deux passions ; elles naissent dès les premières années, et elles subsistent bien souvent jusqu'au tombeau. Néanmoins, comme elles demandent beaucoup de feu, les jeunes gens y sont plus propres, et il semble qu'elles se ralentissent avec les années ; cela est pourtant fort rare.

La vie de l'homme est misérablement courte. On la compte depuis la première entrée au monde ; pour moi je ne voudrais la compter que depuis la naissance de la raison, et depuis que l'on commence à être ébranlé par la raison, ce qui n'arrive pas ordinairement avant vingt ans. Devant ce terme l'on est enfant ; et un enfant n'est pas un homme.

Qu'une vie est heureuse quand elle commence par l'amour et qu'elle finit par l'ambition ! Si j'avais à en choisir une, je prendrais celle-là. Tant que l'on a du feu, l'on est aimable ; mais ce feu s'éteint, il se perd : alors, que la place est belle et grande pour l'ambition ! La vie tumultueuse est agréable aux grands esprits, mais ceux qui sont médiocres n'y ont aucun plaisir ; ils sont machines partout. C'est pourquoi, l'amour et l'ambition commençant et finissant la vie, on est dans l'état le plus heureux dont la nature humaine est capable.

À mesure que l'on a plus d'esprit, les passions sont plus grandes, parce que les passions n'étant que des sentiments et des pensées, qui appartiennent purement à l'esprit, quoiqu'elles soient occasionnées par le corps, il est visible qu'elles ne sont plus que l'esprit même, et qu'ainsi elles remplissent toute sa capacité. Je ne parle que des passions de feu, car pour les autres, elles se mêlent souvent ensemble, et causent une confusion très incommode ; mais ce n'est jamais dans ceux qui ont de l'esprit.

Dans une grande âme tout est grand.

PASCAL, « Discours sur les passions de l'amour » (1652?), in *Pensées et opuscules*, Hachette, pp. 123-125.

5. L'AMOUR CRÉE UNE *AUTRE* EXISTENCE

Quelque conscience d'être l'un pour l'autre non pas un objet d'appréciation objective comme tous les autres, mais en réalité rien qu'un conte étrange et merveilleux, s'exprime de manière très significative dans le comportement des amoureux durant les premiers temps de leurs rapports. On dirait que chacun d'eux, sans même le vouloir, se prête de bonne grâce à la tendre idéalisation de l'autre, faisant tout son possible pour la maintenir en vie. Il serait injuste de confondre cette attitude avec une quelconque affectation[1] ou la mise en scène de la seule vanité ; elle naît bien plutôt fréquemment des élans du cœur, rêveurs et fascinés par leur objet, comme s'ils ne pouvaient faire autrement que de créer par leur seule manifestation un autre milieu que l'entourage à la réalité contraignante, d'autres choses, un autre niveau que celui de l'existence quotidienne qui les baigne. Tout ce qui semble plonger l'objet de l'amour dans une atmosphère et un éclairage particulier n'est pas, au sens ordinaire du terme, tout à fait authentique ni d'une vérité tangible, mais disposé par une humble exigence de beauté, en laquelle on s'engage avec plus de réticences que jamais, avec plus de témérité que jamais, donc dans un mélange existentiel tout nouveau.

1. Comparez avec le texte n° 7, p. 38 (Sartre).

Lou Andreas-Salomé, « Réflexions sur le problème de l'amour » (1900), in *Éros*, trad. H. Plard, Éd. de Minuit, 1984, p. 55.

6. AMBIVALENCE PRIMITIVE DE L'AMOUR ET DE LA HAINE

« Si tu ne m'aimes pas, je t'aime... Et si je t'aime, prends garde à toi ! » (*Carmen*)

Comme pour l'homme primitif, il existe aussi pour notre inconscient un cas où les deux attitudes opposées à l'égard de la mort, celle qui la conçoit comme une destruction de la vie et celle qui la nie comme quelque chose d'irréel, se rencontrent et entrent en conflit. Et le cas est exactement le même que celui qui s'offre à l'homme primitif : la mort ou le danger de mort d'un être cher, d'un époux ou d'une épouse, du père ou de la mère, d'un frère ou d'une sœur, d'un enfant ou d'un ami. D'une part, ces êtres chers forment notre patrimoine intime, sont une partie de notre *Moi* ; mais, par d'autres côtés, ils sont, en partie tout au moins, pour nous des étrangers et des ennemis. À l'exception de quelques situations, nos attitudes amoureuses les plus tendres et les plus intimes sont nuancées d'une hostilité qui peut comporter un souhait de mort inconscient. [...] Les médecins psychanalystes savent combien est fréquent le symptôme par lequel les malades expriment leur préoccupation, toute d'amour et de tendresse, du bien de leurs proches, et combien sont fréquents les reproches, absolument injustifiés, dont ils s'accablent à la suite de la mort d'un être cher. L'étude de ces symptômes n'a laissé aux médecins en question aucun doute quant à la fréquence et à la signification des souhaits de mort inconscients.

Le profane éprouve une horreur indicible devant cette possibilité affective, et il voit dans cette horreur même une raison suffisante et légitime pour repousser comme invraisemblables les affirmations des psychanalystes. À tort, à mon avis. Nous ne songeons nullement à rabaisser la vie amoureuse ; ce serait d'ailleurs aller à l'encontre de la réalité. Notre raison et notre sentiment se refusent, certes, à admettre une association aussi étroite entre l'amour et la haine, mais la nature sait utiliser cette association et maintenir en éveil et dans toute sa fraîcheur le sentiment d'amour, afin de le mettre mieux à l'abri des atteintes de la haine qui le guette. On peut dire que nous sommes redevables des plus beaux épanouissements de notre vie amoureuse à la réaction contre l'impulsion hostile que nous ressentons dans notre for intérieur.

Sigmund FREUD, « Considérations actuelles sur la guerre et sur la mort » (1915), in *Essais de psychanalyse*, trad. Dr J. Jankélévitch, revue par le Dr Hesnard, P.B. Payot, 1973, pp. 265-266.

LES PASSIONS ET LA LIBERTÉ

7. DE L'EMPIRE SUR LES PASSIONS

L'existentialiste ne croit pas à la puissance de la passion.
Il ne pensera jamais qu'une belle passion est un torrent dévastateur
qui conduit fatalement l'homme à certains actes, et qui, par conséquent, est une excuse.
Il pense que l'homme est responsable de sa passion.
Jean-Paul SARTRE

Il est utile aussi de savoir qu'encore que les mouvements, tant de la glande[a] que des esprits[b] et du cerveau, qui représentent à l'âme certains objets, soient naturellement joints avec ceux qui excitent en elle certaines passions, ils peuvent toutefois par habitude en être séparés et joints à d'autres fort différents, et même que cette habitude peut être acquise par une seule action et ne requiert point un long usage. Ainsi, lorsqu'on rencontre inopinément quelque chose de fort sale en une viande qu'on mange avec appétit, la surprise de cette rencontre peut tellement changer la disposition du cerveau qu'on ne pourra plus voir par après de telle viande qu'avec horreur, au lieu qu'on la mangeait auparavant avec plaisir. Et on peut remarquer la même chose dans les bêtes ; car encore qu'elles n'aient point de raison, ni peut-être aucune pensée, tous les mouvements des esprits et de la glande qui excitent en nous les passions ne laissent pas d'être en elles et d'y servir à entretenir et fortifier, et non pas comme en nous, les passions, mais les mouvements des nerfs et des muscles qui ont coutume de les accompagner. Ainsi, lorsqu'un chien voit une perdrix, il est naturellement porté à courir vers elle ; et lorsqu'il oit[1] tirer un fusil, ce bruit l'incite naturellement à s'enfuir ; mais néanmoins on dresse ordinairement les chiens couchants en telle sorte que la vue d'une perdrix fait qu'ils s'arrêtent, et que le bruit qu'ils oient après, lorsqu'on tire sur elle, fait qu'ils y accourent. Or ces choses sont utiles à savoir pour donner le courage à un chacun d'étudier à regarder ses passions ; car, puisqu'on peut, avec un peu d'industrie, changer les mouvements du cerveau dans les animaux dépourvus de raison, il est évident qu'on le peut encore mieux dans les hommes, et que ceux même qui ont les plus faibles âmes pourraient acquérir un empire très absolu sur toutes leurs

1. Oit = entend.

passions, si on employait assez d'industrie à les dresser et à les conduire.

DESCARTES, *Les Passions de l'Âme* (1649), Première partie, art. L.

a. *Le siège des passions, selon Descartes, n'est pas dans le cœur – comme on le croit communément –, mais dans le cerveau et, plus particulièrement, dans une petite glande « située dans le milieu de sa substance » où les impressions venues des sens se réunissent « par l'entremise des esprits qui remplissent les cavités du cerveau ».*

b. *Les « esprits animaux », composés des plus subtiles parties du sang, sont produits dans le cerveau, d'où ils commandent, par l'intermédiaire des nerfs et des muscles, tous les mouvements du corps.*

LES PASSIONS ET L'HISTOIRE

8. RIEN DE GRAND NE S'EST FAIT SANS PASSION

Exister, si l'on n'entend pas par là un simulacre d'existence,
ne peut se faire sans passion.
KIERKEGAARD, Post-Scriptum.

Rien ne s'est fait sans être soutenu par l'intérêt de ceux qui y ont collaboré ; et appelant l'intérêt une passion, en tant que l'individualité tout entière, en mettant à l'arrière-plan tous les autres intérêts et fins que l'on a et peut avoir, se projette en un objet avec toutes les fibres intérieures de son vouloir, concentre dans cette fin tous ses besoins et toutes ses forces, nous devons dire d'une façon générale que *rien de grand* ne s'est accompli *dans le monde* sans passion. Ainsi deux éléments interviennent dans notre sujet : l'un est l'idée, l'autre les passions humaines ; l'un est la chaîne, l'autre la trame du grand tapis que constitue l'histoire universelle étendue devant nous. La liberté morale dans l'État forme le centre concret et la jonction des deux éléments. Il a été question de l'idée de liberté en tant que nature de l'esprit et fin absolue de l'histoire. La passion est regardée comme une chose qui n'est pas bonne, qui est plus ou moins mauvaise ; l'homme ne doit pas avoir de passion. Passion n'est pas d'ailleurs le mot tout à fait exact pour ce que je veux désigner ici, j'entends en effet, ici, d'une manière générale l'activité de l'homme dérivant d'intérêts particuliers, de fins spéciales ou si l'on veut, d'intentions égoïstes, en tant que dans ces fins il met toute l'énergie de son vouloir et de son caractère en leur sacrifiant autre chose qui pourrait aussi être une fin ou plutôt leur sacrifiant tout le reste. Ce contenu particulier est tellement un avec la volonté de l'homme qu'il en constitue toute la détermination et en est inséparable ; c'est par là ce qu'il est. Car l'individu est celui qui est là présent, non point homme en général, celui-ci n'existant pas, mais homme déterminé. Le caractère aussi exprime cette détermination de la volonté et de l'intelligence. Mais le caractère comprend en général toutes les particularités, la manière de s'y prendre dans les conditions privées, etc., et n'est que la détermination mise en action et en mouvement. Je dirai donc passion, entendant par là la détermination particulière du caractère en tant que ces déterminations du vouloir n'ont pas un contenu uniquement privé, mais constituent l'élément moteur et énergique d'actions générales. La passion, c'est tout d'abord le côté subjectif, en ce sens formel de l'énergie, de la volonté et de l'activité, le contenu ou le but en restant encore indéterminé ; il en va ainsi de la conviction personnelle, de la pensée personnelle, et de la conscience personnelle. Il s'agit toujours du contenu de ma conviction, du but de ma passion, de savoir si l'un ou l'autre est vrai en sa nature. Mais inversement, s'il l'est, il lui appartient d'entrer dans l'existence, de se réaliser.

HEGEL, *Leçons sur la philosophie de l'Histoire* (1837), trad. Gibelin, Vrin, pp. 33-34.

LES PASSIONS ET LA RAISON

9. LE COMBAT DE LA PASSION ET DE LA RAISON EST IMPOSSIBLE

Guerre intestine de l'homme entre la raison et les passions. S'il n'avait que la raison sans passions... S'il n'avait que les passions sans raison... Mais ayant l'un et l'autre, il ne peut être sans guerre, ne pouvant avoir la paix avec l'un qu'ayant guerre avec l'autre : ainsi il est toujours divisé, et contraire à lui-même.

PASCAL, *Pensées*, posth., 1669, VI, 412.

Une passion est une existence primitive ou, si vous le voulez, un mode primitif d'existence et elle ne contient aucune qualité représentative qui en fasse une copie d'une autre existence ou d'un autre monde. Quand je suis en colère, je suis actuellement dominé par cette passion et, dans cette émotion, je n'ai pas plus de référence à un autre objet que lorsque je suis assoiffé, malade ou haut de plus de cinq pieds. Il est donc impossible que cette passion puisse être combattue par la vérité et la raison ou qu'elle puisse les contredire ; car la contradiction consiste dans le désaccord des idées, considérées comme des copies, avec les objets qu'elles représentent.

Ce qui peut d'abord se présenter sur ce point, c'est que, puisque rien ne peut être contraire à la vérité ou la raison sinon ce qui s'y rapporte et que, seuls, les jugements de notre entendement s'y rapportent ainsi, il doit en résulter que les passions ne peuvent être contraires à la raison que dans la mesure où elles *s'accompagnent* d'un jugement ou d'une opinion. Selon ce principe qui est si évident et si naturel, c'est seulement en deux sens qu'une affection peut être appelée déraisonnable. Premièrement, quand une passion, telle que l'espoir ou la crainte, le chagrin ou la joie, le désespoir ou la confiance, se fonde sur la supposition de l'existence d'objets qui, effectivement, n'existent pas. Deuxièmement, quand, pour éveiller une passion, nous choisissons des moyens pertinents pour obtenir la fin projetée et que nous nous trompons dans notre jugement sur les causes et les effets. Si une passion ne se fonde pas sur une fausse supposition et si elle ne choisit pas des moyens impropres à atteindre la fin, l'entendement ne peut ni la justifier ni la condamner. Il n'est pas contraire à la raison de préférer la destruction du monde entier à une égratignure de mon doigt. Il n'est pas contraire à la raison que je choisisse de me ruiner complètement pour prévenir le moindre malaise d'un Indien ou d'une personne complètement inconnue de moi. Il est aussi peu contraire à la raison de préférer à mon plus grand bien propre un bien reconnu moindre et d'aimer plus ardemment celui-ci que celui-là. Un bien banal peut, en raison de certaines circonstances, produire un désir supérieur à celui qui naît du plaisir le plus grand et le plus estimable ; et il n'y a là rien de plus extraordinaire que de voir, en mécanique, un poids d'une livre en soulever un autre de cent livres grâce à l'avantage de la situation. Bref, une passion doit s'accompagner de quelque faux jugement pour être déraisonnable ; même alors ce n'est pas, à proprement parler, la passion qui est déraisonnable, c'est le jugement.

Hume, *Traité de la nature humaine* (1739-40), trad. A. Leroy, Garnier, t. II, Libre II, 3e partie, section III.

10. Les afflictions et le divertissement

Les passions sont les vrais contrepoids des passions.
D'Holbach

Monsieur[a],

Je viens d'apprendre la triste nouvelle de votre affliction, et, bien que je ne me promette pas de rien mettre en cette lettre qui ait grande force pour adoucir votre douleur, je ne puis toutefois m'abstenir d'y tâcher pour vous témoigner au moins que j'y participe. Je ne suis pas de ceux qui estiment que les larmes et la tristesse n'appartiennent qu'aux femmes, et que pour paraître homme de cœur on se doive contraindre à montrer toujours un visage tranquille ; j'ai senti depuis peu la perte de deux personnes qui m'étaient très proches[b], et j'ai éprouvé que ceux qui me voulaient défendre la tristesse[c] l'irritaient, au lieu que j'étais soulagé par la complaisance de ceux que je voyais touchés de mon déplaisir. Ainsi je m'assure que vous me souffrirez mieux si je ne m'oppose point à vos larmes, que si j'entreprenais de vous détourner d'un ressentiment que je crois juste : mais il doit néanmoins y avoir quelque mesure ; et comme ce serait être barbare que de ne se point affliger du tout, lorsqu'on en a du sujet, aussi serait-ce trop lâche de s'abandonner entièrement au déplaisir, et ce serait faire fort mal son compte que de ne tâcher pas de tout son pouvoir à se délivrer d'une passion si incommode. La profession des armes en laquelle vous êtes nourri, accoutume les hommes à voir mourir inopinément leurs meilleurs amis, et il n'y a rien au monde de si fâcheux que l'accoutumance ne le rende supportable. Il y a, ce me semble, beaucoup de rapport entre la perte d'une main[d] et d'un frère ; vous avez ci-devant souffert la première sans que j'aie jamais remarqué que vous en fussiez affligé ; pourquoi le seriez-vous davantage de la seconde ? Si c'est pour votre propre intérêt, il est certain que vous la pouvez mieux réparer que l'autre, en ce que l'acquisition d'un fidèle ami peut autant valoir que l'amitié d'un bon frère. Et si c'est pour l'intérêt de celui que vous regrettez, comme sans doute votre générosité ne vous permet pas d'être touché d'autre chose, vous savez qu'il n'y a aucune raison ni religion, qui fasse craindre du mal, après cette vie, à ceux qui ont vécu en gens d'honneur, mais qu'au contraire, l'une et l'autre leur promet des joies et des récompenses. Enfin, Monsieur, toutes nos afflictions, quelles qu'elles soient, ne dépendent que fort peu des raisons auxquelles nous les attribuons, mais seulement de l'émotion et du trouble intérieur que la nature excite en nous-mêmes ; car, lorsque cette émotion est apaisée, encore que toutes les raisons que nous avions auparavant demeurent les mêmes, nous ne nous sentons plus affligés. Or je ne veux point vous conseiller d'employer toutes les forces de votre résolution et constance, pour arrêter tout d'un coup l'agitation intérieure que vous sentez : ce serait peut-être un remède plus fâcheux que la maladie ; mais je ne vous conseille pas aussi d'attendre que le temps seul vous guérisse, et beaucoup moins d'entretenir et prolonger votre mal par vos pensées. Je vous prie seulement de tâcher peu à peu de l'adoucir, en ne regardant ce qui vous est arrivé que du biais qui vous le peut faire paraître le plus supportable, et en vous divertissant le plus que vous pourrez par d'autres occupations. Je sais bien que je ne vous apprends ici rien de nouveau ; mais on ne doit pas mépriser les bons remèdes pour être vulgaires, et m'étant servi de celui-ci avec fruit, j'ai cru être obligé de vous l'écrire : car je suis, etc.

Descartes

a. *Cette lettre a été adressée de Leyde, en janvier 1641, à Alphonse de Pollot, gentilhomme de la Cour de Hollande, qui venait de perdre son frère.*

b. *Descartes avait perdu l'année précédente, au mois de septembre, sa fille Francine, âgée de cinq ans, qu'il avait eue de sa servante et amie Hélène, et, au mois d'octobre, son père Joachim, doyen du Parlement de Bretagne, âgé de soixante-dix-huit ans.*

c. *La tristesse est, selon Descartes, l'une des six* passions primitives *(les cinq autres étant : l'admiration, l'amour et la haine, le désir, la joie).*

d. *Alphonse de Pollot avait perdu une main à la guerre.*

11. La passion succombe à sa connaissance vraie

La raison sans les passions serait presque un roi sans sujets.
Diderot

Une affection qui est une passion, cesse d'être une passion, sitôt que nous en formons une idée claire et distincte.

Une affection qui est une passion est une idée confuse. Si donc nous formons de cette affection une idée claire et distincte, il n'y aura entre cette idée et l'affection elle-même, en tant qu'elle le rapporte à l'Âme seule, qu'une distinction de raison ; et ainsi, l'affection cessera d'être une passion.

Une affection est d'autant plus en notre pouvoir et l'Âme en pâtit d'autant moins que cette affection nous est plus connue.

Spinoza, *Éthique* (1677), trad. Appuhn, Garnier, Ve partie, prop. 3 et 4.

MARC-AURÈLE (121-180)

Photo Hachette.

PERSONNE

Agis de telle sorte que tu traites l'humanité, aussi bien dans ta personne que dans la personne d'autrui, toujours en même temps comme une fin et jamais simplement comme un moyen.
KANT

Un être est dit une personne quand il réalise le degré minimum de discernement moral qui permet de le juger responsable de ce qu'il fait.
LALANDE

Selon le philosophe empereur Marc-Aurèle, nous avons notre rôle à tenir, sans défaillance, là où le sort nous a placés : « Ressembler au promontoire sur lequel sans cesse se brisent les vagues » (*Pensées*, IV, 49). Pour remplir ce rôle, la Nature nous a confiés à nous-mêmes, à notre maître intérieur qui est notre guide, notre conscience morale et notre force. En d'autres termes, elle a fait de nous des *personnes* et non des animaux ou des choses.

Qu'est-ce donc qu'une personne ? « C'est, dit Kant, ce sujet dont les actions sont susceptibles d'imputation ». Imputer un acte à quelqu'un, c'est mettre cet acte sur son compte, c'est le lui attribuer. Tandis que le *personnage* est un sujet qui porte un masque de scène (en latin *persona*) lui permettant de jouer en toute impunité toute sorte de rôles, la personne est quelqu'un qui se veut responsable, c'est-à-dire qui revendique la *responsabilité* de ce qu'il dit et de ce qu'il fait, dès lors qu'il parle et agit librement. « La personne », dit encore Kant, « n'est rien d'autre que la liberté d'un être raisonnable sous les lois morales ».

On retrouve ce primat de la liberté, comme clé de voûte de la morale, dans l'existentialisme de Sartre et dans les différentes formes de *personnalisme*. Sous ce terme, se rangent des « philosophies de la personne », diverses par leur inspiration et par leur style, qui ont en commun d'affirmer l'originalité irréductible de chaque conscience et de refuser toute saisie purement objective, et nécessairement réductrice, de la « réalité humaine ». Citons entre autres : Charles Renouvier (1815-1903), Max Scheler (1873-1928), Emmanuel Mounier (1905-1950).

La notion de *personne humaine* est prise tour à tour dans différents contextes : théologique, métaphysique, juridique et moral. Mais, quel que soit l'éclairage sous lequel elle se présente, cette notion traduit, au fond, une dualité fondamentale entre l'être et la valeur, entre les déterminations objectives et la vocation subjective, entre notre nature et notre liberté, entre la servitude et la grandeur humaines.

La personne est ainsi un sujet moral qui ne se reconnaît comme tel qu'en reconnaissant autour de soi d'autres sujets également libres et respectables. « Il s'ensuit, écrivait Kant, qu'une personne ne peut être soumise à d'autres lois qu'à celles qu'elle se donne elle-même (ou toute seule, ou du moins à soi-même en même temps qu'avec d'autres). » D'où le problème de la conciliation entre la politique et l'éthique.

En fait, la « personne humaine » est chaque jour, partout, et par raison d'État, déplacée, déportée, humiliée, bafouée et profanée. Car rien ne s'oppose plus radicalement à une « éthique de la personne » que le « réalisme politique ».

LES PERSONNES SONT DES *FINS EN SOI*

Les êtres dont l'existence dépend non pas de notre volonté, mais de la nature, n'ont cependant, quand ce sont des êtres dépourvus de raison, qu'une valeur relative, celle de *moyens,* et voilà pourquoi on les nomme des *choses*; au contraire, les êtres raisonnables sont appelés des *personnes,* parce que leur nature les désigne déjà comme des fins en soi, c'est-à-dire comme quelque chose qui ne peut pas être employé simplement comme moyen, quelque chose qui par suite limite d'autant toute faculté d'agir comme bon nous semble (et qui est un objet de respect). Ce ne sont donc pas là des fins simplement subjectives, dont l'existence, comme effet de notre action, a une valeur pour nous : ce sont des *fins objectives,* c'est-à-dire des choses dont l'existence est une fin en soi-même, et même une fin telle qu'elle ne peut être remplacée par aucune autre, au service de laquelle les fins objectives devraient se mettre, *simplement* comme moyens. Sans cela, en effet, on ne pourrait trouver jamais rien qui eût une *valeur absolue.* Mais si toute valeur était conditionnelle, et par suite contingente, il serait complètement impossible de trouver pour la raison un principe pratique suprême.

Si donc il doit y avoir un principe pratique suprême, et au regard de la volonté humaine un impératif catégorique, il faut qu'il soit tel que, par la représentation de ce qui, étant une fin en soi, est nécessairement une fin pour tout homme, il constitue un principe *objectif* de la volonté, que par conséquent il puisse servir de loi pratique universelle. Voici le fondement de ce principe : *la nature raisonnable existe comme fin en soi.* L'homme se représente nécessairement ainsi sa propre existence ; c'est donc en ce sens un principe subjectif d'actions humaines. Mais tout autre être raisonnable se présente également ainsi son existence, en conséquence du même principe rationnel qui vaut aussi pour moi ; c'est donc en même temps un principe *objectif* dont doivent pouvoir être déduites, comme d'un principe pratique suprême, toutes les lois de la volonté. L'impératif pratique sera donc celui-ci : Agis de telle sorte que tu traites l'humanité aussi bien dans ta personne que dans la personne de tout autre toujours en même temps comme une fin, et jamais simplement comme un moyen*.

KANT, *Fondements de la Métaphysique des mœurs* (1785),
2ᵉ section. Trad. Victor Delbos, Delagrave.

* *On omet souvent, quand on traduit ou quand on cite cette formule, les mots « simplement » et « en même temps » ; ils ont cependant un sens. Kant ne veut pas dire, en effet, que l'homme ne doive jamais être mis ou se mettre lui-même au service de certaines inclinations et de certains besoins ; il veut dire que l'homme, dans tout usage de sa personne, a le devoir et le droit de rester libre, que s'il sert ou s'il est servi, ce doit être sans être asservi ou sans tenter d'asservir. (Note de V. Delbos.)*

PERSONNE. JUSTICE

1. La justice et les personnes

La justice est la condition de la société des personnes. L'injustice est la violation de cette égalité faite de doit et d'avoir. Mais les passions rendent la justice litigieuse, ensuite odieuse à ceux qui l'ont violée. De là la possibilité du mal, et la justification de la possibilité du mal dans l'ordre social créé.

L'individualité personnelle ne serait qu'apparente, si les moyens de l'usurpation lui étaient refusés. L'homme n'aurait été que le premier en rang des animaux domestiques de Dieu, destiné par le Créateur à des fonctions régulières, invariables, et à des jouissances fixes, obtenues par l'abandon de l'âme à de purs instincts, si la personne, – en ce cas bien différente de celle que nous nommons ainsi en la distinguant de la bête, – eût été assujettie par sa nature à faire une chose, toujours la même, en chaque rencontre possible des autres personnes et des choses. Ce devait être une conséquence, un attribut inséparable de l'autonomie, que cette puissance propre donnée à la personne de se faire elle-même loi, contre la Loi, car, en cas contraire, elle n'aurait pas pu posséder cette autonomie, en avoir le sentiment réel, alors qu'elle en aurait eu l'application gouvernée. Or, commandant à soi, la personne commande au dehors (dans les limites, qu'on suppose ici respectées, de son droit) puisque, dans ces limites, le pouvoir sur soi est l'intermédiaire et l'organe de l'action externe. L'acte injuste est l'acte de ce pouvoir en violation de ces limites, et, par conséquent, de la raison donnée, avec l'autonomie, à la personne, afin qu'elle garde l'accord entre l'exercice de sa volonté pour des fins individuelles et l'observation des lois de la société, le respect de l'ordre universel.

L'injustice est donc, ce que la dit une formule usuelle, le vice de l'individu qui rapporte toutes choses à soi, comme s'il était le centre du monde et que le monde fût tout à son service. Mais on a dit aussi, renversant les termes, que l'individu n'existait que pour le monde et devait sacrifier sa personne au tout. Ici est l'erreur, erreur même contre la logique de la création ; car le monde est créé précisément pour les phénomènes, et les phénomènes ont l'individualité et la personnalité pour leurs plus hauts caractères ; et comment aurait-il été créé pour eux, si chacun en particulier ne devait être rien pour le monde qui est pour tous ! Le Créateur n'aurait donc eu pour fin que lui-même, et c'est alors à Dieu que le sacrifice des individus devrait être rapporté. Mais cette interprétation, favorisée par l'absolutisme théologique, est contradictoire à la loi qui reconnaît aux personnes des fins pour elles-mêmes.

Charles Renouvier, *Le Personnalisme,* Paris, Félix Alcan, 1903, pp. 78-79.

ARISTOTE (384-322 av. J.-C.) par Rembrandt.
Metropolitan Museum, New-York.

Agence TOP.

PHILOSOPHIE

Le philosophe n'est pas citoyen d'une paroisse de la pensée. C'est ce qui fait de lui un philosophe.
Ludwig WITTGENSTEIN

Si l'on s'en tient à l'étymologie, «philosophie» signifie *amour de la sagesse.* Il reste à savoir quelle est cette «sagesse» (en grec, *sophia*) dont la philosophie est l'amour – ou mieux, comme dit Descartes, l'*étude.* Peu importe, au demeurant, que *sophia* soit un mot grec et que cette «attitude d'un genre nouveau à l'égard du monde environnant» (Husserl) qu'on appelle «la philosophie» soit *née* en Grèce, c'est-à-dire dans une société esclavagiste, gouvernée par des prêtres prompts à condamner comme «impie» quiconque refusait de croire au «surnaturel». Plus important est le fait que partout où des «philosophes» sont – comme on dit – «apparus» ou ont été désignés comme tels, ils ont tranché avec la pensée dominante de leur époque. L'essentiel, en effet, c'est que, grâce à eux, un certain mode de bousculement des préjugés de la foule, une reprise critique des opinions toutes faites et un semis d'idées fécondes, aient finalement prévalu. Ainsi, le caractère étrangement significatif de la véritable création philosophique ne réside pas dans le procès et la condamnation à mort de Socrate, mais dans sa consécration posthume, comme si le regard de Socrate sur le monde, sur l'humanité, sur la justice, était plus lucide et portait beaucoup plus loin que celui de ses juges. Il y a en effet dans la pensée philosophique proprement dite, et dans la manière dont un philosophe aborde les questions, une largeur de vues sans commune mesure avec les préoccupations à court terme de tous ceux qui sont totalement – et momentanément – engoncés dans une action quelconque. En ce sens, les considérations philosophiques sont, à proprement parler, comme dit Nietzsche, *unzeitgemässe,* c'est-à-dire «intempestives, non conformes à l'esprit du temps», ce qui ne signifie nullement «inactuelles», mais bien plutôt «d'une actualité intemporelle qui ne doit rien à la conjoncture immédiate». Philosopher, dans quelque temps et en quelque lieu que ce soit, c'est, à contre-temps et au-delà de toutes les frontières, tenter de penser, pour ainsi dire, «du point de vue de l'éternité et de l'universel». L'idée de philosophie est donc la plus ambitieuse des idées: c'est celle d'une *sagesse* conférée à l'homme par la *connaissance vraie* du réel dans sa totalité.

Cette idée revêt la forme d'une exigence spécifique, à nulle autre pareille pour les philosophes, et tout à fait hors de l'ordre commun pour leurs adversaires. Implicitement, en effet, les uns et les autres s'accordent à estimer que, si la philosophie n'est pas un vain mot, elle doit faire du Philosophe un sage capable de rivaliser en félicité avec les dieux eux-mêmes. Les sarcasmes adressés à ceux qu'on nomme (ou qui, à la différence de Socrate, se nomment eux-mêmes) «philosophes» sont à la mesure de la déception d'une telle capacité.

À vrai dire, l'idée de la philosophie est celle d'une tâche pratique de longue haleine à laquelle nous sommes tous également conviés: mais, ici comme ailleurs, si tous sont appelés, bien peu sont élus. Tout d'abord, quel que soit le temps et le lieu où chacun de nous vient au monde parmi les autres, nul ne peut être exclu *a priori* d'une participation à cet «être-ensemble» qui constitue, vaille que vaille, notre humanité et dont les limites ne sont ni géographiques, ni biologiques. En revanche, tout discours d'exclusion ou de rejet initial d'une fraction quelconque de l'humanité (race, peuple, religion, classe, etc.) s'exclut lui-même de la sphère philosophique de l'*universel.* C'est pourquoi, au bout du compte, il y a si peu d'élus, car il est exceptionnel que des êtres aux prises avec les difficultés de l'action parviennent à s'élever jusqu'à la pensée de l'universel et à se maintenir sur les hauteurs de la *contemplation* philosophique. Pour cette tâche, nous avons besoin de repères: les textes des grands bâtisseurs de systèmes, même lorsqu'il ne reste plus de leur édifice que la vaste place vide où il s'élevait naguère, sont de précieux auxiliaires. La lecture des philosophes, toujours présents même disparus, est d'un secours indispensable pour accéder à «ces hauts lieux, fortifiés – comme dit Lucrèce – par la pensée des sages».

CE QUE C'EST QUE LA PHILOSOPHIE

1. Dans une préface à la traduction française des *Principes de la philosophie* (1647).

J'aurais voulu premièrement y[1] expliquer ce que c'est que la philosophie, en commençant par les choses les plus vulgaires, comme sont : que ce mot de *philosophie* signifie l'étude de la sagesse, et que par la sagesse on n'entend pas seulement la prudence dans les affaires, mais une parfaite connaissance de toutes les choses que l'homme peut savoir, tant pour la conduite de sa vie que pour la conservation de sa santé et l'invention de tous les arts ; et qu'afin que cette connaissance soit telle, il est nécessaire qu'elle soit déduite des premières causes, en sorte que pour étudier à l'acquérir, ce qui se nomme proprement philosopher, il faut commencer par la recherche de ces premières causes, c'est-à-dire des principes ; et que ces principes doivent avoir deux conditions : l'une, qu'ils soient si clairs et si évidents que l'esprit humain ne puisse douter de leur vérité, lorsqu'il s'applique avec attention à les considérer ; l'autre, que ce soit d'eux que dépende la connaissance des autres choses, en sorte qu'ils puissent être connus sans elles, mais non pas réciproquement elles sans eux ; et qu'après cela il faut tâcher de déduire tellement de ces principes la connaissance des choses qui en dépendent, qu'il n'y ait rien en toute la suite des déductions qu'on en fait qui ne soit très manifeste. Il n'y a véritablement que Dieu seul qui soit parfaitement sage, c'est-à-dire qui ait l'entière connaissance de la vérité de toutes choses ; mais on peut dire que les hommes ont plus ou moins de sagesse à raison de ce qu'ils ont plus ou moins de connaissance des vérités plus importantes. Et je crois qu'il n'y a rien en ceci dont tous les doctes ne demeurent d'accord.

J'aurais ensuite fait considérer l'utilité de cette philosophie, et montré que, puisqu'elle s'étend à tout ce que l'esprit humain peut savoir, on doit croire que c'est elle seule qui nous distingue des plus sauvages et barbares, et que chaque nation est d'autant plus civilisée et polie que les hommes y philosophent mieux ; et ainsi que c'est le plus grand bien qui puisse être dans un État que d'avoir de vrais philosophes. Et outre cela que, pour chaque homme en particulier, il n'est pas seulement utile de vivre avec ceux qui s'appliquent à cette étude, mais qu'il est incomparablement meilleur de s'y appliquer soi-même ; comme sans doute il vaut beaucoup mieux se servir de ses propres yeux pour se conduire, et jouir par même moyen de la beauté des couleurs et de la lumière, que non pas de les avoir fermés et suivre la conduite d'un autre ; mais ce dernier est encore meilleur que de les tenir fermés et n'avoir que soi pour se conduire. Or, c'est proprement avoir les yeux fermés, sans tâcher jamais de les ouvrir, que de vivre sans philosopher.

DESCARTES

PHILOSOPHIE. RAISON. IRRATIONNEL

1. QU'EST-CE QUE LA PHILOSOPHIE ?

Parmi tous les peuples, les Grecs ont été les premiers à philosopher. Car ils ont tenté pour la première fois de cultiver la connaissance rationnelle *in abstracto*, sans recourir aux images, alors que les autres peuples cherchaient toujours à rendre les concepts intelligibles uniquement *in concreto* au moyen d'images... Mais *quand* et *où* l'esprit philosophique prit-il naissance parmi les Grecs, c'est ce qu'on ne peut déterminer avec précision.
KANT, *Logique* (1800), Introd., IV.

Quand nous demandons : qu'est-ce que la philosophie ? – alors nous parlons *sur* la philosophie. Questionnant ainsi, nous demeurons manifestement en un lieu qui se trouve au-dessus, c'est-à-dire en dehors de la philosophie. Mais le but de notre question est au contraire : entrer *dans* la philosophie, trouver séjour en elle, nous comporter suivant sa guise, c'est-à-dire « philosopher ». Le chemin de notre entretien ne doit donc pas seulement avoir une direction claire, mais cette direction doit nous offrir en même temps l'assurance que nous nous mouvons à l'intérieur de la philosophie, au lieu de tourner autour en restant dehors.

Ainsi le chemin de notre entretien doit être d'une espèce et avoir une direction telles que ce dont la philosophie traite nous aborde et nous touche, et cela dans notre être même.

Mais la philosophie ne devient-elle pas par là chose de l'affectivité et des sentiments ?

« C'est avec les beaux sentiments qu'on fait la mauvaise littérature. » Ce mot d'André Gide ne vaut pas seulement pour la littérature, il vaut bien plus encore pour la philosophie. Les sentiments, même les plus beaux, n'appartiennent pas à la philosophie. Les sentiments, dit-on, sont quelque chose d'irrationnel. La philosophie, au contraire, n'est pas seulement quelque chose de rationnel, mais la véritable gérante de la raison. Par cette affirmation, n'avons-nous pas, à notre insu, décidé en quelque façon de ce qu'est la philosophie ? Nous avons déjà distancé notre question en une réponse hâtive. Cette affirmation que la philosophie est une affaire de la raison, le premier venu la tiendra pour juste. Pourtant, c'est là peut-être une réponse brutalement précipitée à la question : qu'est-ce que la philosophie ? Car, à cette réponse, nous pouvons immédiatement opposer de nouvelles questions : qu'est-ce que cela – la raison ? Où et par qui a-t-il été décidé de ce qu'est la raison ? Est-ce la raison elle-même qui s'est rendue maîtresse de la philosophie ? Si oui, de quel droit ? Sinon, d'où reçoit-elle sa mission et son rôle ? Si ce qui est reconnu comme raison n'a été fixé d'abord que par la philosophie et intérieurement à la marche de son histoire, il n'est peut-être pas raisonnable de donner dès le départ la philosophie comme chose de la raison. Au moment où nous révoquons en doute que la philosophie puisse être caractérisée comme un comportement rationnel, il devient de la même manière douteux que la philosophie appartienne au domaine de l'irrationnel. Car celui qui veut déterminer la philosophie comme irrationnelle, celui-là prend, ce faisant, comme étalon de délimitation, le rationnel, et ceci d'une façon telle que, derechef, il présuppose comme allant de soi ce qu'est la raison.

Si en revanche, nous signalons la possibilité que ce à quoi la philosophie se rapporte, cela même nous aborde et nous touche, nous autres hommes, dans notre être propre, alors il pourrait se faire que cette manière d'être affecté n'ait absolument rien à voir avec ce que l'on appelle habituellement affections et sentiments, bref avec l'irrationnel.

Heidegger, *Questions II*, Gallimard, 1968.

2. L'obscurantisme contre la philosophie

Vers 432 avant J.-C. (ou un an ou deux plus tard), le refus de croire au surnaturel et le fait d'enseigner l'astronomie devinrent des délits. Les trente années qui suivirent virent une série de procès en hérésie uniques dans l'histoire athénienne – les victimes comprenaient la plupart des maîtres de la pensée progressiste à Athènes – Anaxagore, Diagoras, Socrate, presque sûrement Protagoras, et peut-être Euripide. Dans tous ces cas, sauf le dernier, l'accusation triompha : Anaxagore fut peut-être mis à l'amende et banni ; Diagoras en réchappa par la fuite ; Protagoras fit probablement de même ; Socrate, qui aurait pu en faire autant, ou qui aurait pu demander le bannissement, préféra demeurer et boire la ciguë. Tous ces personnages étaient illustres : nous ne savons pas combien de personnes obscures ont dû souffrir pour leurs opinions. Mais les indices dont nous disposons suffisent amplement à démontrer que le grand Siècle des Lumières en Grèce fut aussi, comme notre époque actuelle, un siècle de persécution – savants bannis, pensée mise entre œillères, et même (s'il faut en croire la tradition sur Protagoras) livres brûlés.

E.R. Dodds, *Les Grecs et l'irrationnel*, The Greeks and the Irrational (1959), trad. Michael Gibson, Flammarion, 1977, p. 189.

3. Le pouvoir corrosif de la philosophie

On peut comparer la philosophie à des poudres si corrosives, qu'après avoir consumé les chairs baveuses d'une plaie, elles rongeraient la chair vive, et carieraient les os, et perceraient jusqu'aux moelles. La philosophie réfute d'abord les erreurs, mais, si on ne l'arrête point là, elle attaque les vérités : et quand on la laisse faire à sa fantaisie, elle va si loin qu'elle ne sait plus où elle est, ni ne trouve plus où s'asseoir. Il faut imputer cela à la faiblesse de l'esprit de l'homme, ou au mauvais usage qu'il fait de ses prétendues forces. Par bonheur, ou plutôt par une sage dispensation de la providence, il y a peu d'hommes qui soient en état de tomber dans cet abus.

Pierre Bayle, *Dictionnaire historique et critique*, 1697, Article « Acosta », note G.

4. Pourquoi avoir peur de la philosophie ?

On craint pour l'individualité, qu'on voit sacrifiée à l'exigence de l'universalité, de la rationalité, de la raison : or, il n'y a rien de moins *individuel*, si ce mot doit signifier une originalité valable, que d'être individu empirique, étant donné que chacun naît ainsi et que rien n'est plus « individuel » que le fou et le criminel, étant donné aussi que ceux qui ont simplement cherché la vérité impersonnelle n'ont guère été – les témoignages abondent – des conformistes et des hommes sans caractère.

On tremble volontiers pour la vie de l'art, de la poésie, du sentiment de la nature, de la religion, sous prétexte que, selon l'idéal *théorétique*[1], seul le philosophe serait un homme complet et que lui seul pourrait atteindre un bonheur qu'il a défini selon ses propres convenances. On fait ainsi du philosophe un être sans sensibilité, un être *théorique* tout préoccupé de la cohérence de son discours, dédaigneux de ce que ce discours signifie pour les autres (et pour lui-même, pour autant que lui, philosophe, reste individu vivant avec d'autres individus), tandis que c'est précisément la philosophie qui révèle que la vérité n'est une que dans la multiplicité des aspects sous lesquels elle se donne à l'homme. La philosophie le révèle sans doute, à sa manière et au philosophe, à celui qui s'intéresse à la multiplicité des aspects et des dimensions de la vérité *une*; elle révèle, cependant, une vérité présente dans la morale de toute communauté raisonnable, dans la vie de tout homme capable de voir la nature vivante et non seulement de l'utiliser comme matière brute, dans l'art, dans la religion, dans tout sentiment humain universel.

Eric Weil, *Philosophie politique* (1955), Vrin, 1971, p. 260.

1. Théorétique : qui a pour objet la théorie (et non la pratique) : « *Le théorétique* se rapporte à la théorie, le théorique fait partie de la théorie ». (Goblot)

5. La philosophie et son enseignement

Réfléchissez d'abord à ceci : quelle sorte de choses peut-on enseigner à quelqu'un ? Sans doute les langues, l'histoire, les expériences, et aussi des démonstrations certaines et évidentes, et qui convainquent l'esprit, comme celles des géomètres : tout cela peut s'enseigner. Mais des maximes et des opinions de Philosophes ne font pas d'emblée un enseignement, du fait seul qu'on les débite. Platon dit une chose, Aristote une autre, Épicure une autre, Telesio, Campanella, Bruno, Basson, Vanini, tous les novateurs disent chacun une chose différente des autres. Qui de ces personnages enseigne vraiment, je ne parle pas pour moi, mais pour un étudiant quelconque en philosophie ? Est-ce celui qui persuade le premier par ses raisons ou du moins avec son autorité ? Mais si on croit une chose sans y être amené par les raisons ni l'autorité de personne, l'eût-on entendue dans la bouche de la plupart des régents, il ne faut pas dire que c'est d'eux qu'on l'a apprise. Bien plus, il peut se faire qu'on sache vraiment, parce qu'on est amené à croire pour de bonnes raisons ; mais d'autres ont beau avoir eu auparavant les mêmes pensées, ils n'ont pas une science véritable, parce qu'ils les ont déduites de principes faux. [...]

Et l'on peut être plusieurs à savoir la même chose, sans que personne l'ait apprise d'un autre ; il est ridicule de parler de propriété en matière de sciences, comme pour un champ ou une somme d'argent, et de mettre tant de soin, ainsi que vous faites, à distinguer votre bien propre du bien d'autrui. Si vous savez une chose, elle vous appartient tout à fait, quand vous l'auriez apprise d'un autre. Mais cette même chose, si d'autres la savaient aussi pourquoi ne pas souffrir qu'elle leur appartienne ?

Descartes, *Lettre à Isaac Beeckman*, 17 octobre 1630.

6. « On ne peut qu'apprendre à philosopher »

Soit qu'on lise Aristote, soit qu'on lise Descartes, il ne faut croire d'abord ni Aristote ni Descartes : mais il faut seulement méditer comme ils ont fait ou comme ils ont dû faire.

MALEBRANCHE, *De la Recherche de la vérité*, 1674, Liv. I, chap. III.

La philosophie n'est que la simple idée d'une science possible qui n'est donnée nulle part *in concreto*, mais dont on cherche à s'approcher par différentes voies jusqu'à ce qu'on ait découvert l'unique sentier qui y conduit, mais qu'obstruait la sensibilité, et que l'on réussisse, autant qu'il est permis à des hommes, à rendre la copie, jusque-là manquée, semblable au modèle. Jusqu'ici on ne peut apprendre aucune philosophie ; car où est-elle, qui la possède et à quoi peut-on la reconnaître ? On ne peut qu'apprendre à philosopher, c'est-à-dire à exercer le talent de la raison dans l'application de ses principes généraux à certaines tentatives qui se présentent, mais toujours avec la réserve du droit qu'a la raison de rechercher ces principes eux-mêmes à leurs sources et de les confirmer ou de les rejeter.

KANT, *Critique de la Raison pure*, 1781, trad. Trémesaygues et Pacaud, Alcan, p. 646.

7. La lecture des philosophes

Par la relation qu'elle entretient aux textes, que celle-ci soit manifeste ou latente, la philosophie reconnaît ce qu'au nom de l'idéal de la méthode, elle nie en vain, son essence langagière.

Theodor W. ADORNO, *Dialectique négative*, 1966, p. 50.

Descartes les a poussés (les jeunes gens) à négliger la lecture des autres philosophes, en professant qu'avec la force de la lumière naturelle, n'importe qui peut en savoir autant qu'ont su les autres. Et les jeunes gens, dans leur simplicité, tombent volontiers dans le piège, car faire de nombreuses lectures est une occupation longue et fastidieuse, alors qu'apprendre beaucoup en peu de temps est un grand plaisir pour l'esprit. Mais Descartes, en réalité, bien qu'il le dissimule avec beaucoup d'art dans ce qu'il dit, fut un homme extrêmement versé dans toutes les sortes de philosophies, un mathématicien célèbre entre tous, qui menait une vie parfaitement retirée et cachée, et qui possédait, ce qui est le plus important, un esprit ayant peu d'équivalents dans tous les autres siècles. Avec de tels atouts, n'importe qui peut suivre son propre jugement ; mais s'il en va autrement, on a tort de le faire. Qu'on lise autant que Descartes a lu Platon, Aristote, Épicure, saint Augustin, Bacon de Verulam, Galilée ; qu'on médite autant que Descartes l'a fait dans ses longues périodes de retraite, et le monde aura des philosophes de valeur égale à Descartes. Mais si l'on se contente de lire Descartes et de se servir de la force de sa lumière naturelle, on restera toujours inférieur à lui.

Giambattista VICO, *Réponse au second article du « Giornale de Letterati d'Italia »*, 1712, Opere, t. I, p. 275, trad. Alain Pons.

8. Valeur de la philosophie

La valeur de la philosophie doit être cherchée pour une bonne part dans son incertitude même. Celui qui n'a aucune teinture de philosophie traverse l'existence, emprisonné dans les préjugés qui lui viennent du sens commun, des croyances habituelles à son temps et à son pays, et des convictions qui se sont développées en lui sans la coopération ni le consentement de sa raison. Pour un tel individu, le monde est sujet à paraître précis, fini, évident ; les objets habituels ne lui posent aucune question et les possibilités non familières sont dédaigneusement rejetées. Dès que nous commençons à philosopher, au contraire, nous trouvons que même les choses les plus ordinaires de la vie quotidienne conduisent à des problèmes auxquels nous ne pouvons donner que des réponses très incomplètes. La philosophie, bien qu'elle ne soit pas en mesure de nous dire avec certitude quelle est la vraie réponse aux doutes qu'elle élève, peut néanmoins suggérer diverses possibilités qui élargissent le champ de nos pensées et les délivrent de la tyrannie de la coutume. Tout en diminuant notre certitude à l'égard de ce que sont les choses, elle augmente beaucoup notre connaissance à l'égard de ce qu'elles peuvent être ; elle repousse le dogmatisme quelque peu arrogant de ceux qui n'ont jamais pénétré dans la région du doute libérateur et garde vivace notre sens de l'étonnement en nous montrant les choses familières sous un aspect non familier.

Bertrand Russell, *The Problems of Philosophy*, 1912, Oxford University Press, Londres, chap. 15, trad. L.-L. Grateloup.

9. Éloge de la philosophie

Je laisse chacun vivre selon sa complexion, et je consens que ceux qui le veulent, meurent pour ce qu'ils croient être leur bien, pourvu qu'il me soit permis à moi de vivre pour la vérité.
Spinoza, *Lettre XXX à Oldenburg*, 1665.

Il est doux, quand la vaste mer est soulevée par les vents, d'assister du rivage à la détresse d'autrui ; non qu'on trouve si grand plaisir à regarder souffrir ; mais on se plaît à voir quels maux vous épargnent. Il est doux aussi d'assister aux grandes luttes de la guerre, de suivre les batailles rangées dans les plaines, sans prendre sa part du danger. Mais la plus grande douceur est d'occuper les hauts lieux fortifiés par la pensée des sages, ces régions sereines d'où s'aperçoit au loin le reste des hommes, qui errent çà et là en cherchant au hasard le chemin de la vie, qui luttent de génie ou se disputent la gloire de la naissance, qui s'épuisent en efforts de jour et de nuit pour s'élever au faîte des richesses ou s'emparer du pouvoir.

O misérables esprits des hommes, ô cœurs aveugles ! Dans quelles ténèbres, parmi quels dangers, se consume ce peu d'instants qu'est la vie ! Comment ne pas entendre le cri de la nature, qui ne réclame rien d'autre qu'un corps exempt de douleur, un esprit heureux, libre d'inquiétude et de crainte ?

Au corps, nous voyons qu'il est peu de besoins. Tout ce qui lui épargne la douleur est aussi capable de lui procurer maintes délices. La nature n'en demande pas davantage : s'il n'y a point dans nos demeures des statues d'or, éphèbes tenant dans leur main droite des flambeaux allumés pour l'orgie nocturne ; si notre maison ne brille pas d'argent et n'éclate pas d'or ; si les cithares ne résonnent pas entre les lambris dorés des grandes salles, du moins nous suffit-il, amis étendus sur un tendre gazon, au bord d'une eau courante, à l'ombre d'un grand arbre, de pouvoir à peu de frais réjouir notre corps surtout quand le temps sourit et que la saison émaille de fleurs l'herbe verte des prairies. Et puis, la brûlure des fièvres ne délivre pas plus vite notre corps, que nous nous agitions sur des tapis brodés, sur la pourpre écarlate, ou qu'il nous faille coucher sur un lit plébéien.

Puisque les trésors ne sont pour notre corps d'aucun secours, et non plus la noblesse ni la gloire royale, comment seraient-ils plus utiles à l'esprit ?

[...] Si la hantise des soucis ne cède ni au bruit des armes, ni aux cruels javelots, s'ils tourmentent avec audace rois et puissants du monde, s'ils ne respectent ni l'éclat de l'or, ni la glorieuse splendeur de la pourpre : comment douter que la raison ait seule le pouvoir de les chasser, d'autant plus surtout que notre vie se débat dans les ténèbres ?

Lucrèce (98-55 av. J.-C.), *De la Nature*, Livre II, v. 1-52, trad. H. Clouard, Garnier-Flammarion.

Philosophie. Histoire. Existence. Technique. Vérité

10. QU'EST-CE QU'UN PHILOSOPHE EN FRANCE AUJOURD'HUI ?

Les Grecs ayant inventé la philosophie, il y a partout des philosophes. Je ne saurais m'interroger sur ce qu'est aujourd'hui un philosophe en Finlande ou au Brésil. Si je le fais pour ce qui concerne la France, c'est parce que les souvenirs que je conserve de mes relations avec la philosophie pendant un bon demi-siècle me font parfois réagir à quelques aspects du présent. C'est ainsi que dans les derniers jours de janvier[1] la lecture du journal *Le Monde* m'a rendu perplexe. L'auteur d'un article plus prétentieux que convaincant était annoncé comme « philosophe *et* écrivain ». Quelques jours plus tard, c'est d'un « écrivain-philosophe » qu'il s'agissait [...]. Dans ces deux cas, la conjonction *et* ou le trait d'union signifient-ils « également » ou bien « en plus » ? De toute façon on paraît enclin à juger un philosophe sur l'agrément au moins autant que sur l'argument. Il y a plus. Dans le même temps, le même journal annonçait la publication d'un ouvrage – *Les entreprises ont-elles une âme ?* – dont l'auteur, professeur de philosophie dans un lycée parisien, était également présenté comme directeur d'une société de consultations pour entreprises. Interrogé quelques jours après, au cours d'une émission d'*Apostrophes* (comme le furent autrefois Raymond Aron ou Michel Foucault), ledit philosophe-directeur général a pu déclarer qu'il n'y avait pas, pour lui, de différence entre « séjourner » chez Michelin et « séjourner » chez Kant. *Le Canard enchaîné*, lui-même, n'en est pas revenu.

Je pense, tout d'abord, que quiconque a travaillé, étudié, publié comme enseignant en philosophie peut raisonnablement se décla-

1. 1990.

rer surpris de voir accolés «philosophe» et «écrivain». L'écrivain écrit comme il lui plaît ce qu'il lui plaît. Comme l'a dit Julien Green: «Écrire est la liberté absolue de l'esprit, c'est être seul maître de son monde»[2]. Je me demande quel est le philosophe qui voudrait se dire le «maître de son monde»? En 1922, Bergson avait terminé l'introduction écrite pour le recueil d'articles *La Pensée et le mouvant* par ces mots: «On n'est jamais tenu de faire un livre!», c'est-à-dire que chaque nouveau problème requiert un effort nouveau. Il faut savoir attendre la suite. Voilà pour philosophe-écrivain.

Quant au philosophe-directeur général d'une société à but lucratif, confessant à Bernard Pivot un chiffre d'affaires encore modeste de douze millions de francs, ceux qui ont l'âge de pouvoir évoquer encore Cavaillès, Lautman, Cuzin, Pierre Kaan, peuvent se croire fondés à soutenir la séparation de la philosophie et des affaires. Mais *l'âme des entreprises* soulève, par évocation rétrograde, une autre question. Il fut un temps où la question de *l'âme des bêtes* agitait bien des esprits dont certains étaient grands. On sait que Vanini a été brûlé à Toulouse en 1619 (le 9 février), après qu'on lui eut arraché la langue, pour avoir soutenu que le monde est éternel et que l'âme humaine est mortelle comme celle des bêtes. On sait que le Père Poisson a publié un «Commentaire ou Remarques sur la Méthode de M. Descartes». La 5e partie de ces remarques, concernant la 5e partie du *Discours* et la théorie cartésienne de l'animal-machine, a inauguré une longue série de polémiques. Quel Père Poisson ouvrira-t-il une controverse sur l'âme des entreprises?

[...] L'image du philosophe professeur que les gens de ma génération ont connue a commencé à se ternir lorsque, dans les années 30, quelques agrégés de mon âge sont allés en Allemagne pour y chercher – et y trouver – ce dont ils regrettaient que nos maîtres nous aient peu ou pas du tout parlé. On sait ce qu'ils en ont rapporté: la philosophie de l'histoire, les philosophies de l'existence, la phénoménologie, l'ouverture de la philosophie française des mathématiques à Gödel [...]. Au risque de déformer en simplifiant, on peut dire que les philosophies de l'existence ont dévalorisé dans l'enseignement de la philosophie le souci de la méthode. Ni savoir, ni système, ainsi se présente, se propose et se défend une philosophie de l'existence [...]. Dans les années suivantes[3], l'École des nouveaux philosophes s'est attachée, entre autres exercices de mimique maoïste, à discréditer la philosophie universitaire. Il en est resté aujourd'hui des enseignants au Lycée ou à l'École de commerce et un collaborateur au *Figaro*.

Un symptôme objectif, quoique non indépendant, de la scission progressive entre la philosophie et l'enseignement a été l'augmentation du nombre des chercheurs accueillis et stabilisés par le C.N.R.S., Villa Médicis sans palais, sans jardins, sans contraintes. Mieux encore, la philosophie, jusqu'alors tenue pour discipline culminante des études secondaires, s'est trouvée paradoxalement rabaissée par l'engouement que les propagandistes du Greph (fondé en 1975) voulaient faire partager par les élèves des classes inférieures. On est allé jusqu'à une expérimentation dans une classe de cinquième à Strasbourg. Il est bien possible que ceux qu'excitait ou consternait, à l'époque, cet Évangile pédagogique aient ignoré que déjà, près d'un siècle auparavant, une bombe façon Greph avait fait long feu [...]. Il faut maintenant revenir à la question

2. J. Green, *Liberté chérie*, 1974; rééd. 1989.

3. Après 1968.

posée. Un demi-siècle après les années 30, la silhouette du philosophe de métier qui n'avait pas renoncé au devoir de critique prescrit par Kant[4] est-elle devenue une caricature? Et cette caricature est-elle, aux yeux de certains soi-disant philosophes, le modèle à rejeter? À l'époque où l'existence a détrôné l'essence, comme le langage l'a fait du sujet, l'histoire, de la raison, et l'idéologie, de l'objectivité, a-t-on affranchi le philosophe des exigences jusqu'alors fondamentales de la philosophie?

[...] Reprenant de Lindenberg la différence entre les philosophes «réels» et les philosophes «titulaires», Bouveresse[5] passe en revue les questions que les *réels* reprochent aux *titulaires*, gens de métier, d'ignorer ou d'esquiver. Il fait remarquer que bien des accusations portées contre la philosophie universitaire, ses ignorances et ses exclusions, sont souvent le fait de vedettes consacrées dans la répétition de griefs imaginaires, et enfin que le rejet de la philosophie en tant que discipline spécifique implique une exigence de référence à une activité qui ne saurait rompre «définitivement avec toute idée de justification, de légitimité, ou de vérité».

Il est temps maintenant d'en finir avec la question posée en titre, jugée sans doute factice et vétilleuse par quelques-uns d'entre vous, sinon par tous. Après tout, tout compte fait, pourquoi pas une «philosophie de l'entreprise»? [...] Patronnée par Leibniz, l'entreprise peut être accueillie en philosophie, qui n'est pas un temple mais un chantier. Elle peut trouver sa place dans la suite des travaux qui ont occupé la philosophie française pendant un siècle[a] [...] Il n'y a donc aucune raison de chercher chez les philosophes français de métier des arguments pour refuser à l'entreprise la qualité d'un sujet d'interrogation philosophique [...]. En revanche entreprendre une recherche sur *l'âme des entreprises*, tout en faisant payer à ces entreprises les consultations qu'on leur donne, peut être tenu, sans sacrilège, pour de l'antiphilosophie, même et surtout s'il s'agit de psychosociologie. Par le biais de l'argent, le monde de l'entreprise est celui des affaires. Pour le philosophe, une Affaire, on l'a vu[b], c'est le contraire d'un profit. Estimons-nous heureux, philosophes professionnels honoraires, si quelque nouvelle génération de nouveaux philosophes ne voit pas l'un des siens s'intéresser un jour à l'âme des firmes internationales.

Mais si les entreprises ont une âme, pourquoi n'auraient-elles pas aussi une éthique? Et donc pourquoi pas une philosophie de l'éthique des entreprises qui ont une âme? Alain Minc a publié un ouvrage, *L'Argent fou*, dont on dit que c'est un appel en faveur de l'éthique adressé aux hommes d'affaires. En sorte que Bernard Pivot, en réunissant à *Apostrophes* Alain Minc et le philosophe, aurait posé, à sa manière, la question: où se trouve et en quoi consiste la différence entre un philosophe et un manager quand l'un et l'autre traitent de l'entreprise? Il ne s'agit pas de répondre, ici et aujourd'hui. Mais peut-on rappeler que Kant ne s'est pas fait peintre ou musicien pour réfléchir sur l'originalité du jugement esthétique et que Marx n'a pas extrait du charbon ou tissé de la toile pour percevoir dans le travail industriel un conditionnement plutôt qu'une condition?

Si l'on continue à se présenter encore comme philosophe, au lieu de se contenter d'être journaliste ou homme d'affaires, c'est qu'on attribue à la philosophie quelque valeur et quelque dignité.

4. Cf. Kant, *Critique de la raison pure*, Préface de la 1re édition.

5. Cf. Jacques Bouveresse, *Le Philosophe chez les autophages*, 1984.

Mais d'où viennent cette valeur et cette dignité au statut de philosophe qu'on revendique ?

Sans doute du rapport que la philosophie des professeurs a toujours cherché à entretenir avec la philosophie des philosophes, dans le sens historique rétrograde, jusqu'à ceux qui ont les premiers défendu et obtenu l'appellation de *philosophes* à une époque où elle leur était contestée par ceux qui se disaient *sophistes*, et dont Léon Robin a écrit qu'ils enseignaient l'art du succès dans la vie sociale, la science du bon conseil dans les affaires privées ou publiques, le moyen de devenir supérieur à ses concurrents[6]. Sommes-nous tout près d'y revenir ou y sommes-nous déjà ?

6. Cf. Léon Robin, *La Pensée grecque*, p. 166.

Je ne peux pas terminer sans rappeler que l'un de ceux qui ont contribué à déconsidérer la philosophie des professeurs, Jean-Paul Sartre, savait bien où chercher la philosophie. Dans son « Autoportrait à 70 ans » (Conversation avec Michel Contat, in *Situations X*), Sartre a déclaré : « J'ai toujours eu de la sympathie pour les Stoïciens. » Sympathie que, personnellement, je partage. Mais le stoïcisme ce n'est pas seulement la sérénité des réactions face aux événements déterminés par Zeus, c'est la pratique d'une logique.

Et donc ceux qui se disent philosophes, tout en se donnant pour tâche de dévaloriser les chemins par lesquels, à travers les âges, nous est parvenu un message à déchiffrer, ceux qui espèrent le prestige sans soucrire aux obligations, ceux-là, aurait dit l'Épictète des *Entretiens*, « commettent une faute ».

Georges Canguilhem, « Qu'est-ce qu'un philosophe en France aujourd'hui ?, in *Commentaires*, n° 53/Printemps 1991.

a. *Cf. Alfred Espinas,* Les Origines de la technologie, *1899; Bergson,* L'Évolution créatrice, *1907; Georges Friedmann,* Problèmes humains du machinisme industriel, *1946; Gilbert Simondon,* Du mode d'existence des objets techniques, *1958; Jean-Pierre Séris,* Machine et communication, *1987; Yves Schwartz,* Expérience et connaissance du travail, *1988; François Dagognet,* Éloge de l'objet, *1989.*

b. *Comme le rappelait G. Canguilhem, « on a célébré l'*engagement *comme s'il s'agissait d'une invention contemporaine, comme si tous les philosophes de métier en France au début du siècle étaient restés indifférents devant une certaine Affaire Dreyfus autrement dramatique que celle qui agite aujourd'hui quelques journalistes philosophes, l'Affaire Heidegger ».*

MONTESQUIEU (Charles-Louis de Secondat, baron de)
(1689-1755), Bibl. Nat., Paris.

POUVOIR

Le pouvoir souverain, dira-t-on,
est le plus grand des biens :
n'aurions-nous pas ainsi le pouvoir d'accomplir des
actions aussi nombreuses que belles ?
ARISTOTE

Peuple stupide, à qui ma puissance m'enchaîne
Hélas ! mon orgueil même a besoin de tes bras !
Paul VALÉRY, *Air de Sémiramis.*

Comme Épictète l'a clairement indiqué, il y a « ce qui dépend de nous » et « ce qui ne dépend pas de nous ». Il faut donc distinguer différentes sortes de pouvoir et différents sièges du pouvoir en général. Car, à proprement parler, il n'y a qu'un seul pouvoir qui soit réellement souverain, c'est-à-dire qui ait la capacité de *produire à coup sûr, sans leur concours ni leur assentiment, un effet décisif sur les êtres et les choses* : c'est « l'ordre du monde » (Auguste Comte), ordre extérieur et quasi immuable, ordre des phénomènes dont les lois constituent cette puissance suprême que les Stoïciens désignaient du nom de *Phusis* ou *Nature*, en tant que pouvoir purement physique, et que les théologiens appellent *Dieu*, en tant que pouvoir à la fois législatif, exécutif et judiciaire.

Au sein de cette puissance, et en ce qui concerne « ce qui dépend de nous », chacun dispose d'un *pouvoir sur soi*, qui est entièrement relatif à la liberté de notre jugement et à la force de notre volonté (Épictète, Marc-Aurèle).

Enfin, les *pouvoirs* dont disposent les êtres humains *les uns à l'égard des autres* au sein des sociétés ont particulièrement retenu l'attention des penseurs « politiques » (Machiavel, Hobbes, Montesquieu, Rousseau, Marx). Philosophiquement, il s'agit de comprendre d'où émanent ces pouvoirs, en quoi ils consistent, et quelles sont les fonctions sociales qui leur servent de sièges. Car ce qu'on nomme en général, d'un mot aussi pompeux que vague, « le Pouvoir », – c'est-à-dire le « pouvoir politique » –, serait par essence le centre de production de tous les effets de tous ordres, donc l'Être tout-puissant, en un mot Dieu. D'où l'assimilation traditionnelle des chefs d'État à des dieux *thaumaturges* (« faiseurs de miracles ») et de Dieu au seul vrai *monarque*.

En fait, dans toute société humaine, de nombreux *pouvoirs* se trouvent déposés, répartis ou concentrés, convoités ou détestés, en tout cas présents au moins sous forme de *signes*. Mais ces signes ne sont-ils pas contradictoires ? En un sens, nous pouvons tous « quelque chose » (cf. Kierkegaard, texte n° 1) et, en un autre sens, le monarque le plus absolu, « au plus élevé trône du monde », ne dispose, dans l'espace et le temps d'une vie, que d'un pouvoir précaire, fini, et toujours menacé. Le Pouvoir, cet obscur objet de tant de convoitises et d'une course sans répit (cf. S. Weil, texte n° 11), tire précisément son prestige de son *indétermination*, c'est-à-dire de l'infini du possible. C'est pourquoi le pouvoir est si souvent confondu avec la richesse, car, dans la mesure où l'argent permet d'exaucer réellement des *vœux*, il est réputé convertir la représentation en réalité et la réalité en simple représentation (cf. Marx, texte n° 2). Quant au pouvoir proprement dit, « qui place l'homme entre l'obéissance immédiate et la mort immédiate », dans « un état de terreur et de fureur » (cf. Alain, texte p. 342), ce pouvoir-là, « absolu, majestueux, sacré », d'où tire-t-il sa légitimité, en qui s'incarne-t-il ?

L'imagination naïve se libère difficilement du fantasme d'un tout-puissant despote, solitaire et cruel, dont l'*Air de Sémiramis* de Paul Valéry nous restitue le monologue. Pourtant, La Boétie, Montaigne, et après eux Pascal, ont démonté l'illusion grâce à laquelle ce n'est pas la force inébranlable qui gouverne, ni le pouvoir physique, mais l'*image du pouvoir* et tout un jeu de *signes* qui en imposent à la raison. Énigmatique, circulaire, omniprésent (cf. Foucault, texte n° 8) et toujours ouvert aux aventures de la subjectivité, le pouvoir est la réalité dialectique la plus rebelle à une saisie objective. Les déplacements des centres de décision du pouvoir, les transferts de son centre de gravité, et la pérennité des chefs *charismatiques* à travers tous les régimes, attestent que l'activité politique n'est pas seulement la manifestation des antagonismes de fait, mais qu'elle a pour fin l'intégration de tous dans une société où la loi du plus fort serait abolie par l'établissement d'un pouvoir législatif suprême.

LE POUVOIR PROPREMENT DIT

Il n'y a qu'un pouvoir, qui est militaire.
Les autres pouvoirs font rire, et laissent rire.
ALAIN, *Le citoyen contre les pouvoirs,* 1926, p. 137.

Qu'est donc le pouvoir du plus riche des riches à côté du pouvoir d'un capitaine? Le genre d'esclavage qui résulte de la pauvreté laisse toujours la disposition de soi, le pouvoir de changer de maître, de discuter, de refuser le travail. Bref la tyrannie ploutocratique est un monstre abstrait, qui menace doctrinalement, non réellement. Le plus riche des hommes ne peut rien sur moi, si je sais travailler; et même le plus maladroit des manœuvres garde le pouvoir royal d'aller, de venir, de dormir. C'est seulement sur la bourgeoisie que s'exerce le pouvoir du riche, autant que le bourgeois veut lui-même s'enrichir ou vivre en riche.

Le pouvoir proprement dit me paraît bien distinct de la richesse; et justement l'ordre de guerre a fait apparaître le pouvoir tout nu, qui n'admet ni discussion, ni refus, ni colère, qui place l'homme entre l'obéissance immédiate et la mort immédiate; sous cette forme extrême, et purifiée de tout mélange, j'ai reconnu et j'essaie de faire voir aux autres le pouvoir tel qu'il est toujours, et qui est la fin de tout ambitieux. Quelque pouvoir qu'ait Harpagon par ses richesses, on peut se moquer d'Harpagon. Un milliardaire me ferait rire s'il voulait me gouverner; je puis choisir le pain sec et la liberté. Disons donc que le pouvoir, dans le sens réel du mot, est essentiellement militaire, et qu'il ne se montre jamais qu'en des sociétés armées, dominées par la peur et par la haine, et fanatiquement groupées autour des chefs dont elles attendent le salut ou la victoire. Même dans l'état de paix, ce qui reste de pouvoir, j'entends absolu, majestueux, sacré, dépend toujours d'un tel état de terreur et de fureur. Résister à la guerre et résister aux pouvoirs, c'est le même effort. Voilà une raison de plus d'aimer la liberté d'abord.

ALAIN, *Mars ou la guerre jugée* (1921), Gallimard, 1936, chap. LXXVIII, pp. 178-179.

DIEU. POUVOIR. SOCIÉTÉ

1. Nous pouvons tous quelque chose – et personne ne peut rien ?

Les avantages principesques sont quasi avantages imaginaires. Chaque degré de fortune a quelque image de principauté.
MONTAIGNE, *Essais,* I, XLII.

Ainsi va la vie ; six jours de la semaine, nous pouvons tous quelque chose, le roi plus que le ministre ; le spirituel journaliste s'écrie : « je vais montrer à un tel ce dont je suis capable en le ridiculisant de la belle façon » ; l'agent de police dit à la servante : « tu ne connais pas mon pouvoir », et il entend : « de t'arrêter » ; la cuisinière dit à la pauvresse qui vient le samedi : « tu as certainement oublié ce que je peux », et elle pense : « décider Madame à ne plus t'accorder les restes de la semaine ». Nous pouvons tous quelque chose, et le roi sourit du pouvoir du ministre, et le ministre, du pouvoir du journaliste, et le journaliste, du pouvoir de l'agent, et celui-ci, du pouvoir de la domestique, et celle-ci de la femme du samedi – et le dimanche, nous allons tous à l'église (sauf la cuisinière qui n'a jamais le temps parce que, ce jour-là, il y a toujours du monde à dîner chez le Conseiller), et nous entendons le prêtre nous dire que nous ne pouvons rien – si par bonheur le prédicateur n'est pas un adepte de la spéculation. Mais un instant encore ; nous sommes venus à l'église ; grâce à un homme d'un grand pouvoir, le bedeau (particulièrement puissant le dimanche, et il le fait entendre d'un regard à qui de droit), nous prenons chacun notre place suivant notre pouvoir dans la société ; le prêtre monte en chaire – et voici encore, à la dernière minute, un homme de très grand pouvoir qui arrive en retard, et le bedeau lui signifie son propre pouvoir. Le prêtre commence ; et tous, de nos points de vue divers et respectifs, nous comprenons ce qu'il dit de son point de vue élevé : un homme ne peut rien. Amen.

[...] Aujourd'hui, mardi, notre observateur est en visite chez un homme qui fait construire une grande maison dans les faubourgs. Il porte la conversation sur les capacités humaines et sur celles de son hôte qui lui déclare, non sans une certaine solennité : « Un homme ne peut rien du tout ; c'est grâce à Dieu que j'ai pu amasser cette grande fortune, grâce à son aide que ... » À ces mots, la calme gravité de la conversation est interrompue par un vacarme au-dehors. L'homme s'excuse, sort à la hâte, laisse la porte entrouverte ; à sa grande surprise notre observateur, qui n'a pas les oreilles bouchées, entend ces mots coup sur coup répétés : « Je vais vous faire voir si je suis le maître » ; il a peine à s'empêcher de rire ; car, lui aussi, il est homme et à tout moment sujet à la tentation de se croire capable de quelque chose, d'avoir par exemple maintenant surpris son puissant interlocuteur en plein ridicule.

KIERKEGAARD, *Post-scriptum,* 1846, IIe partie, chap. IV, 2e sect. § 2, trad. P. Petit, Gallimard.

POUVOIR. SOCIÉTÉ. DIEU

2. LE POUVOIR « DIVIN » DE L'ARGENT

Un prisonnier sans argent ni intérêt découvre que son évasion est impossible quand il considère aussi bien l'inflexibilité de son geôlier que les murs et les barreaux qui l'entourent.
HUME, *Enquête sur l'entendement humain,* VIII, 1re partie.

La perversion et la confusion de toutes les qualités humaines et naturelles, la fraternisation des impossibilités – la force *divine* – de l'argent sont impliquées dans son *essence* en tant qu'*essence* générique aliénée, aliénante et s'aliénant, des hommes. Il est la *puissance* aliénée de l'humanité.

Ce que je ne puis en tant qu'*homme,* donc ce que ne peuvent toutes mes forces essentielles d'individu, je le puis grâce à *l'argent.* L'argent fait donc de chacune de ces forces essentielles ce qu'elle n'est pas en soi ; c'est-à-dire qu'il en fait son *contraire.*

Si j'ai envie d'un aliment ou si je veux prendre la chaise de poste, puisque je ne suis pas assez fort pour faire la route à pied, l'argent me procure l'aliment et la chaise de poste, c'est-à-dire qu'il transforme mes vœux d'êtres de la représentation qu'ils étaient, il les transfère de leur existence pensée, figurée, voulue, dans leur existence *sensible, réelle* ; il les fait passer de la représentation à la vie, de l'être figuré à l'être réel. Jouant ce rôle de moyen terme, l'argent est la force *vraiment créatrice.*

La *demande* existe bien aussi pour celui qui n'a pas d'argent, mais sa demande est un pur être de la représentation qui, pour moi, sur un *tiers,* sur les autres, n'a pas d'effet, n'a pas d'existence, donc reste pour moi-même *irréel, sans objet.* La différence entre la demande effective, basée sur l'argent, et la demande sans effet, basée sur mon besoin, ma passion, mon désir, etc., est la différence entre l'*Être* et la *Pensée* entre la simple représentation *existant* en moi et la représentation telle qu'elle est pour moi en dehors de moi en tant qu'objet réel.

Si je n'ai pas d'argent pour voyager, je n'ai pas de *besoin,* c'est-à-dire de besoin réel et se réalisant, de voyager. Si j'ai la *vocation* d'étudier, mais que je n'ai pas l'argent pour le faire, je n'ai *pas* de vocation d'étudier, c'est-à-dire pas de vocation *active, véritable.* Par contre si je n'ai réellement *pas* de vocation d'étudier, mais que j'en ai la volonté *et* l'argent, j'ai par-dessus le marché une vocation *effective.* L'argent – *moyen* et *pouvoir* universels, extérieurs, qui ne viennent pas de l'homme en tant qu'homme et de la société humaine en tant que société –, moyen et pouvoir de convertir *la représentation en réalité et la réalité en simple représentation,* transforme tout aussi bien les forces *essentielles, réelles, et naturelles de l'homme* en représentation purement abstraite et par suite en imperfections, en chimères douloureuses, qu'il transforme inversement les *imperfections et chimères réelles,* les forces essentielles réellement impuissantes qui n'existent que dans l'imagination de l'individu, en *forces essentielles réelles* et en *pouvoir.*

Karl MARX, *Manuscrits de 1844,* A. Bottigelli, Éd. Sociales, 1972.

MORT. POUVOIR. MORALE

3. LE POUVOIR DE COMMANDEMENT – ET L'OBÉISSANCE MÉCANIQUE

« Vous rapportez tout à vous comme si vous étiez le Dieu de la Terre et que tout le reste n'eût été créé que pour vous être sacrifié... »
FÉNELON, *Lettre à Louis XIV*, 1693.

Lorsqu'en 1194, le comte de Champagne, dans son voyage d'Arménie, toucha le territoire des Assassins[1], leur grand-maître lui fit escorte et lui montra au passage ses palais et ses châteaux. Ils arrivèrent devant une place forte flanquée de très hautes tours ; deux guetteurs vêtus de blanc étaient en faction sur chacune d'elles. Le grand-maître voulut faire savoir au comte que les siens lui obéissaient mieux qu'aux princes chrétiens leurs sujets : il leva le bras, et deux de ses gardes se jetèrent dans le vide, pour s'écraser sur le sol rocheux.

Puis il demanda au comte s'il devait, d'un second signe, livrer à la mort toute la garde des créneaux ; l'autre le pria de n'en rien faire, tout en confessant qu'il ne saurait attendre de ses vassaux une pareille docilité.

[...] Quel que soit le respect rendu au prince, quelle que soit la dureté de la discipline, il existe deux cas-limites où le pouvoir de commandement se brise contre un interdit invisible : l'ordre ne doit jamais signifier un arrêt de mort, ni ne doit être « contraire à l'honneur ». Il faut donc toujours respecter en son subordonné une inviolable liberté. L'éthique de l'armée est à ce prix, et sa puissance de choc.

Principe soustrait aux règles, mais qui se transmet d'homme à homme, de chef en chef, par l'exemple. Il se lit dans les instructions. Nous trouvons immoral de concevoir des armes dont la construction rend fatale la mort de leur servant et, du moins à notre sentiment, absorbe le sacrifice dans l'automatisme. Par contre, au Japon, l'ordre donné au pilote de l'avion-suicide de se jeter avec son appareil contre un navire de guerre ennemi passe pour un hommage rendu à sa vaillance. On y connaît aussi des torpilles que pilote jusqu'à leur but un marin enfermé à l'intérieur, et qui réfutent ainsi le proverbe russe : « Le projectile est fou, la baïonnette est sage. »

Il est vrai qu'en Italie et en Allemagne de telles armes furent également imaginées, vers la fin de la Seconde Guerre mondiale : de minuscules sous-marins, dont le pilote devait attaquer les navires ennemis, sans chance de retour ou presque. Mais c'est le « presque » qui importe. Un dispositif permettait de détacher au dernier moment l'homme de la machine : il subsistait une chance, si minime qu'elle fût. Telle est chez nous la limite de l'exigence – non que le guerrier n'ait pas le courage de risquer le pas ultime ; mais parce que c'est un pas dans l'absurde. La tension secrète se romprait, qui régit la durée et le prix des heures. On déboucherait sur le temps mort, l'espace mécanique.

Ernst JÜNGER, *Essai sur l'homme et le temps*, 1970, trad. par H. Plard, Christian Bourgois éd., p. 439.

1. Assassins : en arabe *Hachischine*, « fumeurs de hachisch ». Secte musulmane dont les membres recherchaient l'extase dans la drogue et, sur l'ordre de leur chef, allaient au mépris de leur vie donner la mort à tous ceux qui leur étaient désignés.

VIVANT. POUVOIR.
NATURE ET CULTURE.
TECHNIQUE

4. POUVOIR DE LA NATURE ET POUVOIR MÉDICAL

Un médecin écossais, fort célèbre en Italie et en Allemagne au début du XIXe siècle, John Brown, l'inventeur des concepts de sthénie et d'asthénie, croyait pouvoir résumer en deux mots l'impératif de l'activité médicale. «Il faut stimuler ou débiliter. Jamais d'inaction. Ne vous fiez pas aux forces de la nature.» C'était la conséquence nécessaire d'une certaine conception du corps vivant: «La vie est un état forcé... Nous ne sommes rien par nous-mêmes et nous sommes entièrement subordonnés aux puissances externes.» (*Éléments de médecine*, 1780). À corps inerte, médecine agissante.

Inversement, la conscience des limites du pouvoir de la médecine accompagne toute conception du corps vivant qui lui attribue, sous quelque forme que ce soit, une capacité spontanée de conservation de sa structure et de régulation de ses fonctions. Si l'organisme a, de lui-même, ses propres pouvoirs de défense, lui faire confiance, au moins provisoirement, est un impératif hypothétique, de prudence et d'habileté à la fois. À corps dynamique, médecine expectante [...].

À partir du moment où la médecine fonde son diagnostic non plus sur l'observation de symptômes spontanés mais sur l'examen de signes provoqués, les rapports respectifs du malade et du médecin à la nature sont bouleversés. Parce qu'il ne peut pas faire lui-même la différence entre les signes et les symptômes, le malade est porté à croire naturelle toute conduite qui se règle exclusivement sur les symptômes. Mais parce qu'il sait désormais que sans son art de la contraindre à s'exprimer, le médecin ne doit pas accepter de la nature tout ce qu'elle dit et la façon dont elle le dit, il est porté à se défier d'elle non seulement en ce qu'elle dit mais aussi en ce qu'elle fait. Si dans sa thèse d'agrégation, en 1857, *De l'expectation en médecine*, Charcot subtilise pour conserver quelque crédit au naturisme et à l'humorisme, Émile Littré, fidèle à l'enseignement positiviste qui fonde l'action sur la science, ne reprend le mot de Tibère[a] que pour le réfuter, et rappelle au malade l'obligation de faire appel, sans se fier à son propre sens, à l'homme capable de savoir pour lui ce qu'il ignore lui-même, le médecin. Il n'est plus question de supplanter la médecine par l'hygiène. Point d'hygiène sans médecin (De l'Hygiène, in *Médecine et Médecins*, 1872).

La physiologie a justifié certaines des intuitions de l'antique médecine naturiste par la découverte progressive de mécanismes d'auto-régulation et de stabilisation organiques, dont l'explication est aujourd'hui cherchée dans des modèles de réaction active autrement dit de *feed-back*.

Simultanément, la thérapeutique des maladies infectieuses, à l'époque de Pasteur, de Koch et de leurs élèves, a légitimé l'attribution – jusqu'alors sans preuves, sinon sans arguments – à l'organisme d'un pouvoir inné de défense anti-toxique. Or comprendre, c'est dépasser. La récupération dirigée de l'immunisation spontanée par les techniques immunologiques a pour effet d'exciter la réplique curative, non par un leurre mais par un moindre mal, un mal bénévole, qui entraîne l'organisme à réagir plus promptement qu'à son ordinaire, en vue de gagner de vitesse un mal plus grave, imminent.

Plus et mieux, on peut transformer un organisme animal en producteur permanent de remèdes naturels cessibles [...].

On peut donc continuer, même à l'âge de la pharmacodynamie industrielle, de l'impérialisme du laboratoire de biologie, du traitement électronique de l'information diagnostique, à parler de la nature, pour désigner le fait initial d'existence de systèmes autorégulateurs vivants, dont la dynamique est inscrite dans un code génétique. Et on doit, à la rigueur, tolérer que, pour les malades, la confiance dans le pouvoir de la nature puisse affecter la forme de la pensée mythique. Mythe d'origine, mythe de l'antériorité de la vie sur la culture. On peut en faire la psychanalyse et retrouver le visage de la Mère dans la figure de la Nature. Peu importe, et au contraire. Jusqu'à nouvel ordre, l'ordre biologique est primordial relativement à l'ordre technologique. Et même, c'est un psychanalyste hétérodoxe, Georg Groddeck[1], qui a élaboré les premiers concepts de ce qu'on devait appeler la médecine psychosomatique, en développant l'enseignement naturiste de Schweninger, médecin personnel de Bismarck. Groddeck a intitulé **Nasamecu** le livre qu'il lui a consacré en 1913. **NAtura SAnat, MEdicus CUrat**[b].

Georges CANGUILHEM, « L'idée de nature dans la pensée et la pratique médicales », in *Médecine de l'homme*, Revue du Centre Catholique des Médecins français n° 43, mars 1972, pp. 6-12.

1. Groddeck (1866-1934) : médecin-psychologue refusant le clivage corps-esprit. Il publia en 1923, à Baden-Baden où il dirigeait sa célèbre clinique, *Das Buch vom Es*, « Le livre du Ça » traduit en français sous le titre « Au fond de l'homme, *cela* », Gallimard, 1963.

a. *Le mot de l'empereur Tibère, rapporté par Tacite, Suétone, Pline l'Ancien et Plutarque : « Passé l'âge de trente ans, tout homme doit pouvoir être son propre médecin. »*

b. La Nature guérit, le médecin soigne. *À rapprocher de la formule par laquelle Ambroise Paré, dans son* Traité *publié en 1575, terminait l'exposé de chacune de ses interventions chirurgicales : « Je le pansay, Dieu le guarit. »*

POUVOIR. MORT. NATURE

5. MAINTENANT, « LE POUVOIR LAISSE TOMBER LA MORT »

Tout le monde sait, surtout depuis un certain nombre d'études récentes, que la grande ritualisation publique de la mort a disparu, ou en tout cas s'est effacée progressivement depuis la fin du XVIIIe siècle.

Au point que maintenant la mort – cessant d'être une des cérémonies éclatantes à laquelle les individus, la famille, le groupe, presque la société tout entière participaient – est devenue au contraire ce qu'on cache, elle est devenue la chose la plus privée et la plus honteuse (et, à la limite, le sexe est aujourd'hui moins objet de tabou que la mort). Or, je crois que la raison pour laquelle, en effet, la mort est devenue ainsi cette chose qu'on cache, ne réside pas dans une sorte de déplacement de l'angoisse ou une modification des mécanismes répressifs. Elle est dans une transformation des technologies de pouvoir. Ce qui donnait autrefois (et ceci jusqu'à la fin du XVIIIe siècle) son éclat à la mort, ce qui lui imposait sa haute ritualisation, c'était qu'elle était la manifestation d'un passage d'un pouvoir à un autre. La mort c'était le moment où on passait d'un pouvoir qui était celui du souverain d'ici-bas, à cet autre pouvoir qui était celui du souverain de l'au-delà. On passait d'une instance de jugement à une autre, on passait d'un droit civil, public, de vie et de mort, à un droit qui était celui de la vie éternelle ou de la damnation éternelle. Passage d'un pouvoir à un autre : la mort, c'était également une transmission du pouvoir du mourant, pouvoir qui se transmettait à ceux qui survivaient : dernières paroles, dernières recommandations, volontés légitimes, testaments, etc. C'étaient tous ces phénomènes de pouvoir qui étaient ainsi ritualisés.

Or, maintenant que le pouvoir est de moins en moins le droit de faire mourir, et de plus en plus le droit d'intervenir pour faire vivre, d'intervenir sur la manière de vivre, sur le « comment » de la vie, à partir du moment donc où le pouvoir intervient surtout à ce niveau-là pour majorer la vie, pour en contrôler les accidents, les aléas, les déficiences, du coup la mort, comme terme de la vie est évidemment le terme, la limite du pouvoir. Elle est du côté extérieur, par rapport au pouvoir : elle est ce qui tombe hors de ses prises, et sur laquelle le pouvoir n'aura prise qu'en général, globalement, statistiquement. Ce sur quoi le pouvoir a prise ce n'est pas la mort, c'est la mortalité. Et dans cette mesure-là il est bien normal que la mort, maintenant, retombe du côté du privé et de ce qu'il y a de plus privé. Alors que dans le droit de souveraineté, la mort était le point où éclatait, de la façon la plus manifeste, l'absolu pouvoir du souverain, la mort va être, au contraire, maintenant, le moment où l'individu échappe à ce pouvoir, retombe sur lui-même et se replie en quelque sorte sur sa part la plus privée. Le pouvoir ne connaît plus la mort. Au sens strict, le pouvoir laisse tomber la mort.

Michel Foucault, *« Faire vivre et laisser mourir: la naissance du racisme »*,
Cours professé au Collège de France en 1976, in *Les Temps modernes*, fév. 1991, pp. 45-46.

Pouvoir. Bonheur. État

6. Un pouvoir aliénant

Ainsi les peuples assottis, trouvant beaux ces passe-temps, amusés d'un vain plaisir qui leur passe devant les yeux, s'accoustument à servir aussi niaisement, mais plus mal, que les petits enfans, qui pour voir les luisans images des livres illuminés, apprennent à lire.

La Boétie, *Contr'Un ou Discours de la servitude volontaire*, posth. (1574).

Je pense que l'espèce d'oppression dont les peuples démocratiques sont menacés ne ressemblera à rien de ce qui l'a précédée dans le monde ; nos contemporains ne sauraient en trouver l'image dans leurs souvenirs. Je cherche en vain moi-même une expression qui reproduise exactement l'idée que je m'en forme et la renferme ; les anciens mots de despotisme et de tyrannie ne conviennent point. La chose est nouvelle, il faut donc tâcher de la définir, puisque je ne peux la nommer.

Je veux imaginer sous quels traits nouveaux le despotisme pourrait se produire dans le monde : je vois une foule innombrable d'hommes semblables et égaux qui tournent sans repos sur eux-mêmes pour se procurer de petits et vulgaires plaisirs, dont ils emplissent leur âme. Chacun d'eux, retiré à l'écart, est comme étranger à la destinée de tous les autres : ses enfants et ses amis particuliers forment pour lui toute l'espèce humaine ; quant au demeurant de ses concitoyens, il est à côté d'eux, mais il ne les voit pas ; il les touche et ne les sent point; il n'existe qu'en lui-même et pour lui seul, et, s'il lui reste encore une famille, on peut dire au moins qu'il n'a plus de patrie.

Au-dessus de ceux-là s'élève un pouvoir immense et tutélaire, qui se charge seul d'assurer leur jouissance et de veiller sur leur sort. Il est absolu, détaillé, régulier, prévoyant et doux. Il ressemblerait à la puissance paternelle si, comme elle, il avait pour objet de préparer les hommes à l'âge viril; mais il ne cherche, au contraire, qu'à les fixer irrévocablement dans l'enfance; il aime que les citoyens se réjouissent, pourvu qu'ils ne songent qu'à se réjouir. Il travaille volontiers à leur bonheur; mais il veut en être l'unique agent et le seul arbitre; il pourvoit à leur sécurité, prévoit et assure leurs besoins, facilite leurs plaisirs, conduit leurs principales affaires, dirige leur industrie, règle leurs successions, divise leurs héritages; que ne peut-il leur ôter entièrement le trouble de penser et la peine de vivre?

Alexis de Tocqueville, *De la démocratie en Amérique*, 1840,
Livre II, 4e partie, § 29, 10/18, pp. 361-362.

Pouvoir. Société.
État

7. La permission n'engendre pas la puissance

Et qui m'empêchera de mettre en notre étable,
Vu le prix dont il est, une vache et son veau,
Que je verrai sauter au milieu du troupeau?
La Fontaine, *La Laitière et le Pot au lait*.

Le second point[a] gênant, dans les modernes apologies de tout ce qui apparaît comme propre à contrarier le pouvoir en place et ses formes d'oppression, concerne la notion de pouvoir elle-même: non plus considérée comme l'instance institutionnelle et éventuellement répressive, mais interrogée quant au sens littéral du verbe «pouvoir». On sait que ce sens est ambigu, hésitant principalement entre deux nuances rendues par exemple en anglais par la différence entre *can* et *may*, en allemand par *können* et *mögen*: différence qui distingue le pouvoir, en tant que puissance d'agir au sens spinoziste[1], du pouvoir en tant que résultant d'une autorisation, de la levée d'une interdiction[2]. Ce que je peux faire résulte ainsi d'une double condition: savoir le faire tout seul, et y être autorisé (par la société, par l'autre, par les circonstances). On remarque immédiatement que ce second pouvoir n'implique nullement la jouissance du premier: je puis être autorisé par exemple à franchir la Manche à la nage, mais j'en demeure incapable si je ne suis pas un bon nageur (de même, pour reprendre une anecdote rapportée par André Gide, il y a bien de la différence entre pouvoir avoir une fille, au sens de *may*, et pouvoir la même chose au sens de *can*: la permission n'engendre pas l'érection[b], certains prétendent même qu'elle y est contraire). Or il semble que la critique du pouvoir d'État confonde volontiers les deux sens du mot, faisant comme si la levée des interdits devait automatiquement entraîner une puissance d'agir du corps, comme si la répression d'une pulsion impliquait, à être levée, l'existence et la force de

1. Cf. Spinoza, texte capital p. 42 et texte n° 7, p. 178.

2. Cf. Schopenhauer, texte n° 3, p. 102: «La circonstance que mon adversaire sait mal se défendre me donne bien la *possibilité*, mais non le *droit* de le tuer.»

cette pulsion même. D'où le caractère démagogique d'une telle confusion entre pouvoir au sens d'être capable et pouvoir au sens d'être autorisé : elle permet de figurer que tout ce qui est hors de sa portée provient d'un interdit, ce qui est un peu trop charger l'État et un peu trop se décharger soi-même. Que puis-je ? Tout ce qu'on ne m'interdit pas, sans doute ; mais aussi tout ce dont je suis capable : et cela n'implique pas du tout ceci. La liberté d'agir est certes une chose excellente (et l'on ne peut que s'associer à l'effort de ceux qui luttent en sa faveur, même si leur idéologie est parfois suspecte) ; mais elle n'engendre, à elle seule, aucune puissance d'agir.

Clément Rosset, *Le Philosophe et les sortilèges,* Édit. de Minuit, 1985, p. 13.

a. *Le* premier point, *dans l'analyse que présente Cl. Rosset de « la dénonciation de l'oppression sous toutes ses formes » par « la philosophie moderne » est une disposition d'esprit, stigmatisée par l'auteur comme une réaction purement négative de « petit haineux », qui, à la manière de Sénèque, nie le pouvoir en place « sans les moyens, matériels et intellectuels » (c'est-à-dire sans la puissance ni le désir) de le mettre réellement en cause.*

b. *Il faut ajouter ici que l'érection n'engendre pas davantage la permission, et que la* puissance d'agir *n'entraîne pas – ou ne doit pas entraîner – la levée des interdits et la* liberté d'agir.

ÉTAT. POUVOIR. INCONSCIENT

8. Cette chose énigmatique qu'on appelle le pouvoir...

Le pouvoir est une beauté ; il fait aimer aux femmes la vieillesse même.
Joubert (1754-1824), *Pensées,* posth., 1838.

Nous ignorons encore ce que c'est que le pouvoir. Après tout il a fallu attendre le XIXe siècle pour savoir ce que c'était que l'exploitation, mais on ne sait peut-être toujours pas ce qu'est le pouvoir. Et Marx et Freud ne sont peut-être pas suffisants pour nous aider à connaître cette chose si énigmatique, à la fois visible et invisible, présente et cachée, investie partout, qu'on appelle le pouvoir. La théorie de l'État, l'analyse traditionnelle des appareils d'État n'épuisent sans doute pas le champ d'exercice et de fonctionnement du pouvoir. C'est le grand inconnu actuellement : qui exerce le pouvoir ? et où l'exerce-t-il ? Actuellement, on sait à peu près qui exploite, où va le profit, entre les mains de qui il passe et où il se réinvestit, tandis que le pouvoir [...] On sait bien que ce ne sont pas les gouvernants qui détiennent le pouvoir. Mais la « notion de classe dirigeante » n'est ni très claire ni très élaborée. « Dominer », « diriger », « gouverner », « groupe au pouvoir », « appareil d'État », etc., il y a là tout un jeu de notions qui demandent à être analysées. De même, il faudrait bien savoir jusqu'où s'exerce le pouvoir, par quels relais et jusqu'à quelles instances, souvent infimes, de hiérarchie, de contrôle, de surveillance, d'interdictions, de contraintes. Partout où il y a du pouvoir, le pouvoir s'exerce. Personne à proprement parler n'en est le titulaire ; et pourtant il s'exerce toujours dans une certaine direction, avec les uns d'un côté et les autres de l'autre ; on ne sait pas qui l'a au juste ; mais on sait qui ne l'a pas. [...] Chaque lutte se développe autour d'un foyer particulier de pouvoir (un de ces innombrables petits foyers qui peuvent être un petit chef, un gardien de H.L.M., un directeur de prison, un juge, un responsable syndical, un rédacteur en chef d'un journal). Et si désigner les foyers, les dénoncer, en parler publiquement, c'est une lutte, ce n'est pas parce que personne n'en avait encore conscience, mais c'est parce que prendre la parole à ce sujet, forcer le réseau de l'information institutionnelle, nommer, dire qui a fait quoi, désigner la cible, c'est un premier retournement du pouvoir, c'est un premier pas pour d'autres luttes contre le pouvoir. [...] Le discours de lutte ne s'oppose pas à l'inconscient: il s'oppose au secret. Ça a l'air d'être beaucoup moins. Et si c'était beaucoup plus? Il y a toute une série d'équivoques à propos du «caché», du «refoulé», du «non-dit», qui permettent de «psychanalyser» à bas prix ce qui doit être l'objet d'une lutte. Le secret est peut-être plus difficile à lever que l'inconscient.

Michel Foucault, *Les Intellectuels et le pouvoir,*
«Entretiens Foucault-Deleuze», in l'*Arc* n° 49, 1972.

Pouvoir. morale. société

9. De la dissolution du pouvoir spirituel

Que toute personne soit soumise aux puissances supérieures;
car il n'y a point de puissance qui ne vienne de Dieu,
et c'est lui qui a établi toutes celles qui sont sur la terre.
Celui donc qui résiste aux puissances résiste à l'ordre de Dieu;
et ceux qui y résistent attirent la condamnation sur eux-mêmes.
Nouveau Testament, *Épître de saint Paul aux Romains,* 13, 1-2.

Je dois indiquer enfin comme dernière conséquence générale de la dissolution du pouvoir spirituel, l'établissement de cette sorte d'autocratie moderne qui n'a point d'analogie exacte dans l'histoire, et qu'on peut désigner, à défaut d'une expression plus juste, sous le nom de ministérialisme ou de despotisme administratif. Son caractère organique propre est la centralisation du pouvoir poussée de plus en plus au-delà de toutes les bornes raisonnables, et son moyen général d'action est la corruption systématisée. L'une et l'autre résultent inévitablement de la désorganisation morale de la société.

Une loi très connue de la nature, en politique, établit formellement que le seul moyen de n'être pas gouverné, c'est de se gouverner soi-même. Elle est applicable aux masses comme aux individus, aux choses comme aux personnes. Elle signifie, dans son acception la plus étendue, que moins le gouvernement moral a d'énergie dans une société, plus il est indispensable que le gouvernement matériel acquière d'intensité, pour empêcher l'entière décomposition du corps social. Comment concevrait-on, par exemple, dans une population aussi étendue que celle de la France dont aucun lien moral ne combine plus assez fortement les diverses parties, que la nation ne se dissolvît pas en communautés partielles de plus en plus restreintes, si à défaut d'un esprit commun, un pouvoir temporel central ne retenait pas tous les éléments sociaux dans une dépendance immédiate et continue? Un tel effet ne serait que la continuation de l'influence de même principe qui a décomposé en nationalités indépendantes l'ancienne société européenne. Aussi la centralisation temporelle s'est-elle effectuée de plus en plus, à mesure que la désorganisation morale est devenue plus complète et plus sensible. La même cause qui rendait indispensable un tel résultat, tendait, sous un autre point de vue, à l'engendrer inévitablement, puisque l'annulation du pouvoir spirituel a détruit la seule barrière légale qui eût pu contenir les empiètements du pouvoir temporel.

Quant à la corruption érigée en moyen permanent de gouvernement, cette déplorable conséquence résulte plus clairement encore que la précédente de l'anéantissement du pouvoir spirituel.

Auguste Comte, *Considérations sur le pouvoir spirituel* (1825-26), in «Opuscules de Philosophie sociale», Paris, Leroux 1883.

Imagination. Pouvoir. État

10. Un pouvoir ambigu

Au plus eslevé throne du monde, si ne sommes assis que sus nostre cul.
Montaigne, *Essais*, III, XIII.

Il y a une contradiction manifeste entre la toute-puissance de la personne royale et la croyance d'après laquelle elle aurait besoin d'être protégée de très près contre les dangers qui la menacent.
Freud

Nous n'avons pas besoin de remonter aux primitifs, pour trouver des exemples de guérison opérée par l'attouchement royal. À une époque qui n'est pas très éloignée, les rois d'Angleterre exerçaient ce pouvoir pour guérir les écrouelles[1] qui, pour cette raison, étaient appelées: «the King's Evil» (le mal royal)[a]. Ni la reine Élisabeth ni aucun de ses successeurs n'ont renoncé à cette prérogative royale. Charles Ier aurait, en 1633, guéri d'un seul coup cent malades. Et, après la défaite de la grande révolution, son fils Charles II a exercé la prérogative de la guérison royale des écrouelles sur une très vaste échelle.

Ce roi aurait, au cours de son règne, guéri par l'attouchement plus de cent mille scrofuleux. L'affluence des malades était telle qu'un jour six ou sept d'entre eux, au lieu de trouver la guérison qu'ils étaient venus chercher, sont morts étouffés. Le sceptique Guillaume III d'Orange, devenu roi d'Angleterre après l'expulsion des Stuart, se méfiait de la magie; la seule fois où il consentit à opérer un attouchement de ce genre, il le fit en disant: «Que Dieu vous donne meilleure santé et plus de raison.»

Voici un témoignage du terrible effet d'un attouchement *actif,* bien que non intentionnel, exercé à l'égard du roi ou de quelque chose lui appartenant. Un chef de la Nouvelle-Zélande, homme d'un rang élevé et d'une grande sainteté, abandonne un jour dans la rue les restes de son repas. Un esclave passe, jeune, robuste et affamé, aperçoit ces restes, s'empresse de les avaler. Il n'a pas plus tôt achevé le dernier morceau qu'un spectateur effrayé lui apprend de quel crime il s'est rendu coupable. Notre esclave, qui était un guerrier solide et courageux, tombe à terre à l'annonce de cette nouvelle, en proie à de terribles convulsions et meurt au coucher du soleil du

1. Écrouelles (ou scrofules) : terme populaire désignant une affection des glandes du cou, à savoir l'*adénopathie cervicale tuberculeuse chronique.*

jour suivant. Une femme Maori, après avoir mangé certains fruits, apprend qu'ils provenaient d'un certain endroit, frappé de tabou. Elle s'écrie aussitôt que l'esprit du chef auquel elle a infligé cette offense la fera certainement mourir. Le fait s'était passé l'après-midi, et le lendemain à midi elle était morte... Rien d'étonnant si le besoin s'est fait sentir d'isoler des personnes aussi dangereuses que chefs et prêtres, de les entourer d'un mur les rendant inaccessibles aux autres. Nous pouvons supposer que ce mur, primitivement érigé en vertu de prescriptions tabou, existe encore aujourd'hui sous la forme d'un cérémonial de cour.

FREUD, *Totem et Tabou* (1912), trad. Dr S. Jankélévitch, Payot, 1975, pp. 54-55.

a. *« On prétend que cette maladie fut traitée de divine, parce qu'il n'était pas au pouvoir humain de la guérir. Peut-être quelques moines imaginèrent que des rois, en qualité d'images de la divinité, pouvaient avoir le droit d'opérer la cure des scrofuleux, en les touchant de leurs mains qui avaient été ointes (...) Mais pourquoi ne pas donner (ce privilège) aux papes, qui étaient bien autre chose que de simples images de Dieu, puisqu'ils en étaient les vicaires ? », Voltaire,* Dictionnaire philosophique, *Article : Écrouelles.*

ÉTAT. POUVOIR. ILLUSION

11. LA CHIMÈRE DU POUVOIR

C'est un désir singulier que de rechercher le pouvoir pour perdre la liberté, ou de rechercher le pouvoir sur autrui en perdant le pouvoir sur soi-même.
BACON, *Essais de Politique et de Morale,* XI (1612).

La stabilité du pouvoir, objectif de ceux qui se disent réalistes, apparaît comme une chimère, si l'on y regarde de près, au même titre que l'utopie anarchiste.

Entre l'homme et la matière, chaque action, heureuse ou non, établit un équilibre qui ne peut être rompu que du dehors ; car la matière est inerte. Une pierre déplacée accepte sa place nouvelle ; le vent accepte de conduire à destination le même bateau qu'il aurait détourné de sa route si voile et gouvernail n'avaient été bien disposés. Mais les hommes sont des êtres essentiellement actifs, et possèdent une faculté de se déterminer eux-mêmes qu'ils ne peuvent jamais abdiquer, même s'ils le désirent, sinon le jour où ils retombent par la mort à l'état de matière inerte ; de sorte que toute victoire sur les hommes renferme en elle-même le germe d'une défaite possible, à moins d'aller jusqu'à l'extermination. Mais l'extermination supprime la puissance en supprimant l'objet. Ainsi, il y a, dans l'essence même de la puissance, une contradiction fondamentale, qui l'empêche de jamais exister à proprement parler ; ceux qu'on nomme les maîtres, sans cesse contraints de renforcer leur pouvoir sous peine de se le voir ravir, ne sont jamais qu'à la poursuite d'une domination essentiellement impossible à posséder, poursuite dont les supplices infernaux de la mythologie grecque offrent de belles images. Il en serait autrement si un homme pouvait posséder en lui-même une force supérieure à celle de beaucoup d'autres réunis ; mais ce n'est jamais le cas ; les instruments du pouvoir, armes, or, machines, secrets magiques ou techniques, existent toujours en dehors de celui qui en dispose, et peuvent être pris par d'autres. Ainsi tout pouvoir est instable.

Simone WEIL, *Oppression et liberté,* (1934), posth., 1955, Gallimard, pp. 92-93.

Gottfried-Wilhelm **LEIBNIZ** (1646-1716),
Bibl. Nat. Paris.

Photo Jean-Loup Charmet.

RAISON. IRRATIONNEL. SENS

L'être l'emporte sur le non-être. Il y a une raison pour que quelque chose existe plutôt que rien.
LEIBNIZ, *De l'origine radicale des choses,* 1697.

Craignez celui qui veut avoir raison. Il imagine entre le vrai et sa personne une relation spécialement étroite et il prend la « raison » pour une épouse dont il est jaloux. Mais plus cette épouse est à quelqu'un, moins elle est raison.
VALÉRY, *Œuvres I,* « Mélange », Pléiade, p. 331.

« La raison a tant de formes, écrit Montaigne, que nous ne savons à laquelle nous prendre. »

Pourtant, c'est à partir de ce terme que la réflexion philosophique se spécifie : soit en se fondant, avec le dogmatisme (Platon, Leibniz, Hegel), sur la Raison qui gouverne la pensée comme le *Logos* gouverne le monde ; soit, avec le rationalisme critique (Kant), en faisant comparaître, devant son propre tribunal, la Raison en tant que *pure* et en tant que *pratique*; soit enfin, avec l'irrationalisme (Nietzsche, Heidegger) en déchaînant en vain contre la Raison toutes les ressources de la rhétorique. En vain, car toute pensée, toute parole ou toute écriture suppose d'autres pensées, d'autres lecteurs et, par conséquent, la possibilité d'être, *en principe,* compris universellement, – ce qui n'est autre, précisément, que le postulat de la raison. Cette raison, qui nous distingue des bêtes, Kant la définit justement comme le *pouvoir des principes* (cf. texte n° 1, p. 357).

Or, si l'on admet dogmatiquement la primauté de l'Être à l'égard du jugement, de la pensée, de la connaissance rationnelle, tout obstacle irréductible rencontré par la Raison dans son mouvement de conquête du réel sera dès lors tenu pour un *irrationnel,* dont la présence au sein de l'Être fait scandale. Un scandale qu'il vaudra mieux taire, pour ne pas offenser l'Être en révélant une de ses failles. Ainsi Proclus rapporte que ceux qui ont découvert et divulgué le nombre π (nombre malheureusement *irrationnel* par excellence) ont tous péri dans un naufrage jusqu'au dernier et que leurs âmes ont été condamnées à être éternellement ballottées par les flots.

Mais aujourd'hui, si la superstition, adversaire de la raison (cf. texte n° 2) est toujours vivace, les sujets de scandale sont tout autres : en effet, depuis la révolution opérée par Kant dans la théorie de la connaissance, il n'est plus loisible d'invoquer un irrationnel en soi : le paradoxe lui-même, cet irrationnel en quelque sorte endogène que la logique sécrète au cours de son élaboration et qui l'empêche de la mener à terme, n'est tel que pour un système déductif et à l'intérieur de ce système. L'irrationnel n'est jusqu'ici qu'un produit, dont l'existence est relative à un système de production.

En revanche, tout donné en tant que tel est d'abord opaque à la connaissance rationnelle. Or, cette opacité peut être interprétée en deux *sens* très différents : soit comme une réalité *irréductible,* rebelle à tout effort de conceptualisation et désespérément *vide de sens* ou, au contraire, révélatrice d'une obscure profondeur ; soit comme une apparence à réduire, c'est-à-dire à identifier, à cerner, à maîtriser, bref : comme l'objet d'une problématique. En un premier sens, l'irrationnel s'éprouverait donc dans l'existence comme une modalité constitutive du réel, comme une source naturellement intarissable d'angoisse – ou d'extase ; en un autre sens, si l'on ne cède pas au vertige d'une confusion qui ne produit pas seulement de doux illuminés mais de fieffés charlatans, l'irrationnel n'est pas ce dont la présence abolit magiquement le *sens* de la connaissance, ni ce qui (par un bizarre décret de l'Être) serait radicalement contraire à la Raison des créatures ; il est bien plutôt ce donné brut, qui fait constamment fonction de résidu des sciences et des techniques humaines et qui leur confère ainsi leur véritable *sens.*

Ainsi, la tâche de la philosophie, dans sa prétention *raisonnable* à l'universalité, se révèle clairement : il s'agit tout à la fois de limiter les prétentions dogmatiques d'une raison volontiers « suffisante » et d'assigner à l'irrationnel, aliment obscur de tous les dogmatismes fanatiques, sa juste place dans les marges d'une rationalité polémique et critique.

LA RAISON PRÉVOIT, L'EXPÉRIENCE CONFIRME

Si quelques événements peuvent être prévus avant toute épreuve qu'on en ait faite, il est manifeste que nous y contribuons en quelque chose de notre part. Les sens, quoique nécessaires pour toutes nos connaissances actuelles, ne sont point suffisants pour nous les donner toutes, puisque les sens ne donnent jamais que des exemples, c'est-à-dire des vérités particulières ou individuelles. Or, tous les exemples qui confirment une vérité générale, de quelque nombre qu'ils soient, ne suffisent pas pour établir la nécessité universelle de cette même vérité, car il ne suit pas que ce qui est arrivé arrivera toujours de même. Par exemple, les Grecs et les Romains et tous les autres peuples ont toujours remarqué qu'avant le décours de vingt-quatre heures le jour se change en nuit et la nuit en jour. Mais on se serait trompé si l'on avait cru que la même règle s'observe partout, puisqu'on a vu le contraire dans le séjour de Nova Zembla. Et celui-là se tromperait encore qui croirait que c'est, au moins dans nos climats, une vérité nécessaire et éternelle, puisqu'on doit juger que la terre et le soleil même n'existent pas nécessairement, et qu'il y aura peut-être un temps où ce bel astre ne sera plus, avec tout son système, au moins en sa présente forme. D'où il paraît que les vérités nécessaires, telles qu'on les trouve dans les mathématiques pures, et particulièrement dans l'arithmétique et dans la géométrie, doivent avoir des principes dont la preuve ne dépende point des exemples ni par conséquent du témoignage des sens, quoique sans les sens on ne se serait jamais avisé d'y penser. C'est ce qu'il faut bien distinguer, et c'est ce qu'Euclide a si bien compris, en montrant par la raison ce qui se voit assez par l'expérience et par les images sensibles. La logique encore, avec la métaphysique et la morale, dont l'une forme la théologie et l'autre la jurisprudence, naturelles toutes les deux, sont pleines de telles vérités, et par conséquent leur preuve ne peut venir que des principes internes qu'on appelle innés. Il est vrai qu'il ne faut point croire qu'on puisse lire dans l'âme ces éternelles lois de la raison à livre ouvert, comme l'édit du préteur se lit sur son album, sans peine et sans recherche ; mais c'est assez pour qu'on puisse les découvrir en nous à force d'attention, à quoi les occasions sont fournies par les sens. Le succès des expériences sert de confirmation à la raison, à peu près comme les épreuves servent dans l'arithmétique, pour mieux éviter l'erreur du calcul quand le raisonnement est long. C'est aussi en quoi les connaissances des hommes et celles des bêtes sont différentes.

LEIBNIZ, *Nouveaux Essais sur l'entendement humain,* 1703, II, chap. XXVII, 1 à 4.

LOGIQUE. CONCEPTS.
LOGIQUE.

1. La raison, pouvoir des principes

Toute notre connaissance commence par les sens, passe de là à l'entendement et s'achève dans la raison, au-dessus de laquelle il n'y a rien en nous de plus élevé pour élaborer la matière de l'intuition et pour la ramener à l'unité la plus haute de la pensée. Comme il me faut ici donner une définition de cette faculté suprême de connaître, je me trouve dans un certain embarras. Ainsi que de l'entendement, il y a de cette faculté un usage simplement formel, c'est-à-dire logique, où la raison fait abstraction de tout le contenu de la connaissance ; mais il y en a aussi un usage réel, attendu qu'elle contient elle-même la source de certains concepts et de certains principes qu'elle n'emprunte ni des sens ni de l'entendement. Le premier de ces pouvoirs a été, certes, défini depuis longtemps par les logiciens la faculté de raisonner médiatement (pour être distingué des conséquences immédiates) ; mais le second, qui crée lui-même des concepts, n'est pas encore expliqué par là. Or, puisque la raison se présente ici partagée en deux pouvoirs, un pouvoir logique et un autre transcendantal, il faut chercher de cette source de connaissance un concept plus élevé qui se superpose aux deux autres et les embrasse [...].

Dans la première partie de notre logique transcendantale, nous avons défini l'entendement le pouvoir des règles ; nous distinguerons ici la raison de l'entendement en la nommant *le pouvoir des principes*.

Le mot *principe* est équivoque et ne signifie d'ordinaire qu'une connaissance qui peut être employée comme principe sans être un principe par elle-même et d'après sa propre origine. Toute proposition universelle, même tirée de l'expérience (par induction) peut servir de majeure dans un raisonnement ; mais elle n'est pas pour cela un principe. Les axiomes mathématiques (par exemple : qu'entre deux points il ne peut y avoir qu'une ligne droite) sont bien des connaissances universelles *a priori* et sont donc appelés principes avec raison relativement aux cas qui peuvent y être subsumés. Mais pourtant je ne peux pas dire que je connais en général et en soi, par principes, cette propriété des lignes droites ; je ne la connais, au contraire, que dans l'intuition pure.

Je nommerais donc connaissance par principes celle où je connais le particulier dans le général, et cela par concepts. En conséquence, tout raisonnement de raison est une forme de la dérivation qui extrait une connaissance d'un principe [...].

On souhaite depuis longtemps – et ce vœu, qui sait quand ? s'accomplira peut-être un jour – de pouvoir enfin découvrir à la place de l'infinie variété des lois civiles, les principes de ces lois ; car c'est en cela seulement que peut consister le secret de simplifier, comme on dit, la législation [...]. Mais exiger que les objets en soi, la nature des choses, soient soumis à des principes et doivent être déterminés d'après de simples concepts, c'est demander sinon quelque chose d'impossible, du moins quelque chose de fort étrange. Quoi qu'il en soit, il est clair du moins que la connaissance par principes (en soi) est absolument autre chose que la simple connaissance de l'entendement : car celle-ci, bien que pouvant elle aussi précéder d'autres connaissances dans la forme d'un principe, ne repose pas cependant en elle-même (en tant qu'elle est synthétique) sur la simple pensée et ne renferme pas quelque chose d'universel par concepts.

Si nous disons de l'entendement qu'il est le pouvoir de ramener les phénomènes à l'unité au moyen de règles, il faut dire de la raison qu'elle est la faculté de ramener à l'unité les règles de l'entendement au moyen de principes.

KANT, *Critique de la raison pure,* 1781,
Dialectique transcendantale, A. De la raison en général.

RAISON. RELIGION. PHILOSOPHIE

2. RAISON ET SUPERSTITION

On a été réduit à dire que les Dieux étaient pleins de Nectar lorsqu'ils firent les Hommes, et que quand ils vinrent à regarder leur Ouvrage de sens froid, ils ne purent s'empêcher d'en rire.
FONTENELLE, *Entretiens sur la pluralité des Mondes,* 1686, Second Soir.

Il est des sages qui prétendent qu'on doit laisser au peuple ses superstitions, comme on lui laisse ses guinguettes, etc. ; que de tout temps il a aimé les prodiges, les diseurs de bonne aventure, les pélerinages et les charlatans ; que dans l'antiquité la plus reculée on célébrait Bacchus sauvé des eaux, portant des cornes, faisant jaillir d'un coup de sa baguette une source de vin d'un rocher, passant la mer Rouge à pied sec avec tout son peuple, arrêtant le soleil et la lune, etc. ; qu'à Lacédémone on conservait les deux œufs dont accoucha Léda[a], pendants à la voûte d'un temple ; que dans quelques villes de la Grèce les prêtres montraient le couteau avec lequel on avait immolé Iphigénie[b], etc.

Il est d'autres sages qui disent : Aucune de ces superstitions n'a produit du bien ; plusieurs ont fait de grands maux. Il faut donc les abolir [...].

Presque tout ce qui va au-delà de l'adoration d'un Être suprême, et soumission du cœur à ses ordres éternels, est superstition [...].

Il est difficile de marquer les bornes de la superstition. Un Français voyageant en Italie trouve presque tout superstitieux, et ne se trompe guère. L'archevêque de Cantorbéry prétend que l'archevêque de Paris est superstitieux ; les presbytériens[1] font le même reproche à M. de Cantorbéry, et sont à leur tour traités de superstitieux par les quakers[2], qui sont les plus superstitieux de tous aux yeux des autres chrétiens (...). Il est donc évident que c'est le fond de la religion d'une secte qui passe pour superstition chez une autre secte.

Les musulmans en accusent toutes les sociétés chrétiennes, et en sont accusés. Qui jugera ce grand procès ? Sera-ce la raison ? mais chaque secte prétend avoir la raison de son côté. Ce sera donc la force qui jugera, en attendant que la raison pénètre dans un assez grand nombre de têtes pour désarmer la force.

Par exemple, il a été un temps dans l'Europe chrétienne où il n'était pas permis à de nouveaux époux de jouir des droits du mariage, sans avoir acheté ce droit de l'évêque et du curé. Quiconque dans son testament ne laissait pas une partie de son bien à l'église, était excommunié et privé de la sépulture. Cela s'appelait

1. Adeptes du presbytérianisme, secte de l'Église réformée, fondée sur la *Confession de Westminster* de 1646.
2. Quakers = trembleurs (qui tremblent à la parole de Dieu), secte de dissidents protestants, fondée par George Fox (1648-1650) qui prêchait le pacifisme, la philanthropie et la simplicité des mœurs.

3. Sans avoir fait de testament.

mourir *déconfès*, c'est-à-dire, ne confessant pas la religion chrétienne. Et, quand un chrétien mourait *intestat*[3], l'église relevait le mort de cette excommunication, en faisant un testament pour lui, en stipulant et en se faisant payer le legs pieux que le défunt aurait dû faire. C'est pourquoi le pape Grégoire IX et saint Louis ordonnèrent, après le concile de Narbonne, tenu en 1235, que tout testament auquel on n'aurait pas appelé un prêtre serait nul ; et le pape décréta que le testateur et le notaire seraient excommuniés [...].

Peut-il exister un peuple libre de tous préjugés supertitieux? C'est demander : Peut-il exister un peuple de philosophes?

VOLTAIRE, *Dictionnaire philosophique* ou *La Raison par alphabet*, 1764, Art. Superstition, sections I, IV.

a. *Selon la mythologie grecque, Léda, épouse de Tyndare, roi de Sparte, connut un soir les faveurs de Zeus qui s'était déguisé en cygne, et, la nuit suivante, celles de son mari. Elle accoucha ensuite de deux œufs qui contenaient respectivement, selon certains auteurs, l'un les enfants de Tyndare (Castor et Clytemnestre), l'autre les enfants de Zeus (Pollux et Hélène) ou bien, selon d'autres, chacun les deux enfants du même sexe : Hélène et Clytemnestre, Castor et Pollux. En tout cas, ces derniers reçurent le nom de Dioscures, c'est-à-dire « garçons de Zeus ».*

b. *Selon la mythologie grecque, lors de la « guerre de Troie », Agamemnon, promu chef suprême, immola sa fille Iphigénie, pour obtenir que les vents lui soient favorables.*

SENS. CONNAISSANCE. TEMPS

3. TOUT EST-IL VANITÉ ET POURSUITE DU VENT ?

Dieu a tout fait de rien. Mais le rien perce.
VALÉRY

Après Auschwitz, sauvegarder une foi intacte sans la mesurer contre cette catastrophe est presque inhumain... Comment peut-on continuer à croire comme avant?
Elie WIESEL, Entretiens avec « *Le Monde* », 1984, IV, p. 56.

Paroles de l'Ecclésiaste, fils de David, roi de Jérusalem. Vanité des vanités, dit l'Ecclésiaste, vanité des vanités, tout est vanité.

Quel avantage revient-il à l'homme de toute la peine qu'il se donne sous le soleil? Une génération s'en va, une autre vient, et la terre subsiste toujours. Le soleil se lève, le soleil se couche ; il soupire après le lieu d'où il se lève de nouveau. Le vent se dirige vers le midi, tourne vers le nord ; puis il tourne encore, et reprend les mêmes circuits. Tous les fleuves vont à la mer, et la mer n'est point remplie ; ils continuent à aller vers le lieu où ils se dirigent. Toutes choses sont en travail au-delà de ce qu'on peut dire ; l'œil ne se rassasie pas de voir, et l'oreille ne se lasse pas d'entendre. Ce qui a été, c'est ce qui sera, et ce qui s'est fait, c'est ce qui se fera, il n'y a rien de nouveau sous le soleil. S'il est une chose dont on dise : Vois ceci, c'est nouveau ! cette chose existait déjà dans les siècles qui nous ont précédés. On ne se souvient pas de ce qui est ancien ; et ce qui arrivera dans la suite ne laissera pas de souvenir chez ceux qui vivront plus tard.

Moi, l'Ecclésiaste, j'ai été roi d'Israël à Jérusalem. J'ai appliqué mon cœur à rechercher et à sonder par la sagesse tout ce qui se fait sous les cieux : c'est là une occupation pénible, à laquelle Dieu soumet les fils de l'homme. J'ai vu tout ce qui se fait sous le soleil ; et voici, tout est vanité et poursuite du vent. Ce qui est courbé ne peut se redresser, et ce qui manque ne peut être compté. J'ai dit en mon cœur : Voici, j'ai grandi et surpassé en sagesse tous ceux qui ont dominé avant moi sur Jérusalem, et mon cœur a vu beaucoup de sagesse et de science. J'ai appliqué mon cœur à connaître la sagesse, et à connaître la sottise et la folie ; j'ai compris que cela aussi c'est la poursuite du vent. Car avec beaucoup de sagesse on a beaucoup de chagrin, et celui qui augmente sa science augmente sa douleur.

L'ECCLÉSIASTE, 1, *La Sainte Bible*, trad. L. Segond.

SENS. LANGAGE. CONCEPT

4. Sens et sensible, dans la philosophie de Hegel

Hegel décrit le passage du sensible à l'entendement, dévoile l'immanence de l'universel à la nature. Dans cette dialectique le sensible devient Logos, langage signifiant, et la pensée du sensible ne reste pas intérieure et muette, elle est là dans le langage. Le langage n'est pas seulement un système de signes étranger au signifié, il est l'univers existant du sens, et cet univers est aussi bien l'intériorisation du monde que l'extériorisation du moi, double mouvement qu'il faut comprendre dans son unité. La nature se révèle comme Logos dans le langage de l'homme, et l'esprit qui ne fait qu'apparaître d'une façon contingente dans le visage et la forme humaine trouve seulement son expression parfaite dans le langage. La médiation reliant nature et Logos est le seul Absolu, puisque les termes ne sauraient exister indépendamment de cette médiation même.

Cette dialectique du sensible et du sens détermine le statut propre du langage humain dans la *philosophie de l'esprit* de Hegel. Elle commande aussi le développement de son esthétique et l'organisation de son système des arts. Sens et sensible ; l'esthétique hégélienne insiste sur la parenté révélatrice de ces mots : « Sens est en effet un mot curieux qui est, à son tour, employé dans deux sens opposés. D'une part, il désigne en effet les organes qui président à l'appréhension d'une chose, son idée, ce qu'elle a d'universel. C'est ainsi que le sens se rapporte d'une part au côté immédiatement extérieur de l'existence et d'autre part à son essence intérieure. La considération réfléchie au lieu de séparer les deux parties, fait en sorte que chacune d'elles se présente en même temps que son contraire, c'est-à-dire que, tout en recevant d'une chose une intuition sensible, elle en appréhende le sens et le concept. Mais ces déterminations étant reçues à l'état non dissocié, le contemplateur n'a pas encore conscience du concept qu'il ne fait pour ainsi dire que pressentir vaguement. » Il y a donc des intermédiaires entre le sensible et la signification qui est seulement dans le langage, et la transition de l'un à l'autre se manifeste aussi bien dans la dialectique des arts que dans celle de l'esprit. Mais il ne faut pas se laisser tromper par cette expression d'*intermédiaire* puisque la philosophie de Hegel est une philosophie de la *médiation*. La signification telle qu'elle apparaît dans le langage, le sens comme devenir du concept dans le discours, sont premiers par rapport au mouvement qui semble les engendrer. Il n'y a pas de sens avant le langage, pas plus qu'il n'y a d'Absolu ineffable, ou pas plus qu'il n'y aurait de rêve pour celui qui ne s'éveillerait jamais.

Jean HYPPOLITE, *Logique et existence.* « Essai sur la logique de Hegel », P.U.F., 1953, pp. 27-28.

SENS. CONNAISSANCE. VIE

5. LE SENS DE LA CONNAISSANCE

La jubilation de celui qui acquiert une connaissance
ne serait-elle pas la jubilation même du sentiment de sécurité recouvré?
NIETZSCHE, Le Gai Savoir.

Connaître c'est analyser. On le dit plus volontiers qu'on ne le justifie, car c'est un des traits de toute philosophie préoccupée du problème de la connaissance que l'attention qu'on y donne aux opérations du connaître. Au mieux, il arrive qu'on réponde à ce dernier problème par une affirmation de suffisance et de pureté du savoir. Et pourtant savoir pour savoir ce n'est guère plus sensé que manger pour manger ou tuer pour tuer ou rire pour rire, puisque c'est à la fois l'aveu que le savoir doit avoir un sens et le refus de lui trouver un autre sens que lui-même.

Si la connaissance est analyse ce n'est tout de même pas pour en rester là. Décomposer, réduire, expliquer, identifier, mesurer, mettre en équations, ce doit bien être un bénéfice du côté de l'intelligence puisque, manifestement, c'est une perte pour la jouissance. On jouit non des lois de la nature, mais de la nature, non des nombres, mais des qualités, non des relations mais des êtres. Et pour tout dire, on ne vit pas de savoir. Vulgarité? Peut-être. Blasphème? Mais en quoi? De ce que certains hommes se sont voués à vivre pour savoir faut-il croire que l'homme ne vit vraiment que dans la science et par elle?

On admet trop facilement l'existence entre la connaissance et la vie d'un conflit fondamental, et tel que leur aversion réciproque ne puisse conduire qu'à la destruction de la vie par la connaissance ou à la dérision de la connaissance par la vie. Il n'est alors de choix qu'entre un intellectualisme cristallin, c'est-à-dire transparent et inerte, et un mysticisme trouble, à la fois actif et brouillon.

Or le conflit n'est pas entre la pensée et la vie dans l'homme, mais entre l'homme et le monde dans la conscience humaine de la vie. La pensée n'est rien d'autre que le décollement de l'homme et du monde qui permet le recul, l'interrogation, le doute (penser c'est peser, etc.) devant l'obstacle surgi. La connaissance consiste concrètement dans la recherche de la sécurité par réduction des obstacles, dans la construction de théories d'assimilation. Elle est donc une méthode générale pour la résolution directe ou indirecte des tensions entre l'homme et le milieu. Mais définir ainsi la connaissance c'est trouver son sens dans sa fin qui est de permettre à l'homme un nouvel équilibre avec le monde, une nouvelle forme et une nouvelle organisation de sa vie. Il n'est pas vrai que la connaissance détruise la vie, mais elle défait l'expérience de la vie, afin d'en abstraire, par l'analyse des échecs, des raisons de prudence (sapience, science, etc.) et des lois de succès éventuels, en vue d'aider l'homme à refaire ce que la vie a fait sans lui, en lui ou hors de lui.

Georges Canguilhem, *La connaissance de la vie* (1952), J. Vrin, 1971, pp. 9-10.

Sens. histoire. irrationnel

6. La question du *sens* de l'histoire

Tout ce que je sais, je le dois au désespoir.
Proudhon

Seignobos refusait toute mise en perspective et confinait l'historien dans l'étude, pour chaque événement, de la constellation singulière qui en avait rendu possible l'apparition. On ne pouvait, selon lui, parmi toutes les conditions, en choisir quelques-unes qui fussent « les principales », ni ébaucher par là un commencement d'induction. Elles avaient toutes contribué à produire l'effet, elles en étaient toutes causes au même titre. Il n'y avait pas de détails en histoire, pas d'accessoire, donc rien d'essentiel. Suivant cette méthode, chaque événement est le résultat d'une rencontre et d'un hasard. Il nous est interdit d'y trouver un sens intérieur et il n'y a rien à comprendre dans le tumulte insensé de l'histoire. Appliquée par exemple à une révolution, cette méthode la fait apparaître d'emblée comme illusoire ou absurde. Les hommes qui font une révolution croient résoudre un problème posé dans les choses, il leur semble que leur volonté prolonge une exigence ou répond à une sollicitation de leur temps. Il n'est, bien entendu, pas sûr qu'ils aient raison. Encore ne pouvons-nous pas postuler qu'ils ont tort. Les chances d'erreur sont égales qu'on adopte avec Seignobos le point de vue de Sirius[a] et qu'on refuse toute signification aux événements quels qu'ils soient, – ou qu'on adopte avec Bossuet le point de vue de Dieu et qu'on les trouve tous pleins de sens. La résolution d'ignorer le sens que les hommes ont eux-mêmes donné à leur action et de réserver à l'enchaînement des faits toute l'efficacité historique, – en un mot l'idolâtrie de l'objectivité, – renferme, selon une profonde remarque de Trotsky, le jugement le plus audacieux quand il s'agit d'une révolution, puisqu'elle impose *a priori* à l'homme d'action, qui croit à une logique de l'histoire et à une vérité de ce qu'il fait, les catégories de l'historien « objectif », qui n'y croit pas.

Merleau-Ponty, *Sens et non-sens*, 1948, Nagel, pp. 159-160.

a. *Sirius : étoile de première grandeur, de la constellation du Grand Chien. Le* point de vue de Sirius, *expression forgée par Renan, signifie la façon dont un observateur lointain, tout à fait détaché et absolument impartial, considérerait* grosso modo *l'activité des êtres humains. Dans son* Rapport sur les prix de vertu, *Paul Valéry imagine la visite d'un étrange envoyé spécial qui se présente à lui comme venant « de cette étoile singulière que vous nommez ici le* Compagnon de Sirius. *Monsieur Ernest Renan a fait une immense réputation au Sirius qu'il connaissait. Il en a rapporté un certain* point de vue *dont on fit grand usage, mais qu'il semble assez difficile aux humains d'aujourd'hui d'ajuster à leurs yeux. » Pour sa part, Jules Romains note, dans* Les Hommes de bonne volonté *(t. I, X, p. 112) : « Notre conception moderne peut être juste quand on regarde l'histoire humaine* du point de vue de Sirius, *ou sur une phase de dix siècles ; autrement dit,* quand la distance écrase les détails *; mais quand il s'agit de savoir si, en ce moment même, le tsar Nicolas donne ou ne donne pas au roi de Serbie le conseil de marcher contre l'Autriche,* c'est une autre paire de manches. »

SENS. RAISON. VÉRITÉ

7. VIOLATION DES LOIS DE LA NATURE – OU VIOLATION DE LA VÉRITÉ ?

J'entends la passion du Christ, sa mort et son ensevelissement, à la lettre ; sa résurrection au contraire, en un sens allégorique.
SPINOZA, *Lettre à Oldenburg,* 7 févr. 1676.

Supposez que tous les historiens qui traitent de l'Angleterre s'accordent sur ce que, le 1er janvier 1600, la reine Elisabeth mourut ; qu'avant et après sa mort ses médecins et toute la cour la virent, comme c'est l'habitude pour les personnes de son rang ; que le Parlement reconnut et proclama son successeur ; et qu'après un mois d'inhumation elle reparut, réoccupa le trône et gouverna l'Angleterre pendant trois ans ; je dois l'avouer, je serais surpris du concours de tant de circonstances bizarres, mais je n'aurais pas la moindre inclination à croire à un événement aussi miraculeux. Je ne douterais pas de sa mort prétendue et de ces autres circonstances publiques qui la suivirent ; j'affirmerais seulement que cette mort fut prétendue, qu'elle ne fut pas réelle, qu'elle ne pouvait pas l'être. Vous m'objecteriez en vain la difficulté et presque l'impossibilité de tromper le monde dans une affaire d'une telle importance ; la sagesse et le solide jugement de cette fameuse reine ; le peu d'avantage qu'elle pouvait retirer d'un artifice aussi pauvre, si même elle en retirait un ; tout cela pourrait m'étonner ; mais je répliquerais encore que la friponnerie et la sottise humaines sont des phénomènes si courants que je croirais que les événements les plus extraordinaires naissent de leur concours plutôt que d'admettre une violation aussi remarquable des lois de la nature.

Mais qu'on attribue ce miracle à un nouveau système de religion ; les hommes, à toutes les époques, ont tant été dupés par des histoires ridicules de ce genre, que cette circonstance même serait une preuve entière d'une fraude et suffirait, auprès de tous les hommes de bon sens, non seulement à leur faire rejeter le fait, mais même à le faire rejeter sans autre examen. Bien que l'être auquel on attribue le miracle soit dans ce cas tout-puissant, le fait ne devient pas, pour cette raison, plus probable d'un iota ; car il nous est impossible de connaître les attributs ou les actes d'un tel être autrement que par l'expérience que nous avons de ses productions dans le cours ordinaire de la nature. Ce qui nous réduit encore à l'observation passée et nous oblige à comparer les cas de violation de la vérité dans le témoignage humain à ceux de violation des lois de la nature par les miracles, afin de juger lesquels sont plus vraisemblables et plus probables.

HUME, *Enquête sur l'entendement humain,* 1748, section X, 2e partie, trad. A. Leroy, Aubier-Montaigne, pp. 182-183.

SENS. RELIGION. MONDE

8. « DIEU CACHÉ » OU LA PRÉSENCE DU SENS ABSENT

Avec ou sans inquisition, toute foi est dogmatique, dans son principe même : si mon sens est le bon (fût-ce quand je le proclame inaccessible ou caché), il faut le suivre – ou se tromper. « Avec moi, disent-ils, ou contre moi. » Le bouddhisme seul fait exception, qui ne croit qu'au non-sens. Toutes les autres religions sont terroristes[a], au moins virtuellement, et couvertes de sang. C'est le terrorisme du sens, quand il prétend à la vérité. [...]

La religion est cela même : la croyance en un *sens du sens*, au-delà des signes, au-delà des paroles, et les légitimant de sa vérité. Dieu, quel que soit le nom qu'on lui donne ou qu'on lui prête (et dût-il s'appeler l'Histoire, la Nature, la Science ou l'Inconscient...), est ce *sens* et cette *vérité*, réconciliés dans la foi. [...] Si le sens n'était pas vrai (si la vérité n'avait pas de sens), toute foi serait illusoire, toute espérance vaine, et toute charité désespérée. Il n'y aurait que la morale, et (ce qui est le désespoir même) il faudrait être bon ou méchant *pour rien*. [...] Dieu, c'est la vérité du sens et le sens de la vérité. [...] De là, comme on sait, toutes sortes de religions (avec ou sans dieux explicites : Platon, sain Jean, Kant, Hegel bien sûr, une bonne partie de Marx...) – et bien peu d'athéismes.

C'est que le sens, encore une fois, n'est jamais là, jamais présent, jamais donné, si ce n'est dans son absence même. [...] Le monde de la foi est un monde *plein de sens*, et pour cela (sens, disions-nous, c'est absence...) *plein de vide* – hanté de la plénitude qu'il n'est pas, plein du Dieu transcendant qu'il *signifie* (comme son sens) en le *désignant* (comme sa cause) et en le *désirant* (comme sa fin). [...]

C'est là le grand paradoxe de la religion, son ciel et son abîme : il y a *dans le monde* quelque chose qui n'est pas *du* monde, dans le monde, quelque chose qui est extérieur au monde. « Il y a quelque chose en lui de problématique, que nous appelons son sens... Ce sens ne lui est pas intérieur mais extérieur...[1] Dieu est ce sens[2], *présent-absent*, dans le monde, par son absence même. « Dieu, dit à juste titre Simone Weil, ne peut être présent dans la création que sous la forme de l'absence »[3] : autrement il n'y aurait que Dieu, et pas de monde. [...] Le monde porte en creux la marque du Dieu absent. [...] Le monde est l'absence de Dieu, sa cicatrice, son membre fantôme – son *signe* et son *manque*. Il y a là comme une castration du sens, qui est le sens même. [...] Si Dieu était présent, « il n'y aurait que lui »[4], et pas de monde. Si le sens n'était absent, il n'y aurait pas de signes – et pas de sens. Le sens, tout est là, doit être *absent* pour *être*. C'est le tour de force des religions : le sens se confirme par son propre manque (« Tu ne me chercherais pas si tu ne m'avais déjà trouvé... »), se révèle dans son absence. *Deus absconditus*[b]. S'il nous manque, c'est qu'il est caché, ou ailleurs. [...] La transcendance même de Dieu (son être-ailleurs) est le gage de sa divinité : « Vous, vous êtes d'en bas ; moi, je suis d'en haut. Vous, vous êtes de ce monde ; moi, je ne suis pas de ce monde... »[5]. Le monde est en exil de Dieu, comme un retrait du sens[6], comme sa trace laissée, son vide signifiant. Ainsi sur le sable, à marée basse, fait un pied qui s'en va... « Le sens du monde doit se trouver hors du monde... » (Wittgenstein, *Tractatus*, 6.41). Dieu est ce *dehors* – s'il existe –, par quoi le sens, littéralement, *vient au monde* (qui en vient) *en s'en retirant*.

André Comte-Sponville[c], *Vivre. Traité du désespoir et de la béatitude - 2*, P.U.F., 1988, pp. 178-184.

1. Wittgenstein, *Carnets*, Gallimard, 1971, p. 139.

2. « Le sens de la vie, c'est-à-dire le sens du monde, nous pouvons lui donner le nom de Dieu. Et lui associer la métaphore d'un Dieu père » (Wittgenstein, *ibid.*)

3. *La Pesanteur et la grâce*, 10-18, rééd. 1979, p. 112.

4. *Ibid.*, p. 46.

5. *Bible*, Jean, VIII, 23.

6. Cf. S. Weil, *Attente de Dieu*, p. 131 : « La création est de la part de Dieu un acte non pas d'expansion de soi, mais de retrait, de renoncement... »

a. *De son côté, Marc Wetzel écrit : « Que le terrorisme moderne soit né au Proche-Orient, à la confluence des trois monothéismes, indique assez l'origine de son ressentiment »,* La Méchanceté, *Édit. Quintette, 1986, p. 118.*

b. Deus absconditus = *Dieu caché. L'expression se trouve dans la* Bible, *lorsque le prophète Isaïe s'adresse ainsi à Yahvé : « Véritablement tu es un Dieu caché, Dieu sauveur d'Israël », Isaïe, 45, 15. De son côté, Pascal, dans une* Lettre à Melle de Roannez *d'octobre 1656, écrit : « Si Dieu se découvrait continuellement aux hommes, il n'y aurait point de mérite à le croire ; et s'il ne se découvrait jamais, il y aurait peu de foi. Mais il se cache ordinairement, et se découvre rarement à ceux qu'il veut engager dans son service ».*

c. *André Comte-Sponville (né en 1952) : ancien élève de l'E.N.S. de la rue d'Ulm, agrégé de philosophie, enseigne à l'Université de Paris I (Panthéon-Sorbonne). Son* Traité du désespoir et de la béatitude *comprend deux tomes : 1.* Le mythe d'Icare *(chap. 1 à 3) et 2.* Vivre *(chap. 4 et 5).*

SENS. EXISTENCE. ILLUSION

9. LE *NÉANT* : FONDEMENT DE L'ÊTRE, OU ILLUSION FONDAMENTALE ?

A. L'existence m'apparaît comme une conquête sur le néant. Je me dis qu'il pourrait, qu'il devrait même ne rien y avoir, et je m'étonne alors qu'il y ait quelque chose. Ou bien je me représente toute réalité comme étendue sur le néant, ainsi que sur un tapis : le néant était d'abord, et l'être est venu par surcroît. Ou bien encore, si quelque chose a toujours existé, il faut que le néant lui ait toujours servi de substrat ou de réceptacle, et lui soit, par conséquent, éternellement antérieur. Un verre a beau être toujours plein, le liquide qui le remplit n'en comble pas moins un vide. De même, l'être a pu se trouver toujours là : le néant, qui est rempli et comme bouché par lui, ne lui en préexiste pas moins, sinon en fait, du moins en droit. Enfin je ne puis me défaire de l'idée que le plein est une broderie sur le canevas du vide, que l'être est superposé au néant, et que dans la représentation de « rien » il y a *moins* que dans celle de « quelque chose ». De là tout le mystère. [...]

B. Si je mène un visiteur dans une chambre que je n'ai pas encore garnie de meubles, je l'avertis « qu'il n'y a rien ». Je sais pourtant que la chambre est pleine d'air ; mais, comme ce n'est pas sur de l'air qu'on s'asseoit, la chambre ne contient véritablement rien de ce qui, en ce moment, pour le visiteur et pour moi-même, compte pour quelque chose. D'une manière générale, le travail humain consiste à créer de l'utilité ; et, tant que le travail n'est pas fait, il n'y a « rien », – rien de ce qu'on voulait obtenir. Notre vie se passe ainsi à combler des vides, que notre intelligence conçoit sous l'influence extra-intellectuelle du désir et du regret, sous la pression des nécessités vitales : et, si l'on entend par vide une absence d'utilité et non pas de choses, on peut dire, dans ce sens tout relatif, que nous allons constamment du vide au plein. Telle est la direction où marche notre action. Notre spéculation ne peut s'empêcher d'en faire autant, et, naturellement, elle passe du sens relatif au sens absolu, puisqu'elle s'exerce sur les choses mêmes et non pas sur l'utilité qu'elles ont pour nous. Ainsi s'implante en nous l'idée que la réalité comble un vide, et que le néant, conçu comme une absence de tout, préexiste à toutes choses en droit, sinon en fait. C'est cette illusion que nous avons essayé de dissiper, en montrant que l'idée de Rien, si l'on prétend y voir celle d'une abolition de toutes choses, est une idée destructive d'elle-même et se réduit à un simple mot, – que si, au contraire, c'est véritablement une idée, on y trouve autant de matière que dans l'idée de Tout.

BERGSON, *L'Évolution créatrice* (1907), P.U.F. 1970, A. p. 728 ; B. p. 746.

SAINT AUGUSTIN (354-430), Bibl. Nat., Paris.
Photo Jean-Loup Charmet.

RELIGION

Nous avons juste assez de religion pour nous haïr, mais pas assez pour nous aimer les uns les autres.
Jonathan SWIFT, «Pensées», 1706, *Œuvres*, Pléiade, p. 569.

Philosophie et religion sont-elles investies de fonctions antinomiques ou concurrentes? La religion ne subsiste-t-elle que dans les marges de la philosophie – ou bien la philosophie s'attarde-t-elle à des questions dont la religion a déjà fourni la réponse? Quels rapports peuvent donc entretenir la raison philosophique et la foi religieuse?

Une fois écartées les formules polémiques qui assimilent la religion à l'«aliénation» (Feuerbach, Marx), au «ressentiment» (Nietzsche), ou la «névrose obsessionnelle universelle de l'humanité» (Freud), comment définir la religion, sinon comme la «connaissance de tous nos devoirs comme commandements divins» (Kant)?

Subjectivement vécue, la religion suppose en effet un rapport, une relation entre l'homme et Dieu, entre l'«existence» et l'Être, entre la créature et le Créateur, impliquant le sentiment de la transcendance, la notion du sacré, et posant les problèmes de la croyance et de la foi (Hobbes, Hume).

Objectivement considérée, une religion est une société particulière se distinguant des autres par certaines pratiques, certains cultes, certains rites, et posant le problème de ses rapports avec la société civile et le pouvoir politique (Durkheim, Voltaire, Robespierre).

Le fait majeur, philosophiquement parlant, n'est pas le «fait religieux» dans son intériorité relative, ou le «phénomène religieux», dans lequel s'incarnerait *relativement* l'idée même de la religion, mais c'est l'existence d'une extraordinaire diversité de croyances (fétichistes, polythéistes, monothéistes) et de pratiques (régulières ou occasionnelles) de toutes sortes, qui sont comme un défi à toute «définition» du prétendu «fait» religieux.

Ces croyances et ces pratiques «religieuses» sont souvent présentées simplement comme autant de manifestations, naïves ou hautement élaborées, de la «religiosité» humaine. Ainsi, sous l'appellation confusément réconciliatrice de «religion», coexisteraient des religions plus ou moins «grandes», c'est-à-dire plus ou moins importantes numériquement (de quelques poignées à plusieurs centaines de milliers d'adeptes). Mais à leur plus haut niveau, ces variétés sociologiques d'une même «essence de la religion» s'affirment historiquement comme autant d'organisations politiques et sociales concurrentes, *absolument* irréconciliables par nature et profondément hostiles les unes envers les autres: «L'altérité en religion, écrit judicieusement Emmanuel Lévinas, n'est pas superficielle.» En effet, ce qui fait problème, pour la pensée philosophique en quête d'unité humaine et de vérité universelle, c'est la *profondeur de l'altérité* qui sépare les adeptes des différentes «religions». Tout particulièrement, quand il s'agit des trois grandes religions monothéistes (judaïsme, christianisme, islam), tandis que leur «dialogue interreligieux» invoque, sous le patronage d'Abram-Abraham-Ibrahim, un rapprochement *relatif*, l'altérité originelle de la «révélation» de Dieu (à Moïse, à Jésus, à Mahomet) creuse entre elles un fossé *absolu*.

Dès lors, ce n'est pas à la philosophie, c'est-à-dire à la pensée libre de tout préjugé, qu'il incombe de se justifier devant le tribunal des grandes religions; c'est à chacune des grandes religions qu'il appartient de s'expliquer avec les *autres*, afin de justifier sa prétention de détenir le monopole du divin, d'avoir reçu en exclusivité et de garder intacte, dans sa langue originelle, la parole de Dieu et d'être ainsi, au regard des *autres* religions concurrentes, la seule et unique religion absolument vraie.

Il est paradoxal que, jusqu'à présent, la «religion», destinée en principe à «rallier» et à «relier» profondément les hommes, n'ait jamais cessé de les «diviser» et de les «opposer» *en profondeur*.

Cependant, quoique bien timidement encore, le souci du genre humain et des droits de l'homme dans leur universalité semble désormais prévaloir parfois sur celui des confessions particulières. Peut-être assiste-t-on enfin à l'avènement de la religion de l'Humanité, cette «religion universelle, dit Comte, à laquelle aspirent, depuis tant de siècles, l'Occident et l'Orient».

DU CONCEPT DE RELIGION EN GÉNÉRAL

L'usage nous fait voir une distinction énorme
entre la dévotion et la conscience.
MONTAIGNE, *Essais*, III, XII.

La *religion* (considérée subjectivement) est la connaissance de tous nos devoirs *comme* commandements divins. Grâce à cette définition, on évite mainte interprétation erronée du concept de religion en général. *Premièrement*, elle n'exige pas en ce qui concerne la connaissance et la confession théoriques, une science assertorique (même pas celle de l'existence de Dieu ; car, étant donné notre déficience pour ce qui est de la connaissance d'objets suprasensibles, cette confession pourrait bien être une imposture ; elle présuppose seulement du point de vue spéculatif, au sujet de la cause suprême des choses, une admission *problématique* (une hypothèse), mais par rapport à l'objet en vue duquel notre raison, commandant moralement, nous invite à agir, une foi pratique, promettant un effet quant au but final de cette raison, par suite une foi *assertorique*, libre, laquelle n'a besoin que de *l'idée de Dieu* où doit inévitablement aboutir tout effort moral sérieux (et, par suite plein de foi) en vue du bien, sans prétendre pouvoir en garantir par une connaissance théorique la réalité objective. Pour ce qui peut être imposé à chacun comme devoir, il faut que le *minimum* de connaissance (possibilité de l'existence de Dieu) suffise subjectivement. *Deuxièmement*, on prévient, grâce à cette définition d'une religion en général la représentation erronée, qu'elle constitue un ensemble de devoirs *particuliers*, se rapportant à Dieu directement, et on évite ainsi d'admettre (ce à quoi les hommes sont d'ailleurs trés disposés) outre les devoirs humains moraux et civiques (des hommes envers les hommes) des *services de cour*, en cherchant peut-être même par la suite à compenser par ces derniers, la carence des premiers. Dans une religion universelle, il n'y a pas de devoirs spéciaux à l'égard de Dieu, car Dieu ne peut rien recevoir de nous ; nous ne pouvons agir ni sur lui, ni pour lui.

KANT, *La Religion dans les limites de la simple raison*, 1793,
4e partie, 1re section, trad. Gibelin, Vrin.

RELIGION. SOCIÉTÉ

1. DÉFINITION SOCIOLOGIQUE DE LA RELIGION

Qu'on interprète la religion d'une manière ou d'une autre, qu'elle soit sociale par essence ou par accident, un point est certain, c'est qu'elle a toujours joué un rôle social.
BERGSON, *Les deux sources de la morale et de la religion*, 1932, I, 5.

Pour pouvoir rechercher quelle est la religion la plus primitive et la plus simple que nous fasse connaître l'observation[a], il nous faut tout d'abord définir ce qu'il convient d'entendre par une religion ; sans quoi, nous nous exposerions soit à appeler religion un système d'idées et de pratiques qui n'aurait rien de religieux, soit à passer à côté de faits religieux sans en apercevoir la véritable nature. [...]

En premier lieu, il existe de grandes religions d'où l'idée de dieux et d'esprits est absente, où, tout au moins, elle ne joue qu'un rôle secondaire et effacé. C'est le cas du bouddhisme. [...]

Toutes les croyances religieuses connues, qu'elles soient simples ou complexes, présentent un même caractère commun : elles supposent une classification des choses, réelles ou idéales, que se représentent les hommes, en deux classes, en deux genres opposés, désignés généralement par deux termes distincts que traduisent assez bien les mots de *profane* et de *sacré*. La division du monde en deux domaines comprenant, l'un tout ce qui est sacré, l'autre tout ce qui est profane, tel est le trait distinctif de la pensée religieuse. [...] Il n'existe pas dans l'histoire de la pensée humaine un autre exemple de deux catégories de choses aussi profondément différenciées, aussi radicalement opposées l'une à l'autre. L'opposition traditionnelle entre le bien et le mal n'est rien à côté de celle-là : car le bien et le mal sont deux espèces contraires d'un même genre, à savoir le moral, comme la santé et la maladie ne sont que deux aspects différents d'un même ordre de faits, la vie, tandis que le sacré et le profane ont toujours et partout été conçus par l'esprit humain comme deux genres séparés, comme deux mondes entre lesquels il n'y a rien de commun. [...]

La magie, elle aussi, est faite de croyances et de rites. Elle a, comme la religion, ses mythes et ses dogmes. [...] Faudra-t-il donc dire que la magie ne peut être distinguée avec rigueur de la religion ; que la magie est pleine de religion, comme la religion de magie et qu'il est, par suite, impossible de les séparer et de définir l'une sans l'autre ? Mais ce qui rend cette thèse difficilement soutenable, c'est la répugnance marquée de la religion pour la magie et, en retour, l'hostilité de la seconde pour la première. [...] Quelques rapports qu'il puisse y avoir entre ces deux sortes d'institutions, il est donc difficile qu'elles ne s'opposent pas par quelque endroit ; et il est d'autant plus nécessaire de trouver par où elles se distinguent que nous entendons limiter notre recherche à la religion et nous arrêter au point où commence la magie.

Les croyances proprement religieuses sont toujours communes à une collectivité déterminée qui fait profession d'y adhérer et de pratiquer les rites qui en sont solidaires. Elles ne sont pas seulement admises à titre individuel, par tous les membres de cette collectivité ; mais elles sont la chose du groupe et elles en font l'unité. Les individus qui la composent se sentent liés les uns aux autres, par cela seul qu'ils ont une foi commune. Une société dont les membres sont unis parce qu'ils se représentent de la même manière le monde sacré et ses rapports avec le monde profane, et parce qu'ils traduisent cette représentation commune dans des pratiques identiques, c'est ce qu'on appelle une Église[1]. Or, nous ne rencontrons pas, dans l'histoire, de religion sans Église. [...]

Nous arrivons donc à la définition suivante : *Une religion est un système solidaire de croyances et de pratiques relatives à des choses sacrées, c'est-à-dire séparées, interdites, croyances et pratiques qui unissent en une même communauté morale, appelée Église, tous ceux qui y adhèrent.* Le second élément qui prend ainsi place dans notre définition n'est pas moins essentiel que le premier ; car, en montrant que l'idée de religion est inséparable de l'idée d'Église, il fait pressentir que la religion doit être une chose éminemment collective.

Émile Durkheim, *Les Formes élémentaires de la vie religieuse : le système totémique en Australie,* Félix Alcan, 1912, Liv. I, chap. I, §§ II, III, IV.

1. Du latin « ecclesia », emprunté au grec « ekklèsia » : « assemblée du peuple », pris au sens de « assemblée des chrétiens » dans le Nouveau Testament.

a. *Durkheim se propose en effet, dans ce livre, « d'étudier la religion la plus primitive et la plus simple qui soit actuellement connue, d'en faire l'analyse et d'en tenter l'explication ».*

RELIGION. SURNATUREL

2. DÉFINITION CATHOLIQUE DE LA RELIGION

L'hérétique est celui qui a une opinion, et c'est ce que le mot signifie. Qu'est-ce à dire, *avoir une opinion*? c'est suivre sa propre pensée et son sentiment particulier. Mais le catholique est *catholique*, c'est-à-dire qu'il est *universel* et, sans avoir de sentiment particulier, il suit sans hésiter celui de l'Église.

Bossuet, *1re Instruction pastorale sur les promesses de l'Église,* § 29.

On ne peut, sans méconnaître l'élément original et vraiment spécifique de la religion dans la conscience de l'homme religieux, la ramener soit à une institution sociale, soit à un système individuel de sentiments, de croyances et de rites, soit même à un composé d'initiatives personnelles et de réactions collectives « ayant Dieu pour objet ». Car ce à quoi le fidèle s'attache comme à l'essentiel de sa foi, ce n'est pas à un *objet*, idée ou force dont il disposerait pour l'avoir formée ou captée, c'est à un *sujet*, à un être non seulement doué de vie, de volonté, mais encore mystérieux, inaccessible aux prises naturelles de notre pensée et de notre action, ne se livrant donc que par grâce, par le témoignage qu'il rend de lui-même et de sa propre transcendance, par la lettre révélée ou prescrite des dogmes et des pratiques qui mettent à notre portée son incommunicabilité même : d'où l'idée, essentiellement religieuse, d'une tradition qui transmet la révélation et le pacte d'alliance comme un dépôt sacré. L'élément social ou individuel n'est que subordonné, comme un moyen ou une matière ; ce n'est pas l'élément *formel* de la religion. Aussi la religion dite « naturelle » n'est qu'un extrait tardif, artificiel et dénaturant de la Religion qui, devant la conscience et l'histoire, apparaît toujours comme positive, en tant qu'elle s'apparaît à elle-même comme pénétrée d'éléments surnaturels. Et quelles que soient les déviations ou les inconséquences qui l'infléchissent soit vers les formes superstitieuses et la magie, soit vers un symbolisme idéologique ou vers une statolâtrie, il importe de dégager, en sa pureté originelle et logique, le trait distinctif de la religion, dont les explications philosophiques (qu'elles soient psychologiques, métaphysiques ou sociologiques) ne sauraient rendre un compte suffisant.

Maurice Blondel, Article « Religion », in *Vocabulaire technique et critique de la philosophie*, par Lalande, P.U.F.

Religion. Anthropologie

3. Les religions : scrupules et tabous

Définir la religion est d'autant plus difficile que le mot est fort ancien, qu'il a beaucoup servi et que l'étymologie du latin *religio* ne nous éclaire que faiblement sur la signification primitive de ce terme. [...] *Religio* vient de *relegere*, qui s'oppose à *neglegere*, comme le soin vigilant (nous disons : un *soin religieux*) au laisser-aller et à la négligence. La *religio* serait donc l'observation fidèle des rites ; cela est bon à savoir, mais nous laisse dans une complète ignorance sur la nature du sentiment religieux.

On ferait un volume en énumérant et en discutant les définitions de la religion qui ont été proposées par les savants modernes. « La religion, dit Schleiermacher, consiste en un sentiment absolu de notre dépendance. » « C'est, dit Feuerbach[1], un désir qui se manifeste par la prière, le sacrifice et la foi. » Kant voulait y voir « le sentiment de nos devoirs en tant que fondés sur des commandements divins »[2]. « La religion, dit Max Müller, est une faculté de l'esprit qui, indépendamment des sens et de la raison, met l'homme en état de saisir l'infini. » Plus modestement, le grand ethnographe anglais Tylor admet, comme définition *minima* du mot religion, « la croyance à des êtres spirituels ». Le premier peut-être, en 1887, Marie-Jean Guyau a introduit, dans la définition de la *religion*, un élément essentiel à toutes les religions, le caractère social : « La religion, dit-il, est un *sociomorphisme* universel... Le sentiment religieux est le sentiment de la dépendance par rapport à des volontés que l'homme primitif place dans l'univers. » De toutes les définitions que j'ai citées jusqu'à présent, celle-là est incontestablement la meilleure.

Je lui trouve pourtant un grave défaut. Le mot de *religion* étant ce que l'a fait l'usage, il est nécessaire qu'une définition *minima*, comme dit Tylor, convienne à toutes les acceptions où on l'entend. Or, les Romains parlaient déjà de la religion du serment, *religio juris jurandi* ; nous en parlons à notre tour, ainsi que de la religion de la patrie, de la famille, de l'honneur.

Employé ainsi, le mot de religion ne comporte ni l'idée de l'infini, ni le désir dont parle Feuerbach, ni même la dépendance à l'égard d'autres volontés dont parle Guyau. En revanche, il implique, sans contrainte matérielle, une limitation de la volonté individuelle, ou plutôt de l'activité humaine en tant qu'elle dépend de la volonté. Comme il y a de multiples religions, il y a des limitations multiples, et je propose de définir la religion: *Un ensemble de scrupules qui font obstacle au libre exercice de nos facultés.*

[...] Le terme scrupule a le tort d'être un peu vague et, si j'ose dire, trop *laïcisé*. Nous avons scrupule à parler haut dans une chambre mortuaire ; mais nous avons aussi scrupule à entrer avec un parapluie dans un salon. Les scrupules dont il est question dans la définition que j'ai proposée, sont d'une nature particulière ; à

1. Cf. texte suivant n° 4, p. 372 (Feuerbach).

2. Cf. texte inaugural, p. 368 (Kant).

l'exemple de beaucoup d'anthropologistes contemporains, je les appellerai des *tabous*, mot polynésien qui a reçu droit de cité dans la langue de l'ethnographie et même dans celle de la philosophie.

[...] Le mot est polynésien, mais l'idée qu'il exprime nous est très familière ; elle l'est surtout dans les pays où l'on n'a pas encore désappris à lire la Bible. Dès le début de ce livre, Adam est averti par l'Éternel qu'il ne doit pas manger le fruit d'un certain arbre sous peine de mort ; c'est un *tabou* caractérisé, car l'Éternel ne dit point pourquoi Adam ne doit pas manger le fruit de l'arbre.

Plus loin, dans la législation religieuse des Hébreux, il est défendu, sous peine de mort, de prononcer le nom sacré de l'Éternel. Voilà un nom *tabou*. [...]

La notion du *tabou* est une des plus fécondes que nous ait enseignées l'ethnographie au XIXe siècle. Le passage du *tabou* à l'interdiction motivée, raisonnée, raisonnable, c'est presque l'histoire des progrès de l'esprit humain.

Salomon Reinach[a], *Orpheus, Histoire générale des religions*,
Alcide Picard, édit., 1909, pp. 2-6.

a. *Salomon Reinach (1838-1932) : philologue et archéologue français, auteur d'une œuvre considérable. Présentant son* Orpheus *comme « un tableau d'ensemble des religions, considérées comme des phénomènes naturels et non autrement », il précise dans la Préface : « Je le fais parce que je crois que les temps sont révolus et que, sur ce domaine comme sur tous les autres, la raison laïque doit revendiquer ses droits. Je me suis efforcé de ne blesser aucune conscience ; mais j'ai dit ce que je crois être la vérité et l'ai dit avec l'accent de la vérité. Je ne pense pas que la persécution des Bacchanales par le sénat romain, que celle du christianisme naissant par les empereurs, que les fureurs de l'Inquisition, que la Saint-Barthélemy et les dragonnades doivent être relatées avec froideur, comme des épisodes insignifiants de l'histoire. J'exècre ces meurtres juridiques, fruits maudits de l'esprit d'oppression et du fanatisme ; je l'ai laissé voir. »*

Religion.
Métaphysique

4. La religion place en Dieu l'essence de l'homme

L'homme, l'homme religieux surtout est pour lui-même la mesure de toutes choses et de toute réalité. Tout ce qui peut en imposer à l'homme, tout ce qui peut produire une impression *particulière* sur son esprit – ne fût-ce qu'un bruit ou un son inexplicables – l'homme lui confère l'indépendance d'un être particulier et divin. La religion embrasse *tous les objets* du monde ; tout ce qui a pu exister a été l'objet d'adoration religieuse ; *il n'est rien dans l'essence et dans la conscience de la religion qui ne soit, en général, dans l'essence et dans la conscience que l'homme se fait de lui-même et du monde.* La religion n'a pas de *contenu qui lui soit propre et particulier.* Jusqu'à la peur et la crainte qui eurent leurs temples à Rome ! Les chrétiens aussi ont transformé des passions de l'âme en êtres, leurs sentiments en qualités des choses, leurs affections dominantes en puissances dominant le monde, bref les propriétés de leur propre être, connu ou inconnu, en *êtres subsistant par eux-mêmes.*

[...] *L'homme affirme en Dieu ce qu'il nie en lui-même.* La religion fait abstraction de l'homme et du monde ; mais elle ne peut faire abstraction que des imperfections et des bornes, réelles ou présumées, du négatif, *mais non pas de l'essence, du positif du monde et de l'homme*; elle est donc obligée de reprendre dans l'abstraction et la négation ce dont elle fait, ou croit faire abstraction. Et c'est ainsi qu'*inconsciemment* la religion affirme réellement en Dieu tout ce qu'elle nie *consciemment* – en sous-entendant naturellement que ce qu'elle nie est en soi quelque chose d'essentiel, de vrai et par suite d'*indéniable*. C'est ainsi que dans la religion l'homme nie sa raison : de lui-même il ne sait rien de Dieu, ses pensées ne sont que mondaines et terrestres, il ne peut croire que ce que Dieu lui révèle. Mais en échange les pensées de Dieu sont des pensées humaines et terrestres : Dieu a des projets en tête comme l'homme ; il se règle sur les circonstances et le degré d'intelligence des hommes, comme un professeur sur le degré de compréhension de ses élèves ; il suppute exactement l'effet de ses dons et de ses révélations[1] ; il observe l'homme dans toute son action et ses efforts ; il sait tout, et même ce qu'il y a de plus terrestre, de plus commun, et de pire. Bref, l'homme nie en face de Dieu son savoir et sa pensée, pour poser en Dieu son savoir et sa pensée.

Ludwig FEUERBACH, *L'Essence du christianisme*, 1841, Introduction, in « Manifestes philosophiques », trad. Althusser, Coll. 10/18, P.U.F., pp. 109-110, 116-117.

1. Cf. texte n° 11, p. 378 (Hume).

RELIGION. ILLUSION

5. UN MONDE DE PURE FICTION[a]

Entre deux hommes qui n'ont pas l'expérience de Dieu, celui qui le nie en est peut-être le plus près.
Simone WEIL, *Cahiers II*, 1972, p. 19.

Dans le christianisme, ni la morale ni la religion n'ont quelque point de contact que ce soit avec la réalité. Il ne s'y trouve rien que des *causes* imaginaires (« Dieu », « l'âme », « le Moi », l'« esprit », le « libre arbitre », à moins que ce ne soit le « serf arbitre » ; rien que des *effets* imaginaires (« péché », « rédemption », « grâce », « châtiment », « rémission des péchés »). Un commerce entre des *êtres* imaginaires (« Dieu », « esprits », « âmes ») ; une *science* imaginaire de la *nature* (anthropocentrique ; absence totale du concept de causes naturelles) ; une *psychologie* imaginaire (rien que des malentendus sur soi-même, interprétations de sensations générales agréables ou désagréables, des états du *nervus sympathicus* par exemple, à l'aide du langage figuré de l'idiosyncrasie religieuse et morale, (« repentir », « remords », « la tentation du diable », « la présence de Dieu ») ; une *théologie* imaginaire (« le royaume de Dieu », le « jugement de Dieu », la «vie éternelle»). Ce *monde de pure fiction* se distingue du monde des rêves par un trait qui est fort à son désavantage, c'est que ce dernier *reflète* la réalité, tandis que l'autre ne fait que la fausser, la dévaluer, la nier. Une fois que l'on eut inventé le concept de « nature » pour l'opposer en tant que tel à celui de « Dieu », « naturel » ne put que devenir l'équivalent de « condamnable » : ce monde de fiction a tout entier sa racine dans la *haine* de la nature (de la réalité), il est l'expression d'un profond malaise causé par la réalité... *Mais cela explique tout.* Le seul qui ait besoin de *mentir pour s'évader* de la réalité, qui est-il ? Celui qui en *souffre*. Mais souffrir de la réalité signifie être soi-même une réalité *manquée*... La prépondérance des sentiments de déplaisir sur les sentiments de plaisir est la *cause* de cette religion, de cette morale fictives ; or, c'est cette prépondérance qui fournit la formule de la *décadence*...

NIETZSCHE, *L'Antéchrist,* 1888, § 15, trad. Rovini, J.-P. Pauvert, p. 93.

a. *Cf. Alain : « Fait-on des objections à une fable, si la leçon est bonne ? Et pour comprendre comment les vaniteux sont conduits par les flatteurs, faut-il croire que les renards parlent et que les corbeaux comprennent le langage des renards ? J'ai souvent cité ma réponse à un canonnier, qui me demandait ce que je pensais de la religion, et cette réponse me paraît bonne : « Ce sont, lui dis-je, des contes, mais qui ont un grand sens jusque dans leurs moindres détails. C'est un langage imagé, comme sont les paraboles. »* Préliminaires à la mythologie, *1943, in* Les Arts et les Dieux, *p. 1176.*

RELIGION.
IMAGINATION

6. LES RELIGIONS SE PERPÉTUENT GRÂCE À LEUR MERVEILLEUX SÉCULAIRE

Il faut défendre la superstition comme un ouvrage avancé de la religion, car il n'est pas bon qu'on puisse venir sans obstacle jusqu'au pied du mur, en mesurer la hauteur et planter des échelles !
Joseph DE MAISTRE, *Les Soirées de Saint-Pétersbourg,* 1821, 10e Entretien.

Plus le merveilleux des origines de la tradition religieuse est reculé dans le passé, moins il agit fortement sur l'imagination, et plus il trouve la raison pratique docile à s'y soumettre, comme à la condition nécessaire d'une règle que les sciences et la philosophie ne peuvent donner, et qui est indispensable pour réprimer les écarts de l'enthousiasme et le soutenir dans ses défaillances. Tandis que les âmes enthousiastes par nature sont toujours portées à rechercher un merveilleux nouveau, celles en bien plus grand nombre dont la nature est tempérée s'accommodent bien mieux d'un merveilleux éloigné et comme partiellement éteint ou à demi voilé par l'interposition des siècles.

Il y a plus : ce merveilleux nouveau que certaines âmes enthousiastes rechercheraient et que la raison du plus grand nombre repousse, elle le repousse avec d'autant plus d'avantage que la religion a duré plus longtemps, et que le relâchement de la ferveur primitive a donné à la raison plus d'indépendance. Il semble même qu'on puisse affirmer qu'il doive venir d'une époque de civilisation où la création d'une religion nouvelle est chose impossible, et où l'enthousiasme, l'illuminisme, le fanatisme vrai ou feint ne peuvent aboutir qu'à des contrefaçons maladroites, à la production de sectes obscures et sans vitalité. Cependant les besoins permanents qui tiennent à la nature de l'homme n'auront pas changé ; l'absence de la foi religieuse laissera toujours le même vide dans les âmes : il faudra donc bien alors que toutes les âmes qui éprouvent ce besoin et qui souffrent de ce vide se rattachent au fond des croyances que les siècles leur ont transmis et qui s'imposent à elles avec l'autorité que leur donne la tradition séculaire. C'est ainsi qu'une religion parvenue à la vieillesse se soutient par sa vieillesse même et se soustrait aux lois naturelles de la vie, trouvant dans sa durée passée la raison de sa durée future, sans qu'on aperçoive de fin nécessaire à cette influence du passé sur le présent et sur l'avenir.

COURNOT, *Traité de l'enchaînement des idées fondamentales dans les sciences et dans l'histoire* (1861), Hachette, 1922, p. 466.

RELIGION. SCIENCE

7. C'EST LA RELIGION QUI A ENFANTÉ LA SCIENCE

Il n'existe, au fond, qu'une seule religion, à la fois universelle et définitive, vers laquelle tendirent de plus en plus les synthèses partielles et provisoires, autant que le comportaient les situations correspondantes.
Auguste COMTE, *Catéchisme positiviste*, 1852, Introd.

J'ai mangé tel fruit et j'ai été malade, j'ai pris tel chemin et je me suis égaré. Ces accidents ne sont arrivés qu'une fois et n'ont pu, par la répétition, créer des tendances ; pour que le premier événement soit considéré comme aussi dangereux que le second, il faut que l'esprit établisse un rapport de production entre les deux événements, il faut qu'il tire de ce récit un ordre : « Ne mange pas de ce fruit, ne prends pas ce chemin », mais il faut surtout donner de la force à cet ordre qui n'en a aucune. Il est déjà difficile de donner de la force à un précepte généralement adopté par la tribu quand cet ordre n'est pas devenu une tendance puissante. Il a fallu la longue éducation de l'humanité par les religions de morale austère, il a fallu l'acquisition de la domination sur soi-même, l'habitude de sacrifier ses préférences, pour que l'humanité devînt capable de donner de la force à l'ordre issu du souvenir. *La conduite expérimentale* est une conduite vertueuse dans laquelle il y a de l'humilité pour exprimer son système avec hésitation et doute, de la fermeté morale et du caractère pour attendre le fait et pour éviter de « donner le coup de pouce à l'expérience », de la résignation pour accepter le verdict de la nature. La religion ne devrait pas être trop sévère pour la science, car c'est elle qui l'a enfantée.

On croit d'ordinaire que cette conduite est réservée au savant qui construit la science et qui expérimente dans son laboratoire. C'est une erreur, le savant précise cette conduite d'une manière particulière, mais il ne l'invente pas. Dans les temps modernes, l'esprit expérimental est reproduit partout : une cuisinière, a-t-on dit, fait de la science expérimentale quand elle vérifie le temps de cuisson d'un œuf à la coque.

Pierre JANET, *De l'angoisse à l'extase*, Alcan 1926-1928 ; réédition 1975 par la Société Pierre Janet, diffusion Librairie Payot.

RELIGION. VIOLENCE

8. « LES RELIGIONS, SOURCES FUNESTES DE TROUBLES ET DE DIVISIONS PARMI LES HOMMES »

Notre religion est faite pour extirper les vices ; elle les couvre, les nourrit, les incite.
MONTAIGNE, *Essais*, II, XII.

1. Les théologiens des diverses religions.

Non seulement cette foi, ou cette créance aveugle qu'ils[1] posent pour fondement de leur doctrine et de leur morale, est un principe d'erreurs, d'illusions, de mensonges et d'impostures, mais elle est aussi une source funeste de troubles et de divisions éternelles parmi les hommes, car comme ce n'est point par raison, mais plutôt par entêtement et par opiniâtreté qu'ils s'attachent les uns et les autres à la créance de leurs religions et de leurs prétendus saints mystères, et qu'ils croient aveuglément chacun de leur part être au moins aussi bien fondés les uns que les autres dans leur créance et dans le maintien de leur religion, et que cette créance aveugle qu'ils ont chacun de leur côté de la prétendue vérité de leur religion, les oblige de regarder toutes les autres comme fausses, et qu'elle les oblige même de maintenir chacun la leur, au péril de leurs vies et de leurs fortunes et aux dépens de tout ce qu'ils pourraient avoir de plus cher : c'est ce qui fait qu'ils ne peuvent s'accorder entre eux sur le fait de leurs religions et qu'ils ne s'y accorderont jamais ; et c'est ce qui cause aussi perpétuellement entre eux, non seulement des disputes et des contestations verbales, mais aussi des troubles et des divisions funestes ; ce pourquoi aussi on voit tous les jours qu'ils se persécutent les uns les autres à feu et à sang pour le maintien de leurs folles et aveugles créances ou religions, et qu'il n'y a point de maux ni de méchancetés qu'ils n'exercent les uns contre les autres, sous ce beau et spécieux prétexte de défendre et de maintenir la prétendue vérité de leurs religions ; les fous ! tous tant qu'ils sont !

Curé Jean MESLIER[a] (1664-1729), *Œuvres complètes de Jean Meslier*, Édit. Anthropos, 1970, pp. 83-84.

a. *Ordonné prêtre en 1688, Jean Meslier resta, de sa jeunesse à sa mort, curé d'Étrépigny, petit village des Ardennes. Il s'acquitta de son sacerdoce à la satisfaction de ses paroissiens, sinon de ses supérieurs : au mépris du « rituel » et des « convenances », Meslier distribuait gratuitement aux enfants, en guise de friandises, les hosties non utilisées ; et, malgré « la défense réitérée » de son archevêque, il s'obstina à garder près de lui une servante « âgée d'environ dix-huit ans » qu'il disait être sa cousine germaine. Il laissa à sa mort un* Mémoire *(publié anonymement par Voltaire en 1762, sous le titre* Testament de Jean Meslier*), ainsi que des* Lettres aux curés du voisinage *et une réfutation de la* Démonstration de l'existence de Dieu *de Fénelon.*
« Cartésien d'extrême gauche » (J. Deprun), communiste et athée, Meslier peut être considéré, selon les expressions d'Albert Soboul, comme « le douanier Rousseau de la crise de la conscience européenne » à la veille de la Révolution française, ou comme « le facteur Cheval du matérialisme dans le premier âge des Lumières ».

RELIGION. MORALE

9. LES BIENFAITS DE LA RELIGION

Les hommes n'ont jamais été plus ambitieux, plus avides, plus fourbes, plus cruels, plus séditieux, que quand ils se sont persuadés que la Religion leur permettait, ou leur ordonnait de l'être.
D'HOLBACH, *Système de la Nature*, 1770, chap. XIII.

Les maux qu'a causés la Religion sont connus : rappelons seulement, à sa dernière heure, ses bienfaits, ses hautes inspirations[1]. C'est elle qui cimenta les fondements des sociétés, qui donna l'unité et la personnalité aux nations, qui servit de sanction aux premières législations, anima d'un souffle divin les poètes et les artistes, et, plaçant dans le ciel la raison des choses et le terme de notre espérance, répandit à flots sur un monde de douleurs la sérénité et l'enthousiasme. C'est encore elle qui, déjà couverte du voile funèbre, fait brûler tant d'âmes généreuses du zèle de la vérité et de la justice, et,

1. Cf. Nietzsche : « On a abandonné la religion, mais non les élévations et les transports de l'âme conquis grâce à elle. » (*Humain, trop humain*, I, 222).

dans les exemples qu'elle nous laisse, célèbre les lois de l'égalité. Combien elle embellit nos plaisirs et nos fêtes ! Quel parfum de poésie elle répandait sur nos moindres actions ! Comme elle sut ennoblir le travail, rendre la douleur légère ; humilier l'orgueil du riche, et relever la dignité du pauvre ! Que de courages elle échauffa de ses flammes ! Que de vertus elle fit éclore ! Que de dévouements elle suscita ! Quel torrent d'amour elle versa au cœur des Thérèse, des François de Sales, des Vincent de Paul, des Fénelon ; et de quel lien fraternel elle embrassa les peuples, en confondant dans ses traditions et ses prières les temps, les langues et les races ! Avec quelle tendresse elle consacra notre berceau, et de quelle grandeur elle accompagna nos derniers instants ! Quelle chasteté délicieuse elle mit entre les époux ! La femme vraiment forte et divine est celle en qui l'amour a fait mourir le sens et qui conçoit sans volupté ; la femme à l'état de nature, c'est la prostituée. La Religion a créé des types auxquels la science n'ajoutera rien : heureux si nous apprenons de celle-ci à réaliser en nous l'idéal que nous a montré la première.

Pierre-Joseph Proudhon [1], *De la Création de l'Ordre dans l'Humanité ou Principe d'Organisation politique* (1843), § 78.

1. Cf. note **a.**, p. 273.

Religion. Pouvoir

10. L'athée mis en accusation

Qui donc t'a donné la mission d'annoncer au peuple que la Divinité n'existe pas, ô toi qui te passionnes pour cette aride doctrine, et qui ne te passionnas jamais pour la patrie ? Quel avantage trouves-tu à persuader à l'homme qu'une force aveugle préside à ses destinées, et frappe au hasard le crime et la vertu ; que son âme n'est qu'un souffle léger qui s'éteint aux portes du tombeau ?

L'idée de son néant lui inspirera-t-elle des sentiments plus purs et plus élevés que celle de son immortalité ? lui inspirera-t-elle plus de respect pour ses semblables et pour lui-même, de dévouement pour la patrie, plus d'audace à braver la tyrannie, plus de mépris pour la mort ou pour la volupté ? Vous qui regrettez un ami vertueux, vous aimez à penser que la plus belle partie de lui-même a échappé au trépas ! Vous qui pleurez sur le cercueil d'un fils ou d'une épouse, êtes-vous consolés par celui qui vous dit qu'il ne reste plus d'eux qu'une vile poussière ? Malheureux qui expirez sous les coups d'un assassin, votre dernier soupir est un appel à la justice éternelle ! L'innocence sur l'échafaud fait pâlir le tyran sur son char de triomphe : aurait-elle cet ascendant, si le tombeau égalait l'oppresseur et l'opprimé ? Malheureux sophiste ! de quel droit viens-tu arracher à l'innocence le sceptre de la raison pour le remettre dans les mains du crime, jeter un voile funèbre sur la nature, désespérer le malheur, réjouir le vice, attrister la vertu , dégrader l'humanité ? [...] L'idée de l'Être-suprême et de l'immortalité de l'âme est un rappel continuel à la justice ; elle est donc sociale et républicaine.

Robespierre, *Sur les rapports des idées religieuses et morales avec les principes républicains et sur les fêtes nationales*, 18 floréal an II (7 mai 1794).

RELIGION. CONNAISSANCE. PASSIONS

11. CULTES DIVINS ET PASSIONS HUMAINES

Quant au sacrifice, c'est sans doute, d'abord, une offrande destinée à acheter la faveur du dieu ou à détourner sa colère. Il doit être d'autant mieux accueilli qu'il a plus coûté, et que la victime a une plus grande valeur. C'est probablement ainsi que s'explique en partie l'habitude d'immoler des victimes humaines.

BERGSON, *Les deux sources de la morale et de la religion.*

C'est une absurdité de croire que la Divinité ait des passions humaines, et l'une des plus basses des passions humaines, un incessant appétit d'applaudissements. C'est une inconsistance de croire, si la Divinité a cette passion humaine, qu'elle n'en ait pas d'autres aussi, et, en particulier, du mépris pour les opinions de créatures à tel point inférieures.

Connaître Dieu, dit Sénèque, *c'est lui rendre un culte.* Tout autre culte, en vérité, est absurde, superstitieux et même impie : il ravale Dieu à la basse condition de l'humanité, qui se complaît aux supplications, aux sollicitations, aux présents et aux flatteries. Pourtant cette impiété n'est que la plus petite dont la superstition soit coupable. D'ordinaire, elle abaisse la Divinité bien au-dessous de la condition humaine, et la représente comme un démon capricieux, exerçant son pouvoir sans raison et sans humanité ! Et si cet Être divin était disposé à s'offenser des vices et des folies de niais mortels, qui sont son propre ouvrage, mal en prendrait assurément aux sectateurs de la plupart des superstitions populaires. Personne de la race humaine ne mériterait sa *faveur,* hormis un très petit nombre, les théistes[a] philosophiques, qui conçoivent, ou plutôt, à vrai dire, s'efforcent de concevoir des notions conformes à ses divines perfections ; de même que les seules personnes ayant droit à sa *compassion* et à son *indulgence* seraient les sceptiques philosophiques, secte presque également rare, qui, par une naturelle défiance envers leur propre capacité, suspendent, ou s'efforcent de suspendre tout jugement, relativement à de si sublimes et extraordinaires sujets.

David HUME, *Dialogues sur la religion naturelle* (posth. 1777), 12e partie, trad. Maxime David, J. Vrin, 1973, p. 116.

a. *Théiste est celui qui admet, comme principe premier de toutes choses, l'existence d'un Dieu personnel. « Le théisme, écrit Voltaire, est le bon sens qui n'est pas encore instruit de la révélation, et les autres religions sont le bon sens perverti par la superstition ». Voltaire tient pour synonymes les deux termes « théisme » et « déisme », tandis que Kant les oppose, le déiste excluant toute* révélation. *De son côté, Pascal, au nom de « la vraie religion », confond dans une même réprobation « déisme » et « athéisme » : « Ils s'imaginent qu'elle (la religion chrétienne) consiste simplement en l'adoration d'un Dieu considéré comme grand et puissant et éternel ; ce qui est proprement le déisme, presque aussi éloigné de la religion chrétienne que l'athéisme, qui y est tout à fait contraire »,* Pensées, *VIII, 556. En revanche, la* Profession de foi du vicaire savoyard, *dans l'*Émile *(IV, 360), exprime, selon Rousseau, « le théisme ou la religion naturelle, que les chrétiens affectent de confondre avec l'athéisme ou l'irréligion, qui est la doctrine directement opposée ».*

Religion. Autrui. Croyance et foi

12. La foi n'est fondée que sur la confiance en autrui

Tout ce qu'on croit seulement et qu'on reçoit de confiance, tout cela n'est que broutilles.
Locke, *Essai sur l'entendement humain*, (1690), I, chap. III, § 24

Quand les raisons pour lesquelles nous donnons notre consentement à quelque proposition, ne sont pas tirées d'elle-même, mais de la personne qui l'a mise en avant, comme si nous estimions qu'elle est si bien avisée qu'elle ne peut se méprendre, et si nous ne voyons point de sujet qu'elle voulût nous tromper, alors notre consentement se nomme *foi*, à cause qu'il ne naît pas de notre science particulière, mais de la confiance que nous avons en celle d'autrui ; et il est dit que nous croyons à ceux auxquels nous nous en rapportons. De tout ce discours on voit la différence qu'il y a, premièrement, entre la *foi* et la *profession extérieure* : car celle-là est toujours accompagnée d'une approbation intérieure ; et celle-ci en est quelquefois séparée ; celle-là est une intérieure persuasion de l'âme ; mais celle-ci n'est qu'une obéissance extérieure. Puis, entre la *foi* et l'*opinion* : car celle-ci est appuyée sur notre raisonnement, et l'autre sur l'estime que nous faisons d'autrui. Enfin entre la *foi* et la *science* : car en celle-ci, une proposition qu'on examine est dissoute et mâchée longtemps avant qu'on la reçoive ; mais en l'autre, on l'avale tout d'un coup et tout entière. L'explication des noms, sous lesquels ce qu'on recherche est proposé, sert à acquérir la science, voire il n'y a que la seule voie des définitions par laquelle on puisse savoir quelque chose : mais en la foi, cette pratique est nuisible. Car les choses qui nous sont proposées à croire étant au-dessus de la portée de notre esprit, l'exposition ne les rendra jamais plus évidentes, et, au contraire, plus on tâche de les éclaircir, plus obscures et plus incroyables elles deviennent. Et il en prend à un homme qui tâche de démontrer les mystères de la foi par raisons naturelles, de même qu'à un malade qui veut mâcher des pilules, bonnes à la santé, mais amères, avant que les faire descendre dans son estomac ; car l'amertume les lui fera tout incontinent rejeter, et elles n'opéreront point, là où, s'il les eût promptement avalées, il n'en eût pas senti le mauvais goût et il en eût recouvré sa guérison.

Hobbes, *Le Citoyen ou Les Fondements de la Politique* (De Cive), 1642, traduction de Samuel Sorbière, Flammarion, 1982, chap. XVIII, IV, p. 343.

Religion. Histoire

13. Pour la tolérance religieuse

Jusques où les hommes ne se portent-ils point par l'intérêt de la religion, dont ils sont peu persuadés et qu'ils pratiquent si mal.
La Bruyère, *Les Caractères*, chap. « Des Esprits forts », § 24.

Quand les Romains furent maîtres de la plus belle partie du monde, on sait qu'ils en tolérèrent toutes les religions, s'ils ne les admirent pas, et il me paraît démontré que c'est à la faveur de cette tolérance que le christianisme s'établit, car les premiers chrétiens étaient presque tous Juifs. [...]

Qu'est-ce que la tolérance ? c'est l'apanage de l'humanité. Nous sommes tous pétris de faiblesse et d'erreurs ; pardonnons-nous réciproquement nos sottises, c'est la première loi de la nature.

Il est clair que tout particulier qui persécute un homme, son frère, parce qu'il n'est pas de son opinion, est un monstre. Cela ne souffre pas de difficulté. Mais le gouvernement ! mais les magistrats ! mais les princes ! comment en useront-ils envers ceux qui ont un autre culte que le leur ? Si ce sont des étrangers puissants, il est certain qu'un prince fera alliance avec eux. François Ier très chrétien, s'unira avec les musulmans contre Charles-Quint, très catholique. François Ier donnera de l'argent aux luthériens d'Allemagne pour les soutenir dans leur révolte contre l'empereur ; mais il commencera, selon l'usage, par faire brûler les luthériens chez lui. Il les paie en Saxe par politique ; il les brûle par politique à Paris. Mais qu'arrivera-t-il ? Les persécutions font des prosélytes. Bientôt la France sera pleine de nouveaux protestants. D'abord, ils se laisseront pendre, ensuite ils pendront à leur tour. Il y aura des guerres civiles, puis viendra la Saint-Barthélemi ; et ce coin du monde sera pire que tout ce que les anciens et les modernes ont jamais dit de l'enfer. [...]

La discorde est le grand mal du genre humain, et la tolérance en est le seul remède. [...] Toute secte, comme on sait est un titre d'erreur ; il n'y a point de secte de géomètres, d'algébristes, d'arithméticiens, parce que toutes les propositions de géométrie, d'algèbre, d'arithmétique, sont vraies. [...]

Il serait encore plus aisé de faire voir combien la religion chrétienne d'aujourd'hui diffère de la religion que Jésus a pratiquée. Jésus était Juif, et nous ne sommes point Juifs. Jésus s'abstenait du porc parce qu'il est immonde, et du lapin parce qu'il rumine et qu'il n'a point le pied fendu ; nous mangeons hardiment du porc parce qu'il n'est point pour nous immonde, et nous mangeons du lapin qui a le pied fendu, et qui ne rumine pas. Jésus était circoncis, et nous gardons notre prépuce. Jésus mangeait l'agneau pascal avec des laitues, il célébrait la fête des tabernacles ; et nous n'en faisons rien. Il observait le sabbat, et nous l'avons changé ; il sacrifiait, et nous ne sacrifions point. Jésus cacha toujours le mystère de son incarnation et de sa dignité ; il ne dit point qu'il était égal à Dieu. Saint Paul dit expressément, dans son Épître aux Hébreux[1], que Dieu a créé Jésus inférieur aux anges ; et, malgré toutes les paroles de saint Paul, Jésus a été reconnu Dieu au concile de Nicée[a]. [...]

Si l'on veut y faire attention, la religion catholique, apostolique et romaine, est dans toutes ses cérémonies et dans tous ses dogmes l'opposé de la religion de Jésus. Mais quoi ! faudra-t-il que nous judaïsions tous parce que Jésus a judaïsé toute sa vie ? S'il était permis de raisonner conséquemment en fait de religion, il est clair que nous devrions tous nous faire juifs, puisque Jésus-Christ notre Sauveur est né juif, a vécu juif, est mort juif, et qu'il a dit expressément qu'il accomplissait, qu'il remplissait la religion juive. Mais il est plus clair encore que nous devons nous tolérer mutuellement parce que nous sommes tous faibles, inconséquents, sujets à la mutabilité, à l'erreur.

Voltaire, *Dictionnaire philosophique ou la Raison par alphabet,*
Art. « Tolérance », sections I à IV.

1. Cf. *Épître aux Hébreux*, 2,7 : « Tu l'as abaissé un moment au-dessous des anges. »

a. *Concile : « assemblée des Pasteurs de l'Église pour décider les questions qui appartiennent à la foi, aux mœurs ou à la discipline... Lorsque l'Église a parlé par la bouche de ses*

Pasteurs, un homme n'est plus pardonnable de préférer son propre jugement à celui de l'Église ; il est hérétique s'il persévère dans son erreur. On appelle Concile général ou œcuménique, *celui qui est censé composé des Évêques de toute l'Église ». Le premier de ces Conciles est celui de Nicée. Contre les Ariens, disciples d'Arius, qui soutenaient que Jésus était d'une nature très inférieure à Dieu et qu'il n'était appelé* Dieu *que dans un sens impropre: « Trois cent dix-huit Évêques, assemblés à Nicée l'an 325, décidèrent que le Verbe divin est* consubstantiel *à son Père, qu'ainsi Jésus-Christ est un seul Dieu avec le Père ». De leur côté, les Ariens tinrent plusieurs Conciles : « Ils s'appliquèrent à interpréter dans un mauvais sens la doctrine du Concile de Nicée, surtout le terme* consubstantiel ; *ils prétendirent que ce mot pouvait faire confondre la personne du Fils avec celle du Père, et renouveler l'erreur de Sabellius (qui enseignait qu'il n'y a en Dieu qu'une seule personne, le Père, qui est comme la substance du Soleil, le Fils en est la lumière, le Saint Esprit la chaleur) », Abbé Bergier,* Dictionnaire de théologie, *1789.*

RELIGION. CULTURE

14. La Bible[a], ce livre étrangement révolutionnaire

« La Bible est aux religions ce que l'Iliade est à la poésie ».
JOUBERT, *Pensées*, I, 127.

J'imagine que ces premiers maîtres imprimeurs, en qui s'associaient la ferveur de l'humanisme et la ferveur de l'Évangile, et qui travaillaient eux-mêmes passionnément, dans leurs ateliers pleins de pensée et de fièvre, laissèrent dans l'esprit de leurs ouvriers une émotion profonde. J'imagine aussi qu'entre les grands marchands qui revendiquaient audacieusement des libertés nouvelles, et réveillaient le monde de sa fainéantise et de sa torpeur, et les pauvres tisserands qui travaillaient pour les grands acheteurs, dans leur pauvre maison, en accompagnant le battement de leurs métiers d'un rêve mystique de régénération chrétienne, une sorte de communauté d'âme s'instituait parfois. Et ni les conflits économiques du maître et des ouvriers, ni les luttes du tisserand et du marchand ne suffisaient à rompre cette communauté morale. Jusque dans les luttes des classes qui s'annonçaient, ils avaient tous la sensation qu'ils allaient tous ensemble vers l'avenir ; les uns par le côté de lumière, les autres par le côté d'ombre, ils marchaient dans le même chemin. [...]

La preuve qu'en ces périodes de formation la bourgeoisie a cru être juste envers les travailleurs, c'est qu'elle leur a d'emblée donné l'école : c'est qu'elle a voulu leur donner le plus possible de lumière. C'est la Réforme, dont la bourgeoisie était la grande force, qui s'est passionnée pour l'instruction du peuple. Si la bourgeoisie avait eu quelque trouble secret de conscience, si elle avait pu redouter le jugement que porteraient sur elle et sur son œuvre les ouvriers qu'elle éduquait sévèrement au travail, par la force de l'exemple comme par la force de la loi, elle les aurait le plus possible maintenus dans l'ignorance. Au risque d'extraire moins de travail utile d'une masse inéduquée, elle ne se serait pas exposée à la terrible sentence du prolétariat exploité par elle. Elle n'aurait pas ouvert elle-même sur sa besogne d'iniquité, ces milliers et ces milliers d'yeux accoutumés aux longues ténèbres. Elle a voulu au contraire que tout homme sût lire : et quel livre ? Celui où elle-même puisait la vie. C'est dans la lecture de la Bible, traduite partout en langue vulgaire, que les peuples apprendront à penser, dans la Bible batailleuse et âpre, toute pleine des murmures, des cris, des révoltes d'un peuple indocile dont Dieu, même quand il le châtie et le brise, semble aimer la fierté, dans cette Bible où il faut que les chefs, même prédestinés, persuadent sans cesse les hommes et conquièrent, à force de services, le droit de commander, dans ce livre étrangement révolutionnaire où le dialogue entre Job et Dieu se continue de telle sorte que c'est Dieu qui a l'air d'être l'accusé, et de ne pouvoir se défendre contre le cri de révolte du juste que par le tapage grossier de son tonnerre ; dans cette Bible où les prophètes ont lancé leurs appels à l'avenir, leurs anathèmes contre les riches usurpateurs, leur rêve messianique d'universelle fraternité, toute leur ferveur de colère et d'espérance, le feu de tous les charbons ardents qui brûlèrent leurs lèvres. C'est ce livre farouche que la bourgeoisie industrielle a mis aux mains des hommes, des pauvres travailleurs des villes et des villages, de ceux-là mêmes qui étaient ses ouvriers ou qui allaient le devenir, et elle leur a dit : Regardez vous-mêmes, écoutez vous-mêmes. Ne vous abandonnez pas aux intermédiaires. Entre Dieu et vous la communication doit être immédiate. Ce sont vos yeux qui doivent voir sa lumière, c'est votre esprit qui doit entendre sa parole.

Jean Jaurès, *L'Armée nouvelle : l'organisation sociale de la France* (1910), Édit. Sociales, 1977, pp. 272-273.

a. *La Bible, « livre sacré » des religions juive et chrétienne, est une anthologie de textes généralement appelés « livres », de genres divers et d'inégale longueur, écrits au long de plus de neuf siècles, en hébreu, en araméen, en grec, à partir de traditions orales. Reçue par l'Église catholique dans une traduction latine, sous le nom de* Vulgate, *la Bible est aujourd'hui traduite en près de deux mille langues. Sous sa forme actuelle, elle se divise en* Bible *hébraïque proprement dite (la Loi, les Prophètes, les Écrits), Bible catholique romaine et Bible protestante. Ces deux dernières regroupent, sous le nom d'*Ancien Testament, *tout ou partie des livres de la Loi et des Prophètes, auxquels elles ajoutent les livres du* Nouveau Testament *: les* Évangiles *(selon Matthieu, Marc, Luc, Jean) et les* Épîtres *de Paul (ainsi que, pour les catholiques seulement, celles de Jacques, Pierre, Jean, Jude).*

RELIGION. CROYANCE

15. CELUI QUI CROYAIT AU CIEL, CELUI QUI N'Y CROYAIT PAS

C'est de la navigation que nous est venue cette idée paradoxale que pour savoir où l'on est il faut regarder le ciel.
ALAIN, *Propos*, II, 333.

A. La religion est une chose si grande, qu'il est juste que ceux qui ne voudraient pas prendre la peine de la chercher, si elle est obscure, en soient privés. De quoi se plaint-on donc, si elle est telle qu'on la puisse trouver en la cherchant ?

– Commencer par plaindre les incrédules ; ils sont assez malheureux, par leur condition. Il ne les faudrait injurier qu'au cas que cela servît ; mais cela leur nuit.

– Cette religion si grande en miracles ; saints, purs, irréprochables ; savants et grands, témoins ; martyrs ; rois (David) établis ; Isaïe, prince du sang – si grande en science, après avoir étalé tous ses miracles et toute sa sagesse, elle réprouve tout cela, et dit qu'elle n'a ni sagesse ni signes, mais la croix et la folie.

PASCAL, *Pensées*, posth. (1669), éd. Brunschvicg, Hachette, nos 189, 574, 587.

1. Cf. Rousseau : « Quiconque dit qu'il croit absolument tout ce qu'on nous enseigne et qu'il le croit sans voir la moindre difficulté, est à coup sûr un menteur ou un sot. Il y a des menteurs qui disent croire, et des imbéciles qui croient croire. » *Lettre à Mgr Christophe de Beaumont*, 1763.

B. La sincérité ou l'intelligence du croyant est toujours incertaine aux yeux de l'incroyant[1]; et la réciproque est parfois vraie. Il est presque inconcevable à l'incrédule qu'un homme instruit, calmement attentif, capable de s'abstraire de ses désirs ou de ses craintes imprécises (ou qui ne leur attribue de signification qu'individuelle, organique et presque morbide), capable aussi de s'entretenir nettement avec soi-même, et de bien séparer les domaines et les valeurs, ne rejette pas aux légendes et aux fables tous ces récits de bizarres événements immémoriaux ou improbables qui sont essentiels à l'autorité de toute religion, ne s'avise de la fragilité des preuves et des raisonnements sur quoi les dogmes se fondent, ne s'étonne jusqu'à la négation, en constatant que des révélations, des avis d'importance littéralement infinie pour l'homme, lui soient offerts comme des énigmes dangereuses à la manière du Sphinx, avec de si faibles garanties et dans des formes si éloignées de celles qu'il a coutume d'exiger des choses vraies. Rien de plus difficile à attribuer sans réserves à quelqu'un de pareil à nous. Il n'y a point de doute que la foi existe ; mais on se demande avec quoi elle coexiste dans ceux chez qui elle existe. Un incrédule y voit une singularité, quoique contagieuse, estime qu'un croyant d'esprit distingué ou supérieur, un homme comme Faraday, chef de la secte des Sandemaniens[2], ou Pasteur, porte véritablement deux hommes en lui.

2. Sandemaniens (ou Glassites) : secte protestante écossaise du XVIIIe siècle.

Paul Valéry, « Stendhal » (1927) in *Œuvres*, t. I, La Pléiade, 1957, p. 577.

RELIGION. SOCIÉTÉ. HOMME. MONDE

16. Acception générale de la religion

La loi générale du mouvement humain consiste, sous un aspect quelconque, en ce que l'homme devient de plus en plus religieux.
Auguste Comte, *Catéchisme positiviste*[a], 1852, Onzième entretien.

La Femme. Je me suis souvent demandé, mon cher père, pourquoi vous persistez à qualifier de *religion* votre doctrine universelle, quoiqu'elle rejette toute croyance surnaturelle. [...] Cela m'a conduite à penser que ce terme fondamental doit avoir une acception générale, radicalement indépendante de toute foi spéciale...

Le Prêtre. Ce nom, ma chère fille, n'offre en effet, d'après son étymologie[1], aucune solidarité nécessaire avec les opinions quelconques qu'on peut employer pour atteindre le but qu'il désigne. En lui-même, il indique l'état de complète *unité* qui distingue notre existence, à la fois personnelle et sociale, quand toutes ses parties, tant morales que physiques, convergent habituellement vers une destination commune. Ainsi, ce terme équivaudrait au mot *synthèse*, si celui-ci n'était point, non d'après sa propre structure, mais suivant un usage presque universel, limité maintenant au seul domaine de l'esprit, tandis que l'autre comprend l'ensemble des attributs humains. La religion consiste donc à *régler* chaque nature individuelle et à *rallier* toutes les individualités ; ce qui constitue seulement deux cas distincts d'un problème unique. Car, tout homme diffère successivement de lui-même autant qu'il diffère simultanément des autres ; en sorte que la fixité et la communauté suivent des lois identiques.

1. Étymologiquement, « religion » vient de *relegere*, « recueillir » (selon Cicéron) ; ou de *religare*, « relier » (selon Lucrèce).

Une telle harmonie, individuelle ou collective, ne pouvant jamais être pleinement réalisée dans une existence aussi compliquée que la nôtre, cette définition de la religion caractérise donc le type immuable vers lequel tend de plus en plus l'ensemble des efforts humains. Notre bonheur et notre mérite consistent surtout à nous rapprocher autant que possible de cette unité, dont l'essor graduel constitue la meilleure mesure du vrai perfectionnement, personnel et social. [...] Il n'existe, au fond, qu'une seule religion, à la fois universelle et définitive, vers laquelle tendirent de plus en plus les synthèses partielles et provisoires, autant que le comportaient les situations correspondantes. À ces divers efforts empiriques, succède maintenant le développement systématique de l'unité humaine, dont la construction directe et complète est enfin devenue possible d'après l'ensemble de nos préparations spontanées. C'est ainsi que le positivisme dissipe naturellement l'antagonisme mutuel des différentes religions antérieures, en formant son propre domaine du fond commun auquel toutes se rapportèrent instinctivement. Sa doctrine ne pourrait pas devenir universelle, si, malgré ses principes anti-théologiques, son esprit relatif ne lui procurait nécessairement des affinités essentielles avec chaque croyance capable de diriger passagèrement une portion quelconque de l'humanité. [...]

La Femme. Cette suffisante explication ne me laisse, mon père, à désirer qu'un dernier éclaircissement général, envers la condition intellectuelle de la religion. À travers l'incohérence des diverses croyances spéciales, je ne saisis pas nettement en quoi consiste le domaine fondamental de la foi, qui doit pourtant comporter une appréciation commune à tous les systèmes.

Le Prêtre. Toute doctrine religieuse repose nécessairement sur une explication quelconque du monde et de l'homme, double objet continu de nos pensées théoriques et pratiques. La foi positive expose directement les *lois* effectives des divers phénomènes observables, tant intérieurs qu'extérieurs ; c'est-à-dire, leurs relations constantes de succession et de similitude, qui nous permettent de les prévoir les uns d'après les autres. Elle écarte, comme radicalement inaccessible et profondément oiseuse, toute recherche sur les *causes* proprement dites, premières ou finales, des événements quelconques. [...] Le dogme fondamental de la religion universelle consiste donc dans l'existence constatée d'un ordre immuable auquel sont soumis les événements de tous genres. Cet ordre est à la fois *objectif* et *subjectif*: en d'autres termes, il concerne également l'*objet* contemplé et le *sujet* contemplateur. Des lois physiques supposent, en effet, des lois logiques, et réciproquement. Si notre entendement ne suivait spontanément aucune règle, il ne pourrait jamais apprécier l'harmonie extérieure. Le monde étant plus simple et plus puissant que l'homme, la régularité de celui-ci serait encore moins conciliable avec le désordre de celui-là. Toute foi positive repose donc sur cette double harmonie entre l'objet et le sujet.

Auguste COMTE, *Catéchisme positiviste*, 1852, Premier entretien.

a. Catéchisme : enseignement oral de la religion. Par extension : ouvrage contenant, par demandes et par réponses, l'exposé des principes fondamentaux d'une religion, d'une science, d'une doctrine. Ici, il s'agit de la « doctrine universelle » du positivisme. *Dès le début de leur entretien, « la Femme », interrogeant « le Prêtre » (qui représente Comte), s'étonne auprès de celui-ci de l'emploi du mot* religion *pour qualifier une doctrine qui «rejette toute croyance surnaturelle». Comte, qui a publié, en 1851, son* Système de politique positive *(tome I), dont le titre complet est en effet:* Traité de sociologie instituant la Religion de l'Humanité, *va donc expliquer sa définition du mot* religion.

RELIGION. RAISON

17. La raison et la foi

Bias naviguait un jour sur mer avec des impies, et, comme le navire était pris par la tempête, ces malheureux appelaient les dieux à leur aide: «Taisez-vous, leur dit-il, qu'ils ne s'aperçoivent pas que vous êtes dans ce bateau!»
DIOGÈNE LAËRCE, *Vies des philosophes*, I, 86.

Il est vrai sans doute qu'on doit expliquer l'Écriture par l'Écriture aussi longtemps qu'on peine à découvrir le sens des textes et la pensée des Prophètes, mais une fois que nous avons enfin trouvé le vrai sens, il faut user nécessairement de jugement et de la Raison pour donner à cette pensée notre assentiment. Que si la Raison, en dépit de ses réclamations contre l'Écriture, doit cependant lui être entièrement soumise, je le demande, devons-nous faire cette soumission parce que nous avons une raison, ou sans raison et en aveugles? Si c'est sans raison, nous agissons comme des insensés et sans jugement; si c'est avec une raison, c'est donc par le seul commandement de la Raison, que nous adhérons à l'Écriture, et donc si elle contredisait à la Raison, nous n'y adhérerions pas. Et, je le demande encore, qui peut adhérer par la pensée à une croyance alors que la Raison réclame? Qu'est-ce, en effet, que nier quelque chose dans sa pensée, sinon satisfaire à une réclamation de la Raison? Je ne peux donc assez m'étonner que l'on veuille soumettre la Raison, ce plus grand des dons, cette lumière divine, à la lettre morte que la malice humaine a pu falsifier, que l'on puisse croire qu'il n'y a pas crime à parler indignement contre la Raison, cette charte attestant vraiment la parole de Dieu, à la prétendre corrompue, aveugle et perdue, alors qu'ayant fait une idole de ce qui n'est que la lettre et l'image de la parole divine, on tiendrait pour le pire des crimes une supposition semblable à son égard. On estime qu'il est pieux de n'avoir que méfiance à l'égard de la Raison et du jugement propre, impie de n'avoir pas pleine confiance dans ceux qui nous ont transmis les Livres sacrés; ce n'est point là de la piété, c'est de la démence pure. Mais, je le demande, quelle est cette inquiétude qui les tient? Que craignent-ils? La Religion et la Foi ne peuvent-elles se maintenir que si les hommes s'appliquent laborieusement à tout ignorer et donnent à la Raison un congé définitif? En vérité, si telle est leur croyance, c'est donc crainte que l'Écriture leur inspire plutôt que confiance. Mais rejetons bien loin cette idée que la Religion et la piété veulent faire de la Raison leur servante, ou que la Raison prétend humilier la Religion à cette condition; gardons-nous de croire qu'elles ne puissent l'une et l'autre, dans la paix et dans la concorde, occuper leur royaume propre.

SPINOZA, *Traité théologico-politique* (1670), chap. XV, Garnier, 1965, trad. C. Appuhn, p. 251.

Auguste COMTE (1798-1857) Bibl. Nat., Paris.

SOCIÉTÉ

Quiconque est incapable de vivre dans la société des hommes ou n'en éprouve nullement le besoin est une bête ou un Dieu.
ARISTOTE, *La Politique*, I, 2.

Il est possible de dénombrer toutes sortes de « sociétés » particulières, au sens large, telles que : des tribus, des phratries, des clans, des familles, des communautés, des « sociétés d'export-import », des congrégations, des académies, des associations, des chapelles, des coteries, etc., c'est-à-dire divers « ensembles d'individus entre lesquels existent des rapports plus ou moins organisés et des échanges plus ou moins strictement réglés ».

Dans les sociétés animales, les individus sont gouvernés du dedans, par leurs instincts ; et leurs groupements ont pour but de satisfaire dans de meilleures conditions soit la nutrition, soit la reproduction et l'élevage des jeunes, soit la défense commune ou le simple plaisir de vivre avec des semblables. Dans les sociétés humaines, les rapports entre individus sont essentiellement régis du dehors, par des institutions, rendues possibles par l'existence du langage, qui est lui-même une institution, et garantis par des sanctions, codifiées ou diffuses, à travers lesquelles s'exerce sur les individus l'action coercitive de la collectivité.

Le Code Civil définit la société comme « le contrat par lequel deux ou plusieurs personnes conviennent de mettre quelque chose en commun dans la vue de partager le bénéfice qui pourra en résulter ». En ce sens, « la société humaine » n'existe pas plus que « la société animale », puisque jamais encore au cours de leur histoire les hommes n'ont conclu tous ensemble un tel « contrat social », qui reste un pur idéal théorique.

Bien au contraire, toute société réelle entretient, non seulement à l'égard des autres, mais dans son propre sein, divers antagonismes qui, pour une bonne part, la constituent et la caractérisent. Une société humaine se reconnaît à ses tensions et se distingue par la nature des conflits qui l'agitent et qui commandent son évolution. Car le lien social préexiste, en fait, à la volonté de ses membres de « faire société » ; et d'ailleurs, c'est seulement dans une société et par une société que l'individu peut s'affirmer comme tel.

Il n'est pas possible de concevoir une conscience individuelle, en dehors des rapports intersubjectifs dont elle fait constamment l'expérience, chaleureuse ou conflictuelle.

Tout être humain vit donc dans deux sociétés : une société de fait, qui s'impose à lui et avec laquelle il doit, tant bien que mal, composer, et une société imaginaire, à laquelle il ne cesse de rêver et qu'il s'efforce, autant que possible, de créer de toutes pièces par le choix de ses activités et de ses relations avec autrui ; ou, pour parler comme saint Augustin, il y a deux « cités » : l'une terrestre, l'autre céleste. Mais ces deux cités sont étroitement imbriquées dans l'activité des hommes, comme la réalité et l'utopie sont imbriquées dans leur pensée.

UNE SOCIÉTÉ N'EST PAS DÉCOMPOSABLE EN INDIVIDUS

La décomposition de l'humanité en individus proprement dits ne constitue qu'une analyse anarchique, autant irrationnelle qu'immorale, qui tend à dissoudre l'existence sociale au lieu de l'expliquer, puisqu'elle ne devient applicable que quand l'association cesse. Elle est aussi vicieuse en sociologie que le serait, en biologie, la décomposition chimique de l'individu lui-même en molécules irréductibles, dont la séparation n'a jamais lieu pendant la vie. À la vérité, quand l'état social se trouve profondément altéré, la dissolution pénètre, à un certain degré, jusqu'à la constitution domestique, comme on ne le voit que trop aujourd'hui. Mais, quoique ce soit là le plus grave de tous les symptômes anarchiques, on peut alors remarquer, d'une part, la disposition universelle à maintenir autant que possible les anciens liens domestiques, et, d'autre part, la tendance spontanée à former de nouvelles familles, plus homogènes et plus stables. Ces cas maladifs confirment donc eux-mêmes l'axiome élémentaire de la sociologie statique : la société humaine se compose de familles et non d'individus. Suivant un principe philosophique posé, depuis longtemps, par mon ouvrage fondamental, un système quelconque ne peut être formé que d'éléments semblables à lui et seulement moindres. Une société n'est donc pas plus décomposable en individus qu'une surface géométrique ne l'est en lignes ou une ligne en points. La moindre société, savoir la famille, quelquefois réduite à son couple fondamental, constitue donc le véritable élément sociologique. De là dérivent ensuite les groupes plus composés qui, sous les noms de classes et de cités, deviennent, pour le Grand-Être, les équivalents des tissus et des organes biologiques, comme je l'expliquerai bientôt. Toutefois, cette manière de concevoir la famille ne convient de préférence qu'au début de la religion positive, où la notion et le sentiment de l'Humanité n'ont pu encore prévaloir assez. Quand l'éducation régénérée aura suffisamment familiarisé les esprits et les cœurs occidentaux avec le principe effectif et rationnel de la synthèse finale, les familles sembleront devoir être tellement combinées que leur séparation abstraite exigera quelques efforts habituels. Au lieu de définir la société humaine d'après la famille, alors prévaudra la disposition inverse, et l'on concevra les familles comme les moindres sociétés susceptibles de persistance spontanée.

Auguste Comte, *Système de politique positive ou Traité de Sociologie instituant la religion de l'Humanité,* 1851-1854, t. II, chap. III.

NATURE ET SOCIÉTÉ

1. L'HOMME EST-IL NÉ SOCIABLE ?

Les fléaux physiques et les calamités de la nature humaine ont rendu la société nécessaire. La société a ajouté aux malheurs de la nature. Les inconvénients de la société ont amené la nécessité du gouvernement, et le gouvernement ajoute aux malheurs de la société. Voilà l'histoire de la nature humaine.

CHAMFORT

La plupart de ceux qui ont écrit touchant les républiques, supposent ou demandent, comme une chose qui ne leur doit pas être refusée, que l'homme est un animal politique, ζωον πολιτιχόν, selon le langage des Grecs, né avec une certaine disposition naturelle à la société. Sur ce fondement-là ils bâtissent la doctrine civile ; de sorte que pour la conservation de la paix, et pour la conduite de tout le genre humain, il ne faut plus rien sinon que les hommes s'accordent et conviennent de l'observation de certains pactes et conditions, auxquelles alors ils donnent le titre de lois. Cet axiome, quoique reçu si communément, ne laisse pas d'être faux, et l'erreur vient d'une trop légère contemplation de la nature humaine. Car si l'on considère de plus près les causes pour lesquelles les hommes s'assemblent, et se plaisent à une mutuelle société, il apparaîtra bientôt que cela n'arrive que par accident, et non pas par une disposition nécessaire de la nature. En effet, si les hommes s'entr'aimaient naturellement, c'est-à-dire en tant qu'hommes, il n'y a aucune raison pourquoi chacun n'aimerait pas le premier venu, comme étant autant homme qu'un autre ; de ce côté-là, il n'y aurait aucune occasion d'user de choix et de préférence. Je ne sais aussi pourquoi on converserait plus volontiers avec ceux en la société desquels on reçoit de l'honneur ou de l'utilité, qu'avec ceux qui la rendent à quelque autre. Il en faut donc venir là, que nous ne cherchons pas de compagnons par quelque instinct de la nature ; mais bien pour l'honneur et l'utilité qu'ils nous apportent ; nous ne désirons des personnes avec qui nous conversions, qu'à cause de ces deux avantages qui nous en reviennent.

[...] D'ailleurs encore que l'homme désirât naturellement la société, il ne s'ensuivrait pas qu'il fût né sociable, je veux dire, avec toutes les conditions requises pour la contracter : il y a loin d'un mouvement de désir, à une solide capacité de quelque chose. Ceux-là mêmes dont l'orgueil ne daigne pas de recevoir les justes conditions, sans lesquelles la société ne saurait être établie, ne laissent pas de la désirer, et de porter quelques-unes de leurs pensées à ce d'où le dérèglement de leur passion les éloigne.

HOBBES, *De Cive (Le Citoyen ou Les fondements de la politique)*, traduction de Samuel Sorbière, publiée en 1649 à Amsterdam. Section première, chapitre premier, II.

2. LA SOCIÉTÉ CIVILE : LE PASSIF ET L'ACTIF

Humaine ou animale, une Société est une organisation : elle implique une coordination et généralement aussi une subordination d'éléments les uns aux autres : elle offre donc, ou simplement vécu, ou de plus, représenté, un ensemble de règles et de lois.

BERGSON

A. Le premier qui ayant enclos un terrain s'avisa de dire : *ceci est à moi*, et trouva des gens assez simples pour le croire, fut le vrai fondateur de la société civile. Que de crimes, de guerres, de meurtres, que de misères et d'horreurs n'eût point épargnés au genre humain celui qui, arrachant les pieux ou comblant le fossé, eût crié à ses semblables: «Gardez-vous d'écouter cet imposteur; vous êtes perdus si vous oubliez que les fruits sont à tous, et que la terre n'est à personne!»

B. Ce passage de l'état de nature à l'état civil produit dans l'homme un changement très remarquable, en substituant dans sa conduite la justice à l'instinct, et donnant à ses actions la moralité qui leur manquait auparavant. C'est alors seulement que la voix du devoir succédant à l'impulsion physique et le droit à l'appétit, l'homme, qui jusque-là n'avait regardé que lui-même, se voit forcé d'agir sur d'autres principes, et de consulter sa raison avant d'écouter ses penchants. Quoiqu'il se prive dans cet état de plusieurs avantages qu'il tient de la nature, il en regagne de si grands, ses facultés s'exercent et se développent, ses idées s'étendent, ses sentiments s'ennoblissent, son âme tout entière s'élève à tel point que si les abus de cette nouvelle condition ne le dégradaient souvent au-dessous de celle dont il est sorti, il devrait bénir sans cesse l'instant heureux qui l'en arracha pour jamais, et qui, d'un animal stupide et borné, fit un être intelligent et un homme.

Réduisons toute cette balance à des termes faciles à comparer. Ce que l'homme perd par le contrat social, c'est sa liberté naturelle et un droit illimité à tout ce qui le tente et qu'il peut atteindre; ce qu'il gagne, c'est la liberté civile et la propriété de tout ce qu'il possède. Pour ne pas se tromper dans ces compensations, il faut bien distinguer la liberté naturelle qui n'a pour bornes que les forces de l'individu, de la liberté civile qui est limitée par la volonté générale[1], et la possession qui n'est que l'effet de la force ou le droit du premier occupant, de la propriété qui ne peut être fondée que sur un titre positif.

On pourrait sur ce qui précède ajouter à l'acquis de l'état civil la liberté morale, qui seule rend l'homme vraiment maître de lui; car l'impulsion du seul appétit est esclavage, et l'obéissance à la loi qu'on s'est prescrite est liberté. Mais je n'en ai déjà que trop dit sur cet article, et le sens philosophique du mot *liberté* n'est pas ici de mon sujet.

1. Cf. texte n° 6, p. 93 (Rousseau).

Jean-Jacques ROUSSEAU, A. *Discours sur l'origine et les fondements de l'inégalité parmi les hommes* (1755), 2e partie, Le Seuil 1971, p. 228.
B. *Du Contrat social*, 1762, Livre I, chap. VIII.

3. L'INSOCIABLE *SOCIABILITÉ* DES HOMMES

L'homme est un animal sociable qui déteste ses semblables.
Eugène DELACROIX

Le moyen dont la nature se sert pour mener à bien le développement de toutes ses dispositions est leur antagonisme *au sein de la Société, pour autant que celui-ci est cependant en fin de compte la cause d'une ordonnance régulière de cette Société.* J'entends ici par antagonisme *l'insociable sociabilité* des hommes, c'est-à-dire leur inclination à entrer en société, inclination qui est cependant doublée d'une répulsion générale à le faire, menaçant constamment de désagréger cette société. L'homme a un penchant à *s'associer*, car dans un tel état, il se sent plus qu'homme par le développement de ses dispositions naturelles. Mais il manifeste aussi une grande propension à *se détacher* (s'isoler), car il trouve en même temps en lui le caractère d'insociabilité qui le pousse à vouloir tout diriger dans son sens ; et, de ce fait, il s'attend à rencontrer des résistances de tous côtés, de même qu'il se sait par lui-même enclin à résister aux autres. C'est cette résistance qui éveille toutes les forces de l'homme, le porte à surmonter son inclination à la paresse, et, sous l'impulsion de l'ambition, de l'instinct de domination ou de cupidité, à se frayer une place parmi ses compagnons qu'il supporte de mauvais gré, mais dont il ne peut se passer [...]. Sans ces qualités d'insociabilité, peu sympathiques certes par elles-mêmes, source de la résistance que chacun doit nécessairement rencontrer à ses prétentions égoïstes, tous les talents resteraient à jamais enfouis en germes, au milieu d'une existence de bergers d'Arcadie, dans une concorde, une satisfaction, et un amour mutuels parfaits ; les hommes doux comme les agneaux qu'ils font paître, ne donneraient à l'existence guère plus de valeur que n'en a leur troupeau domestique ; ils ne combleraient pas le néant de la création en considération de la fin qu'elle se propose comme nature raisonnable. Remercions donc la nature pour cette humeur peu conciliante, pour la vanité rivalisant dans l'envie, pour l'appétit insatiable de possession ou même de domination. Sans cela toutes les dispositions naturelles excellentes de l'humanité seraient étouffées dans un éternel sommeil. L'homme veut la concorde, mais la nature sait mieux que lui ce qui est bon pour son espèce : elle veut la discorde. Il veut vivre commodément et à son aise ; mais la nature veut qu'il soit obligé de sortir de son inertie et de sa satisfaction passive, de se jeter dans le travail et dans la peine pour trouver en retour les moyens de s'en libérer sagement.

Kant, « Idée d'une histoire universelle au point de vue cosmopolitique » (1784),
in *La Philosophie de l'histoire (Opuscules)*, trad. Stéphane Piobetta,
Aubier, Paris, 1947, pp. 64-66.

La société et la foule

4. L'INDIVIDU EN FOULE EST UN ÊTRE PRIMITIF

La foule est le pire des mauvais lieux.
Kierkegaard

Des observations attentives paraissent prouver que l'individu plongé depuis quelque temps au sein d'une foule agissante, tombe bientôt – par suite des effluves qui s'en dégagent, ou pour toute autre cause encore ignorée – dans un état particulier, se rapprochant beaucoup de l'état de fascination de l'hypnotisé entre les mains de son hypnotiseur. La vie du cerveau étant paralysée chez le sujet hypnotisé, celui-ci devient l'esclave de toutes ses activités inconscientes, que l'hypnotiseur dirige à son gré. La personnalité consciente est évanouie, la volonté et le discernement abolis. Sentiments et pensées sont alors orientés dans le sens déterminé par l'hypnotiseur.

Tel est à peu près l'état de l'individu faisant partie d'une foule. Il n'est plus conscient de ses actes. Chez lui, comme chez l'hypnotisé, tandis que certaines facultés sont détruites, d'autres peuvent être amenées à un degré d'exaltation extrême. L'influence d'une suggestion le lancera avec une irrésistible impétuosité vers l'accomplissement de certains actes. Impétuosité plus irrésistible encore dans les foules que chez le sujet hypnotisé, car la suggestion, étant la même pour tous les individus, s'exagère en devenant réciproque. Les unités d'une foule qui posséderaient une personnalité assez forte pour résister à la suggestion, sont en nombre trop faible et le courant les entraîne. Tout au plus pourront-elles tenter une diversion par une suggestion différente. Un mot heureux, une image évoquée à propos ont parfois détourné les foules des actes les plus sanguinaires.

Donc, évanouissement de la personnalité consciente, prédominance de la personnalité inconsciente, orientation par voie de suggestion et de contagion des sentiments et des idées dans un même sens, tendance à transformer immédiatement en actes les idées suggérées, tels sont les principaux caractères de l'individu en foule. Il n'est plus lui-même, mais un automate que sa volonté est devenue impuissante à guider.

Par le fait seul qu'il fait partie d'une foule, l'homme descend donc plusieurs degrés sur l'échelle de la civilisation. Isolé, c'était peut-être un individu cultivé, en foule c'est un instinctif, par conséquent un barbare. Il a la spontanéité, la violence, la férocité, et aussi les enthousiasmes et les héroïsmes des êtres primitifs.

Gustave Le Bon, *Psychologie des foules* (1895)[1], P.U.F., 1971, pp. 13-14.

1. Freud a repris et commenté les thèses de l'ouvrage « devenu justement célèbre », écrit-il, de Le Bon, dans « Psychologie collective et analyse du Moi », in *Essais de Psychanalyse* (1909-1915).

Société de fait et association

5. *Être* en société, ce n'est pas *faire* société

Le mot *Gesellschaft*, société, a pour étymologie le mot *Saal*, salle. Lorsqu'une salle renferme plusieurs personnes, c'est elle qui fait que ces personnes sont en société. Elles *sont* en société, mais elles ne *font* pas société ; elles font tout au plus une société de salon si elles parlent le langage que l'on parle dans un salon. Quant aux véritables *relations*, elles sont indépendantes de la société, elles peuvent exister ou ne pas exister sans que la nature de ce qu'on appelle « société » en soit altérée. La société, ce sont les personnes qui se trouvent dans la salle, et peu importe qu'elles soient muettes ou ne prononcent que de banales phrases de politesse. Les *relations*, au contraire, impliquent réciprocité, c'est le commerce (*commercium*) des individus. La société n'est que l'occupation en commun d'une salle ; des statues, dans une salle de musée, sont en société, elles sont « groupées ». Telle étant la signification naturelle du mot société, il s'ensuit que la société n'est pas l'œuvre de toi et de moi, mais d'un tiers ; c'est ce tiers qui fait de nous des compagnons et qui est le vrai fondateur, le créateur de la société.

Il en est de même pour une société ou compagnie de prisonniers (ceux qui jouissent d'une même prison). Le tiers que nous rencontrons ici est déjà plus complexe que ne l'était le simple local, la salle. Prison ne désigne plus simplement un lieu, mais un lieu en rapport avec ses habitants : la prison n'est prison que parce qu'elle est destinée à des prisonniers, sans lesquels elle serait un bâtiment quelconque. Qui imprime un caractère commun à ceux qui y sont assemblés? Il est clair que c'est la prison, car c'est à cause d'elle qu'ils sont des prisonniers. Qui détermine la *manière de vivre* de la société de prisonniers? Encore la prison. Mais qui détermine leurs *relations*? Est-ce aussi la prison? Halte! Ici je vous arrête: Évidemment, s'ils entrent en relations, ce ne peut être que comme des prisonniers, c'est-à-dire que pour autant que le permettent les règlements de la prison; mais ces relations, c'est *eux-mêmes* et eux seuls qui les créent, c'est le Je qui se met en rapport avec le Tu; non seulement ces relations ne peuvent pas être le fait de la prison, mais celle-ci doit veiller à s'opposer à toutes relations égoïstes, purement personnelles (les seules qui puissent s'établir réellement entre un Je et un Tu)[1].

La prison consent à ce que nous fassions un travail en commun, elle nous voit avec plaisir manœuvrer ensemble une machine ou partager n'importe quelle besogne. Mais si *j*'oublie que je suis un prisonnier et si je noue des relations avec *toi*, également oublieux de ton sort, voilà qui met la prison en péril: non seulement elle ne peut créer de pareilles relations, mais elle ne peut même pas les tolérer. Et voilà pourquoi la Chambre française, saintement et moralement pensante, a adopté le système de la «prison cellulaire»; les autres, non moins vertueusement intentionnées, feront de même pour mettre un obstacle aux «relations démoralisantes». Dès que l'emprisonnement est une affaire faite, il est sacré, il n'est plus permis de s'y attaquer. La moindre tentative de ce genre est punissable, comme l'est toute révolte contre une des sacro-saintetés auxquelles l'homme doit se livrer pieds et poings liés.

La prison, comme la salle, produit une société, une compagnie, une communauté (communauté de travail, par exemple), mais non des *relations*, une réciprocité, une *association*. Au contraire, toute association entre individus née à l'ombre de la prison porte en elle le germe dangereux d'un «complot», et cette semence de rébellion peut, si les circonstances sont favorables, germer et porter ses fruits.

Max Stirner, *L'Unique et sa propriété*, (Der Einzige und sein Eigenthum), (1844), traduit par Robert L. Reclaire, Stock 1899, pp. 256-257.

1. Cf. texte n° 6, p. 37.

Société et organisme

6. *Organisme* social et *science* sociale?

Les sociétés humaines sont tout à la fois des *organismes* et des *mécanismes*.
Cournot

Il est commode de parler de l'organisme social, exactement comme il est commode de parler du Lion Britannique. Mais la Grande-Bretagne n'est pas plus un organisme qu'un lion. Quand nous attribuons à une nation l'unité et la simplicité d'un animal, nous commençons à divaguer. Parce que chaque homme est un bipède, cinquante hommes ne font pas un centipède. C'est de là que vient, par exemple, l'ahurissante absurdité qui consiste à parler tout le temps de «nations jeunes» et de «nations mourantes», comme si une nation avait un temps déterminé à vivre dans le monde. Ainsi, des gens diront que l'Espagne est entrée dans la période de décrépitude finale ; ils feraient aussi bien de dire que l'Espagne est en train de perdre toutes ses dents. Ou bien, ils diront que le Canada va bientôt produire une littérature ; c'est comme s'ils disaient qu'il va bientôt lui pousser de la moustache. Les nations se composent de gens : la première génération peut être décrépite, et la dix-millième vigoureuse. C'est ainsi, en application du même sophisme, que certains voient, dans l'accroissement kilométrique des possessions nationales, une simple croissance en sagesse et en grandeur, et en faveur devant Dieu et devant les hommes. À vrai dire, ces gens-là manquent de la subtilité nécessaire pour soutenir leur parallèle avec le corps humain. Ils ne se demandent même pas si les empires ne commencent pas par grandir dans leur jeunesse, pour seulement engraisser dans leur vieillesse. Mais, de tous les exemples d'erreurs qui viennent de cette illusion physique, le pire est celui que nous avons sous les yeux : la manie de décrire une maladie sociale jusqu'à l'épuisement du détail, pour proposer ensuite une drogue sociale.

Nous considérerons d'abord les maladies du corps ; ceci pour une excellente raison. Car, s'il peut y avoir doute sur la façon dont le corps a été abîmé, il n'y en a aucun sur la forme dans laquelle on doit le restaurer. Aucun docteur ne cherche à produire une nouvelle espèce d'homme, avec une nouvelle disposition des yeux ou des membres. L'hôpital peut être obligé de renvoyer un homme chez lui avec une jambe de moins : mais jamais il ne le renverra chez lui (dans un délire créateur) avec une jambe de plus. La science médicale se contente du corps humain normal, et cherche seulement à le réparer.

Mais la science sociale ne se contente en aucune façon de l'âme humaine normale ; elle a toutes sortes d'âmes de fantaisie à vendre.

G.-K. Chesterton, *Ce qui cloche dans le monde*, 1910, trad. J.-C. Laurens, Gallimard, 1948, pp. 10-11.

LIBERTÉ ET SOCIÉTÉ

7. Le communisme intégral dans la cité idéale de Platon[1]

Les bonnes institutions sociales sont celles qui savent le mieux dénaturer l'homme ; lui ôter son existence absolue pour lui en donner une relative, et transporter le *moi* dans l'unité commune ; en sorte que chaque particulier ne se croie plus un, mais partie de l'unité, et ne soit plus sensible que dans le tout.

Jean-Jacques Rousseau

La cité qu'il faut placer au premier rang, la cité dont la constitution et les lois sont les meilleures, est celle où régnera le plus complètement possible dans la vie sociale sous toutes ses formes l'antique maxime d'après laquelle tout doit être réellement commun entre amis. Ainsi, que cette cité existe actuellement quelque part ou qu'elle vienne à exister quelque part un jour, il faut qu'il y ait communauté des femmes, communauté des enfants, communauté de tous les biens sans exception[2] ; tout doit être mis en œuvre pour éliminer de notre existence, sous toutes ses formes, ce qu'on appelle « propriété privée » ; on doit y travailler, autant que faire se peut, à rendre commun, d'une manière ou d'une autre, même ce qui est

1. Voir la critique du communisme de Platon, dans Aristote (*La Politique*, II, 1-6).

2. Cf. *République*, III, 416 c - 417 b.

naturellement personnel à chacun de nous, si bien que, par exemple, tous les yeux, toutes les oreilles et toutes les mains croiront voir, entendre et faire les mêmes choses et que, dans l'éloge comme dans le blâme, tous ensemble soient comme un seul homme, tous joyeux ou tous affligés à propos des mêmes objets.

PLATON, *Les Lois*, V, 739 b-e.

8. L'UNION DES SEXES DANS LA CITÉ DU SOLEIL

1. Le chef suprême de la Cité du Soleil est assisté de trois magistrats : Puissance, Sagesse et Amour.

Le magistrat AMOUR[1] a pour principale fonction de veiller à tout ce qui regarde la génération et de régler les unions sexuelles de telle sorte qu'il en résulte la plus belle race possible. Aussi les Solariens se moquent-ils de nous qui donnons le plus grand soin à l'amélioration de la race des chiens et des chevaux, et ne daignons pas nous occuper de l'espèce humaine [...].

Les individus appelés à remplir les fonctions génératrices ne peuvent s'y livrer qu'après que la digestion est faite et qu'ils ont offert leurs prières à Dieu. On a soin de placer dans les chambres à coucher de belles statues représentant les hommes les plus célèbres, pour les livrer à la contemplation des femmes, qui bientôt portant leurs regards vers le ciel, demandent à Dieu de leur accorder des enfants semblables à ces nobles modèles. Le géniteur et la génitrice dorment dans des cellules séparées jusqu'à l'heure fixée pour le rapprochement, et à l'instant précis une matrone vient ouvrir les deux portes. L'heure favorable est déterminée par l'astrologue et le médecin. On exige que le géniteur, avant de se livrer à une nouvelle union sexuelle s'en soit abstenu depuis trois jours, qu'il soit pur de toute mauvaise action ou se soit réconcilié avec Dieu. Quant à ceux qui, pour raison de santé ou pour satisfaire un tempérament trop fougueux, ont commerce avec les femmes enceintes ou stériles, ou viles, ils ne sont pas astreints à ces formalités. Les magistrats qui, du reste sont tous prêtres, et les hommes qui s'adonnent exclusivement à l'étude des sciences, ne peuvent se livrer à l'acte de la génération qu'après s'être soumis à une plus longue abstinence et à quelques autres règles qui leur sont particulières. En effet, la continuité des travaux intellectuels et la tension incessante de leur cerveau affectent chez eux le système nerveux, affaiblissent les esprits vitaux, et ne laissent plus en eux aucune virtualité qu'ils puissent transmettre. Ils ne procréeraient donc que des enfants sans vigueur, et l'on fait bien de se prémunir contre cet inconvénient. Aussi ne les unit-on qu'avec des femmes ardentes, vives et enjouées et d'une grande beauté. Quant aux hommes qui se distinguent par leur activité, leur énergie et un tempérament de feu, on les unit à des femmes de grasse complexion et de mœurs douces. Les Solariens disent que toutes les vertus procèdent d'une bonne organisation et que l'éducation ne peut y suppléer.

Thomas CAMPANELLA, *La Cité du Soleil ou Idée d'une République philosophique* (1623), trad. du latin par Villegardelle, Paris, 1840, pp. 62-87.

9. Capitalisme et liberté

Supposez qu'un pays n'eût qu'à voter pour se débarrasser d'une armée d'invasion pesant sur son territoire. Elle s'évanouirait comme l'ombre à l'approche d'un flambeau. Le capitalisme, au contraire, occupe presque sans combat tout le vaste terrain des démocraties.

Même les révoltes ouvrières, grèves, insurrections, qui se sont produites depuis des siècles, n'étaient pas une déclaration de guerre totale au capital. Les révoltés protestaient contre des abus extrêmes, ils demandaient un peu plus de pain, un peu plus de liberté. Ils ne voulaient pas en finir avec le système industriel. [...]

Je me souviens qu'il y a une trentaine d'années, arrivé tout jeune à Paris, je fus saisi un soir d'hiver, dans la ville immense, d'une sorte d'épouvante sociale. Il me semblait que les milliers et les milliers d'hommes qui passaient sans se connaître, foule innombrable de fantômes solitaires, étaient déliés de tout lien. Et je me demandai avec une sorte de terreur impersonnelle comment tous ces êtres acceptaient l'inégale répartition des biens et des maux, comment l'énorme structure sociale ne tombait pas en dissolution. Je ne leur voyais pas de chaînes aux mains et aux pieds, et je me disais : Par quel prodige ces milliers d'individus souffrants et dépouillés subissent-ils tout ce qui est ? Je ne voyais pas bien : la chaîne était au cœur, mais une chaîne dont le cœur lui-même ne sentait pas le fardeau ; la pensée était liée, mais d'un lien qu'elle-même ne connaissait pas. La vie avait empreint ses formes dans les esprits, l'habitude les y avait fixées ; le système social avait façonné ces hommes, il était en eux, il était, en quelque façon, devenu leur substance même, et ils ne se révoltaient pas contre la réalité, parce qu'ils se confondaient avec elle. Cet homme qui passait en grelottant aurait jugé sans doute moins insensé et moins difficile de prendre dans ses deux mains toutes les pierres du grand Paris pour se construire une maison nouvelle, que de refondre le système social, énorme, accablant et protecteur, où il avait, en quelque coin, son gîte d'habitude et de misère. Il a fallu à une élite prolétarienne un effort d'esprit prodigieux pour arriver à entrevoir, au-dessus de l'ordre social présent, la possibilité d'un ordre nouveau. Mais cette élite même, précisément parce qu'elle comprend le capitalisme, ne le rejette pas totalement.

Jean Jaurès, *L'armée nouvelle : l'organisation socialiste de la France* (1910), Édit. Sociales, 1977, p. 269.

La société et les passions

10. La société, comparée à *un bol de punch*

Il est toujours permis à un auteur de comparer les petites choses aux grandes, surtout s'il commence par en demander la permission : *si licet exemplis*, etc.[1], mais de comparer de grandes choses à d'autres qui sont mesquines et triviales, cela ne se supporte que dans le burlesque. Sans cela je comparerais le corps politique (j'avoue que l'image est bien basse) à un bol de punch. La cupidité serait ce qui en fait l'acidité, et la prodigalité ce qui le rend sucré. Je

1. Virgile, *Géorgiques*, IV, 176, *Si parva licet componere magnis...* « S'il est permis de comparer les petites choses aux grandes. »

dirai que l'eau, c'est l'ignorance, la sottise et la crédulité de la multitude fluctuante et sans goût ; et la sagesse, l'honneur, le courage et toutes les sublimes qualités humaines que, séparées par l'art de la lie naturelle, le feu de la gloire a sublimées en une essence spirituelle, cela serait l'équivalent du cognac. Je suis certain qu'un Westphalien ou un Lapon, ou tout autre étranger à l'esprit lourd et ignorant de cette sainte mixture, si on lui en faisait goûter les différents ingrédients séparément, jugerait impossible qu'ils puissent composer une boisson acceptable. Les citrons lui paraîtraient trop acides, le sucre trop doux, le cognac trop fort pour qu'on en boive jamais une quantité appréciable, et il dira que l'eau est un liquide insipide qui n'est bon que pour les vaches et les chevaux. Pourtant l'expérience nous enseigne que les ingrédients que j'ai nommés, judicieusement mêlés, font une excellente boisson, que des gens au goût très fin aiment et apprécient.

Bernard MANDEVILLE, *La Fable des Abeilles*, Remarque K (1714), «The Fable of the Bees, or Private Vices, Public Benefits», trad. L. et P. Carrive, Vrin, 1974.

SOCIÉTÉ ET AUTRUI

11. LA FABLE DES PORCS-ÉPICS

Par une froide journée d'hiver, un troupeau de porcs-épics s'était mis en groupe serré pour se garantir mutuellement contre la gelée par leur propre chaleur. Mais tout aussitôt ils ressentirent les atteintes de leurs piquants, ce qui les fit s'éloigner les uns des autres. Quand le besoin de se réchauffer les eut rapprochés de nouveau, le même inconvénient se renouvela, de façon qu'ils étaient ballottés de çà et de là entre les deux souffrances, jusqu'à ce qu'ils eussent fini par trouver une distance moyenne qui leur rendît la situation supportable. Ainsi, le besoin de société, né du vide et de la monotonie de leur propre intérieur, pousse les hommes les uns vers les autres ; mais leurs nombreuses qualités repoussantes et leurs insupportables défauts les dispersent de nouveau. La distance moyenne qu'ils finissent par découvrir et à laquelle la vie en commun devient possible, c'est la politesse et les bonnes manières.

Arthur SCHOPENHAUER, *Parerga et Paralipomena*[1], 1851, t. II, chap. 31, § 400.

1. Parerga = littéralement : hors-d'œuvre, suppléments ; paralipomena = ce qui a été omis, laissé de côté. Les *Parerga* et *Paralipomena* sont, comme dit Schopenhauer, « des pensées isolées mais rangées dans un ordre systématique sur une grande variété de sujets ».

Martin HEIDEGGER (1889-1976)

TECHNIQUE

Est-il possible de rien imaginer si ridicule que cette misérable et chetive creature, qui n'est pas seulement maistresse de soy, exposée aux offences de toutes choses, se die maistresse et emperiere de l'univers, duquel il n'est pas en sa puissance de congnoistre la moindre partie, tant s'en faut de la commander?
MONTAIGNE, *Essais*, II, XII.

C'est seulement lorsqu'on leur a découvert des outils que les Australopithèques et les Pithécanthropes sont devenus des hommes aux yeux de la science. Faute d'outils, ils auraient été condamnés à demeurer dans les limbes, entre les singes et nous.
André LEROI-GOURHAN, *Le Fil du temps*, 1983, p. 125.

La technique humaine la plus sophistiquée n'est encore, après tout, que le prolongement lointain du corps humain. Elle est la projection hors de soi, sous forme d'objets et de prothèses que la nature est hors d'état de produire, de cet *Homo* à la fois *sapiens* et *faber*, dont le plus ancien spécimen connu paraît déjà équipé pour l'*usage de la parole* et la *fabrication d'outils*: ainsi, parmi les dispositifs techniques mis à sa disposition, le premier et le plus naturel que l'homme ait à découvrir et à utiliser, c'est son *corps*.

Mais, en un autre sens, toute nouvelle technique humaine est une *tactique* vitale hasardeuse, un *artifice* qui déborde le domaine du nécessaire et du connu pour se risquer dans le champ du possible et de l'inconnu. À quelle fin? Dans quel but, sinon celui que Descartes assigne à la soif de connaissance méthodique et rationnelle, «nous rendre comme maîtres et possesseurs de la nature»?

Un tel projet suppose cependant une double «innocence»: celle de la science, d'une part, conçue comme la fille du désir désintéressé de connaître et la simple garante de l'efficacité technique; et celle de la technique elle-même, définie comme un ensemble de purs «moyens», à la fois efficaces et neutres, mis à la disposition de la bonne volonté universelle, en vue «du bien général de tous les hommes». Cependant, quand Léonard de Vinci refusait de divulguer sa «manière d'aller sous l'eau, à cause de la méchanceté des hommes qui s'en serviraient pour assassiner au fond des mers», il évoquait par là le mauvais usage possible de toute technique. De son côté, Karl Marx, analysant le machinisme industriel, incriminait non plus l'*usage* des machines – désastreuses pour les travailleurs –, mais la *finalité* même de leur invention, dans le contexte, il est vrai, de «l'exploitation capitaliste». Toutefois, s'agit-il seulement ici d'une rationalité *détournée* de sa véritable destination et pervertie par la poursuite exclusive et irrationnelle du profit? Une technique quelconque, en tant qu'elle maîtrise réellement un ordre de phénomènes, peut-elle être à son tour maîtrisée? Son développement peut-il être assigné à résidence? ou bien toute technique porte-t-elle dans ses flancs ses propres «impératifs», appelant l'anathème inspiré ou la célébration béate? Ces questions ne pourraient recevoir de réponse que si le rapport de détermination entre l'état de la technique à un moment donné, et celui de l'organisation sociale correspondante, était lui-même un problème simplement «technique» et susceptible, en fait, d'une solution maîtrisée.

Mais l'humanité ne se pose que des problèmes qu'elle ne peut pas résoudre et qui se résolvent sans elle, en dehors d'elle. Ce qui n'empêche nullement les hommes de continuer à proposer des «solutions» dites techniques, qui engendrent sans cesse de nouveaux «projets» et surtout de nouveaux «discours». Car la technique n'est peut-être rien d'autre, par delà le Bien et le Mal, que la pointe acérée et prodigieusement irrationnelle d'une flèche nommée Désir ou Libido, qui traverse la nature et l'homme à la manière d'un magicien somnambule, transformant les réponses en questions et les solutions en problèmes.

« NOUS RENDRE COMME MAÎTRES ET POSSESSEURS DE LA NATURE »

La technique mécanisée reste jusqu'ici le prolongement le plus visible de l'essence de la technique moderne, laquelle est identique à l'essence de la métaphysique moderne.

HEIDEGGER, *L'époque des «conceptions du monde»*, 1938, in «Chemins qui ne mènent nulle part», II.

Sitôt que j'ai eu acquis quelques notions générales touchant la physique, et que, commençant à les éprouver en diverses difficultés particulières, j'ai remarqué jusques où elles peuvent conduire, et combien elles diffèrent des principes dont on s'est servi jusques à présent, j'ai cru que je ne pouvais les tenir cachées, sans pécher grandement contre la loi qui nous oblige à procurer, autant qu'il est en nous, le bien général de tous les hommes. Car elles m'ont fait voir qu'il est possible de parvenir à des connaissances qui soient fort utiles à la vie, et qu'au lieu de cette philosophie spéculative, qu'on enseigne dans les écoles, on en peut trouver une pratique, par laquelle connaissant la force et les actions du feu, de l'eau, de l'air, des astres, des cieux et de tous les autres corps qui nous environnent, aussi distinctement que nous connaissons les divers métiers de nos artisans, nous les pourrions employer en même façon à tous les usages auxquels ils sont propres, et ainsi nous rendre comme maîtres et possesseurs de la nature. Ce qui n'est pas seulement à désirer pour l'invention d'une infinité d'artifices, qui feraient qu'on jouirait, sans aucune peine, des fruits de la terre et de toutes les commodités qui s'y trouvent, mais principalement aussi pour la conservation de la santé, laquelle est sans doute le premier bien et le fondement de tous les autres biens de cette vie; car même l'esprit dépend si fort du tempérament et de la disposition des organes du corps que, s'il est possible de trouver quelque moyen qui rende communément les hommes plus sages et plus habiles qu'ils n'ont été jusques ici, je crois que c'est dans la médecine qu'on doit le chercher. Il est vrai que celle qui est maintenant en usage, contient peu de choses dont l'utilité soit si remarquable; mais, sans que j'aie aucun dessein de la mépriser, je m'assure qu'il n'y a personne même de ceux qui en font profession, qui n'avoue que tout ce qu'on y sait n'est presque rien, à comparaison de ce qui reste à y savoir, et qu'on se pourrait exempter d'une infinité de maladies, tant du corps que de l'esprit, et même aussi peut-être de l'affaiblissement de la vieillesse, si on avait assez de connaissance de leurs causes, et de tous les remèdes dont la nature nous a pourvus.

DESCARTES, *Discours de la Méthode,* 1637, Sixième partie.

La technique. Le vivant. Nature. Société

1. Le dispositif corporel de l'*Homo sapiens*

Qu'importe l'imperfection de nos langages si nous sentons et faisons sentir profondément l'infinie puissance d'une unique évolution qui nous emporte, nous et nos créations, qui sont comme une autre chair de notre chair.

Jacques Lafitte, *Réflexions sur la science des machines* (1932), Vrin, 1972, p. 115.

Sur le fond de documentation énorme qu'ont rassemblé la paléontologie et la biologie des Vertébrés, on peut tenter l'esquisse d'une paléontologie fonctionnelle. Pour y parvenir, il faut intégrer dans une seule perspective les principaux éléments fonctionnels de chacun des types qui s'enchaînent au cours des temps. Ces différents éléments, pour la commodité, peuvent se réduire à cinq. Le premier porte sur les contraintes locomotrices, c'est-à-dire *l'organisation mécanique de la colonne vertébrale et des membres*. En fait, ce premier élément est indissociable des suivants puisque les organes du déplacement sont l'instrument moteur de la vie de relation. Le deuxième élément qui intervient est *la suspension crânienne*. C'est, par sa situation topographique, l'élément le plus sensible du dispositif fonctionnel; ce fait a été empiriquement compris depuis les débuts de la paléontologie puisque le célèbre mémoire de Daubenton sur la position du trou occipital chez les Vertébrés inaugure une longue série de travaux dont la suspension crânienne constitue le thème central. L'élément suivant est *la denture* dont le rapport avec la vie de relation est aisément compréhensible si l'on tient compte du rôle des dents à la fois pour la capture, la défense et la préparation alimentaire. Le quatrième élément est *la main* ou tout au moins l'extrémité du membre antérieur dans son intégration possible au champ technique. Enfin, le dernier est *le cerveau* dont le rôle comme coordinateur est évidemment primordial mais qui, fonctionnellement, apparaît comme le «locataire» du dispositif corporel tout entier [...] Il n'y a pas un rapport de priorité de l'évolution du cerveau sur l'évolution du dispositif corporel qu'il contrôle.

[...] L'activité technique des vieux Anthropiens offre l'image d'une évolution excessivement lente, jalonnée à la fois par des outils et par des crânes dont l'amélioration dans le sens de l'*homo sapiens* paraît se faire à peu près synchroniquement [...] Les faits montrent que l'homme n'est pas, comme on s'était accoutumé à le penser, une sorte de singe qui s'améliore, couronnement majestueux de l'édifice paléontologique, mais, dès qu'on le saisit, autre chose qu'un singe. Au moment où il nous apparaît, il lui reste encore un chemin très long à parcourir, mais ce chemin, il l'aura moins à faire dans le sens de l'évolution biologique que vers la libération du cadre zoologique, dans une organisation absolument neuve où la société va progressivement se substituer au courant phylétique.

André Leroi-Gourhan,
Le Geste et la parole, 1964, t. I, Albin Michel, pp. 57, 59, 127, 166.

2. Les techniques du corps

Nous avons fait, et j'ai fait pendant plusieurs années l'erreur fondamentale de ne considérer qu'il y a technique que quand il y a instrument. Il fallait revenir à des notions anciennes, aux données platoniciennes sur la technique, comme Platon parlait d'une technique de la musique et en particulier de la danse, et étendre cette notion.

J'appelle technique un acte *traditionnel efficace* (et vous voyez qu'en ceci il n'est pas différent de l'acte magique, religieux, symbolique). Il faut qu'il soit *traditionnel et efficace.* Il n'y a pas de technique et pas de transmission, s'il n'y a pas de tradition. C'est en quoi l'homme se distingue avant tout des animaux: par la transmission de ses techniques et très probablement par leur transmission orale.

Mais quelle est la différence entre l'acte traditionnel efficace de la religion, l'acte traditionnel, efficace, symbolique, juridique, les actes de la vie en commun, les actes moraux d'une part, et l'acte traditionnel des techniques d'autre part? C'est que celui-ci est senti par l'auteur *comme un acte d'ordre mécanique, physique ou physico-chimique* et qu'il est poursuivi dans ce but.

Dans ces conditions, il faut dire tout simplement: nous avons affaire à des *techniques du corps.* Le corps est le premier et le plus naturel instrument de l'homme. Ou plus exactement, sans parler d'instrument, le premier et le plus naturel objet technique, et en même temps moyen technique, de l'homme, c'est son corps... Avant les techniques à instruments, il y a l'ensemble des techniques du corps. [...]

Mauss présente ensuite, dans une série de petits tableaux, une «énumération biographique des techniques du corps», dont voici quelques extraits:

1. Techniques de la naissance et de l'obstétrique. – [...] Des choses que nous croyons normales, à savoir l'accouchement dans la position couchée sur le dos, ne sont pas plus normales que les autres, par exemple les positions à quatre pattes. [...]

2. Techniques de l'enfance. – [...] L'histoire du portage est très importante. L'enfant porté à même la peau de sa mère pendant deux ou trois ans a une tout autre attitude vis-à-vis de sa mère qu'un enfant non porté; il a un contact avec sa mère tout autre que l'enfant de chez nous [...]

3. Techniques de l'adolescence. – [...] Pour les hommes comme pour les femmes, le moment décisif est celui de l'adolescence. C'est à ce moment qu'ils apprennent définitivement les techniques du corps qu'ils garderont pendant tout leur âge adulte. [...]

4. Techniques de l'âge adulte. – [...] 1° *Techniques du sommeil.* – La notion que le coucher est quelque chose de naturel est complètement inexacte. On peut distinguer les sociétés qui n'ont rien pour dormir, sauf «la dure», et les autres qui s'aident d'instrument. – Il y a les gens à natte et les gens sans natte (Asie, Océanie, une partie de l'Amérique). – Il y a les gens à oreillers et les gens sans oreillers. [...] Il y a enfin le sommeil debout. Les Masaï peuvent dormir debout. J'ai dormi debout en montagne. J'ai dormi souvent à cheval, même en marche quelquefois: le cheval était plus intelligent que moi. Les vieux historiens des invasions nous représentent Huns et Mongols dormant à cheval. [...] 2° *Veille: Techniques du repos.* – La façon de

s'asseoir est fondamentale. Vous pouvez distinguer l'humanité accroupie et l'humanité assise. Et, dans celle-ci, distinguer les gens à bancs et les gens sans bancs et estrades; les gens à sièges et les gens sans sièges. [...] Certaines sociétés prennent leur repos dans des positions singulières. Ainsi toute l'Afrique Nilotique et une partie de la région du Tchad, jusqu'au Tanga nyka, est peuplée par des hommes qui, aux champs, se mettent en échassiers pour se reposer. Un certain nombre réussit à rester sur un seul pied sans perche, d'autres s'appuient sur un bâton. Ce sont là de véritables traits de civilisations, communs à un grand nombre, à des familles entières de peuples, que forment ces techniques du repos. [...] 3° *Techniques de l'activité, du mouvement.* – [...] On se moque du «pas de l'oie». C'est le moyen pour l'armée allemande d'obtenir le maximum d'extension de la jambe, étant donné surtout que l'ensemble des hommes du Nord, hauts sur jambes, ont le goût de faire le pas le plus long possible. Faute de ces exercices, un grand nombre d'entre nous, en France, restons à quelques degrés cagneux du genou. [...] *Danse*: Il y a à distinguer la danse des hommes et celle des femmes, souvent opposées. Enfin il faut savoir que la danse enlacée est un produit de la civilisation moderne d'Europe. Ce qui vous démontre que des choses tout à fait naturelles pour nous sont historiques. Elles sont d'ailleurs sujet d'horreur pour le monde entier, sauf pour nous. *Saut*: Nous avons assisté à la transformation de la technique du saut. Nous avons tous sauté à partir d'un tremplin et, encore une fois, de face. Ceci a heureusement cessé. Actuellement on saute, heureusement, de côté. [...] *Grimper*: Une méthode d'ascension à l'arbre avec la ceinture ceignant l'arbre et le corps est capitale, chez tous les soi-disant primitifs. Or, nous n'avons chez nous même pas l'emploi de cette ceinture. [...] *Descente*: Rien n'est plus vertigineux que de voir un Kabyle descendre avec des babouches. Comment peut-il tenir et ne pas perdre ses babouches? J'ai essayé de voir, de faire, je ne comprends pas. Je ne comprends pas non plus d'ailleurs comment les dames peuvent marcher avec leurs hauts talons. [...] 4° *Techniques des soins du corps.* – Technique du tousser et du cracher. Voici une observation personnelle. Une petite fille ne savait pas cracher et chacun de ses rhumes en était aggravé. Je me suis informé. Dans le village de son père et dans la famille de son père particulièrement, au Berry, on ne sait pas cracher. Je lui ai appris à cracher. Elle est la première de la famille à savoir cracher. *Hygiène des besoins naturels.* – Ici je pourrais vous énumérer des faits sans nombre. [...] 5° *Technique de la consommation. Manger.* – Absence et usage du couteau. [...] 6° *Techniques de la reproduction.* – Rien n'est plus technique que les positions sexuelles. Il y a toutes les techniques des actes sexuels normaux et anormaux. [...] Ici les techniques et la morale sexuelles sont en étroits rapports. 7° Il y a enfin les *techniques des soins, de l'anormal*: massages, etc. Mais passons.

Marcel MAUSS[a], «Les techniques du corps» (1934), in *Sociologie en anthropologie*, 1983, Introd. de Cl. Lévi-Strauss[b], chap. I et II, passim.

a. *Marcel Mauss (1878-1950): Agrégé de philosophie, neveu et disciple de Durkheim, il fut professeur de sociologie au Collège de France et inspira l'anthropologie structurale, ainsi que l'a proclamé Claude Lévi-Strauss. «Peu d'enseignements, écrit ce dernier, sont* *restés aussi ésotériques et peu, en même temps, ont exercé une influence aussi profonde que celui de Marcel Mauss».*

b. *«Chaque technique, écrit Lévi-Strauss dans son* Introduction à l'œuvre de Marcel Mauss, *chaque conduite, traditionnellement apprise et transmise, se fonde sur certaines synergies nerveuses et musculaires qui constituent de véritables systèmes, solidaires de tout un contexte sociologique. Cela est vrai des plus humbles techniques, comme la production du feu par friction ou la taille d'outils de pierre par éclatement; et cela l'est bien davantage de ces grandes constructions à la fois sociales et physiques que sont les différentes gymnastiques (y compris la gymnastique chinoise, si différente de la nôtre, et la gymnastique viscérale des anciens Maori, dont nous ne connaissons presque rien), ou les techniques du souffle, chinoise et hindoue, ou encore les exercices du cirque qui constituent un très ancien patrimoine de notre culture et dont nous abandonnons la préservation au hasard des vocations individuelles et des traditions familiales.*
Cette connaissance des modalités d'utilisation du corps humain serait, pourtant, particulièrement nécessaire à une époque où le développement des moyens mécaniques à la disposition de l'homme tend à le détourner de l'exercice et de l'application des moyens corporels, sauf dans le domaine du sport, qui est une partie importante, mais une partie seulement des conduites envisagées par Mauss, et qui est d'ailleurs variable selon les groupes.»

3. Techniques animales et technique humaine

Abeilles, termites, castors, bâtissent de merveilleux édifices. Les fourmis connaissent l'agriculture, les travaux de voirie, l'esclavage et la conduite des opérations de guerre. L'éducation des petits, les travaux de fortification et les migrations organisées apparaissent comme très répandus. Tout ce que l'homme accomplit, un animal ou un autre l'a fait. La vie librement mouvante, dans sa généralité, comprend les tendances qui existent, latentes, en tant que POTENTIALITÉS. L'homme n'accomplit rien qui ne soit à la portée de LA VIE EN GÉNÉRAL.

Et néanmoins, tout ceci n'a fondamentalement aucun rapport avec la technique humaine. De telles techniques génériques sont INVARIABLES: voilà bien ce que signifie le terme «instinct». La «cogitation» animale étant strictement tributaire du «ici-et-maintenant» immédiat, et ne tenant compte ni du passé ni de l'avenir, elle ne connaît pas non plus l'expérience ou l'angoisse. Il n'est pas vrai que la femelle animale «se fasse du souci» pour ses petits. Le souci est un sentiment qui sous-entend la projection d'une vision mentale dans le futur, la préoccupation de ce qui VA ÊTRE, de même que le regret implique la connaissance de ce qui FUT. Un animal ne connaît ni l'amertume ni le désespoir. Et son activité parentale est, comme tout ce dont il est question plus haut, une obscure réponse inconsciente à une instigation du même ordre que celle qui est sous-jacente à maints autres types de vie. C'est une propriété de l'espèce et non de l'individu. La technique générique est par conséquent non seulement invariable, mais également IMPERSONNELLE.

La caractéristique exclusive de la technique humaine, au contraire, est qu'elle est INDÉPENDANTE de la vie de l'espèce humaine. C'est, dans l'histoire entière du monde vivant, l'exemple unique d'un individu qui s'affranchit de la contrainte générique. Il importe de méditer longuement sur cette pensée si l'on veut en saisir les implications infinies. Dans l'existence de l'homme la technique est consciente, arbitraire, modifiable, personnelle, IMAGINATIVE ET INVENTIVE. Elle peut s'apprendre et être perfectionnée. L'homme est devenu le CRÉATEUR de sa tactique vitale : là est sa grandeur et là est sa perte. Et la forme intime de sa créativité est appelée culture : être cultivé, cultiver, pâtir de la culture. Les créations de l'homme constituent des expressions de ce spécimen dans une forme PERSONNELLE.

Oswald SPENGLER, *L'homme et la technique* (1931), Gallimard, «Les Essais», 1958, pp. 65-67.

TECHNIQUE, HISTOIRE ET MORALE

4. C'EST LA TRACTION ANIMALE QUI A ABOLI L'ESCLAVAGE

On sait que le Nouveau Monde ne connaissait pas le cheval ni le bœuf, ni même la roue, avant l'arrivée des Européens. Ceux-ci, lorsqu'ils voulurent exploiter leur conquête, se trouvèrent donc en présence de difficultés du même ordre que les peuples de l'antiquité. Il leur fallait une force motrice pour les travaux et les transports, et la seule existante était celle de l'homme. Sans plus de souci des facteurs moraux que les anciens eux-mêmes, ils s'en emparèrent et réduisirent les indigènes au métier de bétail humain. Mais ces derniers supportèrent mal ce régime, et la mortalité fut telle, parmi eux, que de vastes régions se dépeuplèrent rapidement.

C'est alors qu'ému de pitié pour ces misérables, un évêque célèbre, vénéré à l'égal d'un saint, Las Casas, obtint en 1517 de Charles Quint, alors Charles Ier d'Espagne, un édit par lequel il autorisait le recrutement, le transport et l'exploitation des nègres d'Afrique, jugés plus résistants aux durs travaux que les Indiens. Le but était charitable, mais quel résultat ! Extension rapide de la traite, concurrence acharnée des peuples d'Europe pour ce commerce, lucratif malgré la mortalité des deux tiers qui sévissait sur les cargaisons, et, pour les malheureux noirs, trois siècles et demi de cruelle servitude. [...]

Quoi qu'il en soit, tant que les animaux de trait, importés ou nés dans le Nouveau Monde, furent en nombre insuffisant, tant que la force motrice animale fit défaut, l'esclavage des nègres fut maintenu, rigoureusement réglé par les atroces codes noirs des peuples colonisateurs et approuvé sans restrictions dans son principe par toutes les autorités civiles et religieuses.

Ce ne fut qu'au milieu du XVIIIe siècle que les Quakers[1] de l'Amérique du Nord énergiques, travailleurs, et nantis d'un cheptel suffisant d'animaux de trait, donnèrent le signal de la réprobation en renonçant légalement, d'un seul coup à tous leurs droits sur leurs esclaves.

Leur exemple fut contagieux, l'esclavage devint odieux dès lors qu'on pouvait s'en passer, et cent ans plus tard, la guerre de sécession libéra les esclaves aux États-Unis, désormais assez riches en animaux de trait pour supporter pratiquement cette réforme.

Commandant LEFEBVRE des NOËTTES[a], *La Force motrice animale à travers les âges*, Berger-Levrault, 1924, pp. 111-112.

1. Cf. note 2, p. 358.

a. *Le Commandant Richard Lefebvre Des Noëttes (1856-1936): Officier de cavalerie légère, sorti de Saint-Cyr et de Saumur, il dut quitter l'armée à la suite de chutes de cheval itératives, et se passionna dès lors pour l'histoire des techniques, procédant à des études très soignées des textes et des documents anciens. Ses travaux, désormais classiques, sur le collier d'épaules et le gouvernail d'étambot, provoquèrent de rudes polémiques, en raison de leur nouveauté et de leur hardiesse (cf. texte suivant, n° 5).*

«Le Cdt L. des Noëttes a dressé l'inventaire des découvertes que le moyen âge a léguées aux temps modernes. Sans revenir sur celles qui concernent les transports, c'est, au XII*e siècle, la forge à martinet, le soufflet à plaques et à soupapes, la vitre et le vitrail, la cheminée domestique, la chandelle et le cierge, le pavage des routes, la brouette, la croisée d'ogive; à ce moment aussi, le moulin à eau, connu en principe depuis l'antiquité romaine, devient d'un emploi pratique en général; au* XIII*e siècle, voici les lunettes, la charrue à roues et à versoir; au* XIV*e siècle, l'écluse à sas, la poudre à canon, l'horloge à poids, le rabot; au* XV*e siècle, la polyphonie vocale et, pour couronner le tout, l'imprimerie. Tel est le bilan sommairement dressé. Il est grandiose, jamais l'homme ne s'était, en aussi peu de temps, armé d'autant d'outils; jamais il n'en avait pris en mains d'aussi puissants. (...) Au reste, la vérité sans doute la plus précieuse qui se dégage de ces études, c'est qu'il existe, entre les conquêtes techniques et le progrès moral et social, des rapports étroits, intimes. (...) Qui donc opérait chez les Anciens et dans les premiers siècles de l'ère chrétienne, les durs travaux qui, depuis, ont été confiés à la machine ou, du moins, singulièrement facilités par elle? Qui donc tournait la meule pour écraser le grain ou piétinait l'outre pour activer le feu de la forge? Qui donc surtout transportait les bois, les pierres, les marbres, pour les pyramides ou les temples? Qui donc ramait sur les vaisseaux où, faute de gouvernail fixe, la voile était souvent impuissante, presque toujours d'un secours médiocre? C'était l'homme, l'homme réduit en esclavage. C'est la conclusion pathétique du commandant L. Des Noëttes. Pour tranquilliser leur conscience, les Anciens disaient, avec le poète, que le jour où Zeus enlève à l'homme la liberté, il lui ôte aussi la moitié de son âme. Quel aveu! L'Évangile annonce enfin la fraternité de tous les hommes, promus sans exception à la dignité d'enfants de Dieu; mais l'esclavage reste, pendant des siècles encore, la base de la société. Les Pères de l'Église, les docteurs les plus vénérés, le justifient au nom de Dieu. C'est que l'esclavage était une nécessité; c'est que la société aurait croulé s'il avait disparu, avant que le progrès technique permît de s'en passer.» Georges Moulinier,* Un chercheur, une méthode, du nouveau, *in «Bulletin de l'Association G. Budé», XXXIX, 1933, pp. 49-52.*

MORALE, HISTOIRE ET TECHNIQUE

5. TECHNIQUE ET ÉVOLUTION SOCIALE

(A propos de «La Force motrice animale à travers les âges», du commandant Lefebvre des Noëttes)

(Ce livre) apporte des résultats nouveaux et importants; il pose des problèmes d'un intérêt plus vif encore. Il fait réfléchir [...] De nos jours, l'attelage des chevaux se fait suivant l'un ou l'autre des deux procédés suivants: collier d'épaules rigide qui prend son point d'appui sur les omoplates, bricole souple qui, passant aussi sur les épaules, rejoint une sangle de poitrail. Les deux méthodes sont également rationnelles. L'antiquité classique les ignorait toutes deux. Le principal organe de traction était alors une bande de cuir souple, qui cravatait le cou à l'endroit même où la trachée artère est toute proche de la peau. On ne peut guère rêver de système plus fâcheux. Quand l'animal tirait, cette bande malencontreuse venait lui comprimer la trachée; il respirait mal; pour se défendre contre cette gêne, il cherchait instinctivement à tendre et à durcir les muscles de sa gorge; il y réussissait, jusqu'à un certain point, en levant la tête; mais par là il déplaçait son centre de gravité vers l'arrière; il se trouvait ainsi empêché d'utiliser tout son poids pour amener en avant son fardeau. Quiconque a regardé des œuvres d'art grecques ou romaines reconnaîtra l'exactitude de cette description; ce mouvement de la tête, fortement rejetée en arrière, y est caractéristique des chevaux attelés [...] Ce n'est pas tout. Deux autres raisons encore empêchaient les Anciens d'obtenir de leurs chevaux de trait un rendement satisfaisant. Ils ne les ferraient pas. Ils ne savaient pas les atteler en file. [...]

Étroitement limitées dans l'emploi de la force motrice animale, les civilisations antiques ont dû faire un emploi extrêmement large de la force motrice humaine, c'est-à-dire de la main-d'œuvre servile. [...]

Je parlais plus haut des problèmes que soulève ce livre. Peut-être serait-il plus juste de dire qu'il n'en soulève qu'un, mais très grand: il nous amène à nous demander quels sont les rapports du développement technique avec l'évolution économique et les transformations de l'organisation sociale. Ce problème capital, peut-on croire que M. Lefebvre des Noëttes l'ait résolu, du moins sur le point particulier auquel devait s'appliquer son effort? Malheureusement non. Pour mieux dire, il ne l'a même pas posé clairement, et cela faute d'en avoir senti toute la complexité. Autodidacte en histoire, il a fait comme tant d'autres autodidactes avant lui: il est allé tout droit vers le matérialisme historique le plus absolu et le plus naïf. [...] L'insignifiance économique de l'esclavage médiéval a pour cause essentielle la rareté de la main-d'œuvre servile; et cette rareté même a son origine dans un fait, non pas d'ordre économique ou matériel, mais d'ordre moral. Des guerres innombrables ont ravagé l'Europe occidentale pendant tout le moyen âge; elles auraient pu aboutir à remplir les villes et les champs d'une immense population de captifs courbés sous le «joug de servitude». Rien de pareil cependant ne s'est passé, parce que l'idée de la solidarité chrétienne s'y est opposée.

Marc Bloch[a], in *Revue de Synthèse historique*, tome 41, juin 1926, pp. 91-99.

a. *Marc Bloch, historien français (né à Lyon en 1886, fusillé par les Allemands, près de Lyon, en 1944): Professeur d'histoire économique à la Sorbonne. Frappé par les lois raciales, il entre dans la Résistance en 1942 et devient membre du Comité directeur de «Franc-Tireur». Il fut, avec Lucien Febvre, le fondateur de la revue «Annales». Principaux ouvrages:* Les Rois thaumaturges *(1920),* Les Caractères originaux de l'histoire rurale française *(1931),* La Société féodale *(1939-40),* Apologie pour le métier d'historien *(posth. 1952).*

TECHNIQUE ET JUSTICE

6. Une technique scientifique du châtiment

Tout châtiment est inique, aussitôt qu'il n'est pas nécessaire à la conservation du dépôt de la liberté publique.
Beccaria, *Des délits et des peines*, 1764, § II.

Il y a deux manières de punir par la souffrance physique: un effort musculaire pénible, tels que les travaux forcés, la manivelle, le *tread-wheel*; – ou la peine du fouet. La première méthode agit sur les nerfs par l'intermédiaire du tissu musculaire; la seconde, par l'intermédiaire de la peau. Le but n'est pas de détériorer les muscles eux-mêmes ou la peau; on cherche seulement à déterminer un état de souffrance pour les nerfs. Cependant, comme il est presque impossible, avec une punition rigoureuse, de ne pas produire les lésions sérieuses du tissu intermédiaire, muscles ou peau, on pourrait peut-être trouver moyen d'agir sur les nerfs seuls. Pour cela, on pourrait avoir recours à l'électricité. Par des chocs et des courants électriques, et surtout à l'aide de la machine magnéto-électrique de Faraday, qui interrompt et renouvelle sans cesse les courants, on pourrait infliger des souffrances aussi vives que l'on voudrait, en les graduant avec une précision scientifique. Il reste à déterminer jusqu'à quel point l'emploi de courants électriques violents pourrait faire aux nerfs un mal durable; il est probable que le dommage ne serait pas plus grand qu'avec le même degré de souffrance infligé par l'intermédiaire des muscles ou de la peau, tandis qu'au moins ce dommage se bornerait au tissu nerveux. Le châtiment serait moins révoltant que le supplice du fouet pour les spectateurs et pour le public en général; il resterait aussi terrible pour le criminel lui-même; ce qu'il aurait de mystérieux frapperait l'imagination, et aucune attitude imaginable ne pourrait en atténuer les souffrances. Le pouvoir effrayant que l'opérateur exercerait par le plus léger mouvement du doigt rendrait encore plus sensible la prostration humiliante du patient.

Si l'on doit maintenir la peine de mort, il y aurait bien des raisons de renoncer à la pendaison, et d'y substituer un choc électrique. Mais comme l'opinion semble se prononcer de plus en plus contre la peine capitale, la combinaison de la réclusion avec les souffrances causées par l'électricité, pourrait être graduée de manière à fournir des châtiments suffisants pour tous les degrés du crime. Lord Romilly a exprimé l'avis que la réclusion avec flagellation périodique serait bien pire qu'une mort immédiate. Cette idée serait trop pénible pour la généralité du public, tandis qu'une application plus raffinée de la souffrance ne serait pénible que pour le condamné.

Alexander Bain, *L'Esprit et le corps,* Germer Baillière, 1873, pp. 78-79.

TECHNIQUE. TRAVAIL. NATURE

7. La technologie *capitaliste* épuise la terre et le travailleur

Sous sa forme-machine le moyen de travail devient immédiatement le concurrent du travailleur. Le rendement du capital est dès lors en raison directe du nombre d'ouvriers dont la machine anéantit les conditions d'existence. Le système de la production capitaliste repose en général sur ce que le travailleur vend sa force comme marchandise. La division du travail réduit cette force à l'aptitude de détail à manier un outil fragmentaire. Donc, dès que le maniement de l'outil échoit à la machine, la valeur d'échange de la force de travail s'évanouit en même temps que sa valeur d'usage. L'ouvrier comme un assignat démonétisé n'a plus de cours. Cette partie de la classe ouvrière que la machine convertit ainsi en population superflue, c'est-à-dire inutile pour les besoins momentanés de l'exploitation capitaliste, succombe dans la lutte inégale de l'industrie mécanique contre le vieux métier et la manufacture, ou encombre toutes les professions plus facilement accessibles où elle déprécie la force de travail. [...]

Et la machine n'agit pas seulement comme un concurrent dont la force supérieure est toujours sur le point de rendre le salarié superflu.

C'est comme puissance ennemie de l'ouvrier que le capital l'emploie, et il le proclame hautement. Elle devient l'arme de guerre la plus irrésistible pour réprimer les grèves, ces révoltes périodiques du travail contre l'autocratie du capital. D'après *Gaskell*, la machine à vapeur fut dès le début un antagoniste de la «force de l'homme» et permit au capitaliste d'écraser les prétentions croissantes des ouvriers qui menaçaient d'une crise le système de fabrique à peine naissant. On pourrait écrire toute une histoire au sujet des inventions faites depuis 1830 pour défendre le capital contre les émeutes ouvrières.

[...] Dans l'agriculture moderne, de même que dans l'industrie des villes, l'accroissement de productivité et le rendement supérieur du travail s'achètent au prix de la destruction et du tarissement de la force de travail. En outre, chaque progrès de l'agriculture capitaliste est un progrès non seulement dans l'art d'exploiter le travailleur, mais encore dans l'art de dépouiller le sol; chaque progrès dans l'art d'accroître sa fertilité pour un temps, un progrès dans la ruine de ses sources durables de fertilité [...] La production capitaliste ne développe donc la technique et la combinaison du procès de production sociale qu'en épuisant en même temps les deux sources d'où jaillit toute richesse: *La terre et le travailleur.*

Karl Marx, *Le Capital*, Livre I, 1867, 4e section, chap. XV,
trad. J. Roy, Garnier-Frères, pp. 308, 312, 363.

TECHNIQUE. HUMANITÉ. RELIGION

8. Pour qui Socrate et Jésus sont-ils morts?

Devons-nous faire nôtres, sans conteste, ces visions simples, mais inorganiques, de notre vie future: un peuple immense, sans connaissance et sans vouloir, faisant toujours retour aux instincts primitifs, et séparée de lui, une élite mécanicienne?
Jacques Lafitte, *Réflexions sur la science des machines* (1932), Vrin, 1972, p. 113.

Nous disions plus haut que la fin logique de ce réalisme intégral professé par l'humanité actuelle, c'est l'entre-tuerie organisée des nations ou des classes. On en peut concevoir une autre, qui serait leur réconciliation, le bien à posséder devenant la terre elle-même, dont elles auraient enfin compris qu'une bonne exploitation n'est possible que par leur union: cependant que la volonté de se poser comme distinct serait transférée de la nation à l'espèce, orgueilleusement dressée contre tout ce qui n'est pas elle. Et, de fait, un tel mouvement existe; il existe, par-dessus les classes et les nations, une volonté de l'espèce de se rendre maîtresse des choses et, quand un être humain s'envole en quelques heures d'un bout de la terre à l'autre, c'est toute la race humaine qui frémit d'orgueil et s'adore comme distincte parmi la création. Ajoutons que cet impérialisme de l'espèce est bien, au fond, ce que prêchent les grands recteurs de la conscience moderne; c'est l'homme, ce n'est pas la nation ou la classe, que Nietzsche, Sorel, Bergson exaltent dans son génie à se rendre maître de la terre; c'est l'humanité, et non telle fraction d'elle, qu'Auguste Comte invite à s'enfoncer dans la conscience de soi et à se prendre enfin pour objet de sa religion. On peut penser parfois qu'un tel mouvement s'affirmera de plus en plus et que c'est par cette voie que s'éteindront les guerres interhumaines. On arrivera ainsi à une «fraternité universelle», mais qui, loin d'être l'abolition de l'esprit de nation avec ses appétits et ses orgueils, en sera au contraire la forme suprême, la nation s'appelant l'Homme et l'ennemi s'appelant Dieu. Et dès lors, unifiée en une immense armée, en une immense usine, ne connaissant plus que des héroïsmes, des disciplines, des inventions, flétrissant toute activité libre et désintéressée, revenue de placer le bien au-delà du monde réel et n'ayant plus pour dieu qu'elle-même et ses vouloirs, l'humanité atteindra à de grandes choses, je veux dire à une mainmise vraiment grandiose sur la matière qui l'environne, à une conscience vraiment joyeuse de sa puissance et de sa grandeur. Et l'histoire sourira de penser que Socrate et Jésus-Christ sont morts pour cette espèce.

Julien Benda, *La Trahison des clercs,* Bernard Grasset, 1927, ch. IV, fin.

TECHNIQUE. NATURE. MÉTAPHYSIQUE

9. Problèmes économiques et questions métaphysiques

On parle de mettre toutes les forces de la nature au service de l'homme. Mais d'abord l'idée de l'*homme* n'est qu'une idée générale, typique et abstraite. Faisons ici bon marché de la diversité des races et des nationalités, puisqu'aussi bien l'extinction successive des races et le remplacement des unes par les autres semblent être, dans le plan général de la nature, la condition et le moyen du progrès: l'*homme*, c'est-à-dire l'*humanité* se composera encore d'une suite de générations et d'une multitude d'individus sur lesquels, sans doute, la Providence veille d'un œil paternel, mais que la nature semble négliger et qu'à son instar la science, l'histoire sont tentées de négliger aussi. Or, l'obligation d'embrasser la suite des générations successives s'impose lorsqu'il s'agit de richesses qui s'épuisent par l'exploitation, mais dans quelle mesure? Un père de famille songe à ses enfants et à ses petits-enfants; mettons que les chefs des nations doivent pousser leur prévoyance plus loin et l'étendre à un siècle ou deux, soit à une demi-douzaine de générations: à coup sûr, ils ne pourraient, ils n'oseraient pas, ne fût-ce que par crainte du ridicule, restreindre la construction des chemins de fer et des bateaux à vapeur, sur le fondement qu'au train dont on y va les gîtes houillers de l'Europe sont épuisés avant cinq ou six siècles, ce qui n'est pourtant qu'un espace de temps médiocre dans l'histoire des peuples. On ne manquerait pas de répondre qu'il se fera, d'ici là, des découvertes imprévues, qu'on trouvera de nouveaux gîtes de houille ou des moyens de s'en passer, et qu'après tout, qui vivra verra. On sent que de telles réponses n'ont rien de scientifique et qu'il faudrait avoir tiré au clair cet inconnu pour résoudre et même pour poser scientifiquement le problème économique de la plus avantageuse exploitation.

D'ailleurs, nous aurions à cet égard tous les renseignements qui nous manquent et que l'expérience aura donnés certainement dans quelques centaines d'années, que nous ne serions pas encore mis à même de répondre à la question. Car il faudrait de plus savoir quels sont, au juste, le rôle de l'homme dans ce monde et les destinées de l'humanité ; s'il vaut mieux que le foyer de la civilisation soit plus longtemps entretenu ou qu'il brûle plus vite avec une ardeur plus intense ; que ce foyer reste fixe ou qu'il se déplace ; qu'une plus longue suite de générations se réchauffent et s'éclairent à ses rayons ou que son action se concentre sur quelques générations privilégiées : toutes questions transcendantes que la raison humaine ne résoudra jamais scientifiquement, pas plus dans mille ans qu'aujourd'hui.

COURNOT, *Revue sommaire des doctrines économiques*, 1877, Hachette, p. 300.

UNE TECHNIQUE CONTRE NATURE

10. LA TECHNIQUE MODERNE, *PROVOCATION* MONSTRUEUSE DES ÉNERGIES NATURELLES

Le dévoilement qui régit la technique moderne est une pro-vocation *(Heraus = fordern)* par laquelle la nature est mise en demeure de livrer une énergie qui puisse comme telle être extraite *(herausgefördert)* et accumulée. Mais ne peut-on en dire autant du vieux moulin à vent? Non: ses ailes tournent bien au vent et sont livrées directement à son souffle. Mais si le moulin à vent met à notre disposition l'énergie de l'air en mouvement, ce n'est pas pour l'accumuler.

Une région, au contraire, est pro-voquée à l'extraction de charbon et de minerais. L'écorce terrestre se dévoile aujourd'hui comme bassin houiller, le sol comme entrepôt de minerais. Tout autre apparaît le champ que le paysan cultivait autrefois, alors que cultiver *(bestellen)* signifiait encore : entourer de haies et entourer de soins. Le travail du paysan ne pro-voque pas la terre cultivable. Quand il sème le grain, il confie la semence aux forces de croissance et il veille à ce qu'elle prospère. Dans l'intervalle, la culture des champs, elle aussi, a été prise dans le mouvement aspirant d'un mode de culture *(Bestellen)* d'un autre genre, qui *requiert (stellt)* la nature. Il la requiert au sens de la provocation. L'agriculture est aujourd'hui une industrie d'alimentation motorisée [...]

La centrale électrique est mise en place dans le Rhin. Elle le somme *(stellt)* de livrer sa pression hydraulique, qui somme à son tour les turbines de tourner. Ce mouvement fait tourner la machine dont le mécanisme produit le courant électrique, pour lequel la centrale régionale et son réseau sont commis aux fins de transmission. Dans le domaine de ces conséquences s'enchaînant l'une l'autre à partir de la mise en place de l'énergie électrique, le fleuve du Rhin apparaît, lui aussi, comme quelque chose de commis. La centrale n'est pas construite dans le courant du Rhin comme le vieux pont de bois qui depuis des siècles unit une rive à l'autre. C'est bien plutôt le fleuve qui est muré dans la centrale. Ce qu'il est aujourd'hui comme fleuve, à savoir fournisseur de pression hydraulique, il l'est de par l'essence de la centrale. Afin de voir et de mesurer, ne fût-ce que de loin, l'élément monstrueux qui domine ici, arrêtons-nous un instant sur l'opposition qui apparaît entre les deux intitulés: «Le Rhin», muré dans l'usine d'*énergie,* et «Le Rhin», titre de cette œuvre d'*art* qu'est un hymne de Hölderlin. Mais le Rhin, répondra-t-on, demeure de toute façon le fleuve du paysage. Soit, mais comment le demeure-t-il? Pas autrement que comme un objet pour lequel on passe une commande *(bestellbar)*, l'objet d'une visite organisée par une agence de voyages, laquelle a constitué *(bestellt)* là-bas une industrie des vacances.

C'est seulement pour autant que, de son côté, l'homme est déjà pro-voqué à libérer les énergies naturelles que ce dévoilement qui commet peut avoir lieu. Lorsque l'homme y est provoqué, y est commis, alors l'homme ne fait-il pas aussi partie du fonds, et d'une manière encore plus originelle que la nature? Le garde forestier qui mesure le bois abattu et qui en apparence suit les mêmes chemins et de la même manière que le faisait son grand-père est aujourd'hui, qu'il le sache ou non, commis par l'industrie du bois. Il est commis à faire que la cellulose puisse être commise et celle-ci de son côté est provoquée par les demandes de papier pour les journaux et les magazines illustrés. Ceux-ci, à leur tour, interpellent l'opinion publique, pour qu'elle absorbe les choses imprimées, afin qu'elle-même puisse être commise à une formation d'opinion dont on a reçu la commande. Mais justement parce que l'homme est provoqué d'une façon plus originelle que les énergies naturelles, à savoir au «commettre», il ne devient jamais pur fonds. [...]

Ainsi la technique moderne, en tant que dévoilement qui commet, n'est-elle pas un acte purement humain.

HEIDEGGER, «La Question de la technique» (1953), in *Essais et conférences,* trad. A. Préau, Gallimard, 1958, pp. 20-21, 24.

LA TECHNIQUE. LE VIVANT. NATURE ET MORALE

11. BIOTECHNOLOGIE DE L'EUGÉNISME

J'admets parfaitement que lorsque la physiologie sera assez avancée, le physiologiste pourra faire des animaux ou des végétaux nouveaux, comme le chimiste produit des corps qui sont en puissance mais qui n'existent pas dans l'ordre naturel des choses.
Claude BERNARD

L'eugénisme constitue le vice inclus dans les possibilités biocréatrices: on veut, en effet, anticiper et gérer le développement fœtal, travailler à l'émergence d'un homme jugé supérieur ou plus performant. Certains voient même le long terme: en prévision d'un séjour sur les planètes, le généticien Haldane souhaitait qu'on ne programme que des individus, entre autres caractères, courts de jambes, plutôt nains (achondroplasiques) qu'hommes. On règlerait donc les unions et commanderait à leurs résultats. Évoquons deux projets qui auraient reçu des commencements d'application: 1/Aurait été créée une banque, la «Repository for Germinal Choice», à Esposito, en Californie. On y aurait entreposé la semence «d'hommes jugés supérieurs», afin de pouvoir en inséminer des femmes retenues pour leurs qualités et qui enfanteraient alors des enfants surdoués. Inversement, Muller (prix Nobel de médecine) suggérait de stériliser tous les individus dégénérés ou de quotient intellectuel trop inférieur (la presque totalité des Noirs américains!). D'autres savants (Crick et Pauling) se sont rabattus sur des recommandations moins criantes et apparemment moins absurdes: la réglementation des mariages. Quand deux sujets décident de s'épouser, on confronterait préalablement les fiches respectives de leurs génômes, ceux du futur mari et de sa femme: des études statistiques permettent ou permettront de se prononcer sur le physique, voire sur le psychisme de leur descendance. Et on sait, ou bien on saura, si leurs enfants naîtront sains, supérieurs ou tarés. On préviendrait les candidats au mariage des éventuelles incompatibilités génétiques. On s'efforcerait de les décourager.

La loi pourrait ou devrait aller, selon certains, jusqu'à interdire l'union. Mieux, pour s'en prémunir, on s'orienterait même vers la stérilisation. Linus Pauling souhaiterait que «les porteurs de gènes défectueux portent ce renseignement tatoué sur leur front». [...]

Platon, dès la *République*, sur des bases d'une autre nature, il est vrai, avait organisé le système familial, ainsi que les unions conjugales, en vue de sauver la Cité (la biopolitique). Il tenait à exclure les enfants déformés, ou trop lâches ou trop violents: le tisserand royal veillait donc à corriger les tempéraments extrêmes. Il pensait empêcher les débordements, la pathologie des uns comme des autres (mollesse ou brutalité). Assemblons, imposons et choisissons!

Qui ne voit l'erreur de cette planification? L'importance de la récessivité (la génotypie) annulera immédiatement les mesures plutôt destructrices du patrimoine. L'eugénisme ne convient bien qu'aux végétaux, à des populations dont on a réglé depuis longtemps l'«hérédité», qui aura donc été fixée, du moins stabilisée. Ensuite seulement on procédera aux panachages, en fonction d'effets escomptés.

Le mettre en œuvre sur l'homme revient d'abord à oublier son polymorphisme de base, sa profonde diversité. On court donc tout droit à l'échec. Par ailleurs, on ne sait même pas «quel homme il faut souhaiter» puisqu'il ne vaut que par sa plasticité, l'inventivité d'une vie qui donne du nouveau (des réassortiments et des recombinaisons). On ne comprend pas que des savants informés aient pu donner leur accord ou inspirer des dispositifs institutionnels aussi aberrants.

François DAGOGNET[a], *La Maîtrise du vivant,* 1988, Hachette, pp. 147-48.

a. *François Dagognet (né en 1924): philosophe et docteur en médecine, professeur à Lyon, puis à Paris I. Auteur d'une œuvre abondante et variée, il a plus spécialement étudié l'histoire et la méthodologie des sciences expérimentales.*

Edmund HUSSERL (1859-1938)

Photo Ullstein Bilderdienst, Berlin.

THÉORIE ET EXPÉRIENCE

En quelque ordre de phénomènes que ce puisse être, même envers les plus simples, aucune véritable observation n'est possible qu'autant qu'elle est primitivement dirigée et finalement interprétée par une théorie quelconque.
Auguste COMTE

Une science n'est pas un simple recueil de «faits» qu'il suffirait d'*observer*; car, pour *savoir* observer, il faut déjà être quelque peu savant, et «pour être un bon observateur, il faut être un bon théoricien» (Darwin).

On entend dire pourtant qu'«un fait est un fait», qu'«on ne peut pas aller contre les faits», et que toute «théorie» n'est qu'une «vue de l'esprit». Les empiristes croient ainsi pouvoir affirmer que *tous* nos jugements doivent être fondés sur l'expérience, de sorte que toute «théorie» ne serait qu'une extrapolation incertaine, sinon abusive, de certains faits d'expérience.

Certes, les théories naissent de l'objectivation de ce que l'homme, en tant que vivant, élabore à mesure qu'il rencontre, dans l'expérience, des obstacles à ses désirs, à ses passions, à ses croyances. Mais la connaissance, destinée à parfaire l'adaptation du vivant à son milieu, est par ailleurs une attitude seconde: visant à l'économie et à l'ordre dans l'action, elle suspend d'abord celle-ci, prenant du recul devant l'obstacle, ce que le mot de «réflexion» exprime assez bien. La science dite «expérimentale» multiplie à son tour les biais par où les choses se laisseront enfin saisir, sous un éclairage «théorique» convenable. C'est pourquoi, sous peine de nullité, toute expérimentation doit venir à sa place dans la charpente des concepts, parmi les matériaux de construction de la théorie.

L'expérience «immédiate», particulière et contingente, n'est pas immédiatement un objet de connaissance, mais elle est à la fois prétexte et obstacle pour toute élaboration théorique de la vérité. Déjà, dans la caverne platonicienne où défilent les ombres (cf. texte n° 1), les prisonniers cherchent à discerner un ordre réel sous le désordre apparent. C'est une telle exigence qui est portée à son comble par la pensée scientifique.

Cependant, l'idéal d'une vérité totale, à la fois universelle et nécessaire, se fragmente, dans les diverses *sciences* qui s'emploient à déchiffrer le réel, en vérités spéciales, expérimentalement vérifiées à partir d'hypothèses particulières: «C'est l'essence propre de la science de la nature, écrit Husserl, c'est *a priori* son mode d'être, d'être *hypothèse à l'infini* et *vérification à l'infini*» (cf. texte n° 5, p. 446).

L'expérience, avec ses lacunes et son ambiguïté, est le tremplin de la connaissance; mais avec ses verdicts singuliers, elle en est le tempérament. Il y a donc entre l'expérience et la théorie des rapports étroits et la remise en cause d'un savoir scientifique est l'ébranlement d'un discours tout autant que la faillite d'une pratique. Toute science est en effet un système particulier de vérités hypothético-déductives, c'est-à-dire ouvertes à la fois du côté de la théorie et du côté de l'expérience.

Ce n'est pas la simple accumulation de faits désordonnés, c'est-à-dire tels que les livre l'expérience, qui produit la science théorique, mais c'est le cours progressif des théories scientifiques qui produit l'ordre des faits. Car «le fait, comme dit Canguilhem, n'est pas ce dont la science est faite, mais ce que fait la science en se faisant».

LA RAISON DOIT PRENDRE LES DEVANTS

Il n'y a guère plus d'un siècle et demi... que l'essai magistral de l'ingénieux Bacon de Verulam en partie provoqua et en partie, car on était déjà sur sa trace, ne fit que stimuler cette découverte qui [...] ne peut s'expliquer que par une révolution subite dans la manière de penser [...].

Quand Galilée fit rouler ses sphères sur un plan incliné avec un degré d'accélération dû à la pesanteur déterminé selon sa volonté, quand Torricelli fit supporter à l'air un poids qu'il savait lui-même d'avance être égal à celui d'une colonne d'eau à lui connue, ou quand, plus tard, Stahl transforma les métaux en chaux et la chaux en métal, en leur ôtant ou en leur restituant quelque chose, ce fut une révélation lumineuse pour tous les physiciens. Ils comprirent que la raison ne voit que ce qu'elle produit elle-même d'après ses propres plans et qu'elle doit prendre les devants avec les principes qui déterminent ses jugements, suivant des lois immuables, qu'elle doit obliger la nature à répondre à ses questions, et ne pas se laisser conduire pour ainsi dire en laisse par elle; car autrement, faites au hasard et sans aucun plan tracé d'avance, nos observations ne se rattacheraient point à une loi nécessaire, chose que la raison demande et dont elle a besoin. Il faut donc que la raison se présente à la nature tenant, d'une main, ses principes qui seuls peuvent donner aux phénomènes concordant entre eux l'autorité de lois, et de l'autre, l'expérimentation qu'elle a imaginée d'après ces principes, pour être instruite par elle, il est vrai, mais non pas comme un écolier qui se laisse dire tout ce qu'il plaît au maître, mais, au contraire, comme un juge en fonctions qui force les témoins à répondre aux questions qu'il leur pose. La Physique est donc ainsi redevable de la révolution si profitable opérée dans sa méthode uniquement à cette idée qu'elle doit chercher dans la nature – et non pas faussement imaginer en elle – conformément à ce que la raison y transporte elle-même, ce qu'il faut qu'elle en apprenne et dont elle ne pourrait rien connaître par elle-même. C'est par là seulement que la Physique a trouvé tout d'abord la sûre voie d'une science, alors que depuis tant de siècles elle en était restée à de simples tâtonnements.

Kant, *Critique de la Raison pure,* 1781, préface de la 2e édition.

1. L'ALLÉGORIE DE LA CAVERNE

A. *D'étranges prisonniers*

– Figure-toi des hommes dans une demeure souterraine en forme de caverne, dont l'entrée, ouverte à la lumière, s'étend sur toute la longueur de la façade; ils sont là depuis leur enfance, les jambes et le cou pris dans les chaînes, en sorte qu'ils ne peuvent bouger de place, ni voir ailleurs que devant eux; car les liens les empêchent de tourner la tête; la lumière d'un feu allumé au loin sur une hauteur brille derrière eux; entre le feu et les prisonniers il y a une route élevée; le long de cette route figure-toi un petit mur, pareil aux cloisons que les montreurs de marionnettes dressent entre eux et le public et au-dessus desquelles ils font voir leurs prestiges.

– Je vois cela, dit-il.

– Figure-toi maintenant le long de ce petit mur des hommes portant des ustensiles de toute sorte, qui dépassent la hauteur du mur, et des figures d'hommes et d'animaux, en pierre, en bois, de toutes sortes de formes; et naturellement parmi ces porteurs qui défilent, les uns parlent, les autres ne disent rien.

– Voilà, dit-il, un étrange tableau et d'étranges prisonniers.

– Ils nous ressemblent, répondis-je. Et d'abord penses-tu que dans cette situation ils aient vu d'eux-mêmes et de leurs voisins autre chose que les ombres projetées par le feu sur la partie de la caverne qui leur fait face?

– Peut-il en être autrement, dit-il, s'ils sont contraints toute leur vie de rester la tête immobile?

– Et des objets qui défilent, n'en est-il pas de même?

– Sans contredit.

– Dès lors, s'ils pouvaient s'entretenir entre eux, ne penses-tu pas qu'ils croiraient nommer les objets réels eux-mêmes, en nommant les ombres qu'ils verraient?

– Nécessairement.

– Et s'il y avait aussi un écho qui renvoyât les sons du fond de la prison, toutes les fois qu'un des passants viendrait à parler, crois-tu qu'ils ne prendraient pas sa voix pour celle de l'ombre qui défilerait?

– Si, par Zeus, dit-il.

B. *Une pénible libération*

– Il est indubitable, repris-je, qu'aux yeux de ces gens-là la réalité ne saurait être autre chose que les ombres des objets confectionnés.

– C'est de toute nécessité, dit-il.

– Examine maintenant comment ils réagiraient, si on les délivrait de leurs chaînes et qu'on les guérît de leur ignorance, et si les choses se passaient naturellement comme il suit. Qu'on détache l'un de ces prisonniers, qu'on le force à se dresser soudain, à tourner le cou, à marcher, à lever les yeux vers la lumière, tous ces mouvements le feront souffrir, et l'éblouissement l'empêchera de regarder les objets dont il voyait les ombres tout à l'heure. Je te demande ce qu'il pourra répondre, si on lui dit que tout à l'heure, il ne voyait que des riens sans consistance, mais que maintenant plus près de la réalité et tourné vers des objets plus réels, il voit plus juste; si enfin, lui faisant voir chacun des objets qui défilent devant lui, on l'oblige à force de questions à dire ce que c'est? Ne crois-tu pas qu'il sera embarrassé et que les objets qu'il voyait tout à l'heure lui paraîtront plus véritables que ceux qu'on lui montre à présent?

– Beaucoup plus véritables, dit-il.

– Et si on le forçait à regarder la lumière même, ne crois-tu pas que les yeux lui feraient mal et qu'il se déroberait et retournerait aux choses qu'il peut regarder, et qu'il les croirait réellement plus distinctes que celles qu'on lui montre?

– Je le crois, fit-il.

– Et si, repris-je, on le tirait de là par force, qu'on lui fît gravir la montée rude et escarpée, et qu'on ne le lâchât pas avant de l'avoir traîné dehors à la lumière du soleil, ne penses-tu pas qu'il souffrirait et se révolterait d'être ainsi traîné, et qu'une fois arrivé à la lumière, il aurait les yeux éblouis de son éclat, et ne pourrait voir aucun des objets que nous appelons à présent véritables?

– Il ne le pourrait pas, dit-il, du moins tout d'abord.

C. La *contemplation suprême* ou *«théorie»*

– Il devrait en effet, repris-je, s'y habituer, s'il voulait voir le monde supérieur. Tout d'abord ce qu'il regarderait le plus facilement, ce sont les ombres, puis les images des hommes et des autres objets reflétés dans les eaux, puis les objets eux-mêmes; puis élevant ses regards vers la lumière des astres et de la lune, il contemplerait pendant la nuit les constellations et le firmament lui-même plus facilement qu'il ne ferait pendant le jour le soleil et l'éclat du soleil.

– Sans doute.

– À la fin, je pense, ce serait le soleil, non dans les eaux, ni ses images reflétées sur quelque autre point, mais le soleil lui-même dans son propre séjour qu'il pourrait regarder et contempler tel qu'il est.

– Nécessairement, dit-il.

– Après cela, il en viendrait à conclure au sujet du soleil, que c'est lui qui produit les saisons et les années, qu'il gouverne tout dans le monde visible et qu'il est en quelque manière la cause de toutes ces choses que lui et ses compagnons voyaient dans la caverne.

– Il est évident, dit-il, que c'est là qu'il en viendrait après ces diverses expériences.

– Si ensuite il venait à penser à sa première demeure et à la science qu'on y possède, et aux compagnons de sa captivité, ne crois-tu pas qu'il se féliciterait du changement et qu'il les prendrait en pitié?

– Certes si.

– Quant aux honneurs et aux louanges qu'ils pouvaient alors se donner les uns aux autres, et aux récompenses accordées à celui qui discernait de l'œil le plus pénétrant les objets qui passaient, qui se rappelait le plus exactement ceux qui passaient régulièrement les premiers ou les derniers, ou ensemble, et qui par là était le plus habile à deviner celui qui allait arriver, penses-tu que notre homme en aurait envie, et qu'il jalouserait ceux qui seraient parmi ces prisonniers en possession des honneurs et de la puissance? Ne penserait-il pas comme Achille dans Homère, et ne préférerait-il pas cent fois n'être qu'un valet de charrue au service d'un pauvre laboureur et supporter tous les maux possibles plutôt que de revenir à ses anciennes illusions et de vivre comme il vivait?

– Je suis de ton avis, dit-il: il préférerait tout souffrir plutôt que de revivre cette vie-là.

D. *Le retour dans la caverne*

– Imagine encore ceci, repris-je; si notre homme redescendait et reprenait son ancienne place, n'aurait-il pas les yeux offusqués par les ténèbres, en venant brusquement du soleil?

– Assurément si, dit-il.

– Et s'il lui fallait de nouveau juger de ces ombres et concourir avec les prisonniers qui n'ont jamais quitté leurs chaînes, pendant que sa vue est encore confuse et avant que ses yeux ne soient remis et accoutumés à l'obscurité, ce qui demanderait un temps assez long, n'apprêterait-il pas à rire et ne diraient-ils pas de lui que, pour être monté là-haut, il en est revenu les yeux gâtés, que ce n'est même pas la peine de tenter l'ascension; et, si quelqu'un essayait de les délier et de les conduire en haut, et qu'ils pussent le tenir en leurs mains et le tuer, ne le tueraient-ils pas?

– Ils le tueraient certainement, dit-il.

– Maintenant, repris-je, il faut, mon cher Glaucon, appliquer exactement cette image à ce que nous avons dit plus haut: il faut assimiler le monde visible au séjour de la prison, et la lumière du feu dont elle est éclairée à l'effet du soleil; quant à la montée dans le monde supérieur et à la contemplation de ses merveilles vois-y la montée de l'âme dans le monde intelligible, et tu ne te tromperas pas sur ma pensée, puisque tu désires la connaître. Dieu sait si elle est vraie; en tout cas, c'est mon opinion, qu'aux dernières limites du monde intelligible est l'idée du bien, qu'on aperçoit avec peine, mais qu'on ne peut apercevoir sans conclure qu'elle est la cause universelle de tout ce qu'il y a de bien et de beau; que dans le monde visible, c'est elle qui a créé la lumière et le dispensateur de la lumière; et que dans le monde intelligible, c'est elle qui dispense et procure la vérité et l'intelligence, et qu'il faut la voir pour se conduire avec sagesse soit dans la vie privée, soit dans la vie publique.

Platon (env. 428-347 av. J.-C.), *La République,* Livre VII, «Les Belles Lettres», trad. E. Chambry; A. 514 a-515 b; B. 515 c-516 a; C. 516 b-516 e; D. 516 e-517 c.

Expérience. Connaissance

2. L'EXPÉRIMENTATION DOIT VENIR À SA PLACE DANS LA THÉORIE

Même je remarquai, touchant les expériences, qu'elles sont d'autant plus nécessaires qu'on est plus avancé en connaissance. Car, pour le commencement, il vaut mieux ne se servir que de celles qui se présentent d'elles-mêmes à nos sens, et que nous ne saurions ignorer, pourvu que nous y fassions tant soit peu de réflexion, que d'en chercher de plus rares et étudiées: dont la raison est que ces plus rares trompent souvent, lorsqu'on ne sait pas encore les causes des plus communes, et que les circonstances dont elles dépendent sont quasi toujours si particulières et si petites qu'il est très malaisé de les remarquer. Mais l'ordre que j'ai tenu en ceci a été tel. Premièrement, j'ai tâché de trouver en général les principes, ou premières causes, de tout ce qui est, ou qui peut être, dans le monde, sans rien considérer, pour cet effet, que Dieu seul, qui l'a créé, ni les tirer d'ailleurs que de certaines semences de vérités qui sont naturellement en nos âmes. Après cela, j'ai examiné quels étaient les premiers et plus ordinaires effets qu'on pouvait déduire de ces causes... Puis, lorsque j'ai voulu descendre à celles qui étaient plus particulières, il s'en est tant présenté à moi de diverses, que je n'ai pas cru qu'il fût possible à l'esprit humain de distinguer les formes ou espèces de corps qui sont sur la Terre d'une infinité d'autres qui pourraient y être, si c'eût été le vouloir de Dieu de les y mettre, ni, par conséquent, de les rapporter à notre usage, si ce n'est qu'on vienne au-devant des causes par les effets, et qu'on se serve de plusieurs expériences particulières. Ensuite de quoi, repassant mon esprit sur tous les objets qui s'étaient présentés à mes sens, j'ose bien dire que je n'y ai remarqué aucune chose que je ne pusse assez commodément expliquer par les principes que j'avais trouvés. Mais il faut aussi que j'avoue, que la puissance de la nature est si ample et si vaste, et que ces principes sont si simples et si généraux, que je ne remarque quasi plus aucun effet particulier, que d'abord je ne connaisse qu'il peut en être déduit en plusieurs diverses façons, et que ma plus grande difficulté est d'ordinaire de trouver en laquelle de ces façons il en dépend. Car à cela je ne sais point d'autre expédient, que de chercher derechef quelques expériences, qui soient telles, que leur événement ne soit pas le même, si c'est en l'une de ces façons qu'on doit l'expliquer, que si c'est en l'autre.

DESCARTES, *Discours de la Méthode,* 1637, 6e partie.

THÉORIE. RAISON

3. UNE QUESTION N'A DE SENS QUE DANS UNE THÉORIE

Les faits n'appartiennent tous qu'au problème, non à sa solution.
Ludwig WITTGENSTEIN

Le progrès de la physique dépend, avant tout, des perfectionnements apportés aux méthodes de mesure et, à ce point de vue, nous sommes entièrement d'accord avec le positivisme. Notre désaccord avec lui consiste en ce que, pour le positivisme, les impressions sensibles constitutives des mesures sont les données élémentaires primitives qui forment le point de départ de toute science. Selon nous, au contraire, dans la physique véritable, les mesures doivent être considérées comme le résultat final plus ou moins complexe d'influences entre les phénomènes ayant lieu dans le monde extérieur et des phénomènes qui se passent dans nos instruments de mesure et dans nos organes sensoriels eux-mêmes. Trouver le fil conducteur qui permette de s'orienter dans un ensemble aussi complexe, est un des buts principaux de la science. C'est pourquoi il importe que toute mesure soit agencée convenablement; car établir un dispositif en vue d'une mesure, c'est poser une question à la nature.

Mais, pour poser une question raisonnable, il faut nécessairement l'appui d'une théorie raisonnable. Il ne faudrait pas, en effet, se figurer que l'on puisse porter un jugement sur une théorie indépendamment de toute théorie. Il arrive souvent qu'une question qui possède un sens d'après une certaine théorie en soit dépourvue suivant une autre; ou bien encore que le sens de la même question change en même temps que la théorie adoptée. Considérons, par exemple, la question de la transformation d'un métal vulgaire, comme le mercure en or. Au temps des alchimistes, cette question avait un sens profond, d'innombrables chercheurs ont sacrifié leur fortune et leur santé à la résoudre. Plus tard quand on admit la théorie de l'immutabilité des atomes, la question perdit son sens et quiconque en cherchait la solution était regardé comme un fou. Aujourd'hui la même question est redevenue d'une actualité aiguë depuis l'adoption du modèle atomique de Bohr, suivant lequel l'atome d'or ne diffère de l'atome de mercure que par la perte d'un seul électron; et elle a été reprise par les moyens d'investigation les plus modernes. On le voit donc, dans le cas présent, comme dans tous les autres, l'essai prime l'étude. Car les essais qui n'ont obtenu aucun résultat, permettent, à qui les interprète correctement, d'arriver à la connaissance de vérités extrêmement importantes.

Max Planck, *Initiation à la physique* (1925), trad. J. du Plessis de Grenédan, Flammarion, 1941, pp. 217-218.

Théorie, vérité

4. Valeur des théories

La vérité peut sans doute se tenir sur un pied;
mais sur deux elle marchera et fera son chemin.
Nietzsche, *Le Voyageur et son ombre*, § 13.

Il faut croire à la science, c'est-à-dire au déterminisme, au rapport absolu et nécessaire des choses, aussi bien dans les phénomènes propres aux êtres vivants que dans tous les autres; mais il faut en même temps être bien convaincu que nous n'avons ce rapport que d'une manière plus ou moins approximative, et que les théories que nous possédons sont loin de représenter des vérités immuables. Quand nous faisons une théorie générale dans nos sciences, la seule chose dont nous soyons certains, c'est que toutes ces théories sont fausses absolument parlant. Elles ne sont que des vérités partielles et provisoires qui nous sont nécessaires, comme des degrés sur lesquels nous reposons, pour avancer dans l'investigation; elles ne représentent que l'état actuel de nos connaissances, et, par conséquent, elles devront se modifier avec l'accroissement de la science, et d'autant plus souvent que les sciences sont moins avancées dans leur évolution. D'un autre côté, nos idées, ainsi que nous l'avons dit, nous viennent à la vue des faits qui ont été préalablement observés et que nous interprétons ensuite. Or, des causes d'erreur sans nombre peuvent se glisser dans nos observations, et, malgré toute notre attention et notre sagacité, nous ne sommes jamais sûrs d'avoir tout vu, parce que souvent les moyens de constatation nous manquent ou sont trop imparfaits. De tout cela, il résulte donc que, si le raisonnement nous guide dans la science expérimentale, il ne nous impose pas nécessairement ses conséquences. Notre esprit peut toujours rester libre de les accepter ou de les discuter. Si une idée se présente à nous, nous ne devons pas la repousser par cela seul qu'elle n'est pas d'accord avec les conséquences logiques d'une théorie régnante. Nous pouvons suivre notre sentiment et notre idée, donner carrière à notre imagination, pourvu que toutes nos idées ne soient que des prétextes à instituer des expériences nouvelles qui puissent nous fournir des faits probants ou inattendus et féconds.

Claude Bernard, *Introduction à l'étude de la médecine expérimentale*, 1865, Delagrave, chap. II § III, pp. 58-59.

THÉORIE. SCIENCE

5. La physique repose sur un ensemble de propositions théoriques

Un physicien se propose de démontrer l'inexactitude d'une proposition; pour déduire de cette proposition la prévision d'un phénomène, pour instituer l'expérience qui doit montrer si ce phénomène se produit ou ne se produit pas, pour interpréter les résultats de cette expérience et constater que le phénomène prévu ne s'est pas produit, il ne se borne pas à faire usage de la proposition en litige; il emploie encore tout un ensemble de théories, admises par lui sans conteste; la prévision du phénomène dont la non-production doit trancher le débat ne découle pas de la proposition litigieuse prise isolément, mais de la proposition litigieuse jointe à tout cet ensemble de théories; si le phénomène prévu ne se produit pas, ce n'est pas la proposition litigieuse seule qui est mise en défaut, c'est tout l'échafaudage théorique dont le physicien a fait usage; la seule chose que nous apprenne l'expérience, c'est que, parmi toutes les propositions qui ont servi à prévoir ce phénomène et à constater qu'il ne se produisait pas, il y a au moins une erreur; mais où gît cette erreur, c'est ce qu'elle ne nous dit pas. Le physicien déclare-t-il que cette erreur est précisément contenue dans la proposition qu'il voulait réfuter et non pas ailleurs? C'est qu'il admet implicitement l'exactitude de toutes les autres propositions dont il a fait usage; tant vaut cette confiance, tant vaut sa conclusion.

[...] On pense communément que chacune des hypothèses dont la Physique fait usage peut être prise isolément, soumise au contrôle de l'expérience, puis, lorsque les épreuves variées et multipliées en ont constaté la valeur, mise en place d'une manière définitive dans le système de la Physique. En réalité, il n'en est pas ainsi; la Physique n'est pas une machine qui se laisse démonter; on ne peut pas essayer chaque pièce isolément et attendre, pour l'ajuster, que la solidité en ait été minutieusement contrôlée; la science physique, c'est un système que l'on doit prendre tout entier [...] *Chercher à séparer chacune des hypothèses de la Physique théorique des autres suppositions sur lesquelles repose cette science, afin de la soumettre isolément au contrôle de l'observation, c'est poursuivre une chimère; car la réalisation et l'interprétation de n'importe quelle expérience de Physique impliquent adhésion à tout un ensemble de propositions théoriques.*

Le seul contrôle expérimental de la théorie physique qui ne soit pas illogique consiste à comparer le SYSTÈME ENTIER DE LA THÉORIE PHYSIQUE À TOUT L'ENSEMBLE DES LOIS EXPÉRIMENTALES, *et à juger si celui-ci est représenté par celui-là d'une manière satisfaisante.*

Pierre Duhem, *La Théorie physique. Son objet. Sa structure* (1906), 2e éd. 1914, Marcel Rivière, pp. 280-281, 284-285, 303-304.

EXPÉRIENCE. VÉRITÉ

6. La *falsification* expérimentale de la théorie

Le théoricien pose certaines questions déterminées à l'expérimentateur et ce dernier essaie, par ses expériences, d'obtenir une réponse décisive à ces questions-là et non à d'autres. Il essaie obstinément d'éliminer toutes les autres questions. (C'est ici que peut être importante l'indépendance relative des sous-systèmes d'une théorie.) Il rend donc son test «...aussi sensible que possible» eu égard à cette question précise «mais aussi insensible que possible eu égard à toutes les autres questions qui y sont associées. Une partie de son travail consiste à se prémunir contre toutes les sources possibles d'erreur». Mais il est faux de supposer que l'expérimentateur procède de cette manière «afin d'éclaircir la tâche du théoricien» ou peut-être pour lui fournir une base à des généralisations inductives. Au contraire, c'est bien avant l'expérience que le théoricien doit avoir fait son travail ou du moins ce qui en constitue la part la plus importante: il doit avoir formulé sa question avec autant de précision que possible. Aussi est-ce lui qui montre la voie à l'expérimentateur. Mais ce dernier lui-même n'a pas pour tâche principale de faire des observations précises; son travail à lui aussi est pour une large part d'espèce théorique. La théorie commande le travail expérimental de sa conception aux derniers maniements en laboratoire.

Les cas où le théoricien a réussi à prédire un effet observable, produit dans la suite expérimentalement, illustrent bien ceci. Le plus bel exemple en est peut-être la prédiction faite par de Broglie du caractère ondulatoire de la matière, prédiction qui fut pour la première fois confirmée expérimentalement par Davisson et Germer. Mais les cas où des expériences ont eu une influence frappante sur le progrès de la théorie en constituent peut-être une illustration meilleure encore. Ce qui dans ces cas-ci pousse le théoricien à rechercher une meilleure théorie est presque toujours la *falsification* expérimentale d'une théorie jusqu'alors acceptée et corroborée: c'est, de nouveau, le résultat de tests désignés par la théorie [...]

Il nous est à présent permis de répondre à la question de savoir comment et pourquoi nous acceptons une théorie de préférence à d'autres. La préférence n'est certes pas due à quelque chose comme une justification par l'expérience des énoncés constituant la théorie; elle n'est pas due à une réduction logique de la théorie à l'expérience. Nous choisissons la théorie qui se défend le mieux dans la compétition avec d'autres théories, celle qui, par la sélection naturelle, prouve qu'elle est la plus apte à survivre.

Karl R. Popper, *La Logique de la découverte scientifique* (1959), trad. N. Thyssen-Rutten et P. Devaux. Payot, 1973, pp. 107-108.

Karl MARX (1818-1883)
Photo Lapi-Viollet.

TRAVAIL ÉCHANGES

Ne rien faire est la première et la plus forte passion de l'homme après celle de se conserver. Si l'on y regardait bien l'on verrait que, même parmi nous, c'est pour parvenir au repos que chacun travaille, c'est encore la paresse qui nous rend laborieux.

Jean-Jacques ROUSSEAU

L'histoire des *échanges* entre les hommes et la nature, et des hommes entre eux, repose sur l'histoire immémoriale – pénible, glorieuse, exaltante, inique et déconcertante – du *travail* humain. Cependant, la formation du concept et l'apparition du mot «travail» sont récentes: elles supposent une sphère de la production matérielle ou domaine de la *nécessité*, comme base distincte du domaine de la *liberté* (cf. texte capital, p. 426). Ainsi, malgré les célébrations *politiquement* intéressées, et par contraste avec une activité sociale *utopiquement* limitée à des travaux utiles (Thomas More) ou attrayants (Charles Fourier), la connotation profonde du travail reste celle du *tripalium*, ce «chevalet de torture» qui fournit une redoutable étymologie, derrière laquelle se profilent les camps de travail et les travaux forcés jusqu'à la mort (cf. texte n° 12).

L'échange est un fait spécifiquement humain: «on n'a jamais vu de chien, écrit Adam Smith, faire de propos délibéré l'échange d'un os avec un autre chien.» Quant au travail, il est bien «la mesure réelle des échanges» (cf. texte n° 1). Mais, dans les sociétés modernes, la *division du travail*, à la fois sociale (selon les sexes ou les rapports de force), professionnelle (selon les corps de métiers) et technique (selon les étapes de la production), masque le fait que «le travail est avant tout un processus qui se passe entre l'homme et la nature» (Marx). Dans ces conditions, le travail *salarié* revêt non plus seulement une valeur d'*usage*, mais une valeur d'*échange*: la valeur d'une *marchandise* sur un marché. Dès lors, que signifie l'effort en vue de «rationaliser» l'organisation du travail? La logique de ceux qui ne possèdent que leur *force de travail*, est-elle susceptible de s'accorder, au nom de «l'intérêt collectif», avec celle des détenteurs des gigantesques *moyens de production* que requiert l'industrie moderne?

La vraie question est bien plutôt celle de la *valeur* du travail. Valeur rédemptrice *(La Bible)*, policière *(Nietzsche)*, libidinale *(Freud)* ou, tout simplement, humaine? Travailler pour travailler, c'est non pas seulement une activité absurde, mais la pire des malédictions. En revanche, l'espoir qui soutient Robinson sur son île et qui anime le labeur des hommes en société, dans leur rapport avec la nature, c'est la *négation du travail absurde par le travail fécond*, qui s'achèverait par le dépôt des armes et la possibilité offerte à tous de s'asseoir autour d'une immense Table Ronde des échanges (cf. texte n° 11).

Il s'agit au fond, non pas de mépriser ou de sacraliser *abstraitement* le travail «en général», mais de s'interroger enfin sur le sens, la valeur et l'opportunité de chaque *entreprise*, et sur sa contribution réelle au loisir d'une humanité *commensale*. Car le loisir studieux, paisible, intelligent et heureux, dont le travail nous prive quand il est esclavage ou simple antichambre de la mort, est, jusqu'à plus ample informé, la seule fin digne d'une existence humaine.

« LE DOMAINE DE LA LIBERTÉ COMMENCE LÀ OÙ CESSE LE TRAVAIL... »

Le domaine de la liberté commence seulement là où cesse le travail qui est déterminé par la nécessité et la finalité extérieure ; d'après sa nature, ce domaine se situe donc au-delà de la sphère de la production à proprement parler matérielle. Comme le sauvage doit lutter avec la nature pour satisfaire ses besoins, pour continuer et produire sa vie, de même l'homme civilisé y est obligé et il l'est dans toutes les formes de la société et dans toutes les manières possibles de la production. À mesure qu'il se développe, ce domaine de la nécessité de la nature s'élargit, parce que les besoins augmentent ; mais en même temps croissent les forces productives qui les satisfont. La liberté dans ce domaine ne peut donc consister qu'en ceci : l'homme socialisé, les producteurs associés règlent rationnellement ce métabolisme *(Stoffwechsel)* entre eux et la nature, le soumettant à leur contrôle commun au lieu d'être dominés par lui par une force aveugle ; ils l'accomplissent avec la moindre dépense d'énergie possible et sous les conditions qui sont les plus dignes de leur nature humaine et qui y sont les plus adéquates. Néanmoins, cela reste toujours un domaine de la nécessité. C'est au-delà que commence ce développement des forces humaines qui est à lui-même son propre but, qui constitue le véritable domaine de la liberté, mais qui ne peut éclore que sur la base de cet empire de la nécessité. La réduction de la journée de travail est la condition fondamentale.

Karl Marx, *Le Capital*, livre III, Hambourg (1894), édit. F. Engels, 2e partie, chap. 48, trad. E. Weil, «Critique», janvier-février 1947.

ÉCHANGES. TRAVAIL

1. Le *travail* est la mesure réelle des échanges

Un homme est riche ou pauvre, suivant les moyens qu'il a de se procurer les besoins, les commodités et les agréments de la vie. Mais la division une fois établie dans toutes les branches du travail, il n'y a qu'une partie extrêmement petite de toutes ces choses qu'un homme puisse obtenir directement par son travail; c'est du travail d'autrui qu'il lui faut attendre la plus grande partie de toutes ces jouissances; ainsi il sera riche ou pauvre, selon la quantité de travail qu'il pourra commander ou qu'il sera en état d'acheter.

Ainsi la *valeur* d'une denrée quelconque pour celui qui la possède, et qui n'entend pas en user ou la consommer lui-même, mais qui a l'intention de l'échanger pour autre chose, est égale à la quantité de *travail* que cette denrée le met en état d'acheter ou de commander.

Le *travail* est donc la mesure réelle de la *valeur échangeable* de toute marchandise.

Le *prix réel* de chaque chose, ce que chaque chose coûte réellement à celui qui veut se la procurer, c'est le travail et la peine qu'il doit s'imposer pour l'obtenir. Ce que chaque chose vaut réellement pour celui qui l'a acquise, et qui cherche à en disposer ou à l'échanger pour quelque autre objet, c'est la peine et l'embarras que la possession de cette chose peut lui épargner et qu'elle lui permet d'imposer à d'autres personnes. Ce qu'on achète avec de l'argent ou des marchandises est acheté par du travail, aussi bien que ce que nous acquérons à la sueur de notre front. Cet argent et ces marchandises nous épargnent, dans le fait, cette fatigue. Elles contiennent la valeur d'une certaine quantité de travail, que nous échangeons pour ce qui est supposé alors contenir la valeur d'une quantité égale de travail. Le travail a été le premier prix, la monnaie payée pour l'achat primitif de toutes choses. Ce n'est point avec de l'or ou de l'argent, c'est avec du travail, que toutes les richesses du monde ont été achetées originairement; et leur valeur pour ceux qui les possèdent et qui cherchent à les échanger contre de nouvelles productions, est précisément égale à la quantité de travail qu'elles le mettent en état d'acheter ou de commander.

Adam Smith, *Recherches sur la nature et les causes de la richesse des nations* (1776), Gallimard, 1976, pp. 61-62.

2. Les deux sources de la valeur d'échange : la *rareté* et le travail

La valeur d'une marchandise, ou la quantité de toute autre marchandise contre laquelle elle s'échange, dépend de la quantité relative de travail nécessaire pour la produire et non de la rémunération plus ou moins forte accordée à l'ouvrier.

Ce n'est pas l'utilité qui est la mesure de la valeur échangeable, quoiqu'elle lui soit absolument essentielle. Si un objet n'était d'aucune utilité, ou, en d'autres termes, si nous ne pouvions le faire servir à nos jouissances, ou en tirer quelques avantages, il ne posséderait aucune valeur échangeable, quelle que fût d'ailleurs sa rareté, ou quantité de travail nécessaire pour l'acquérir.

Les choses, une fois qu'elles sont reconnues utiles par elles-mêmes, tirent leur valeur échangeable de deux sources, de leur rareté, et de la quantité de travail nécessaire pour les acquérir.

Il y a des choses dont la valeur ne dépend que de leur rareté. Nul travail ne pouvant en augmenter la quantité, leur valeur ne peut baisser par suite d'une grande abondance. Tels sont les tableaux précieux, les statues, les livres et les médailles rares, les vins d'une qualité exquise, qu'on ne peut tirer que de certains terroirs très peu étendus, et dont il n'y a par conséquent qu'une quantité très bornée, enfin, une foule d'autres objets de même nature, dont la valeur est entièrement indépendante de la quantité de travail qui a été nécessaire à leur production première. Cette valeur dépend uniquement de la fortune, des goûts et du caprice de ceux qui ont envie de posséder de tels objets.

Ils ne forment cependant qu'une très petite partie des marchandises qu'on échange journellement. Le plus grand nombre des objets que l'on désire posséder étant le fruit de l'industrie, on peut les multiplier, non seulement dans un pays, mais dans plusieurs, à un degré auquel il est presque impossible d'assigner des bornes, toutes les fois qu'on voudra y consacrer l'industrie nécessaire pour les créer.

Quand donc nous parlons des marchandises, de leur valeur échangeable, et des principes qui règlent leurs prix relatifs, nous n'avons en vue que celles de ces marchandises dont la quantité peut s'accroître par l'industrie de l'homme, dont la production est encouragée par la concurrence, et n'est contrariée par aucune entrave.

Dans l'enfance des sociétés la valeur échangeable des choses, ou la règle qui fixe la quantité que l'on doit donner d'un objet pour un autre, ne dépend que de la quantité comparative de travail qui a été employée à la production de chacun d'eux.

David Ricardo, *Des principes de l'économie politique et de l'impôt* (1821), trad. de P. Constancio et A. Fonteyraud, Flammarion, 1971, pp. 25-26.

TRAVAIL. IMAGINATION

3. Le travail en utopie

Les Utopiens divisent l'intervalle d'un jour et d'une nuit en vingt-quatre heures égales. Six heures sont employées aux travaux matériels[1], en voici la distribution.

Trois heures de travail avant midi, puis dîner. Après midi, deux heures de repos, trois heures de travail, puis souper [...].

On me dira peut-être: Six heures de travail par jour ne suffisent pas aux besoins de la consommation publique, et l'Utopie[2] doit être un pays très misérable.

Il s'en faut bien qu'il en soit ainsi. Au contraire, les six heures de travail produisent abondamment toutes les nécessités et commodités

1. En 1495, un décret de Henri VII avait fixé la journée de travail à 15 heures.

2. Utopie (du grec *ou-topos*, nulle part) île imaginaire où Th. More situe sa *république* et où Rabelais fera naître Pantagruel.

de la vie, et en outre un superflu bien supérieur aux besoins de la consommation.

Vous le comprendrez facilement, si vous réfléchissez au grand nombre de gens oisifs chez les autres nations. D'abord, presque toutes les femmes, qui composent la moitié de la population, et la plupart des hommes, là où les femmes travaillent. Ensuite cette foule immense de prêtres et de religieux fainéants. Ajoutez-y tous ces riches propriétaires qu'on appelle vulgairement *nobles* et *seigneurs*; ajoutez-y encore leurs nuées de valets, autant de fripons en livrée; et ce déluge de mendiants robustes et valides qui cachent leur paresse sous de feintes infirmités. Et, en somme, vous trouverez que le nombre de ceux qui, par leur travail, fournissent aux besoins du genre humain, est bien moindre que vous ne l'imaginiez.

Considérez aussi combien peu de ceux qui travaillent sont employés en choses nécessaires. Car, dans ce siècle d'argent, où l'argent est le dieu et la mesure universelle, une foule d'arts vains et frivoles s'exercent uniquement au service du luxe et du dérèglement. Mais si la masse actuelle des travailleurs était répartie dans les diverses professions utiles, de manière à produire même avec abondance tout ce qu'exige la consommation, le prix de la main-d'œuvre baisserait à un point que l'ouvrier ne pourrait plus vivre de son salaire.

Supposez donc qu'on fasse travailler utilement ceux qui ne produisent que des objets de luxe et ceux qui ne produisent rien, tout en mangeant chacun le travail et la part de deux bons ouvriers; alors vous concevrez sans peine qu'ils auront plus de temps qu'il n'en faut pour fournir aux nécessités, aux commodités et même aux plaisirs de la vie, j'entends les plaisirs fondés sur la nature et la vérité.

Thomas More, *L'Utopie*, 1516, trad. Victor Stauvenel revue et corrigée par Marcelle Bottigelli-Tisserand, Éd. Sociales, pp. 125-127.

TRAVAIL. DROIT

4. Travail productif et travail non productif

C'est à la sueur de notre front
Que nous devrions manger notre pain?
Dans la sueur il vaut mieux ne rien manger du tout!...
Nietzsche, *Le Gai Savoir*, «La Gaya Scienza» (1882), trad. P. Klossowski, C.F.L., 1957, § 39.

Le travail de quelques-unes des classes les plus respectables de la société, de même que celui des domestiques, ne produit aucune valeur, il ne se fixe ni ne se réalise sur aucun objet ou chose qui puisse se vendre, qui subsiste après la cessation du travail et qui puisse servir à procurer par la suite une pareille quantité de travail. Le souverain, par exemple, ainsi que tous les autres magistrats civils et militaires qui servent sous lui, toute l'armée, toute la flotte, sont autant de travailleurs non productifs. Ils sont les serviteurs de l'État, et ils sont entretenus avec une partie du produit annuel de l'industrie d'autrui. Leur service, tout honorable, tout utile, tout nécessaire qu'il est, ne produit rien avec quoi on puisse ensuite se procurer une pareille quantité de service. La protection, la tranquillité, la défense de la chose publique, qui sont le résultat du travail d'une année, ne peuvent servir à acheter la protection, la tranquillité, la défense qu'il faut pour l'année suivante. Quelques-unes des professions les plus graves et les plus importantes, quelques-unes des plus frivoles, doivent être rangées dans cette même classe : les ecclésiastiques, les gens de loi, les médecins et les gens de lettres de toute espèce, ainsi que les comédiens, les farceurs, les musiciens, les chanteurs, les danseurs d'Opéra, etc. Le travail de la plus vile de ces professions a sa valeur qui se règle sur les mêmes principes que toute autre sorte de travail ; et la plus noble et la plus utile ne produit par son travail rien avec quoi on puisse ensuite acheter ou faire une pareille quantité de travail. Leur ouvrage à tous, tel que la déclamation de l'acteur, le débit de l'orateur ou les accords du musicien, s'évanouit au moment même qu'il est produit.

Les travailleurs productifs et les non productifs, et ceux qui ne travaillent pas du tout, sont tous également entretenus par le produit annuel de la terre et du travail du pays. Ce produit, quelque grand qu'il puisse être, ne saurait être infini, et a nécessairement ses bornes. Suivant donc que, dans une année, une portion plus ou moins grande de ce produit est employée à entretenir des gens non productifs, plus ou moins grande sera la portion qui restera pour les gens productifs, et plus ou moins grand sera par conséquent le produit de l'année suivante ; la totalité du produit annuel, à l'exception des productions spontanées de la terre, étant le fruit du travail productif.

Adam Smith, *Recherches sur la nature et les causes de la richesse des nations* (1776), Gallimard, 1976, pp. 158-159.

TRAVAIL. JUSTICE

5. L'EXPLOITATION DE L'HOMME PAR L'HOMME

Le capitaliste, dit-on, a payé les *journées* des ouvriers ; pour être exact, il faut dire que le capitaliste a payé autant de fois *une journée* qu'il a employé d'ouvriers chaque jour, ce qui n'est point du tout la même chose. Car, cette force immense qui résulte de l'union et de l'harmonie des travailleurs, de la convergence et de la simultanéité de leurs efforts, il ne l'a point payée. Deux cents grenadiers ont en quelques heures dressé l'obélisque de Louqsor sur sa base ; suppose-t-on qu'un seul homme, en deux cents jours, en serait venu à bout ? Cependant, au compte du capitaliste, la somme des salaires eût été la même. Eh bien, un désert à mettre en culture, une maison à bâtir, une manufacture à exploiter, c'est l'obélisque à soulever, c'est une montagne à changer de place. La plus petite fortune, le plus mince établissement, la mise en train de la plus chétive industrie, exige un concours de travaux et de talents si divers, que le même homme n'y suffirait jamais. Il est étonnant que les économistes ne l'aient pas remarqué. Faisons donc la balance de ce que le capitaliste a reçu et de ce qu'il a payé.

CE QUE LE TRAVAILLEUR DOIT TROUVER DANS SA PRODUCTION :

1° Sa subsistance actuelle ;

Il faut au travailleur un salaire qui le fasse vivre pendant qu'il travaille, car il ne produit qu'en consommant. Quiconque occupe un homme lui doit nourriture et entretien, ou salaire équivalent. C'est la première part à faire dans toute production. J'accorde, pour le moment, qu'à cet égard, le capitalisme se soit dûment acquitté.

2° La garantie de sa subsistance future.

Il faut que le travailleur, outre sa subsistance actuelle, trouve dans sa production une garantie de sa subsistance future, sous peine de voir la source du produit tarir, et sa capacité productive devenir nulle.

CE QUE LE CAPITALISME REFUSE AU TRAVAILLEUR:

1° L'indépendance et la sécurité du lendemain.

[...] Le salaire du travailleur ne dépasse guère sa consommation courante et ne lui assure pas le salaire du lendemain; tandis que le capitalisme trouve dans l'instrument produit par le travailleur un gage d'indépendance et de sécurité pour l'avenir.

Or, ce ferment reproducteur, ce germe éternel de vie, cette préparation d'un fonds et d'instruments de production, est ce que le capitaliste doit au producteur, et qu'il ne lui rend jamais: et c'est cette dénégation frauduleuse qui fait l'indigence du travailleur, le luxe de l'oisif et l'inégalité des conditions. C'est en cela surtout que consiste ce que l'on a si bien nommé exploitation de l'homme par l'homme.

Pierre-Joseph Proudhon[1], *Qu'est-ce que la propriété?* 1840, Marcel Rivière, p. 216.

1. Cf. note **a.**, p. 273.

Travail. temps

6. Production de la *plus-value* ou *survaleur*[a]

Le produit – propriété du capitaliste – est une valeur d'usage, telle que des filés, de la toile, des bottes, etc. Mais bien que des bottes, par exemple, fassent marcher le monde, et que notre capitaliste soit assurément homme de progrès, s'il fait des bottes, ce n'est pas par amour des bottes. En général, dans la production marchande, la valeur d'usage n'est pas chose qu'on aime pour elle-même. Elle n'y sert que de porte-valeur. Or, pour notre capitaliste, il s'agit d'abord de produire un objet utile qui ait une valeur échangeable, un article destiné à la vente, une marchandise. Et, de plus, il veut que la valeur de cette marchandise surpasse celle des marchandises nécessaires pour la produire, c'est-à-dire la somme de valeurs des moyens de production et de la force de travail, pour lesquels il a dépensé son cher argent. Il veut produire non seulement une chose utile, mais une valeur, et non seulement une valeur, mais encore une plus-value. [...]

Si une demi-journée de travail suffit pour faire vivre l'ouvrier pendant vingt-quatre heures, il ne s'ensuit pas qu'il ne puisse travailler une journée tout entière. La valeur que la force de travail possède et la valeur qu'elle peut créer, diffèrent donc de grandeur. C'est cette différence de valeur que le capitaliste avait en vue, lorsqu'il acheta la force de travail. L'aptitude de celle-ci à faire des filés ou des bottes n'était qu'une *conditio sine qua non*[1], car le travail doit être dépensé sous une forme utile pour produire de la valeur. Mais ce qui décida l'affaire, c'était l'utilité spécifique de cette marchan-

1. Littéralement: *condition sans laquelle non*, c'est-à-dire sans laquelle on n'obtient pas ce que l'on attend.

dise, d'être source de valeur et de plus de valeur qu'elle n'en possède elle-même. C'est là le service spécial que le capitaliste lui demande. Il se conforme en ce cas aux lois éternelles de l'échange des marchandises. En effet le vendeur de la force de travail, comme le vendeur de toute autre marchandise, en réalise la valeur échangeable et en aliène la valeur d'usage.

Il ne saurait obtenir l'une sans donner l'autre. La valeur d'usage de la force de travail, c'est-à-dire le travail, n'appartient pas plus au vendeur que n'appartient à l'épicier la valeur d'usage de l'huile vendue. L'homme aux écus a payé la valeur journalière de la force de travail; son usage pendant le jour, le travail d'une journée entière lui appartient donc. Que l'entretien journalier de cette force ne coûte qu'une demi-journée de travail, bien qu'elle puisse opérer ou travailler pendant la journée entière, c'est-à-dire que la valeur créée par son usage pendant un jour soit le double de sa propre valeur journalière, c'est là une chance particulièrement heureuse pour l'acheteur, mais qui ne lèse en rien le droit du vendeur.

La production de plus-value n'est donc autre chose que la production de valeur, prolongée au-delà d'un certain point. Si le procès de travail ne dure que jusqu'au point où la valeur de la force de travail payée par le capital est remplacée par un équivalent nouveau, il y a simple production de valeur: quand il dépasse cette limite, il y a production de plus-value.

Karl Marx, *Le Capital*, Liv. I (1867), trad. J. Roy, Garnier-Flammarion, 1969, Section 3e, chap. VII, pp. 145, 150-151.

a. *En allemand:* Mehrwert. *Le «Dictionnaire critique du marxisme» (P.U.F., 1982) sous la direction de G. Labica avec la collaboration de G. Bensussan, dans un article du germaniste J.-P. Lefebvre, substitue à la traduction de* Mehrwert *par «plus-value»* celle de *«survaleur», en précisant qu'il s'agit d'une «création conceptuelle et terminologique propre à Marx, dont le caractère novateur a pu être masqué dans les traductions françaises par l'emploi de la notion de* plus-value *qui est elle une catégorie de la comptabilité bourgeoise, apparue au XVIe siècle et toujours utilisée en ce sens (Impositions sur les plus-values).»*

TRAVAIL. SOCIÉTÉ. DÉSIR

7. Un dur labeur est « la meilleure des polices »

Dans la glorification du «travail», dans les infatigables discours sur la «bénédiction du travail», je vois la même arrière-pensée que dans les louanges adressées aux actes impersonnels et utiles à tous: à savoir la peur de tout ce qui est individuel. Au fond, on sent aujourd'hui, à la vue du travail – on vise toujours sous ce nom le dur labeur du matin au soir –, qu'un tel travail constitue la meilleure des polices, qu'il tient chacun en bride et s'entend à entraver puissamment le développement de la raison, des désirs, du goût de l'indépendance. Car il consume une extraordinaire quantité de force nerveuse et la soustrait à la réflexion, à la méditation, à la rêverie, aux soucis, à l'amour et à la haine, il présente constamment à la vue un but mesquin et assure des satisfactions faciles et régulières. Ainsi une société où l'on travaille dur en permanence aura davantage de sécurité : et l'on adore aujourd'hui la sécurité comme la divinité suprême. – Et puis ! épouvante ! Le « travailleur », justement, est devenu *dangereux* ! Le monde fourmille d'« individus dangereux » ! Et derrière eux, le danger des dangers – *l'individuum !*

NIETZSCHE, *Aurore, Pensées sur les préjugés moraux*, « Morgenröte, Gedanken über moralische Vorurteile » (1881), trad. J. Hervier, Gallimard, 1970, Liv. III, § 173.

TRAVAIL. DÉSIR. BONHEUR

8. VALEUR *LIBIDINALE* DU TRAVAIL PROFESSIONNEL

En l'absence de dons spéciaux de nature à orienter les intérêts vitaux dans une direction donnée, le simple travail professionnel, tel qu'il est accessible à chacun, peut jouer le rôle attribué dans *Candide* à la culture de notre jardin, culture que Voltaire nous conseillait si sagement. Il ne m'est pas loisible dans une vue d'ensemble aussi succincte, de m'étendre suffisamment sur la grande valeur du travail au point de vue de l'économie de la libido. Aucune autre technique de conduite vitale n'attache l'individu plus solidement à la réalité[1], ou tout au moins à cette fraction de la réalité que constitue la société, et à laquelle une disposition à démontrer l'importance du travail vous incorpore fatalement. La possibilité de transférer les composantes narcissiques, agressives, voire érotiques de la libido dans le travail professionnel et les relations sociales qu'il implique, donne à ce dernier une valeur qui ne le cède en rien à celle que lui confère le fait d'être indispensable à l'individu pour maintenir et justifier son existence au sein de la société. S'il est librement choisi, tout métier devient source de joies particulières, en tant qu'il permet de tirer profit, sous leurs formes sublimées, de penchants affectifs et d'énergies instinctives évoluées ou renforcées déjà par le facteur constitutionnel. Et malgré tout cela, le travail ne jouit que d'une faible considération dès qu'il s'offre comme moyen de parvenir au bonheur. C'est une voie dans laquelle on est loin de se précipiter avec l'élan qui nous entraîne vers d'autres satisfactions. La grande majorité des hommes ne travaille que sous la contrainte de la nécessité, et de cette aversion naturelle pour le travail naissent les problèmes sociaux les plus ardus.

1. Cf. texte de Freud, n° 10, p. 27.

Sigmund FREUD, *Malaise dans la civilisation*, « Das Unbehagen in der Kultur » (1929), trad. Ch. et J. Odier, P.U.F., 1971, p. 25, n. 1.

TRAVAIL. SOCIÉTÉ. LIBERTÉ

9. LA FAMILLE, PRODUCTRICE BÉNÉVOLE DE « TRAVAILLEURS LIBRES »

Dans les milieux populaires, la famille se perpétue selon le modèle éthique et dans le cadre idéologique et juridique imposé par la classe dominante, car elle reste l'institution au sein de laquelle naissent, se nourrissent et s'éduquent les enfants, grâce au travail largement bénévole des parents et surtout de la mère. Elle demeure le lieu de la production et de la reproduction de la force de travail [...] La force de travail ainsi produite, qui est pourtant marchandise sur le marché du travail, n'est pas commercialisable par ses producteurs. Légalement, en effet, l'âge de la majorité libère le rejeton de toute obligation à l'égard de ses parents dès le moment où il atteint le seuil productif. Ne peuvent alors exploiter sa force de travail, légalement, que ceux qui, possédant les moyens de production capitalistes, sont en mesure de lui offrir un emploi. Le coût de fabrication du producteur n'est jamais comptabilisé en termes capitalistes comme un investissement privé, ni comme susceptible de rapporter un bénéfice par la vente ou un intérêt au producteur du producteur. N'étant pas une entreprise, la famille ne jouit d'aucun des avantages légaux accordés aux sociétés. Hors le cas de la famille bourgeoise, propriétaire d'une entreprise, donc en mesure d'employer ses rejetons, l'investissement consacré par les parents à la reproduction de la force de travail est fait à fonds perdus.

Le mode de production capitaliste dépend ainsi pour sa reproduction d'une institution qui lui est étrangère mais qu'il a entretenue jusqu'à présent comme étant la plus commodément adaptée à cette tâche et la plus économique par la mobilisation gratuite du travail – particulièrement du travail féminin – et par l'exploitation des sentiments affectifs qui dominent encore les rapports parents/enfants.

La majorité d'âge libérant le rejeton de toute obligation de restitution à l'égard de ses progéniteurs, il est à l'avantage du capitalisme de fixer cette majorité dès que l'adolescent est en âge physique de produire afin d'allonger au maximum sa durée de vie active et de soustraire aussitôt que possible le bénéfice de son salaire éventuel aux parents (sa formation intellectuelle ultérieure étant orientée plus aisément hors de la tutelle familiale). La notion de majorité d'âge – qui n'existe pas dans la société domestique – fixe ainsi légalement le moment où apparaît sur le marché du travail ce que Marx avait appelé le «travailleur libre».

Claude MEILLASSOUX, *Femmes, greniers et capitaux*, François Maspéro, 1980, pp. 214-215.

TRAVAIL. LIBERTÉ. POUVOIR

10. LE TRAVAIL : ASSERVISSEMENT OU LIBÉRATION ?

En fait l'élément libérateur de l'opprimé, c'est le travail. En ce sens c'est le travail qui est d'abord révolutionnaire. Certes il est *commandé* et prend d'abord figure d'asservissement du travailleur : il n'est pas vraisemblable que celui-ci, si on le lui eût imposé, eût choisi de faire *ce* travail dans *ces* conditions et dans *ce* laps de temps pour *ce* salaire. Plus rigoureux que le maître antique, le patron va jusqu'à déterminer à l'avance les gestes et les conduites du travailleur. Il décompose l'acte de l'ouvrier en éléments, lui en ôte certains pour les faire exécuter par d'autres ouvriers, réduit l'activité consciente et synthétique du travailleur à n'être plus qu'une somme de gestes indéfiniment répétés. Ainsi tend-il à ravaler le travailleur à l'état de pure et simple chose en assimilant ses conduites à des propriétés. Madame de Staël en cite, dans la relation du voyage qu'elle fit en Russie au début du XIXe siècle, un exemple frappant: «Sur vingt musiciens (d'un orchestre de serfs russes) chacun fait entendre une seule et même note, toutes les fois qu'elle revient. Ainsi chacun de ces hommes porte le nom de la note qu'il est chargé d'exécuter. On dit en les voyant passer: voilà le sol, le mi ou le ré de M. Narishkine.» Voilà l'individu limité à une propriété constante qui le définit comme le poids atomique ou la température de fusion. Le taylorisme[1] moderne ne fait pas autre chose. L'ouvrier devient l'homme d'une seule opération qu'il répète cent fois par jour; il n'est plus qu'un objet et il serait enfantin ou odieux de raconter à une piqueuse de bottines ou à l'ouvrière qui pose les aiguilles sur le cadran de vitesse des automobiles Ford qu'elles conservent, au sein de l'action où elles sont engagées, la liberté intérieure de penser. Mais dans le même temps, le travail offre une amorce de libération concrète, même dans ces cas extrêmes, parce qu'il est d'abord négation de l'ordre contingent et capricieux qui est l'ordre du maître. Au travail, l'opprimé n'a plus le souci de plaire au maître, il échappe au monde de la danse, de la politesse, de la cérémonie, de la psychologie; il n'a pas à deviner ce qui se passe derrière les yeux du chef, il n'est plus à la merci d'une humeur: son travail, certes, lui est imposé à l'origine et on lui en vole finalement le produit. Mais entre ces deux limites, il lui confère la maîtrise sur les choses; le travailleur se saisit comme possibilité de faire varier à l'infini la forme d'un objet matériel en agissant sur lui selon certaines règles universelles. En d'autres termes, c'est le déterminisme de la matière qui lui offre la première image de sa liberté.

Jean-Paul SARTRE «Matérialisme et révolution», in *Situations III*, 1949, Gallimard, pp. 197-199.

1. Taylorisme: système conçu par l'ingénieur américain F.W. Taylor et visant à conjuguer scientifiquement d'une manière optimale les fonctions de la machine et les mouvements du travailleur, pour lutter contre « la flânerie systématique » des ouvriers.

TRAVAIL. RELIGION. MORALE

11. « LE DROIT À LA PARESSE »

La plus grande jouissance sensible, qui ne se mêle d'aucun dégoût, consiste, quand on est en pleine santé, à se reposer *après le travail*. Le penchant à prendre du repos sans avoir travaillé, quand on est en bonne santé, s'appelle paresse.
KANT, *Anthropologie*, III, § 87.

Une étrange folie possède les classes ouvrières des nations où règne la civilisation capitaliste. Cette folie traîne à sa suite des misères individuelles et sociales qui, depuis deux siècles, torturent la triste humanité. Cette folie est l'amour du travail, la passion moribonde du travail, poussée jusqu'à l'épuisement des forces vitales de l'individu et de sa progéniture. Au lieu de réagir contre cette aberration mentale, les prêtres, les économistes, les moralistes, ont sacrosanctifié le travail. Hommes aveugles et bornés, ils ont voulu être plus sages que leur Dieu; hommes faibles et méprisables, ils ont voulu réhabiliter ce que leur Dieu avait maudit. Moi, qui ne professe d'être chrétien, économe et moral, j'en appelle de leur jugement à celui de leur Dieu; des prédications de leur morale religieuse, économique, libre-penseuse, aux épouvantables conséquences du travail dans la société capitaliste.

Douze heures de travail par jour, voilà l'idéal des philanthropes et des moralistes du XVIIIe siècle. Que nous avons dépassé ce *nec plus ultra*! Les ateliers modernes sont devenus des maisons idéales de correction où l'on incarcère les masses ouvrières, où l'on condamne aux travaux forcés pendant 12 et 14 heures, non seulement les hommes, mais les femmes et les enfants! Et dire que les fils des héros de la Terreur se sont laissé dégrader par la religion du travail au point d'accepter après 1848, comme une conquête révolutionnaire, la loi qui limitait à douze heures le travail dans les fabriques; ils proclamaient comme un principe révolutionnaire, le *droit au travail.* Honte au prolétariat français! Des esclaves seuls eussent été capables d'une telle bassesse. Il faudrait 20 ans de civilisation capitaliste à un Grec des temps héroïques pour concevoir un tel avilissement.

[...] Il faut mater la passion extravagante des ouvriers pour le travail et les obliger à consommer les marchandises qu'ils produisent.

Parce que la classe ouvrière, avec sa bonne foi simpliste, s'est laissé endoctriner, parce que, avec son impétuosité native, elle s'est précipitée en aveugle dans le travail et l'abstinence, la classe capitaliste s'est trouvée condamnée à la paresse et à la jouissance forcée, à l'improductivité et à la surconsommation. Mais, si le surtravail de l'ouvrier meurtrit sa chair et tenaille ses nerfs, il est aussi fécond en douleurs pour le bourgeois.

L'abstinence à laquelle se condamne la classe productive oblige les bourgeois à se consacrer à la surconsommation des produits qu'elle manufacture désordonnément.

Les femmes du monde vivent une vie de martyr. Pour essayer et faire valoir les toilettes féeriques que les couturières se tuent à bâtir, du soir au matin elles font la navette d'une robe dans une autre; pendant des heures, elles livrent leur tête creuse aux artistes capillaires qui, à tout prix, veulent assouvir leur passion pour l'échafaudage des faux chignons. Sanglées dans leurs corsets, à l'étroit dans leurs bottines, décolletées à faire rougir un sapeur, elles tournoient des nuits entières dans leurs bals de charité afin de ramasser quelques sous pour le pauvre monde. Saintes âmes!

Pour remplir sa double fonction sociale de non-producteur et de surconsommateur, le bourgeois dut non seulement violenter ses goûts modestes, perdre ses habitudes laborieuses d'il y a deux siècles et se livrer au luxe effréné, aux indigestions truffées et aux débauches syphilitiques, mais encore soustraire au travail productif une masse énorme d'hommes afin de se procurer des aides.

Mais tout est impuissant [...] la productivité des ouvriers européens défie toute consommation, tout gaspillage. Les fabricants, affolés, ne savent plus où donner de la tête, ils ne peuvent plus trouver la matière première pour satisfaire la passion désordonnée, dépravée, de leurs ouvriers pour le travail.

[...] Tous nos produits sont adultérés pour en faciliter l'écoulement et en abréger l'existence. Notre époque sera appelée l'*âge de la falsification,* comme les premières époques de l'humanité ont reçu les noms d'*âge de pierre,* d'*âge de bronze,* du caractère de leur production. Des ignorants accusent de fraude nos pieux industriels, tandis qu'en réalité la pensée qui les anime est de fournir du travail aux ouvriers, qui ne peuvent se résigner à vivre les bras croisés. Ces falsifications, qui ont pour unique mobile un sentiment humanitaire, mais qui rapportent de superbes profits aux fabricants qui les pratiquent, si elles sont désastreuses pour la qualité des marchandises, si elles sont une source intarissable de gaspillage du travail humain, prouvent la philanthropique ingéniosité des bourgeois et l'horrible perversion des ouvriers qui, pour assouvir leur vice de travail, obligent les industriels à étouffer les cris de leur conscience et à violer même les lois de l'honnêteté commerciale.

Et cependant, en dépit de la surproduction de marchandises, en dépit des falsifications industrielles, les ouvriers encombrent le marché innombrablement, implorant: du tarvail! du travail!

Paul Lafargue[a], *Le Droit à la paresse* (1880), Maspéro, 1972, pp. 121-125, 141.

a. *Paul Lafargue, né en 1842 à Cuba, se targuait d'avoir dans ses veines, grâce à sa mère juive, à une grand-mère mulâtresse et l'autre Caraïbe, «le sang de trois races opprimées». Follement épris de la seconde fille de Karl Marx, Laura, qu'il épouse en 1868, il fonde avec Jules Guesde le Parti ouvrier français (1880-1882). Paul Lafargue s'est donné la mort, entraînant Laura, en 1911. Lénine, qui était allé les voir à bicyclette avec Kroupskaïa, l'année précédente, à Draveil, prononça leur éloge funèbre «au nom du parti social-démocrate ouvrier russe». Peu d'ouvrages ont été traduits en autant de langues que* Le Droit à la paresse, *ce «petit pamphlet qui tient de Diderot», selon la formule de Guesde.*

TRAVAIL. MORT

12. Le travail forcé, comme antichambre de la mort

Auschwitz devint le principal haut lieu de cette extermination que les Nazis, même entre eux, préféraient désigner par l'expression «solution finale». De la sorte fut ajoutée une dimension nouvelle à la civilisation technicienne, jusque-là tournée, aux fins de l'enrichissement des hommes ou de la domination des États, vers l'exploitation des ressources vives de tout ordre, et qui en l'occurrence, pour la première fois, fut mise au service de l'extinction de ces ressources, d'une rage de destruction devenue fin en soi. De ce point de vue, il importe de bien voir la différence entre Auschwitz et l'autre grande menace apocalyptique issue de la dernière guerre: la mort d'Hiroshima fut un impitoyable moyen pour faire capituler un adversaire armé; les Nazis, eux, n'exterminaient que les peuples au préalable soumis et désarmés [...] Les détenus qui n'étaient pas mis à mort dès leur arrivée travaillaient dans les usines que la I.G. Farben, Krupp, et d'autres firmes allemandes avaient installées sur le territoire même du camp. Cette circonstance peut laisser place à quelque doute au sujet de la finalité réelle d'Auschwitz: ne se serait-il pas agi, après tout, d'un haut lieu du capitalisme d'État nazi, avec élimination de la main-d'œuvre insuffisamment rentable? Depuis la construction des pyramides, les grands travaux ont toujours dévoré la piétaille des forçats, et réclamé leur tribut de souffrances; mais dans le cas du IIIe Reich, les documents de ce recueil le montreront à satiété, le centre de gravité de l'objectif poursuivi se trouvait déplacé, le travail forcé n'étant qu'un succédané de la chambre à gaz et la production, un prétexte.

Léon Poliakov, «Du génocide», *Auschwitz*, Julliard, 1964, p. 10.

TRAVAIL. BONHEUR

13. La «Table ronde» miraculeuse

Heureusement, tout n'est pas encore classé exclusivement en termes d'achat et de vente.
Les choses ont encore une valeur de sentiment en plus de leur valeur vénale,
si tant est qu'il y ait des valeurs qui soient seulement de ce genre.
Marcel Mauss

Les sociétés ont progressé dans la mesure où elles-mêmes, leurs sous-groupes et enfin leurs individus, ont su stabiliser leurs rapports, donner, recevoir, et enfin, rendre. Pour commercer, il fallut d'abord savoir poser les lances. C'est alors qu'on a réussi à échanger les biens et les personnes, non plus seulement de clans à clans, mais de tribus à tribus et de nations à nations et – surtout – d'individus à individus. C'est seulement ensuite que les gens ont su se créer, se satisfaire mutuellement des intérêts, et enfin, les défendre sans avoir à recourir aux armes. C'est ainsi que le clan, la tribu, les peuples ont su – et c'est ainsi que demain, dans notre monde dit civilisé, les classes et les nations et aussi les individus, doivent savoir – s'opposer sans se massacrer et se donner sans se sacrifier les uns aux autres. C'est là un des secrets permanents de leur sagesse et de leur solidarité.

Il n'y a pas d'autre morale, ni d'autre économie, ni d'autres pratiques sociales que celles-là. Les Bretons, les *Chroniques d'Arthur*, racontent comment le roi Arthur, avec l'aide d'un charpentier de Cornouailles inventa cette merveille de sa cour: la «Table Ronde» miraculeuse autour de laquelle les chevaliers ne se battirent plus. Auparavant, «par sordide envie», dans des échauffourées stupides, des duels et des meurtres ensanglantaient les plus beaux festins. Le charpentier dit à Arthur: «Je te ferai une table très belle, où ils pourront s'asseoir seize cents et plus, et tourner autour, et dont personne ne sera exclu... Aucun chevalier ne pourra livrer combat, car là, le haut placé sera sur le même pied que le bas placé.» Il n'y eut plus de «haut bout» et partant, plus de querelles. Partout où Arthur transporta sa Table, joyeuse et invincible resta sa noble compagnie. C'est ainsi qu'aujourd'hui encore se font les nations, fortes et riches, heureuses et bonnes. Les peuples, les classes, les familles, les individus, pourront s'enrichir, ils ne seront heureux que quand ils sauront s'asseoir, tels des chevaliers, autour de la richesse commune. Il est inutile d'aller chercher bien loin quel est le bien et le bonheur. Il est là, dans la paix imposée, dans le travail bien rythmé, en commun et solitaire alternativement, dans la richesse amassée puis redistribuée dans le respect mutuel et la générosité réciproque que l'éducation enseigne.

Marcel Mauss, «Essai sur le don, Forme et raison de l'échange dans les sociétés archaïques», 1924, Conclusion, III, in *Sociologie et anthropologie*, P.U.F., 8e édition, 1983, pp. 278-279.

Saint THOMAS (1225-1274), Musée du Louvre, Paris.
Photo Bulloz.

Benoit SPINOZA (1632-1677),
Musée Carnavalet, Paris.
Photo Jean-Loup Charmet.

VÉRITÉ

L'on s'écoutera parler les uns les autres avec douceur et respect,
sans faire paraître jamais de mépris pour ce qui sera dit dans l'assemblée.
L'on ne s'étudiera point à se contredire, mais seulement à rechercher la vérité.

DESCARTES
(extrait du «Projet de règlement» remis le 1er février 1650 à la reine Christine de Suède, qui voulait établir une Académie de savants. C'est le dernier écrit que nous possédions du philosophe)

L'autre de la vérité n'est pas l'erreur, mais la violence, le refus de la vérité, du sens, de la cohérence, le choix de l'acte négateur, du langage incohérent, du discours «technique» qui sert sans se demander à quoi, le silence, l'expression du sentiment personnel et qui se veut personnel.

Éric WEIL, *Logique de la philosophie*, p. 65

La question «qu'est-ce que la vérité?» est paradoxale: en effet, il n'y a sans doute aucun être humain qui n'ait une *idée de la vérité*, tandis qu'il n'y a peut-être pas une seule *vérité* qui soit universellement admise par tous les êtres humains. La philosophie, pensée de l'universel, pourrait bien se confondre avec l'ambitieux projet de résoudre un tel paradoxe en *disant la vérité*.

Car c'est seulement avec le langage, par la parole ou par l'écriture, que la vérité *entre en jeu*. En deçà ou au-delà du langage, en dehors de tout discours, il n'y a plus qu'une réalité inhumaine et innommable, un donné informe et incontestable dont on ne peut rien dire, – bref, le *no man's land* de l'être pur, dans lequel la *question* de la vérité n'a pas de sens.

Il n'y a de vérité que dans le champ de la *connaissance scientifique*, où toute vérité est hypothético-déductive (cf. texte n° 4, p. 248) et, hors des limites spatio-temporelles de ce champ, il n'y a plus de vérité du tout, mais seulement des *sentiments* personnels et des *postulats* religieux ou métaphysiques (tels que l'existence de Dieu, la liberté, l'immortalité de l'âme). Quant à la vérité proprement dite, elle n'est pas la copie stérile d'un monde *évident* ou le duplicata d'une *constatation*, mais une construction rationnelle bien fondée: ainsi, les Stoïciens ne craignaient pas de dire qu'un fou qui crie, en plein jour, qu'il fait jour, ne dit pas la vérité. En revanche, si une démonstration mathématique est rigoureuse, sa nécessité ne peut être comprise que par une intelligence qui en saisit le principe. Bachelard rapporte que le roi Charles X, visitant l'École Polytechnique, ne parvenait pas à comprendre que l'hyperboloïde à une nappe, dont il examinait avec curiosité un modèle, était engendrée par une ligne droite: «*Eh bien, Sire,* dit le professeur à bout d'explications, *je vous en donne ma parole d'honneur.*» Si l'anecdote est plaisante, c'est parce que la vérité ne se *décrète* pas plus qu'elle ne se *constate*.

Certes, l'idéal de la connaissance, comme l'a montré Descartes (cf. *Regulae*, II), serait d'atteindre une vérité qui unirait l'*évidence* intuitive à la *raison* démonstrative, ou, comme dit Kant, qui nous assurerait à la fois du *contenu* et de la *forme*. Mais la vérité scientifique ne peut prétendre à un tel achèvement: la vérité élaborée par chaque science particulière est doublement inachevée, puisqu'elle est de l'ordre du *discours* sans fin et que, de ce fait, sa cohérence finale est toujours en question; et puisqu'elle suppose un travail historique infini de *vérification* et qu'à ce titre elle reste délibérément ouverte aux démentis de l'expérience. C'est d'ailleurs cette ouverture qui confère à la science son objectivité et sa positivité, qui la distinguent aisément de l'opinion dogmatique, sceptique ou éclectique.

Mais si la vérité est la seule valeur positive dans la problématique de la connaissance, cela ne signifie nullement que la connaissance scientifique soit la seule ou la plus haute valeur dans l'ordre de la morale.

QU'EST-CE QUE LA VÉRITÉ?

Notre danger spécifique n'est pas le mensonge, c'est plutôt *l'oubli de l'idée de la vérité même et son remplacement par l'idée du mythe.*
Paul-Louis LANDSBERG, *Introduction à une critique du mythe,* in «Esprit», janv. 1938.

C'est déjà une grande et nécessaire preuve de sagesse et de lumières que de savoir ce que l'on doit raisonnablement demander. Car, si la question est en soi extravagante et appelle des réponses oiseuses, outre l'humiliation de celui qui la soulève, elle a quelquefois cet inconvénient: de porter l'auditeur imprudent à des réponses absurdes et de donner ainsi le spectacle ridicule de deux hommes dont l'un (comme disaient les anciens) trait le bouc pendant que l'autre présente un tamis.

Si la vérité consiste dans l'accord d'une connaissance avec son objet, il faut, par là même, que cet objet soit distingué des autres; car une connaissance est fausse, quand elle ne concorde pas avec l'objet auquel on la rapporte, alors même qu'elle renfermerait des choses valables pour d'autres objets. Or, un critère universel de la vérité serait celui qu'on pourrait appliquer à toutes les connaissances sans distinction de leurs objets. Mais il est clair – puisqu'on fait abstraction en lui de tout le contenu de la connaissance (du rapport à son objet) et que la vérité vise précisément ce contenu – qu'il est tout à fait impossible et absurde de demander un caractère de la vérité de ce contenu des connaissances, et que, par conséquent, une marque suffisante et en même temps universelle de la vérité ne peut être donnée. Comme nous avons appelé le contenu d'une connaissance sa matière, on devra dire qu'on ne peut désirer aucun critère universel de la vérité de la connaissance quant à sa matière, parce que c'est contradictoire en soi.

Mais pour ce qui regarde la connaissance, quant à sa forme simplement (abstraction faite de tout contenu), il est également clair qu'une logique, en tant qu'elle traite des règles générales et nécessaires de l'entendement, doit exposer, dans ces règles mêmes, les critères de la vérité. Car ce qui les contredit est faux, puisque l'entendement s'y met en contradiction avec les règles générales de sa pensée et, par suite, avec lui-même. Mais ces critères ne concernent que la forme de la vérité, c'est-à-dire de la pensée en général et, s'ils sont, à ce titre, très justes, ils sont pourtant insuffisants. Car une connaissance peut fort bien être complètement conforme à la forme logique, c'est-à-dire ne pas se contredire elle-même, et cependant être en contradiction avec l'objet. Donc le critère simplement logique de la vérité, c'est-à-dire l'accord d'une connaissance avec les lois générales et formelles de l'entendement et de la raison est, il est vrai, la *condition sine qua non* et, par suite, la condition négative de toute vérité; mais la logique ne peut pas aller plus loin; aucune pierre de touche ne lui permet de découvrir l'erreur qui atteint non la forme, mais le contenu.

KANT, *Critique de la Raison pure,* 1781, I., 2e partie, Logique transcendantale, III, p. 95.

VÉRITÉ. VIVANT

1. L'ORIGINE DE LA CONNAISSANCE

C'est une chose bien prouvée que les hommes sortent du ventre de leur mère : malgré tout, devenus grands et debout à côté de leur mère, les enfants font paraître cette hypothèse fort absurde : elle a l'apparence contre elle.

NIETZSCHE, *Aurore*, Morgenröthe (1880), IV, § 276.

Pendant des durées formidables, l'intellect n'a jamais engendré que des erreurs ; certaines se montraient utiles à la conservation de l'espèce : qui les trouvait ou les recevait en héritage luttait avec plus de bonheur pour soi et pour sa descendance. Ces articles de foi erronés, transmis héréditairement par la suite des générations, finirent par devenir une sorte de masse, de fonds humains ; on admit, par exemple, qu'il y a des choses qui sont pareilles, qu'il existe des objets, des matières et des corps, qu'une chose est ce qu'elle paraît être, que notre volonté est libre, que ce qui est bon pour l'un est bon en soi. Ce ne fut que très tardivement que se présentèrent des gens qui nièrent ou mirent en doute ce genre de propositions, ce ne fut que très tardivement que surgit la vérité, cette forme la moins efficace des formes de la connaissance. Il semblait qu'on ne pût vivre avec cette vérité, notre organisme étant adapté au contraire ; toutes ses fonctions supérieures, les perceptions des sens et toutes les sensations travaillaient sur l'antique erreur qu'elles s'étaient assimilée. Bien plus : les vieilles propositions devinrent même, à l'intérieur de la connaissance, des normes d'après lesquelles on évalua le « vrai » et le « non-vrai », jusque dans les domaines les plus reculés de la logique pure. Donc : la *force* de la connaissance ne réside pas dans son degré de vérité, mais dans son degré d'ancienneté, son assimilation plus ou moins avancée, son caractère de condition vitale. Lorsque vivre et connaître semblaient se contredire, il n'y avait jamais lutte sérieuse ; douter, nier passaient pour folie. Les penseurs d'exception, comme les Éléates[1], qui établirent et maintinrent cependant les antinomies des erreurs naturelles, s'imaginèrent qu'il était possible de *vivre* aussi des antinomies : ils inventèrent le sage comme l'homme immuable, impersonnel, de conception universelle, un et total en même temps, et doué d'une faculté propre pour cette connaissance à rebours ; ils crurent que leur connaissance était en même temps le principe de la vie. Mais, pour pouvoir affirmer tout cela, ils durent se *tromper* sur leur état : ils durent s'inventer une personnalité et une durée sans changement, méconnaître l'essence de celui qui « connaît », nier la puissance des instincts dans l'acte de la connaissance, et concevoir la raison, d'une façon générale, comme une activité parfaitement libre, surgie d'elle-même ; ils se refusèrent à voir qu'ils n'étaient parvenus eux-mêmes à leurs principes qu'en contredisant ce qui existait, ou encore par besoin de repos, de possession ou de domination.

NIETZSCHE, *Le gai savoir*, 1882, trad. Vialatte, coll. « Idées », Gallimard, pp. 154-156.

1. Éléates : philosophes grecs (Ve s., av. J.-C.) de la ville d'Élée, parmi lesquels Parménide et son disciple Zénon, qui soutenaient contre Héraclite que seul l'Être est, – absolu, un, immobile, éternel – tandis que le non-être n'est pas.

VÉRITÉ. LOGIQUE

2. Ce que c'est que la vérité

Verum, index sui et falsi (Le vrai est à lui-même sa marque et celle du faux)
SPINOZA

Il[a] examine ce que c'est que la vérité; et pour moi, je n'en ai jamais douté, me semblant que c'est une notion si transcendentalement claire, qu'il est impossible de l'ignorer: en effet, on a bien des moyens pour examiner une balance avant que de s'en servir, mais on n'en aurait point pour apprendre ce que c'est que la vérité, si on ne la connaissait de nature. Car quelle raison aurions-nous de consentir à ce qui nous l'apprendrait, si nous ne savions qu'il fût vrai, c'est-à-dire, si nous ne connaissions la vérité? Ainsi on peut bien expliquer *quid nominis*[1] à ceux qui n'entendent pas la langue, et leur dire que ce mot *vérité*, en sa propre signification, dénote la conformité de la pensée avec l'objet, mais que, lorsqu'on l'attribue aux choses qui sont hors de la pensée, il signifie seulement que ces choses peuvent servir d'objets à des pensées véritables, soit aux nôtres, soit à celles de Dieu; mais on ne peut donner aucune définition de logique qui aide à connaître sa nature. Et je crois le même de plusieurs autres choses, qui sont fort simples et se connaissent naturellement, comme sont la figure, la grandeur, le mouvement, le lieu, le temps, etc., en sorte que, lorsqu'on veut définir ces choses, on les obscurcit et on s'embarrasse. Car, par exemple, celui qui se promène dans une salle, fait bien mieux entendre ce que c'est que le mouvement, que ne fait celui qui dit: *est actus entis in potentia prout in potentia*[2], et ainsi des autres.

DESCARTES, *Lettre à Mersenne*, 16 octobre 1639.

1. *Le sens du mot.*

2. *C'est l'acte de l'être en puissance, en tant qu'il est en puissance.*

a. Il s'agit du livre De Veritate... *(De la vérité, en tant qu'elle est distincte de la révélation, du vraisemblable, du possible et du faux) par Herbert de Cherbury (1581-1648).*

VÉRITÉ. ILLUSION

3. La vérité et l'*oubli des métaphores*

Il semble que les hommes n'ont point envie de voir la Vérité toute nue, peut-être parce qu'ils craignent qu'elle ne soit plus désagréable que l'erreur.
LEIBNIZ

Les hommes ne fuient pas tellement le fait de subir un dommage par la tromperie: au fond, à ce niveau, ils ne haïssent donc pas l'illusion, mais les conséquences fâcheuses et hostiles de certaines sortes d'illusion. C'est dans un sens aussi restreint que l'homme veut seulement la vérité: Il convoite les suites agréables de la vérité, celles qui conservent la vie; envers la connaissance pure et sans conséquence il est indifférent, envers les vérités préjudiciables et destructrices il est même hostilement disposé. Et en outre: qu'en est-il de ces conventions du langage? Sont-elles peut-être des témoignages de la connaissance, du sens de la vérité? Les désignations et les choses coïncident-elles? Le langage est-il l'expression adéquate de toutes les réalités? [...]

Qu'est-ce donc que la vérité? Une multitude mouvante de métaphores, de métonymies, d'anthropomorphismes, bref, une somme de relations humaines qui ont été poétiquement et rhétoriquement haussées, transposées, ornées, et qui, après un long usage, semblent à un peuple fermes, canoniales et contraignantes: les vérités sont des illusions dont on a oublié qu'elles le sont, des métaphores qui ont été usées et qui ont perdu leur force sensible, des pièces de monnaies qui ont perdu leur empreinte et qui entrent dès lors en considération non plus comme pièces de monnaie, mais comme métal [...]

[...] Celui qui cherche de telles vérités ne cherche au fond que la métamorphose du monde en les hommes, il aspire à une compréhension du monde en tant que chose humaine et obtient, dans le meilleur des cas le sentiment d'une assimilation. Semblable à l'astrologue qui observait les étoiles au service des hommes et en connexité avec leur bonheur et leur malheur, un tel chercheur considère le monde entier comme lié aux hommes, comme l'écho infiniment brisé d'un son originel, celui de l'homme, comme la copie multipliée d'une image originelle, celle de l'homme. Sa méthode consiste à prendre l'homme comme mesure de toutes choses: mais de ce fait il part de l'erreur de croire qu'il aurait ces choses immédiatement devant lui en tant que purs objets. Il oublie donc les métaphores originales de l'intuition en tant que métaphores et les prend pour les choses mêmes.

NIETZSCHE, *Le Livre du philosophe*, 1872-1875, Aubier-Flammarion, pp. 177, 182, 187.

VÉRITÉ. LANGAGE

4. L'ORDRE DU DISCOURS

Une science bien traitée n'est qu'une langue bien faite.
CONDILLAC

Il n'est pas vrai que deux et deux fassent cinq. Il n'est pas vrai que la somme des angles d'un triangle plan diffère de deux droits. Mais il faut remarquer aussi que ces idées, qui seraient fausses, ne sont rien du tout. L'esprit sceptique de Hume sait bien creuser là, et ne trouver que le vide. Car dire deux et deux c'est toujours dire quatre; et dire somme d'angles égale à deux droits c'est toujours dire triangle; on n'avance point. C'est que les objets réels ne sont ni des nombres, ni des triangles; aussi l'on soupçonne que l'esprit n'a égard ici qu'à lui-même, et qu'il défait le savoir du comptable et du tailleur de pierres, bien loin de le faire. Les sciences théoriques, en ces subtilités, tour à tour estimées et méprisées, perdent de vue leur fin véritable. Cela conduit à se demander comment de telles vérités sont prouvées et pourquoi elles le sont. Car, à n'en pas douter, à contempler ces quatre osselets on en sait par sentiment tout ce qu'on en peut savoir, et notamment qu'ils sont quatre; ce nombre si simple ne pourrait être changé, augmenté ou diminué, sans que le sentiment fût changé, aussi; c'est pourquoi un homme inculte ne voit pas ici de difficulté. Pareillement devant un triangle tracé, ou découpé dans du bois, le sentiment fera connaître toute cette forme. La technique des parquets ou des marqueteries n'a nul besoin de la preuve d'Euclide. Mais c'est l'esprit qui en a besoin. Et ce qu'il cherche ici ce n'est point tant l'accord avec l'objet que l'accord entre les signes. Aussi que de précautions, et qui semblent inutiles, surtout dans la première preuve, due à la prudence de Leibniz. Qu'appelez-vous deux? Qu'appelez-vous trois? Qu'appelez-vous quatre? De même dans la preuve euclidienne, convenons d'appeler triangle, angle, droite, ce que je définis encore par d'autres mots; convenons de substituer la définition au défini; convenons de ne rien penser que ce qui a été convenu. L'esprit, comme on sait, n'arrive pas ici, et n'arrive jamais, à réduire la preuve à un discours bien fait; il lui faut cette perception de un à côté de un, et cette parallèle extérieure au triangle. Il faut qu'il voie; mais en vérité toute son application est de voir le moins possible; tout l'art de penser va ici à accorder discours à discours. Où l'on saisit très bien un double effort, dont l'un est presque méprisé. On prétend bien percevoir, et cela est de peu; on prétend bien parler, et cela est presque tout.

ALAIN, *Les Idées et les Âges,* 1927, t. II, Gallimard, pp. 161-162.

VÉRITÉ. EXPÉRIENCE

5. La science est hypothèse et vérification *à l'infini*

On se fait une idole de la vérité même.
PASCAL, *Pensées,* posth., 1669, VIII, 582.

L'idée de Galilée est une *hypothèse* et d'un genre tout à fait *curieux*; la science actuelle de la nature, due à des siècles pendant lesquels cette hypothèse se vérifiait, est une vérification d'un genre pareillement curieux. Curieux, car *l'hypothèse reste malgré la vérification une hypothèse pour la suite et pour toujours*; la vérification (la seule qui soit concevable pour elle) est un cours infini de vérifications. C'est l'essence propre de la science de la nature, c'est *a priori* son mode d'être, d'être *hypothèse à l'infini et vérification à l'infini.* Avec cela, la vérification n'est pas seulement, comme dans toute vie pratique, exposée à l'erreur possible et exigeant à l'occasion des corrections. Il y a ici, dans chaque phase de l'évolution de la science de la nature, une méthode et une théorie tout à fait correcte, dans laquelle toute «erreur» doit être tenue pour exclue. Newton, l'idéal des physiciens exacts, dit: *Hypotheses non fingo*[1], et cette formule implique qu'il ne se trompe pas dans le calcul ni ne commet des erreurs de méthode. Comme dans tous les détails, comme dans tous les concepts, toutes les propositions, toutes les méthodes qui expriment une «exactitude», une idéalité, il y a aussi dans l'idée globale d'une science exacte et, comme déjà dans l'idée de la mathématique pure, ainsi aussi dans l'idée d'ensemble de la physique, cet *in infinitum,* comme forme permanente de l'inductivité particulière qui, la première, a introduit la géométrie dans le monde historique. Dans le cours progressif infini de théories correctes et de théories particulières rassemblées sous le titre «sciences de la nature d'une époque donnée» nous voyons un cours progressif d'hypothèses qui, dans l'ensemble, sont des hypothèses et des vérifications. Dans ce cours progressif nous trouvons un perfectionnement croissant. Cela signi-

1. «Je ne fais pas d'hypothèses.»

fie pour l'ensemble de la science de la nature qu'elle prend toujours mieux conscience d'elle-même, de son être «définitif» véritable, qu'elle donne une «représentation» toujours meilleure de ce qui est la «vraie nature». Mais la vraie nature est située à l'infini, non pas seulement comme une droite pure; elle est aussi, en tant que «pôle» infiniment éloigné, une *infinité de théories* et elle n'est pensable que comme vérification, et renvoie donc à un *travail historique infini d'approximation.*

Husserl, *La Crise des Sciences européennes et la Phénoménologie transcendantale* (1936), trad. Gerrer, «Les Études philosophiques», juillet-décembre 1949, P.U.F., p. 238.

VÉRITÉ. IMAGINATION

6. Le mythe de la caverne : les *opinions* et la *vérité*

Ce qui est vrai à la lampe n'est pas toujours vrai au soleil.
Joubert (1754-1824), *Pensées,* posth., 1838.

1. Cf. Platon, texte n° 1, pp. 417-419.

Il faudrait presser encore une fois selon sa forme le mythe de la caverne[1], qui est le mythe des mythes, enfin l'imagination non plus réglée mais réglante. Nous sommes tous en cette caverne; nous ne voyons et ne verrons jamais que des ombres. Le sage se sauve d'abord de croire, par le détour mathématique; mais il reviendra à sa place d'homme; il y revient d'instant en instant; entendez qu'il ne la quitte point, les yeux fixés un moment ailleurs, mais revenant là. C'est un voyage d'esprit que Platon propose ici au captif; c'est l'attention seulement qui rompt les liens du corps, et qui s'exerce à penser selon un autre ordre; c'est dans la caverne même qu'elle s'élance, composant d'abord des ombres ébarbées, qui sont les figures mathématiques, et de là s'élevant aux modèles du bien penser, qui sont les idées, et enfin à la règle du bien penser, qui est la règle du bien. Dès lors, et semblable à celui qui a passé derrière le petit mur et qui a surpris le secret du montreur d'images, le sage sait revenir aux premières apparences, ouvrant tout grands ses yeux de chair; et de là il remonte aux formes véritables que les ombres lui font voir, qu'elles font voir à tous, sans une erreur en elles, par une erreur en eux, qui est de ne point connaître assez leur propre loi. Les ombres sont toutes vraies, comme elles paraissent. Toutes les ombres d'un homme expliquent la forme de l'homme, et en même temps la caverne, le feu, et la place même de l'homme enchaîné.

Alain, *Les Idées et les Âges,* 1927, t. II, Gallimard, pp. 210, 212, 213.

VÉRITÉ. HISTOIRE

7. Les contradictions de l'historicisme

Les questions posées par l'histoire restent insolubles par des procédés proprement historiques.
Langlois et Seignobos

Tout événement historique a lieu dans le temps de l'histoire et il n'y a d'événements qu'historiques. Il n'en découle pas que ce qui se produit dans le temps soit de l'ordre du temps: le théorème dit de

Pythagore a été découvert à un certain moment, sans que ce moment ait le moindre rapport à la validité du théorème. Mais que la découverte ait été faite à tel moment, cela est d'une grande importance, non pour le théorème, mais pour la compréhension de l'époque de sa découverte. Quel qu'ait été ce moment (ou ces moments), le contenu de la découverte reste le même (sinon il ne s'agirait pas du théorème de Pythagore); mais il ne s'ensuit pas qu'on aurait pu faire cette découverte à n'importe quel moment. Bien plus, on imagine facilement qu'un individu l'ait faite sans réussir à en faire comprendre à ses contemporains la nature et la portée, et en ce cas il n'y aurait pas eu découverte pour nous, puisque par définition nous n'en aurions pas connaissance. L'historicisme se ramène ainsi à l'affirmation que le succès joue un rôle décisif en histoire – ce qui est exact et une banalité. Or souvent, on prétend en déduire la relativité de toutes les vérités et fonder sur cette relativité une sorte de scepticisme (de la réflexion: car dans leur vie, les adhérents de la doctrine se comportent exactement comme leurs adversaires, prennent position en politique, prônent telle décision de préférence à telle autre, déclarent inadmissibles certaines actions, ne doutent nullement de la science de leur époque, bref, supposent pratiquement qu'il y ait un sens à ce qu'ils font). L'historicisme devient alors absurde: toute vérité particulière (il en est de même de toute valeur particulière) est en effet relative, puisqu'elle n'a de sens que par rapport à un système («axiomatique») à l'intérieur duquel elle se situe; il en découle cependant, précisément dans le «système» historiciste, que le choix entre les différents systèmes n'est pas libre, mais dépend de l'histoire, qui est ce qu'elle est et est compréhensible dans sa réalité une et unique, et ceci encore selon l'historicisme lui-même. Et nous n'insisterons pas sur le fait que l'historicisme, en proposant une vérité absolue, celle du scepticisme, s'expose à la plus antique des réfutations et à laquelle succombe tout scepticisme qui ne renonce pas au discours et à l'action – ce qui n'est pas le cas de l'historicisme –: il affirme qu'on ne peut rien affirmer.

Éric Weil, *Philosophie politique* (1955),
Vrin, 1971, Introduction, p. 15.

Vérité. Métaphysique

8. La question de l'*essence* de la vérité

Nous sommes à quêter la vérité; il appartient de la posséder à une plus grande puissance.
Montaigne, *Essais*, III, VIII.

Il est question de l'*essence* de la vérité. S'interroger sur l'essence de la vérité ce n'est pas se soucier de savoir si la vérité est la vérité de l'expérience pratique de la vie ou celle de la conjecture dans le domaine économique, la vérité d'une réflexion technique ou d'une sagesse politique et plus spécialement la vérité de la recherche scientifique ou de la création artistique, ou même la vérité d'une méditation philosophique ou d'une foi religieuse. S'interroger sur l'essence, c'est s'écarter de tout cela et porter son regard vers ce qui uniquement caractérise toute «vérité» en tant que telle.

Mais la question de l'essence ne nous égare-t-elle pas dans le vide d'un universel abstrait qui coupe le souffle à toute pensée?

L'excentricité d'une telle recherche ne manifeste-t-elle pas que toute philosophie est sans appui dans le réel? Une pensée enracinée dans la réalité et tournée vers elle doit tout de même tendre, en premier lieu et sans détours, à instaurer, contre la confusion des opinions et des calculs, la vérité réelle, qui aujourd'hui nous fournit une mesure et un point d'appui. Qu'importe dans notre réelle détresse la question de l'essence de la vérité puisqu'elle s'écarte («s'abstrait») de toute réalité? La question de l'essence n'est-elle pas le problème le plus inessentiel et le plus gratuit qu'on puisse se poser?

Personne ne saurait se soustraire à l'évidente certitude de ces objections. Personne non plus ne saurait en dédaigner l'urgence et la gravité. Mais qui s'exprime en ces objections? Le simple «bon sens». Celui-ci s'entête à soutenir les exigences de l'immédiatement utile et s'emporte contre le savoir relatif à l'essence de l'étant, savoir fondamental qui porte depuis longtemps le nom de «philosophie».

Le sens commun a sa nécessité propre; il défend son droit en usant de la seule arme dont il dispose. Il se réclame du «cela va de soi» de ses prétentions et de ses critiques. La philosophie de son côté ne peut réfuter le sens commun puisque ce dernier est sourd à son langage. Bien plus, elle ne saurait même avoir l'intention de le réfuter car le sens commun est aveugle à tout ce qu'elle propose de regarder comme essentiel.

Au surplus, nous restons nous-mêmes au niveau de l'intelligibilité du sens commun tant que nous nous croyons en sécurité parmi ces «vérités» diverses que nous dispensent l'expérience de la vie, l'action, la recherche scientifique, la création artistique et la foi.

HEIDEGGER, *Questions I*, «De l'essence de la vérité» (1930), Vom Wesen der Wahrheit, trad. par A. de Waelhens et W. Biemel, 1968, Gallimard, p. 161.

VÉRITÉ. RELIGION

9. LE MEILLEUR OU LE VRAI?

Nous avons une impuissance de prouver, invincible à tout le dogmatisme.
Nous avons une idée de la vérité, invincible à tout le pyrrhonisme.
PASCAL, *Pensées*, posth., 1669, VI, 395.

Vous me demandez comment je sais que ma philosophie est la meilleure entre toutes celles qui ont jamais été, sont et seront enseignées dans le monde. Ce serait plutôt à moi de vous poser la question. Je ne prétends pas avoir trouvé la philosophie la meilleure, mais je sais que j'ai connaissance de la vraie. Me demanderez-vous comment je le sais, je répondrai: de la même façon que vous savez que les trois angles d'un triangle égalent deux droits, et nul ne dira que cela ne suffit pas, pour peu que son cerveau soit sain et qu'il ne rêve pas d'esprits impurs nous inspirant des idées fausses semblables à des idées vraies; car le vrai est à lui-même sa marque et il est aussi celle du faux.

Mais vous qui prétendez avoir trouvé la religion la meilleure ou plutôt les hommes les meilleurs et vous être absolument abandonné à eux, comment savez-vous qu'ils sont les meilleurs parmi tous ceux qui professent, ont professé ou professeront d'autres religions? Avez-vous examiné toutes les religions tant anciennes que nouvelles, qui sont professées ici, dans l'Inde ou dans le monde entier?

Et à supposer même que vous les ayez examinées comme il se doit, comment savez-vous que vous avez choisi la meilleure?

SPINOZA, *Lettre à Albert Burgh*, déc. 1675 ou janv. 1676, in «Œuvres», t. 4 trad. Ch. Appuhn, Garnier, pp. 342-343.

VÉRITÉ. RAISON. MORALE

10. LA VÉRITÉ, CONCEPT-LIMITE *D'UN VRAI DIALOGUE*

À partir d'ici paraît commencer un cercle, en ce que vous êtes assuré qu'il doit y avoir un Dieu, et qu'il n'est pas trompeur, parce que vous avez de cela une connaissance claire et distincte; et que vous êtes assuré qu'une connaissance claire et distincte est vraie parce que vous savez qu'il y a un Dieu qui ne saurait être trompeur.

GASSENDI, *Disquisitio metaphysica* (1644), Vrin 1962, p. 204.

Le contenu de la notion même de vérité dépend de nos normes d'acceptabilité rationnelle, qui, elles, présupposent nos valeurs. Dit schématiquement et beaucoup trop rapidement, mon point de vue est que la théorie de la vérité présuppose notre théorie du bien [...] Nous ne pouvons espérer produire une *conception* plus rationnelle de la rationalité ou une meilleure *conception* de la morale que si nous œuvrons dans notre tradition (avec, dans le cas de la rationalité, ses références à l'agora grecque, à Newton et ainsi de suite, et aux Écritures, aux philosophes et aux révolutions démocratiques dans le cas de la morale). Mais ceci ne revient pas du tout à dire que tout va très bien et que nos conceptions actuelles sont raisonnables. Nous ne sommes pas prisonniers d'enfers solipsistes individuels; nous sommes plutôt où se combinent la collectivité et la responsabilité individuelle.

Ce dialogue a-t-il un terme idéal? Existe-t-il une conception *vraie* de la rationalité, une morale *vraie*, même si *nous*, nous n'en avons jamais que des *conceptions? [...]* Le fait même que nous puissions parler de nos conceptions comme de conceptions différentes de la *rationalité* suggère l'existence d'un *Grenzbegriff*, un concept-limite de la vérité idéale.

Hilary PUTNAM, *Raison, vérité et histoire*, trad. de l'anglais par A. Gerschenfeld, Éd. de Minuit, 1984, p. 239.

VIE. VIVANT

On proclame d'un air de triomphe que «la science commence à se rendre maîtresse de la vie». Il se peut qu'elle y arrive, mais il est certain que la vie ainsi dominée n'a plus grande valeur.
NIETZSCHE

Comme nous y invite un entretien inaugural (cf. texte p. 452), il convient de distinguer le concept de «vie» et celui de «vivant». Tandis que «la vie qui va» poursuit son cours protéiforme, métaphysique ou métaphorique, insidieusement évolutif ou mystérieusement asymptotique, le partage entre les vivants et les morts obéit, en fin de compte, à un calcul rigoureusement binaire. D'ailleurs, aujourd'hui, dans un laboratoire de physiologie animale ou de biologie moléculaire, «on n'interroge plus la vie» (F. Jacob) et on ne trouve rien de plus que dans un laboratoire de physique ou de chimie. Il n'y a pas plus de «vitalité», pour le biologiste, dans une molécule d'ADN, que d'«aquosité» pour le chimiste dans une molécule d'eau. L'objet qui intéresse le philosophe aussi bien que le biologiste n'est pas la «vie», mais le «vivant», c'est-à-dire un organisme considéré dans sa totalité, dont l'histoire irréversible s'inscrit entre sa *naissance* et sa *mort*.

Dès lors, toute approche du vivant, – de ce vivant multiforme dont les spécimens vont de la Bactérie à l'Homme – est, peut-être irrémédiablement, grevée de *surdéterminations* qui ne sont pas le moindre obstacle à une connaissance objective. Autour de la question du vivant, viennent proliférer les *interdits* de toute sorte dont il est le substitut: la sexualité, la reproduction, l'avortement, la maladie, la mort, semblent appeler le secret, l'exhibition, le mystère ou la dérision, mais en tout cas exclure la sérénité. Il n'est pas jusqu'aux déclarations des biologistes, touchant la «cellule», l'«œuf», l'«homme neuronal» ou le «petit dieu», qui ne soient des déclarations de guerre idéologique. Après tout, cette attitude de *provocation* est plus significative du vivant, appréhendé dans son milieu ou plutôt dans un monde dont il est le centre, que ne le sera jamais la seule *expérimentation* qui déporte l'animal – ou l'homme – dans l'espace artificiel du laboratoire.

L'*objectivité* scientifique oblige à reconnaître que, dans ses structures aussi bien que dans ses performances, le vivant poursuit un *projet*; cependant qu'au terme de toute *analyse* le vivant – décomposé en ses éléments potentiellement immortels –, n'existe plus. Mais s'ensuit-il qu'il n'a jamais existé? Cette réduction ne signifie-t-elle pas plutôt que la raison *analytique* et *réflexive*, nécessairement seconde par rapport aux entreprises aventureuses du *vivant*, ne nous donne à connaître celui-ci que sous l'aspect alluvial du *vécu*?

Certes, il est vrai, en un sens, que «la vie, c'est la mort» *(Claude Bernard)*; mais le *vivant*, quant à lui, ne se manifeste comme tel, que dans l'intervalle industrieux qui sépare son projet de son *terme*, de sorte qu'en un autre sens sa vie est une «création» et, en ce qui concerne chaque être humain, une production *individuelle* de «messages» singuliers qu'aucune science ne peut déchiffrer entièrement: «Je vous dirai, en confidence, écrivait Descartes à Chanut, le 15 juin 1646, que la notion telle quelle de la Physique, que j'ai tâché d'acquérir, m'a grandement servi pour établir des fondements certains en la morale; et que je me suis plus aisément satisfait en ce point qu'en plusieurs autres touchant la médecine, auxquels j'ai néanmoins employé beaucoup plus de temps. De façon qu'au lieu de trouver les moyens de conserver la vie, j'en ai trouvé un autre, bien plus aisé et plus sûr, qui est de ne pas craindre la mort.»

PARLONS DU VIVANT ET NON PAS DE LA VIE...

Pour quelle raison? D'abord, la vie est un concept qu'on peut appeler vulgaire. On dit: «la vie parisienne», «la vie est belle», «rien n'est plus précieux que la vie», etc. Voilà trois expressions dans lesquelles le mot «vie» a perdu, sauf dans la dernière, tout son sens pour devenir simplement une espèce de métaphore. En outre, la «vie» est un concept que la science n'a cessé de refuser. Nous ne dirons pas qu'elle a réussi à l'abolir, à le réduire, mais elle a toujours cherché à rendre compte de la vie sans tenir compte de la vie. Il y a quelques années a paru le livre d'un chimiste d'une université méridionale dont le titre est assez explosif: «La vie n'existe pas». Cela veut dire qu'il n'y a pas un principe spécifique, une essence de la vie dont la science aurait à rendre compte; en réalité, tous les phénomènes que l'on attribue vulgairement ou philosophiquement à la vie sont des phénomènes qui peuvent être expliqués uniquement au niveau des lois physiques ou des lois chimiques. Pourtant, personne ne songerait à dire: «le vivant n'existe pas» ou «les vivants n'existent pas»... En outre, le mot «vivant» offre l'avantage d'inviter le philosophe à regarder la multiplicité des êtres qui vivent, et cette multiplicité, cette surabondance, cette profusion étonnantes donnent l'occasion de variations extraordinaires. Or, les philosophes s'évertuent à réaliser des variations: le vivant pourrait donner ainsi lieu à une recherche, disons phénoménologique, de variations sur ce qu'on appelle une essence. Or, sur ce point, la recherche est philosophiquement superflue puisque, en somme, la vie a réalisé elle-même des variations innombrables que l'imagination n'aurait pas pu facilement produire. À cet égard, la Nature réussit mieux que les philosophes: les variations, les différences sont dans la Nature: les vivants sont là, alors que la vie n'est pas là. De plus, étudier les vivants, c'est aussi l'occasion, peut-être d'aborder, par un certain côté, la psychologie du comportement des vivants. Tandis que la vie n'offre rien de tel. Les vivants vivent, il faut voir comment ils vivent et ce «comment», c'est un comportement qui intéresse aussi bien le psychologue que le biologiste, le zoologiste et, aussi, le philosophe. À parler de vivant plutôt que de vie, tout le monde trouve son compte.

Georges Canguilhem et François Dagognet, *Le Vivant,* entretien télévisé, «Émissions de philosophie pour l'année 1967-68.» Imp. Nat., p. 36.

VIVANT. MACHINE

1. LA MACHINE HUMAINE

Je désire que vous considériez, après cela, que toutes les fonctions que j'ai attribuées à cette machine, comme la digestion des viandes, le battement du cœur et des artères, la nourriture et la croissance des membres, la respiration, la veille et le sommeil; la réception de la lumière, des sons, des odeurs, des goûts, de la chaleur, et de telles autres qualités, dans les organes des sens extérieurs; l'impression de leurs idées dans l'organe du sens commun et de l'imagination, la rétention ou l'empreinte de ces idées dans la mémoire; les mouvements intérieurs des appétits et des passions; et enfin les mouvements extérieurs de tous les membres, qui suivent si à propos, tant des actions des objets qui se présentent aux sens, que des passions, et des impressions qui se rencontrent dans la mémoire, qu'ils imitent le plus parfaitement qu'il est possible ceux d'un vrai homme: je désire, dis-je, que vous considériez que ces fonctions suivent toutes naturellement, en cette machine, de la seule disposition de ses organes, ne plus ne moins que font les mouvements d'une horloge, ou autre automate, de celle de ses contrepoids et de ses roues; en sorte qu'il ne faut point à leur occasion concevoir en elle aucune autre âme végétative, ni sensitive, ni aucun autre principe de mouvement et de vie, que son sang et ses esprits, agités par la chaleur du feu qui brûle continuellement dans son cœur, et qui n'est point d'autre nature que tous les feux qui sont dans les corps inanimés.

DESCARTES, *Traité de l'homme* (posth., 1664), fin.

2. LES CORPS VIVANTS ET LES MACHINES

Chaque corps organique d'un vivant est une espèce de machine divine, ou d'un automate naturel, qui surpasse infiniment tous les automates artificiels. Parce qu'une machine faite par l'art de l'homme n'est pas machine dans chacune de ses parties. Par exemple: la dent d'une roue de laiton a des parties ou fragments qui ne nous sont plus quelque chose d'artificiel et n'ont plus rien qui marque de la machine par rapport à l'usage où la roue était destinée. Mais les machines de la nature, c'est-à-dire les corps vivants, sont encore machines dans leurs moindres parties, jusqu'à l'infini. C'est ce qui fait la différence entre la nature et l'art, c'est-à-dire, entre l'art divin et le nôtre.

LEIBNIZ, *La Monadologie*, 1714, § 64.

3. L'ÊTRE VIVANT N'EST PAS UNE MACHINE : LE SECOURS RÉVÉLATEUR DE LA MÉTAPHORE POLITIQUE

Dans une montre, une partie est l'instrument qui fait se mouvoir les autres; mais un rouage n'est pas la cause efficiente qui engendre les autres; une partie, il est vrai, existe pour l'autre, mais non par cette autre. La cause efficiente de ces parties et de leur forme n'est pas dans la nature (de cette matière) mais au-dehors, dans un être qui peut agir en vertu d'idées d'un tout possible par sa causalité. C'est pourquoi, dans une montre, un rouage n'en produit pas un autre et encore moins une montre d'autres montres, en utilisant (organisant) pour cela une autre matière; elle ne remplace pas d'elle-même les parties dont elle est privée et ne corrige pas les défauts de la première formation à l'aide des autres parties; si elle est déréglée, elle ne se répare pas non plus d'elle-même, toutes choses qu'on peut attendre de la nature organisée. Un être organisé n'est pas seulement une machine – car celle-ci ne détient qu'une force motrice –, mais il possède une énergie formatrice qu'il communique même aux matières qui ne la possèdent pas (il les organise), énergie formatrice qui se propage et qu'on ne peut expliquer uniquement par la puissance motrice (le mécanisme).

On dit trop peu de la nature et de son pouvoir pour des productions organisées, quand on l'appelle un analogue de l'art; on imagine alors l'artiste (un être raisonnable) en dehors d'elle. Elle s'organise au contraire elle-même dans chaque espèce de ses produits organisés; dans l'ensemble, il est vrai, d'après un même modèle, mais avec les modifications convenables exigées pour la conservation de soi-même suivant les circonstances [...] Pour préciser, l'organisation de la nature n'offre rien d'analogue avec une causalité quelconque à nous connue. Par contre, on peut éclairer une certaine relation, rencontrée d'ailleurs plutôt en idée qu'en réalité, par une analogie avec les fins naturelles immédiates indiquées. Ainsi, dans la transformation totale récemment entreprise d'un grand peuple en un État, on s'est fréquemment servi du terme organisation, et très justement, pour l'institution des magistratures, etc., et même du corps entier de l'État; car, dans un pareil ensemble chaque membre doit être non seulement un moyen, mais aussi une fin; et tout en contribuant à la possibilité de l'ensemble, déterminé à son tour par l'idée même de cet ensemble, dans sa situation et sa fonction propres.

Kant, *Critique du jugement,* 1790, IIe partie, section I § 65, trad. Gibelin, J. Vrin, p. 181.

4. L'ÊTRE VIVANT EST COMPARABLE AU *MÉCANICIEN* QUI DIRIGE LA MACHINE

La tique ou ixode, sans être très dangereuse, est un hôte très importun des mammifères et des hommes [...]

Lorsque la femelle a été fécondée, elle grimpe à l'aide de ses huit pattes jusqu'à la pointe d'une branche d'un buisson quelconque pour pouvoir, d'une hauteur suffisante, se laisser tomber sur les petits mammifères qui passent ou se faire accrocher par les animaux plus grands.

Cet animal, privé d'yeux, trouve le chemin de son poste de garde à l'aide d'une sensibilité générale de la peau à la lumière. Ce brigand de grand chemin, aveugle et sourd, perçoit l'approche de ses proies par son odorat. L'odeur de l'acide butyrique, que dégagent les follicules sébacés de tous les mammifères, agit sur lui comme un signal qui le fait quitter son poste de garde et se lâcher en direction de sa proie. S'il tombe sur quelque chose de chaud (ce que décèle pour lui un sens affiné de la température), il a atteint sa proie, l'animal à sang chaud, et n'a plus besoin que de son sens tactile pour trouver une place aussi dépourvue de poils que possible, et s'enfoncer jusqu'à la tête dans le tissu cutané de celle-ci. Il aspire alors lentement à lui un flot de sang chaud.

On a, à l'aide de membranes artificielles et de liquides imitant le sang, fait des essais qui démontrent que la tique n'a pas le sens du goût; en effet, après perforation de la membrane, elle absorbe tout liquide qui a la bonne température. Si la tique, stimulée par l'acide butyrique, tombe sur un corps froid, elle a manqué sa proie et doit regrimper à son poste d'observation.

Le copieux repas de sang de la tique est aussi son festin de mort, car il ne lui reste alors plus rien à faire qu'à se laisser tomber sur le sol, y déposer ses œufs et mourir. Les procédés de la vie, que l'exemple de la tique met ainsi en évidence, nous offrent une pierre de touche propre à éprouver la solidité des considérations proprement biologiques en face du traitement purement physiologique tel qu'il était usuel jusqu'ici. Pour le physiologiste, tout être vivant est un objet, une chose, qui se trouve dans son propre monde humain. Il examine les organes de l'être vivant et la combinaison de leurs actions, comme un technicien examinerait une machine qui lui est inconnue. Le biologiste en revanche se rend compte que cet être vivant est un *sujet* qui vit dans son monde propre dont il forme le centre[1] [...] On ne peut donc pas le comparer à une machine mais au mécanicien qui dirige la machine.

1. Cf. texte n° 2, p. 117.

Jakob von Uexküll, *Mondes animaux et monde humain,* 1956, trad. P. Muller, Denoël-Gonthier, pp. 16-17.

VIVANT. TECHNIQUE. LANGAGE

5. De l'écran des mots à celui des images

A. Le corps, notre corps, monde obscur et subtil, définit un système complexe, déroutant et souvent énigmatique. Sa connaissance ne s'achève donc jamais [...] Il est vrai que, de là, on vole à une extrémité méthodologique tout à fait indéfendable, amoindrir trop l'importance des analyses et des déséquilibres objectifs, valoriser le fameux «dialogue» entre le malade et le médecin, accorder beaucoup à la parole et à la confidence [...] On connaît la thèse que nous défendons: la médecine comme le fruit de techniques picturales, destinées à circonscrire et à visualiser le trouble. Justement puisqu'elle travaille à éclairer, elle vit non plus d'ombres ni de paroles, mais d'images [...] La succession des TDM[1] (scanner), écho et scintigraphie, puis la RMN[2] atteste assez que l'intériorité corporelle a été vaincue de plus en plus sûrement [...] L'imagerie médicale atteint désormais le mal à l'état naissant, avant qu'il n'éclate et dès qu'il se prépare.

1. TDM = Tomodensitométrie (ou «scanner», de l'anglais: *to scan*, scruter).

2. RMN = Résonance magnétique nucléaire, désormais appelée IRM (Imagerie par résonance magnétique) en raison de la connotation négative du terme de «nucléaire».

François Dagognet, *Philosophie de l'image,* Vrin, 1984, chap. III.

B. Cette conclusion positive, loin de clore le débat, en ouvre au contraire un autre, plus vaste et sans doute plus riche, sur le sens même de cette transparence et de ses conséquences [...] Il sera alors facile, par exemple, d'affirmer n'avoir jamais rencontré à l'échographie, en scannographie ou en résonance magnétique la moindre trace concernant les localisations propres à l'acupuncture sur lesquelles repose pourtant tout un aspect d'une médecine concernant plus d'un milliard d'individus [...] Rien de visible sur nos écrans, donc rien de réel! [...] Il est donc légitime, après ce long panorama conquérant de l'imagerie médicale, de se demander si une avancée aussi prodigieuse dans la connaissance du corps humain ne porte pas en elle, comme un effet pervers, le risque d'une étroitesse de vue, préjudiciable, dans un plus ou moins proche avenir, à cette même connaissance.

Dr Claude BROUSSOULOUX & Pr André BONNIN, *Le corps humain est-il transparent?*, Robert Laffont, 1985, pp. 183-185.

VIVANT. VIE

6. LE CORPS VIVANT, TOURBILLON *CONSTANT* DE MATIÈRE *CHANGEANTE*

La vie est un tourbillon continuel, dont la direction, toute compliquée qu'elle est, demeure constante, ainsi que l'espèce des molécules qui y sont entraînées, mais non les molécules individuelles elles-mêmes; au contraire, la matière actuelle du corps vivant n'y sera bientôt plus, et cependant elle est dépositaire de la force qui contraindra la matière future à marcher dans le même sens qu'elle. Ainsi la forme de ces corps leur est plus essentielle que leur matière, puisque celle-ci change sans cesse, tandis que l'autre se conserve, et que d'ailleurs ce sont les formes qui constituent les différences des espèces, et non les combinaisons de matières, qui sont presque les mêmes dans toutes.

Georges CUVIER, *Histoire des progrès des sciences naturelles de 1789 jusqu'à ce jour* (1810), nouv. éd., 1834, p. 187.

L'UNION DE L'ÂME ET DU CORPS

7. CE QUE C'EST QUE LE CORPS D'UN HOMME

Premièrement, je considère ce que c'est que le corps d'un homme, et je trouve que ce mot de corps est fort équivoque; car, quand nous parlons d'un corps en général, nous entendons une partie déterminée de la matière, et ensemble de la quantité dont l'univers est composé, en sorte qu'on ne saurait ôter tant soit peu de cette quantité, que nous ne jugions incontinent[1] que le corps est moindre et qu'il n'est plus entier; ni changer aucune particule de cette matière, que nous ne pensions pas après que le corps n'est plus totalement le même, ou *idem numero*[2]. Mais, quand nous parlons du corps d'un homme, nous n'entendons pas une partie déterminée de matière, ni qui ait une grandeur déterminée, mais seulement nous entendons toute la matière qui est ensemble unie avec l'âme de cet homme; en sorte que, bien que cette matière change, et que sa quantité augmente ou diminue, nous croyons toujours que c'est le même corps, *idem numero*, pendant qu'il demeure joint et uni substantiellement à la même âme; et nous croyons que ce corps est tout entier, pendant qu'il a en soi toutes les dispositions requises pour conserver cette union. Car il n'y a personne qui ne croie que nous avons les mêmes corps que nous avons eus dès notre enfance, bien que leur quantité soit de beaucoup augmentée, et que, selon

1. Immédiatement.

2. *Le même numériquement.*

l'opinion commune des médecins, et sans doute selon la vérité, il n'y ait plus en eux aucune partie de la matière qui y était alors, et même qu'ils n'aient plus la même figure; en sorte qu'ils ne sont *eadem numero*, qu'à cause qu'ils sont informés de la même âme. Pour moi, qui ai examiné la circulation du sang, et qui crois que la nutrition ne se fait que par une continuelle expulsion des parties de notre corps, qui sont chassées de leur place par d'autres qui y entrent, je ne pense pas qu'il y ait aucune particule de nos membres qui demeure la même *numero* un seul moment, encore que notre corps, en tant que corps humain, demeure toujours le même *numero* pendant qu'il est uni avec la même âme. Et même, en ce sens-là il est indivisible: car, si on coupe un bras ou une jambe à un homme, nous pensons bien que son corps est divisé, en prenant le nom de corps en la 1re signification, mais non pas en le prenant en la 2e; et nous ne pensons pas que celui qui a un bras ou une jambe coupée, soit moins un homme qu'un autre. Enfin, quelque matière que ce soit, et de quelque quantité ou figure qu'elle puisse être, pourvu qu'elle soit unie à la même âme raisonnable, nous la prenons toujours pour le corps du même homme, et pour le corps tout entier, si elle n'a pas besoin d'être accompagnée d'autre matière pour demeurer jointe à cette âme.

De plus, je considère que, lorsque nous mangeons du pain et buvons du vin, les petites parties de ce pain et de ce vin, se dissolvant en notre estomac, coulent incontinent de là dans nos veines, et par cela seul qu'elles se mêlent avec le sang, elles se transsubstantient naturellement, et deviennent parties de notre corps; bien que, si nous avions la vue assez subtile pour les distinguer d'avec les autres particules du sang, nous verrions qu'elles sont encore les mêmes *numero*, qui composaient auparavant le pain et le vin; en sorte que, si nous n'avions point d'égard à l'union qu'elles ont avec l'âme, nous les pourrions nommer pain et vin comme devant.

DESCARTES, «Lettre au Père Mesland», 9 février 1645,
Œuvres et Lettres, Pléiades, 1953, pp. 1174-75.

VIE. MORT. JUSTICE

8. LES «LUMIÈRES» DE LA VIVISECTION[a]

Je ne voudrais être ni chirurgien, ni anatomiste, mais c'est en moi pusillanimité; et je souhaiterais que ce fût l'usage parmi nous d'abandonner à ceux de cette profession les criminels à disséquer[b], et qu'ils en eussent le courage. De quelque manière qu'on considère la mort d'un méchant[c], elle serait bien autant utile à la société au milieu d'un amphithéâtre que sur un échafaud; et ce supplice serait tout au moins aussi redoutable qu'un autre. Mais il y aurait un moyen de ménager le spectateur, l'anatomiste et le patient: le spectateur et l'anatomiste, en n'essayant sur le patient que des opérations utiles, et dont les suites ne seraient pas évidemment funestes: le patient, en ne le confiant qu'aux hommes les plus éclairés, et en lui accordant la vie, s'il réchappait de l'opération qu'on aurait tentée sur lui[d]. L'anatomie, la médecine et la chirurgie ne trouveraient-elles pas aussi leur avantage dans cette condition? et n'y aurait-il pas des occasions où l'on aurait plus de lumières à attendre des suites d'une opération, que de l'opération même? Quant aux criminels, il n'y en a guère qui ne préférassent une opération douloureuse à une mort certaine; et qui, plutôt que d'être exécutés, ne se soumissent, soit à l'injection des liqueurs dans le sang, soit à la transfusion de ce fluide, et ne se laissassent ou amputer la cuisse dans l'articulation, ou extirper la rate, ou enlever quelque portion du cerveau, ou lier les artères mammaires et épigastriques, ou scier une portion de deux ou trois côtes, ou couper un intestin dont on insinuerait la partie supérieure dans l'inférieure, ou ouvrir l'œsophage, ou lier les vaisseaux spermatiques, sans y comprendre le nerf, ou essayer quelqu'autre opération sur quelque viscère.

Les avantages de ces essais suffiront pour ceux qui savent se contenter de raisons.

Diderot, Art. «Anatomie», *Encyclopédie,* 1751.

a. *Le terme de «vivi-section» apparaît pour la première fois en 1765, dans l'«Encyclopédie», à l'article «Sensibilité», rédigé par M. Fouquet, docteur en médecine de la Faculté de Montpellier.*

b. *Cf. texte n° 2, p. 19, sur la confusion des chirurgiens avec les bourreaux, au Moyen Âge (G. Duby).*

c. *Cf.: «Il vaut encore mieux qu'il soit pendu que méchant.» Rousseau,* Dernière Réponse à Charles Bordes, *1752.*

d. *Cf.: «Que doit-on penser du dessein suivant: conserver la vie à un criminel condamné à mort, s'il acceptait qu'on pratique sur lui de dangereuses expériences et se trouvait assez heureux pour en sortir sain et sauf, de telle sorte que les médecins acquièrent, ce faisant, un nouvel enseignement, précieux pour la chose publique? C'est avec mépris qu'un tribunal repousserait le collège médical qui ferait une telle proposition; car la justice cesse d'être une justice dès qu'elle se donne pour un quelconque prix.» Kant,* Doctrine du droit, *II, 1re sec., Remarque E, 1797.*

VIVANT. EXPÉRIENCE

9. L'ARTIFICE EXPÉRIMENTAL RECONNU ET JUSTIFIÉ

Le physiologiste et le médecin ne doivent [...] jamais oublier que l'être vivant forme un organisme et une individualité. Le physicien et le chimiste, ne pouvant se placer en dehors de l'univers, étudient les corps et les phénomènes isolément pour eux-mêmes, sans être obligés de les rapporter nécessairement à l'ensemble de la nature. Mais le physiologiste, se trouvant au contraire placé en dehors de l'organisme animal dont il voit l'ensemble, doit tenir compte de l'harmonie de cet ensemble, en même temps qu'il cherche à pénétrer dans son intérieur pour comprendre le mécanisme de chacune de ses parties. De là il résulte que le physicien et le chimiste peuvent repousser toute idée de causes finales dans les faits qu'ils observent; tandis que le physiologiste est porté à admettre une finalité harmonique et préétablie dans le corps organisé dont toutes les actions partielles sont solidaires et génératrices les unes des autres. Il faut donc bien savoir que, si l'on décompose l'organisme vivant en isolant ses diverses parties, ce n'est que pour la facilité de l'analyse expérimentale, et non point pour les concevoir séparément. En effet, quand on veut donner à une propriété physiologique sa valeur et sa véritable signification, il faut toujours la rapporter à l'ensemble et ne tirer de conclusion définitive que relativement à ses effets dans cet ensemble. C'est sans doute pour avoir senti cette solidarité nécessaire de toutes les parties d'un organisme, que Cuvier a dit que l'expérimentation n'était pas applicable aux êtres vivants, parce qu'elle séparait des parties organisées qui devaient rester réunies. C'est dans le même sens que d'autres physiologistes ou médecins dits vitalistes ont proscrit ou proscrivent encore l'expérimentation en médecine. Ces vues, qui ont un côté juste, sont néanmoins restées fausses dans leurs conclusions générales, et elles ont nui considérablement à l'avancement de la science. Il est juste de dire, sans doute, que les parties constituantes de l'organisme sont inséparables physiologiquement les unes des autres, et que toutes concourent à un résultat vital commun; mais on ne saurait conclure de là qu'il ne faut pas analyser la machine vivante comme on analyse une machine brute dont toutes les parties ont également un rôle à remplir dans un ensemble. Nous devons, autant que nous le pouvons, à l'aide des analyses expérimentales, transporter les actes physiologiques en dehors de l'organisme; cet isolement nous permet de voir et de mieux saisir les conditions intimes des phénomènes, afin de les poursuivre ensuite dans l'organisme pour interpréter leur rôle vital.

Claude BERNARD, *Introduction à l'étude de la médecine expérimentale*, 1865, IIe partie, chap. II, Hachette.

VIE. SENS. LANGAGE

10. LE VIVANT, COMME LANGAGE UNIVERSEL

Si maintenant nous récapitulons les différents moments de notre recherche pour faire le point, nous trouvons ceci: lorsque nous nous sommes posé la question de savoir si le vivant pouvait se caractériser par la forme, le vivant, ainsi défini, n'étant qu'une certaine façon d'apparaître, nous avons reconnu que d'autres êtres que le vivant apparaissent sous une forme; puis, au moyen du concept d'organisation, nous avons défini le vivant par une certaine manière de fonctionner: mais alors, nous avons rencontré la machine, qui est aussi une certaine façon de fonctionner. Et en dernier lieu, nous définissons le vivant comme une certaine façon d'ordonner, comme une certaine façon de parler. Mais si, en utilisant un style un peu lâche, nous disons que la vie est devenue un langage ou mieux, un code, que c'est un message qui est transmis et qui est imposé à certains éléments qui doivent le recevoir, n'avons-nous pas de nouveau perdu le vivant? Car nous le perdions, en le définissant par la forme, qui appartient aussi au cristal, par l'organisation et le fonctionnement, qui appartiennent aussi à la machine. Ne le perdons-nous pas de nouveau, en le définissant par le langage, le code? Car il est clair qu'il y a autre chose que le vivant comme tel qui est capable d'ordonner, de parler. Il y a plus: on risque même de perdre non seulement le vivant, mais les vivants, car on a pu montrer que ce code est universel et omnivalent; il vaut aussi bien pour le brin d'herbe que pour l'homme, et pour n'importe quel vivant. De sorte que nous arriverions, par là, à une réfutation de notre proposition initiale. Nous disions: la vie, c'est abstrait, c'est général; la vie n'existe pas: il y a des vivants multiformes. Et maintenant, nous trouvons, au contraire, qu'il n'y a qu'une façon de vivre, parce qu'il n'y aurait qu'une façon de parler, ou d'ordonner, ou de commander, ou d'envoyer des messages. Alors, des vivants, variations innombrables de la vie, nous arrivons au vivant, langage universel [...] et nous retrouvons cette vie que nous avions voulu abandonner au profit du vivant.

Pourtant, ce n'est pas tout à fait la même vie que nous retrouvons : celle dont nous avons refusé le concept était une vie évanescente, mystique, un refuge, un asile ; tandis que celle à laquelle nous sommes arrivés, elle est une vie dont on voit comment elle travaille, pourquoi elle travaille, ce qu'elle fait, comment elle transmet son propre message, les malentendus qu'elle commet. Et par là, il sera possible de la modifier. Ce n'est plus, comme l'autre, une vie intouchable. C'est une vie dont on connaît les mécanismes et qu'on peut donc espérer modifier, sur laquelle on peut espérer intervenir.

Georges Canguilhem et François Dagognet, *Le Vivant*, entretien télévisé, « Émissions de philosophie pour l'année 1967-68 », Imp. Nat., p. 40.

VIE. DROIT. PHILOSOPHIE

11. INCOHÉRENCE DE LA BIOÉTHIQUE

Nombreux sont ceux qui ont autrefois milité pour le droit des femmes et qui s'indignent aujourd'hui à la perspective des recherches sur l'embryon. Parfois sans même percevoir la difficulté, parfois en cherchant à l'éluder par des artifices sophistiqués. L'un d'entre eux consiste, par exemple, à défendre la thèse selon laquelle l'avortement serait un cas particulier de « légitime défense », alors que la pratique de la recherche médicale ne se justifierait par aucune urgence humanitaire. Les deux moments de l'argument, dans leur trop évidente incohérence, trahissent le désarroi de ceux qui y recourent et témoignent de la complexité du problème implicitement soulevé : au plus profond, celui de la définition de l'humain. Car telle est bien, ici, la véritable question : à partir de quelle limite doit-on considérer que l'embryon, cette « personne humaine potentielle », devient une personne humaine tout court, par suite un sujet juridiquement reconnu et, en tant que tel, *soustrait d'un même mouvement au droit de la mère à avorter comme au droit du chercheur à pratiquer ses expérimentations ?* Dira-t-on que l'embryon devient sujet de droit lorsqu'il accède au statut d'être susceptible de souffrir ? Lorsque les premières formes d'intelligence, de conscience ou de liberté font leur apparition ? Ou plus simplement qu'il l'est de toute éternité par la volonté de Dieu ?

Derrière chacune de ces réponses se dissimule en vérité un parti pris philosophique : les utilitaristes[1] retiendront plus volontiers le critère de la souffrance ; les rationalistes, de tradition cartésienne, celui de l'intelligence, les kantiens celui de la liberté, etc. Ce qui est clair, en toute hypothèse, c'est que la vie elle-même ne saurait nous fournir naturellement les critères qui permettraient de répondre à la question posée.

Luc Ferry[a], « Tradition ou argumentation ? », in *Pouvoirs*, n° 56, P.U.F., 1991, p. 7.

1. Cf. texte n° 1, p. 271.

a. Luc Ferry, professeur de philosophie à l'Université de Caen, a publié notamment Philosophie politique, *PUF, 1984-85,* Homo Aestheticus, *1990.*

VIVANT. EXISTENCE. SENS

12. « LA PENSÉE DU VIVANT DOIT TENIR DU VIVANT L'IDÉE DU VIVANT »

Il ne faut que considérer les inquiétudes continuelles des médecins et des anatomistes sur leur vie et sur leur santé, pour savoir si les connaissances servent à nous rassurer sur nos dangers. Comme elles nous en découvrent toujours beaucoup plus que de moyens de nous en garantir, ce n'est pas une merveille si elles ne font qu'augmenter nos alarmes et nous rendre pusillanimes.

ROUSSEAU, *Dernière Réponse à Charles Bordes,* 1752.

Qu'on détermine et mesure l'action de tel ou tel sel minéral sur la croissance d'un organisme, qu'on établisse un bilan énergétique, qu'on poursuive la synthèse chimique de telle hormone surrénalienne, qu'on cherche les lois de la conduction de l'influx nerveux ou du conditionnement des réflexes, qui songerait sérieusement à le mépriser? Mais tout cela est en soi à peine une connaissance biologique, tant qu'il lui manque la conscience du sens des fonctions correspondantes. L'étude biologique de l'alimentation ne consiste pas seulement à établir un bilan, mais à rechercher dans l'organisme lui-même le sens du choix qu'à l'état libre il opère dans son milieu pour faire ses aliments de telles et telles espèces ou essences, à l'exclusion de telles autres qui pourraient en rigueur théorique lui procurer des apports énergétiques équivalents pour son entretien et pour sa croissance. L'étude biologique du mouvement ne commence qu'avec la prise en considération de l'orientation du mouvement, car elle seule distingue le mouvement vital du mouvement physique, la tendance, de l'inertie. En règle générale, la portée pour la pensée biologique d'une connaissance analytiquement obtenue ne peut lui venir que de son information par référence à une existence organique saisie dans sa totalité. Selon Goldstein: «Ce que les biologistes prennent généralement pour point de départ nécessaire est donc généralement ce qu'il y a de plus problématique dans la biologie», car seule la représentation de la totalité permet de valoriser les faits établis en distinguant ceux qui ont vraiment rapport à l'organisme et ceux qui sont, par rapport à lui, insignifiants.

[...] La pensée du vivant doit tenir du vivant l'idée du vivant. «Il est évident que pour le biologiste, dit Goldstein, quelle que soit l'importance de la méthode analytique dans ses recherches, la connaissance naïve, celle qui accepte seulement le donné, est le fondement principal de sa connaissance véritable et lui permet de pénétrer le sens des événements de la nature.» Nous soupçonnons que, pour faire des mathématiques, il nous suffirait d'être anges, mais pour faire de la biologie, même avec l'aide de l'intelligence, nous avons besoin parfois de nous sentir bêtes.

Georges CANGUILHEM, *La Connaissance de la vie,* 1952, 2e éd., J. Vrin, pp. 11-15.

Friedrich NIETZSCHE (1844-1900).
The Bettmann Archive.

VIOLENCE

Je ne connais rien de violent dans la nature, sinon au respect de l'entendement humain, qui nomme violent ce qui n'est pas selon sa volonté, ou selon ce qu'il juge devoir être.
DESCARTES, *Lettre à Mersenne,* janvier 1638.

Là où il n'y a le choix qu'entre lâcheté et violence, je conseillerai violence... Je cultive le courage tranquille de mourir sans tuer. Mais qui n'a pas ce courage, je désire qu'il cultive l'art de tuer et d'être tué, plutôt que de fuir honteusement le danger. Car celui qui fuit commet une violence mentale : il fuit parce qu'il n'a pas le courage d'être tué en tuant.
GANDHI

« Violence » est l'un de ces mots qui paraissent faits pour mettre en évidence, d'une manière privilégiée, les ambiguïtés du discours sur la réalité, les ressources de l'analyse et les difficultés de toute définition. La *violence* invite donc la réflexion philosophique à s'exercer tout particulièrement sur ce terme, qui renvoie, d'une part, à une *réalité* souvent *vécue* comme omniprésente (cf. texte n° 2, Rousseau), d'autre part, à une *notion* qui ne se distingue pas immédiatement des nombreux autres usages de la *force.*

Car « la violence se donne toujours, écrit Sartre, pour une *contre-violence,* c'est-à-dire pour une riposte à la violence de l'Autre ».

Soit, en effet, la violence suprême, c'est-à-dire la violence de Dieu envers ses propres créatures, telle que l'atteste la *Genèse* (6, 8) : « Et Yahvé dit : Je vais effacer de la surface du sol les hommes que j'ai créés – et avec les hommes, les bestiaux, les bestioles et les oiseaux du ciel –, car je me repens de les avoir faits. » Cette violence exterminatrice, cette « fin de toute chair », qui n'épargne que Noé et sa famille, est précisément justifiée par le fait que « la terre était remplie de violence à cause des hommes » et qu'il s'agissait, pour Dieu, de restaurer – après le déluge universel – un nouvel ordre du monde. D'emblée, nous est ainsi proposée la distinction entre une violence destructrice et une violence fondatrice. Comme le soulignera Machiavel dans son fameux *Discours sur la première décade de Tite-Live* : « Ce n'est pas la violence qui restaure, mais la violence qui ruine qu'il faut condamner. »

On s'exercera donc à l'analyse en distinguant, en opposant et en comparant les divers emplois des diverses formes de la violence, de la contre-violence, de l'« ultraviolence » – et de la force –, selon leurs différentes fins (politique, religieuse, morale) : « violence symbolique » (voir les œuvres de Pierre Bourdieu, *passim*), déguisée, habituelle, solennelle ; violence légitime (cf. texte n° 4, p. 130, Max Weber), sacralisée, révolutionnaire, purement terroriste, absolument nihiliste : ou monopolisée, institutionnelle, inscrite dans l'Inconscient et/ou intériorisée (cf. texte n° 6, pp. 197, Freud).

Mais la description empirique des variétés de la violence ne peut, en aucun cas, dispenser d'une réflexion théorique qui, se donnant comme telle, ne cherchera dans les faits que des exemples.

Dès lors, il apparaît que si le *discours sur* la violence est presque aussi dérisoire que le *discours aux* violents, c'est sans doute parce que la violence se situe précisément *hors de tout discours.* La fascination qu'exerce la violence est celle du négatif : c'est l'appel du silence et de l'absolu, au-delà de toute raison, franchies les frontières du Logos. Une force qui discute, une puissance qui cherche à convaincre, un discours qui se veut persuasif, même s'ils sont sous-tendus par la possibilité de *contraindre,* renoncent à la violence aussi longtemps qu'ils requièrent l'assentiment. La philosophie, monument profane de l'inquiétude *humaine,* s'inscrit délibérément dans cette perspective de « recherche de la vérité ».

Cependant, en chacun de nous, croyant s'élever à l'absolu en s'acquittant d'une mission *divine,* Abraham, dans un geste silencieux qui a l'irrationnelle et ténébreuse beauté du *Dies Irae,* lève le couteau.

DE L'USAGE IRRATIONNEL DE LA VIOLENCE

La violence est incapable d'un côté, de persuader l'esprit, et d'imprimer dans le cœur l'amour et la crainte de Dieu, et est très capable, de l'autre, de produire dans nos corps des actes externes qui ne soient accompagnés d'aucune réalité intérieure, ou qui soient des signes d'une disposition intérieure très différente de celle qu'on a véritablement ; c'est-à-dire que ces actes externes sont ou hypocrisie et mauvaise foi, ou révolte contre la conscience.

C'est donc une chose manifestement opposée au bon sens, à la lumière naturelle, aux principes généraux de la raison, en un mot, à la règle primitive et originale du discernement du vrai et du faux, du bon et du mauvais, que d'employer la violence à inspirer une religion à ceux qui ne la professent pas.

Pierre BAYLE, *Commentaire philosophique sur ces paroles de Jésus-Christ : « Contrains-les d'entrer » où l'on prouve par plusieurs raisons démonstratives qu'il n'y a rien de plus abominable que de faire des conversions par la contrainte,* 1686.

LA FIN POLITIQUE DE LA VIOLENCE

Même si la violence d'une révolution produite par une constitution défectueuse, faisait obtenir, d'ailleurs illégitimement, une constitution plus conforme à la loi, il ne faudrait pas cependant considérer comme licite de réintroduire chez ce peuple la constitution antérieure, quoique tous ceux qui auraient participé à cette révolution par la violence ou la ruse, puissent à juste titre encourir le châtiment réservé aux rebelles [...]. La Sagesse politique considérera donc comme de son devoir, en l'état actuel des choses, de réaliser des réformes conformes à l'idéal du droit public et quant aux révolutions, de les utiliser, si la nature les a spontanément produites, non pas pour pallier une oppression encore plus forte, mais comme un appel de la nature, pour établir grâce à une réforme profonde une constitution légale, fondée sur les principes de liberté, comme étant la seule durable.

KANT, *Projet de paix perpétuelle* (1795), trad. J. Gibelin, Vrin, 1975, pp. 60-61.

NATURE. HOMME. VIOLENCE

1. LE MANDARIN ASSASSINÉ

Il n'y a point de bête au monde tant à craindre à l'homme que l'homme.
MONTAIGNE, *Essais,* II, XIX.

Beaucoup de penseurs qui n'ont certainement pas pu subir l'influence de la psychanalyse se sont plaints de la facilité avec laquelle nous sommes disposés, ne tenant aucun compte de la prohibition du meurtre, à écarter, à supprimer mentalement tout ce qui se trouve sur notre chemin. Je me contenterai de citer un seul exemple, devenu d'ailleurs célèbre.

Dans *Le Père Goriot,* Balzac cite un passage de Rousseau, dans lequel celui-ci demande au lecteur ce qu'il ferait si, sans quitter Paris et, naturellement avec la certitude de ne pas être découvert, il pouvait, par un simple acte de volonté, tuer un vieux mandarin habitant Pékin et dont la mort lui procurerait un grand avantage. Il laisse deviner qu'il ne donnerait pas bien cher pour la vie de ce dignitaire. *Tuer le mandarin* est devenu alors une expression proverbiale de cette disposition secrète, inhérente même aux hommes de nos jours.

On connaît, en outre, un grand nombre de plaisanteries et d'anecdotes cyniques dans lesquelles s'exprime la même tendance, comme, par exemple, cette déclaration qu'on attribue à un mari : « Après la mort de l'un de nous deux, je viendrai habiter Paris. » Ces plaisanteries cyniques ne seraient pas possibles si elles ne servaient pas à exprimer une vérité qu'on nie, dont on ne veut pas convenir lorsqu'elle est exprimée sérieusement et d'une façon non dissimulée. On sait, en effet, qu'en plaisantant on peut tout dire, même la vérité.

Sigmund FREUD, *Au-delà du principe du plaisir,* (1920), in « Essais de psychanalyse », trad. du Dr Jankélévitch, revue par le Dr Hesnard, P.B. Payot, 1973, pp. 264-265.

2. LE RÈGNE DE LA VIOLENCE

J'ouvre les livres de droit et de morale ; j'écoute les savants et les jurisconsultes ; et pénétré de leurs discours insinuants, je déplore les misères de la nature, j'admire la paix et la justice établies par l'ordre civil, je bénis la sagesse des institutions publiques et me console d'être homme en me voyant citoyen. Bien instruit de mes devoirs et de mon bonheur, je ferme le livre, sors de la classe, et regarde autour de moi ; je vois des peuples infortunés gémissant sous un joug de fer, le genre humain écrasé par une poignée d'oppresseurs, une foule affamée, accablée de peine et de faim, dont le riche boit en paix le sang et les larmes, et partout le fort armé contre le faible du redoutable pouvoir des lois.

Jean-Jacques ROUSSEAU, *Que l'état de guerre naît de l'état social,* (1756-1760), in « Œuvres », T. II. Le Seuil, 1971, p. 385.

VIOLENCE. AUTRUI

3. La *rareté* substitue la violence à la pure *réciprocité*

Dans la pure réciprocité, l'Autre que moi *c'est aussi le même*. Dans la réciprocité *modifiée par la rareté*, le même nous apparaît comme le contre-homme en tant que *ce même homme* apparaît comme radicalement Autre (c'est-à-dire porteur pour nous d'une menace de mort). Ou, si l'on veut, nous comprenons en gros ses fins (ce sont les nôtres), ses moyens (nous avons les mêmes), les structures dialectiques de ses actes; mais nous les comprenons comme si c'étaient les caractères d'une *autre espèce*, notre double démoniaque. Rien, en effet – ni les grands fauves ni les microbes – ne peut être plus terrible pour l'homme qu'une espèce intelligente, carnassière, cruelle, qui saurait comprendre et déjouer l'intelligence humaine et dont la fin serait précisément la destruction de l'homme. Cette espèce, c'est évidemment la nôtre se saisissant par tout homme chez les autres dans le milieu de la rareté. C'est, en tout état de cause, quelle que soit la société, la matrice abstraite et fondamentale de toutes les réifications des relations humaines. C'est, en même temps, le premier stade de l'*éthique*, en tant que celle-ci n'est que la *praxis*[1] s'éclairant elle-même sur la base de circonstances données. Le premier mouvement de l'éthique, ici, c'est la constitution du mal radical et du manichéisme; elle apprécie et valorise (nous ne pouvons nous attarder ici sur la production des valeurs), la rupture de la réciprocité d'immanence par la rareté intériorisée mais en la saisissant comme un produit de la *praxis* de l'Autre. Le contre-homme, en effet, poursuit la liquidation des hommes en partageant leurs fins et en adoptant leurs moyens; la rupture apparaît au moment où cette réciprocité trompeuse démasque le danger de mort qu'elle recouvre ou, si l'on préfère, l'impossibilité pour ces hommes engagés dans les liens réciproques de demeurer *tous* sur le sol qui les porte et les nourrit. Et n'allons pas imaginer que cette impossibilité intériorisée caractérise les individus *subjectivement*: tout au contraire, elle rend chacun *objectivement dangereux* pour l'Autre et elle met l'existence concrète de chacun en danger dans celle de l'Autre. Ainsi l'homme est *objectivement* constitué comme inhumain et cette inhumanité se traduit dans la *praxis* par la saisie du mal comme structure de l'Autre.

Jean-Paul Sartre, *Critique de la raison dialectique*, 1960, Gallimard, p. 208.

1. *Praxis*: action, ensemble des activités et des façons *d'agir* visant à transformer le monde.

VIOLENCE. RELIGION

4. La violence et le sacré[1]

Il faut que nous naissions coupables, – ou Dieu serait injuste.
Pascal, *Pensées*, VII, 489.

Et Dieu mit Abraham à l'épreuve et lui dit: prends ton fils, ton unique, celui que tu aimes, Isaac; va-t'en au pays de Morija, et là, offre-le en holocauste sur l'une des montagnes que je te dirai.

[...] Abraham crut et ne douta point. [...] Il se pressa comme pour une fête, et de bon matin il fut à l'endroit désigné, sur la montagne

1. Cf. Analyse de ce thème dans « Kierkegaard », in *Les Philosophes de Platon à Sartre*, pp. 366-372.

de Morija. Il ne dit rien à Sara, rien à Eliézer : qui d'ailleurs pouvait le comprendre ? Et la tentation, de par sa nature, ne lui avait-elle pas imposé le vœu du silence ? – « Il fendit le bois, il lia Isaac, il alluma le bûcher, il tira le couteau. » Mon cher auditeur ! Bien des pères ont cru perdre en leur enfant leur plus précieux trésor au monde, et être dépouillés de toute espérance à venir ; mais aucun fils n'a été l'enfant de la promesse au sens où Isaac le fut pour Abraham. Bien des pères ont perdu leur enfant. Mais il leur fut pris par la main de Dieu, par l'insondable et immuable volonté du Tout-puissant. Tout autre est le cas d'Abraham. Une plus lourde épreuve lui était réservée, et le sort d'Isaac se trouva dans la main d'Abraham tenant le couteau. Telle était la situation du vieillard devant son unique espérance ! Mais il ne douta point, il ne regarda point d'un œil angoissé à droite ou à gauche, il ne fatigua point le ciel de ses prières. Donc le Tout-puissant l'éprouvait, il le savait, et il savait que ce sacrifice était le plus lourd qu'on pût lui demander ; mais il savait aussi que nul sacrifice n'est trop lourd quand Dieu le demande – et il tira le couteau.

KIERKEGAARD, *Crainte et tremblement,* (1843), trad. Tisseau, Aubier, 1952, pp. 27-28.

5. La guerre est la messe de l'homme

Jamais on ne fait le mal si pleinement et si gaiement
que quand on le fait par conscience.
PASCAL, *Pensées,* posth., 1669, XIV, 895.

Il n'est pas utile de dépeindre le choléra sous les plus sombres couleurs ; mais il est utile de savoir ce que c'est. De même pour la guerre. Une grande peur ou une grande horreur n'y remédient nullement ; une exacte connaissance de la chose est seule utile. Et, en vue de diriger les réflexions de chacun, je rédige le présent Sommaire.

La violence n'est nullement la guerre. Un soldat ne ressemble pas du tout à un bandit qui tue pour s'enrichir. L'idée d'acquérir par la guerre est accessoire et de faible importance ; elle n'aurait aucune puissance sur des hommes qui n'ont jamais pensé à tuer pour voler, comme sont la plupart des citoyens soldats.

La guerre n'est nullement violence. La violence y survient comme épisode ; mais c'est justement ce qui répugne le plus à ceux qui font la guerre. Et l'ensemble de la guerre est ordonné selon l'obéissance, non selon la violence ; sans haine, sans colère, sans esprit de vengeance.

La guerre est de religion, et de cérémonie. C'est la Messe de l'Homme, ou la célébration de ce qui est propre à l'homme ; car les animaux les plus féroces songent d'abord à préserver leur vie. Dès que l'Homme doute du courage de l'Homme, la guerre est attendue. Elle est même espérée naturellement par les plus faibles et par les plus vieux, qui sont naturellement portés à douter de l'Espèce. Ainsi les jeunes et les forts sont mis en demeure de fournir la preuve, qui est bonne pour eux-mêmes aussi.

L'Art Militaire donne quelque sentiment de la Cérémonie véritable par des Cérémonies préparatoires, qui font déjà sentir à l'Homme, par l'action et le spectacle, qu'Il est plus courageux qu'il ne croit.

Si quelque peuple doute de son voisin jusqu'à le mépriser en parole et en action, il doit se prêter à l'Épreuve. Plus il est supposé courageux et fort, plus l'Épreuve est bonne. L'Estime pour l'ennemi est le sel de la guerre.

La Victoire termine l'Épreuve ; mais l'épreuve est bonne aussi pour le vaincu, dès que la guerre a été aussi longue et meurtrière qu'on pouvait l'attendre. Les deux adversaires sont réhabilités.

Alain, *Le Citoyen contre les pouvoirs*, Simon Kra, 1926, p. 71.

VIOLENCE. VIE. CULTURE

6. La guerre indispensable ?

Quant à la guerre, qui est la plus grande et pompeuse des actions humaines, je sçaurois volontiers si nous nous en voulons servir pour argument de quelque prerogative, ou, au rebours, pour tesmoignage de nostre imbecillité et imperfection ; comme de vray la science de nous entredesfaire et entretuer, de ruiner et perdre nostre propre espece, il semble qu'elle n'a pas beaucoup dequoy se faire desirer aux bestes qui ne l'ont pas.

Montaigne, *Essais,* II, XII.

C'est une vaine idée d'utopistes et de belles âmes que d'attendre beaucoup encore (ou même : beaucoup seulement alors) de l'humanité, quand elle aura désappris de faire la guerre. En attendant, nous ne connaissons pas d'autre moyen qui puisse rendre aux peuples fatigués cette rude énergie du champ de bataille, cette profonde haine impersonnelle, ce sang-froid dans le meurtre uni à une bonne conscience, cette ardeur commune organisatrice dans l'anéantissement de l'ennemi, cette fière indifférence aux grandes pertes, à sa propre vie et à celle des gens qu'on aime, cet ébranlement sourd des âmes comparable aux tremblements de terre, avec autant de force et de sûreté que ne fait n'importe quelle grande guerre : les ruisseaux et les torrents qui se font jour alors, roulant il est vrai dans leur cours des pierres et des fanges de toute sorte et ruinant les prés des cultures un peu délicates, remettent ensuite en mouvement, dans des circonstances favorables, les rouages des ateliers de l'esprit, qui se reprennent à tourner avec une force nouvelle. La civilisation ne peut absolument pas se passer des passions, des vices et des méchancetés. – Lorsque les Romains parvenus à l'Empire furent un peu las des guerres, ils essayèrent de retirer de nouvelles forces des battues à la bête fauve, des combats de gladiateurs et des persécutions contre les chrétiens. Les Anglais d'aujourd'hui[1], qui semblent en somme avoir aussi renoncé à la guerre, prennent un autre moyen de recréer ces forces qui décroissent : ces périlleux voyages de découvertes, ces traversées, ces ascensions, entrepris, à ce qu'on dit, pour des buts scientifiques, en réalité pour rapporter chez eux des aventures, des dangers de toute nature, un supplément de force. On inventera sous diverses formes de pareils substituts de la guerre, mais peut-être feront-ils voir de plus en plus qu'une humanité d'une culture aussi élevée et par là même aussi fatiguée que l'est aujourd'hui l'Europe, a besoin non seulement des guerres, mais des plus terribles – partant de retours momentanés à la barbarie – pour ne pas dépenser en moyens de civilisation sa civilisation et son existence mêmes.

Nietzsche, *Humain, trop humain* (1878), traduit de l'allemand par A.-M. Desrousseaux, Denoël/Gonthier, 1973, t. II, pp. 145-146, § 477.

1. En 1876-1877.

VOLONTÉ. VIOLENCE. POUVOIR

7. Apologie de la violence

« ... ce peuple qui, pour être formidable, n'a qu'à être immobile. »
MIRABEAU

Lorsqu'en 1905 je me suis hasardé à écrire, d'une manière un peu approfondie, sur la violence prolétarienne, je me rendais parfaitement compte de la grave responsabilité que j'assumais en tentant de montrer le rôle historique d'actes que nos socialistes parlementaires cherchent à dissimuler avec tant d'art. Aujourd'hui, je n'hésite pas à déclarer que le socialisme ne saurait subsister sans une apologie de la violence.

C'est dans les grèves que le prolétariat affirme son existence. Je ne puis me résoudre à voir dans les grèves quelque chose d'analogue à une rupture temporaire de relations commerciales qui se produirait entre un épicier et son fournisseur de pruneaux parce qu'ils ne pourraient s'entendre sur les prix. La grève est un phénomène de guerre ; c'est donc commettre un gros mensonge de dire que la violence est un accident appelé à disparaître des grèves.

La révolution sociale est une expression de cette guerre dont chaque grande grève constitue un épisode ; c'est pourquoi les syndicalistes parlent de cette révolution en langage de grèves ; le socialisme se réduit pour eux à l'idée, à l'attente, à la préparation de la grève générale, qui, semblable à la bataille napoléonienne, supprimerait tout un régime condamné.

Une telle conception ne comporte aucune de ces exégèses subtiles dans lesquelles excelle Jaurès. Il s'agit d'un bouleversement au cours duquel patrons et État seraient mis dehors par les producteurs organisés. Nos intellectuels, qui espèrent obtenir de la démocratie les meilleures places, seraient renvoyés à leur littérature ; les socialistes parlementaires, qui trouvent dans l'organisation créée par la bourgeoisie les moyens d'exercer une certaine part de pouvoir, deviendraient inutiles.

Georges SOREL[a], *Réflexions sur la violence*, 1908, Pages libres, p. 372.

a. *Georges Sorel (1847-1922) : syndicaliste révolutionnaire, dont l'œuvre s'inspire à la fois de Nietzsche, de Proudhon, de Marx et de Bergson, et qui inspira, à son tour, la pensée et l'action de Mussolini. La « violence » sorélienne n'est pas sans analogie avec la « volonté de puissance » nietzschéenne (cf. texte n° 10, p. 97).*

VÉRITÉ. VIOLENCE. JUSTICE

8. Y a-t-il une persécution juste ?

« Je persécuterai mes ennemis, je les poursuivrai, et les atteindrai, et ne leur donnerai point de relâche que je ne les aie défaits. »
PSAUME 18, 38.

Pour peu qu'on ait de disposition à rendre témoignage à la vérité, ou à la reconnaître, il faut convenir que comme il y a une persécution injuste, qui est celle que les méchants font à l'Église de Jésus-

Christ, il y a une persécution juste qui est celle que l'Église de Jésus-Christ fait aux méchants. Ainsi en même temps que l'Église est heureuse par la persécution même qu'elle souffre, parce que c'est pour la justice qu'elle la souffre, les autres sont misérables, parce qu'ils ne souffrent que pour l'injustice.

L'Église ne persécute que par amour, et pour faire du bien ; les impies au contraire persécutent par haine, et pour faire du mal ; celle-ci pour corriger, ceux-là pour pervertir ; celle-ci pour retirer de l'erreur, ceux-là pour y jeter. Enfin l'Église persécute ses ennemis, et ne cesse point de les poursuivre qu'elle ne les ait atteints et défaits, c'est-à-dire, qu'elle ne leur ait fait mettre bas les armes du mensonge, et qu'elle ne les ait établis dans la vérité ; eux au contraire nous rendent le mal pour le bien, et au lieu que ce n'est que pour leur procurer la vie éternelle que nous travaillons, ils cherchent à nous ôter la vie temporelle ; ils ne respirent que meurtre et que carnage ; et cela va même à un tel excès que quand ils ne peuvent assouvir leur fureur en ôtant la vie aux autres, ils se l'ôtent à eux-mêmes. La charité de l'Église n'a pour but en tâchant de les retirer de l'erreur, que d'empêcher qu'aucun d'eux ne meure et ne périsse ; et leur fureur au contraire n'a pour but que de se repaître des meurtres qu'ils exercent sur nous ou sur eux-mêmes, quand elle ne trouve point d'autre matière à s'exercer, comme pour se maintenir, par autant d'actes de possession, dans le droit de tuer qu'ils se sont attribué.

Saint Augustin (354-430), *Lettre d'Augustin à Boniface, Tribun et ensuite Comte en Afrique, sur la conduite à tenir envers les Donatistes*, lettre CLXXXV, traduction française de M. Du Bois, 1701.

VIOLENCE. LANGAGE.

9. Le dialogue *ou* la violence

Attendre une paix universelle et durable de ce qu'on appelle l'équilibre des puissances européennes, c'est une pure chimère, semblable à cette maison de Swift, qu'un architecte avait construite d'une façon si parfaitement conforme à toutes les lois de l'équilibre qu'un *moineau* étant venu s'y poser, elle s'écroula aussitôt.

Kant, *De ce proverbe : « Cela est bon en théorie, mais ne vaut rien en pratique »*, 1793.

En vérité, le problème qui se pose à celui qui cherche la nature du dialogue n'est nul autre que celui de la violence et de la négation de celle-ci. Car que faut-il pour qu'il puisse y avoir dialogue ? La logique ne permet qu'une chose, à savoir, que le dialogue, une fois engagé, aboutisse, que l'on puisse dire lequel des deux interlocuteurs a raison, plus exactement lequel des deux a tort : car s'il est certain que celui qui se contredit a tort, il n'est nullement prouvé que celui qui l'a convaincu de ce seul crime contre la loi du discours ne soit pas également fautif, avec ce seul avantage, tout temporaire, qu'il n'en a pas encore été convaincu. La logique, dans le dialogue, émonde le discours. Mais pourquoi l'homme accepte-t-il une situation dans laquelle il peut être confondu ?

Il l'accepte parce que la seule autre issue est la violence, si l'on exclut, comme nous l'avons fait, le silence et l'abstention de toute communication avec les autres hommes : quand on n'est pas du même avis, il faut se mettre d'accord ou se battre jusqu'à ce que l'une des deux thèses disparaisse avec celui qui l'a défendue. Si l'on ne veut pas de cette seconde solution, il faut choisir la première, chaque fois que le dialogue porte sur des problèmes sérieux et qui ont de l'importance, ceux qui doivent mener à une modification de la vie ou en confirmer la forme traditionnelle contre les attaques des novateurs. Concrètement parlant, quand il n'est pas un jeu (qui ne se comprend que comme image du sérieux), le dialogue porte, en dernier ressort, toujours sur la façon selon laquelle on doit vivre.

On? C'est-à-dire les hommes qui vivent déjà en communauté, qui possèdent déjà ces données qui sont nécessaires pour qu'il puisse y avoir dialogue, les hommes qui sont déjà d'accord sur l'essentiel et auxquels il suffit d'élaborer en commun les conséquences des thèses qu'ils ont déjà acceptées, tous ensemble. Ils sont en désaccord sur la façon de vivre, parce qu'ils sont en accord sur la nécessité d'une façon : il ne s'agit que de compléter et de préciser. Ils acceptent le dialogue, parce qu'ils ont déjà exclu la violence.

Éric Weil, *Logique de la philosophie,* (1967), 2e éd., Vrin, 1967, p. 24.

Violence. histoire

10. La guerre des intentions

Il faut l'avouer : les plus grands maux qui accablent les peuples civilisés nous sont amenés par la guerre, et à vrai dire non pas tant par celle qui réellement a ou a eu lieu, que par les *préparatifs* incessants et même régulièrement accrus en vue d'une guerre à venir.

Kant, *Conjectures sur les débuts de l'histoire humaine,* 1786.

Aucun gouvernement n'avoue aujourd'hui qu'il entretient son armée pour satisfaire, à l'occasion, ses envies de conquête. L'armée doit au contraire servir à la défense. Pour justifier cet état de choses, on invoque une morale qui approuve la légitime défense. On se réserve ainsi, pour sa part, la moralité, et on attribue au voisin l'immoralité, car il faut imaginer celui-ci prêt à l'attaque et à la conquête, si l'État dont on fait partie doit être dans la nécessité de songer aux moyens de défense. De plus, on accuse l'autre, qui, de même que notre État, nie l'intention d'attaquer et n'entretient, lui aussi, son armée que pour des raisons de défense, pour les mêmes motifs que nous, on l'accuse, dis-je, d'être un hypocrite et un criminel rusé qui voudrait se jeter, sans aucune espèce de lutte, sur une victime inoffensive et maladroite. C'est dans ces conditions que tous les États se trouvent aujourd'hui les uns en face des autres : ils admettent les mauvaises intentions chez le voisin et se targuent de bonnes intentions. Mais c'est là une *inhumanité* aussi néfaste et pire encore que la guerre, c'est déjà une provocation et même un motif de guerre, car on prête l'immoralité au voisin et, par là, on semble appeler les sentiments hostiles. Il faut renier la doctrine de l'armée comme moyen de défense tout ausi catégoriquement que les désirs de conquête. Et un jour viendra peut-être, jour grandiose, où un peuple, distingué dans la guerre et la victoire par le plus haut développement de la discipline et de l'intelligence militaires, habitué à consentir les plus lourds sacrifices, s'écriera librement : « Nous brisons l'épée ! » – détruisant ainsi toute son organisation militaire jusqu'en ses fondements. *Se rendre inoffensif, tandis qu'on est le plus redoutable*, guidé par *l'élévation* du sentiment – c'est là le moyen pour arriver à la paix *véritable* qui doit toujours reposer sur une disposition d'esprit paisible, tandis que ce qu'on appelle la paix armée, telle qu'elle est pratiquée maintenant dans tous les pays, répond à un sentiment de discorde, à un manque de confiance en soi et en le voisin et empêche de déposer les armes soit par haine, soit par crainte. Plutôt périr que de haïr et que de craindre, et *plutôt périr deux fois que de se laisser haïr et craindre*, – il faudra que ceci devienne un jour la maxime supérieure de toute société établie! – On sait que nos représentants du peuple libéraux manquent de temps pour réfléchir à la nature de l'homme: autrement ils sauraient qu'ils travaillent en vain s'ils s'appliquent à une «diminution graduelle des charges militaires». Au contraire, ce n'est que lorsque ce genre de misère sera le plus grand que le genre de dieu qui seul pourra aider sera le plus près. L'arbre de la gloire militaire ne pourra être détruit qu'en une seule fois, par un seul coup de foudre: mais la foudre, vous le savez, vient des hauteurs.

Nietzsche, *Le Voyageur et son ombre* (1879), trad. Henri Albert, Denoël/Gonthier, 1975, § 284.

VIOLENCE. HOMME. NATURE

11. Le « TEST D'ABRAHAM »

En règle générale, le bourreau n'emploie pas le langage d'une violence qu'il exerce au nom d'un pouvoir établi, mais celui du pouvoir, qui l'excuse apparemment, le justifie et lui donne une raison d'être élevée.

Georges Bataille, *L'Érotisme*, éd. de Minuit, 1957, pp. 208-209.

Un homme projette de vivre en commettant des meurtres.
Il voit bien que l'Écriture ne le permet pas, que la volonté de Dieu, c'est: «Tu ne tueras pas».
Fort bien, pense-t-il, mais je ne trouve pas mon compte à rendre à Dieu
un pareil culte – et je ne veux pas non plus être un impie.
Que fait-il? Il s'assure d'un prêtre qui, au nom de Dieu, bénit le poignard.

Kierkegaard, *L'Instant*, n° 7, 30 août 1855.

Le directeur de l'expérience commence par payer aux participants une indemnité minime pour les dédommager de la perte de temps. Puis il leur déclare qu'il organise une enquête importante sur l'efficacité du châtiment en matière de mémoration. On va constituer des groupes de deux hommes: l'un sera le «professeur», l'autre l'«élève». L'expérimentateur s'arrange pour que le sujet non initié soit chaque fois choisi comme «professeur», le complice de l'expérimentateur est «élève»: il prend place sur une sorte de chaise électrique et répond à une série de questions préparées qui constituent des tests de mémoire. Le professeur a mission de punir toute réponse fausse d'un choc électrique d'intensité croissante. L'appareil électrique qui déclenche les décharges porte 30 chiffres de voltage allant de 15 à 450 volts, assortis au début de la mention: décharge légère, et à la fin, de l'avertissement: danger, forte décharge. Le professeur reçoit lui-même avant le début de la série d'expériences une décharge de 45 volts à titre d'information, qui le convainc de l'efficacité des mécanismes dont il dispose.

L'élève multiplie les réponses fausses. Le professeur obéit à l'ordre reçu, il augmente la force de la décharge. À partir de 75 volts, l'élève se met à gémir et à se lamenter ; à 180 volts, il demande grâce, à 300 volts ses cris se taisent. Le directeur des expériences ordonne de continuer : « Il faut poursuivre, pas d'autre possibilité. » Le professeur continue. 65% des sujets de New Haven et 48% de ceux de Bridgeport obéissent au directeur qui, pourtant, est pour eux un inconnu et restent sourds aux cris et protestations des victimes, qui sont en fait des enregistrements sur bande magnétique. Bien que ne doutant pas de la véracité de ce qu'ils entendent, ils poursuivent jusqu'à l'application de la dose maximale.

L'expérience de Bridgeport fut organisée dans un immeuble de bureaux, soi-disant au nom d'une firme respectable, mais peu connue. L'expérience de New Haven eut lieu dans les laboratoires scientifiques de la fameuse université de Yale. Le grand prestige dont jouit cette université valut à cette deuxième expérience un résultat plus impressionnant encore (65% contre 48%), les autres facteurs étant identiques. Au début, les expérimentateurs eurent peine à se remettre eux-mêmes du choc de ces résultats.

[...] Les Allemands aussi prévoyaient que des choses semblables ne sauraient se passer chez eux. Les savants de l'institut Max Planck estimèrent qu'en Allemagne 30% de la population répondraient positivement (ou, pour mieux dire, négativement) à ce test d'obéissance aveugle. On pensait qu'ayant déjà vécu l'horrible après Auschwitz, après l'épouvante des camps de concentration, après les procès des criminels de guerre, on était exorcisé, immunisé contre l'obéissance automatique. Or, les séries d'expériences qui furent réalisées sur le modèle de Milgram[a] grâce à la collaboration de la télévision bavaroise et de l'institut Max Planck, démontrèrent que 85% des personnes testées demeuraient les sujets dociles de l'expérimentateur scientifique et persistaient jusqu'au bout [...]

Le patriarche Abraham a-t-il su d'avance que Dieu s'interposerait au dernier moment et empêcherait l'acte qu'il lui imposait, arrêterait le meurtre du fils, auquel lui-même consentait[1] ? En tout cas, l'humanité civilisée a brillamment échoué quand on l'a soumise au test d'Abraham.

1. Cf. Kierkegaard, texte n° 4, p. 466.

Friedrich Hacker, *Agression/Violence dans le monde moderne* (1971), Avant-propos de Konrad Lorenz, trad. de l'allemand par R. Laureillard et H. Bellour, Calmann-Lévy, 1972, pp. 209-213.

a. *Milgram (Stanley), psychosociologue de New Haven (U.S.A.) est l'initiateur des expériences sur la docilité et la cruauté humaines.*

LUCRÈCE (Titus Lucretius Carus) 98-55 av. J.-C.

Portrait présumé de Lucrèce, dessiné d'après la photographie du moulage d'une intaille de 10 mm de diamètre, en sardoine noire, portant l'inscription L V C R, ayant appartenu au *Deutsches Archäologisches Institut* de Rome et dont l'original est aujourd'hui perdu (cf. Marcel Conche, *Lucrèce*, Édit. de Mégare, 1981).

INDEX DES AUTEURS ET DES NOMS CITÉS

Les chiffres gras renvoient aux textes, les chiffres maigres aux documents.
Les références aux exergues viennent en italique.

TABLE DES NOTIONS

Imprimé en France par I.M.E. - 25110 Baume-les-Dames
Dépôt légal n° 8616-06/1995
Collection n° 10 - Edition n° 04
13/4890/3